D1671226

Jan-Christoph Hauschild

HEINER MÜLLER
oder
Das Prinzip Zweifel

Jan-Christoph Hauschild

HEINER MÜLLER
oder
Das Prinzip Zweifel

Eine Biographie

Aufbau-Verlag

Mit 40 Abbildungen

ISBN 3-351-02516-5

1. Auflage 2001

Einbandgestaltung Henkel/Lemme
Typographie Christa Wendt
Satz LVD GmbH, Berlin
Druck und Binden Clausen & Bosse; Leck
Printed in Germany

www.aufbau-verlag.de

ÜBER MÜLLER. EIN PANORAMA

»Heiner Müllers dramatisch-szenisches Werk ist das Stärkste, was wir haben: das einzige, was sich im gegenwärtigen politischen Prozeß der Wandlung aller seiner Voraussetzungen neu darstellt und behauptet.« *Günther Rühle, 1990*

»Müller ist ein Verhängnis für die deutschsprachige Literatur. Sein Beispiel wirkt demoralisierend, weil in ihm das Dumpfe, Amorphe, Unzivile gekürt wird, nicht das Aufklären und ›Bewältigen‹, von dem die Deutschen so gern reden.«

Chaim Noll, 1992

»Hat eigentlich niemand Heiner Müller gelesen, um zu begreifen, daß er das war und ist, was Leute seinesgleichen immer ihren Gegnern vorwerfen: ein Schriftsteller mit deutlich faschistoiden Tendenzen?« *Lothar Schmidt-Mühlisch, 1993*

»Heiner Müller gehörte zu den Poeten mit dem Willen und der Fähigkeit zur großen Form.« *Hartmut Lange, 1996*

»Sein zusammengestoppelter Shakespeare-Stalin-Seneca-Mix galt als ultimativer schicker postmoderner Marxismus.«

Andreas Isenschmid, 1996

»Müller hat schwer am Erbe Brechts getragen, von dem er fortwollte und dem er verfallen blieb; später ist er, manchmal bis zur Mimikry, den Innovationen der aktuellen Moderne im Westen hörig geworden, mit dem Geruchsgemisch der DDR aus Lysol und Pisse zwischen den Zeilen.« *Peter Iden, 1996*

»Müller notierte sich alles, ohne Unterschied, ob Ideen oder Telefonnummern, auf jedem Zettel, der irgendwie greifbar war, auch auf Taxi- und Restaurantrechnungen. Es bleibt zu hoffen, daß die wichtigen Dinge im Archiv gelandet sind und nicht im Büro des Steuerberaters.« *Renate Ziemer, 2000*

»Für mich kam er immer mehr aus Amerika als aus der DDR.« *K. D. Wolff, 2000*

»Er konnte absolut hinreißend, charmant und zauberhaft sein. Wirklich, das konnte er. Es gab ganz wenige Leute, die ihn nicht leiden konnten.« *Christa Tragelehn, 2000*

»Das Wort Verantwortung konnte er nicht buchstabieren.« *N. N., 2000*

»Es ist ja eigentlich unvorstellbar bei dem, was er geschrieben hat, daß er sich in der DDR tatsächlich durchgesetzt hat. Wie immer natürlich auch über den Westen; den Nationalpreis hat er nach dem Georg-Büchner-Preis gekriegt. Aber er hat das hier durchgesetzt und das ist eigentlich höchst merkwürdig. Dazu gehört sehr viel Zähigkeit und eben auch das Vermögen, die Leute zu bezaubern und dadurch zu verschleiern, was man eigentlich macht. Er war schon sehr liebenswert. In vieler Hinsicht.« *B. K. Tragelehn, 2000*

»Er hatte ganz lustige und ganz traurige Augen, ganz besondere Augen, die konnte man hinter der Brille überhaupt nicht sehen, die hat er echt versteckt, so Knöpfchen, wie ein Elefant, so was Zerbrechliches, und die Brille, das war wirklich genau das Gegenteil, als hätte er sich hier so 'n Stacheldraht hingebaut, wo die verletzlichste Stelle ist, und wenn der die Brille abnahm, dann – o Gott! Paß auf ihn auf!« *Margarita Broich, 2000*

EINLEITUNG

Heiner Müller oder Von einem, der auszog, den Schrecken zu lehren

1

Schwarze Skepsis war sein Metier und die eine Triebkraft seines Werks: Skepsis gegenüber den fortschrittverheißenden Parolen der Parteistrategen; Skepsis gegenüber einem Geschichtsoptimismus, der von Krieg und Barbarei in naher Zukunft nichts mehr wissen wollte. Die Welt war nicht gut und würde, solange Menschen auf ihr lebten, nicht gut werden. Wer dennoch Hoffnung hegte, war – so eines seiner sarkastischen Bonmots – bloß unzureichend informiert.

Solcher Sätze wegen galt Heiner Müller als gründlicher Saboteur politisch motivierter Heilsversprechungen. Dennoch hielt der notorische Untergangsprophet mit bemerkenswerter Beharrlichkeit an der Utopie einer *besseren Welt, wo Reichtum und Geld gerechter verteilt wird*, wie ihn die »Bild-Zeitung« am 29. September 1993 zitierte, fest. Zum Schluß war die Utopie geschrumpft von einem Ziel zu einem Weg, nach vorn offen: *Utopie ist ja zunächst nichts weiter als die Weigerung, die gegebenen Bedingungen, die Realitäten als die einzig möglichen anzuerkennen, ist also der Drang nach dem Unmöglichen. Und wenn man das Unmögliche nicht verlangt oder will, wird der Bereich des Möglichen immer kleiner.* Sein Theaterraum allerdings war nicht auf Prognosen ausgerichtet, sondern auf Erinnerungsarbeit fixiert: Erinnerungen nicht an Ereignisse, sondern an Gefühle und Affekte, die im Zusammenhang mit Ereignissen stehen. Das war gemeint, wenn er vom notwendigen *Dialog mit den Toten* sprach.

Die Orientierung auf eine andere als die gegebene Wirklichkeit war die andere *Kraftquelle* seines Schreibens; sie machte ihn aber auch angreifbar, weil er die Erfüllung seiner politischen Vision bis zuletzt innerhalb des sozialistischen Systems imaginierte – eine vernunftwidrige Hoffnung, wie er irgendwann erkannte. Dennoch blieb das Gespenst des Kommunismus, von ihm simpel definiert als *Chancengleichheit*, bei allem nomadischen Schweifen in Kunstkonzepten der europäischen Moderne und Postmoderne, sein Tagtraum.

Die DDR war keineswegs nur *Material* für Müller, wie er später oft suggerierte, sondern auch Hoffnung ohne Alternative. Gewiß, die Wirklichkeit der DDR war falsch. Aber es gab ein Versprechen auf die Zukunft, einen versprochenen Staat. Gleichwohl machte der Autor Heiner Müller seine Zuversicht, was die Entwicklung des Sozialismus in der DDR anging, mit ungeheuren Zweifeln öffentlich. Er zeigte nicht die Lösungen der Konflikte, sondern das Entstehen neuer, denn er sah seine Aufgabe nicht darin, politische Übereinstimmung zu demonstrieren. Er war Marxist, ohne sich als solcher zu bezeichnen, mit einem gehörigen Schuß an Irrationalität, an magischem Denken, was eine seltsame, sehr eigene Mischung ergab. Das Wesen des Sozialismus, in einer freilich geradezu artifiziellen, von Parteipolitik unberührten Ausprägung, glaubte er besser begriffen zu haben als die Leute, die sich Sozialisten nannten und ihn zu einer Theologie umbauten. Das stieß auf Widerspruch und Ablehnung im eigenen Land. Müller waren Lösungen, die sich als endgültig gerierten, suspekt – die DDR-Führung war froh in dem Irrtum, endlich angekommen zu sein.

2

Zerrissenheit, Disharmonie und Auflösung bestimmen Müllers Texte. Eine Dichtung des Mißklangs und der Unstimmigkeit, deren Attraktivität auf der Irritation der Gefühle beruht: Der Terror dieser Wortkaskaden ist fesselnd und erschreckend zugleich. »Das war auch faszinierend«, sagt Margarita Broich, der er seit 1980 eng verbunden war, »daß man das nicht zusammenkriegte, die Kraft seiner Texte und die unscheinbare Statur, die Kälte der Texte und seine eigentlichen Gefühle.« Zu ihnen bewahrte Müller stets eine seltsame ironische Distanz. Ein anderer Autor hätte das vielleicht zum Anlaß genommen, über solche Lebensmasken nachzudenken. Doch Müller war kein Anhänger umfassender Selbstreflexion: *Für mich war Leben immer Erfahrungen, Erlebnisse.*

Als Stückeschreiber war Müller angewiesen auf die unvollkommene Einrichtung der Welt, *auf den Stoff, den die Verbrechen der Mächtigen liefern.* Freimütig bekannte er sich zur *Gier des Dramatikers auf Katastrophen, die vielleicht, wie die Psychoanalytiker behaupten, aus einem gestörten Verhältnis zum Leben kommt, aber wer könnte ungestört leben, die täglichen Katastrophen im Blick, außer ein Idiot oder ein Heiliger.* Sein Gefühl im Angesicht kommenden Unheils läßt sich als Mischung aus Faszination und Genugtuung beschreiben, verbunden mit der Erwartung vielleicht, daß sich aus dem Scheitern kollektiver Hoffnungen so etwas wie eine Solidarität der Enttäuschten herstellen mochte.

Wie er als Dramaturg an die Nützlichkeit des negativen Beispiels glaubte, hielt er auch *negative Impulse* für notwendig und heilsam, heilsam auch für sich selbst: *Ich habe einen großen Spaß daran, Illusionen zu zerstören. Vielleicht, weil sie bei mir sehr früh zerstört worden sind. Und nun will ich diesen Effekt bei anderen auch erleben.*

3

Zerstörte Illusionen waren Müllers Begleiter lebenslang, über mehr als sechs Jahrzehnte, in denen Deutschland mehrmals sein Gesicht wechselte: von der bürgerlich-aufgeregten Miene der Weimarer Republik zur blutigen Fratze des sogenannten Dritten Reichs, von dort zum deutsch-deutschen Doppelgesicht aus lächelnder Entmündigung und der satten Selbstzufriedenheit eines zu Wohlstand Gekommenen, das nach leidlich vierzig Jahren in eins verschmolz. Fast sein ganzes Leben verbrachte der Zwangs-Zeitgenosse dreier staatlicher Untergänge *(für einen Dramatiker eine Gnade)* unter autoritärer Herrschaft; staatlicher Terror war sein Hausgenosse. *Ich bin aufgewachsen in einer Diktatur und hineingewachsen in [...] eine andere Diktatur, die ein Gegenentwurf ist zu der vorigen.*

Er hatte Geschichte nie harmonisch erfahren, sondern als

Konfrontation und Zwangs-Identifikation mit der Macht. Verrat und Tod; die Folgen der versäumten und der Terror der vollzogenen Revolutionen; das Verhalten des einzelnen in der Begegnung mit Gewalt: das sind die immer wiederkehrenden Themen seiner Texte. *Ich lebe nach wie vor in einer Welt mit Krieg. Ich kenne keine andere. Was soll ich anderes schreiben*, meinte er im Sommer 1994 zu der südkoreanischen Korrespondentin Hyunseon Lee. *Ich glaube, ein Hauptimpuls zum Schreiben – jedenfalls für mich – ist schon Rache. Erst einmal Rache und dann das Nachholen von Dingen, die ich [...] in meiner Geschichte von Begegnungen mit Gewalt unterlassen habe, oder auch das Erlebnis der Unfähigkeit, dagegenzuhalten. Auch weil die Mittel unverhältnismäßig waren. Das wird im Schreiben dann kompensiert – deswegen auch das dauernde Interesse daran.*

4

Müllers literarische Arbeit war Kampf gegen Geschichtslosigkeit, Geschichte ihr Grundthema, Ideologie das Material, das er immer wieder neu arrangierte. Dabei kam es ihm auf die Geräumigkeit, die Mehrdeutigkeit des Textes an. An Eins-zu-eins-Beschreibungen war er nicht interessiert. Historische Erfahrungen anwendbar zu machen für die Gegenwart, war sein Hauptgedanke dabei. Auch wenn er gelegentlich behauptete, mit seinem Schreiben keineswegs die Gesellschaft verändern zu wollen, vermittelte er auf diese Weise zwischen den Anforderungen des Tages und einem zukünftigen Gesellschaftsentwurf: Indem er die Ungleichzeitigkeit der Veränderung gesellschaftlicher Verhältnisse und individuellen Handelns beschrieb, konfrontierte er den Zuschauer mit Situationen, in denen die veränderten gesellschaftlichen Bedingungen neue Entscheidungen und ungewohnte Verhaltensweisen erforderlich machen.

Als Autor hatte Müller keine Antworten parat. *Das Stück versucht nicht, den Kampf zwischen Altem und Neuem, den ein Stückschreiber nicht entscheiden kann, als mit dem Sieg des Neuen vor dem letzten Vorhang abgeschlossen darzustellen; es versucht, ihn in das neue Publikum zu tragen, das ihn entschei-*

det, heißt es im Vorspruch zu »*Der Lohndrücker*«, seinem ersten großen Stück – ein Satz, der als Devise über Müllers gesamter Theaterarbeit stehen könnte. Das Publikum war aufgefordert, mitzudenken und mitzuhandeln. Nicht anders als sein Übervater Brecht wünschte er sich, daß aus Konsumenten Mit-Produzenten würden.

5

Als Kind war er der erste, den seine Spielkameraden im Winter aufs Eis schickten, um dessen Tragfähigkeit zu testen. Auch als Schriftsteller der DDR gehörte er zu den ersten, die sich trauten. Seine Identität war die eines Spezialisten für unerledigte Fälle, für unentschiedene Konflikte und Kontroversen.

Die künstlerische Versöhnung der Widersprüche war Müller wesensfremd. Seine schöpferische Energie bezog er aus der Entzweiung der Dinge. Dieser Leerraum ermöglichte ihm Phantasie. *Das versuche ich in meiner Arbeit zu tun: das Bewußtsein für Konflikte zu stärken, für Konfrontationen und Widersprüche. Einen anderen Weg gibt es nicht. Antworten und Lösungen interessieren mich nicht. Ich kann keine anbieten.*

Sein schräger Blick auf die geltenden Werte wurde als »Zynismus« denunziert, seine Beschreibungen menschlicher Verwüstungen gelten bis heute als zu radikal, zu mitleidlos, zu elitär. »Düster« und »trostlos« sind zwei immer wieder genannte Adjektive. Den Vorwurf der Schwarzmalerei konterte Müller 1975 mit dem Eingeständnis, er besitze nicht *das weit genug verbreitete Talent, ein abgearbeitetes Publikum mit Harmonien aufzumöbeln, von denen es nur träumen kann.* Trost zu spenden fiel nicht in seinen Zuständigkeitsbereich. Sein Publikum zu beunruhigen war ihm wichtiger als der Erfolg.

6

Das Sich-Entziehen hatte Müller bis zur Perfektion ausgebildet. Es war jenes Maß an Unverantwortlichkeit, das sich mit dem Talent verbinden mußte, damit Müller das machen konnte, von dem er meinte, er sei dazu prädestiniert. Nicht nur seine Ehefrauen wissen ein Lied davon zu singen. Andererseits gab es kaum einen verläßlicheren Freund als ihn; aber mit solcher Freundschaft war er sehr zurückhaltend. Er war und blieb ein Einzelgänger, der Gesellschaft liebte, aber sich keiner Gruppe zugehörig fühlte. Auch wenn er von Anfang an unter mangelnder Akzeptanz litt, war es eben dies, was ihm sein Schreiben ermöglichte. Nur so konnte er sich einen *Bereich von Freiheit und Blindheit gleichzeitig* bewahren, der *völlig unberührt war von allem Politischen, von allem, was draußen vorging.*

Als junger Autor stellte sich Müller dem Sozialismus zur Verfügung. Mit den Jahren zog er sich mehr und mehr auf einen autonomen Standpunkt zurück. *Schreiben*, erklärte er 1987, sei *ein Lebensausdruck. Je mehr man es kalkuliert, desto wirkungsloser wird es, selbst politisch.* Seine Sache sei die *Beschreibung*. Mehr wollte er nicht leisten, aber seine Sicht war im eigenen Land offiziell nicht erwünscht, jedenfalls nicht ohne Zeitaufschub. Die Parteiführung ertrug ihr eigenes Bild nicht und ließ Müllers hochartifizielle dialektische Aufbau-Dramatik zum Aufbau im Land erst zu, als die Konflikte in der Realität erledigt waren. Das dauerte im Schnitt fünfzehn Jahre.

Nur über den Widerspruch vermochte sich Müller mit seinem Staat zu identifizieren. Einen »integrierten Außenseiter« hat ihn Genia Schulz genannt. Es war eine besondere Form des *Einverständnisses*: Keine blinde Parteilichkeit, sondern – im Anschluß an Brechts Definition – ein Eingewöhnen in Zusammenhänge, um sie überhaupt begreifen zu können: *Du mußt einverstanden sein auch mit der Gewalt, mit der Grausamkeit, damit du sie beschreiben kannst. [...] Auch wenn ich mich selbst dagegen sträube, manchmal gegen Texte, gegen Sätze, die ich furchtbar finde, muß ich sie doch hinschreiben, wenn sie mir einfallen.* Sie als *Wunschzettel des Autors* zu lesen, wäre allzu billig. Heiner Müllers Texte beschreiben das Scheitern der Hoffnung auf eine gesellschaftliche Alternative; gleichzeitig bewahren sie die Erinnerung an diese Hoffnung auf.

I. HERKUNFT

Vor dem Sturm

Wie Christa Wolf, Peter Rühmkorf, Günter Kunert, Hans Magnus Enzensberger und Reinhard Lettau stammt Heiner Müller aus dem »Flakhelfer«-Jahrgang, der seinen künstlerischen Werdegang synchron mit dem Wiederaufbau absolvierte und der oftmals durch eine bemerkenswerte Mischung aus Skepsis und Anpassungsbereitschaft, Funktionstüchtigkeit und existentieller Unsicherheit charakterisiert scheint. Anders jedoch als bei dem Dortmunder Rühmkorf oder dem Berliner Kunert ist die Grundierung dieser Biographie provinziell: Heiner Müller ist Vor-Erzgebirgler. Er stammt aus dem Hügelland zwischen Chemnitz und Freiberg, einer Gegend, wo selbst größere Städte den Namen des Flusses tragen, an dem sie liegen. Zieht man den Kreis nur weit genug, teilt Müller die sächsische Heimat mit einer ganzen Reihe renommierter Autorinnen und Autoren – erinnert sei nur an die Dresdner Volker Braun, Karl Mickel oder Heinz Czechowski.

Auch der Großraum Chemnitz, eigentlich eine industrielle, keine literarische Landschaft, hat seine Dichterinnen und Dichter hervorgebracht – doch alsbald wieder entlassen: Im 18. Jahrhundert Christian Fürchtegott Gellert, der in Hainichen zur Welt kam und nach Leipzig auszog, im 19. Jahrhundert Karl May, der aus Hohenstein-Ernstthal stammt und in Radebeul bei Dresden seinen Wohnsitz nahm. Den Kaufmannssohn Erich Loest, aus Mittweida gebürtig, zog es nach Leipzig, den Bergarbeitersohn Reiner Kunze aus Oelsnitz nach Greiz, den dichtenden Funktionär Kurt Barthel, besser bekannt als Kuba, von Garnsdorf nach Berlin – ebenso wie die Chemnitzer Stefan Heym, Stephan Hermlin, Rolf Schneider, Richard Leising und Irmtraud Morgner, während der früh verstorbene Werner

Bräunig nach Halle umzog und Peter Härtling durch den Krieg nach Schwaben verschlagen wurde. Ein Sachse, der bleiben will, muß gehn, sagt man.

Heiner Müller wurde nicht zu einem sehnsuchtsvollen Bewunderer des Landlebens, sondern zum Liebhaber der Großstadt; die letzten vier Jahrzehnte seines Lebens verbrachte er in Berlin. Aber dem Charakter, dem Tonfall und vor allem dem tückischen Humor der Bewohner seiner sächsischen Provinz ist er bis zuletzt eng verbunden gewesen, Austausch und gegenseitige Belehrung über idiomatische Feinheiten blieb eines seiner Hauptvergnügen. Wie Karl May, Müllers listiger Landsmann, immer wieder sächsische Landsleute hinaus in die Prärien und Savannen des Wilden Westens schickte, so flüsterte und räusperte er sich mit unverkennbarem Rest-Sächsisch weltweit durch die seit 1989 endlos scheinende Kette von Interviews.

Entscheidender als die regionale Herkunft erwies sich die familiäre und damit soziale Determination: Müllers sämtliche Vorfahren waren Bauern, Handwerker und Arbeiter. Soweit sie zum Kreis der Familie gehörten, lernte er in ihnen Menschen in sozialen Zwangslagen kennen, die – mit Ausnahme der Großmutter väterlicherseits – seit Generationen hier im südlichen Sachsen ansässig waren.

Kindheitsmuster

Um 1930 sind in Sachsen fast zwei Drittel der Beschäftigten in Handwerk und Industrie tätig, das damit das am stärksten industrialisierte Land des Deutschen Reichs ist. In Europa weisen, gemessen an der Einwohnerzahl, nur Belgien und England eine relativ höhere Zahl an Industriebetrieben auf. Aufgrund des großen Angebots an Arbeitskräften bei hoher Einwohnerdichte (im Reichsdurchschnitt liegt Sachsen an dritter Stelle) und wegen der günstigen Verkehrslage hat hier eine blühende Textilindustrie entstehen können, zunächst im Verlagssystem, d. h. als Heimarbeit. Die großflächige Industrialisierung ist eine Folge des meist mit einem bäuerlichen Kleinbetrieb verbundenen Erzbergbaus. Diese bodenständige industrielle Bevölkerung ging später zu anderen industriellen Beschäftigungen über.

Müllers Urgroßeltern mütterlicherseits stammen aus dem Erzgebirge, väterlicherseits aus der Gegend von Chemnitz. Die Stadt mit rund 330 000 Einwohnern ist von der Großindustrie geprägt. Chemnitz gilt schon im 19. Jahrhundert als »Klein-Manchester« und »erste Fabrikstadt Sachsens«. In der Umgebung hat man sich besonders auf Strumpfwirkerei und Handschuhmacherei spezialisiert. Zu der traditionellen Textilindustrie gesellt sich inzwischen der Maschinenbau.

Die wirtschaftliche Lage zu Beginn der zwanziger Jahre ist bestimmt von den Folgen des verlorenen Kriegs, der beginnenden Inflation und sozialen Rückschritten. Nach der Währungsreform von 1923/24 geht es wirtschaftlich wieder aufwärts. In die beginnende Hochkonjunktur platzt die Weltwirtschaftskrise von 1929. Die amerikanischen Kredite bleiben aus. Binnen drei Jahren geht die Industrieproduktion um ein Drittel zurück. Es herrscht Massenarbeitslosigkeit: Die Erwerbslosenzahlen steigen von 2,8 Millionen im Winter 1929 auf den Höchststand von 6,1 Millionen im Februar 1932, während das Pro-Kopf-Einkommen kontinuierlich sinkt. Die wirtschaftliche Katastrophe verleiht politischen Sammlungsbewegungen, die sich dezidiert gegen die bürgerliche Republik wenden, Aufwind: Die Septemberwahlen 1930 machen die NSDAP zur zweit-, die KPD zur drittstärksten Fraktion im Reichstag.

Heiner Müllers Eltern, der Verwaltungssekretär Kurt Müller und die Fabrikarbeiterin Ella Ruhland, lernen sich in Eppendorf kennen, einer Kleinstadt von (damals wie heute) etwa 5 000 Einwohnern mit Eisenbahnanschluß, 20 Kilometer östlich von Chemnitz, zum Kreis Flöha gehörig, gemischt aus Industrie und Landwirtschaft. Es gibt Textilfabriken, holzverarbeitende Industrie und zahlreiche Handwerksbetriebe; das Stadtbild ist von rauchenden Schornsteinen geprägt. Durch die Schuhfabrik von Haug & Leonhard, die 1914 etwa 800 Beschäftigte zählt und täglich drei- bis viertausend Schuhe produziert, später auch durch mehrere Schachspiel-Hersteller, ist Eppendorf in ganz Deutschland bekannt. Hier in der Freiberger Straße 61, einem schlichten Mehrfamilienhaus, in dem ursprünglich die Arbeiter der gegenüberliegenden Holzspielzeugfabrik wohnten, wird Reimund Heiner Müller am 9. Januar

1929 abends gegen zehn Uhr geboren; Geburtshelfer ist der Arzt Katzenstein, von dessen Ermordung durch die Nazis ein früher Text Müllers erzählt. Den Vornamen Heiner hat er einem Lieblingslied des Vaters zu verdanken: »Heinerle, Heinerle, hab kei' Geld«.

Ella Ruhland (1905–1994) kommt aus einem sozialdemokratisch gefärbten Elternhaus. *Armut, die bis in die Ernährung ging*, ist eine ihrer Grunderfahrungen. Wenn sie ihrem Sohn von ihrer Kindheit erzählt, verdeutlicht sie ihm den Grad der Armut mit dem Sprichwort vom *Salzhering*, der an der Stubendecke hängt, und an dem jeder einmal lecken darf. Mit 14 Jahren tritt sie der Sozialistischen Arbeiterjugend (SAJ) bei, der Jugendorganisation der SPD, mit 18 wird sie Parteimitglied. Blickt man eine Generation weiter zurück, eröffnet sich ein anderes soziales Milieu: Ihre Mutter Ernestine (1873–1947), Müllers Eppendorfer Großmutter, stammt aus einer wohlhabenden Bauernfamilie. Ihre Eltern sind der Großbauer (»Wirtschaftsbesitzer«) Karl Gläser und seine Frau Ernestine geb. Oehme aus Krumhermersdorf, ein paar Kilometer östlich von Zschopau. Ein Familienzwist war Auslöser des gesellschaftlichen Abstiegs: Weil sie sich über den Willen ihrer Eltern hinweggesetzt und den mittellosen, obendrein sozialdemokratisch orientierten Schustergesellen Bruno Ruhland geheiratet hat, ist Ernestine von ihrer Familie geächtet worden.

Bruno Ruhland (1869–1946), Müllers Eppendorfer Großvater, stammt ebenfalls aus Krumhermersdorf. Sein Vater, der Schneidermeister Friedrich Wilhelm Ruhland, ist früh gestorben, seine Mutter Christiane geb. Uhlig arbeitete als Näherin. *Irgendwann ist sie krank geworden, erblindet bei der Arbeit. Mein Großvater, damals dreizehn Jahre alt, hat sie gepflegt.*

Das Ehepaar Ruhland hat zehn Kinder, von denen zwei im Kindesalter sterben. Ella kommt bereits in Eppendorf zur Welt, wo Bruno Ruhland in der Schuhfabrik arbeitet. Nach dem Ersten Weltkrieg verdingt er sich beim Brückenbau; nebenbei flickt er weiter Schuhe, eine Ecke in der Wohnküche ist seine Werkstatt.

Bei den Großeltern in Eppendorf hat Müller nach dem Wegzug später oft die Schulferien verbracht. Dann geht er mit dem

Großvater spazieren, Pilze suchen *(ein Hauptnahrungsmittel, sie kosteten nichts)*, oder versucht sich im Umgang mit dessen Werkzeug. Ella Müller erinnert sich in einem Brief aus dem Jahr 1963 an diese Zeit:

»Heiner hat ja so viel mit seinem Opa geschustert, unzähliche Nägel hat Heini, der kleine Liebling seines Opas in einem alten Schuh, der auf einem Leisten gespannt war, hineingehämmert. Zum Spas seines Opas. Auch die Holzdiele blieb nicht ganz verschont von den anziehenden Nägeln und dem Hämmerchen. Das wieder, zum Ärger seiner Omi, aber Opa lächelte nur und nahm seinen Schusterliebling in Schutz. Der kleine Heini leistete seinem Opa viel Gesellschaft beim Schustern. Ich sehe sie heute noch beide sitzen, Opa war immer sehr vergnügt dabei.«

Später als Jugendlicher schmökert der Enkel in Großvater Ruhlands Büchersammlung: *Er hatte noch alte Jahrgänge sozialdemokratischer Zeitschriften vom Anfang des Jahrhunderts.* Für den zehn- bis dreizehnjährigen Heiner Müller ein *Hauptlesestoff*: *Es gab da Texte von Gorki, Romain Rolland, Barbusse, Diskussionen und Leserbriefe. Durch einige Hefte ging zum Beispiel eine Nietzsche-Diskussion unter sozialdemokratischen Arbeitern, die ›Zarathustra‹ gelesen hatten.*

Bruno Ruhland war, nach Auskunft seines Enkels, ein kleiner, stiller, unauffälliger Mensch, *ein Phänomen an Bescheidenheit und Redlichkeit*. Müllers vielfach bezeugte stoische Gelassenheit, seine Bereitschaft, das Unabänderliche gefaßt hinzunehmen, sich zu sagen, daß, was geschehe, auch sein Gutes habe, ist wohl ein Erbteil des Eppendorfer Großvaters.

Die Großmutter Ernestine ist bei den Verwandten nicht sonderlich beliebt. »Es fehlte ihr an Tatkraft«, erzählt Gerta Vogel. »Unsere Mutter sang gerne und war immer wohlgemut.« »Die Ernestine war, was man ›grämlich‹ nennt. Im Sommer 1932 war ich zwei Wochen zu Besuch bei ihnen. Ich habe sie nie lachen sehen. Ständig trug sie ein nasses Tuch um die Stirn gegen die Kopfschmerzen.«

Heiner Müllers Vater, Kurt Müller (1903–1977), ist Sohn des Werkmeisters Max Müller und seiner Frau Anna Maria aus Bräunsdorf, einem winzigen Dorf 15 Kilometer westlich von

Chemnitz. Die Familie stammt aus Niederfrohna. Urgroßvater Ernst Friedrich Müller ist selbständiger Strumpfwirker gewesen, ein sogenannter »Quersack-Indianer«, der die fertige Ware auf dem Rücken zum Markt in Hohenstein getragen hat. Max Müller (1880–1965), Meister in einer Textilfabrik in Limbach, dem Nachbarort, ist ein hochspezialisierter Arbeiter, stolz auf sein eigenes Haus mit einem kleinem Nutzgarten, das er kurz nach der Jahrhundertwende gekauft hat: ein altes Bauernwohnhaus mit der Nummer 87 (heute Dorfstraße 19), in dem zeitweilig achtzehn Personen leben.

In seiner Freizeit spielt Max Schach. Seine Tätigkeit als Turnwart prägt viele Jahre das Familienleben. Die Tochter Gerta Vogel erinnert sich: »Eine wichtige Rolle spielte der Turnverein. Vater hatte viele Jahre die turnerische Leitung über. Mutter kochte zu den Turnfesten Kaffee. Nach der ›Gleichschaltung‹ der Vereine 1933 zog sich Vater grollend immer mehr zurück. Er hat noch bis Anfang des Krieges das Frauenturnen geleitet.«

Die Müllers, so Gerta Vogel, seien alle große Leseratten gewesen. »Vater konnte auch gut erzählen, oft waren es Spukgeschichten.« Eine seiner Geschichten von den rauhbeinigen Vorfahren, den »Mannmichels«, hat Heiner Müller später zu einer *»Anekdote«* geformt und 1953 im »Sonntag« veröffentlicht. Sie spielt 1813, *nach der Leipziger Völkerschlacht.* Ein wackerer, nur mit einer Hundepeitsche bewaffneter Bauer vertreibt fünf marodierende, bewaffnete Soldaten der geschlagenen Grande Armée von seinem Grundstück und weiter aus dem Dorf bis auf die Landstraße: Eine wenig durchgearbeitete Geschichte, aber doch ein Versuch literarischer Materialverwertung, wie sie Müller seitdem stets praktizierte.

Die Großmutter Anna geb. Suttner (1877–1964) ist im Alter von 15 Jahren von Langenbruck (westlich von Weiden in der Oberpfalz) nach München und von dort durch die Stellenvermittlung nach Sachsen gekommen. Sie war drei Jahre alt, als ihr Vater, der Metzgermeister Bernhard Suttner, starb; ihre Mutter Katharina geb. Platzen hat die acht Kinder alleine durchbringen müssen. Aus allerdürftigsten Verhältnissen stammend, soll sie ausgesprochen kunstsinnig gewesen sein und schon als junges Mädchen die Münchner Pinakothek besucht haben, wovon sie später immer wieder erzählte. »Sie las auch gerne und konnte viele Balladen von Schiller und Uhland auswendig.«

Anna hatte zuerst auf dem Rittergut in Bräunsdorf als Magd gearbeitet und dort ihren Mann kennengelernt. 1901 ist ein Kind unterwegs. Anna ist gläubige Katholikin, eine Rarität in Bräunsdorf. Weil weder Max noch Anna die Religion wechseln wollen, eine Mischehe aber nicht in Frage kommt, wird die Heirat bis 1903 hinausgeschoben. Zuvor tritt Anna zum Protestantismus über – ein Schritt, den sie ihr ganzes Leben lang bereut. Erst kurz vor ihrem Tod und auf Drängen ihrer Kinder kehrt sie in den Schoß der katholischen Kirche zurück.

Bis 1919 bringt Anna Müller insgesamt zehn Kinder zur Welt, von denen sie drei im Zweiten Weltkrieg verliert. Kurt ist der zweitälteste Sohn. Vor ihm wird Erich geboren (1901–1975), 1904 Gertrud (gest. 1989), 1906 die im Kindesalter verstorbene Wally, 1908 Hans (gest. 1943), 1911 die Zwillinge Werner (gest. 1944) und Elisabeth, 1913 Felix (1945 vermißt), 1915 Dora und 1919 Gerta. Sie sei eine »resolute und kluge Frau« gewesen, sagt ihre jüngste Tochter. »›Die Müller Anna schreibt auch an'n Kaiser, wenns sein muß‹«, habe man sich im Dorf erzählt. »Trotz ihrer vielen Arbeit in der Familie hat sie noch Heimarbeit gemacht. Die traditionelle Handschuhindustrie bot dazu gute Gelegenheit, weil die Ware leicht zu transportieren war. Natürlich mußten wir Kinder alle mit zugreifen. Ich trug mit meinem Kinderrucksäckchen oft fertige Handschuhe in die Firma Götz nach Oberfrohna.« Müllers Cousin Hans-Jochen Vogel charakterisiert sie als »vital, expressiv, emotional ohne Sentimentalität, mit einem ausgeprägten Sinn für Gerechtigkeit.«

Unter dem Eindruck der Erzählungen seiner Mutter, die sich mit ihrer Schwiegermutter nicht gut verstand, hat Heiner Müller seine Großmutter negativer charakterisiert: *Sie war auch z. B. für Schiller und gegen Goethe* (den sie für einen schlimmen *Schürzenjäger* hielt). *Genauso war sie für Hitler.* Gerta Vogel hält dagegen: »Unsere Mutter war eine wunderbare Frau.« Das Bild, das Heiner Müller von ihr gezeichnet habe, sei »reine Dichtung«.

Heiner Müllers Vater Kurt besucht von 1910 bis 1918 die Volksschule. Weil er dort durch Intelligenz und Lerneifer auffällt, fängt er anschließend als »Schreiberlehrling« bei der Gemeindeverwaltung in Bräunsdorf an. 1922/23 ist er als Beamtenanwärter in der Stadtverwaltung im benachbarten Limbach tätig, anschließend wird er als Verwaltungssekretär nach Ependorf versetzt. 1925 legt er die 1. Verwaltungsprüfung bei der Gemeindelehranstalt Dresden ab. In seiner Limbacher Zeit lernt er die aus Russdorf stammende Martha Schüßler kennen. Bald gelten die beiden als so gut wie verlobt. 1923 wird ihre Tochter Liane geboren. Anna Müller drängt ihren Sohn, zu heiraten; seine Weigerung verschlechtert die Beziehung zwischen Kurt und seiner Mutter. Zeitlebens hält sie zu ihrer Quasi-Schwiegertochter, zu der sie ein besseres Verhältnis hat als zur Frau ihres Sohnes, und zu ihrem ersten Enkelkind. »Du bist genau so unser Enkelkind wie die andern«, versichert sie Liane immer wieder. Die Halbschwester Heiner Müllers lebt heute als Rentnerin in Chemnitz.

Kurts ältester Bruder Erich ist Heiner Müllers Lieblingsonkel. Nach einer Hirnhautentzündung hat er im Alter von vier Jahren sein Gehör verloren und später eine Ausbildung als Porzellanmaler absolviert. *Er malte und versuchte, seine Familie davon zu ernähren, was eine Tragödie war, weil er zu diesem Zweck eben Kitsch malen mußte, Sonnenuntergänge, Alpenlandschaften, trinkende Mönche und Schiffe auf hoher See*, die er mit EMS signiert, Erich Müller-Suttner. *Interessant waren seine Zeichnungen, also das, was er nicht für den Verkauf machte.*

Die jüngeren Brüder Hans, Werner und Felix, in den dreißiger Jahren arbeitslose Facharbeiter in der Textil- und Metallindustrie, setzen auf Hitler, die beiden älteren treten der NSDAP bei, Felix ist ein feuriger Nazi. Tatsächlich gehen die Arbeitslosenzahlen nach 1933 deutlich zurück, im Winter 1935 liegen sie bei 2,9 Millionen, was etwa dem Stand von 1929 entspricht. Mit dem Aufschwung nach 1933 finden auch Kurt Müllers Brüder wieder Beschäftigung. Allerdings erfolgt die Wirtschaftsbelebung ausschließlich auf Kosten der Arbeitnehmer und Konsumenten; ein erheblicher Teil davon dient der Vorbereitung der Rüstungsplanwirtschaft. Für den deutschnationalen Großvater bleibt Hitler ein »hergelaufener Österreicher«.

Kurt Müller geht einen anderen Weg als seine jüngeren Brüder; immer wieder kommt es deswegen auch zu Auseinandersetzungen innerhalb der Familie. Kurt gilt als »Rappelkopf«, als streitlustig. Ausgerechnet er, der nicht Arbeiter geworden ist, engagiert sich politisch konsequent bei den Arbeiterparteien und den mit ihnen verbundenen Organisationen. Freilich ist Sachsen neben Thüringen eine traditionelle Hochburg der Linken, SPD und KPD kommen hier bis 1930 immer auf zusammen mindestens 50 % der Wählerstimmen. 1923, im Jahr des sozialdemokratisch-kommunistischen Kabinetts Zeigner, das durch den Einmarsch der Reichswehr gestürzt wird, tritt Kurt der SPD bei, im Jahr darauf wird er Mitglied des neugegründeten »Reichsbanner«, dem schwarzrotgoldenen Kampfverband der SPD, der auf der Straße und in Versammlungen die Auseinandersetzung mit den Gegnern der Republik sucht. In Eppendorf ist er Vorsitzender der SPD-Ortsgruppe und des Kleinbezirks Flöha. Das Interesse am Vereinssport verbindet Vater und Sohn (und unterscheidet sie vom Enkel, der Sport haßt), doch auch hier verlaufen politische Trennlinien: Für Max Müller ist Turnvater Jahn, der stramme Chauvinist, ein Heros; Kurt ist dagegen von 1923 bis zur Gleichschaltung 1933 Mitglied im Arbeiter-Turn- und Sportbund. Ein Bild vom Schauturnen in der neugebauten Turnhalle in Flöha am 25. August 1929 zeigt ihn inmitten der Turnabteilung: Ein junger Mann mit hoher Stirn, nach hinten gekämmten Haaren, kräftig abstehenden Ohren (die ihm – inzwischen hat es die ersten Disney-Filmvorführungen gegeben – den Spitznamen »Mickymaus« eintragen), unter dem offenen Kragen des Turnhemdes die Hosenträger. In seiner Eppendorfer Zeit, von 1925 bis 1931, ist er auch Mitglied im Arbeiterschachbund.

In Eppendorf lernt Kurt Ella Ruhland kennen, die in einer Wäschefabrik als Näherin arbeitet. Am 11. August 1928 heiraten sie. Daß Kurt schon ein illegitimes Kind hat, wird den Schwiegereltern, bei denen die junge Familie Unterkunft findet, verschwiegen. Die Wohnung besteht aus zweieinhalb kleinen Räumen im Erdgeschoß: einer Wohnküche, einem Schlafzimmer und einer kleinen Stube, die hauptsächlich mit Kurt Müllers Büchern gefüllt ist. In den verbleibenden zwei Zimmern leben die Großeltern Ruhland.

Die räumliche Enge rückt das Kind in den Mittelpunkt der Familie; Eltern und Großeltern beschäftigen sich intensiv mit ihm. »Vier Jahre war ich zu Hause, da hab ich nicht gearbeitet«, erzählt Ella Müller. »Mein Mann war ja Beamter und hat auf dem Rathaus von Eppendorf gearbeitet. Er war Sozialdemokrat und die anderen Beamten waren alle deutschnational. Und ich war die einzige von den Frauen, die in die Fabrik arbeiten gegangen ist. Und da hat mein Mann gesagt, er will das nicht mehr, daß ich in die Fabrik gehe und ich soll wenigstens jetzt, wo ich den Heiner habe, zu Hause bleiben.«

Die Großeltern erzählen Spukgeschichten vom »Männel«, einem dienstbaren Hausgeist, der Wunder vollbringen kann: zum eigenen Nutzen wie zum Schaden des bösen Nachbarn. Auch Vater und Mutter sind große Geschichtenerzähler, von ihnen hört das Kind Märchen, eins nach dem andern, und immer wieder die Ballade von den Königskindern: »Aber der Königssohn, der durfte nicht sterben. Und wenn man das wieder erzählt hat, dann mußte man so tun, als ob der eben irgendwie ... Nein, der durfte nicht sterben.« Der Vater, der auch eine Reihe populärer Operettenschlager auswenig kann, singt dem Kind zum Einschlafen Lieder vor, lange bevor es sie begreifen kann: *Warum weinst du arme Seele / Vor der himmlischen Tür*, aber auch die »Internationale«.

Heiner Müller ist ein zartes Kind. »Zu klein für sein Alter«, erinnert sich eine Nachbarin. Sie habe es leicht gehabt mit seiner Erziehung, sagt die Mutter. »Er war blond, ein blondes Kind. Ganz zart, sehr weich vor allen Dingen. Das war er immer, die ganze Kindheit.« Drastischer formuliert es Heiners nur zehn Jahre ältere Tante Gerta: »Seine Großmutter in Eppendorf mochte den Heiner gern, gerade weil er so still und brav war. Unserer Mutter war er zu brav. Er war ein Weichling. Es scheint mir, als habe Heiner später immer gegen seine Weichheit angekämpft.«

Dennoch scheint es, als habe das Kind weder zu seiner Mutter noch zu einer der beiden Großmütter ein engeres Verhältnis entwickeln können: *Wenn nicht zur Mutter, dann hat man ja oft zu den Großmüttern ein Verhältnis. Aber zu meinen Großmüttern hatte ich nie so etwas, die eine* [in Bräunsdorf] *wollte mich nicht und die andere* [in Eppendorf] *war mir fremd. Sie war so ein bißchen wehleidig, ein bißchen unfähig, Emotionen zu äußern. Das lief über Versorgung, Zuständigkeit, mehr war da nicht. [...] Meine Mutter war [...] eigentlich sehr – ich würde sagen – kalt – sie konnte keine Emotionen äußern. Mein Vater war viel wärmer als meine Mutter. Meine Mutter stand unter ungeheurem Druck, vielleicht deswegen.*

Nach seiner allerersten Erinnerung befragt, berichtet Müller von einem Gang auf den Friedhof mit Großmutter Ruhland: *Da stand ein Denkmal für Gefallene des Ersten Weltkriegs, aus Porphyr, eine gewaltige Figur, eine Mutter. Für mich verband sich das Kriegerdenkmal jahrelang mit einem lila Mutterbild, mit Angst besetzt, auch vor der Großmutter vielleicht, die mich über den Friedhof führte.* Das Denkmal steht heute noch, ein Mahnmal mit der Inschrift »Stark wie der Tod«, das 1923 errichtet worden war. Es zeigt einen stilisierten Krieger im Moment der tödlichen Verwundung.

Die Müllers sind beliebt in Eppendorf. Manfred Wünsche, der sich 1996 bei einigen der ältesten Einwohner erkundigt hat, erfährt, daß Kurt als Rathausbeamter sehr geschätzt wurde. Er gilt als beredt und belesen und temperamentvoll. Enge politische Freunde von Müllers Eltern sind der Textilarbeiter Albert Neubert, Mitglied der KPD-Ortsgruppe, und das Ehepaar Dora und Albert Weigelt. Die Müllers seien sehr anspruchslos gewesen, erinnert sich die Nachbarin Dora Weigelt, die Mutter habe sich ihre Kleider selbst schneidern müssen. Wenn doch einmal Geld übrig war, seien davon Bücher gekauft worden. »Bei Heiners Vater war immer die Hauptsache: Bücher, Bücher, Bücher.« Zur Lektüre gehört Belletristik ebenso wie Geschichte und Philosophie: »Ich verfüge über eine ziemlich gründliche Kenntnis der marxistischen Literatur«, versichert Kurt Müller in einem Fragebogen der SED aus dem Jahr 1948.

Erstes Leid

Der heraufziehende Faschismus macht auch vor Sachsen, wo die SPD, teils mit wechselnden Koalitionspartnern, seit 1919 ununterbrochen die Regierung gestellt hat, nicht halt. Seit 1929 regieren dort Kabinette, die sich überwiegend aus Mitgliedern der Deutschen Volkspartei und der Deutschnationalen Volkspartei zusammensetzen. In einem »Erlebnisbericht aus der Zeit des ›nationalen Umbruches‹«, den Kurt Müller 1948 für die VVN-Ortsgruppe in Frankenberg, deren Mitglied er 1947 geworden ist, verfaßt hat, schildert er, wie es der »sogenannten nationalsozialistischen Bewegung« mit einem »Trommelfeuer von Versammlungen und Aufmärschen« auch in Eppendorf gelang, »immer mehr Menschen, vor allem aus den Kreisen des Kleinbürgertums«, für sich zu gewinnen. »Ab und zu riefen wir die Arbeiterschaft auf, um geschlossen einer nationalsozialistischen Versammlung beizuwohnen. Ich erinnere mich sehr gut einer Versammlung in Eppendorf, die von den Nationalsozialisten einberufen war und in der der spätere Gauleiter von Mecklenburg, Hildebrand, sprach. [...] Ich bin damals zusammen mit dem Gewerkschaftssekretär Alex Zimmer in der Diskussion aufgetreten, und es kam beinahe zu einer Schlägerei, die aber im letzten Moment doch vermieden wurde, weil Hildebrand auf einmal sehr zahm sprach.«

Die Schwäche und sinkende Attraktivität der Arbeiterbewegung ist nicht bloß eine Folge der braunen Propaganda, sondern auch ein Ergebnis ihrer Spaltung, die bis in die Parteien selbst hineingeht. Seit der Kanzlerschaft des Sozialdemokraten Hermann Müller in einer Großen Koalition mit dem Zentrum und drei konservativen Parteien 1928–1930 nimmt die Opposition gegen die Regierungspolitik innerhalb der SPD mehr und mehr zu. Von 143 Sitzen bei der Reichstagswahl 1930 geht ihr Anteil auf 120 Sitze bei den Märzwahlen von 1933 zurück, während NSDAP und KPD starke Zuwächse verbuchen können. Im Juli 1932 wird die SPD erstmals von der NSDAP deutlich überrundet. Im Oktober 1931 etabliert sich eine neue Partei, die Sozialistische Arbeiterpartei (SAP). In ihr sammeln sich Sozialisten unterschiedlicher Couleur, die von den beiden großen Arbeiterparteien keine Lösung der drängenden Wirtschafts- und Sozialprobleme erwarten.

Gegründet von Linksoppositionellen in der SPD, der sich ein Teil der rechten KPD-Opposition und Gruppen der Sozialistischen Arbeiterjugend angeschlossen haben, sucht die SAP einen dritten Weg zu beschreiten: Sie steht hinter Marx' Forderung nach der Diktatur des Proletariats, lehnt aber eine Unterwerfung unter die sowjetische Parteilinie ab. Auf dem Berliner Gründungsparteitag vom 4. Oktober 1931 werden die früheren Reichstagsabgeordneten Max Seydewitz und Kurt Rosenfeld sowie Heinrich Ströbel zu Vorsitzenden gewählt. Auch Willy Brandt, der spätere IG-Metall-Vorsitzende Otto Brenner und Jacob Walcher sind ursprünglich Funktionäre der SAP. Die Mitgliederzahl der neuen Partei steigt rasch auf 20 000 an. In Eppendorf hat sie bald eine ihrer stärksten Ortsgruppen, deren Vorsitz Kurt Müller übernimmt.

Die Hauptarbeit der SAP besteht in dem Versuch, die Arbeiter gegen den aufkommenden Faschismus zu mobilisieren. Es gelingt ihr jedoch nicht, sich als dauerhafte Alternative zwischen den beiden großen Linksparteien zu etablieren. Sie bleibt eine Splittergruppe und erreicht bei den Reichstagswahlen vom Juli bzw. November 1932 nur 0,2 % bzw. 0,1 % der Stimmen. Die sozialdemokratische Parteiorganisation wird dadurch nicht erschüttert.

Nach der Ernennung Hitlers zum Reichskanzler am 30. Januar 1933 steigert sich der Terror der Nationalsozialisten gegen die Arbeiterorganisationen von Woche zu Woche. Am 31. Januar besetzen SA-Leute das Eppendorfer Rathaus und hissen die Hakenkreuzfahne. Aktive KPD-, SAP- und SPD-Mitglieder werden aufs Rathaus beordert, verhört, einige auch geschlagen. Nach dem Reichstagsbrand in der Nacht vom 27. auf den 28. Februar wird die organisierte Verfolgung der Opposition eingeleitet, »Schutzhaft« für Funktionäre angeordnet. Grundlage bildet eine Verordnung der Reichsregierung »zum Schutze von Volk und Staat«.

Alle politischen Versammlungen in Eppendorf werden scharf überwacht. Die Polizei hat Anweisung, »darauf zu achten, ob einer der Redner zum Kampf gegen die nationalsozialistische Regierung aufrief. In diesem Falle sollte sie sofort zur Verhaftung schreiten.« Kurt Müller, der auf einer Großversammlung der SPD unmittelbar vor den Märzwahlen des Jahres 1933 in der anschließenden Diskussion zum Kampf gegen den Faschismus aufruft, hat Glück, daß sich die Polizisten, die ihn als früheren Mitarbeiter der Gemeindeverwaltung persönlich kennen, strikt an ihre Weisung halten und, da er die Regierung nicht erwähnt, von einer Verhaftung absehen.

Am 5. März finden in Deutschland letztmalig Reichstagswahlen statt, zu denen mehrere Parteien zugelassen sind. Die NSDAP erhält 288 Sitze, die SPD kommt auf 120, die KPD auf 81, das Zentrum auf 73 Sitze. Im gesamten Deutschen Reich übernimmt binnen weniger Tage die NSDAP die Staatsmacht: Morgens früh 5 Uhr werden sämtliche öffentlichen Gebäude besetzt, die Polizeigewalt von der SA übernommen und, wie auch noch in den folgenden Tagen, Tausende von politischen Gegnern verhaftet. In Sachsen tritt am 10. März das Kabinett zurück, Reichskanzler Hitler beauftragt Reichskommissar von Killinger mit der Leitung der Regierung.

In Eppendorf werden im Morgengrauen des 9. März fünfzehn Funktionäre der SPD und SAP unter dem Verdacht staatsfeindlicher Betätigung in sogenannte Schutzhaft genommen, darunter auch Kurt Müller. Ella Müller:

»Heiner hat das mitbekommen. Er hat ja gehört, was los war. Deswegen ging er auch in keinen Laden mehr mit mir. Es war furchtbar. Der hat geschrien: Ich geh nicht mit rein. Er zog mich weg und hat geweint: Mama, geh nicht hin, die holen mich auch. Das war komisch, überall waren die Nazis bei ihm.«

Bei dem vierjährigen Kind löst die Verhaftung seines Vaters, die Müller fast fünf Jahrzehnte später als *die erste Szene seines Theaters* bezeichnet, als erste und prägende Erfahrung mit staatlicher Gewalt, einen *Grundschock* aus. Im Text *»Der Vater«*, geschrieben 1958, ist das biographische Erlebnis zur Parabel geronnen.

Die Entscheidung, sich schlafend zu stellen, hat das Kind der Konfrontation mit Tätern und Opfer entzogen, aber auch der Parteinahme für den Vater. Das nicht zu beseitigende Schuldgefühl ist Anlaß für die literarische Umsetzung, in der unterschwellig der Versuch unternommen wird, das eigene Versagen auszubalancieren durch die Andeutung der väterlichen Schwäche und Machtlosigkeit: Die ›Schuld‹ des Vaters beruht auf seiner Unterlegenheit (seine hellere Stimme, seine schmächtigere Figur), die ihn zum wehrlosen Opfer werden ließ. Dieser Vater ist kein Kämpfer, in seiner Schwäche ist er als SAP-(im Text: SPD) Funktionär auch eine Symbolfigur für die Schwäche der Sozialdemokratie im antifaschistischen Widerstand, sein späterer Frontwechsel, die Flucht aus der DDR in den Westen 1951, erscheint in der Logik von Müllers Erzählung – die, was nicht oft genug betont werden kann, primär ein literarischer Text ist – als Konsequenz dieser Haltung.

Die Verweigerung der Identifikation mit dem Unterlegenen und der Wunsch, der Vater möchte anders, größer, stärker gewesen sein, artikuliert sich in einem Gedicht, das Müller in den fünfziger Jahren geschrieben und in den Prosatext *»Der Vater«* eingefügt hat: *Ich wünschte mein Vater wäre ein Hai gewesen / Der vierzig Walfänger zerrissen hätte / (Und ich hätte schwimmen gelernt in ihrem Blut).*

Im Anschluß an seine Verhaftung wird Kurt Müller zum Rathaus gebracht und zusammen mit seinen Genossen im Sitzungssaal festgehalten. »Nach einigen Stunden erschien dann der frühere Gemeindeälteste von Eppendorf, Erich Leonhardt, ein Fabrikbesitzer, von dem später bekannt geworden ist, daß er einen wesentlichen Schuldenteil an der in Eppendorf seinerzeit durchgeführten Verhaftungswelle trug, und erklärte uns mit heuchlerischer Miene, daß er selbstverständlich davon überzeugt sei, daß wir anständig behandelt würden. Die meisten von uns wurden einige Tage später wieder entlassen.«

Doch schon kurze Zeit später folgt die erneute Verhaftung, als ein Parteimitglied, der Lehrer Erhard Liebe, der dem Linkshänder Heiner Müller das Schreiben mit der rechten Hand beigebracht hat, im Verhör unter Schlägen gesteht, daß sich Teile der Eppendorfer SAP auf den bewaffneten Kampf vorbereiten und in Waffenbesitz sind, darunter auch Kurt Müller, dessen Revolver seine Frau nach der Verhaftung im Wald vergraben hat.

Am 17. März wird Kurt Müller zusammen mit zehn weiteren Eppendorfer Genossen nach Plaue (heute zu Flöha gehörend) gebracht, wo die SA die von ihr beschlagnahmte, 1928 eingeweihte Turnhalle des Arbeiter-Turn- und Sportbundes an der Jahnstraße zu einem provisorischen Sammellager umgestaltet hat. Insbesondere Funktionäre der KPD sollen hier vom Kreisleiter der NSDAP in Flöha, Oehme, über Organisationsstruktur und Waffenverbleib vernommen werden. Ihm zur Seite steht »eine ausgesuchte Schlägergarde der SA«.

Die Ankunft der Häftlinge wird zu einer Orgie der Gewalt: Die meisten Verhafteten werden beim Empfang »fürchterlich geschlagen, da sie durch ein Spalier von SS-Leuten gehen mußten, die sie mit ihren Gummiknüppeln bearbeiteten.« Kurt Müller ist hier für einige Wochen eingesperrt und wird dort »fast jeden Tag Zeuge von zum Teil unmenschlichen Verhören, während deren unsere Genossen in sadistischer Weise geprügelt wurden«. Albert Weigelt, der das Glück hat, nach ein paar Tagen entlassen zu werden, erinnert sich später: »Die Folterkammer des Lagers Plaue war ein relativ kleines Zimmer, etwa zehn Stufen hoch und von der Bühne aus zu erreichen. Die Wände dieses Zimmers waren voll Blut gespritzt durch die Folterungen der SS-Schergen.«

Als Angehörige eines »Verbrechers« sind Ella und Heiner Müller in Eppendorf weitgehend isoliert. Ella Müller: »Man sagt immer, Eppendorf war 'ne Hochburg der Linken. Durch das Vereinsleben, die Arbeiter und so. Daß ein Dorf so völlig versackt ist ... Es gab nur noch Nazis.«

In seiner Autobiographie hat Müller darauf hingewiesen, daß diese frühe Erfahrung von Anderssein und Ausgrenzung *eine wichtige Voraussetzung* war *für vieles Spätere. Immer war ich isoliert, von der Außenwelt getrennt durch mindestens eine Sichtblende.* Und in einer unveröffentlichten Passage heißt es: *Bei mir [gibt es sicher] eine Unfähigkeit zur Solidarität – mal ganz scharf formuliert. Die ist natürlich auch erfahrungsbedingt. Ich will es nicht entschuldigen, aber das ist einfach da. Wenn du in einer Meute aufwächst, zu der du nicht gehörst, ist es schwer, Solidarität zu lernen. Ich meine, es war eine feindliche Meute. Als Fremdkörper erfährt man keine Solidarität, und man ist auch nicht bereit, welche aufzubauen. In der Kindheit fängt sowas ja an, das ist das Entscheidende.*

Der Wunsch der Eltern nach Integration ist vielleicht auch der Grund dafür, daß Heiner Müller am 5. Juni 1933 von Pfarrer Kaube in Eppendorf getauft wird. Taufpatinnen sind die beiden Großmütter und Ellas Schwester Carola, verheiratete Motz, aus Eppendorf. Auch der Vater tritt wieder in die Kirche ein; für die Taufe erhält er sogar Urlaub aus dem Lager: »Ab 5. 6. 1933 wieder ev.-luth.«, lautet der lakonische Vermerk im Kirchenbuch, und daß der Gemeindesekretär Müller »z. Zt. beurlaubt« sei. Gemeindemitglied zu sein, mag er sich gesagt haben, könnte die Bemühungen, entlassen zu werden, vielleicht unterstützen.

Ende Mai/Anfang Juni 1933 wird das Lager Plaue geschlossen. Die Inhaftierten werden fünfzehn Kilometer weiter in das Lager Sachsenburg verlegt, das sich im Gebäude der vom Staat Sachsen gepachteten ehemaligen Spinnerei Tautenhahn am Fuß des Schlosses nördlich von Frankenberg befindet. Es ist das erste große Konzentrationslager in Sachsen und entspricht noch nicht dem Typus, wie ihn die von der SS geführten KZ darstellen: In Sachsenburg herrscht Selbstverwaltung, es gibt keinen Stacheldraht, keine Häftlingskleidung, die Gefangenen sind nicht zum Tod durch Arbeit verurteilt. Die Häftlinge – Arbeiter, Bauern, Lehrer, Ärzte, Journalisten, Geistliche; der älteste ist über 70, der jüngste 15 Jahre alt – kommen aus Chemnitz, dem Bezirk Erzgebirge-Vogtland, später auch aus Leipzig und Umgebung. Sie werden außerhalb des Lagers zu Steinbruch- und Befestigungsarbeiten und in den lagereigenen Werkstätten mit Handwerksarbeiten beschäftigt; ihre Zahl schwankt zwischen 800 und 1200. Es gibt eine Bibliothek, die Erlaubnis zur sportlichen Betätigung, zum Lesen und Briefeschreiben. Dennoch sorgt die Lagerleitung auch hier für Terror, es gibt Strafbunker und Folterzellen. Im Februar 1935 inspiziert der Reichsführer SS, Heinrich Himmler, das Lager.

Bevor im Sommer 1934 ein SS-Totenkopfsturmbann Sachsenburg übernimmt, besteht die Wachmannschaft aus SA-Leuten, die jeweils für 14 Tage abkommandiert sind, überwiegend Handwerker, Landarbeiter oder Angestellte. Lagerleiter ist SA-Standartenführer Erich Hähnel aus Zschopau. Er läßt sich als erstes »von den Häftlingen eine luxuriöse Villa mit allem Komfort« auf dem Lagergelände errichten.

Kurt Müller arbeitet bei Hähnel auf der Schreibstube. Er hält fest, »daß Hähnel menschlich war und daß in seinem Lager, so lange er darüber die Verfügungsgewalt hatte, nicht geschlagen wurde. Zwar war Hähnel fanatischer SA-Mann, eine Landsknechtsnatur, die, wenn ich recht unterrichtet bin, im Zusammenhang mit der Röhm-Revolte liquidiert wurde. Aber im allgemeinen war er immer geneigt, dem politischen Gegner Gerechtigkeit widerfahren zu lassen.«

Sonntags nachmittags dürfen die Häftlinge für zehn Minuten Besuch empfangen. Ella Müller: »Wo mein Mann dann schon im Lager war, hab ich ein Gesuch gemacht, weil ich ihn besuchen wollte. Es vergingen ein paar Monate, bis ich die Erlaubnis bekam.« Mit der Straßenbahn fährt sie mit ihrem Sohn bis zur Endstelle Ebersdorf, von wo aus sie den Weg zur Sachsenburg zu Fuß fortsetzen. »Und dann sind wir gelaufen, ganz weit gelaufen. [...] Draußen haben wir gestanden, da war ein großer Platz. Man kann vielleicht sagen, das ist mal 'ne Wiese gewesen oder irgendwas. Da war ein Tor. Und wo die Besuchszeit war, da wurde aufgemacht, [...] und wo die vorbei war, wurde wieder zugemacht. Da sind viele gekommen, und ich war mit meinem Heiner da. Dann standen alle auf dem Platz und bei jedem stand aber noch ein SA-Mann und man konnte gar nicht reden. Ich wußte gar nicht ... Bloß der Heiner hat mit seinem Vater geredet.« Heiner Müller erinnert sich ebenfalls: *Es war eine merkwürdig kahle Landschaft, und auf dem Plateau das Lager. Wir mußten durch das Drahtgittertor mit meinem Vater reden, er sah sehr schmal und klein aus. Ich habe ihm Bilder gezeigt, die ich gemalt und gezeichnet hatte, und Zigarettenbilder. Meine Mutter kam gar nicht dazu, mit ihm zu sprechen.*

Die Eltern von Kurt Müller haben unterdessen nichts unversucht gelassen, um ihren Sohn freizubekommen. Die familiäre Solidarität ist nachhaltiger als alle politischen Differenzen. »Mein arbeitsloser Vater«, erinnert sich die jüngste Schwester Gerta, »schrieb zahlreiche Gesuche und fuhr immer wieder nach Eppendorf«; ihr Bruder Hans, Mitglied der NSDAP, habe an den sächsischen Ministerpräsidenten von Killinger geschrieben. Im Dorf habe man gewußt: »Die Müllers ducken sich nicht.«

Als Beamter ist Kurt Müller für den nationalsozialistischen Staat nicht mehr tragbar: Nach § 4 des Gesetzes zur Wiederherstellung des Berufsbeamtentums, am 7. April von der Regierung beschlossen, können Personen aus dem öffentlichen Dienst entfernt werden, die nach ihrer bisherigen politischen Betätigung nicht die Gewähr dafür bieten, daß sie jederzeit rückhaltlos für den nationalen Staat eintreten. Das Schicksal teilen mit ihm mehr als zwanzig seiner Genossen in Eppendorf.

Seine Beamtenbesoldung läuft vorerst noch weiter. Als er, wie Tausende andere politisch untragbare Beamte, zum 1. September 1933 aus dem Dienst entlassen wird, reduziert sich sein Gehaltsanspruch auf 75 % des Ruhegeldes, was – nach rund elf Dienstjahren – nicht ausreicht, um davon den Unterhalt der Familie zu bestreiten.

Da Ella Müller selbst keine Arbeit findet, wird die Beschaffung selbst des Allernotwendigsten für sie von Tag zu Tag schwieriger. Manchmal geht sie »zu einem benachbarten Bauern mit aufs Feld« und bringt von dort »ab und zu Eier und Milch und etwas Butter. Das war alles sehr wenig. Brennesselsuppe mit Eiern hab ich damals oft gekocht.« Sie arbeitet als Putzfrau bei dem Holzspielwaren-Fabrikanten Böhme, dessen Sohn Jochen Heiners erster Spielkamerad ist. Hier erhält der Vierjährige einen Freitisch, den er gleichwohl als Erniedrigung erlebt:

Die Fabrik lag gegenüber unsrer Wohnung, und wir wohnten zunächst in einem Haus, das zur Fabrik gehörte. [...] Es gab ein Angebot von diesem Fabrikanten, ich könne dort jeden Tag mitessen. Natürlich hatte ich Hunger, aber gleichzeitig war es eine ungeheure Erniedrigung, dort am Tisch zu sitzen, sich durchfüttern zu lassen. Da ist auch ein Haßpotential entstanden, ein Rachebedürfnis. Dieser Fabrikant war Sozialdemokrat gewesen, der Freitisch war gut gemeint, aber für mich doch eine schlimme Erfahrung.

Sein Berufswunsch zu dieser Zeit, so Müller, sei *General* gewesen: *Das war die Reaktion auf diese Situation.*

Heiner, Teigbirne

Kurz vor Weihnachten 1933 wird Kurt Müller unter der Voraussetzung, daß er nicht wieder nach Eppendorf zurückkehrt (durch den Ortsgruppenleiter der NSDAP, Helmut Schmidt, erhält er einen förmlichen Ortsverweis), aus dem Lager Sachsenburg entlassen. »Ich habe dann meinen Wohnsitz in meine Heimat Bräunsdorf bei Oberfrohna verlegt, nachdem ich auch aus meinem Dienst bei der Gemeindeverwaltung in Eppendorf, wo ich zuletzt als Verwaltungssekretär beschäftigt war, entlassen worden war.« Ella Müller ist ihrem Mann mit ihrem Sohn schon vorausgegangen: »Ich hatte Bescheid gekriegt mit dem Vermerk, daß die Familie von Eppendorf weg muß, mein Mann das Dorf nicht mehr betreten darf. Da bin ich also nach Bräunsdorf und hab um Zuzug gebeten.« Es fällt ihr nicht leicht, sie fühlt sich in der Familie ihres Mannes als Außenseiterin, als »die rote Linke«. »Die haben nie etwas für meine Kinder u. mich übrig gehabt«, heißt es in einem Brief aus dem Jahr 1964.

Kurt Müller, der sich im behördlichen Paragraphendschungel auskennt, sorgt dafür, daß seine Eltern in den Genuß staatlicher Wohnungsbau-Fördermittel kommen, mit deren Hilfe er für sich und seine kleine Familie zwei Bodenkammern im Obergeschoß als Wohnung ausbaut. Im Haus, erinnert sich Gerta Vogel, »wohnten damals die Eltern und noch bei ihnen sechs unverheiratete Geschwister, dazu zwei Enkel. Auf der anderen Seite des Hauses wohnte mein taubstummer Bruder mit seiner Frau und seinem 9jährigen Sohn. Im Obergeschoß wohnten mein Bruder und seine Frau, also schon 15 Personen.« – »Eines Tages hieß es: ›Der Kurt kommt heim.‹ Und alle mußten eben zusammenrücken.« – »Wir waren solche Enge eigentlich alle seit früher Kindheit gewohnt. Für Heiner muß es aber eine totale Umstellung gewesen sein. Er war hier nicht mehr der Mittelpunkt.« Ein Jahr später finden die Müllers bei einem Freund des Vaters, Dorfstraße 38, gegenüber der Schule, eine eigene kleine Wohnung.

Bräunsdorf, weitaus ländlicher noch als Eppendorf, ist für Heiner ein Spielparadies. *Ich glaube, es war, was die engere Umgebung anging, eine sehr glückliche Kindheit*. Hier besucht er ab 1935 die ersten vier Klassen der Volksschule. Mitschüler erinnern sich an einen »zurückhaltenden, nachdenklichen« Jungen, der »im Umgang mit seinen Schulfreunden eher schweigsam war und fast mädchenhafte Züge an den Tag legte.« Er habe Streitereien vermieden und sei Prügeleien »regelrecht aus dem Weg« gegangen. »Der Heiner war doch eine Teigbirne«, sagt ein früherer Spielkamerad.

Auffällig der »fast schon übertriebene Sinn für Reinlichkeit«. »Gleich hinter unserem Haus«, erzählt Gerta Vogel, »war eine Sandgrube [...]. Heiners kleine Basen spielten oft dort, sie kamen natürlich entsprechend dreckig heim. Auch sonst waren es sehr aufgeweckte Kinder. Heiner war empfindlich und ängstlich, er machte sich nicht dreckig. Da hieß es dann schon manchmal, ›guckt doch den Heiner an, wie brav der ist‹.« Mit ungläubigem Staunen wird Heiner Zeuge, wie ein Mitschüler für ein Honorar von 3 Pfennig drei Regenwürmer ißt: *Für einen Pfennig konnte man in dem Kramladen neben der Schule, der einer uralten Frau gehörte, eine Handvoll Zuckerzeug kaufen.*

Wenn Heiner mit seinen beiden kleinen Cousinen, den 1930/1931 geborenen Gertraude und Annerose, spielt, zieht er immer den kürzeren. »Sie haben ihm die Backen vollgehauen«, erläutert Gerta Vogel. In der Nachbarschaft findet Heiner Freunde, hat aber Schwierigkeiten, anerkannt zu werden: *Zum Beispiel konnte ich keine Schleife binden. Dafür lachten mich die Mädchen aus. Für die Bande war ich ein Spinner, weil ich ein Taschentuch benutzte statt zwei Finger, und daraus ergaben sich Geschichten wie die mit dem Schwalbennest. Es ging darum, ein Schwalbennest in einem Kuhstall mit Steinwürfen zu zerstören. Um anerkannt zu werden, habe ich besonders scharf geschossen, und ich traf auch. Und dann sah ich die jungen Schwalben am Boden liegen.* Im Gedicht *»Kindheit«* hat Müller die Szene festgehalten, gleichzeitig dies und andere frühe Traumata bloßgelegt.

Immer wieder Erinnerungen *an Tiere: Hunde, von Bauern hinter uns her gehetzt, weil wir in ihren Obstgärten gewildert hatten, die Pferde, mit denen ein Bauer uns in den Hof gesperrt hatte, wir standen zitternd an die Wand gepreßt, die Pferde galoppierten panisch im Kreis, der meterhoch springende Trut-*

hahn, mit dem ein andrer Bauer mich einsperrte, als ich bei der Flucht über den Zaun der letzte gewesen war, das Pferd, das ›durchging‹, von Bauern mit Stricken und Zaumzeug verfolgt, vor dem die Dorfbewohner in ihre Behausungen flohn, die Kreuzotter, die mein Großvater mit seinem Wanderstock erschlug, als sie auf einem Waldweg vor uns aufstand.

In Bräunsdorf schlägt sich der Vater zunächst mit Gelegenheitsarbeiten durch. Weil er dem Sachsenburger Lagerleiter durch seine gute Arbeit imponiert hat, macht der ihm das Angebot, nach der Entlassung noch eine Zeitlang für ihn zu arbeiten – nun aber gegen Bezahlung. So kommt es in der Folgezeit jeden Montag zu der grotesken Szene, daß vor dem Haus in Bräunsdorf ein Wagen der SA vorfährt, der den ehemaligen Häftling Kurt Müller, jetzigen Bürovorsteher des KZ-Kommandanten, ins Lager bringt und am Wochenende wieder zurück.

1934/35 verdingt sich Kurt als Aushilfsarbeiter bei der Gemeindeverwaltung Bräunsdorf; später, nachdem ihm auch das untersagt wird, berät er seine Mitbürger bei Behördenproblemen, wofür er etwas Geld oder Lebensmittel zugesteckt bekommt. Ella arbeitet 1935/36 in einer nahegelegenen Fabrik als Näherin. Nach geraumer Zeit bekommt die Familie auch »Unterstützung, 250 Mark. Mein Mann war doch Beamter gewesen und im Beamtenbund, und von da kam dann das Geld. Aber heimlich. Einmal ist auch ein Briefumschlag mit 500 Mark gekommen. Ich weiß bis heute nicht, von wem das Geld war. Das war ohne Absender.«

Im November 1935 beginnt die fast dreijährige Dauerarbeitslosigkeit Kurt Müllers – eine Zeit, der Heiner auch eine angenehme Seite abgewinnen kann, weil der Vater *über alles* mit ihm spricht und *den ganzen Tag* Zeit für ihn hat. *Er besaß auch literarischen Ehrgeiz; es gibt Texte von ihm. Er machte Resümees von seiner Lektüre, auch viele Exzerpte und las Philosophie. Das Bedürfnis, alles zu wissen, alles zu kennen, war sehr ausgeprägt bei ihm, und ich war sein einziger Gesprächspartner.*

Von den Demütigungen der Stellensuche zermürbt, entschließt sich Kurt Müller 1936 zum Arrangement mit dem Aggressor – wie es Hunderttausende anderer Sozialdemokraten und Regimegegner auch taten. Für kurze Zeit findet er eine

Beschäftigung beim Autobahnbau (eine Arbeit, die er, weil ihm das Schaufeln schwerfällt, nach einem halben Jahr wieder aufgeben muß). Allerdings geht das nicht ohne Konsequenzen für die bis dahin symbiotische Vater-Sohn-Beziehung ab. Alles beginnt mit einem Schulaufsatz, Thema: »Die Straßen des Führers«; die beste Hausarbeit soll prämiert werden. Erst erklärt der Vater dem Sohn, die Prämie sei unwichtig. Er möchte nicht, daß sein Sohn sich korrumpieren läßt. Dann ändert er seine Meinung plötzlich und hilft dem Sohn, den Aufsatz zu schreiben, diktiert ihm sogar den Schlußsatz: *Es ist gut, daß der Führer die Autobahnen baut, dann bekommt vielleicht auch mein Vater wieder Arbeit, der so lange feiern mußte.* Kurt Müller bekommt die Arbeit, der Aufsatz wird prämiert, aber Heiner erlebt die Prämie als *Schande*. Die Schwäche eines Opfers ist in Verrat umgeschlagen.

Das opportunistisch-pragmatische Verhalten des Vaters löst bei seinem Sohn einen neuerlichen *Schock* aus. *Ich war so erzogen, daß ich wußte, draußen ist der Feind, die Nazis sind der Feind, die ganze äußere Welt ist feindlich. Zu Hause sind wir eine Festung und halten zusammen. Plötzlich war da dieser Riß.* Nun ist er gefordert, den Meinungswechsel des Vaters nachzuvollziehen, was ihm nicht gelingt. Er ist vielmehr gezwungen, das politische Ideal, das der Vater bisher verkörpert und bewahrt hat, für das er sogar inhaftiert worden ist, von ihm abzulösen und gegen ihn selbst zu verteidigen. Daraus entwickelt sich eine weitere Störung in der Beziehung. Die Anpassung des Vaters an das Naziregime prägt sich dem Sohn als irritierende Verliererhaltung ein, auch als Ermunterung, sich dem Stärkeren zu beugen. Nicht zum letzten Mal macht er die Erfahrung, daß nur Verrat hilft, zu überleben.

In seiner Autobiographie hat Müller darauf hingewiesen, daß er als Kind im Zusammenhang mit seinem Vater eine Reihe von schockhaften Erfahrungen machen mußte, von denen die Verhaftung die erste war, die Rückkehr die zweite: *Es ist schon so, nach der ersten Trennung von meinem Vater war er in gewisser Weise für mich ein Untoter, als er aus dem KZ zurückkam.* Die ursprünglich darauf folgende Passage hat Müller für den Druck gestrichen; dort heißt es weiter: *Er war in gewisser Weise tot, jedenfalls tot als Gottes Stellvertreter. Von da kommt sicher auch so ein ambivalentes Verhältnis zur Macht, die Suche nach einer Macht, die Suche nach Autorität und nach dem Konflikt mit ihr. [...] Erstmal war es die Erfahrung, daß andere stärker sind als mein Vater. Eine übergreifende Macht oder Autorität oder Gewalt. Eigentlich ist er ja die höchste Autorität, er ist die Macht, und wenn die nicht mehr im Amt ist, verleugnet man sie. Man sucht dann den Vater woanders.*

Die Arbeitslosigkeit des Vaters dauert bis zum Juni 1938. »Da stand dann in einer Zeitung eine Annonce, die Landkrankenkasse in Waren-Müritz sucht einen Angestellten. Da fuhr mein Mann am anderen Morgen früh um fünf nach Mecklenburg. [...] Er mußte von Bräunsdorf nach Oberfrohna zum Bahnhof laufen und es war noch so ein bißchen dämmrig, wo er ging. Alles schlief noch. Ich seh' ihn noch vor mir. Er lachte und sang ein Lied. [...] Der Chef der Landkrankenkasse in Waren war ein SS-Mann, aber der hat gesagt: Mir ist egal, wer Sie waren. Sie haben so gute Zeugnisse und so einen Mann kann ich brauchen. Und mein Mann hat dann die Arbeit bekommen.«

Kurt Müllers Arbeit als Hilfsangestellter der Landkrankenkasse besteht darin, auf den Gütern der Großgrundbesitzer in und um Waren, deren Anteil an land- und forstwirtschaftlichem Besitz bei 75 % liegt, die Versicherungsverhältnisse zu prüfen und die Beträge zu kassieren. *Die Großgrundbesitzer hatten hauptsächlich Saisonarbeiter, polnische meistens.*

Wunsch, Indianer zu werden

Im Sommer 1938 ziehen die Müllers von Sachsen nach Mecklenburg. Ella Müller: »Wir sind früh im Dunkeln weg und abends sind wir angekommen in Berlin ... Da gab's doch diese Unterkünfte von der Bahnhofsmission, und da sind wir gewesen. Heiner ist ja vorher auch nie unterwegs gewesen, aber nun ging es ja zu seinem Papa. Die Leute waren alle nett. Wenn ich was nicht gewußt hab, hab ich mich eben durchgefragt. In Waren war mein Mann auf dem Bahnhof schon. Da war es auch spätabends und schon finster und da haben wir den Kleinen erstmal ins Bett gebracht.«

Zunächst wohnt die Familie in einer winzigen Wohnung in einem Haus neben der Krankenkasse in der Moltke- (jetzt Mozart-)straße, später ziehen sie in die Weinbergstraße 3a, 1. Stock. Dort wird am 18. August 1941 das zweite Kind des Ehepaars geboren, Wolfgang Müller. Seine Erziehung fällt der Mutter weitaus schwerer: »Wolfgang war schwierig, der war so'n richtiger Junge. Da hab ich immer gesagt: Heiner war anders, ich weiß nicht, was du bist. Das war eine Dummheit von mir.«

Waren zählt 1939 rund 15 000 Einwohner. Die einstige Ackerbürgerstadt, die lange Zeit vom Getreide-, Kartoffel- und Rübenanbau und der Viehwirtschaft lebte, hat sich in den letzten Jahren zu einem Tourismuszentrum entwickelt. Mit seiner idyllischen Lage zwischen drei Seen und den beiden Freibädern ist es Urlaubs- und Luftkurort für ganz Mecklenburg und darüber hinaus. Jahr für Jahr kommen um die zehntausend Sommerfrischler an die Müritz, viele davon aus Berlin, dazu Tausende von Sonntagsausflüglern. Auf die vielen auswärtigen Gäste hat man sich in Waren eingestellt: 1927 gibt es bereits 29 Hotels, Gasthöfe und Pensionen. Obgleich auf den Dörfern des Landkreises vielerorts Mangel herrscht, ist die Infrastruktur in der Stadt weitaus entwickelter als im rückständigen Erzgebirge: In Waren gibt es Telefon, Kanalisation, seit 1925 Elektrizität.

Insbesondere für Heiner ist Waren zunächst eine Art Exil. In der Schule wird er als Ausländer behandelt. *Der Ausländer steht auf dem Schulhof allein, von allen beäugt und gemieden, angerempelt und geschlagen, wenn die Lehrer wegsehn. Der Ausländer geht seinen Schulweg allein; er hat keine Freunde. Er muß schneller sein als die Verfolger. [...] Im Winter, wenn die Seen zufrieren, schlägt die Stunde des Ausländers. Sein Platz, wenn das Eis zum erstenmal begangen wird, ist an der Spitze der Expedition; das Gros folgt mit respektvollem Abstand.* Sein Haß auf die *Gemeinschaft*, die ihn ausschloß, bekennt Müller 1993, sei *grenzenlos* gewesen.

In der – gemessen an seinem Heimatdorf – reichen Kleinstadt, wo man nachmittags die mecklenburgische Vesper, die

16-Uhr-Kaffeemahlzeit einnimmt, empfindet Müller obendrein die Ausgrenzung durch Armut besonders stark:

In Waren war das für mich so etwas wie ein Kulturschock. Ich habe das erste Mal dort mit mecklenburger Knaben gespielt, Indianerspiele und so. Es war schwierig, weil ich der Ausländer war. Ich war dann immer der letzte Indianer, Häuptling durfte ich nie sein, Old Shatterhand auch nicht, und so weiter. War schon nicht so einfach. Und dann gab es ein Ritual: Sechzehn Uhr oder fünfzehn Uhr dreißig sagten die: ›So, wir gehen jetzt Kaffee trinken.‹ Und dann war Schluß mit dem Spiel. Ich kannte das nicht, dieses Ritual, bei uns gab es kein Kaffeetrinken. Das war eine Geldfrage, das ist immer eine Geldfrage gewesen. In Sachsen, in diesen Industriegebieten, kannte man das ganz allgemein nicht, an normalen Tagen Kaffee und Kuchen. Das war aber dort bei diesen Mittelschichten in Waren selbstverständlich. Das war wirklich ein Schock für mich. Ich habe meine Mutter gefragt, wieso wir nicht auch um sechzehn Uhr Kaffeetrinken machen. Da hat sie mir erklärt, das kann sie nicht. Sie hat kein Geld dafür, kostet zu viel. Da sind die Quellen meines ›Traditionssozialismus‹.

Die Erfahrung von Mangel in der Kindheit läßt Müller 1985 sagen: *Ich bin aufgewachsen als Neger. Ich bin aufgewachsen als Sohn von Eltern, die bestimmte Dinge nicht kaufen konnten.*

In Waren besucht Heiner Müller vom Herbst 1938 bis Frühjahr 1939 die Volks-, ab Ostern 1939 dann die Staatliche Mittelschule. Er ist ein guter Schüler. »Nur am Anfang ging es nicht so gut, weil der Heiner sprach doch sächsisch und ich auch und da plapperten alle platt. Wir mußten uns erst an die Sprache gewöhnen. Aber trotzdem ist Heiner doch gut durchgekommen in der Mittelschule, in die er dann kam, Schwierigkeiten haben wir eigentlich nicht viel gehabt mit ihm. Schulaufgaben und so, das muß ich sagen, das hat er gemeistert. Mein Mann hat ihm immer Bücher rausgesucht. Der hat sich sehr gekümmert. Die beiden waren wie Freunde, Heiner und mein Mann.«

Heiner ist in allen Fächern überdurchschnittlich gut; am besten aber ist er in Deutsch. Sein Klassenkamerad Gerhard Haase erzählt: »Ich lernte Heiner Müller kennen als einen aufgeschlossenen, sehr begabten Jungen. Unsere damalige von uns allen sehr geschätzte Klassenlehrerin, Frau Olga Reinhold, die uns in Deutsch und Englisch unterrichtete, stellte uns oftmals seine geschriebenen Aufsätze als sehr gelungen vor; wir waren aber auch ebenso fasziniert von seinem oft bewiesenen zeichnerischen Talent. Das verwunderte uns besonders, denn Heiner war Linkshänder.« – »Er sprach sächsisch, das war ein bißchen seltsam für uns.« Das künstlerische Zeichnen hat Müller übrigens bis zum Ende seiner Schulzeit nicht aufgegeben; noch als Vierzehnjähriger gibt er als Berufswunsch *Maler* an.

1940 wird der Vater, »wegen heimtückischer Angriffe auf Volk und Staat«, von der Gestapo erneut in Haft genommen: Anläßlich des Nichtangriffspakts zwischen Deutschland und der Sowjetunion hat er in der Krankenkasse aus »Mein Kampf« Hitlers Ansichten über den Bolschewismus vorgelesen und ist von einem Kollegen denunziert worden. Wieder gibt es eine Haussuchung, wieder wird die häusliche Bibliothek dezimiert. Aber der Vater kann sich herausreden, und weil obendrein sein Chef sich für ihn eingesetzt hat, kommt Kurt Müller nach drei Wochen im Amtsgerichtsgefängnis Waren, die dem Sohn wie Jahre erscheinen, wieder frei; das Verfahren wird eingestellt. Ende März 1943 wird er zur Wehrmacht eingezogen. Seinen Militärdienst leistet er in Südfrankreich, im Elsaß und im Schwarzwald ab. Für seinen Bruder Wolfgang wird Heiner nun zum Ersatzvater.

Ostern 1941 wechselt Heiner Müller auf die Oberschule am Tiefwarensee in der Güstrower Straße, die er seiner guten Zensuren wegen kostenlos besucht: die Demmler'sche Stiftung gewährt ihm eine »Freistelle«. Der Hitlergruß zu Unterrichtsbeginn gehört am Gymnasium zum allmorgendlichen Ritual, auch wenn der *Schatten* des inhaftierten Vaters Heiner den *Grußarm* beschwert.

Es hat sich ein Brief des 12jährigen Quartaners an seine Tante Gerta erhalten, in dem er stolz seine jüngsten Zeugnisnoten aufzählt: *A. Allgemeine Beurteilung: Bei sehr großem Eifer erzielte er in den Leibesübungen gute Erfolge. In den wissenschaftlichen Fächern waren Streben und Leistungen gut bis sehr gut. Sein Verhalten in der Klasse war einwandfrei. B. Leistungen:*

Turnen 2 Deutsch 1 Geschichte 1 Erdkunde 2 Biologie (Naturkunde) 2 Rechnen u. Mathematik 2 Englisch 1 Latein 1 Religion 2.

Die Zwangs-Mitgliedschaft im Deutschen Jungvolk ab 1940, mit 14 Jahren dann in der Hitlerjugend, berührt Heiner Müller nur wenig. *In der HJ sein, das hieß Marschieren, Singen. Man mußte in der Lage sein, ein Lagerfeuer zu machen, einen Topf Wasser zum Kochen zu bringen, und es gab Geländemärsche mit Gepäck.* Darüber hinaus engagiert er sich nicht, wofür er von seiner Mutter Rückendeckung erhält. Sich ganz vor dem »Dienst« sich zu drücken, gelingt Müller nicht: Wer öfter als dreimal bei den »Heimabenden«, bei Märschen und Fahrten oder unentschuldigt fehlt, kann laut § 12 Absatz 2 der Jugenddienstverordnung vom 25. März 1939 zwangsvorgeführt werden. Es war Sache der »Bannführung«, ob die Vorschriften strikt durchgesetzt wurden.

Von den Kriegsereignissen bleibt Waren weitgehend verschont. Häufig wird Fliegeralarm gegeben, aber die Bomberverbände nehmen meist Kurs auf Berlin.

Am 18. Oktober 1944 wird der Führererlaß vom 25. September veröffentlicht, der alle waffenfähigen Männer zwischen 16 und 60 Jahren zum Deutschen Volkssturm einberuft. Zum Jahresende wird die Oberschule in Waren geschlossen; die Schüler der oberen Klassen müssen ihre Schulbank mit dem Platz hinter den Flugabwehrgeschützen vertauschen. Am 15. Dezember erhält Müller sein Zeugnis. Die Noten sind jetzt in Untersekunda nicht mehr ganz so gut: »Die allgemeine Beurteilung lautet: Haltung gut, Streben und Gesamterfolg befriedigend. Die Leistungen in Deutsch und Latein waren gut, in Geschichte, Erdkunde, Kunst, Musik, Mathematik und Englisch befriedigend, in Physik mangelhaft und in Biologie und Chemie ausreichend.« Dreimal ist er verspätet zum Unterricht gekommen. Daß er außerdem vierzig Schultage versäumt hat, hängt wohl mit der »Werwolf«-Ausbildung zusammen, die er *noch in der Schulzeit* hat absolvieren müssen: Die »Werwölfe«, letztes Aufgebot für die Abwehrgefechte des Zweiten Weltkriegs, sollen nach Partisanenart den Feind aus dem Hinterhalt bekämpfen, sobald seine Panzer die deutschen Abwehrstellungen überrollen, und in den bereits von alliierten Truppen besetzten Gebieten bis zum »Endsieg« Sabotage- und Terrorakte verüben. Sie lernten, wie man Autostraßen unpassierbar macht, Autoreifen mit Eisenspänen spickt, Telefone zerstört, das Stromnetz lahmlegt. *Man lernte mit der Panzerfaust umgehen, schießen, sich im Wald bewegen, usw. Ich konnte nicht gut schießen, das war mein Glück. Ich sah schlecht ohne Brille. Schon seit Jahren hatte ich an der Tafel nichts mehr lesen können.*

Unmittelbar nach Schulschluß geht es in ein Wehrertüchtigungslager des Reichsarbeitsdienstes in den Dünen bei Wismar. Ella Müller erinnert sich: »Vor unserem Haus, wo wir gewohnt haben, marschierten sie auf. [...] Ab sechzehn Jahre. Im Grunde genommen ist es so gewesen, daß die meisten gar nicht wußten, was los ist. Sie haben mitgemacht, ist ja klar, und waren stolz darauf, daß sie nun in den Krieg gingen. Heiner war still und hat nicht viel gesagt. Ich konnte ja auch nichts sagen. Die sind dann alle wegmarschiert. Ich weiß nicht mehr wohin, wie der Ort hieß. Dann hat auch niemand mehr Nachricht gekriegt, wo sie nun weiter hin sind. Mit meinem Wolfgang war ich dann allein, allein in einem fremden Land. Mecklenburg war ja fremd.«

Das Wichtigste war Schießen. Der Ausbilder war ziemlich jung, Mitte Zwanzig, ein idealistischer Nazi, ein integrer Mann. Der teilte uns ein in Männer und Idioten, nach den Schießergebnissen. Ich war Idiot, und die Idioten interessierten ihn nicht weiter. Die Männer hat er geschunden. Als Idiot konnte man den Dienst ertragen. Es dauerte auch nicht sehr lange, ein paar Wochen. Dann waren die Russen schon in Mecklenburg. In den letzten Apriltagen wird das Zeltlager aufgelöst; begleitet von fernen Detonationen, fliehen Ausbilder und Rekruten vor der anrückenden Roten Armee nach Westen, Müller in zu engen Stiefeln und zu weiter Uniform, ein Kind in Feldgrau.

Einmal hat die Kompanie *Feindberührung*, als sie auf sowjetische Panzer stößt: *Wir sprangen rechts und links in die Straßengräben und machten unsre Panzerfäuste zum Abschuß bereit, wie wir es gelernt hatten. Aber die Panzer ignorierten uns und verschwanden ohne Halt, Büsche und niedrige Bäume niederwälzend, in einem Waldstück. Blasen an den Füßen* bleiben Müllers *einzige Verwundung: mein Krieg war ohne Schlacht.* In einem verlassenen Dorf entdeckt er in einer Wohnung einen gutsortierten Bücherschrank und beschwert sein *Marschgepäck mit deutscher Philosophie: Kant und Schopenhauer.* Es bleibt seine einzige Kriegsbeute.

Am 8. Mai 1945 kapituliert das Oberkommando der deutschen Wehrmacht. Wenig später erreicht der Trupp Schwerin in der amerikanischen Zone, wo Müller kurz in Kriegsgefangenschaft gerät. Von dort kann er sich zusammen mit zwei anderen Jungen nach Waren durchschlagen. Zuvor müssen noch einige gefährliche Situationen überstanden werden: der Angriff eines Tieffliegers, der Absprung von einem Zug, den russische Soldaten anhalten, die anschließend mit Maschinenpistolen hinter den Flüchtenden her schießen.

Schlimm ist der Schrecken vor dem Kommenden, der sich von der alten Propaganda nährt:

Es kursierte das Gerücht, daß bei Betreten der sowjetischen Zone die Frauen vergewaltigt und die Männer erschlagen würden. Ich erwartete hinter den Büschen die ersten Leichen. Die Sowjets haben uns aufgenommen, wir erhielten eine Erbsensuppe, und am nächsten Morgen hat man uns zur nächstgelegenen Bezirkshauptstadt in Marsch gesetzt. Dort gab man uns zehn Minuten, um in der Natur zu verschwinden und uns alleine durchzuschlagen. Ich habe die hundert Kilometer bis nach Hause in wenigen Tagen zurückgelegt. Bilder, die mir im Kopf bleiben: ein kleiner Fluß, der die beiden Teile trennte, mit einer Brücke und Schlagbäumen; die Amerikaner waren zu faul, den Schlagbaum zu heben, um uns durchzulassen; wir sind drübergesprungen; auf der sowjetischen Seite kam eine Delegation von acht Mann, sie haben den Schlagbaum gehoben und Haltung angenommen.

Der da aus dem Krieg zurückkehrt, ist nicht mehr derselbe Jugendliche, als der er loszog, dafür hat er zu viel gesehen und gehört. Die Dünnhäutigkeit hat er abgestreift (oder auch nur verpanzert) wie der Erzähler aus *»Todesanzeige«* seinen dürren Kameraden (»Hühnergesicht«) gewaltsam abgeschüttelt hat, weil er ihm zur Last wurde. Heiner Müllers Initiation vollzieht sich im Frühjahr 1945, binnen weniger Wochen, auf dem

Marsch von Wismar nach Waren. Nur wenige Bilder hat sein Gedächtnis preisgegeben, der Rest liegt wie *unter einem Schleier. Das war [...] so ein angstfreier Zustand, wie im Traum. [...] Das Wesentliche war, daß es keine Ordnung, keine Bindung mehr gab.*

Die traumatischen Erlebnisse unterwegs und die damals gehörten Geschichten sind Bilder, die nach Bearbeitung schreien – ein stofflicher Vorrat, aus dem der Autor Heiner Müller jahrzehntelang schöpft; Material für frühe Prosatexte ebenso wie für Szenen aus *»Die Schlacht«* und ganz zuletzt noch für *»Germania 3 Gespenster am Toten Mann«*.

Nachkrieg

Im Juni 1945 erreicht Müller Waren. Die Stadt ist seit einigen Wochen von der Roten Armee besetzt, eine Ortskommandantur ist eingerichtet, in einer Villa an der Müritz residiert der russische Geheimdienst. *Es stand noch alles. Waren ist kaum bombardiert worden, nur die Flugzeugwerke. Meine Mutter war da, mein Bruder, und ein russischer Offizier, eine Einquartierung, ein freundlicher, höflicher Mann, er sprach deutsch.*

Das Ende der NS-Diktatur, die sein Leben bis dahin geprägt und beeinträchtigt hatte, löst bei Müller ein euphorisches Glücksgefühl aus. Rückblickend erscheinen ihm die Jahre bis 1947 als eine kurze Zeit der Freiheit, obgleich er die Sowjetsoldaten durchaus auch als Besatzer erlebt. *Die Zeit nach dem Krieg war ziemlich wüst, aber auch ganz intensiv. Zum Beispiel der Tanzpalast in Waren. Da war jede Nacht Tanz. Tanz auf dem Vulkan, eine Mischung aus Endzeit und Karneval. Nach dem Krieg fing eigentlich nichts Neues an, es war nur etwas zu Ende. Es gab noch keine neuen Hoffnungen.*

Am 8. Juni 1945 wird Kurt Müller aus kurzer amerikanischer Kriegsgefangenschaft entlassen. Über Bräunsdorf kehrt er nach Mecklenburg zurück. Ella Müller: »Plötzlich hörte ich unten Stimmen. Die Kinder riefen: Wolfgang, Wolfgang, dein Papa ist wieder da, dein Papa kommt. Aber mein Wolfgang, wo der nur näherkam, guckt: Das ist nicht mein Papa, der Heiner ist mein Papa. Er wollte nichts mit ihm zu tun haben.« Heiner Müller bestätigt: *Für den war ich der Vater. [...] Als unser Vater wiederkam, hat mein Bruder ihn nicht erkannt, das hat er sehr übelgenommen.*

Unmittelbar nach seiner Rückkehr nimmt Kurt Müller wieder seine politischen Aktivitäten auf und läßt sich zum Ortsgruppen- und Kreisvorsitzenden der SPD wählen. Kurzzeitig übernimmt er die stellvertretende Leitung seines ehemaligen Betriebs, der Landkrankenkasse. Als Antifaschist wird er von der sowjetischen Militärverwaltung im Herbst 1945 zum stellvertretenden Leiter des Arbeitsamts und vom 1. November 1945 bis zum 30. November 1946 zum Leiter der Hauptverwaltung im Landratsamt ernannt. Auch sein Sohn tritt der SPD bei.

Weil das Gymnasium noch auf Monate geschlossen bleibt, wird Heiner Müller von seinem Vater beim Landratsamt angestellt: Zusammen mit dem Sozialdemokraten Dr. Köhler, einem ehemaligen Lehrer, ist er für die Überprüfung der Büchereien des Landkreises zuständig: *Wir säuberten die Bibliotheken von Naziliteratur, auch die der Gutsherren. Diese Tätigkeit war die Grundlage meiner eigenen Bibliothek. Ich habe geklaut wie ein Rabe. Das war eine schöne Zeit. Ich habe Bücher geklaut, gelesen und einfach sehr viel kennengelernt.* Auch der Speicher des Landratsamts birgt Bücherschätze:

Gelegentlich mußte ich auf den Dachboden, um Akten zu holen. Außerdem lagerten auf dem Boden die Bestände der Stadtbücherei und der Kreisbibliothek. Es gab keine Räume dafür. Da legte ich mir dann immer die Bücher zurecht, die ich abends mitnehmen wollte. Eine Nietzsche-Ausgabe, Bücher von Ernst Jünger. Ich konnte meine Bibliothek weiter vervollständigen; das war meine Haupttätigkeit als Angestellter.

Den Bücherklau hat man ihm in Waren übrigens bis heute nicht verziehen.

Die Nietzsche-Nachkriegslektüre sei *ungeheuer wichtig* für ihn gewesen, sagt Müller 1985. Er habe Nietzsches *nomadisches Denken* als *sehr hilfreich und eigentlich immer sehr motivierend* gefunden. *Er war immer unterwegs mit dem Denken. Damals war das für mich ein bißchen ein Gegengift gegen Entwicklun-*

gen in der damals noch sowjetischen Besatzungszone, dann in der DDR, die auf eine Egalisierung hinausgingen, also auf eine Nivellierung. Was mich interessiert, ist sein Denkgestus, nicht die Systemansätze. Gleiches gilt für Jünger: Die frühe Lektüre von »Blätter und Steine« mit ihrer seltsamen Mischung aus poetischen Texten und ästhetischen Theorien, aus politischer oder institutioneller Lebenserfahrung im Umgang mit der Macht sei *eine Injektion von Aristokratismus gegen diese Nivellierungstendenz der ersten Jahre* in der SBZ gewesen, verrät er 1993 Alexander Kluge.

Danach wird Müller Mitarbeiter bei der Behörde für Bodenreform. Bei Kriegsende stehen in Mecklenburg 23 000 Kleinbauern 1 600 Großgrundbesitzern gegenüber, die zusammen über fast 60 % der landwirtschaftlichen Nutzfläche verfügen. Entsprechend hoch ist anschließend der Anteil des im Herbst 1945 in der Sowjetischen Besatzungszone entschädigungslos enteigneten Großgrundbesitzes (Flächen über 100 Hektar) zugunsten von landarmen Bauern, Agrarproletariat und Umsiedlern. Nach Abschluß der Bodenreform vom 5. September werden zwischen Dezember 1945 und September 1947 vier große Überprüfungsaktionen zur Zweckmäßigkeit der demokratischen Bodenreform durchgeführt. In Versammlungen und bei Lokalterminen können die Neubauern Protest und Sorgen vortragen. Heiner Müller ist oftmals Augen- und Ohrenzeuge: *Ich hatte gar nichts zu tun, saß nur in einem Büro, mit einem älteren Mann, der für die Bodenreform zuständig war. Wir fuhren gelegentlich aufs Land zu Bauern. Und Bauern kamen mit Beschwerden und Problemen ins Büro. [...] Ich saß da an einem kleineren Tisch, und der Beamte, der zuständig war, der Abteilungsleiter, saß an seinem Regierungsschreibtisch, und die Bauern standen und trugen ihre Sachen vor. Viel mehr als das, was sie sagten, haben mich die Tonfälle interessiert, die Art, wie sie sprachen. [...] Ich habe immer dabeigesessen und mir das angehört, auch mal was aufgeschrieben. Das alles wurde später Material für die ›Umsiedlerin‹.*

1946 geht Müller dann wieder aufs Gymnasium; im Zeugnis der 10. Klasse, erteilt am 12. April, erhält er »in Deutsch, Erdkunde, Biologie und Englisch die Note 2, in Musik, Chemie,

Physik, Mathematik und Russisch die Note 3 und in Latein die Note 1.« Am 6. Juli wird er in die 11. Klasse versetzt, wo das gleichaltrige Flüchtlingskind Klausjürgen Wussow, der spätere Schauspieler, zu seinen Mitschülern gehört; am 25. Juli 1947 erfolgt die Versetzung in Klasse 12 mit ähnlichen Zensuren. Unter den Klassenkameraden gilt er, auch weil er als Fünfzehn-, Sechzehnjähriger Bücher über Psychologie, Psychiatrie und Psychoanalyse gelesen hat, als Experte für Sexualfragen. Mit der Lektüre von Freuds »Traumdeutung« ist sein Interesse erwacht: *Ich fragte alle erreichbaren Personen nach ihren Träumen.* Dieses Interesse hat Müller nie verloren; immer wieder hat er Träume notiert, fremde wie eigene, bis zu seinem Tod liefern sie ihm Material für poetische Texte. 1990 sagt er dazu: *Mich hat immer die Erzählstruktur von Träumen interessiert, das Übergangslose, die Außerkraftsetzung von kausalen Zusammenhängen. Die Kontraste schaffen Beschleunigung. Die ganze Anstrengung des Schreibens ist, die Qualität der eignen Träume zu erreichen, auch die Unabhängigkeit von Interpretation.* Vielleicht wäre Müller, hätte er länger gelebt, zu einem großen Traumerzähler geworden, wie sich das in den beiden expliziten *Traumtexten* anzudeuten scheint, die er 1994 und 1995 verfaßte.

Im Frühjahr 1946 wird in der Sowjetischen Besatzungszone der Zusammenschluß von SPD und KPD vorbereitet; am 22. April findet in Berlin der Vereinigungsparteitag statt. Die Sozialistische Einheitspartei Deutschlands (SED) wird konstituiert. Kurt Müller gehört zu den Vereinigungsgegnern. Über den Stalinismus, die Säuberungen und Prozesse der dreißiger Jahre, das System der Straflager weiß er Bescheid. Man ist im Hause Müller *im Besitz bestimmter Kenntnisse, die offiziell nicht existierten.* Wieder ist da diese Situation, in der zwischen Innen und Außen unterschieden werden muß, alle Gespräche nach dem jeweiligen politischen Milieu bedacht werden müssen.

Anfangs macht Kurt Müller aus seiner Abneigung gegen die SPD/KPD-Zwangsvereinigung auch öffentlich keinen Hehl. Der russische Stadtkommandant sorgt mit erpresserischen Methoden schließlich dafür, daß er sich auf einer Kreisversammlung der SPD gegen seine Überzeugung *feurig* für die Vereinigung ausspricht. Das Ergebnis ist, daß man ihn am 1. Mai 1946 zum SED-Kreis- und Ortsgruppenvorsitzenden von Waren wählt.

Nun beginnt Kurt Müllers dritte Parteikarriere: Nach dem Besuch der Kreisparteischule Waren, an der er dann auch selbst unterrichtet, wird er 1947 in den Landesvorstand der SED Mecklenburg berufen und am 1. September 1947 auf dem Parteitag in Schwerin zum Landessekretär für Kultur, Universitäten usw. gewählt. Sein Amt tritt er jedoch nicht mehr an. Stattdessen folgt er einem Angebot seiner sächsischen Genossen, die ihn zum Bürgermeister von Frankenberg machen wollen. Ihnen scheint er prädestiniert für dieses Amt. »Polit.-Sekretär« Otto vom »Antifaschistisch-Demokratischen Block« in Frankenberg bescheinigt ihm Ende 1947, er sei »als Kind einer Arbeiterfamilie immer mit der Arbeiterbewegung verbunden gewesen. Eine viele Jahre währende Verwaltungspraxis in inniger Verbindung mit politischer Arbeit für die werktätige Bevölkerung garantieren eine besondere Befähigung für sein zukünftiges Amt.« Im Oktober 1947 absolviert er noch einen dreiwöchigen Lehrgang an der Karl-Marx-Hochschule im brandenburgischen Liebenwalde.

Treibende Kraft bei der Berufung Kurt Müllers ist der Frankenberger Stadtrat Franz Ebert (SED), der als KPD-Mitglied mit ihm zusammen im Frühjahr/Sommer 1933 in Sachsenburg inhaftiert war. Nachdem ihn die Rote Armee aus dem KZ Sachsenhausen befreit hatte, gehörte er zum Triumvirat, das die Sowjets am 22. Mai 1945 zunächst mit der Führung der Stadtgeschäfte beauftragten.

Daß es für ihn zudem noch einen anderen Grund gibt, Mecklenburg zu verlassen, davon zeugt ein fragmentarisch erhaltener Brief Kurt Müllers aus Frankenberg an den Landesvorstand der SED Mecklenburg, in dem von einer gegen ihn gerichteten Eingabe an die Generalstaatsanwaltschaft in Mecklenburg die Rede ist, hinter der offenbar der umstrittene Warener Kreisrat Nevermann stand: »Es ist typisch für seine Kampfweise, daß er es nicht gewagt hat, offiziell gegen mich aufzutreten, solange ich in Waren war, obwohl ich ihm dazu wiederholt Gelegenheit gegeben habe. Erst jetzt, da ich in weiter Entfernung bin, greift er mich, seiner schleichenden, hinterhältigen Art entsprechend, an.«

Frankenberger Boheme

Im November 1947 zieht die Familie Müller nach Frankenberg im Bezirk Chemnitz, das lebhafte industrielle Zentrum am Südrand des mittelsächsischen Hügellands. Am 1. November 1947 wird Kurt Müller durch das Landratsamt Flöha zum Bürgermeister berufen, der fünfte bereits nach Kriegsende. In seinem Amtseid gelobt er, seine »ganze Kraft« und alle seine »Fähigkeiten für den Aufbau eines neuen, demokratischen Deutschlands einzusetzen«. Die Wohnung der Familie Müller befindet sich zunächst Ernst-Thälmann-Straße 6, dann Freiberger Straße 14, wo bis zum Sommer 1948 die russische Stadtkommandantur, danach die Volkspolizei untergebracht ist. Hier finden gelegentlich »Partys« statt, zu denen die Freunde des Bürgermeisters erscheinen: Neben Franz Ebert das Ehepaar Schumann, die Stadträte Bruno Proßwimmer (Direktor der Stadtwerke) und Hans-Joachim Hickel (Architekt) nebst seiner Gattin Erika – Namen, die später in Müllers letztem Stück, *»Germania 3 Gespenster am Toten Mann«*, wiederbegegnen. Dem »Ebertfranz« gibt Müller dort unter anderem die Sätze: *Der Kommunismus kommt, so sicher wie das Amen in der Kirche* und *Unsre Arbeiter stehn zu uns. Ich kenn sie*.

In Frankenberg geht Heiner Müller wieder auf die Oberschule, die zunächst noch provisorisch in der Berufsschule an der Freiberger Straße, im Winter auch in verschiedenen Belegschafts- und Lagerräumen Frankenberger und auswärtiger Betriebe, und seit dem Frühjahr 1948 im Gebäude Freiberger Straße 15, dem späteren Internat, untergebracht ist. Müller kommt in die 12. Klasse, wo er den von nur sieben Mitschülern gewählten sprachlichen Zweig belegt, was bedeutet, daß er zusätzlich Latein- und einige weitere Englischstunden erhält. Auch ist der Anteil an Schülerinnen hier höher, worum die Jungen von ihren Klassenkameraden beneidet werden. Müllers bester Freund ist der ein Jahr jüngere, aus Hainichen stammende Herbert Richter, der nach dem Abitur zum Psychologiestudium nach Berlin geht, wo Müller ihn wiedertrifft.

Die Stimmung in der Klasse ist russenfeindlich: Im November 1945 ist ein Klassenkamerad, Jochen Irmer, von einem Offizier der sowjetischen Geheimpolizei hinterrücks erschossen worden. Sein Bild hängt im Klassenzimmer über dem Pult und wird von allen Lehrern geduldet. Mehr als zwanzig Fünfzehn- und Sechzehnjährige, die im Frühjahr 1945 einer Hitlerjugend-Kompanie des Volkssturms angehört hatten, sind damals in Frankenberg unter dem Vorwurf verhaftet worden, eine Ausbildung zum »Werwolf«, der von Goebbels am 2. April 1945 proklamierten Untergrundarmee, absolviert zu haben – zu Unrecht. Auch sechs Schüler aus Müllers Klasse waren in einem Sonderlager des russischen NKWD in Bautzen inhaftiert, einer von ihnen, Rolf Schmidt, ist an haftbedingter Tuberkulose gestorben. Müller, erzählt Paul Lange, habe sich sehr für die Erlebnisse im Bautzener »gelben Elend«, wie das Gefängnisgebäude wegen seiner gelben Klinkerfassade genannt wurde, interessiert und sei natürlich informiert worden, obwohl die russischen Offiziere verboten hatten, darüber zu sprechen.

Müller ist ein guter Schüler, nur im Fach Mathematik muß ihm Paul Lange hin und wieder bei den Hausaufgaben helfen. Glänzend sind seine Leistungen im Fach Deutsch. Zum Lehrer, Studienrat Willi Ackermann (seiner Physiognomie wegen »Gaul« genannt), hat er ein engeres Verhältnis. Häufig kommt es im Unterricht zum Zwiegespräch, während der Rest der Klasse gelangweilt auf das Pausenzeichen wartet. Einmal wird Büchners »Woyzeck« besprochen; ein Stück, das Müller 1946 in Güstrow in einer sehr expressionistisch gehaltenen Aufführung gesehen hat, die einen tiefen Eindruck hinterließ. *Es war ungeheuer aufregend. [...] Es war plötzlich ein Nachkriegsstück. Ein ganz aktuelles Stück*, berichtet er 1988. *Und danach habe ich erst Büchner gelesen. Es gab so eine kleine Paperback-Ausgabe von ›Woyzeck‹ in irgendeinem Berliner Verlag. Das war das erste, was ich gelesen habe.* Über zwei Unterrichtsstunden entwickelt sich nun wieder einer der üblichen Dialoge, dem der Lehrer schließlich mit den Worten ein Ende bereitet: »Heiner, kommen Sie heute nachmittag zu mir, dann reden wir weiter.«

Was die Form der Schulaufsätze angeht, muß sich Müller allerdings erst umgewöhnen: Ackermann ist *ein Fanatiker der Gliederung. [...] In Frankenberg gab es plötzlich eine Gliede-*

rung, Ia, b, Hauptteil und Schluß. Da war ich natürlich völlig unfähig, Thema verfehlt. Ein Aufsatzthema ist *der Schiller-Spruch: ›Immer strebe zum Ganzen, und kannst du selber kein Ganzes werden, als dienendes Glied schließe dem Ganzen dich an.‹ Ich hatte gerade Anouilh gelesen. Bei Anouilh stand ein Spruch gegen den Pöbel, der Wurst ißt und Kinder zeugt, wogegen die Elite, die man sich nur mit einem Loch in der Schläfe vorstellen kann usw. Das habe ich in dem Aufsatz zitiert und geschrieben, daß der Satz von Schiller eben doch inzwischen den Geruch der Gaskammern hätte. Das war ein großes Problem für meinen Lehrer. Er sagte, als literarische Leistung müßte er es mit Eins bewerten, als Aufsatz mit Fünf. Er hat sogar mit meinem Vater darüber gesprochen, wie mit mir an der Schule zu verfahren sei, mein Verhältnis zur Schulordnung.*

Ackermann, so Manfred Ahnert, sei »der ruhende Pol« an der Schule nach 1945 gewesen, »kulant« und »fördernd«. Auf seine Art habe er sich Respekt und Sympathie erworben. Er fördert Müllers Begabung, versorgt ihn mit Literatur, ermuntert ihn sogar, eine Novelle zu schreiben, denn *das wäre der beste Start* als Schriftsteller.

Ackermann hat außerdem in der 11. Klasse eine Theatergruppe ins Leben gerufen, die sich gern Verstärkung unter den Schülerinnen der unteren Klassen sucht. Ihr erstes Stück ist »Der Pastetenbäcker« von Lope de Vega; in der 12. Klasse steht Kleists »Zerbrochener Krug« auf dem Programm. Die Proben beginnen im Februar 1948; der Theaterzettel nennt Rudolf Geißler (Dorfrichter Adam), Rolf Helbig (Gerichtsrat Walter), Lisa Klinger (Frau Marthe Rull), Brigitte Ulbricht (Jungfer Eve), Paul Lange (Veit Tümpel), Ulrich Köhler (Ruprecht Tümpel), Max Bohlsen (Schreiber Licht), Ute Roßberg und Heiner Guckland als Mitwirkende, Regie führt »Hainer Müller«. Hans Polster hat das Amt des Souffleurs übernommen, Rolf Helbig schreibt für die Flöha-Lokalseite der Chemnitzer »Volksstimme« zwei Zeitungsartikel über die Aufführungen.

Das Stück wird im Frühjahr 1948 mehrmals gespielt. Die Premiere erfolgt anläßlich eines Schülerballes vor etwa 400 Zuschauern. Danach stellt man sich der Volkssolidarität zur Verfügung und spielt öffentlich. »Das Eintrittsgeld wurde der

Volkssolidarität gespendet, und wir bekamen ein ordentliches Abendbrot.« Paul Lange erinnert sich an Vorstellungen im Volkshaus und im Kaisersaal (5. April 1948) in Frankenberg, im Gasthof »Linde« in Dittersbach und im Gasthof Niedermühlbach (22. Mai 1948). Als Tourneefahrzeug dient ein offener Lastwagen. In Frankenberg kommen auf diese Weise etwa 1 200 RM zusammen, in Dittersbach und Hainichen 900 bzw. 800 RM.

Hans Polster, Jahrgang 1928, hat angenehme Erinnerungen an den Jungregisseur Heiner Müller: »Er hat sich die Sache immer in Ruhe angehört, hat versucht, uns zu überzeugen. Er hat sich nicht wichtig gemacht, sich nicht so in den Vordergrund gedrängt. Er war damals schon sehr belesen, aber es war nicht seine Art, mit seinem Wissen zu protzen.« Im Sommer 1948 sieht sich Studienrat Ackermann gemeinsam mit Müller eine Probe der 11. Klasse zu Tschechows »Der Bär« an und bittet ihn anschließend, sich ein bißchen um die Inszenierung zu kümmern. »Mit einem selbstbewußten Lächeln« erklärt Müller, sich darauf nicht einlassen zu wollen; das sei, wie man sehe, der Mühe nicht wert.

Als Sohn des Bürgermeisters genießt Heiner Müller von vornherein eine gewisse Sonderstellung, obendrein ist es sein leicht abweichendes Verhalten, das ihn zu einem auffälligen Schüler macht. Nach persönlichen Erinnerungen befragt, fallen bei den ehemaligen Mitschülern und -schülerinnen häufig die gleichen Stichworte. Der Klassenkamerad Paul Lange erinnert sich: »Heiner war ein verschlossener, in sich gekehrter Typ, ein Außenseiter schon deshalb, weil er ein ganz gutes Deutsch sprach, nach seinen Jahren in Mecklenburg kaum sächselte. Er sah älter aus mit seiner hohen Stirn.« Rolf Damisch, Jahrgang 1930, ist er als auffällige, markante Persönlichkeit in Erinnerung geblieben, mit einem nicht jugendgemäßen Auftreten. »Er fiel irgendwie auf, wenn er gemessenen Schrittes seiner Wege ging, er löste Widerspruch aus, etwa wegen seiner Haartracht: Er hatte ausgesprochen lange Haare und trug meistens einen blauen Zweireiher.« Manfred Ahnert, damals 14 Jahre alt, bestätigt, daß Müller durch Frisur und Gebaren »ein bißchen auffiel«. »Er war ein bißchen Dandy.« Er habe eine gewisse

»Narrenfreiheit« genossen und sich, vermutlich weil sein Vater Bürgermeister gewesen sei, vieles herausnehmen können, z. B. das Rauchen auf dem Schulhof, was damals nicht zulässig war.

»Er pflegte weder Freund- noch Kameradschaften und war ein bißchen ein Außenseiter«, meint Norbert Mischok, der zwei Jahre nach Müller Abitur gemacht hat. »Ein ›Lumich‹, wie man in Sachsen sagt, ein bißchen gammlig. Er hat so viel geraucht, daß er deswegen schon damals gesundheitliche Probleme bekam.« »Heiner Müller wirkte sehr labil. Er machte einen nachlässigen Eindruck. Auffällig an ihm war seine hohe Stirne. Er sah immer dürr und blaß aus, hatte vom Rauchen gelbe Finger und roch zu jeder Tageszeit nach Nikotin. Einen Teil seines Tabaks organisierte er sich über seinen Vater bei einer Frankenberger Zigarrenfabrik. Zu Zigaretten gedreht, verursachen diese Zigarrenabfälle, die für die Bevölkerung eine Art Zahlungsmittel darstellen, Schlucken.« Eine Tanzbekanntschaft aus Frankenberg erinnert sich an Heiner Müller als einen ausgesprochenen Individualisten und Eigenbrötler, der älter als die andern gewirkt habe. Mit seinen diversen Freundinnen sei er übel umgesprungen.

Am 14. Juli 1948 legt Müller sein Abitur ab – einer von vierundzwanzig an der Staatlichen Oberschule. Das Aufsatzthema im Fach Deutsch liefert ein Herwegh-Zitat: »Die Freiheit der Welt ist unteilbar.« Peter Brasch überliefert eine Anekdote aus dieser Zeit: Für die Abiturprüfungen habe sich Müller gegen seinen Willen »einen schwarzen Anzug« schneidern lassen müssen; sein Vater habe es so gewollt. Nach der Anprobe habe er sich bei dem Schneider auf einen Stuhl gesetzt und gesagt: »Ich bleibe so lange hier sitzen, bis der Anzug so zerknittert ist, daß er nicht mehr zu gebrauchen ist.«

Die Abschlußfeier wollen die Eltern aus bestimmter Ursache unbedingt besuchen: »Da war Abiturball und da hat er eine Freundin gehabt. Das wußten wir, aber wir wußten nicht, wer das war. [...] Und zu dem Ball konnten die Eltern alle mit, und da hab ich zu meinem Mann gesagt: Wollen wir doch mal sehen, mit wem er da kommt. Weil, man ist doch neugierig als Mutter. Dann hab ich gesehen, mit wem er getanzt hat. Ach ja, hab ich gedacht.«

Die Freundin heißt Rosemarie (»Rosi«) Fritzsche und ist drei Jahre jünger als Müller. Sie lebt mit ihrer Mutter und zwei jüngeren Geschwistern seit 1945 in Frankenberg; der Vater, ein Kaufmann aus der Lausitz, ist nach der Entlassung aus der Kriegsgefangenschaft nach München gegangen. Rosemarie Fritzsche, die heute als Rentnerin in Sachsen lebt, erzählt:

»Heiner habe ich 1948 auf der Oberschule kennengelernt. Eigentlich wollte ich Abitur machen und Medizin studieren. Nachdem ich Heiner kennengelernt hatte, habe ich die Schule sausen lassen. Das war alles nicht mehr so wichtig. Wir haben uns gut verstanden. Er hatte etwas Anziehendes. Er sah nicht hübsch aus, aber er hatte ein ganz markantes Gesicht. Vielleicht war es sein selbstsicheres Auftreten, das mir imponiert hat. Er fühlte sich auch als junger Mensch immer den anderen überlegen. Er machte arrogante, herablassende Äußerungen, auch über seine Zeitgenossen. Dabei war er eigentlich sehr unsicher. Solange seine Eltern in Frankenberg waren, hatte ich eine wunderschöne Zeit. Ich ging bei ihnen aus und ein, gehörte quasi zur Familie. Ich besitze noch ein Blatt von Heiner aus meinem Poesiealbum:

… alle Lust will Ewigkeit.
Nietzsche

Heiner
17. 10. 1949

Im Sommer 1950 haben wir uns verlobt, im Beisein von seinen Eltern und meiner Mutter, da war ich achtzehn. Im Herbst kam ich auf die Fachschule für Krankenpflege in Leipzig, wo ich einen Ausbildungsplatz am Klinikum fand. Ich hatte gehört, daß man auch ohne Abitur, mit einer ›Großen Krankenpflege‹-Ausbildung, einen Studienplatz in Medizin bekommen konnte. Trotzdem haben wir uns noch oft in Frankenberg gesehen. Er besuchte mich auch in Leipzig.«

Nach dem Abitur ist Heiner Müller kurz arbeitslos. Der gefürchteten Abkommandierung in die Wismut-Bergwerke nach Aue kann er sich entziehen. Sein einziger Arbeitseinsatz in der Produktion dauert vier Wochen und beschränkt sich auf das Entrosten von Drehbänken. Zum Jahrestag der Oktoberrevolution muß er *vor den mürrischen Werktätigen* die Festrede halten. *Die standen da herum, haben mich angeglotzt und sich das angehört. Solange ich redete, mußten sie nicht arbeiten.*

Zwischen 1949 und 1951 arbeitet Müller in der Stadtbücherei als Hilfsbibliothekar. Seine Arbeit, erzählt er, habe hauptsächlich darin bestanden, die vielgelesenen Bücher zu säubern, sie für die nächste Ausleihe wieder instand zu setzen:

Es gab ein Ausleih-Soll an progressiver Literatur. Die Leser waren hauptsächlich alte Damen, die jungen Leute lasen eigentlich nichts. Es gab Prämien fürs Ausleihen. Nicht für mich, aber für den Bibliothekar, einen ehemaligen Lehrer. Er kriegte Prämien, wenn er möglichst viel progressive Literatur auslieh. Bredel, Becher, Scholochow, Gorki. Das wollte aber keiner lesen. Die alten Damen fragten immer nach Ganghofer. Der Bibliothekar hatte einen Giftschrank, da war Ganghofer drin und Rudolf Herzog, der alte Schund. Die alten Damen kriegten dann Ganghofer oder Herzog, aber nur, wenn sie auch Marchwitza mitnahmen und Bredel oder Scholochow.

Im Archiv der Stadtbücherei Frankenberg haben sich drei alte »Zugangs- und Abgangslisten« erhalten, in denen Müllers Arbeit dokumentiert ist. Er war an der Revision vom 12. August 1950 beteiligt, als infolge einer ministeriellen Anweisung vom Büchereileiter 200 Bücher »ausgeschaltet« wurden, »die schmutzig und inhaltlich unbrauchbar sind«. Solche Bestandsbereinigungen waren im üblichen Arbeitsablauf nicht zu bewältigen. Zwischen dem 5. und 26. Oktober listete Heiner Müller 174 Titel auf, darunter drei Ganghofer-Romane, die entweder, wie der »Ochsensenkrieg«, nach 125 Entleihungen »schmutzig«, oder, wie »Das neue Wesen«, ideologisch »unbrauchbar« waren und deshalb ausgesondert werden mußten. Ruth Langer, die Tochter des früheren Bibliotheksleiters, erinnert sich: »Ich half damals als Oberschülerin aus, es war so eine Art Praktikum. Heiner Müller arbeitete in der Ausleihe der Abendbibliothek, hat Kunden beraten, Eintragungen auf den Karteikarten gemacht, Bücher geholt; eben so die übliche Arbeit in einer kleinen Bibliothek. Er hat schon damals viel geraucht.« Ursula Müller, die damals als Lehrerin ehrenamtlich in der Bücherei mitarbeitete, erinnert sich an Müllers »ein bißchen legeres« Auftreten. Er habe sich auch nicht gern unterhalten, was manche Leute fälschlich als Arroganz auslegten.

Martha Görner, Jahrgang 1918, kommt 1950 als Leiterin an die Stadtbücherei. Für sie ist Heiner Müller eines von mehreren »Bücherkindern«: So werden die Schüler genannt, die auf der Bücherei für ein paar Pfennige Hilfsdienste verrichten, meist in der Ausleihe, indem sie die gewünschten Bücher heranschaffen. Wenn sonst nichts zu tun ist, gibt es »Buchpflege«: Radieren, ausbessern usw. Heiner Müller, sagt Martha Görner, sei nicht sehr eifrig gewesen; meist habe er in seiner Arbeitsecke gesessen und gelesen, Romane von Dostojewski zum Beispiel (»Die Brüder Karamasow«, »Die Dämonen«, »Der Idiot«). Auch »Winter« von Friedrich Griese habe ihn interessiert. »Er bevorzugte düstere, abgründige Sachen mit pessimistischer Grundhaltung, Weltuntergangsstimmung. Manchmal kamen abends Bekannte von ihm, dann wurde debattiert.« Unterhaltungen zwischen ihr und Müller hätten kaum stattgefunden, zumal er auch nur ein paar Stunden in der Woche tätig war. Manchmal sei er noch als Benutzer gekommen. Sie bestätigt die Existenz eines sogenannten »Rentnerbestands« an antizivilisatorischer Blut-und-Boden-, »völkischer« und Heimatliteratur, zu dem neben Ganghofer auch die damals vielgelesenen Friedrich Griese, Hermann Stehr und Ernst Zahn gehörten.

»Vorwärts, junger Friedenspartisan!«

Seit 1947 ist Müller in der im März 1946 gegründeten Frankenberger FDJ tätig. (Seine Mitgliedschaft erlischt ein paar Jahre später in seiner Berliner Zeit, als er wegen *Unauffindbarkeit* aus der Liste *gestrichen* wird.) Siegfried Birkner, der mit ihm 1947/1948 bei Beratungen der Ortsgruppenleitung zusammentraf, hat ihn »als recht spitz, recht spöttisch« in Erinnerung: »Ich erinnere mich an Situationen, in denen Heiner Müller Ideenreichtum und Intellekt sprühen ließ und mit kritisch-ironischen Bemerkungen auf unsere oft spontanen und keinen Widerspruch duldenden Vorschläge reagierte. Seine – wie uns schien – weithergeholten Argumente, leise näselnd und lächelnd vorgetragen, brachten uns aus der Fassung.« »Er ließ nicht über sich bestimmen.« Immerhin läßt Müller sich zum Leiter des örtlichen FDJ-Literaturvertriebs wählen, als der er für den Verkauf politischer Broschüren zuständig ist: *Meistens habe ich sie selbst gekauft und weggeworfen.* Einmal übernimmt er auch ein Referat: *Damals gab es noch offene Diskussionen in der Partei, und das Thema war: ›Gibt es einen roten Imperialismus?‹ [...] Natürlich mußte man nachweisen, daß es keinen gibt. Immerhin gab es die Fragestellung.* Es ist die Zeit, als Wolfgang Leonhard unter provozierenden Überschriften wie »Ausbeutung im Sozialismus« in der Berliner Wochenzeitung »Start. Illustriertes Blatt der jungen Generation« marxistische Aufklärung betreiben kann. Müller ist außerdem Gründer und Leiter eines »Arbeitsaktivs Junger Autoren«, offenbar in Konkurrenz zu einer Frankenberger Wirkungsgruppe des »Kulturbunds zur demokratischen Erneuerung Deutschlands«.

Mitte Juli 1948 kommt der Forstanwärter Manfred Blechschmidt (geb. 1923) nach Frankenberg, wo er zunächst kommissarisch, seit dem 7. März 1949 aufgrund von Wahlen das Amt des Ortsjugendleiters der Frankenberger FDJ versieht, das er bis Januar 1950 ausübt, als er zum Studium nach Tharandt delegiert wird. Wie Müller arbeitet auch er als »Volkskorrespondent« für die »Volksstimme«, das »Organ der Sozialistischen Einheitspartei Deutschlands« für Chemnitz und das Erzgebirge. So werden die freien Mitarbeiter genannt, deren Beiträge meist auf der Lokalseite plaziert sind. Blechschmidt, der später besonders als Erzähler in »arzgebärgischer« Mundart hervorgetreten ist, erinnert sich:

»Als ich Müller kennenlernte, hatte er gerade sein Abitur hinter sich und wußte mit sich wenig anzufangen. Er sprach wenig und hat mehr geraucht wie geschrieben. Durch seine Arbeit in der Stadtbücherei hatten wir, wenn er wollte, Gesprächsstoff. Ich arbeitete mit ihm im Arbeitsaktiv Junger Autoren, das höchstens fünf Mitglieder zählte. Wir, die wir von uns annahmen, einmal Schriftsteller zu werden, trafen uns in gewissen Abständen und lasen uns gegenseitig aus unseren neuesten Ergüssen vor. Meist diskutierten wir über Realismus, von dem wir alle keine Ahnung hatten. Immer wieder tauchten Wolfgang

Borchert und Ferdinand Bruckner auf, und wir versuchten den einen wie den anderen in unserer Schreiberei nachzuahmen. Seit dieser Zeit quetscht sich in meiner Bibliothek Bruckners ›Jugend zweier Kriege‹, ein 1948 erschienener Sammelband mit den Dramen ›Die Verbrecher‹, ›Die Rassen‹ und ›Krankheit der Jugend‹, zwischen anderen Büchern. Besonders Heiner Müller stand unter ihrem Einfluß. Unsere Arbeitsgemeinschaft war auch dem Zentralrat der FDJ in Berlin bekannt. Deswegen wurde sie aufgerufen, talentierte angehende Schriftsteller zu einem Lehrgang an die Landesjugendschule zu entsenden. Nachdem wir Proben unserer Arbeiten eingeschickt hatten, wurden Heiner Müller und ich im März 1949 zum Lehrgang einberufen. Mit der Bahn fuhren wir von Frankenberg zum Lehrgang ins ›Mohrenhaus‹ nach Radebeul.«

Ein solcher Lehrgang mit dem Ziel, den Nachwuchs fachlich weiterzubilden, war auf der Leipziger Schriftstellertagung im Oktober 1948 angeregt worden. Angesprochen sind junge Autoren und Volkskorrespondenten, denen aus FDJ-Sicht die gegenwärtigen Probleme in Dichtung, Presse, Film, Funk und auf der Bühne vermittelt werden sollen. Als Tagungsort dient die Landesjugendschule Sachsen der FDJ »Willi Kluge«, die im Mohrenhaus, einem Schloß in Radebeul bei Dresden, untergebracht ist, einem »Prunkgebäude mit Garten und Park«.

Aufgrund von Fehldispositionen des Veranstalters, des Zentralrats der FDJ, können mehrere angekündigte prominente Referenten – darunter Anna Seghers, Alexander Abusch und Johannes R. Becher, die zum Friedenskongreß nach Paris delegiert sind – nicht erscheinen, weshalb eine ganze Reihe von Teilnehmern den Lehrgang bereits nach einigen Tagen abbricht. Unter den zuletzt fünfundvierzig jungen Kulturschaffenden im Alter zwischen 17 und 31 Jahren sind der Chemnitzer Hermann Heinz Wille (geb. 1923), die Berliner »Start«-Mitarbeiter Helmut Hauptmann (geb. 1928) und Wolfgang Kohlhaase (geb. 1931) und Martin Pohl (geb. 1930), Lyriker und Redaktionsassistent der »Jungen Welt«, zwei Jahre später Meisterschüler bei Brecht, sowie Hans Dieter Mäde, später Direktor der DEFA.

Zu den Referenten gehören Politiker der SED und der LDP,

der Journalist Boris Djacenko von der »Täglichen Rundschau«, Berta Waterstradt vom Berliner Rundfunk, die Schriftsteller Friedrich Wolf, Ludwig Turek, Walther Victor, Stephan Hermlin und Ludwig Renn, der Romanist Victor Klemperer, der Leipziger Professor für deutsche Nationalliteratur Hans Mayer und der Sekretär des »Kulturbunds«, Klaus Gysi. Im Mittelpunkt ihrer Vorträge stehen allgemeine kulturelle, wissenschaftliche und politische Themen wie »der Kampf um die deutsche Einheit« sowie fachliche Probleme wie die Kunst der Reportage oder des Hörspiels; diskutiert wird die Differenz zwischen bürgerlicher und marxistischer Ästhetik, die Auseinandersetzung um Naturalismus, Realismus und Formalismus, die Beziehung zum kulturellen Erbe und die internationale Literatur in ihren Beziehungen zur Gesellschaft. »Wie ein roter Faden zogen sich durch die Seminare und Diskussionen Georg Lukács' ›Essays über den Realismus‹ (das Buch war 1947 im Aufbau-Verlag erschienen).« Zum Lehrgangsprogramm gehören auch Betriebsbesichtigungen mit Lesungen eigener Produktionen vor Arbeitern, Besuche von Theaterproben (»Beaumarchais«) und -aufführungen und Kinovorstellungen (»Der dritte Schlag«, »Die Welt soll blühen«).

Die Teilnehmer treffen am Abend des 15. März in Radebeul ein. Müller und Blechschmidt beziehen ein gemeinsames Zimmer. Die erste Lehrgangswoche beginnt am Mittwochmorgen mit Begrüßungsansprachen und Violinmusik. Darauf folgt ein Vortrag von Karl Kneschke vom Landesvorstand Sachsen des Kulturbundes über nichts Geringeres als »die Entwicklung der Kultur in der menschlichen Gesellschaft«. Am Abend setzt man sich zu einer ersten Arbeits- und Lehrplanbesprechung zusammen. Tags darauf referiert Politbüro-Mitglied Hermann Axen über »den Weltkampf um den Frieden«, gefolgt von einer (kultur)politischen Diskussion. Abends besucht man in Dresden eine Theatervorstellung: »Tubjow Jarowaja – Die Entscheidung«, das derzeit meistgespielte sowjetische Laienspiel. In den nächsten Tagen hält Hans Mayer ein Seminar über »Humanismus und Antihumanismus in der deutschen Literatur«, spricht der Theaterkritiker Fritz Erpenbeck über die »Gesetze der Bühne«, referiert Victor Klemperer über verschiedene Autoren-Haltungen zum Thema »Ruinen« – im 18. Jahrhundert und im kriegszerstörten Dresden. Zwischendurch stellen die Lehrgangsteilnehmer eigene Arbeiten zur Diskussion: Reportagen, Kurzgeschichten und Hörspiele über vorgegebene Themen.

Für Jo Wenzel, der Korrespondenten der Chemnitzer »Volksstimme«, stellt Klaus Gysis Vortrag über »die Bedeutung der internationalen Literatur im Kampf für Frieden und Fortschritt« den Höhepunkt dar, weil er es verstanden habe, »Fragen endlich zu klären, die [...] von anderen Referenten nicht nur keine Beantwortung erfuhren, sondern von ihnen noch unnötig kompliziert worden waren.« Zustimmend zitiert er aus Gysis Referat:

»Wir wollen und wir müssen für unsere demokratischen Auftraggeber schreiben, für die Massenorganisationen, für die werktätigen Menschen. Nicht Ernst Jünger, Stefan George, James Joyce, nicht André Gide und Jean Paul Sartre sind unsere Vorbilder, sondern große Realisten wie Balzac, Goethe, Tolstoi, Dostojewskij, Dickens, Gorki!«

Aber gerade die geächteten Autoren sind es, die Müller interessieren. Er berichtet, daß er in Radebeul, um die penetrante Rezitation von politischer Lyrik zu kontern, bevorzugt Baudelaire zitiert habe: »*Die Fliegen summten auf dem halbverwesten Bauch*«. Daraufhin habe der Satiriker Hansgeorg Stengel in der Abschieds-Bierzeitung die Verse auf ihn gemünzt: »*Ob Sommer, Winter, Herbst, ob Lenz / Ein Sinnbild bürgerlicher Dekadenz.*« Von Frank Hörnigk nach Heiner Müllers »Beitrag zum Gelingen« des am 31. März beendeten Lehrgangs befragt, erinnern sich mehrere der damaligen Teilnehmer »1. an sein vehementes Plädoyer für Ferdinand Bruckners Drama ›Die Verbrecher‹ und 2. die Angewohnheit, an jedem Morgen jeden danach zu befragen, was er geträumt hätte.«

Nach Frankenberg zurückgekehrt, engagieren sich Blechschmidt und Müller innerhalb des Arbeitsaktivs Junger Autoren verstärkt für eine politisch fortschrittliche Kulturarbeit. »Die Frankenberger FDJ war sehr aktiv. Der Neulehrer Siegfried Birkner war Organisationsleiter. Außer einzelnen Stadtteilgruppen verfügten wir beispielsweise über eine Sportgruppe und eine Interessengemeinschaft Astronomie. Unsere Heimabende hielten wir aus Raummangel zunächst in Schulen ab, dann im ehemaligen Schützenhaus, einem heruntergewirtschafteten Gebäude, das wir als Jugendzentrum aufbauten. Wir haben Tanzveranstaltungen organisiert, zum 1. Mai wurden Wagen geschmückt.« Unter anderem kümmern sich die »Jugendfreunde« um das Rahmenprogramm der Schulentlassungsfeier 1949, die ausschließlich »mit eigenen Werken unserer Kameraden vom AJA ausgestaltet« wird. Danach schließen sich die verschiedenen kulturellen Arbeitsgemeinschaften zu einer »Kulturbrigade« von 150 Mitgliedern zusammen. Neben dem Autoren-Arbeitsaktiv umfaßt sie eine Laienspielgruppe, die von Siegfried Birkner geleitet wird, eine Volkstanzgruppe und einen von dem Neulehrer Fritz Grabner geleiteten hundertzwanzigköpfigen Chor, »der es im Wettstreit um die Gunst der Hörer selbst mit dem Rundfunkchor Leipzig aufnehmen konnte«.

Zum Mißfallen der FDJ wird ihre Jugendarbeit von der Stadtverwaltung kaum unterstützt. Als die Stadtverordnetenversammlung im Sommer 1949 unter Vorsitz des Bürgermeisters beschließt, für die Nutzung der Schulgebäude durch die Gruppen Miete (»Reinigungsgebühr«) zu erheben, löst das einen Sturm der Entrüstung aus. Vorangegangen ist eine Nacht-und-Nebel-Aktion der FDJ, die zum Mißvergnügen des Stadtrats aus dem Stadtpark einen Gedenkstein der Wettiner entfernt und demonstrativ vor das Rathaus gesetzt hat. Seitdem liegt Kurt Müller mit der Ortsgruppenleitung der FDJ, insbesondere mit einigen jungen Genossen, die sich seiner Meinung nach lediglich durch ihr »radikales Mundwerk« hervortun, in dauerndem Clinch. Siegfried Birkner, der sich damals als FDJ-Funktionär mit ihm zahlreiche Wortgefechte geliefert hat, erinnert sich an Kurt Müller als einen »redegewandten Kommunalpolitiker«, der, bei geringer Körpergröße, »seine Stimme oft erhob, wenn er überzeugen wollte«. »Er versuchte, unter schwierigen Bedingungen die Geschicke der Stadt Frankenberg und ihrer Bürgerinnen und Bürger zu verbessern, war aber ob eines bestimmten Maßes an Überheblichkeit bekannt und deswegen wenig geschätzt.« »Ich lernte ihn als Bürokraten kennen, als Vater war er wohl auch ein Pedant« und häufig »Ziel von

Ironie und Spötteleien« des Sohnes, der ihn »kritisch beobachtete und bewertete.« So habe Heiner Müller etwa von seinem Vater und dessen Freunden abschätzig als »den Männern von der Macht« gesprochen, was damals als »ganz ungehörig« empfunden worden sei.

Bei der Schuljahresfeier am 23. Juli 1950 im Stadtpark arbeitet die FDJ-Kulturbrigade Hand in Hand. Ein Einladungszettel kündet von einem umfangreichen Programm, bestehend aus Rezitationen, Chorgesängen, Ansprachen von Behördenvertretern und Delegierten der örtlichen politischen und gesellschaftlichen Organisationen sowie des Schulleiters und einer Festrede des Bürgermeisters. Am Schluß singen alle gemeinsam die Nationalhymne. Höhepunkt ist die Aufführung einer *»Schulkantate«* durch den FDJ-Chor, unterstützt vom Orchester der Oberschule (»zwei Blockflöten, zwei bis drei Geigen, Klavier, einige Akkordeons«). Der Text stammt von Heiner Müller, die Musik von Fritz Grabner. Chormitglied Rolf Barthel erinnert sich an Proben in der Schulaula im Winter und an eine Wiederaufführung des Konzerts im Januar 1951 in Anwesenheit des Mitteldeutschen Rundfunks Leipzig.

Die *»Schulkantate«* umfaßt drei gesungene Sätze sowie auf mehrere Sprecher verteilte *»Dialoge«* zu jedem dieser Sätze. Sie beginnt mit einem gravitätischen, düster-schweren Instrumentalvorspiel im 3/2-Takt, dann folgen im Wechsel gesprochener und gesungener Text. Aufbaupathos, nicht frei von gestanzten Parolen, und appellativer Duktus sind hier eine FDJ-gemäße Verbindung eingegangen. Der Schluß lautet:

Eine Hausaufgabe ist uns gestellt.
Die größte, die es gibt.
Der Frieden ist die Hausaufgabe, die uns gestellt ist.
Wir haben gelernt, uns fällt nichts in den Schoß.
Wir haben gelernt, von oben kommt der Segen nicht.
Auch der Frieden wird von oben nicht kommen.
Auch der Frieden fällt uns nicht in den Schoß.

Von oben kam der Todesregen,
Der Tod kam von oben.
Aber die unten waren, haben den Staat der Arbeiter und Bauern gebaut.
Den ersten der Erde, wo der Mensch dem Menschen heilig ist.
Die im Dunklen saßen, haben unseren Staat gebaut.
Auch der Frieden wird von unten kommen.
Von den Müttern wird der Frieden kommen.
Von den Vätern wird der Frieden kommen.
Von den Kindern wird der Frieden kommen.
Der Frieden wird von denen kommen,
Die unter dem Todesregen gestanden sind.
Von uns wird der Frieden kommen.

Denn nah ist die Zeit, die bessere Zeit,
Und unser das Leben, unser die Welt.
Und frei wird der Mensch, und blühen die Welt.

In den Wind hebt die Fahnen,
Vorwärts, das Friedensaufgebot.
Denn wir sind Partisanen, Partisanen gegen Not und Tod.

Jede Nacht hat ein Ende, jeder Tag fängt mit dem Morgen an.
Nimm dein Herz in die Hände
Vorwärts, junger Friedenspartisan!

Denn nah ist die Zeit, die bessere Zeit,
Und unser das Leben, unser die Welt.
Und frei wird der Mensch und blühen die Welt.
Und die Sonne ist da für dich und mich –
Seid bereit!

Im Zusammenhang mit der gemeinsamen Arbeit an der *»Schulkantate«* werden Fritz Grabner von Müller, den er als »gestandenen Menschen«, ein wenig kauzig und immer reserviert, in Erinnerung hat, zwei weitere Texte aus seiner Feder zum Vertonen »anempfohlen«, ein »Bananensong« und ein Gedicht ohne Titel, für das wohl Brechts »Aufbaulied der F. D. J.« und Bechers »Lied von der blauen Fahne« Pate standen:

Wozu sind die Trümmer da?
Daß wir bessre Häuser baun.
Und was soll der morsche Zaun –
Deutsche hier und Deutsche da?

Schlagt die Trommel! Schluß gemacht!
Aus der große Ausverkauf!
Und den Vorhang, reißt ihn auf
Und den Wolf, der ihn bewacht,

Jagt ihn, Freunde, 's ist nicht schad
Um den Wolf und sein Getier.
Freie Deutsche Jugend wir
Baun den Freien Deutschen Staat.

Von Vietnam bis Leningrad
Steht das junge Kollektiv
Ist der Globus noch so schief
Jugend Jugend macht ihn grad.

Aus der Jammer! Klagt nicht, schlagt,
Was euch schlägt! Verdammt, wer klagt!
Und die Welt fährt aus der Haut
Und wird neu. Der Morgen graut.

Lektüren und Versuche

Als Kind in Sachsen hat Müller viel und wild durcheinander gelesen: Abenteuerromane, Schmöker, aber auch anspruchsvolle Literatur mit sozialer und demokratischer Grundfärbung. *Eigentlich fing es mit einem Tausch an […]. Als Zehnjähriger holte ich mir immer den Casanova vom Regal meines Vaters. […] Mein Vater war der Ansicht, ich wäre moralischen Gefahren ausgesetzt, und er vertauschte den Casanova für Schiller,*

Hebbel und Kleist. Die Verwandten wissen von seiner Lesewut und versorgen ihn entsprechend: Weihnachten 1941 kann er sich über nicht weniger als zehn neue Bücher freuen.

Als Jugendlicher in Mecklenburg sind es die Indianerbücher von Karl May, Fritz Steuben (die Tecumseh-Erzählungen) und Friedrich von Gagern, die Müller nachhaltig beeindrucken. *Wir waren ja mit diesen Indianerbüchern aufgewachsen. [...] Die Nazis haben das genial benutzt; das antizivilisatorische Moment, die Sehnsucht nach Wildheit in diesen Geschichten. Für Pubertierende sind Indianer immer faszinierend.* Von Gagern, gesteht er Martin Wuttke und Carl Hegemann ein halbes Jahr vor seinem Tod, »sei der Schriftsteller, der ihn am tiefsten geprägt habe, sozusagen sein Lieblingsvorbild. Dessen Texte seien ein Schlüssel zu der von ihm gebrauchten Sprache, seine Themen bei von Gagern alle enthalten. Ganze Passagen aus dem ›Marterpfahl‹ konnte Müller auswendig vortragen.« Die 1925 erschienene Novelle erzählt die Geschichte von Ludwig Wetzel, »dem wilden Deutschen, der vor hundertundvierzig Jahren gelebt hat und vielleicht heute noch nicht gestorben ist« – ein von Rache getriebener Ahasver Westvirginias. So ein »wilder Deutscher« wollte der Junge aus Eppendorf womöglich auch sein, »bekannt, verrufen, gemieden und gefürchtet«: Literatur als Rettung aus der Alltagsmisere; ein üblicher Vorgang.

Aus der anschließenden Lyrik-Phase sind Müller noch bis ins Alter Storm- und Eichendorff-Verse im Gedächtnis geblieben. Später nehmen ihn unter anderen Rilke und Poe gefangen. Als Dreizehnjähriger entdeckt er in der Schulbibliothek eine kommentierte englische Ausgabe von »Hamlet«, die er sich, gegen den Rat seines Lehrers, ausleiht: *Ein schwarzer Lederband, auf der Titelseite der Stempel des ehemals großherzoglichen Gymnasiums.* Tatsächlich versteht er kaum etwas, dennoch versucht er sich immer wieder an einer Übersetzung. Zur selben Zeit und erneut kurz nach Kriegsende liest er Ernst Jünger. »Auf den Marmorklippen« ist für ihn und seinen Vater ein *geheimes Widerstandsbuch*: Mit dem »Oberförster« kann niemand anders als Hitler gemeint sein. Mit Fünfzehn beeindruckt ihn Dostojewskis »Raskolnikow«. Es ist die *erste wirk-*

liche Begegnung mit der großen russischen Literatur. […] Ich erinnere mich an die zerreißende Wirkung der Lektüre.

Nach dem Krieg herrscht in der Sowjetischen Besatzungszone (SBZ) an interessanten russischen Neuerscheinungen anfangs kein Mangel. Heiner Müller liest, was gerade erschienen ist: *Scholochow zum Beispiel, Majakowski. Serafimowitsch: ›Der eiserne Strom‹, Fadejew: ›Die Neunzehn‹, große vergessene Bücher.* Bis zur Währungsreform, in der *kurzen glücklichen Zeit der kulturellen Osmose zwischen den Besatzungszonen*, als ein regulärer Austausch praktiziert wird, kann sich sein Vater als Bürgermeister darüber hinaus Literatur beschaffen, die in der DDR bald als »formalistisch«, »dekadent« und »volksfremd« verdammt wird. Längst hat die SED den Kampf gegen die »westliche Unkultur« eröffnet, und dazu zählen Gangsterromane, Wildwestfilme, erotische Tänze, Jazz, Swing und andere »Radaumusik« ebenso wie die Literatur der Moderne: Eliot und Hemingway, Sartre und Anouilh, Kafka und Jahnn. 1947 wird William Faulkners »Wendemarke« zur *großen und schockierenden Leseerfahrung* der Nachkriegsjahre. Wenn Müller nach Westberlin fährt, dann um sich dort – bis zur Währungsreform im Sommer 1948 – mit Zigaretten und Büchern zu versorgen oder ins Kino zu gehen. *Mein Vater konnte das bezahlen damals, Information war eine Geldfrage.* Als Bürgermeister verdient Kurt Müller anfangs 765, 1950 964, nach der Rückstufung der Gehälter der Wahlangestellten durch die Landesregierung auf ein Festgehalt von 565 Mark inklusive eines »Härteausgleichs« 765 Mark, zuletzt allerdings, nach Rücknahme dieser Gehaltsergänzung, nur noch 565 Mark. Die Gewährung einer Leistungsprämie in Höhe von 400 Mark für das 3. Quartal 1950 bringt ihn dann doch wieder auf das alte Niveau.

1948/49 liest Müller erstmals Brecht, der ihn von nun an prägt. Bis zu seinem Tod vermag es Müller nicht, aus diesem Riesenschatten herauszutreten. Von den frühen Gedichten im trocknen BB-Ton über *»Lohndrücker«* als Ausführung eines Brecht-Plans, *»Horatier«* und *»Mauser«* als Gegenentwürfe bis zu *»Fatzer«*, der Vollendung eines Brecht-Fragments: Immer ist es der Augsburger Autor, der den Bezugspunkt setzt. *Brecht* *war das Beispiel, daß man Kommunist und Künstler sein konnte – ohne das oder mit dem System, gegen das System oder trotz des Systems.* In den fünfziger Jahren mag, zumindest in eigener Sicht, die Differenz zu Brechts Dramatik erheblich erschienen sein. Es geht um Abgrenzung. Von heute aus stellt es sich viel mehr als Kontinuität dar: »Das ist eine Sache, die bis ›Umsiedlerin‹ ging und eigentlich dann einen Sprung erhielt, durch die Art, wie das rigoros da abgeschnitten wurde« (B. K. Tragelehn).

1950 besucht Müller in Berlin eine Aufführung von »Mutter Courage« am Deutschen Theater. Einen noch stärkeren Eindruck hinterläßt Brechts Inszenierung des »Hofmeisters«, die Mitte April 1950 in den Kammerspielen des Deutschen Theaters Premiere hat: Seitdem gibt es für Müller *kein anderes Ziel mehr, als zum Berliner Ensemble gehören und da zu arbeiten.* Eine Bekannte aus Frankenberg erinnert sich an ein Gespräch im Frühjahr 1952: »Einmal hat er mich gefragt, ob ich gern in Salzburg leben würde. Ich dachte an einen Film mit Willy Birgel und sagte sofort Ja. Dann erzählte er, der Brecht besäße in Salzburg ein Haus und würde da vielleicht hingehen, wenn es hier schwierig für ihn würde, und dahin würde er ihm dann folgen. ›Ich möchte da sein, wo der Meister ist‹, hat er gesagt. Er hatte ihn da schon einmal besucht; das muß 1951 gewesen sein.« Auch Rosemarie Fritzsche erinnert sich, daß Müller oft davon sprach, daß er »mit Brecht in Verbindung kommen wollte, den er viel zitierte, u. a. die ›Dreigroschenoper‹«.

Weniger dem Brecht des epischen Theaters mit seinem geschlossenen Weltbild als dem Autor der experimentellen Lehrstücke und der großen Fragmente (»Fatzer«, »Maßnahme«, »Jasager und Neinsager« usw.) gilt Müllers Bewunderung, *weil sie eine Tragödienstruktur haben.* Er bezieht sich damit auf Stücke aus einer Arbeitsphase Brechts, die durch dessen Emigration unterbrochen wurde und die er aus mancherlei Gründen nach seiner Rückkehr nicht mehr fortsetzte. In seiner Autobiographie beruft sich Müller außerdem auf die *gotische Linie* bei Brecht, die ihn von Anfang an fasziniert habe: *das Deutsche*, zerrissen, tragisch, schrecklich, besonders in Verbindung mit Knittelversen wie im *Vorspiel* zur Bearbeitung der »Antigone des Sophokles«: Im 1949 erstmals erschienenen, 1955 erneut gedruckten »Antigonemodell 1948« entdeckt Müller für sich einen betont primitiven Sprachgestus, der Strukturen greller und schlagender sichtbar macht als eine ausführliche Darlegung.

Mit dem im Herbst 1948 endgültig nach Deutschland zurückgekehrten Brecht hat sich Müller allerdings einen literarischen Vater gesucht, der sich nur mit großen Schwierigkeiten gegen die Betonköpfe der Partei durchzusetzen vermag. Anfang 1949 wird der Kritikerstreit um das epische Theater vom Zaun gebrochen; mit dem »Dekadenz«-Verdikt wird fortan alle Kunst gegeißelt, die nicht den eigenen Maximen entspricht. Zwei Jahre später wünscht das Politbüro, daß Brecht Korrekturen an der Inszenierung der »Mutter« vornimmt, im Frühjahr wird »Das Verhör des Lukullus« verboten: beide Stücke gelten als Beispiele für künstlerischen Formalismus. Im Januar 1952 wird sogar beschlossen, Stücke Brechts aus dem Lehrplan der Oberschulen zu streichen. *Das Berliner Ensemble war damals eine Insel, eine umkämpfte Insel. [...] Brecht war der Antichrist. Das Theater hatte er auch nur gekriegt, weil die Russen es befohlen hatten. Er war tief verdächtig.* Weltruhm und damit eine sichere Position zu Hause erlangt das Berliner Ensemble erst mit den Gastspielen in Paris (1955) und London (1956).

Ebenfalls von großem Einfluß auf Müller sind die Romane und Erzählungen von Anna Seghers: Wie seine eigenen Erfahrungen der unmittelbaren Nachkriegszeit liefern sie ihm Material für literarische Arbeiten: Etwa »Der Traktorist« und »Die Umsiedlerin« aus der Sammlung »Friedensgeschichten« (1950) und »Das Licht auf dem Galgen« (1961) und »Das Duell« aus der Sammlung »Die Kraft der Schwachen« (1965). Was Brecht als Dramatiker für Müller bedeutet, bedeutet Seghers als Prosaautorin für ihn. *Ich habe so viel von Ihnen genommen*, gesteht Müller der von ihm verehrten Dichterin in einem Gratulationsschreiben zum 80. Geburtstag am 19. November 1980.

Müllers erste literarische Versuche sind Gedichte, sie reichen bis in sein zehntes Lebensjahr zurück. *Reine Lyrik gab es eigentlich nur ganz am Anfang: ›Das Bächlein rauscht‹ oder so, dann kam ich auf die Balladenstrecke. Das ging aus von einer*

Reclam-Anthologie. »Rolands Tod« und *»Die Hunnenschlacht«* sind Titel, an die sich Müller 1954 noch erinnert. 1945 schreibt er eine Novelle im Umfang von einundsechzig Seiten. *Das war die Geschichte von einem Mann, der aus dem KZ zurückkommt und seine Familie ist verstreut und seine Frau hat einen anderen – eine der üblichen Heimkehrergeschichten. Und er sucht den, der ihn da reingebracht hat und so.* Danach entsteht ein Epos in Hexametern, *»Der jüngste Tag«*.

Ab 1948 schreibt Müller, beeindruckt vor allem von Heine, Majakowski, Benn und Brecht, wieder Gedichte – eine Vorliebe, bei der es im wesentlichen geblieben ist, später ergänzt um T. S. Eliot und John Donne. Im Freundeskreis ist er als Lyriker bekannt. Der häufige Rückgriff auf Vorlagen führt zu großem Formenreichtum: Überliefert sind Versuche in Haikus, Distichen und Sonetten, Sprüchen und Liedern, Kinderreimen, Balladen und Romanzen. Am trocknen gestischen Ton und der Bevorzugung des Partizips erkennt man immer wieder das Vorbild Brecht. Ein hohes Maß an Kunstfertigkeit ist von Anfang an nicht zu übersehen.

Bereits die poetischen Anfänge lassen Grundthemen von Müllers Dichtung erkennen: *»Philoktet 1950«* deutet Müller selbst als *stalinistische Version* des Stoffs, aus dem er Anfang der 60er Jahre ein Stück formt, *»L. E. oder Das Loch im Strumpf«* verweist auf die Produktionsstücke (an dem Stoff, der dem Gedicht zugrunde liegt, hat sich Müller auch in biederer Prosa versucht). Manche Gedichte erweisen sich als Kern eines Dramenprojekts, wie *»Motiv bei A. S.«* für *»Der Auftrag«*. Lyrische Seitenstücke gibt es auch zu *»Mauser«*. Wenn Müller sich mit einem vorgegebenen Stoff beschäftigt, macht er immer wieder neue Ansätze, was zu Entwürfen, Kommentaren, Seitenstücken führt und häufig mit einem Genrewechsel verbunden ist – Belege für die Breite des Produktionsprozesses, die ein verwirrendes Bezugsgeflecht zwischen lyrischen, erzählenden und dramatischen Texten hat entstehen lassen, ein »dynamisches Versuchsfeld für Autor und Publikum« (Georg Wieghaus). Ein gut dokumentiertes Beispiel ist die *»Fleischergeschichte«* aus *»Die Schlacht«: Da gibt es einen Ansatz, ein Hörspiel daraus zu machen, dann ein paar Prosaversuche, Gedichte verschiedenster Art.*

Auch mehr oder weniger schlecht. Ähnlich verhält es sich mit *»Traktor«*, wozu ebenfalls verschiedene Ansätze vorliegen, auch eine Hörspielversion. *»Straßenszene«*, eine Beobachtung aus dem Sommer 1953, hat Müller in *»Liebesgeschichte«* und in *»Der Lohndrücker«* benutzt.

Müllers Interesse am Drama hat sich früh entwickelt. Zehn Jahre ist er alt, als er mit der Lektüre von Dramen beginnt. *Ich habe den ganzen Schiller gelesen, die Stücke jedenfalls, von Hebbel auch alle Stücke. Und von da an wollte ich Stücke schreiben.* Die Entscheidung für das dramatische Genre, so Müller 1988 in einem Interview, sei wohl auch seiner isolierten Situation geschuldet gewesen, der Tatsache, daß er als Kind wenig Spielgefährten gehabt habe: *Ich war oft allein, und so dachte ich mir eben Leute aus, mit denen ich sprechen konnte.*

Als Elfjähriger erlebt er in einem Gasthaus in Waren eine »Wilhelm-Tell«-Aufführung, die ihn allerdings enttäuscht, weil das erwartete Pferd darin nicht vorkommt. 1946 sieht er »Woyzeck« in Güstrow; in Chemnitz, in Begleitung seiner Halbschwester Liane, Wagners »Tristan und Isolde«, wenig später in Frankenberg *eine Laien-Aufführung von ›Golden fließt der Stahl‹ von Karl Grünberg, auf Sächsisch.*

Müllers erstes Stück handelt von einem jungen Mann, der seine Freundin schwängert und aus Scham und Angst den eigenen Vater umbringt. Der Hintergrund ist autobiographisch, das *traumatische Erlebnis mit einer Schwangerschaft. Ich hatte versucht, in dieser mecklenburgischen Kleinstadt, in Waren, eine Abtreibung zu organisieren. Natürlich war das ein aussichtsloses Unternehmen. Daraufhin habe ich also ein Stück geschrieben über einen jungen Mann, der noch zur Schule geht, und eine Frau ist von ihm schwanger, und damit der Vater nichts erfährt, bringt er den Vater um und seziert ihn im Keller. Das waren große Monologe, wenn der Knabe seinen Vater im Keller seziert.* Der Text *begann damit, daß der (jugendliche) Held vor dem Spiegel stand und herauszufinden versuchte, welche Straßen die Würmer durch sein Fleisch gehen würden.*

Ein anderes Stück mit dem Titel *»Der Heimkehrer«* wird von der Frankenberger FDJ-Laienspielgruppe aufgeführt. Rolf Damisch, damals Lehrling und in der Leitung der Jugendorganisation tätig, erinnert sich an ein Stück ohne viel dramatische Bewegung: »Der Heimkehrer sollte seine Erlebnisse schildern, und das über drei Stunden. Ich lehnte es ab, die Hauptrolle zu spielen. Das Stück wurde dann im Volkshaus aufgeführt«, wohl 1948/49. Vermutlich handelt es sich um dasselbe Stück, das Müller etwa 1951 Herbert Jhering, dem Chefdramaturgen des Deutschen Theaters, anbietet, und von dem er in seiner Autobiographie sagt, daß es *nie wieder aufgetaucht* sei. *Es gab auch keine Reaktion darauf. Sehr viel später hat mir Heinar Kipphardt, Jherings Nachfolger, mal erzählt, daß er reingeguckt hätte. Es war ein Heimkehrer-Drama, Treck mit Umsiedlern, Deserteur und Umsiedlerin.*

Es folgt ein Stück *frei nach Sartre, über einen KZ-Kommandanten, der im Jenseits eine Jüdin wiedertrifft, die er im KZ hat umbringen lassen. Und die beiden verlieben sich ineinander.* Schließlich ein Drama in Anlehnung an Ferdinand Bruckners »Krankheit der Jugend« von 1926, das die soziale und moralische Verfassung der Jugend nach dem Zweiten Weltkrieg bilanziert: *Der Böse zitiert Ernst Jünger, der Gute will den Sozialismus aufbaun, aber der Böse zieht den Guten in den Abgrund.* Sämtliche Stücke, wozu noch *eine Art Pirandello-Kopie* gehört, sind in Waren entstanden, also zwischen 1945 und Ende 1947.

1948 setzt der Ministerpräsident des Landes Sachsen insgesamt 10 000 RM für »Zeitstücke, die Probleme des Neuaufbaus behandeln«, aus; Einsendeschluß ist der 15. Dezember. Zur selben Zeit stellt der Kulturbund 5 000 RM für die besten Gedichte, Kurzgeschichten und Hörspiele bereit. An einem dieser Wettbewerbe beteiligt sich Müller mit dem Hörspiel *»Die Morgendämmerung löst die Ungeheuer auf«. Es spielte in einem volkseigenen Betrieb [...], und es ging um die Entlarvung eines bösen Buchhalters, der für den Klassenfeind sabotiert, indem er falsche Berechnungen macht. Am Schluß wird er enttarnt und bricht zusammen. Sehr dramatisch. Ich hatte damals gerade Bruckner gelesen. Bei Bruckner gibt es diese Maschinengewehr-Dialoge, flach und schnell. Das konnte man leicht nachmachen.«* Den Ersten Preis erhält Hermann Werner Kubsch für »Ende und Anfang«, ein Stück, in dem, wie das DDR-Schriftsteller-Lexikon von 1975 festhält, »im Rahmen einer Heimkehrerfabel, die zugleich die Rolle der Arbeiterpartei verdeutlicht, erstmalig nach 1945 von einem deutschen Bühnenautor Fragen der sozialistischen Moral und der Gleichberechtigung der Frau aufgegriffen« würden. Bei Müller reicht es nur zu einer lobenden Erwähnung bei der Abschlußveranstaltung; die Jury bescheinigt ihm *große Begabung für das Hörspiel.*

Das Manuskript von *»Die Morgendämmerung löst die Ungeheuer auf«* ist verschollen; in Müllers Nachlaß haben sich jüngst zwei Szenen gefunden, die er später, mit äußerst kritischen Bemerkungen zwar, aber doch als Talentproben, dem 1945 vom Kulturbund gegründeten Aufbau-Verlag angeboten hat: Die Charaktere seien *flächig*, der Dialog *nach dem Muster* von Ferdinand Bruckner, *starr* und *maschinell*; *lebendiger* sei ihm eine *Bestechungsszene* gelungen: *Intriganten liegen mir (und Schiller).*

Das war, erinnert er sich, *mit jugendlicher Arroganz geschrieben und gleichzeitig mit der Einsicht, daß es noch nicht fertig ist, noch nicht das ›Eigentliche‹. Es wurde mir mit der Bemerkung zurückgeschickt: ›Machen Sie weiter, Sie sagen ja selbst, daß es noch nicht soweit ist.‹*

Schon 1949/50 hat sich Müller ohne Erfolg mit Gedichten und Erzählungen bei verschiedenen Berliner Redaktionen und Verlagen beworben. Darunter ist der »Ulenspiegel«, *damals eine der besten Zeitschriften, hochliterarisch*, herausgegeben von Günther Weisenborn und Herbert Sandberg. *Es gibt einen Brief von Lothar Kusche, in dem er etwas abgelehnt hat.* Danach versucht er es beim »Aufbau«, der »kulturpolitischen Monatsschrift mit literarischen Beiträgen«, herausgegeben vom Kulturbund, geleitet von Bodo Uhse. *Ich hatte im Auftrag eine Reportage über die Sorben geschrieben, Propaganda für die Sorben, und auf diese Weise Jurij Brĕzan kennengelernt, den sorbischen Dichter.* Die Reportage wird 1949 veröffentlicht, wenn auch nur *klein gedruckt*. Daraufhin versucht es Müller mit der Einsendung literarischer Texte. Redakteur Günter Caspar erteilt ihm am 22. September 1950 einen abschlägigen Bescheid und zitiert die Meinung Stephan Hermlins, der sich kritisch zu einem Lyrik-Konvolut geäußert hatte. Den *»Bericht* *vom Anfang«* versieht Hermlin mit der Bemerkung: ›*Das ist denn doch zu viel Brecht!*‹

1950 bekommt Müller durch Vermittlung der Autorin und Kulturfunktionärin Hanna-Heide Kraze eine Einladung für den »Ersten Lehrgang für Junge Schriftsteller«, im November des gleichen Jahres gemeinsam veranstaltet von Kulturbund und Schriftstellerverband in Bad Saarow am Scharmützelsee bei Berlin. *Zunächst einmal bedeutete dieser Lehrgang [...] vier Wochen gute Verpflegung, der Rest war sekundär.* Früh bilden sich kleinere Gruppen: Müller gehört zu der von Erich Loest, Journalist bei der »Leipziger Volkszeitung«, dessen Roman »Jungen, die übrig blieben« gerade erschienen ist, Günter Kunert, der eben, gefördert durch Johannes R. Becher, mit dem Gedichtband »Wegschilder und Mauerinschriften« debütierte, und dem zwanzigjährigen Horst Bienek, der bisher erst ein Gedicht und eine Erzählung veröffentlicht hat. Das sind die *Intellektuellen*, die *Eierköpfe*. Auf der andern Seite der sich sogleich etablierenden Front stehen die SED-nahen, *minderbegabten Thüringer* Armin Müller, Walter Stranka (beide haben sich als Verfasser sozialistischer Massen- und Jugendlieder einen Namen gemacht), der Lyriker und Journalist Günter Deicke und der Journalist und Erzähler Harry Thürk. »Wir sind von Anfang an in der Defensive«, ist in Günter Kunerts Erinnerungen zu lesen, »weil die Thüringer durch ihre politische Präsenz das Fußvolk dirigieren können. Wir vier hocken häufig zusammen. Übereinstimmung prägt die Gespräche, Manöverkritik am Lehrbetrieb.«

Kunert und Loest bilden ein Paar, das die Abende gern in der Stadt verbringt. Zu solchen »Ausflügen« läßt sich Müller, wie Kunert erzählt, »nicht verführen«, er macht lieber Entspannungsübungen. »Betritt man das Zimmer, das er mit Martin Pohl teilt, stutzt man. Der Autor ruht, wie aufgebahrt, in Rückenlage auf seinem Bett, die Hände über der Brust gefaltet, bereit für den Katafalk – sein rothaariges Küchenmädchen hat erst abends frei.« Auch durch Gespräche auf dem Zimmer habe er sich nicht in seiner Ruhestellung stören lassen: »Er spielte den toten Mann«. Pohl berichtet, daß Müller den gemeinsamen Schlafraum selten benutzte: »Oft nächtigte er bei gewissen ›Damen‹. Mich verpflichtete er zum Stillschweigen darüber, anderenfalls würde er mich ›kastrieren‹, wie er mir in scherzhaftem Ernst androhte.« Wie im Vorjahr in Radebeul gibt es wieder Vorträge von prominenten Gästen: *Klaus Gysi gehörte dazu, Stephan Hermlin, Johannes R. Becher.* »Hauptmentor« ist der Dichter Kuba, »der fast täglich zugegen war und vor allem auf die Linientreue seiner ›Schäfchen‹ achtete. Kunert merkt an, die »Trivialität immer gleicher Phrasen« sei nur »von zwei Ausnahmen unterbrochen« worden: »Die eine ist der Romanist Victor Klemperer [...]. Die zweite Ausnahme bildet Professor Böckh, ein Germanist [...], ein Mann mit soliden Kenntnissen, der extreme Kontrast zu Klaus Gysi, der das Blaue vom Himmel herunterschwätzt.«

In Bad Saarow wird über »Formalismus« und »Dekadenz« diskutiert; Müller gilt ebenso wie Kunert, Loest und Bienek als dekadent und politisch unzuverlässig. Vorzeigbares hat er offenbar nicht. Er schreibt in diesen Jahren Texte wie den folgenden, den er dreißig Jahre später mit wenigen Änderungen zwanglos einem neuen Theaterstück einfügen kann:

Der Schnaps ist aufgebraucht
Die Kinder pissen in die leeren Flaschen
Träumen von einem ungeheuren Beischlaf in Chicago
Auf blutbeschmierten Weibern in den Leichenhallen
Inzwischen lernen sie Granaten drehn für den
Lebensunterhalt
Während ihre Mütter Brüste in den Rauch hängen
Und den Himmel anflehn daß er ihre Männer kastriert.

Verse wie diese gelten als dekadent. *Dekadent war eine moralische Kategorie. Dekadent war alles, was nicht auf die Linie paßte oder auf der Linie lag.* Der Formalismus-Vorwurf ist ein gängiges Totschlagargument, mit dem Kulturbanausen der Partei und beflissene Kulturschaffende auf mangelnde »Volksnähe« und Verständlichkeit reagieren. Im Jahr darauf ruft das 5. Plenum des ZK der SED zum entschlossenen »Kampf gegen den Formalismus in Kunst und Literatur« auf – einen Kampf, den Heiner Müller scheut. Günter Kunert erzählt, daß er die öffentliche Auseinandersetzung mied: »Er ließ alles an sich abgleiten.« Martin Pohl bestätigt: »Bei den Referaten und Diskussionen, die auch hier mit prominenten DDR-Autoren geführt wurden, hielt er sich meistens mit Ironie bedeckt. Etwas Geheimnisvolles umgab ihn, was er offensichtlich genoß.«

Die vier Wochen in Bad Saarow bringen Müller eine Reihe von Kontakten ein, die schließlich zu dem erhofften Durchbruch führen: Seit Ende 1950 darf er sich Mitarbeiter des »Aufbau« nennen. Im Dezember 1950 erscheint dort seine Stellungnahme zum »Forum junger Autoren«, einer Rubrik, die die Zeitschrift jungen, unbekannten Autoren eingeräumt hat. Weitere Stellungnahmen kommen von Stephan Hermlin, Lothar Kusche, Paul Wiens, Uwe Berger, Günter Kunert und Dieter Noll. Müller, von dem dort bislang nichts erschienen ist, hat eine dezidierte Meinung zur Sache: »Es ist mehr zu diskutieren, Wichtigeres, Anderes. Legen Sie das Forum zu den Akten.«

Günter Kunert erklärt, wieso es einem jungen Autor von kaum zwanzig Jahren damals vergleichsweise leicht fiel, sich einen Namen zu erschreiben: »Es gab nur die alten Emigranten und eigentlich keinen Nachwuchs. Das war unsere Chance.« Das Märzheft 1951 des »Aufbau« bringt, in der Rubrik »Auf die Menschen kommt es an«, das Ergebnis einer Umfrage vor Ort über die Lage der »Volks- und Betriebsbibliotheken« sowie der Büchereien der Maschinen-Ausleih-Stationen (MAS) in der DDR, »willkürlich ausgewählt, in Dörfern und kleineren Städten«. Müller, mit der Materie aus Frankenberg gut vertraut, berichtet über drei Bibliotheken im Kreis Flöha. Seine Schilderung der bibliothekarischen Situation in dem Elfhundertseelendorf Lichtenwalde erinnert in ihrer Drastik an die Berichte, die der Schulrat Adalbert Stifter auf seinen Inspektionsreisen durch die Volksschulen Oberösterreichs verfaßte; die Folgerungen freilich sind die eines Volkskorrespondenten:

Die Bücherei ist in der Schule stationiert. Auf der Tür zum Büchereiraum steht: Nähstube – Schulleitung – Volksbücherei. Auch die Mütterberatung findet hier statt. Neben dem viel zu kleinen Schrank – 500 Bücher, gestapelt, übereinander, hintereinander – im viel zu kleinen Raum steht die Säuglingswaage. Immer das gleiche Bild: kein Platz für Bücher. 3 Stunden wöchentlich ist Ausleihe. Es lesen: Hausfrauen, Schüler, Rentner, wenig Arbeiter, keine Bauern. [...] Der Etat: 390 Mark im Jahre reicht nicht aus, den Buchbestand der wachsenden Leserzahl entsprechend zu erhöhen. Besonders die Kinder (die Masse der Leser) haben darunter zu leiden. Der Fünfjahresplan für das Büchereiwesen sichert jeder Bücherei für das Jahr 1951 einen eigenen Büchereiraum zu. Der Finanzplan des Landes verbietet für das Jahr 1951 die Anschaffung von Einrichtungsgegenständen. Zwei streiten sich. Welcher Dritte freut sich?

Von Martin Pohl, der mit ihm auf den beiden Schriftsteller-Lehrgängen gewesen ist, erfährt Müller, *daß man beim Zentralrat der FDJ gutes Geld verdienen könnte.* Dort bereitet man für das nächste Jahr die Austragung der »III. Weltfestspiele der Jugend und Studenten für den Frieden« vor, an denen in der Zeit vom 5. bis 19. August 1951 fast 30000 Delegierte aus über 100 Ländern und rund zwei Millionen Jugendliche aus West- und Ostdeutschland teilnehmen. Präsident des Internationalen Vorbereitenden Komitees ist Enrico Berlinguer, der spätere italienische Wortführer des Euro-Kommunismus. *Es gab eine Kulturkommission zur Vorbereitung der Weltfestspiele unter Leitung von Kuba, [...] und es gab eine Übersetzerkommission, die ließ, um für die Weltfestspiele im Schnellverfahren ein Liederbuch herzustellen, en masse Lieder übersetzen.* Pohl erzählt: »Ich schrieb Kinderliedertexte für einige Komponisten und schleppte eines Tages auch Heiner Müller, der ständig in Geldnot war, zu Kuba, der bei Müllers Anblick wutentbrannt vom Schreibtisch aufsprang und ausrief: ›Was? Der?‹ (Er hatte ihn als ›Dekadenten‹ aus Bad Saarow noch gut in Erinnerung.) Müller aber reagierte auf diesen Wutausbruch gelassen mit einem beschwichtigenden ›Na, na‹. Irgendwie müssen sie sich dann doch geeinigt haben: Kuba brauchte jeden, der einigermaßen gut schreiben konnte. Vielleicht bereitete es ihm auch eine gewisse Schadenfreude, daß er Müller Hymnen auf Stalin zur Nachdichtung auftrug.«

Ebenso wie Paul Wiens, Günther Deicke, Horst Bienek, Harald Kohtz, Martin Pohl und Franz Fühmann erstellt Müller auf der Grundlage von Rohübersetzungen mit dem metrischen Schema und der Melodie Nachdichtungen polnischer Volkslieder und Hymnen auf kommunistische Parteichefs. Die insgesamt zwölf Texte bringen ihm jeweils zwischen 300 und 350 Mark ein. Auf diese Weise hat er am Ende den Jahresverdienst eines Arbeiters zusammen. *Man konnte in einer Nacht fünf Stalinhymnen übersetzen. Und da habe ich ein paar sogar mit Kuba übersetzt.* Die Übersetzungen erscheinen im Liederbuch der FDJ »Wir singen mit unseren Freunden«: *So schnell ist nie wieder ein Buch gedruckt worden in der DDR. Innerhalb von 14 Tagen wurde es gedruckt auf Befehl von Honecker,* der Vorsitzender des Zentralrats seit seiner Gründung ist. Auch die Anthologie »Von dir singt die Erde. Gedichte über Stalin« (Berlin 1952) enthält vier Nachdichtungen von Heiner Müller.

Die Weltfestspiele beschäftigen Müller bis in den Sommer des Jahres 1951 hinein und bescheren ihm noch einige weitere literarische Aufträge: *Ich erinnere mich auch, wir sollten damals in der Kulturkommission für die Pionierzeitschrift eine Bildergeschichte aus einer sowjetischen Zeitschrift übersetzen. Da wurde beschrieben, wie der Jungpionier Benno in West-Berlin morgens tapfer sein rotes Halstuch umbindet und zur Schule geht mit dem roten Halstuch. [...] Und dann lauert an der Ecke der böse Stummpolizist Bruno und schlägt ihn mit dem Gumminüppel tot, weil er's rote Halstuch trägt, eine heroische Geschichte, dreißig Strophen.*

Auf Ersuchen des Zentralrats steigt Müller außerdem in den von der FDJ-Leitung ausgeschriebenen internationalen Kurzgeschichtenwettbewerb ein, dessen Resonanz unbefriedigend ausgefallen war. Insbesondere sei, erinnert sich Pohl, »kein brauchbarer deutscher Beitrag« darunter gewesen. »Also wurden wieder ein paar junge Autoren zusammengetrommelt (auch Müller und ich), die sich von Journalisten politische Ereignisse aus Ost- und Westdeutschland zur Herstellung von Literatur berichten ließen. Da die Sache eilig war, wurden wir in der darauffolgenden Nacht im Zentralrat ›in Klausur‹ geschickt.« Die ausgewählten Autoren, neben Müller und Pohl noch Horst Bienek und Harald Kohtz, müssen sich in leere Büros des Zentralrats einschließen. »Mich hatte ein Bericht vom Friedenskampf in Westdeutschland zu einer Erzählung inspiriert, Müller hatte ein Umsiedlerthema aus Ostdeutschland gewählt.

Das weiß ich noch mit Sicherheit, denn seiner Heldin, einer Flüchtlingsfrau aus den ehemaligen deutschen Ostgebieten, die durch die Bodenreform Neubäuerin geworden war, hatte er meinen Nachnamen gegeben: sie hieß Anna Pohl.« Während Müller nur eine dreiviertel Seite gelingt, schreibt Pohl »wie im Rausch« und fabriziert eine Kurzgeschichte, zu der Müller meint: »Das stinkt nach Preis.« In der Tat erhält Pohl für »Aus ihren Augen spricht Ehrlichkeit«, *eine Geschichte über einen ermordeten FDJler in Köln, dessen Blut vor dem Kölner Dom auf die Straße rann*, den zweiten Preis. *Sie war gut geschrieben. Der FDJler in Köln hätte auch ein Missionar in Kenia sein können. Das war dem Pohl egal.*

Etwa zur selben Zeit entsteht die Erzählung *»Der Bankrott des Großen Sargverkäufers«*, eine antikapitalistische Parabel auf das Geschäft mit Rüstung und Krieg, die Müller das Attest von Dieter Noll einbringt, »das sei Kafka, epigonal, dekadent, formalistisch«, womit er den Verfasser *»zum Hauptfeind der Arbeiterklasse«* erklärt. Überliefert ist nur ein fragmentarisches Manuskript der sprachlich wenig durchgearbeiteten Geschichte aus dem Nachlaß von Wilm Weinstock, das Müller 1993 für eine Veröffentlichung überarbeitet hat. In einfachen Aussagesätzen wird eine bilderreiche Grundsituation formuliert. Abgegriffene Formulierungen, reportagehafte Züge stehen neben kafkaesk anmutenden Schilderungen. Die literarische Handschrift des Debütanten zittert gleichsam noch, zwar weiß er schon, wie er nicht, aber noch nicht genau, wie er schreiben will.

Weitere Texte aus dieser Periode sind das *»Gespräch der Bediensteten im Palast des Agamemnon während dieser ermordet wird in der Küche«*, das Stückfragment *»Flint«* und die Bearbeitung eines Nô-Spiels nach Seami Motokyo, *»Die Reise«* – ein Versuch nach Brecht, der verschiedentlich auf diese religiös-opernhafte, streng stilisierte japanische Dramenform zurückgegriffen hat: Hitomaru macht sich auf die Reise nach Myazaki, um dort ihren Vater Kagekiyo zu besuchen. Er ging einst *für Heike in die Schlacht. Heike schickte ihn in die Verbannung nach der Schlacht.* In dem Bettler, bei dem sie sich nach der Wohnung ihres Vaters erkundigt, erkennt sie diesen nicht; Kagekiyo läßt sie ohne Antwort weitergehen: *Diese Frau ist* *meine Tochter. Ich liebte ihre Mutter in Atsuta. Ich fand das Kind unnütz und gab es fort.* Ein Holzfäller bringt Kagekiyo dazu, sich gegenüber seiner Tochter zu offenbaren. Das letzte Wort hat der Chor.

Angesichts des Inhalts und mit Blick auf die Entstehungszeit (1951/52) ist man versucht, darin die Spiegelung der eigenen Familiensituation zu sehen, wobei die Vater-Kind-Beziehung sowohl auf die Beziehung Heiner Müllers zu seinem Vater als auch auf die Beziehung zu seiner im Dezember 1951 geborenen Tochter anwendbar wäre. Vor diesem Hintergrund erscheint es konsequent, daß Müller den Text im fünften Band seiner Rotbuch-Werkausgabe unmittelbar vor *»Der Vater«* plazierte. Ob Müller bei der Niederschrift daran gedacht hat, ist eher unwahrscheinlich. In einem Begleittext notierte er seinerzeit dazu:

Wir hatten in Berlin, während der Weltfestspiele, Gelegenheit, das chinesische Theater zu sehn. Das japanische No-Theater unterscheidet sich davon formal und im Darstellungsstil nur wenig. [...] Die interessanten Momente des Stückes sind:

1. die Psychologie des Söldners, des ›Gedienten‹ (noch und wieder eine deutsche Lebensfrage)

2. die Fragestellung (die den Vorschlag enthält, das 4. Gebot elastischer zu formulieren – auch das ist, in einem in vieler Hinsicht gespaltenen Land, aktuell).

All diese Arbeiten sind zunächst nichts als Futter für die eigenen Schubladen: *Ich wußte, was ich machen wollte, aber das kaufte einem keiner ab.*

Entscheidungen

Die Lage in Frankenberg kurz nach Kriegsende ist bedrückend wie anderswo in Deutschland auch. Zu den ca. 15 000 Einwohnern kommen bis Ende 1947 noch 3 000 »Umsiedler«: Flüchtlinge, Vertriebene, Umgesiedelte, die die Stadt aufnehmen muß. Die Verpflegung ist rationiert; Lebensmittelkarten können erst 1958 abgeschafft werden. »Selbst Wachskerzen und Klosettpapier gab es auf Sonderzuweisung. Ein Zweikilobrot kostete auf dem Schwarzmarkt 90 Mark.« Für bedürftige Volksschüler wird eine Schulspeisung eingerichtet. »An allen Ecken fehlte es. Die Bauern lieferten nicht genug ab und der Bürgermeister mußte dauernd rumtrommeln: Ihr müßt, ihr müßt. Das konnte mein Mann nicht. Es war ja notwendig, weil die Leute hatten ja nichts zu essen in der Stadt, und die Bauern wollten lieber schwarz verkaufen.« Immer wieder gibt es Razzien der »Volkskontrolle« zur Überwachung der Produktion und des Warenverbleibs, nicht nur bei den Bauern, die zu wenig abliefern, auch bei Unternehmern, die im Verdacht stehen, zu horten und der Volkswirtschaft Material und Waren zu entziehen. Unterschlagungen und Diebstähle in den Betrieben sind an der Tagesordnung. Vom Bürgermeister wie auch von Polizei und Justiz wird ein unnachsichtiges Vorgehen gegenüber Wirtschaftsstraftätern verlangt. Andernfalls setzen sie sich dem Verdacht der Begünstigung aus. Es ist ein endloser Kampf gegen Schieber, Schwarzhändler, Wirtschaftssünder und andere »Volksschädlinge«, und er wird nicht minder konsequent geführt als der gleichzeitige Kampf gegen den Kartoffelkäfer, dem mit Kalk-Arsen zu Leibe gerückt wird.

Kurt Müller, Bürgermeister in schwerer Zeit, macht eine Politik, die nicht den Maßgaben der SED entspricht. In Frankenberg dominieren die kleineren und mittleren Handwerks- und Gewerbebetriebe, von denen es an die 600 gibt: Spinnereien, Teppich- und Seidenwebereien, Zigarrenfabriken, holz- und metallverarbeitende Betriebe, Färbereien und Bleichereien, fast ausschließlich Leichtindustrie also, mit selten mehr als 100 Beschäftigten. Erst fünf Betriebe sind »volkseigen«. Der Druck auf die Eigentümer wächst. Es sei, erinnert sich Ella Müller, »oft« geschehen, daß sich Leute hilfesuchend an ihren Mann gewandt hätten. »Vielleicht hat er auch mal geholfen, wie's eben so war.« Heiner Müller bestätigt: *Er kriegte als Bürgermeister immer Besuch von weinenden Frauen von Kleinunternehmern, auch größeren Unternehmern. [...] Die Unternehmer schickten ihre Frauen zum Weinen zum Bürgermeister [...], und er versuchte, Kompromisse mit den russischen Besatzungsstellen zu finden.*

Weil Kurt Müller Enteignungen zu verhindern sucht, wird

er insbesondere vom russischen Stadtkommandanten Oberst Schewtschuk schikaniert. Auch der Beitritt des Bürgermeisters zur »Gesellschaft zum Studium der Kultur der Sowjetunion« (später umbenannt in »Gesellschaft für Deutsch-Sowjetische Freundschaft«) am 24. Januar 1949 vermag das gegenseitige Verhältnis nicht zu verbessern. Nach Gründung der Deutschen Demokratischen Republik am 7. Oktober 1949 wird die sowjetische Militäradministration (SMAD) zwar aufgelöst; doch erst am 15. November 1950 übergibt Schewtschuk die Verwaltung an den Kreis Flöha.

Von den Auseinandersetzungen, die sein Vater als Verwaltungschef mit der russischen Oberbehörde führt, von den *Drangsalierungen*, denen er ausgesetzt ist, erfährt Heiner Müller allerdings kaum etwas. Der Vater erzählt ihm davon nichts, weil sich beide in der Beurteilung der SED-Politik nicht einig sind. Für Müller bedeuten die Enteignungen, auch wenn sie gelegentlich mit Brutalität, Willkür und Ungesetzlichkeit einhergehen, Gerechtigkeit. Sie verschaffen ihm die Genugtuung, in einem grundsätzlich anständigen Staat zu leben: *Ich hatte eine rachsüchtige, linkssektiererische Einstellung zu dem Ganzen,* weil da *gegen Leute Gewalt ausgeübt wurde, die ich nicht ausstehen konnte, gegen die ich vielleicht auch ein Vorurteil hatte. [...] Ich habe mit meinem Vater damals über Dinge jenseits der Politik, über Philosophie und Literatur gesprochen.*

Seinen Eltern in Bräunsdorf vertraut Kurt Müller an: »Ich habe eine unheilbare Krankheit – Sozialdemokratismus!« In Kurt Schumacher sieht er den »überragenden, genialen Führer«, der – wäre er nicht so früh gestorben – Adenauer bei den nächsten Bundestagswahlen zweifellos als Kanzler abgelöst hätte. Niemand ahnt zudem, daß Kurt Müller verbotene Kontakte zum Ostbüro der SPD unterhält, das die Tätigkeit sozialdemokratischer Vertrauensleute in der SBZ/DDR koordiniert. *Er war also durchaus straffällig im Sinne der damaligen Gesetze.*

Noch stehen Kurt Müllers alte Kampfgefährten hinter ihm: Stadtrat Ebert als Leiter des Frankenberger Personalamts meldet dem Kreisrat Flöha unter dem 18. August 1950 im Rahmen der regelmäßigen dienstlichen Beurteilung, daß »Bürgermeister Kurt Müller« nicht nur »in fachlicher Beziehung [...] jederzeit imstande« ist, »die anfallenden Arbeiten« der Gemeinde Frankenberg zu erledigen, sondern »aufgrund seiner Kenntnisse und Fähigkeiten« darüber hinaus durchaus geeignet, auch »die Geschäfte einer weit größeren Gemeinde ordnungsgemäß zu führen«. »Seine theoretischen Erkenntnisse des wissenschaftlichen Sozialismus befähigen ihn, politische Entscheidungen zu treffen, die in jeder Beziehung als fortschrittlich zu bezeichnen sind.« Doch nach dem 15. Oktober 1950 treiben die Spannungen zwischen dem Bürgermeister und der Staatspartei einem Höhepunkt zu. Die Wahlen für die Volkskammer, die Land- und Kreistage und die Gemeindevertretungen sind nicht zur Zufriedenheit der sowjetischen Behörde ausgefallen; weniger Wahlberechtigte als erhofft haben ihre Stimme der Gemeinsamen Liste der Kandidaten der Nationalen Front gegeben. Dafür wird er verantwortlich gemacht.

Mit dem Landesvorsitzenden der SED in Sachsen, Ernst Lohagen, führt Kurt Müller einen »mehr oder weniger öffentlich geführten Streit«. Gerta Vogel erinnert sich an einen ganzen Packen Zeitungsartikel, den ihr Bruder der Familie in Bräunsdorf einmal gezeigt hat; Artikel, in denen ihm Fehlverhalten im Amt vorgeworfen und sein politischer Standpunkt als »titoistisch« denunziert wurde. Als Titoist gilt, wer (wie Staats- und Parteichef Tito, der 1948 auf den Beratungen der Kominform das Recht der jugoslawischen Kommunisten auf einen eigenen Weg zum Sozialismus beansprucht hatte) die ideologische Führungsrolle der KPdSU nicht anerkennt – ein »Abweichler« also. Der Hauptpunkt ist, daß Kurt Müller nicht entschlossen genug gegen »unsaubere Elemente« und Saboteure der Wirtschaft und des Wiederaufbaus vorgeht. Unter anderem habe man ihn, berichtet sein Sohn, für den Teileinsturz des neuen Kulturhauses verantwortlich gemacht. Baustoffe sind Mangelware und werden von der Landesregierung zugewiesen; offenbar ist Material für eine andere Baustelle »abgezweigt« worden. *Jedenfalls brach die Decke zusammen, es kam bei irgendeiner Veranstaltung der Putz herunter, und dafür war natürlich der Bürgermeister verantwortlich, denn der Architekt war schon im Westen.*

Es ist klar, daß Kurt Müller nach Ablauf der Legislaturperiode von der SED nicht mehr als Bürgermeisterkandidat aufgestellt werden wird. Und er muß damit rechnen, daß man ihn, sobald er kein Amtsträger mehr ist, zur Verantwortung ziehen wird. *Mein Vater hatte ein Parteiverfahren, das wußte ich. Der Vorwurf war Titoismus, aber im Hintergrund schwebte ein Prozeß wegen der Sache mit dem Kulturhaus, und das hieß: Wirtschaftsverbrechen.* Am 27. November 1950 meldet sich Kurt Müller grippekrank, tritt seinen Dienst zwar am 7. Dezember wieder an, doch am 2. Januar 1951 legt er ein weiteres ärztliches Zeugnis vor, wonach er »wegen Zustand nach grippalem Infekt, Herzmuskelschaden, arbeitsunfähig ab 28. 12. 1950 erkrankt ist«. Zum 31. Dezember 1950 scheidet er aus dem Amt des Bürgermeisters. Wenige Wochen später setzt er sich nach Westberlin ab. »Aus dem Osten kommend, fuhr man damals mit der Bahn bis zum Anhalter Bahnhof. Die letzte Station im Osten war Groß-Beeren, genannt Groß-Zitter-Beeren, wegen der Kontrollen.«

In der DDR, erzählen übereinstimmend Günter Kunert und Manfred Blechschmidt, sei der Ausdruck: »der ist gemüllert worden« vorübergehend zum geflügelten Wort geworden. Sobald jemand von der Partei gefeuert wurde, habe es geheißen: Der wurde gemüllert.

Die letzte Nacht vor seiner Flucht verbringt Kurt Müller im Chemnitzer Haus der Eltern des Frankenberger Buchhändlers Rudolf Delling. Delling ist seit dem Frühjahr 1950 Leiter der Frankenberger Kreisbuchhandlung, einem Kommunal-Wirtschafts-Unternehmen, das – obgleich »mit dem Odium des Staatsbetriebes behaftet« – aufgrund einer rasch eingeführten Antiquariatssparte und nicht zuletzt auch »wegen der damaligen Mangellage« bald regen Zulauf hat. Und er ist Sprecher der rund 30 Personen starken antistalinistischen Widerstandsgruppe »Talleyrand«, die bis zu ihrer Zerschlagung durch die Staatssicherheit im Sommer 1951 im Raum Chemnitz/Frankenberg/Mittweida operiert. Sie unterhält Kontakte mit dem Ostbüro der SPD und mit der von Rainer Hildebrandt geleiteten »Kampfgruppe gegen Unmenschlichkeit«, einer westlichen Propaganda-Organisation, die auch Sabotageakte organisierte; Teil einer riesigen, wesentlich von den USA gesteuerten *Pro-*

pagandamaschine, die gegen die SBZ, dann gegen die DDR anlief. »Talleyrand« beschränkte sich nach Auskunft Rudolf Dellings demgegenüber auf die konspirative Verbreitung von Informationsschriften der SPD und systemfeindlicher Literatur, meist in Tarnausgaben, sowie auf Hilfsaktionen für Regimegegner, »Gefährdete und Gesuchte, aber auch für aus SBZ-Lagerhaft Entlassene. Deshalb waren unsere Kontakte zur Justiz so wichtig, darunter ein Rechtspfleger in Mittweida, ein Jurist an einem Chemnitzer Gericht, dazu Verbindung mit einer ähnlichen Gruppe in Tharandt bei Dresden.« Die zur Verbreitung vorgesehenen Bücher und Broschüren sowie armlange, mit Flugblättern gefüllte Feuerwerkskörper, »die im Freien über Versammlungen der SED oder FDJ abgefeuert wurden«, erhält Delling beim Ostbüro der SPD in der Zietenstraße in Westberlin. Was Delling nicht selbst »bei der Rückreise auf Brust und Rücken versteckt« transportieren kann, spediert ein Mitglied der Gruppe auf seinem Motorrad.

Rudolf Delling erinnert sich, daß Heiner Müller zu seinen »ersten und bald regelmäßigen Kunden« zählte, mit dem er sich rasch angefreundet habe:

»Unter den neuen Kunden fiel mir ein hohlwangiger junger Mann mit prominentem Kinn auf, über der breiten Stirn das Haar scheitellos nach hinten gekämmt. Seine gezielten Fragen nach Titeln jenseits der ›staatstragenden‹ Literatur, meist aus dem Antiquariatsbereich, gefielen mir. Meine Antworten gefielen ihm wohl auch, denn er kam immer öfter, die Gespräche wurden interessanter und führten – allerdings erst nach einigen Wochen – zum vertraulichen Du. Bald verlegten wir unsere Unterhaltungen in mein an den Laden angrenzendes Büro, wo ich mir eine Wohnecke eingerichtet hatte und eine Couch für gelegentliche Übernachtungen. Dabei wurde der Vorrat an Getränken, zu dem auch Heiner gelegentlich beisteuerte, zügig dezimiert.«

Neben dem literarischen Interesse habe man »auch andere Gemeinsamkeiten« festgestellt: »So betrieben wir beide Autogenes Training, Heiner mit beispielloser Intensität, ›bis zur Bewußtlosigkeit‹, wie er mir erzählte.«

»Wann die Gespräche vom Literarischen ins Politische übergingen, weiß ich nicht mehr. Erinnerlich ist mir aber seine spontane positive Reaktion auf meine – damals vielleicht gewagten – Berichte über illegale Hilfsaktionen für SED-Opfer. Erinnerlich ist mir auch, daß Heiner bei solchen Gelegenheiten abfällig vom uninspirierten, gar schädlichen Kurs der SED sprach.«

Laut Delling unterstützte Heiner Müller »Talleyrand«. Daß man ausgerechnet den skrupellos-geschmeidigen Dirigenten der französischen Außenpolitik zwischen den Revolutionen von 1789 und 1830 als Namenspatron gewählt hatte, habe ihm besonders gefallen. Außer ihm selbst habe er allerdings nur zwei weitere Mitglieder der Gruppe gekannt, einen Pädagogen aus Frankenberg und den Rechtspfleger aus Mittweida, und auch diese nur unter ihren Tarnnamen. »Seine Beiträge waren in erster Linie Informationen, z. B. aus der Stadtverwaltung und der nahe angesiedelten Polizeidienststelle.« Meist habe es sich um Personalien gehandelt, die Müller »auf Partei- oder Stadtverwaltungstreffen sammelte, wo ihn, glaube ich, die oft etwas unbedarften Funktionäre nicht so recht ernst nahmen. So konnten wir einen Zahnarzt im benachbarten Flöha vor einer bevorstehenden Haussuchung warnen. Solche Veranstaltungen führten nicht selten zu Verhaftung und Verlust der Existenz.«

In seiner Autobiographie hat Müller die Zusammenhänge nur angedeutet. Erst später will er von seiner Mutter erfahren haben, daß Delling für einen bundesdeutschen Geheimdienst gearbeitet habe. Als Buchhändler sei er *gut informiert* gewesen und habe *alles neue Interessante* besorgen können. Delling wiederum bestätigt Müllers Interesse an regimekritischen Autoren. So habe er ihm schon bald die aus West-Berlin bezogenen »Tarnschriften« anvertraut, beginnend mit Arthur Koestlers »Sonnenfinsternis«: Auf einen »bräunlichen Papierumschlag mit dem Aufdruck ›Heinrich Heine – Deutschland, ein Wintermärchen‹« folgte innen: »› … nicht, sondern Arthur Koestler, Sonnenfinsternis‹«. Andere Titel seien Huxleys »Schöne neue Welt«, Orwells »1984« (eingebunden in Friedrich Engels' »Ursprung der Familie«), »Hexensabbat« von Alexander Weissberg-Cybulski, sowie die Zeitschrift »Tarantel« gewesen. Diese und andere Titel, so Delling, habe Müller an seinen Vater weitergegeben, der dann ebenfalls häufiger in seine Buchhandlung gekommen sei, wodurch sich auch zu ihm ein Vertrauensverhältnis und schließlich eine Freundschaft entwickelt habe.

Westberlin soll für Kurt Müller nur eine Zwischenstation sein; Ziel ist Reutlingen, wo bereits ein Freund von ihm wohnt. Ella Müller, so ist abgemacht, soll ihrem Mann wenig später mit den beiden Söhnen folgen. In Frankenberg verbreitet sie, man würde nun zu den Schwiegereltern nach Bräunsdorf umziehen; ihr Mann sei schon vorgefahren.

»Vorläufig hatten wir Heiner erstmal nichts gesagt, erst, wo wir wußten, wie das alles laufen sollte. Das war ein paar Tage vorher. Da hab ich den Heiner zu mir geholt und hab's gesagt: Heiner, horch doch mal, so und so ist das nun, und du gehst doch hoffentlich auch mit. Und der hat noch zu mir gestanden und hat gesagt: Nein, Mutti, ich geh nicht mit. Warum gehst du nicht mit? Ich kann nicht, weil ich nicht kann. Warum kannst du nicht? Ich kann nicht mitgeh'n, ich kann nicht mitgeh'n. Du gehst mit! Wir können dich nicht alleine lassen. Und ich war so nervös die ganze Zeit und meine Hand rutscht aus und will ihm eine kleben. Und der guckte mich an mit seinen Augen und stand. Meine Hand ging ganz von alleine wieder runter. Ich hab gedacht, um Gottes willen, du kannst doch einem bald Zwanzigjährigen keine hauen. Und da war eben Schluß und er ging eben nicht mit, und ich mußte mich dann kümmern, daß ich wegkam.«

Kurz darauf erhält Ella Besuch von der Volkspolizei: »Sie sind gekommen und haben Haussuchung gemacht bei mir. Bücher und alles rausgeschmissen auf den Boden, alles durcheinander.« Gedrucktes und Geschriebenes wird beschlagnahmt, irrtümlich auch Manuskripte von Heiner Müller: Balladen, eine Novelle, erste Stücke.

Ella Müller bereitet nun ihre eigene Flucht vor. Die Möbel aus Frankenberg sind bereits nach Bräunsdorf spediert worden. »Und dann bin ich weg zu meinen Schwiegereltern nach Bräunsdorf mit Wolfgang. [...] Ich bin da hin eigentlich, damit ich weg kann. Weil, ich wollte mich nicht richtig abmelden in Frankenberg, auch wegen Heiner. Ich hab gesagt, ich geh nach Bräunsdorf und die haben das geglaubt. Das hab ich mir alles so zurechtgelegt.« Im April/Mai 1951 flieht Ella mit dem neunjährigen Wolfgang über die thüringische Grenze nach Westdeutschland. Im Mai treffen sie in Reutlingen ein, wo Kurt Müller zunächst Arbeit bei der städtischen Wohnungsbaugesellschaft und Engelloch 77 eine »nette, nicht zu teure Wohnung« gefunden hat. Finanziell geht es ihm gut: Bis zu seiner Einstellung bei einer Behörde der Landesregierung in Tübingen erhält er sein Beamtengehalt weiter, überdies Wiedergutmachung als Nazismus- und Stalinismusopfer. Ella Müller arbeitet in einer Wäscherei. Bereits 1957 können sie in Reutlingen, Storlachstraße 105, ein Haus mit großem Garten erwerben.

Daß ihr Sohn 1951 nicht mit in den Westen gegangen ist, hat Ella Müller später auf die Schwangerschaft seiner Freundin Rosemarie zurückgeführt. »Heiner hat mir immer gesagt, er kann nicht. Dabei hatte er nicht den Mut zu sagen, mir zu sagen, daß sein Mädel ein Kind kriegt!« Rosemarie Fritzsche bestreitet, daß Müller wegen ihr in der DDR geblieben sei: »Heiner wollte in diesem Staat, im Sozialismus bleiben. Er ist nicht mir zuliebe geblieben, obwohl seine Mutter das immer so gesehen hat.«

Tatsächlich ist Müller der Meinung, der richtige Mann am richtigen Ort zu sein, sich als junger Autor in einer *gesellschaftlich aufschlußreichen Situation* zu befinden, wie er später einmal Johannes R. Becher zustimmend zitiert. Was jetzt in der DDR geschehe, sei wichtig und müsse, ja könne eigentlich nur von ihm beschrieben werden. An dieser Grundüberzeugung hat sich auch 40 Jahre später nichts geändert: Ende 1989 bekräftigt er, daß es für ihn, wie für jeden Schriftsteller, *bestimmte Dinge* gebe, die nur er schreiben könne. *Und die muß ich schreiben, ohne Rücksicht darauf, wer das haben will oder nicht. Das ist ein Programm, das zu erfüllen ist.* Und erfüllbar war es nur in der DDR. Sein Leben dort, sagt er 1993 zu Monika Beer, sei *ein Aufenthalt in einem Material* gewesen, *das sehr interessant war. Bei uns gab's noch genügend positiven und dann zunehmend negativen Geschichtsstoff, der die Leute einfach in ihrem Privatleben behindert hat, so daß das einfach zwangsläufig Gegenstand, Material war. Ich hätte das meiste von dem, was ich geschrieben habe, in der Bundesrepublik nicht schreiben können; einfach aus Mangel an Material und aus*

Mangel an Erfahrungsdruck. [...] Was man braucht, ist ein Material mit einem großen Spannungsbogen.

So bleibt Müller Bürger der DDR bis zu ihrem Untergang. Es fällt ihm nicht sonderlich schwer. Anders als sein Vater kann er sich mit der neuen Ordnung, mit dieser Diktatur gegen die Leute, die seine Kindheit beschädigt hatten, identifizieren, zumal er sie bis zuletzt für entwicklungsfähig hält. *Ein Beweis für die Überlegenheit des Systems war die bessere Literatur, Brecht, Seghers, Scholochow, Majakowski. Ich habe nie daran gedacht, wegzugehen* – eine Begründung, wie sie vielleicht nur einem Intellektuellen einfällt. Hinzu kommt, daß die westdeutsche Alternative verbaut ist durch die Übernahme von politischen Verbrechern in die Eliten von Staat, Justiz und Militär; durch die Fortführung des diskreditierten ökonomischen Systems und der alten kompromittierten Herrschaftsverhältnisse. Dagegen ist die Proklamation der politischen und sozialen Neuordnung in der DDR attraktiv: Mit der Abschaffung des Privateigentums an Grund und Boden und der Verstaatlichung von Banken und Industriebetrieben scheinen wesentliche Bedingungen zur Realisierung der Ideen des »Kommunistischen Manifests« geschaffen.

Zwar tritt die DDR stets auf als strenge Erzieherin; ihre Herrschsucht und Unverträglichkeit sind augenfällig. Daß ihre Bürger die Vormundschaft dennoch dulden, geschieht der moralischen Wurzeln des neuen Staates wegen, als da sind Antifaschismus, Antikapitalismus, soziale Solidarität. Die alten Genossen, die aus dem Exil und aus den Gefängnissen kommen, haben als Antifaschisten der Tat einen enormen Vertrauensvorschuß bei den jungen Leuten. »Parteilichkeit« und »Klassenstandpunkt« sind entscheidende Kriterien, verbindlich die Doktrin, daß die Spaltung der Arbeiterklasse zum Faschismus geführt hat. Was von der Linie abweicht, kommt nicht in Betracht (und kann schnell als »Fraktionsbildung« und »konterrevolutionär« denunziert werden); Reinheit und Einheit der Partei gehen über alles. Zweifel werden zunächst als Unwissenheit verdrängt; als dann Desillusionierungsprozesse einsetzen, können Fehler mit Blick auf die erstarkte Weltbewegung immer noch für überwindbare Kinderkrankheiten des Kommunismus gehalten oder dazu erklärt werden. Diese Bindung hält eine ganze Generation; allerdings auch nicht länger.

Bis zum Mauerfall gilt für Müller, daß die Attraktivität der Bundesrepublik nie stark genug ist, um ihn auf die andere Seite wechseln zu lassen. Er liebt die Westdeutschen nicht, bei denen das Interesse *für politische Fragen*, anders als in der DDR, *unter Fleisch und Fett* verschwunden, *Kultur einfach durch Besitz ersetzt* worden ist.

Wiedergesehen haben sich Kurt, Ella und Heiner Müller erst 1956: *Ich fuhr zu Besuch nach Reutlingen. Merkwürdig war, daß mir da zwei fremde Menschen entgegenkamen, ein etwas dick gewordener älterer Herr, der mein Vater gewesen war, aber jetzt plötzlich nichts mehr mit mir zu tun hatte.*

Die Beziehung Heiner Müllers zu seinen Eltern war durch die Traumata von Verhaftung, Inhaftierung und plötzlicher Rückkehr des Vaters von Anfang an starken Belastungen ausgesetzt. Es habe, führt Müller in seiner Autobiographie aus, einen *Überdruck an Erfahrungen* gegeben, die so *schockhaft* gewesen seien, *daß man sie nicht ohne Störungen verarbeiten kann. Also entwickelt man Verdrängungsapparate.* Der Entschluß zur Flucht nach Westdeutschland führt zum Bruch, denn aus Sicht des Zweiundzwanzigjährigen haben seine Eltern den Lockungen des »Klassenfeindes« nachgegeben, das gemeinsame antifaschistische Ideal, das im »Arbeiter- und Bauern-Staat« seine Verwirklichung gefunden hat, verraten. Erst viele Jahre später vermag Müller einzusehen, daß sein Vater *sonst im Zuchthaus gelandet* wäre. Aber der Schmerz bleibt. Margarita Broich berichtet: »Wenn Heiner über seine Eltern sprach, hatte er oft einen saloppen, auch zynischen Ton, der wahrscheinlich mit Ergriffenheit zu tun hatte. Der Zynismus deckte ein Gefühl.«

Nicht einmal zu einer regelmäßigen Korrespondenz kann sich Müller verstehen. Mit Ausnahme von zwei frühen Briefen aus den Jahren 1951/52 und einem Fragment vom 11. September 1966 sind keinerlei Mitteilungen nachzuweisen. Es sind die Eltern, die durch Briefe, Päckchen und Besuche in Berlin den Kontakt aufrechterhalten. Auch ein literarischer Kommunikationsversuch erreicht seinen Adressaten nicht: Ein Gedicht aus dem Jahr 1963, zu dem Müller dreimal ansetzt, wird erst 1990 veröffentlicht, geplante Ergänzungsstrophen fügt er zu einem eigenen Gedicht, *»Der Vater«*, hinter dessen scheinbarer Rohheit ein grenzenloser Schmerz fühlbar wird. Die vielbeschriebene Kälte des Autors erweist sich gerade hier als Imprägnierung gegen ein überwältigendes Gefühl.

Zerlegt in seine beiden Teile, verwendet Müller das Gedicht auch in einer 1958 entstandenen gleichnamigen Erzählung, die er erst 1977, unmittelbar nach dem Tod seines Vaters, veröffentlicht. In dieser stilisierten Darstellung der Beweggründe, die Kurt Müller zum Verlassen der DDR veranlaßten – einem *bösen Text*, der Müller mit den Jahren zunehmend *unerträglich* wird –, verschweigt er dessen Frankenberger Bürgermeistertätigkeit, zweifellos, um keine Erinnerungen an die Republikflucht seines Vaters zu provozieren. Überhaupt streicht Müller das Kapitel Frankenberg für lange Jahre aus seinem Lebenslauf – nicht aus dem für den internen Gebrauch bestimmten, den der Schriftstellerverband 1956 bei seinem Beitritt von ihm abfordert: Da steht schwarz auf weiß, sein Vater sei *1951 als ›Titoist‹ aus der SED ausgeschlossen* worden und befinde sich *seitdem in Westdeutschland*. Aber keine einzige seiner veröffentlichten biographischen Skizzen enthält einen Hinweis auf diese Lebensstation seiner Familie. In einem etwa 1959 für den Henschel Verlag notierten Curriculum vitae listet er auf: *Geboren 9. 1. 1929 in Eppendorf/Sachsen. Besuch der Oberschule. Reichsarbeitsdienst. Danach Angestellter beim Landratsamt in Waren (Mecklenburg). Nach 1945 technische Hilfskraft in einer Bücherei.* Waren und Frankenberg sind in diesem autorisierten kurzen Lebensbild zu einer einzigen Station verschmolzen.

Im Frühjahr 1993, ein halbes Jahr nach Erscheinen seiner Autobiographie, unternimmt Müller den ersten Anlauf, seinem Vater literarisch Gerechtigkeit widerfahren zu lassen. Jetzt, zweieinhalb Jahre vor seinem eigenen Tod, glaubt er zu wissen, daß zugleich mit seinem Vater *das Gespenst* seiner *Kindheit* begraben wurde. Der Text bleibt Fragment.

II. ZEIT DES WARTENS

Ein Hungerkünstler

Nach der Flucht seiner Eltern, im späten Frühjahr 1951, siedelt Heiner Müller nach Berlin über, wo er zunächst bei seinem Klassenkameraden Herbert Richter in einem möblierten Zimmer am Bahnhof Warschauer Straße, danach bei dem Schriftstellerehepaar Wilm und Greta Weinstock Unterschlupf findet. Man kennt sich aus dem Zentralrat der FDJ; Weinstock, der gerade im Altberliner Verlag ein Kinderliederbuch veröffentlicht hat, sieht in Müller seinen leiblichen und geistigen Ziehsohn. Mehr als eine Couch hat Müller bei Weinstocks aber nicht zur Verfügung. *Dann wohnte ich eine Zeitlang in Köpenick in der Wohnung eines Schauspielers, der mit seiner Frau auf Tournee war. Dort lebte ich zwei Wochen von Mondamin, dem einzigen Inhalt des Kühlschranks.* Und immer ist er auf der Suche nach einer Chance, in den Literaturbetrieb einzusteigen. *Es war eine Zeit der Vorbereitung und des Wartens.*

Im Freundeskreis fällt Müller, wie Martin Pohl sich erinnert, »durch merkwürdige dramatische Versuche« auf. Er habe zum Beispiel an einem Stück geschrieben, aus dem ihm der Satz »Napoleon ist ein Wald« »unvergeßlich« sei. Dabei handelt sich um die Szenenüberschrift eines *Heimkehrerdramas im Stil von Georg Kaiser*, dessen Inhalt Müller selbst wie folgt resümiert: *Ein Mann kommt aus dem Krieg. Bevor er Soldat wurde, hatte er eine Kneipe. Nun kommt er zurück, und die Frau treibt es mit dem Kellner, und der Kellner heißt Napoleon.* Das Stück ist Fragment geblieben; Typoskripte haben sich im Nachlaß sowie im Besitz von B. K. Tragelehn erhalten. Eine Szene daraus (und zwei Szenen aus dem Buchhalter-Hörspiel von 1948) erhält der Aufbau-Verlag, versehen mit Verlaufsskizzen und Eigenkommentaren:

Ich glaube, daß an einer Entwicklung, die durch die Texte zu skizzieren versucht wird, mehr als an einzelnen Paradestückchen abzulesen ist. […] Die Lücke 1948–1950 ist angefüllt mit Lektüre, dramaturgischen Studien und mißglückten Versuchen – ›Lernstücken‹ – Der Grund ist die übliche Entwicklungskrise: von den – nach Tolstoi – 2 Stufen des Schaffensprozesses (1. Das Bewußte muß unbewußt, das Bekannte, die Realität als neu erlebt werden – 2. Dies Unbewußte wird wieder bewußt gemacht.) macht die 2. Schwierigkeiten. Verwirrend ist der Einfluß Brechts, seine Forderung und Praxis der ›Durchrationalisierung‹.

Was Peter Hacks, der 1955 aus München nach Berlin kommt, auf Anhieb schafft, die ›Eroberung‹ der Literaturszene, fällt Müller außerordentlich schwer. *Das Hauptproblem war, daß meine Eltern weg waren und ich keinerlei Einnahmequellen hatte, auch keine Wohnung, keine Aufenthaltsgenehmigung für Berlin. Um eine Aufenthalts- oder Zuzugsgenehmigung zu kriegen, brauchte man eine Arbeit in Berlin. Um eine Arbeit zu kriegen, brauchte man eine Aufenthaltsgenehmigung. Das war so der übliche bürokratische Teufelskreis.* Ohne festen Wohnsitz und festes Einkommen führt Müller in der halb zerstörten Stadt, in der neben Wohnungsnot noch immer allgemeiner Mangel herrscht, von 1951 bis 1954 eine halb asoziale, *nomadische* Existenz. In dieser Zeit erwirbt er sich jene Bedürfnislosigkeit, die es ihm ermöglicht, an jedem Ort der Welt zu leben. Zum Schreiben braucht er keinen besondern Ort; Papier – von dem er immer ein gewisses Quantum mit sich führt – und ein Bleistift oder Kugelschreiber genügen. Damit werden Einfälle notiert und Aufgeschnapptes. Ganze Nächte verbringt er in der »Mitropa«-Gaststätte am Bahnhof Friedrichstraße oder im Café Nord, einem Tanzlokal Ecke Schönhauser Allee/Wichertstraße. Hier wie dort trifft er *Gestrandete*, die ihm Material für seine Stoffsammlung liefern, etwa für Szenen in *»Germania Tod in Berlin«. Die beste Informationsquelle über die Lage in Deutschland waren für mich immer die Kneipen. […] Das war sehr wichtig für mich. Man lernt ja in Kneipen ungeheuer viele Leute ganz anders kennen. Das war der Bauch von Berlin.*

Noch hat Müller keinen einzigen literarischen Text veröffentlicht. Dies gelingt ihm mit Hilfe von Eduard Zak, dessen Frau, Annemarie Auer, Sekretärin der Sektion Literatur der Akademie der Künste ist. Zu ihr geht Müller eines Tages, weil er gehört hat, wenn er am Theater unterkommen wolle, müsse er mit ihr reden. Leider kann sie ihm nicht helfen; um so mehr ihr Mann, *ein sehr freundlicher Mensch*, den Müller oft zu Hause besucht. *Meine journalistischen Aktivitäten in den frühen Berliner Jahren liefen alle über die Bekanntschaft mit Eduard Zak*. Er ist es auch, der Müller beim »Sonntag« unterbringt, wo Zak zuständiger Redakteur für Literaturkritik ist. *Der ›Sonntag‹ war die Wochenzeitung des Kulturbundes und wahrscheinlich die liberalste Ecke damals. Auch unter dem Dach des Aufbau-Verlages. Der Cheflektor war Max Schröder. Er kam aus der amerikanischen Emigration. [...] Zak war ein interessanter Mann, ein Österreicher, hochgebildet, verschlampt, er hatte Lautréamont übersetzt, den ich dadurch zum ersten Mal, in seiner Übersetzung, gelesen habe.*

Im April 1951 druckt der »Sonntag« die beiden ersten literarischen Arbeiten Müllers: für Lorenz Jäger Parabeln einer Erziehungsdiktatur, in denen die Hilflosigkeit eines passiven Pazifismus und die Notwendigkeit freundlicher Gewalt gegen politische Unvernunft aufscheint. Im Dezember folgt (unter der Rubrik »Junge Autoren«) der Text *»Das Volk ist in Bewegung«*: eine in filmischer Schnitt-Technik erzählte Momentaufnahme vom Beginn eines Streiks in einem westdeutschen Automobilwerk. Beachtenswert sind einige zugespitzte Dialoge, die bereits auf die dialektischen Kontroversen der Produktionsstücke verweisen, ohne jedoch bereits über deren Witz zu verfügen.

Im Septemberheft 1951 des »Aufbau« erscheint ein weiterer quasi-literarischer Text Heiner Müllers, eine von mehreren »Anekdoten« zu den Weltfestspielen. Unter den übrigen Verfassern sind Bodo Uhse, Günther Deicke und Karl Grünberg. Müllers Beitrag, sicherlich kein Meisterstück, erzielt seine Wirkung durch die lakonisch erzählten Pointe.

Sieht man von der verschollenen Novelle des Sechzehnjährigen ab, hat Müller nie längere Prosa geschrieben. Er ist kein Autor des Entfaltens und Entwickelns, sondern der Kondensation. Zur umfangreichen Erzählung oder gar zum Roman fehlt ihm der lange Atem des Epikers, vielleicht auch die Fabulierfreude. Ihm komme es auf das Skelett einer Geschichte an, nicht auf ihr Fleisch, von dem sich die Prosa nähre, verrät er einmal einer Freundin. Dazu kommt: Er kann nichts erfinden. Was er nicht aus der eigenen oder der Familiengeschichte schöpft, muß er bei andern Erzählern borgen. Oftmals, zuletzt im Sommer 1995 im Gespräch mit Peter von Becker, betont er, daß es ihm an Phantasie fehlt, um Geschichten zu erfinden: *Ich brauche immer ein Material, das mich anstößt, mit dem ich arbeiten kann.* Auch seine Vorliebe für Anekdoten und Witze entspringt dem Interesse an der Pointe; der Weg dahin interessiert ihn weniger. Der Lakonismus der Parabel kommt seinem Erzählen auf den Schluß hin noch am ehesten entgegen.

Die Abweisung

1951 wird Martin Pohl, von Kuba empfohlen, in die neugegründete Meisterklasse für Nachwuchs-Dramaturgen und -Regisseure an der Akademie der Künste aufgenommen. Er erhält ein staatliches Stipendium von 500 Mark, hospitiert am Berliner Ensemble und wird, wie auch Horst Bienek und Heinz Kahlau, »Brechtschüler«. Alles, was er aus Brechts Dunstkreis aufschnappt, teilt er seinem Freund Müller mit. Eines Tages läßt er sich von ihm ein paar Manuskripte geben (»ein kurzes Theaterstück und ein paar Gedichte«), um sie Brecht bei Gelegenheit vorzulegen und Müller auf diese Weise ebenfalls zu einem Stipendium zu verhelfen. Er sehe die Szene noch heute vor sich, erzählt Pohl 1996:

»Brecht überflog die Manuskripte und reichte sie an seinen Dramaturgen Peter Palitzsch weiter mit den Worten: ›Das ist interessant.‹ (Wenn ihn etwas beeindruckte, bezeichnete er es meistens als ›interessant‹.) Palitzsch las flüchtig in den losen Blättern und zog die Stirn immer krauser. Dann reichte er sie mit abgewandtem Gesicht zurück mit dem Ausruf: ›Brecht-Epigone!‹ Und damit war die Sache ›gelaufen‹.«

In seiner Autobiographie hat Müller die Begegnung mit Brecht anders geschildert. Er selbst, sagt er dort, habe sich bei Brecht, den er zuvor, nach dem Besuch einer »Courage«-Aufführung, in dessen Haus in Weißensee aufgesucht hatte *(er hatte keine Zeit oder mußte weg)*, um eine Stelle als Meisterschüler beworben. *Das zweite Mal war ich bei ihm im Berliner Ensemble und habe ihm Gedichte gezeigt. Die blätterte er durch und sagte: ›Sehr interessant, und wovon leben Sie?‹ Ich wußte schon, daß diese Frage kommt, und hatte die Antwort parat: ›Ich dachte, daß vielleicht hier beim Berliner Ensemble eine Möglichkeit wäre zu arbeiten.‹ Darauf sagte Brecht den verhängnisvollen Satz: ›Gehen Sie zur Rülicke.‹ Also ging ich zu Käthe Rülicke. Das war seine Sekretärin. Sie konnte mich auf Anhieb nicht ausstehen, und ich sie auch nicht. Sie verteilte die Aufgaben.*

Müller ist nicht der einzige, der den Eindruck gewinnt, gegenüber männlichen Novizen würden die Frauen am Berliner Ensemble eine Mauer um Brecht zu bilden. Jede von ihnen scheint sich mindestens so wichtig zu nehmen wie Brecht selber. Die Aufgabe, die Käthe Rülicke Müller stellt, besteht darin, die Fabel eines sowjetischen Tendenzstückes zu notieren, »Das Glockenspiel des Kreml« von Nikolai Pogodin, das am 28. März 1952 in der Regie von Ernst Busch zur Aufführung kommen soll. *Ein unsägliches Meisterwerk, in dem beschrieben wird, wie Lenin einem Uhrmacher den Auftrag gibt, das Glockenspiel des Kreml auf die ›Internationale‹ umzustellen.* Eine einfache Aufgabe, sollte man meinen, aber Müller meistert sie nicht. Auf eineinhalb Schreibmaschinenseiten bringt er lediglich ein paar krause, ebenso angestrengt wie unbeholfen formulierte Gedanken zuwege: *N. Pogodin: Das Glokkenspiel des Kreml. Ein Stück in 12 zu 3 Akten lose gebündelten Bildern: [...] Die Akteure dieses Kampfes, mehr oder weniger aktiv oder leidend beteiligt, werden gezeigt als widersprüchliche veränderliche Menschen. Menschen als Prozeß, nicht als Fertigware. [...] Das Veränderte verändert die Veränderer.* Damit fällt er durch. *Hinterher war ich ganz froh, aber damals war es eine schwere Kränkung.*

Vielleicht war es auch Müllers Glück, denn die Brecht-Schüler Bienek, Kahlau und Pohl ereilt ein mehr oder weniger tragisches Schicksal: Horst Bienek wird, weil man seine Adresse im Notizbuch eines nach Ostberlin entführten flüchtigen SED-Abgeordneten gefunden hat, am 7. November 1951 verhaftet und von einem sowjetischen Militärgericht zu 25 Jahren Zwangsarbeit verurteilt; bis zu seiner Amnestierung 1955 arbeitet er als Kohlenhauer in einem Schacht des Lagers Workuta am Fuß des Nordural. Heinz Kahlau, ursprünglich Traktorist, der früh mit Gedichten und Agitprop-Liedern auf sich aufmerksam gemacht hat, verfängt sich 1956 in den Maschen der Staatssicherheit, für die er bis 1964 Berichte liefert. Martin Pohl schließlich wird am 22. Februar 1953 aufgrund einer politischen Intrige aus dem Bett heraus verhaftet und wegen angeblicher Spionage zu vier Jahren Zuchthaus verurteilt, von denen er fast die Hälfte im Zuchthaus von Zwickau absitzen muß.

Auch nach seiner persönlichen Ablehnung versucht Müller, das kurze Stück, das Brecht zur Begutachtung vorgelegen hatte, beim Berliner Ensemble unterzubringen. Es trägt den Titel *»Held im Ring. Optimistische Tragödie. Festliches Requiem für Werner Seelenbinder«* und stammt aus den Jahren 1950/51: ein Widerstandsdrama über einen Arbeitersportler. Der Ringer Seelenbinder (1904–1944), sechsmaliger Deutscher Meister im Halbschwergewicht, Olympiavierter 1936, seit 1928 KPD-Mitglied, hatte nach 1933 bei öffentlichen Wettkämpfen den Hitlergruß verweigert und war als Nazigegner im Zuchthaus ermordet worden. Stephan Hermlin hatte in seiner Sammlung antifaschistischer Biographien »Die Erste Reihe« an ihn erinnert, der »Aufbau« im Augustheft 1951 einen Vorabdruck gebracht. Eine weitere wichtige Quelle für Müller ist das »Anekdotenbuch« von F. C. Weiskopf (Berlin 1949), eine Sammlung von Geschichten aus der Nazizeit, aus Krieg und antifaschistischem Widerstand. Die Anregung zu dem Stück verdankt er Vilmoš Korn (1899–1970) dem Leiter des Amts für Literatur und Verlagswesen, wie die hauptsächlich mit Genehmigungen befaßte Vorgängerbehörde der Hauptverwaltung Verlage und Buchhandel im späteren Ministerium für Kultur betitelt ist. Korn, auf dessen Schreibtisch das Manuskript vom *»Bankrott des Großen Sargverkäufers«* gelandet war, hatte mit ihm ein *proletarisches Fest- und Weihespiel mit Arbeiterchören und Tanzgruppen zur Eröffnung der Werner-Seelenbinder-Halle* in

Berlin schreiben wollen, was Müller allein wegen des in Aussicht gestellten Honorars interessierte.

Brecht, so Müller, sei an drei kurzen Zwischentexten des Seelenbinder-Stücks *interessiert* gewesen, doch die Entscheidung habe er seinen Assistenten Peter Palitzsch, Egon Monk und Claus Hubalek überlassen. Diese hätten ihm eröffnet, *daß am Berliner Ensemble natürlich nur die Besten Platz hätten, wozu ich leider nicht gehörte. [...] Das müßten sie mir doch in schonungsloser Offenheit mitteilen. Das war wieder eine schwere Kränkung, aber das Stück war tatsächlich nur eine Brecht-Kopie.* Auch B. K. Tragelehn hat den Text während seiner Meisterschüler-Zeit am BE gelesen und für »nicht gut« befunden.

Auch wenn man ihm an der Brecht-Bühne partout nicht zu Amt oder Würden verhelfen will, läßt es sich Müller nicht nehmen, journalistisches Engagement für das Theater am Schiffbauerdamm an den Tag zu legen. Die *Praxis des Berliner Ensembles* beweise, doziert er im »Sonntag« vom 9. Mai 1954, daß Modelle nicht immer *unschöpferisch* sein, die Initiative lähmen, die Phantasie einengen müßten. Vier Wochen später erwähnt er den kürzlichen Besuch einer Matinee, bei der das im Auftrag Brechts von Wera und Claus Küchenmeister bearbeitete Stück »Meister Pfriem oder Kühnheit zahlt sich aus« samt zehn sozialkritischen Volksliedern aufgeführt wurde. Mit Claus Küchenmeister arbeitet Müller zur selben Zeit an einer Dramatisierung von Fjodor Gladkows Erzählung »Der Polyp«; überliefert sind zwei Szenen und eine Reihe von Entwürfen.

1957 berichtet Müller im »Zentralorgan« der SED über ein Gastspiel des Berliner Ensembles in Moskau (mit »Leben des Galilei«), wobei er die Gelegenheit nutzt, um einen Blick auf Brechts wesentliche Inszenierungen der letzten Jahre zu werfen: »Courage«, »Puntila«, »Hofmeister«, »Mutter«, »Frau Carrar«, »Urfaust«, »Katzgraben«, »Kreidekreis« und eben »Galilei«. Er zitiert eine Beschreibung Brechts der Arbeitsbedingungen nach Kriegsende und Paul Rillas Würdigung der Aufführungen: Schützenhilfe für das Theater am Schiffbauerdamm im Jahr Eins nach Brechts Tod.

Szenen einer Ehe (1)

In seiner Autobiographie bekennt Müller, daß der Umzug nach Berlin *auch eine Flucht vor der Schwangerschaft* seiner Freundin gewesen sei. *Ich habe Schwangerschaft immer als Freiheitsberaubung betrachtet. [...] Ich war in Berlin ohne Adresse und immer hin und her, sehr nomadisch, und versuchte, das einfach zu vergessen.* Rosemarie Fritzsche sagt heute, sie habe mit Heiner Müller »nichts Schönes erlebt. Er hat in einer Welt für sich gelebt. Ihm war immer das Schreiben das wichtigste. Alles andere stand hintenan. *[...]* 1951 habe ich mein Staatsexamen am Klinikum in Leipzig gemacht. Dann merkte ich, daß ich schwanger war. Heiner war in Berlin, auf meine Briefe hat er nie geantwortet. Im Sommer fanden in Berlin die Weltjugendfestspiele statt. Unsere ganze Krankenpflege-Klasse wurde dort nach bestandenem Examen eingesetzt. Ich war aufgrund meiner Schwangerschaft und bevorstehenden Hochzeit freigestellt, fuhr aber auch nach Berlin. Ich habe Heiner dort gesucht. Dann habe ich ihn endlich gefunden. Er wohnte in Hohen-Neuendorf.« Die Schriftstellerin Margarete Neumann, Ehefrau Martin Pohls, hatte Müller Unterkunft gewährt.

Am 31. August 1951 heiraten in Mahlow/Kreis Teltow bei Berlin »die Krankenschwester Johanna Else Rosemarie Fritzsche« und »der Schriftsteller Reimund Heiner Müller«, wie es in der Urkunde des Standesamts heißt. *Sie hatte schon alles vorbereitet. Dort wohnten ein Onkel und eine Tante von ihr.* Als gemeinsame Adresse geben sie die Wohnung der Mutter an, Margaretenstraße 2 in Frankenberg. Rosemarie Müller fährt anschließend zurück nach Leipzig, ihr Mann taucht wieder ab. »Meine Briefe wurden auch nach der Eheschließung nicht beantwortet. Als dann die Ankunft meines Kindes bevorstand, war ich allein. Mein Bruder brachte mich nach Frankenberg zu meiner Mutter. Einen Tag vor Weihnachten stand Heiner vor der Tür, unangemeldet. Ich war froh, daß er erstmal wieder da war und habe gute Miene zum bösen Spiel gemacht. Dann war es erstmal wieder schön. Am 25. Dezember wurde Regine geboren. Einen Tag nach der Geburt sagte mir Heiner, daß er die ganze Zeit über ein Verhältnis mit einer Tänzerin gehabt habe.«

Bei der Schwiegermutter in Frankenberg bleibt Müller bis ins späte Frühjahr 1952 hinein. Er lernt das Lehrerehepaar A. kennen, das über eine große Wohnung in einer ehemaligen Villa in der Humboldtstraße verfügt. Mit Ursula A. freundet er sich näher an. Sie erzählt:

»Mein Mann ging abends gern weg, und einmal schob er den Heiner zur Tür rein, und noch einen Freund, und sagte: ›Das ist was für dich, das sind zwei Intelligente.‹ Und es dauerte gar nicht lange, und da lagen wir drei ausgestreckt auf dem Boden und machten unter Anleitung vom Heiner eine Übung, einfaches Ausstrecken von Armen und Beinen: Damit könne man in fünf Minuten die Kraft eines ganzen Tages wieder reinholen, sagte er. Heiner wohnte damals bei seiner Schwiegermutter. Sie hatten nur zwei Zimmer: Das eine war nicht besonders groß, hatte immerhin gerade Wände. Das andere hatte ab der Mitte schräge Wände, und darin wurde gekocht und geschlafen. Ich weiß gar nicht, wie die da alle untergekommen sind. Da war die Mutter, dann die Rosemarie mit zwei Geschwistern, der Heiner und das Baby. Die müssen noch Bodenkammern gehabt haben oder so. Heiner war viel bei mir, weil ich eine Schreibmaschine hatte, und er bekam immer was zu essen. Ich hatte auch einiges an Büchern, er hatte seine Ruhe. Er hat mich bekannt gemacht mit Literatur, auch mit solcher, die in der DDR nicht erwünscht war. Er hatte alte Hefte der Berliner Zeitschrift ›Athena‹, da standen Sachen drin von Sartre, ›Die Fliegen‹, Eluard, Joyce, von Kafka ›Die Verwandlung‹; die hat er mir gebracht. Ich hab nie wieder jemand getroffen, mit dem ich mich so gut unterhalten konnte. Er brachte aus nichts eine Unterhaltung zusammen. Ihm war jeder Mensch wichtig, er hat immer beobachtet, es gab immer was zu lernen für ihn.«

»Athena« ist ein kurzlebiges literarisch-künstlerisches Magazin des Berliner Minerva-Verlags, als Chefredakteur zeichnet Fritz Hellwag. Die Zeitschrift erscheint ab Oktober 1946, übersteht aber die Währungsreform nicht und muß ihr Erscheinen bereits im Juli 1948 einstellen. Die alten Hefte wird Müller von Eduard Zak bekommen haben, der zu den Mitarbeitern zählte.

Von den Veränderungen im Leben ihres Sohnes erfahren die

Eltern Müllers in Reutlingen erst mit Verzögerung. In Berlin erreichen sie ihn nicht. Kurt Müller schreibt einen mit Vorwürfen gespickten Brief an die Adresse Herbert Richters, in dem er Heiner vorwirft, seine Frau nicht unterstützt zu haben. Dessen Entschuldigung klingt glaubhaft, erklärt aber nicht sein Verschwinden: *Ich habe Rosi nicht unterstützt, weil ich, von ihrer Abreise aus Berlin bis 15. 12. kein Geld hatte (ein größerer Betrag wurde von Berlin nach Frankenberg und, wegen falscher Kontonummer, wieder zurück überwiesen, mit, wie üblich, großer Verzögerung – z. B. warte ich jetzt, am 15. 2., auf ein Honorar v. Dezember. Ich hatte zu tun, nicht zu verhungern. Das beschäftigt.* Er räumt ein, daß es für sein langes Schweigen *keine Entschuldigung* gebe, allenfalls *Erklärungen: Anfangs meine Schreibfaulheit, die natürlich, in diesem Fall besonders, ihre besonderen Gründe hat: ich hatte, zu lange, auf Deine Kosten gelebt, materiell, aber auch geistig. Als Du fortwarst, mußte ich erst einen (eigenen) Standpunkt suchen gehen, d. h. die mir gemäße Art, den Standpunkt zu wechseln. Erst wer allein trägt, lernt, was er tragen kann und wie dieses. Dieser (einmal doch notwendige) Schnitt ging um so mehr ins eigene Fleisch, als Du Dich vor mir nie auf das Podest des ›Vaters‹ gestellt hast. Daß ich ihn sehr gespürt habe, drückt mein Schweigen aus. Bitte, glaub nicht, ich hätte nicht darunter gelitten, daß ich nicht schrieb. Dann sehr deutlich im Dezember 50, sah ich das Ergebnis. Und nun hatte ich einfach Angst zu schreiben, weil ich nicht wußte wie. […] Ich bitte Dich sehr, versuch lieber das, was ich getan bzw. unterlassen habe zu vergessen als mich.*

Wie es bei uns weitergeht, weiß Müller zu diesem Zeitpunkt noch nicht. Er werde, teilt er dem Vater im Brief vom 15. Februar 1952 weiter mit, wieder nach Berlin gehen, wo sich seine Aussichten auf eine Wohnung verbessert hätten. Bis dahin werde seine Frau, die sich für Chemnitz und Berlin beworben habe, in Leipzig bleiben. *Es wird alles nicht sehr leicht sein, aber was ist schon leicht; zusammen mit Rosi ist es jedenfalls halb so schwer. Verhungern werden wir nicht.*

Es ist der letzte Brief, den die Eltern von ihrem Sohn erhalten. Was der in Berlin treibt, wovon er sich ernährt, erfahren sie erst Monate später, und zunächst durch ihre Schwiegertochter. Heiners Schreibfaulheit erkären sie sich damit, daß er »wahrscheinlich fürchtet [...], daß ihm eine briefliche Verbindung« mit ihnen »schaden könnte«. Da Kurt Müller die politische und ökonomische Situation in der DDR pessimistisch einschätzt (»mehr und mehr hoffnungslos«), wäre es ihm lieber, wenn sein Sohn mit Frau und Kind ebenfalls in den Westen wechseln würde. Allerdings bescheinigt er den Westdeutschen »Stumpfsinn« und »Interesselosigkeit« in politischen Dingen. Gerade auch bei jungen Erwachsenen vermißt er jene »innere Spannung, von der das Leben so vieler Menschen in der Sowjetzone erfüllt ist, weil es dort nur untergründige Möglichkeiten gibt, sich zu Wahrheit und Freiheit zu bekennen«. Und genau dieser Spannung wegen, die Grundlage und Voraussetzung seiner literarischen Arbeit ist, bleibt sein Sohn in der DDR.

Im Mai 1952 folgt Rosemarie Müller ihrem Mann nach Berlin: »Ich durfte mein praktisches Jahr an der Charité absolvieren. Regine konnte ich nicht mitnehmen, sie blieb bei meiner Mutter in Frankenberg.« Im Sommer übernimmt Müller das möblierte Zimmer des Schauspielers Scheibner in Pankow, Pestalozzistraße 24 (bei Grützmacher). Scheibner ist ein Freund Herbert Richters; er muß aufgrund einer Tuberkulose-Erkrankung ins Sanatorium. Martin Pohl, seit kurzem von seiner Ehefrau Margarete Neumann getrennt, wohnt in der Nachbarschaft; ihn holt Müller manchmal »Sonntagmorgens zum Frühschoppen ab. Wir dichteten auch zusammen. So entstand in Gemeinschaftsproduktion ›Das Dein-und-mein-Lied‹«, dessen Schlußstrophe lautet: »Dein Hund ist ein braver Hund,/ Meiner ist ein böser./Deiner bellt und meiner pißt/An die Welterlöser.«

Dort in Pankow kann Rosemarie Müller, die im Schwesternwohnheim untergebracht ist und oft Nachtdienst hat, ihren Mann häufig besuchen.

»Er hatte eine sehr nette Wirtin. Sie hat erlaubt, daß ich dort mit wohnen durfte. Nach drei Monaten wurde Regine krank, bekam eine Ernährungsstörung, Brechdurchfall. Meine Mutter war überfordert, sie sagte, sie könne die Verantwortung nicht mehr übernehmen. Ich nahm Regine mit nach Berlin. Dort kam sie sofort in eine Klinik. Drei Monate war sie dort.

Heiner hat sie nicht ein einziges Mal besucht. Bei ihrer Entlassung – sie war 9 Monate alt – wog sie 11 Pfund. Wir haben sie mühsam hochgepäppelt, in Westberlin Milch und Lebertran besorgt, mit dem wir ihre Wunden eingerieben haben. Dann fand ich für sie einen Krippenplatz an der Jannowitzbrücke. Dort konnte sie die Woche über bleiben. Ich mußte ja arbeiten! Am Wochenende habe ich sie dann immer zu uns geholt.«

Als Ehemann ist Heiner Müller für seine Frau eine herbe Enttäuschung. »Er hatte kein Verantwortungsbewußtsein. Er war nicht zuverlässig.«

Und er ist auch nicht erfolgreich. Im Jahr 1950 konnte Müller eine einzige Veröffentlichung aufweisen, 1951, die übersetzten Lieder nicht mitgerechnet, bereits vier. An diese Steigerungsrate kann er 1952 nicht anknüpfen – was zweifellos auch mit seinem mehrmonatigen Aufenthalt in Frankenberg zusamenhängt. Dort hat er sich, wie Ursula A. erzählt, mit der Übertragung chinesischer Gedichte von Po-Chü-i, Yüan Chi, Pu Sung Ling und andern beschäftigt. Als Vorlage dienten ihm Arthur Waleys »Chinese Poems« aus dem Jahr 1946. Seine Hoffnung, damit in Berlin glänzend zu reüssieren, erfüllt sich jedoch nicht. Für 1952 hat sich keine einzige mit seinem Namen gezeichnete Publikation ermitteln lassen.

So sieht sich Müller gezwungen, Lektoratsarbeit für den Aufbau-Verlag zu verrichten. *Der ›Sonntag‹ saß im Haus des Aufbau-Verlags, der auch dauernd Lohnschreiber für Klappentexte brauchte. Das wurde relativ gut bezahlt. Das Problem war nur, daß es mir ungeheuer schwerfiel, weil ich eigentlich ganz was anderes machen wollte. Dieses Geldverdienen fraß eigentlich die ganze Zeit auf.* In einem Geburtstagsbrief an seinen Bruder Wolfgang in Reutlingen vom 15. August 1952 berichtet er von seiner Arbeit. Es ist zugleich die erste Nachricht von eigener Hand seit Monaten; die Eltern gewinnen daraus den Eindruck, daß ihr Sohn sich wider Erwarten »doch gut zurechtzufinden [...] scheint«: *Ich schreibe jede Woche einen ›Klappentext‹, das ist der Text auf der Innenseite des Schutzumschlags, für ein neues Buch des ›Aufbau-Verlags‹ und einen ›Waschzettel‹, das ist eine Besprechungsunterlage für die Zeitungen. Dafür kriege ich das Buch geschenkt und dazu immer rund 100 Mark.* Weiter erwähnt er, daß er für einen anderen Verlag die Übersetzung eines Romans von Juri Trifonow *verbessert* hat – *für 900 Mark. (Aber das Geld krieg ich erst noch). Ab September habe ich einen Operettentext zu schreiben (dafür gibt es vier Monate lang monatlich 3–400 Mark).*

Für den Aufbau-Verlag ist die Beschäftigung von jungen Autoren mit Lektoratsarbeit eine soziale Fördermaßnahme; Ersatz für eine unterbliebene Publikation. Auch Uwe Johnson kommt in ihren Genuß. Unter den Büchern aus der Neuproduktion, für die Müller die erwähnten Klappentexte und Waschzettel schreibt, sind eine Neuausgabe von Rudolf Erich Raspes »Münchhausen« in der ersten deutschen Fassung von Gottfried August Bürger (1951), »Fabeln« des russischen Aufklärers Iwan Krylow (1952), Theodore Dreisers »Amerikanische Tragödie« (1952) und »Die Erzählung des Buchhalters« von Stanisław Wygodzki (1952). *Das Höchste*, was er *erreicht habe*, sei *Feuchtwanger* gewesen – womit vermutlich »Die Füchse im Weinberg« (1952) gemeint waren.

Müllers der materialistischen Literaturtheorie verpflichtete, manchmal etwas stereotyp und spröde formulierte »Schmonzetten« erfüllen ihren Zweck; als Talentproben fallen sie nicht auf. *Die wurden [...] nicht besonders gut gefunden. Es hat mich ja auch nicht interessiert, das war eine reine Geldgeschichte.* Immerhin läßt Müller es sich nicht nehmen, die Leser auch auf die literarische Qualität des jeweiligen Buchs hinzuweisen – etwa wenn er betont, daß Krylows Fabeln *nicht allein* ihres *gesellschaftskritisch-erzieherischen Inhalts* wegen *bis heute lebendig* geblieben seien, sondern auch aufgrund der volkstümlichen, *von reinster Lyrik, pointierten Dialogen bis zu Spruchweisheit und Sprichwort reichenden Dichtkunst* des Verfassers. Über Wygodzkis »Erzählung des Buchhalters«, die aus Geschäftsberichten, Korrespondenzen, Schnellheftern und Bilanzbüchern entwickelt wird, heißt es, die vom Autor gewählte Form möge *ungewohnt* erscheinen, aber sie mache *in ihrer Unmittelbarkeit das Wesen des neuen Menschen deutlich, der manches Alte über Bord werfen mußte, um das Zukunftsweisende zu schaffen.*

Im Frühjahr 1953 trennt sich Rosemarie Müller von ihrem

Mann. Der Anlaß: fortgesetzter Ehebruch. »Einmal, im Januar 1953, kam ich wie gewöhnlich vom Nachtdienst nach Hause. Da waren auf einmal zwei im Zimmer und schliefen. Das war natürlich peinlich für die beiden. Da gabs dann jede Menge Erklärungen, warum das nicht anders gegangen sei. Na, ich habe dann Brötchen geholt und erstmal Frühstück für uns drei gemacht. Ich dachte, die Blöße gibst du dir jetzt nicht. Heiner hat einen Haufen Verhältnisse gehabt. Aber diesmal hat es mir gereicht, und ich hab die Scheidung eingereicht.«

Die Ehe wird am 29. Mai 1953 geschieden; Müller, entscheidet Richterin Goerke, trägt »die Schuld an der Scheidung« und muß daher auch für die »Kosten des Eherechtsstreits« aufkommen. Die Richterin habe in ihm *ein kriminelles Element* gesehen, erzählt Müller, *weil sie gerade vorher einen Scheidungsprozeß durchgeführt hatte, bei dem ich der Scheidungsgrund gewesen war. Da hatte der Mann die Scheidung eingereicht.* Bei der Frau, mit der Müller ein Verhältnis hatte, handelt es sich um eine Freundin Herbert Richters, die als Lehrerin in der Kinderabteilung der Psychiatrischen Klinik in Weißensee tätig ist. Sie erzählte uns oft Geschichten über diese Kinder, erinnert sich Rosemarie Fritzsche. Dem Bericht eines Stasi-Informanten von November 1961 ist zu entnehmen, daß er Müller einmal in der Köpenicker Wohnung der Lehrerin besucht hat. »Das ist 1952 gewesen. Die Lehrerin zog eine Mappe mit Zeichnungen von den irren Kindern hervor. Es wurde dort eine ausgiebige Diskussion über die Schönheit und Interessantheit dieser Zeichnungen geführt.« Müller habe damals versucht, in Gedichten die »Vorstellungswelt dieser irren Kinder [...] irgendwie zu gestalten. [...] Im Anschluß an unser damaliges Gespräch packte Müller seine wenigen Sachen, nahm seinen Mantel und sagte mir, er müßte die Wohnung verlassen. Als ich mich näher nach den Gründen erkundigte, erzählte mir die Lehrerin, daß sie verheiratet sei und ihr Mann am Abend für einige Tage von Montagearbeiten zurückkomme und Müller solange aus dem Haus verschwinden müsse.«

Die Trennung von seiner Frau, die bis dahin mehr als er zum Lebensunterhalt beigetragen hat, bringt Müller in eine prekäre finanzielle Situation. Rosemarie Fritzsche bestätigt: »Als wir zusammen wohnten, haben wir überwiegend von meinem Einkommen gelebt. Wenn Heiner etwas verdiente, hatten wir mehr.« Auf die Misere reagiert er mit verstärkter schriftstellerischer Arbeit – und mit erneuter Hinwendung zu seiner Frau. »Danach kam er dann plötzlich an, wieder und wieder: Er könne ohne mich nicht leben, ich solle auch an das Kind denken. Er kam zu mir wie ein reuiger Sünder.« Am 16. November 1953 schließen beide vor dem Standesbeamten in Pankow ihre zweite Ehe. »Ich hab mich rumkriegen lassen, ich hatte wieder Vertrauen zu ihm gefaßt, außerdem wollte ich Regine den Vater erhalten. Aber er war kein Vater; nie. Ich mußte mich um alles kümmern. Heiner hat sich um nichts gekümmert, lebte von der Hand in den Mund.«

Starke Verrisse, starke Lobgesänge

1953/54 ist Müller regelmäßiger Mitarbeiter des »Sonntag«, für den er in diesem Zeitraum über zwei Dutzend journalistische Beiträge schreibt, Literaturkritiken, Schriftstellerporträts, Berichte über Kabarett- und Laienkunstaufführungen, ein guter Teil davon lediglich journalistische Pflichtübung. Einige wenige literarische Texte sind ebenfalls darunter. Im August 1953 kann er *»Drei Parabeln«* veröffentlichen, holzschnitthafte, lakonische Lehrdichtung, die man mit etwas gutem Willen politisch interpretieren kann.

Unter dem Datum des 14. Februar 1954 bringt der »Sonntag« eine kurze Satire aus der jüngsten Gegenwart mit einer doppelsinnigen Schlußpointe, die Müller, wie die Redaktion anmerkt, »nach dem Bericht eines Lesers aufgezeichnet« hat: *»Das teure Bild«*. Zu lernen ist, daß, wenn sich Unkenntnis mit Arroganz paart, die Kosten steigen: Der Kulturdirektor in einem größeren Betrieb kauft unwissentlich zu einem enormen Preis genau jenes Bild, zu dessen Fertigstellung ihn sein Zeichenzirkel vergebens um Geld für Material gebeten hatte. *Dieses Bild hätten sie, die dreizehn, gemacht, und er hätte es billiger haben können. ›Da seht ihr‹, sagte der Kulturdirektor bescheiden, ›was ich für ein Kerl bin. Zeigt mir den Kulturdirektor, der sich für* *seinen Zeichenzirkel 2000 Mark aus den Rippen schneidet!‹ Was er von der Sparsamkeit halte, wurde er gefragt. Viel, erwiderte er und hob die Arme auf, wo er aber Begabung feststelle, da greife er durch.*

All dies sieht Müller freilich als Zwangsarbeit und Zeitverschwendung an: *Mein Hauptproblem war immer Geld. Die Rezensionen haben viel Zeit gekostet und wurden schlecht bezahlt. Ich konnte das nicht so schnell. Das war ein Alptraum. Es bedeutete immer, Eigenes zu unterdrücken. Eh ich fertig war, war das Geld schon ausgegeben.* Allerdings helfen ihm die literaturkritischen Arbeiten auch, sich über das klarzuwerden, was er machen will. Wer genau hinsieht, entdeckt in diesem insgesamt unbedeutenden Seitenzweig Formulierungen, die theoretische Grundaussagen zu seinen nachfolgend entstandenen Dramen darstellen: *Mit der Veränderung der Verhältnisse geht die des Verhaltens nicht parallel. Die das Neue schaffen, sind noch nicht neue Menschen. Erst das von ihnen Geschaffene formt sie selbst.*

Der sich später durch seinen Lakonismus auszeichnete, durch eine besonders unaufwendige Art, Dinge zu beschreiben, verfügt als junger Journalist durchaus über die hohen, schrillen Töne: Der Anfänger geriert sich apodiktisch und arrogant. Nicht unbedingt um der Wahrheit, sondern um des Effektes willen. Rückblickend führt Müller anhaltende Frustration, die Folge von Verdrängung, Ausschluß und Isolation, als Hauptursache für seine aggressive Grundhaltung an: *Die ganze Energie, die ich eigentlich für ein Drama hätte verwenden wollen, ging in die Rezension von schlechten Büchern. So viele gute Bücher gab es nicht, und das führte zu diesem aggressiven Ton in meinen Rezensionen und manchmal auch zu Arroganz. […] Eigentlich haben sie mir nichts bedeutet, aber natürlich kannst du auf die Dauer sogar so etwas nicht machen, ohne irgendwas dabei zu finden. Also habe ich mich dort zum Präzeptor aufgeschwungen.* Hin und wieder vergreift Müller sich im Ton; was gelegentlich zu Protesten der Betroffenen führt: Auf den Verriß eines Ostsee-Heimatbuchs meldet sich eine Reihe kritischer Leserbriefschreiber zu Wort; auf die vernichtende Rezension einer Lyrikanthologie erfolgt die bissige Replik eines der Herausgeber; ein Angriff gegen Kulturfunktionäre, der sich mit dezidierter Kritik an der schematischen Übernahme sowjetischer Methoden verbindet, wird umgehend von der eigenen Redaktion zurückgewiesen. Der Großteil von Müllers journalistischer Arbeit indessen sorgt keineswegs für Aufregung. Bezeichnend ist überdies, daß es häufig Bekannte Müllers sind, an denen er sein Mütchen kühlt: Teilnehmer des Schriftstellerlehrgangs wie Walter Forberg, Lektoren vom Aufbau-Verlag wie Uwe Berger, Mitarbeiter des »Aufbau« wie Paul Wiens. Selbst das Amt für Literatur und Verlagswesen wird gerügt, weil es nachweislich seiner Aufgabe nicht gerecht geworden ist, *über die politische Sauberkeit in unserer Literatur zu wachen*: Ein Echo der Enttäuschung, daß aus dem Seelenbinder-Weihespiel-Projekt mit Vilmoš Korn nichts geworden ist?

Gegenüber Tom Schimmeck räumt Müller, wenige Monate vor seinem Tod, überdies ein gerüttelt Maß an Größenwahn ein, was zur Überheblichkeit gegenüber den zu kritisierenden Texten geführt habe: *Ich glaubte, ich bin ein Genie, überhaupt der größte deutsche Dichter des Jahrhunderts, und mußte diese Scheiße schreiben, damit ich leben kann.* Die Selbstsuggestion sei jedoch für sein Überleben entscheidend gewesen, sagt er 1993/94 in einem Gespräch mit der »Wochenpost«. *Wenn du anfängst zu schreiben und über Jahre keiner was von dir nimmt, das hältst du nur durch, wenn du dich für den Größten hältst.*

Wenn es um die Verteidigung des *Eigenschöpferischen* und die Warnung vor schematischer Nachahmung geht, ist Müller keine Kunstform zu fremd, um an ihr seine grundsätzliche Position zu verdeutlichen: *Es genügt nicht, Volkstänze, altes und neues Liedgut einfach zu übernehmen. Die Ensembles müssen, was sie übernehmen, erarbeiten und sich aneignen, um es weiterzuentwickeln*, heißt es einmal in einem Bericht über *»Probleme der Laienkunst«*. Vier Wochen später kann man das gleiche in einer Buchbesprechung lesen: *Wissen kann erst verarbeitet werden, wenn es auch Erfahrung ist, nicht nur gelerntes Pensum, Ergebnis einer Auseinandersetzung mit der Wirklichkeit, nicht nur fertig übernommene Wahrheit; wenn es gesucht wurde, nicht nur vorgefunden.*

Für manche der frühen Müller-Texte, auch die literarischen, gilt, daß sie – wie er selber eingeräumt hat – *mit einer Funktionärshaltung geschrieben* sind. Dann wieder gibt es Arbeiten, in denen die Kulturfunktionäre massiv und pauschal angegriffen werden. Vor allem in den literaturkritischen Aufsätzen für den »Sonntag« vertritt Müller einen selbständigen Standpunkt. Mit Entschiedenheit und polemischer Schärfe wendet er sich gegen Schematismus und tendenzielle Schönfärberei. Für diese antidogmatische Position erhält er von der Redaktion nicht immer Rückendeckung. Entscheidend für Akzeptanz wie für Ablehnung sind jedoch gar nicht Müllers Texte selbst, sondern die politischen Zusammenhänge, in die die Texte hineingeraten. Sie werden dem Autor meist erst im nachhinein klar.

In seiner Autobiographie verweist Müller darauf, daß es die »Sonntag«-Redaktion verstanden habe, ihn zu *instrumentalisieren.* Oftmals sei sie es gewesen, die ihn zu seinen Vorstößen ermuntert habe: *Der ›Sonntag‹ war damals die einzige Zeitung, in der es lebendige Debatten gab. Hier versuchte man, Kulturpolitik zu machen, sie zu beeinflussen und nicht nur zu repräsentieren.* Mit seinen scharfen Attacken glaubt Müller Streitkultur beweisen zu können. Daß er, weil er für seine krassen Urteile bekannt ist, des öfteren *in bestimmten kulturpolitischen Zusammenhängen als taktische Bombe eingesetzt* wird, ist eine spätere Erkenntnis. In einer von ihm später ausgeschiedenen Passage seiner Autobiographie hat Heiner Müller zusammenfassend zu dieser Problematik seiner journalistischen Arbeit Stellung genommen:

*Einsetzbar war das angestaute Aggressionspotential, der Frust, der sich in Aggression umsetzen ließ. Das müssen die gar nicht so klar erkannt haben, da genügt der Instinkt. Du entwickelst in jedem Beruf einen Instinkt. Bei dem Zak bin ich ziemlich sicher, daß er das wußte. Er hat mir mal gesagt, als wir eine Differenz hatten: ›Müller, Sie müssen wissenschaftlicher schreiben.‹ Es hatte wegen einer Rezension einen kleinen Krach gegeben. Ich sagte zu ihm: ›Meinen Sie mehr Phrasen?‹ Er sagte: ›*Ja*‹. So steuerte er mich. Es kam alles auf die Sprachregelung an.* Voraussetzung dafür ist indessen die Bereitschaft zur Selbstverleugnung.

In der Gesamtschau erscheint der Autor als unsicherer Kantonist, als Kritiker, der zwischen der Propagierung linientreuer Ästhetik auf der einen und Kritik an dieser Einstellung auf der anderen Seite schwankt, der sich heute auf Stalin, morgen auf Brecht bezieht. Müllers wechselnde Haltungen aber sind nichts anderes als Reaktionen auf diverse Stimmungsschwankungen und Kursänderungen der »Sonntag«-Redaktion vor dem Hintergrund des 1953 propagierten »Neuen Kurses« in der Kulturpolitik der SED, der wiederum nur eine Zwangsreaktion ist auf eine neue politische Situation. Mitten hinein in Müllers Arbeit für den »Sonntag« fallen zwei entscheidende historische Ereignisse: Stalins Tod am 5. März und der Aufstand vom 17. Juni 1953. Wie schnell dabei alle Berechnungen über den Haufen geworfen werden können, zeigt das Schicksal eines kritischen Artikels über Kultursendungen im DDR-Hörfunk, den die Redaktion, die gerade dabei ist, den *ganzen Propaganda-Apparat in Frage* zu stellen, kurz zuvor bei Müller bestellt hat. Er bleibt ungedruckt: *Der Wind hatte sich schon wieder gedreht.*

Der Tod von Jossif Wissarionowitsch Stalin, dem »verdienten Mörder des Volks«, wie Brecht ihn genannt hat, erscheint Müller allerdings auch nachträglich nicht als gewichtige historische Zäsur. *Er war für mich schon lange tot. Über die ganze Dimension des Stalinismus war ich mir 1952/53 allerdings noch nicht im klaren. [...] Als Rechtfertigung und Verdrängungshilfe dienten der Kalte Krieg und die Auspowerung der Dritten Welt.* Den 17. Juni erlebt er als Augenzeuge, er liefert ihm Material für künftige Arbeiten. *Es war einfach interessant, ein Schauspiel. [...] Ich kam von Pankow in die Stadt zum Alexanderplatz. Da gab es eine Ansammlung von Leuten, plötzlich tauchte ein Redner aus der Menge auf, ein fanatischer, hagerer Typ, ein Agitator, der den Spitzbart beschimpfte und Freiheit forderte. Ziemlich gespenstisch. [...] Es war ein interessanter Tag, ein Aufleuchten, eine Insel von Unordnung und Bewegung in diesem langweiligen Land. Es gab, auch bei Brecht, ein Aufatmen, daß endlich die verdeckten Strukturen zum Vorschein kamen.*

Der 17. Juni besiegelt das Schicksal der DDR für die nächsten 35 Jahre. Aus Angst vor dem übermächtigen Gegner im Westen und der eigenen Bevölkerung, von der die Parteiführung weiß, daß sie mehrheitlich gegen sie ist, wird die Chance für eine neue Politik nicht wahrgenommen. Vorausgegangen sind Bemühungen der Sowjets, die Integration der Bundesrepublik in das westliche Militärbündnis aufzuhalten, wofür man sogar bereit war, die DDR zu opfern: Am 10. März 1952 hatte die sowjetische Regierung den drei westlichen Kontrollmächten die Bildung eines geeinten, unabhängigen, demokratischen und neutralen Deutschland vorgeschlagen. Die sich andeutende Konzessionsbereitschaft der Alliierten war von Adenauer verhindert worden. Die Ablehnung von Stalins Tauschangebot (»Deutschland gegen Neutralität«) hat in der DDR eine Reihe von Sicherungsmaßnahmen zur Folge, die der Herstellung der Verteidigungsbereitschaft und der Finanzierung der Rüstungsproduktion dienen. Wirtschaftspläne werden korrigiert, um Investitionen, Rohstoffe und Halbfertigprodukte der Konsumgüterindustrie entziehen und in die Rüstungsproduktion umleiten zu können. Die soziale Umverteilung geht mehr und mehr zu Lasten der Arbeiterschaft. Auch der Druck auf noch bestehende Privatbetriebe und selbständige Bauern wird drastisch verstärkt.

Die Rechtfertigung der eben erfolgten Normerhöhung um 10 % in der Gewerkschaftszeitung »Tribüne« führt zum Eklat. Noch am selben Abend formieren sich in Berlin Bauarbeiter zu einem Demonstrationszug. Vor dem Haus der Ministerien fordern sie die Rücknahme des Beschlusses, vereinzelt auch den Rücktritt der Regierung und freie Wahlen. Der Westberliner Rundfunksender RIAS fordert zum Generalstreik auf. Tags darauf kommt es im ganzen Land zu Arbeitsniederlegungen, Demonstrationen und Kundgebungen, besonders in Berlin auch zu Brandstiftung, Plünderungen und Gefangenenbefreiung. Der sowjetische Militärkommandant verhängt über Ostberlin den Ausnahmezustand, durch das Auffahren russischer Panzer wird der Aufstand schnell unterdrückt. Brecht schreibt einen Brief an Walter Ulbricht, den Generalsekretär des Zentralkomitees der SED, in dem er seine Erwartung über eine »große Aussprache mit den Massen über das Tempo des sozialistischen Aufbaus« bekundet und ihm zugleich seine »Verbundenheit mit der Sozialistischen Einheitspartei Deutschlands« versichert. Vom »Neuen Deutschland« wird nur der letzte Teil veröffentlicht.

Heiner Müllers Beitrag zum 17. Juni ist ein Text für den »Sonntag« über Luise Ermisch, *Begründerin der ersten Brigade für ausgezeichnete Qualität in der volkseigenen Industrie der Deutschen Demokratischen Republik*. Die Vorlage fand er in dem u. a. von Karl Grünberg herausgegebenen Band »Helden der Arbeit« (Berlin 1951): Die Näherin Luise Ermisch hatte in einer Mittagspause ihres Hallenser Textilbetriebs einen entscheidenden Denkanstoß erhalten und sich später von einem Artikel in der Fachpresse über die »Tschutkich-Bewegung für Qualitätssteigerung in der sowjetischen Leicht-Industrie« zu einer qualitätsverbessernden Neuerung inspirieren lassen. Bemerkenswert ist das (ebenfalls dem Band »Helden der Arbeit« entnommene, aus einem Bericht über die ersten Erfahrungen aus dem Tschutkich-Wettbewerb stammende) Zitat, das Müller als Motto über seine Geschichte setzt: *»Nur diejenigen Wettbewerbsformen setzen sich durch, deren Notwendigkeit von den Massen erkannt ist und die aus den Massen selbst kommen ...«* Elf Tage nach der Niederschlagung des Aufstands liest sich das als Fingerzeig an die Adresse der Parteiführung.

Mit dem Protest der Arbeiter gegen Normerhöhungen setzt sich Müller auch in seinem Stück *»Der Lohndrücker«* auseinander. Seine eingehendste Beschäftigung mit dem Aufstand findet sich in dem (überwiegend 1956 skizzierten) Stück *»Germania Tod in Berlin«*.

Müllers journalistische Arbeit beginnt mit einer Provokation: Im »Sonntag« vom 22. März 1953 rezensiert er eine Anthologie des Aufbau-Verlags: »Begeistert von Berlin«, deklariert als »Beitrag junger Dichter zum Nationalen Aufbauprogramm«. Müller ist nicht dabei, aber unter den drei Autoren sind zwei von ihm nicht sonderlich geliebte Kollegen: Uwe Berger, ein Jahr älter als Müller, 1951–1955 Lektor im Aufbau-Verlag, und der 1922 geborene Paul Wiens, nachmals Vorsitzender des Berliner Bezirks des Deutschen Schriftsteller-Verbands und Geheimer Informator »Dichter« der Staatssicherheit, vor 1950 Lektor und Übersetzer beim Aufbau-Verlag. Mit ihm hat

Müller 1951 auch im von Kuba geleiteten Übersetzerkreis gearbeitet. Der dritte ist der unbedeutende Manfred H. Kieseler, er kommt am besten weg: *Eine überdurchschnittliche Begabung* nennt ihn Müller. Eine Hausproduktion mit Hausautoren also, die Müller im Hausorgan aber keineswegs loyal bespricht, sondern ausgesprochen kritisch, obendrein mit Hinweisen auf die schlechte Lektorierung des Buchs, als ob er sich mit seinen Hinweisen für die nächste Anthologie empfehlen wolle.

In einem nicht veröffentlichten Passus seiner Autobiographie hat Müller eingeräumt, daß ein bißchen Neid mit im Spiel gewesen ist: *Ich besprach viel Lyrik, Anthologien, und das waren im allgemeinen unerträgliche Sammlungen. Ich selbst war in keine Anthologie aufgenommen worden.* Die Seitenhiebe auf Wiens gelten immerhin einem beflissenen »Formalismus«-Kritiker, der drei Monate später in der »Neuen Deutschen Literatur« eine scharfe Attacke gegen Heinar Kipphardt reitet; somit ist Müllers Angriff nicht bloß private Rankune, sondern ordnet sich in den Kampf zwischen »Hardlinern« und Modernisten in der Kulturpolitik.

Am 5. April 1953 würdigt Müller Peter Huchel; Anlaß ist dessen 50. Geburtstag. Mit Bezug auf Huchels Bodenreform-Dichtung »Das Gesetz« heißt es: *Eine Stimme spricht, die Kraft hat aus dem Wissen, daß sie gehört wird, Helligkeit aus dem bewiesenen Mut, die Dunkelheit nicht zu verschweigen.* Am 31. Mai 1953 folgt im »Sonntag« eine Besprechung von Anna Seghers' »Der Bienenstock«, einer soeben im Aufbau-Verlag erschienenen zweibändigen Prosa-Auswahl: Die Erzählungen, so Müller, ließen *brennpunkthaft aufleuchten, was die großen Romane in gelassenem Fluß* breit ausführten: *im individuellen Schicksal den historischen Prozeß, aus der präzisen Darstellung des Wirklichen die Wahrheit über das Wirkliche, seine Veränderbarkeit, die Richtung, in der die Veränderung zu betreiben ist.* Die Besprechung schließt mit den Worten: *Wie in ihren besten Werken führt Anna Seghers, gerade indem sie sich auf die Wiedergabe der ›springenden Punkte‹ in der Entwicklung unserer Wirklichkeit beschränkt, den Beweis für die Richtigkeit des aus der Kenntnis der Wirklichkeit geschöpften revolutionären Marxismus und damit für seine Unbesiegbarkeit.* Die

Reduzierung von Kunst auf Erfassung einer Totalität und zur Bekräftigung vorgegebener Theorie, die Müller hier – im Anschluß an das Widerspiegelungskonzept von Georg Lukács – ausdrücklich propagiert, wird sich wenige Jahre später für seine literarische Praxis als wenig hilfreich erweisen.

Im »Sonntag« vom 23. August 1953 dann erneut ein Verriß. F. A. Hünich, Herausgeber einer Anthologie des Insel-Verlags mit dem Titel »Auf der Schwelle«, hat seine Aufgabe schlecht gelöst: *Sprachliche und ideologische Verworrenheit* wirft ihm Müller vor; der Auswahl bescheinigt er *gefährliche Tendenzen*: der »Fall« der Beiträgerin Larissa Reisner zeige, *wie die Subjektivität des Geschmacks unversehens objektiv feindlich werden* könne. *Diese intellektuelle Globetrotterin und Propagandistin Trotzkis hat uns ganz und gar nichts mehr zu sagen.* Die russische Schriftstellerin und Journalistin Larissa Reisner (1895 bis 1926) war dadurch disqualifiziert, daß Karl Radek, ein Opfer der Stalinschen Säuberungen, ein Vorwort zu ihren »Ausgewählten Schriften« von 1926 verfaßt hatte. Müllers abschließendes Urteil rechtfertigt Michael Tötebergs Einschätzung, daß sich hier ein »Scharfmacher« als »Nach-Zensor aufspielte«: *Angesichts der schwerwiegenden Mißgriffe, die dem Herausgeber unterlaufen sind, erhebt sich die Frage, ob das Buch in der vorliegenden Form überhaupt hätte gedruckt werden sollen. Nach dem Erscheinungsjahr (1953) müssen wir annehmen, daß es dem Amt für Literatur zur Druckgenehmigung vorgelegen hat. Das Amt für Literatur hat, darüber ist man sich einig geworden, vornehmlich die Aufgabe, über die politische Sauberkeit in unserer Literatur zu wachen. Man möchte sich nun aber auch darauf verlassen können, daß es diese seine eigentliche Aufgabe mit der nötigen Entschiedenheit erfüllt, wobei wir die nötige Sachkenntnis voraussetzen.*

In der Ausgabe vom 20. September 1953 stellt Müller den chinesischen Schriftsteller Lu Hsün (Lu Xhun) vom Anfang des Jahrhunderts vor, von dem eben eine Auswahl mit Erzählungen, übersetzt aus dem Russischen (was Müller als bedauerliche Verdopplung rügt), bei Rütten & Loening erschienen war. Mao, führt Müller aus, habe Lu Hsün einen *wunderbaren Schriftsteller* genannt, *der zur Avantgarde der Bewegung ge-*

hörte. Von Bedeutung ist Müllers Hinweis auf Lu Hsüns *tiefe Moralität*: *Er erzählt [...], wie er als Knabe seinem jüngeren Bruder einen Papierdrachen zertreten hat und wie er, als Erwachsener, nach Jahren seinen Bruder nach diesem Vorfall fragt. Der Bruder weiß nichts mehr davon. Aber er, Lu Hsün, wird trotzdem immer davon wissen, denn er weiß, ein solches Verhalten wird sich wiederholen, wenn vergessen wird, sich damit auseinanderzusetzen. Das ist die Überwindung der alten merkantilen Moral – des ›Eine-Hand-wäscht-die andere‹-Standpunktes –, es ist kommunistische Moral.* Hier scheint bereits die Hauptaussage des *»Horatier«*-Dramas auf: Ein Fehler muß benannt werden, weil seine Verdrängung die Gesellschaft zu spalten droht.

Ein Jahr später bringt der »Sonntag« einen aus dem Englischen übersetzten Auszug aus dem Auswahlband »Selected Stories of Lu Hsün«, der im selben Jahr in Peking erschienen ist; als Übersetzer zeichnet *Jakob Sabest*: ein Pseudonym, das Müller bereits im Juli für die Übertragung einer Erzählung von Li Chun (ebenfalls aus dem Englischen) benutzt hatte. Der Name *Sabest stammt aus Brochs Theaterstück ›... denn sie wissen nicht, was sie tun‹, einem Anti-Nazi-Stück. Da gibt es einen Fleischer, der heißt Sabest.*

In einer unveröffentlichten Passage seiner Autobiographie hat Müller erklärt, wie er dazu kam, sich auf Pseudonyme zu verlegen: Im Hintergrund standen zum einen die ständigen Auseinandersetzungen um seine Texte, die Problematik, *keiner Gruppe anzugehören, von keiner akzeptiert zu werden, als Künstler sowieso nicht. Es ist immer wieder passiert. Ich bin nie ohne Verdacht, ohne Mißtrauen akzeptiert worden.* Deshalb habe er dann *einige Texte unter Pseudonym veröffentlicht*. Zum andern sei *der Allerweltsname Müller natürlich eine Belastung* gewesen. *Der Deutschlehrer in Frankenberg, der mir das Geld für die Novelle geben wollte, hatte einmal gesagt, und da war ich tief getroffen: ›Richtige Dichter, die heißen schon so: Hölderlin, Grillparzer, Strittmatter.‹ Und ich saß da.* Nun hat Müller in der Folge selbst bewiesen, daß auch der Träger eines Dutzendnamens heutzutage zur Berühmtheit avancieren kann. Gab es nicht einen Bundeskanzler Schmidt, einen Ministerpräsidenten Maier, einen Dichter Kunze? (Von den Bundesverfassungsgerichtspräsidenten, Rebzüchtern und Fußballprofis namens Müller ganz zu schweigen.) Doch bei einem jungen Autor, der so oft auf Ablehnung stößt, erscheint es plausibel, daß er Ursachenforschung in alle Richtungen betreibt. Der Griff nach dem Pseudonym als Ultima ratio: *Ich dachte, jetzt verkleide ich mich, und da habe ich zwei Namen ausprobiert. Unter dem einen ist, glaube ich, gar nichts erschienen, das war Georg Gramm, eine falsche Bescheidenheit, der andre Jakob Sabest.*

Im »Sonntag« vom 22. November 1953 widmet Müller Paul Wiens' jüngstem Gedichtband »Beredte Welt« geschärfte Aufmerksamkeit. Mit großer Überheblichkeit nennt er den sieben Jahre älteren Kollegen einen der *begabtesten Vertreter unserer neuen Literatur*, der freilich *seine eigene Form noch nicht gefunden* habe, noch zu selten *zur Harmonie von Form und Inhalt* gelangt sei. An einem Beispiel zeigt er, wie der Reim zu einem *technischen Mittel* verkommen könne anstatt *Mittel zur Wiedergabe des Ideengehalts* zu sein und fügt hinzu, daß man diese *formalistische Technik* gelegentlich auch bei Kuba finde, nämlich *immer dann, wenn er von der konkreten historischen Wirklichkeit abweicht*. Wiens wie Kuba hätten bisweilen auch *falsche Vorstellungen von den Emotionen. Angesichts der Überbetonung des Emotionellen durch den Faschismus versuchten einige antifaschistische Schriftsteller, den Gegner ›mit seinen eigenen Waffen zu schlagen‹*, überschätzten das Gefühl und vernachlässigten die Vernunft: *Sie übersahen, daß der Faschismus nur Instinkte ansprach, die das Leben im Kapitalismus in den Menschen gezüchtet hatte.*

Die kritischen Bemerkungen gegenüber Kuba führen zum Eklat, ist er doch, wie Günter Kunert erzählt, »der Herzbube der Partei«. Johannes R. Becher höchstselbst, Präsident des Kulturbundes, Gründervater des Aufbau-Verlags und des »Sonntag« und ab Januar 1954 erster DDR-Kulturminister, ruft umgehend in der Redaktion an und *tobt* gegen den unverschämten Rezensenten, den er – so erzählt es Müller – zur *Hinrichtung* einbestellt. Lediglich Terminschwierigkeiten Bechers lassen Müller (der in seiner Autobiographie Kuba mit Becher verwechselt) noch einmal ungeschoren davonkommen.

Vermutlich um Becher zu versöhnen, rezensiert Müller auf Veranlassung von Eduard Zak am 7. März 1954 ein bereits 1945/46 geschriebenes, 1949 erstmals erschienenes »Heimatbuch« aus dem Rostocker Hinstorff-Verlag über das »Fischland«, den schmalen Küstenstreifen von Dierhagen bis Ahrenshoop im nördlichen Mecklenburg. Seit Jahrzehnten hatte das Land zwischen Ostsee und Saaler Bodden Erholungssuchende, Naturfreunde und Künstler in seinen Bann gezogen. Der Kurort Ahrenshoop avancierte seit der Jahrhundertwende zu einer Malerkolonie. Nach 1945 machte der Kulturbund daraus das »Bad der Kulturschaffenden«. Mit seinem Verriß soll Müller die Autorin Käthe Miethe (1893–1961), *die Königin von Ahrenshoop*, diskreditieren, mit der *der Chef* um die Vormachtstellung in Ahrenshoop streitet. *Auch Becher hatte da seine Reetdachbude und wollte Ahrenshoop regieren.* Aber das erfährt Müller erst *sehr viel später*.

Müller spickt seine Rezension mit Angriffen, die Miethe Chauvinismus und einen reaktionären Vergangenheitskult im Stil der Blut-und-Boden-Literatur nachsagen. Ein ums andere Mal belegt er an Beispielen, *daß der naive Romantizismus, die ›bodenständige‹ Naivität, mit der dieses Buch geschrieben ist, nicht nur nicht nützlich, sondern sehr schädlich sind. Überdies ist das Buch schlecht geschrieben, mit einer Häufung von Banalitäten und faden Lyrismen.*

Der Artikel bringt Müller wütende Repliken aus Ahrenshoop ein, die in der Nummer vom 28. März in einem redaktionellen Kommentar, an dem Müller mitgewirkt haben dürfte, freilich zurückgewiesen werden, sowie obendrein das Verdikt, eine *Kreatur* Bechers zu sein: Als er im Sommer im Auftrag des »Sonntag« zu Ehm Welk nach Bad Doberan fährt, um den kommenden Nationalpreisträger zu porträtieren, wird er von ihm mit genau dieser Charakterisierung, die Welk von Willi Bredel und dieser wiederum aus Berlin erhalten hat, konfrontiert. Zumal Müller durch seinen nächsten Beitrag diesen Anschein bekräftigt hat: Am 9. Mai 1954 folgt ein Artikel, dem mehrere Briefe eines Arbeiters aus Zwickau an Johannes R. Becher zugrundeliegen. Sie seien von diesem *zur Verfügung* gestellt worden, heißt es einleitend, was nach engem Vertrauensverhältnis klingt. Becher hinter sich wähnend, beschäftigt sich Müller mit der mokanten Frage, ob bezüglich der Verbindung zwischen dem Leben der Werktätigen und der Kunst *Möglichkeit* schon ausreichend in *Wirklichkeit* verwandelt worden sei. Aus den Briefen dieses *lesenden Arbeiters* aus Sachsen gehe hervor, daß dem nicht so sei. Zum Abschluß folgt noch eine Verbeugung vor dem *Chef*: *Befriedigende Antworten zu finden, wäre Aufgabe einer breiten Diskussion. Mit der Berufung Johannes R. Bechers zum Minister für Kultur ist garantiert, daß dieses Ministerium über der Breitenarbeit die Arbeit in die Tiefe nicht vergessen wird.* Im großen Schatten des Ministers kann man sich dann wieder einen kleinen Seitenhieb leisten: *Dazu braucht es jedoch die Unterstützung* z. B. *des FDGB und der FDJ, deren Kulturarbeit zu wenig auf Tiefenwirkung auszugehen scheint.*

Drei Wochen vorher ist im »Sonntag« eine Rezension von Pablo Nerudas »Canto General« in der Übersetzung von Erich Arendt (Verlag Volk und Welt 1953) erschienen, den Müller bei dieser Gelegenheit persönlich kennengelernt hat. Geblieben ist die Erinnerung an einen *großartigen Menschen, ein Kind unter Wölfen, mit einer tiefen, ansteckenden Liebe zu bildender Kunst aller Zonen und Zeiten.* In seiner Besprechung formuliert Müller die These, wonach eingängige, den Leser nur ungenügend fordernde Formen abzulehnen seien. Verlangt wird die allseitige Inanspruchnahme des Rezipienten. *Natürlich ist Neruda nicht ›leicht lesbar‹. Aber seine Dichtung ist verständlich, wenn man in den Begriff der Verständlichkeit die Bemühung des Lesers einschließt. Die Komplizierung des ästhetischen Genusses vertieft die moralische und politische Wirkung des Kunstwerks*: Ein Plädoyer für Poesie und ein unausgesprochenes Bekenntnis zu dem, was zur selben Zeit als »Formalismus« gegeißelt wird.

Und die Gelegenheitsarbeiten? Sie geben dem jungen Kritiker ebenfalls Gelegenheit zu grundsätzlichen Erörterungen. Im »Sonntag« vom 19. Juli 1953 schildert Müller seine *Eindrücke von den Wettbewerben der Solistengruppen und Volkskunstensembles in Berlin*. Es geht *um die Fahrkarte nach Bukarest* zu den IV. Weltfestspielen. Mit großem Ernst bespricht

Müller die Leistungen einer Mädchengruppe aus dem Trusetal, der Jodler-Solisten vom Ensemble des RFT-Röhrenwerks, des Chors des Stahl- und Walzwerks Riesa und des Tanzensembles vom Walzwerk Hettstedt. Dann wieder eine generelle Beobachtung: Die *Textdichter* hätten auf dem Gebiet des *Massenliedes* einiges versäumt: *Gemessen an den Volksliedern sind die neuen Lieder erschreckend klischeehaft.* Den aktuellen Liedern fehle es überdies an Humor, man solle wenigstens zurückgreifen *auf Handwerkerlieder, auf die Moritat, das Volkslied der Städte. Die besten Stücke dieses Genres waren doch einmal Waffen im Klassenkampf.* Zu vermuten ist, daß sich Liederdichter wie Armin Müller und Walter Stranka angesprochen fühlen sollten.

Im »Sonntag« vom 30. Mai 1954 findet sich ein Beitrag über Einsendungen zum literarischen Wettbewerb des II. Deutschlandtreffens der FDJ, den die »Junge Welt« ausgeschrieben hatte. Rund 300 Manuskripte seien eingegangen, teilt Müller mit, um insbesondere die Einsendungen der Laien zu loben und sie den Texten der *erwachsenen Gedichtdichtern* und *namhaften Schriftsteller* gegenüberzustellen. Die *Arbeiter*, stellt er fest, hätten *noch recht selten den Mut zu ihrer eigenen Sprache* gefunden. *Natürlich gibt es auch hier die Tendenz zu wiederholen, nur in Reimen, was in der Zeitung oder auf Transparenten schon steht. Die Angst vor der Darstellung des (scheinbar) Privaten ist nicht überwunden.* Auch hier schon die für Müllers Texte außerordentlich charakteristische Tendenz zur prägnanten Formulierung. Die Verse: »Laß, Mädchen, dich küssen, was ist schon dabei? / Auf unser neues und glückliches Leben, auf unsere Zukunft« kommentiert er lakonisch mit den Worten: *Das Spruchband an Stelle des Mispelzweigs.*

Die Ausgabe vom 13. Juni 1954 enthält zwei Artikel Müllers, die sich beide mit Veranstaltungen während des II. Deutschlandtreffens beschäftigen. Der kürzere berichtet von einem Gastspiel des jüngst gegründeten Leipziger Kabaretts »Die Pfeffermühle« im Berliner Theater der Freundschaft: Müller lobt den *Mut* des Ensembles, heiße Eisen anzupacken, tadelt aber die *Holzhammer*-Didaktik bei der Kritik an westdeutscher Remilitarisierung und am westlichen Kulturbetrieb wie auch Schwächen und Längen des Dialogs, wofür er die Regie verantwortlich macht. Der längere Report bezieht sich auf Auftritte von Laienensembles. Müller berichtet über Auftritte von Volkslied- und Volkstanzensembles, kritisiert sowohl die schematische *Auswahl der Volkslieder* als auch die *Uniformität der Auswahl und Ausführung der Volkstänze*: Sie wirkten *hölzern* und *museal*. Müller fordert die *Erneuerung und Weiterentwicklung alter Tanzformen*. Es sei falsch, lediglich die Tanzschritte einzuüben, man müsse sich – hier spricht der Brechtschüler – auf die *Fabel* des Tanzes besinnen. *Je konsequenter an der Fabel gearbeitet wird, desto mehr wird sich der Tanz der Pantomime annähern. Die Fabel wiederentdecken, heißt aber, sie neu entdecken.* Als er sechs Wochen später den Auftritt eines polnischen Laienkunstensembles bespricht, kann er einen wesentlichen Unterschied vermerken: *Das Ensemble geht in seiner Arbeit nicht, wie viele unserer Laiengruppen, vom Formalen aus, sondern vom Inhalt, nicht vom einzelnen Tanzschritt, sondern von der Fabel.*

Im »Sonntag« vom 18. Juli 1954 veröffentlicht Müller eine diskret nur mit *-er* gezeichnete Rezension der »Anthologie neuer deutscher Lyrik« aus dem Thüringer Volksverlag, in deren Mittelpunkt laut Vorbemerkung »die Liebe zur Heimat und zum demokratischen Aufbau unseres Vaterlandes« stehen soll. Alle Beiträger seien »davon überzeugt, daß es eine politische und parteiliche Aussage zu gestalten gilt«. Unter der Überschrift *Poesie und Phrase* läßt Müller eine hochpolemische Auseinandersetzung folgen: *Das Mißratene überwiegt*. Muß er sich, weil er mit seiner eigenen Lyrik keinen Erfolg hat (im Februar des folgenden Jahres gelingt ihm die erste Gedichtveröffentlichung), um so heftiger an der publizierten Lyrik abarbeiten? *Bei der Mehrzahl der Autoren hat offenbar die kleinbürgerliche, ja bei einigen die faschistische Sprachverhunzung tiefere Spuren hinterlassen als die Klassik. Die Auseinandersetzung mit Heine, mit Majakowski, mit Brecht fehlt ganz.* Für die meisten der 32 Beiträger gelte, daß ihre *Liebe zur Heimat* und ihre *Begeisterung für den demokratischen Aufbau* bloße Rhetorik bleibe, weil sie nicht aus ihren Versen spreche; sie könnten sie daher beim Leser *auch nicht wecken*. Die Autoren hätten *falsche*

Vorstellungen von den Wirkungsmöglichkeiten literarischer Kunstwerke und eine *oberflächliche Auffassung von der Aktualität* und seien so zu einer *Unterbewertung der politischen Funktion künstlerischer Qualität* gelangt. Um *die spezifische Eigenart des künstlerischen Schaffensprozesses* von der politischen Routineproduktion zu unterscheiden, bemüht Müller Ilja Ehrenburg (»Über die Arbeit des Schriftstellers«), Tolstoi und Anna Seghers (Brief an Georg Lukács). Die Bevorzugung *des gebundenen Versmaßes*, des *geschlossenen Reims*, gibt ebenfalls Anlaß zur Beanstandung: *Das Metrum, sklavisch oder routiniert gehandhabt, ›harmonisiert‹ den Inhalt, die gesellschaftlichen Widersprüche und Konflikte werden formal neutralisiert.* Namentlich getadelt werden Walter Forberg und Egon Schmidt, gelobt Georg Maurer, Uwe Berger und Müllers Freundin Margarete Neumann.

Im »Sonntag« vom 29. August 1954 ist dann das bereits erwähnte literarische Porträt von Ehm Welk zu dessen 70. Geburtstag zu lesen, angereichert mit Aussagen Welks, die Müller zweifellos teilt: *Für die Haupthemmnisse unserer Literaturentwicklung hält Ehm Welk die schematische Nachahmung statt schöpferische Aneignung sowjetischer Methoden; die Bequemlichkeit der Literaturkritiker; die Beflissenheit vieler Autoren, den Wünschen kurzsichtiger Funktionäre nachzukommen; die Gefahr, daß junge Autoren, deren Talent erst ein Versprechen ist und noch nicht mehr sein kann, durch übermäßige Subventionen und große Aufträge in ihrer künstlerischen Entwicklung aufgehalten werden.* Von letzterem kann Heiner Müller bis dahin allerdings nur träumen.

Nachdem er so viel Porzellan im eigenen Lager zerschlagen hat, muß auch einmal der Klassenfeind ins Visier genommen werden – wobei Müller sich nicht verkneifen kann, den Mißstand als solchen erneut beim Namen zu nennen: Im »Sonntag« vom 3. Oktober 1954 setzt er sich unter der Überschrift *Gekläff aus Stuttgart* mit einer Leserzuschrift Werner A. Fischers an die Stuttgarter Zeitschrift »Kultur« auseinander: *Was er an unserer Literatur kritisiert: Schematismus, Schönfärberei, die Scheu, Konflikte zu gestalten, all das wird bei uns seit langem kritisiert, präziser und entschiedener. Herr Fischer stellt es dar als das, was der Staat befiehlt. Wer es wagt, ein gutes Buch zu schreiben, wird ohne Gnade deportiert, wenn ihm nicht (wie Herrn Fischer) die ›Flucht in die Freiheit‹ gelingt. So malt er die literarische Situation in der DDR.*

Zum Bruch mit der »Sonntag«-Redaktion kommt es, als Müller vier Wochen später das genaue Gegenteil behauptet, indem er der heimischen Literaturkritik bescheinigt, daß sie *darniederliegt*. Während es in der Sowjetunion heiße: *Ich schreibe, und wir diskutieren gemeinsam darüber*, sei die derzeitige Situation in der DDR durch die Formel gekennzeichnet: *Ich schreibe, und wehe dir, wenn du kritisierst!*

Anlaß dieser Ausführungen ist eine Diskussionsveranstaltung des Schriftstellerverbandes in Zusammenarbeit mit der Literatursektion der Gesellschaft für Deutsch-Sowjetische Freundschaft, die am 22. Oktober im Plenarsaal der Akademie der Künste stattgefunden hat. Eingeladen waren zwei russische Referenten, der Romancier Konstantin Fedin und der Literaturwissenschaftler Roman Samarin, die Leitung hatte Alfred Kurella übernommen. Die russischen Gäste, so Müller, seien *an der Entwicklung unserer Literatur ernsthafter und tiefer interessiert* gewesen *als viele unserer Kulturfunktionäre und Theoretiker. Sie servierten nicht Dogmen und Lehrsätze, was einige Teilnehmer zu erwarten schienen.* Dann ein Paukenschlag: *Was unsrer Meinung nach die Entwicklung unsrer neuen Literatur gehemmt hat und noch hemmt, ist die Tatsache, daß bei uns die neue Literaturtheorie vor der neuen Literatur da war. Diese Theorie wurde entwickelt in der Sowjetunion, abstrahiert von einer dort vorhandenen reichen Literatur [...]. Dieses Ergebnis wurde von uns als ›Rezept‹ übernommen.* Die Diskussion um den *positiven Helden*, den *Prototypen*, sei fruchtlos für die DDR-Literatur; die Gefahr eines *platten Naturalismus* weit größer als die eines *abstrakten Formalismus*.

Obgleich er das Kürzel *H. M.* benutzt hat, bleibt dieser Artikel nicht folgenlos für Müllers Mitarbeiterstatus. Die Redaktion hat ihn zwar ohne Beanstandung gedruckt, aber offenbar gibt es nachträglich höheren Orts Protest. Müller erinnert sich: *Wieder kam ich in die Redaktion und wieder scheue Blicke. Wolfgang Joho saß in seinem Büro bei offener Tür und tippte mit rasender Geschwindigkeit. Wir haben uns für mittags verabredet, und dann hat er mir seinen Gegenartikel gezeigt*, der in der nächsten Nummer erscheint. Müllers Bericht wird von Joho als »leichtfertige Parade« kritisiert; er habe sich Argumente »unserer politischen Gegner« zu eigen gemacht, seine Kritik sei in »Feindseligkeit« umgeschlagen. Der »Sonntag« schwäche »seine Position und die derjenigen, um die es ihm geht, wenn er solcher Stimme wie der von H. M. Raum gewährt«, heißt es in Richtung Chefredaktion. Die Redaktion wiederum grenzt sich in einer einleitenden Bemerkung von dem Bericht ihres Mitarbeiters H. M. ab.

Von da ab wurde es schwierig mit dem ›Sonntag‹, aber es war keine Feindschaft zwischen Joho und mir. ›Einer mußte es ja machen‹, sagte er, ›es mußte gemacht werden, und ich war gerade da um diese Zeit, und da habe ich das schnell geschrieben.‹ Ich war in einen politischen Kontext geraten, den ich nicht kannte. Ich schrieb über Liberalität, und Leute, die mehr Liberalität in der DDR durchsetzen wollten, kritisierten mich, um ihre Vorbereitungen weiter betreiben zu können.

Die Polemik gegen seinen Text erlebt Müller mit gemischten Gefühlen: *Es war eher interessant. Man wurde dadurch zur Kenntnis genommen.* Dennoch ist an eine Fortsetzung der Mitarbeit im alten Umfang nicht zu denken. Immerhin können im »Sonntag« zwischen Oktober 1955 und März 1956 in der Rubrik »Bücherschau« und unter Kürzel oder Pseudonym *(das war dann die Möglichkeit, sich neu zu bewähren)* noch einige Kurzrezensionen erscheinen, darunter eine Besprechung des 1955 beim Aufbau-Verlag erschienenen 5. Bandes der Dramatischen Werke von Friedrich Wolf, enthaltend »Hörspiele und Laienspiele«, den Walther Pollatschek zusammen mit Wolfs Witwe Else herausgegeben hat. Müller wohnt inzwischen in Lehnitz, nur wenige Straßen vom Wohnhaus Wolfs entfernt, und ist dort ab und zu Gast, wird von Else Wolf vegetarisch mit Bratkartoffeln beköstigt und kann hier bei Bedarf telefonieren. Aber er kann dennoch keine reine Lobeshymne produzieren, es schleichen sich auch hier kritische Bemerkungen ein. Wolf ist für Müller ein *vitaler politischer Dramatiker*, und die in diesem Band enthaltenen Rundfunkarbeiten sind für ihn

Muster dieser Gattung in der souveränen Handhabung der Funktechnik, jedes gültig als Literaturwerk und als Zeitdokument. Aber die Anlehnung an Georg Kaiser im Frühwerk »Koritke« sei *ein mißglückter Versuch* gewesen, da Kaisers Dramenform zuletzt im *Formalismus* erstarrt sei, und das Bild der Lage in Deutschland im »Trojanischen Pferd«, dem *ersten deutschen Stück über den innerdeutschen Widerstand gegen den Hitlerfaschismus*, sei *verzeichnet*: *Der nazistische Machtapparat arbeitete reibungsloser, das Heilgebrüll war polyphoner, die Isolation des Widerstandes größer.*

Im Jahr 1953 wird Heiner Müller Mitglied des Deutschen Schriftstellerverbands. Seitdem kann er auch in der neugegründeten Verbandszeitschrift »Neue Deutsche Literatur. Monatsschrift für schöne Literatur und Kritik« veröffentlichen: nach eigener Einschätzung überwiegend *Brotarbeit*, Rezensionen und Glossen, aber auch drei Gedichte und die Erzählung *»Das eiserne Kreuz«*. Im nachhinein sind Müller nur noch die journalistischen Arbeiten in Erinnerung: *Ich habe ein paarmal versucht, Literatur unterzubringen, das scheiterte aber an den Redakteuren. Weiskopf war Chefredakteur, der wollte mir beibringen, wie man Prosa schreibt. [...] Ich erinnere mich, ich habe damals auch die ›Liebesgeschichte‹ eingereicht, ohne Erfolg, obwohl es doch ein ziemlich simpler Text ist. [...] Einer der dümmsten Redakteure der NDL war Henryk Keisch. Der hat Sachen geändert, sogar in Gedichten, die dümmsten Änderungen, stilistische Wortklauberei.*

Die drei Gedichte in der »Neuen Deutschen Literatur«, erschienen zwischen Februar 1955 und Juni 1956, sind Müllers erste Lyrik-Veröffentlichungen: ein Zwischenruf zur Gründung der Bundeswehr in Westdeutschland (*»Wohin?«*), drei *»Epigramme über Lyrik«*, von denen das zweite ursprünglich Jan Koplowitz gewidmet ist, der sich bemüht hatte, Müller die Türen des *Zonenrundfunks* zu öffnen (*er hat versucht, mir zu helfen, etwas unterzubringen. Er war sehr solidarisch*), und *»L. E. oder Das Loch im Strumpf«*, die Lyrikversion der 1953 im »Sonntag« publizierten Anekdote. 1956 erscheinen drei weitere Gedichte in der von Jens Gerlach herausgegebenen Berliner »Anthologie 56. Gedichte aus Ost und West« (Verlag

Neues Leben): der bisher von mehreren Redaktionen mit der Begründung, *es fehle die führende Rolle der Partei* abgelehnte, von Hermlin einst als *zu viel Brecht* verworfene *»Bericht vom Anfang«*, eine *»Ballade«*, deren Grundmotiv die Schuld (und deren Sühne) eines Kriegsteilnehmers ist, und eine private *»Romanze«* – Beispiele für dreierlei Arten zu dichten, Beweise der Vielseitigkeit des jungen Autors. Als in der Dresdner »Union« eine mit »De. H.« gezeichnete Besprechung erscheint, in der vor allem die westdeutschen Beiträger gelobt und von den ostdeutschen nur die unverbindlichen Liebesverse von Annemarie Bostroem gelten gelassen werden, kontert Müller im Aprilheft 1957 der NDL: *Anliegen ist, in Ost und West, im weitesten Sinn die Bewältigung unsrer, der Wirklichkeit des 20. Jahrhunderts – Jahrhundert des sozialistischen Aufbaus, nicht der H-Bombe –, ein Unternehmen, schwieriger und folgenreicher als ›interessante‹ lyrische Seancen mit aufgeschminkten Mumien*, womit beispielsweise Paul Celan und Ingeborg Bachmann gemeint sind.

Zwischen Mai 1953 und April 1957 bringt Müller in der »Neuen Deutschen Literatur« auch sechs Buchbesprechungen unter. Die Haltung ist dieselbe wie im »Sonntag«, *immer sehr apodiktisch. Starke Verrisse, starke Lobgesänge.* Im Maiheft 1953 bespricht Müller die Neuauflage von Willi Bredels 1937 in Moskau erstmals erschienenem Roman »Die Unbesiegten« (Dietz-Verlag 1952). Obgleich Bredel Nationalpreisträger, ZK-Mitglied und außerdem Mitherausgeber der NDL ist, weiß Müller dennoch auch Kritisches zu sagen: So zeige Bredels Roman vor allem *Schwächen* in der *Komposition*. Relativ lange hält sich Müller bei seiner Analyse des deutschen Faschismus auf. Bei Bredel findet er sowohl *die Schwäche der Arbeiterklasse (der Klasseninstinkt genügt nicht, das Klassenbewußtsein ist zu schwach entwickelt)* als auch *die Kraft ihrer Besten im Deutschland von 1934* und den *Doppelcharakter des Faschismus* gezeichnet. Darunter versteht Müller im Anschluß an Stalin, daß die auf Terror gegründete Macht des faschistischen Staatsapparats auch Symptom der Ohnmacht der Bourgeoisie ist, weiter mit den Methoden des Parlamentarismus zu regieren. Bekräftigend wird hierzu ein Rechenschaftsbericht des Genossen Stalin an den XVII. Parteitag der KPdSU zitiert. Was Müller gefällt, ist, daß Bredel *die positiven Figuren* als *ganze Menschen mit Schwächen und Irrtümern, Träumen und Gefühlen* gezeichnet hat.

Im Novemberheft 1953 stellt Müller einen 1951 im Verlag Rütten & Loening erschienenen Band mit ungarischen Erzählungen seit 1900 vor (»Was einem Siege gleichkommt«), einen *Querschnitt durch die ungarische realistische Literatur eines Halbjahrhunderts, soweit sie das Leben des arbeitenden Volkes spiegelt.* Eine Erzählung von István Nagy lobt Müller, weil es sich um eine *interessante Fabel*, einen *echten Konflikt* handle: *sein Stoff der Kampf zwischen Altem und Neuem im Innern des einzelnen.* Ein Räsonnement schließt sich an: *Beim Aufbau der Grundlagen des Sozialismus ist manche alte Eigenschaft nützlich, wird gebraucht, aber nur, um Verhältnisse zu schaffen, in denen sie absterben muß. Ein Sieg ist ein Sieg. Aber was siegt im Sieger? Eine Qualität vielleicht, die ihn in der Perspektive, in der neuen Situation, die sein Sieg schafft, scheitern läßt.* Eben diese Fragestellung hat Müller in den Stücken der beiden nächsten Jahrzehnte, von *»Korrektur«* bis *»Zement«* und *»Mauser«*, näher untersucht.

Im Märzheft 1954 von NDL rezensiert Müller die 1953 im Verlag Neues Leben erschienene Novellensammlung »Das gelbe Kreuz« von Boris Djacenko. Er hatte 1949 in Radebeul zu den Referenten gehört und über *sozialistischen Realismus* gesprochen. Müller rühmt die Auswahl der Novellenstoffe: es seien *typische Begebenheiten, geeignet, jeweils den ›springenden Punkt‹ des gegebenen historischen Prozesses sichtbar zu machen. [...] Die Fabel ist zumeist straff geführt, vom spannenden Einsatz über die Steigerung zur überraschenden, aber nicht unvorbereiteten Lösung des Konflikts.* Inhaltlich weiß Müller nichts auszusetzen. Seine kurzen Wiedergaben von vier Novellen akzeptieren das Heldenpathos der Texte, weil *die Helden nicht als Statuen, die Feinde nicht als ›chemisch reine‹ Schurken dargestellt sind* und sich daher *in dem Buch keine Spur Schematismus findet. Diese künstlerische Ehrlichkeit spricht für Djacenkos Talent.* Ganz *unpathetisch* schildere Djacenko, wie die *menschliche Sauberkeit* sowjetischer Partisanen *angesichts des*

Todes [...] einen deutschen Oberst in den Selbstmord treibe. *Er sieht, daß die Welt der Sowjets die bessere ist, die zukünftige, aber er findet keinen Zugang zu ihr. Sein Tod ist tragisch.* Interessant sind die stilistischen Einwände: *Zu wünschen wäre nur, daß Djacenko weiter an seiner Sprache arbeitet. Er, der in so verhältnismäßig kurzer Zeit die deutsche Sprache in so hohem Grad zu beherrschen gelernt hat – seine Muttersprache ist Lettisch – wird auch die letzten Mißbildungen leicht beseitigen können: abgegriffene und ungenaue Formulierungen (›er sitzt vor einem Flügel, aus dem er Klänge holt, die Hunderte von Menschen in ihren Bann ziehen‹), reportagehafte Züge (›dann sprach noch einmal Rivard. Und wie!‹), Jargonworte. Das Bedeutende der dargestellten Vorgänge muß auch in der Sprache Ausdruck finden. Sonst verliert man, gespannt auf den Ausgang, leicht das Interesse am Ablauf, was auf Kosten einer nachhaltigen Wirkung geht. So wie sie ist, wird Djacenkos Sprache der geschichtlichen Größe des Vorwurfs noch nicht immer gerecht.*

Auch die Arbeit für die »Neue Deutsche Literatur« bleibt von den skandalartigen Vorgängen beim »Sonntag« nicht unberührt; erst 1957 darf Müller wieder mit kritischen Beiträgen auftreten, die ihm 100 bis 150 Mark einbringen. Das Januarheft enthält gleich zwei Rezensionen: Martin Gregor-Dellin (»Jüdisches Largo«, 1956; später unter dem Titel »Jakob Haferglanz«) wird ein an Thomas Mann geschulter Stil bescheinigt, der im vorliegenden Fall jedoch eine *Fluchtposition* bezeichne: Dem Verfasser fehle *der Mut, erarbeitete ästhetische Qualitäten aufzugeben, wenn die Probleme, mit denen sich auseinanderzusetzen die Zeit und seine eigene Entwicklung ihn zwingen, andere Qualitäten fordern.* Der im Dritten Reich spielende Roman könne mit seiner *mehr lyrisch subjektiven als objektiven Verfahrensweise* kein *klares und klärendes Bild von der Faschisierung Deutschlands* geben.

Schlimmer ergeht es Günter Grass mit seinem literarisch-grafischen Debüt »Die Vorzüge der Windhühner«, erschienen zwei Jahre vor der »Blechtrommel«: Aus Müllers Sicht repräsentiert Grass den *intellektuellen Durchschnitt des Westens*, der, *entmachtet und dem Proletariat ökonomisch gleichgestellt*, die *dritte industrielle Revolution als Gespenst* beschwört, *weil er das Gespenst des Kommunismus fürchtet.* Anklänge von Surrealismus, die Müller in Grass' Gedichten zu entdecken glaubt, werden, als *Produkt von Großstadtpanik*, gleich mit erledigt. Müllers vernichtendes Resümee: *Die Gedichte von Günter Grass sind rhythmisch kraftlos, Assoziationsreihen ohne Struktur. Was bleibt, ist Highbrow*[= Intellektuellen]-*Pornographie. Aufgabe der Dichtung bleibt die Verteidigung des Menschen gegen seine Verwurstung und Verdinglichung. Leute wie Grass haben uns und wir haben ihnen nichts zu sagen.*

Die Schärfe des Angriffs ist wohl nur vor dem Hintergrund des gleichzeitigen Kulturkampfs gegen die von der Partei nach dem Ungarn-Aufstand als »Revisionisten« und »Konterrevolutionäre« beschuldigten Autoren zu verstehen, die das ›Gift‹ bürgerlich-dekadenter Kunstauffassung verbreiten. Müller zeigt hier deutlich Flagge, grenzt sich von allem, was auf Prinzipienlosigkeit und mangelnden Kontakt zu den Werktätigen deutet, ab – freilich nur, um in aller Ruhe das vorzubereiten, weiterzuführen oder zu vollenden, was ihm in der Folge selbst den Vorwurf von Pessimismus, Dekadenz, Antihumanismus, Republikfeindlichkeit, Zynismus und Nihilismus eintragen wird.

Inge & Heiner

1953 lernt Heiner Müller in der Arbeitsgemeinschaft Junger Autoren, einem vom Schriftstellerverband eingerichteten Forum, in dem neue Texte vorgestellt und diskutiert werden, die vier Jahre ältere Journalistin und Kinderbuchautorin Ingeborg Schwenkner geb. Meyer kennen und verliebt sich in sie. *Der eigentliche Anfang unserer Beziehung war, daß wir in eine Kneipe in der Zetkinstraße gingen, sie hatte eine grüne, gestreifte Bluse an, der oberste Knopf dieser schönen, teuren Bluse war auf, sie erzählte von zu Hause, und ich erfuhr, daß sie zu den oberen Zehntausend gehörte, und ich weiß noch diesen Moment, als meine proletarische Gier auf die Oberschicht sich regte.* Inge ist Berlinerin. Ihre Eltern, die beide im Ullstein Verlag arbeiteten, der Vater zuletzt als Abteilungsleiter, sind kurz vor Kriegsende bei einem Bombenangriff ums Leben gekommen; sie selbst war drei Tage lang verschüttet und hat die Leichen ihrer Eltern eigenhändig aus den Trümmern geborgen. Seit 1951 lebt sie mit ihrem 1946 geborenen Sohn Bernd aus erster Ehe und ihrem wesentlich älteren zweiten Ehemann, dem geschäftsführenden Direktor des Friedrichstadt-Palastes, Herbert Schwenkner, in einem komfortablen Einfamilienhaus in der Thälmannsiedlung in Lehnitz bei Oranienburg (Nr. 19, heute Waldring 3). Häftlinge aus dem KZ Oranienburg-Sachsenhausen haben die Waldsiedlung vor dem Krieg gebaut; jetzt wohnen SED-Funktionäre in den Klinkerhäusern. In der Nähe, Kiefernweg 5, wohnt seit 1948 Friedrich Wolf, seine Frau Else ist eine von Inges wenigen Vertrauten. Am Lehnitz-See hat Schwenkner ein Ruder- und ein Segelboot liegen. Die Anbindung an das Berliner Verkehrsnetz ist gut: Mit der Linie S1 gelangt man schnell ins Zentrum. Mit dem Mauerbau allerdings verlängert sich die Strecke erheblich.

Nach dem Krieg war Inge Schwenkner zuerst Arbeiterin bei Siemens-Plania, dann Abteilungsleiterin für Information und Volkskorrespondentin in Mecklenburg für die »Märkische Volksstimme«. Als Autorin hat sie mit Kurzgeschichten in der Tagespresse und Kinderreimen begonnen: Eine Hausfrau, die eines Tages ihre Produktionen zum Kinderbuchverlag gebracht und sich dort der Lektorin Ursula Tschesno-Hell vorgestellt hat. Sie erinnert sich an eine Frau, die einen »sehr unglücklichen« Eindruck machte, als habe es ihr an »innerer Harmonie« gefehlt. Mit Hilfe Schwenkners, eines KPD-Veterans, gelingt es ihr, eine Tür des Kulturbetriebs ein Stückchen weit zu öffnen: Hin und wieder kann sie für den Friedrichstadtpalast eine Kinderrevue schreiben. Doch nun ist sie entschlossen, den von ihrem Mann gebotenen materiellen Wohlstand gegen eine partnerschaftliche Liebesbeziehung ohne geregelte Einkünfte zu tauschen. Das Haus von Herbert und Inge Schwenkner wird zu Heiner Müllers erstem festen Wohnsitz. Ein Stasi-Informant weiß aus erster Hand zu berichten, daß Müller einmal von Inges Ehemann »im Schlafzimmer überrascht worden« ist. »Er hatte die Zeit der Abwesenheit des Mannes ausgenutzt und auch bei dieser Frau zeitweise gewohnt.«

Seit April 1954 bilden Inge Schwenkner und Heiner Müller eine Lebensgemeinschaft. Sie bewohnen drei Räume im ersten Stock, Müller besitzt hier sogar ein kleines Arbeitszimmer, dessen geweißte Wand schon bald »gesprenkelt« ist »von toten Mücken«, die er »mit einer Zwille und kleinen Papierkügelchen erlegte«. Inge schreibt in der Regel im Schlafzimmer: »Sie schrieb gern im Bett.« Im Erdgeschoß wohnt weiterhin Herbert Schwenkner; Treppenhaus, Bad und Küche, Telefon und Heizung müssen von beiden Parteien gemeinsam genutzt werden. Das führt immer wieder zu unerfreulichen Kontakten, die überwiegend schriftlich erfolgen. *Er hat als Funktionär am Anfang sogar versucht, mich per Staatssicherheit aus dem Haus herauszukriegen. Das ist ihm aber nicht gelungen. Das waren schon ziemlich Kämpfe im Dunkeln.* »Wenn man anrief und das Telefon stand bei Schwenkner, mußte Schwenkner das Telefon nach oben bringen und das Telefon mußte oben eingesteckt werden, damit man mit Inge und Heiner reden konnte; irgendwann hat Schwenkner beschlossen, das nicht mehr zu machen und da konnte man nicht mehr anrufen.«

Von der Beziehung ihres Mannes zu Inge Schwenkner erfährt Rosemarie Müller nach einem Besuch bei ihren Schwiegereltern in Reutlingen: »Im Frühjahr 1954 wollten wir zu dritt zu Heiners Eltern nach Reutlingen fahren. Plötzlich hieß es, er könne nicht, er hätte zu arbeiten. ›Fahr mit Regine alleine‹, sagte er, ›ich komm' nach.‹ Aber er kam nicht. Zu meinem Geburtstag im Mai kam ein Brief, darin stand: ›Alles Gute, aber wünsch Dir nicht zu viel, dann bist Du nicht zu sehr enttäuscht.‹ Er hatte Inge kennengelernt.« Heiner Müller: *Ich wußte, wenn sie zurückkommt, muß ich ihr sagen: ›Es ist aus.‹ Das Gespräch fand im Bürgerpark in Pankow statt. Wir gingen mit dem Kind spazieren, umarmten das Kind und so. Es war eine harte Szene.* Rosemarie Müller kehrt wenig später endgültig nach Frankenberg zurück.

»Heiner versprach mir, mich mit Kind und Gepäck zum Bahnhof zu bringen. Er tat es nicht. Dann kamen abwechselnd Bitt- und Drohbriefe, daß ich die Scheidung einreichen sollte. Aber diesmal wollte ich nicht. Ich habe es, so lang es mir möglich war, herausgezögert. Ich habe Heiner seitdem nicht wiedergesehen. Nie hat er sich nach seiner Tochter erkundigt, nie hat er ihr ein Geschenk gemacht. Ich denke, er muß gar kein Gewissen gehabt haben. Den Unterhalt für Regine mußte ich mir vor Gericht erstreiten. Ab 1960 hat er dann in kleinen Raten auch den Unterhalt aus den vergangenen Jahren nachgezahlt. Die Schwiegereltern haben mir viel geholfen. Überhaupt haben seine Eltern immer auf meiner Seite gestanden. Sie haben sein Verhalten mir gegenüber verurteilt. Das, was Heiner an seiner Tochter versäumt hat, haben sie versucht auszugleichen.«

Rosemarie Fritzsche hat später noch einmal geheiratet, als Erzieherin und zuletzt als Leiterin einer Kinderkrippe gearbeitet. Sie lebt heute als Rentnerin in Sachsen. Die Tochter Regine wächst in der Familie ihrer Mutter auf, ohne jeden Kontakt zu ihrem leiblichen Vater: »Es gab während meiner Kindheit seinerseits keinerlei sichtbares Interesse an meiner Person.« Die erste Wiederbegegnung habe sechzehn Jahre nach der Scheidung ihrer Eltern stattgefunden, ein von ihren Großeltern überraschend arrangiertes Treffen, das sie »als spannend und angenehm in Erinnerung behalten habe«. Über zehn Jahre später hat Regine, die nach einem Mathematikstudium in einem Betrieb arbeitete, ihren Vater aus eigenem Entschluß aufgesucht. In der Folge kommt es, meist in Ella Müllers Wohnung in Schöneiche bei Berlin, zu einigen ebenso intensiven wie aufreibenden Begegnungen, die Müller wegen seinem mangelnden Geschick jedesmal in Verlegenheit bringen. Zusagen, sie in Leipzig zu besuchen, erfüllt Müller nicht. Zum letzten Mal gesehen hat ihn Regine, die seit 1993 als Pharmaberaterin tätig ist und selbst Gedichte und Kurzprosa veröffentlicht hat, Ende April 1994 auf der Beerdigung ihrer Großmutter. Ihr Vater habe »für sein Werk gelebt«, sagt sie; »sein Bestes ist – dort.«

Nach der Scheidung von ihren Ehepartnern (14. Juli 1954 bzw. 24. Mai 1955) heiraten Inge Schwenkner und Heiner Müller am 4. Juni 1955. Für beide ist es die dritte Eheschließung. *Wir haben ziemlich lange zusammen gewohnt, und eines Tages war sie sehr erstaunt, weil sie den Eindruck hatte, ich möchte sie heiraten. Sie war sehr überrascht, daß ich das ernst meinte. Ich glaube, ich hatte die Idee, die ganzen Querelen mit dem*

Haus und der Wohnung, da erschien mir das praktischer. Es war ja auch eine große Liebe. Daß es für Heiner Müller tatsächlich die große Liebe seines Lebens ist, wird von allen Freunden und Bekannten bestätigt. Er lebt sogar aus Liebe monogam – worüber im Freundeskreis schon Witze gemacht werden. Inges achtjähriger Sohn Bernd wird von ihm adoptiert. Für ihn ist er von nun an der »Vati«, für den Bernd zeitweilig »grenzenlose Bewunderung« empfindet. In einem Gespräch mit Jürgen Serke erinnert sich Bernd Müller an die gemeinsamen Jahre: »Schön war der Anfang zu dritt.« Gemeinsam habe man lange Spaziergänge unternommen. »Aber sehr schnell habe ich Heiner immer nur als Kopfmensch empfunden. Er war unnahbar, selbst dann noch, wenn er charmierte. Da war nie viel Wärme.«

Ab 1958 vervollständigt Müllers vor dem Abitur in die DDR übergesiedelter Bruder Wolfgang den Hausstand, zu dem auch noch vier Katzen gehören. Von seiner Schwägerin Inge mit verlockenden Aussichten über ein Leben in ihrer Nähe und glänzenden Arbeitsmöglichkeiten im Sozialismus geworben, hat er, zum Kummer seiner Eltern, das Gymnasium in Reutlingen kurzerhand abgebrochen, um in der DDR seinen Weg zu machen. Inge und er haben sich Weihnachten 1955 bei einem Besuch Wolfgangs in Lehnitz kennengelernt, wohin ihn die Eltern als »Kundschafter« delegiert hatten. Den Sommer 1956 verbringen Heiner und Inge gemeinsam in Reutlingen. Als Heiner vorzeitig zurück nach Berlin muß, unternimmt Inge mit ihrem 15jährigen Schwager Wolfgang eine Campingtour. Da sei es, erzählt Wolfgang Müller, »passiert«. Er habe sich nicht ungern von seiner doppelt so alten Schwägerin verführen lassen. Inge hängt sehr an Wolfgang. »Wir haben uns beide nötig«, notiert sie unter dem Datum des 18. November 1957 in ihrem Tagebuch. Die Aufdeckung des Dreiecksverhältnisses erfolgt durch Zufall: Eines Tages holt Kurt Müller auf der Post in Reutlingen die Briefe ab, die Inge dorthin postlagernd adressiert. Die Folge ist eine mittelschwere Familienkrise. Heiner Müller bleibt die Affäre ebenfalls nicht verborgen, aber zu einer Intervention fehlt ihm der Mut. Gegenüber Blanche Kommerell bestätigt er, daß sich Wolfgang und Inge *sehr gemocht*, sich *richtig ineinander verliebt hätten*, obwohl sein Bruder von ihr auch sehr *gegängelt* wurde. Er sei *zart und sensitiv gewesen, wie er, nur eben jünger und noch formbar.* Wolfgang Müller sagt heute, seine Ex-Frau Katja Lange-Müller zitierend: »Sie hat sich wohl gedacht, wenn man diese beiden Brüder zusammenklappen könnte, dann wäre das genau das Richtige.«

Weil aus Wolfgangs sozialistischer Integration nicht gleich etwas wird, nimmt Inge die Sache in die Hand. Sie zwingt Wolfgang, *eine Lehre zu beginnen.* Doch der, so Heiner Müller 1989, »sei zwar immer morgens losgegangen, aber nicht zur Ausbildung. Im Wald habe er sich unter einen Baum gelegt und geträumt. Schließlich habe sie ihn ›in einen Schweinestall‹ gesteckt.« Später schlägt sich Wolfgang Müller als Landarbeiter, Schiffsmaschinist und Kranführer durch; noch später tritt er als Erzähler und Drehbuchautor hervor.

Bei der preußisch erzogenen Inge muß alles seine Richtigkeit haben. »Sie konnte ihren Mann stehen«, erklärt ihr Sohn Bernd. »Sie war sehr praktisch, sehr hilfsbereit und sorgte für den Unterhalt.« Wolfgang Müller bestätigt: »Sie war getrimmt auf die Kleinigkeiten des Lebens von Jugend an. Wenn Sie abwusch nach dem Essen – und es mußte sofort abgewaschen werden –, dann wischte sie jedesmal danach den Fußboden in der Küche. Sie konnte kochen, was wir nicht kannten. Und sie kochte gut. Das hat uns beiden Sachsenlümmeln aus der Wohnküche mächtig imponiert.«

Für Müllers Eltern in Reutlingen bilden, trotz steter Sorge und Bedenken angesichts diverser Verwicklungen, Heiner, Inge, Bernd und Wolfgang eine große Familie, die sie ebenso unterstützen wie Rosemarie und Regine Müller in Frankenberg. Fast jeden Monat geht ein Päckchen mit Wäsche, Kleidung, Kosmetika, Genußmitteln und Tabakwaren von Reutlingen nach Berlin ab; Dinge des täglichen Bedarfs, die in der DDR in dieser Qualität schwer oder gar nicht zu erhalten sind, gelegentlich auch Bücher. Zu den Sonderwünschen gehören Schaumgummi als Matratzenersatz, Kunststofftischdecken, Elektronik-Ersatzteile, kleine Haushaltsgeräte, Dichtungsband für Türen und Fenster. Auf die Eingangsbestätigung müssen Kurt und Ella allerdings oft wochenlang warten, und sie beklagen sich immer wieder darüber. Die Korrespondenz liegt bei Inge;

sie ist es, die den Kontakt zwischen Reutlingen und Berlin aufrechterhält, denn ihr Mann schreibt keine Briefe. Auch von Wolfgang erhalten die Eltern nur selten Post. Im Sommer 1964 kommt es deswegen zu einem Disput. Als Heiner und Inge den Eltern die Schuld an der Entfremdung geben, sind diese tief verletzt. An Inge schreiben sie, da ihnen ein anderer Adressat nicht zur Verfügung steht:

»Du schreibst, von uns aus ist der Kontakt mit Heiner unterbrochen worden, ich glaube nicht, das es allein unsre Schuld war. Wir haben ja nichts mit Heiner, sind Ihm auch nicht bös, nur verbittert weil er das Schweigen im Walde aufrechterhält. Wir wundern uns nur das es Dir nicht gelingt Ihn dazu zu bewegen. O ja wir ›Raben‹ Eltern sind wohl auch allein schuld am Schweigen Heiners. Warten wir halt ab bis sich mal ein Blättchen rührt.«

Die Jahre 1954 und 1955 gehören für Müller zu den materiell schwierigsten. Von den Honoraren für seine Kurzbesprechungen im »Sonntag« abgesehen, hat er offenbar keinerlei literarische Einkünfte mehr. Allerdings ist der Umfang seiner journalistischen und literaturkritischen Tätigkeit bislang erst in groben Zügen bekannt. So hat sich im Archiv des Aufbau-Verlags ein von Müller am 25. November 1953 verfaßtes Gutachten zu Günter Kunerts zweitem Gedichtband »Unter diesem Himmel« (erschienen 1955) gefunden, bei dem es sich vermutlich um keinen Einzelfall handelt. Undatierte Notizen, vielleicht aus dem Jahr 1956 stammend, lassen eine Mitarbeit an der »Jungen Welt« *(Buchbespr.)* und weitere *Gutachten* möglich erscheinen.

Inge, die sich als Kinderbuchautorin bereits einen Namen gemacht hat, trägt wesentlich zum Unterhalt der Familie bei, indem sie als freie Mitarbeiterin des Kinderbuchverlags Berlin Erzählungen, Gedichte, Lieder und Spiele für Sammelbände schreibt; 1955 erscheint dort »Wölfchen Ungestüm«. 1954 arbeitet sie für die DEFA-Kinderfilmabteilung und den Kinderfunk. Im Mai 1956 beginnt dann endlich eine Subvention für Müller zu fließen: Für die Arbeit an einem dokumentarischen Hörspiel über einen Aktivisten aus der Aufbauzeit, der sich gegen Widerstände aus den Reihen seiner Kollegen durchsetzt, erhält er aus Mitteln des Kulturfonds acht Monate lang 450 Mark. *Das war einfach der schnellste Weg, zu Geld zu kommen.* Das Manuskript, mit einem Erzähler und *Zwischenberichten von Figuren, die über sich erzählten*, wird jedoch vom Rundfunk der DDR, der zunächst Interesse gezeigt hat, nicht produziert, obgleich es Müller als *ganz gut* gelungen in Erinnerung behält. Erst als er es zum Theatertext umarbeitet, kann er damit reüssieren: Unter dem Titel *»Der Lohndrücker«* erlebt es zwei Jahre später seine Uraufführung.

Freilich mangelt es der Hörspiel-Version (wie einige Seiten des Typoskripts, die sich im Besitz von B. K. Tragelehn erhalten haben, zeigen), bedingt durch das Genre, an der bezwingenden gestischen Wirkung einer Bühnendarstellung. Zudem wagt sich Müller im Hörspiel nicht an den Kern des Konflikts, die Ablehnung oder Zustimmung der Arbeiter zum Arbeiterstaat, sondern schützt private Laune der Protagonisten vor. In der Hörspielfassung kommt es zu folgendem Dialog: *Was der Neue da gemacht hat, das ist nicht übel. Wir könnten allerhand mehr schaffen. / Fragt sich nur, ob wir mehr schaffen wollen.* Im Stücktext lautet dagegen die brisante Antwort: *Fragt sich für wen.*

Vom 1. Oktober 1956 an ist Müller für ein Jahr Mitarbeiter für Dramatik der wissenschaftlichen Abteilung des Schriftstellerverbands. *In der Sektion Dramatik gab es Diskussionen über Brecht, es wurden Mitarbeiter des Berliner Ensembles eingeladen. Das war schon alles am Rand des Erlaubten. [...] Heinz Nahke, ein guter Germanist aus der Gerhard-Scholz-Schule, hatte von Eduard Claudius, Sekretär des Schriftstellerverbands, den Auftrag, eine wissenschaftliche Abteilung zu gründen. Das war eine Art Arbeitsbeschaffung für Autoren. Manfred Bieler war für Lyrik zuständig, ich für Dramatik, ein dritter für Prosa. Wir bekamen 400 Mark im Monat, gutes Geld damals.* In einer Beurteilung (»Charakteristik«), die Nahke am 21. März 1957 für den Zentralrat der FDJ abgegeben hat, heißt es, Müller verfüge nicht nur über Begabung als Autor und Kritiker, sondern auch über »organisatorische Fähigkeiten«. »In relativ kurzer Zeit« sei es ihm gelungen, »eine arbeitsfähige zentrale Sektion für Dramatik zu bilden.« Wo es »erwünscht« oder »notwendig«

gewesen sei, habe er »Schriftsteller« beraten oder ihnen geholfen. In Wahrheit hat Müller die Arbeit – sein Büro befindet sich in einem Gebäude des Schriftstellerverbands auf der Friedrichstraße – nicht sehr ernst genommen. Zwar habe Anwesenheitspflicht gegolten *(wir mußten theoretisch immer da sein)*, aber er habe es damit nicht sehr genau genommen und sei meist erst mittags erschienen. Günter Kunert erzählt: »In der Friedrichstraße gab es eine Bar, dort traf man Müller und Nahke häufig an, die dort saßen und ihr Bier tranken, und Müller klagte jedesmal, er habe kein Geld.«

»Korrektur«

Trotz der Ablehnung bringt Müller das *»Lohndrücker«*-Funkmanuskript einen größeren Auftrag von Radio DDR ein, das von Müller nun *ein Hörspiel über die ›Produktion‹* will und ihn ins Lausitzer Braunkohlerevier schickt, damit er sich vor Ort über Schwierigkeiten beim Aufbau der volkseigenen Energieindustrie informiert. *Die mußten ja immer ihren Themenplan erfüllen und fragten mich, ob ich [...] etwas über ›Schwarze Pumpe‹ schreiben könnte. Das wurde ›Die Korrektur‹.* Versehen mit einer Bescheinigung der »Aufbauleitung«, die ihnen Zutritt auf allen Teilen der Baustelle ermöglicht, recherchieren Inge und Heiner Müller im Sommer 1957 zwei Wochen lang auf der Großbaustelle des Braunkohlekombinats »Schwarze Pumpe«, damals das größte Industrieprojekt der jungen DDR, für ihr Hörspiel. In einem 1958 veröffentlichten, an Verse des von Müller als Lyriker geschätzten Mao Tse-tung erinnernden Gedicht, betitelt *»Gedanken über die Schönheit der Landschaft bei einer Fahrt zur Großbaustelle ›Schwarze Pumpe‹«*, schwingt schwärmerische Begeisterung mit über das, was Müller dreißig Jahre später spöttisch als *Renommierobjekt von Ulbricht* bezeichnet hat.

Anders der Rückblick in der Autobiographie, einseitig auf eine andere Art: *Wir trafen dort einen Haufen von Abenteurern [...], sie nannten sich Goldgräber. Kriminelle, Asoziale, ein wüster Haufen, nomadische Figuren, die von einer Großbaustelle zur andern zogen, auch alte Nazis, die einfach nur für viel Geld das Ding dort aus dem Boden gestampft haben, Anarchisten [...]. Keine domestizierten Industriearbeiter, eher entwurzelte Bauern oder Kleinbürger. Wir haben mit denen dann nicht nur Interviews gemacht, wir haben auch in den Baracken gewohnt und mit ihnen gefrühstückt und mit ihnen getrunken, abends, und auf den Baustellen. [...] Inge hat fotografiert, wir haben mit vielen Leuten geredet, sie konnte sehr gut mit Leuten sprechen. Und wir haben zusammen eine Materialsammlung angelegt.*

Inge Müller hat dieses Material Jahre später für ihr Hörspiel »Die Weiberbrigade« benutzt, Heiner Müller daraus sein Stück *»Die Korrektur«* gemacht. Sie sei *an der Vorbereitung beteiligt gewesen, im Grunde mehr als ich, ich brauchte wenig Material.* Tagebuchnotizen Inge Müllers aus dem Jahr 1957 ergeben ein etwas anderes Bild, wenngleich sie eher Müllers Versäumnisse und ›Durchhänger‹ festhalten als den eigenen Arbeitsprozeß dokumentieren: »Stück ›Schwarze Pumpe‹ weiter versucht. Hörspiel, viel nachgedacht. Heiner verliert immer wieder die Ausdauer. Termin wieder nicht gehalten. Und will mich nicht mehr darum kümmern – beschäftige mich aber ständig damit. Ist die Darstellung nicht zu einseitig? Was fehlt? Prosatexte noch mal überprüfen.« Sie schlafe kaum noch; Müller lasse die Dinge laufen, und sie lehne es ab, sein Kindermädchen zu spielen.

In dem im Winter 1957/58 geschriebenen, 1956/57 spielenden Stück *»Die Korrektur«* geht es um die Revision falscher, im Parteijargon »linkssektiererischer« Einstellungen eines Vorarbeiters in einem Industriekombinat. Der Kommunist Bremer, ein Parteiveteran, der zehn Jahre im KZ inhaftiert war, wird von seinen Funktionen entbunden, weil er einen mittlerweile bei der Nationalen Front untergekommenen ehemaligen Nazi verprügelt hat, und zur Bewährung als Brigadier ins Kombinat »Schwarze Pumpe« geschickt. Dort erkennt er in einem Ingenieur wiederum einen Nazi und beleidigt ihn. Die Parteileitung seines Betriebs stellt sich jedoch hinter den Ingenieur und veranlaßt Bremer zu einer Entschuldigung. Ein weiterer Konflikt ergibt sich aufgrund der Gewohnheit der Brigade, die Lücke zwischen Plansoll und Planerfüllung durch

»Normenschaukelei«, Falschbuchungen, zu schließen. Als Bremer sich diesem Betrug verweigert, läßt die Brigade ein Fundament einstürzen, um ihn zur Raison zu bringen. Die Folge ist, daß er als Brigadier abgesetzt wird. In knappen, einfachen Sätzen werden Schicksale deutlich, Entwicklungen und Widerstände. Der Wechsel von Spielhandlung und Bericht (Interview) läßt den Zuschauer das Geschehen zugleich aus der Perspektive der Handelnden und der eines objektiven Beobachters betrachten.

Im Hintergrund des Stücks steht einmal mehr das Normenproblem: Während die Funktionäre von den Werktätigen eine idealistische, opferbereite Einstellung erwarten, da sie ja dafür bezahlt werden, an die Zukunft zu glauben, ist es das »natürliche« Interesse der Arbeiter, bei möglichst hohem Lohn so wenig wie möglich zu arbeiten – ein Interessengegensatz, der am 17. Juni 1953 zu der bis dahin ungekannten Zerreißprobe geführt hat. Heiner und Inge Müller verdeutlichen die Kluft zwischen der behaupteten und der tatsächlichen Stellung der »Arbeitermacht«, die unter massivem Leistungsdruck steht, und sie lassen keinen Zweifel daran, daß die Widersprüche ausgehalten werden müssen, eben weil sie existieren. Gleichzeitig zeigen sie, wie auch in *»Lohndrücker«*, daß der Sozialismus nicht nur von Sozialisten aufgebaut werden kann; eine Einsicht, der sich Bremer aus einem tief empfundenen Rachegefühl heraus zunächst verschließt. Ihm gegenüber verkörpert der Parteisekretär die »unerbittliche Rationalität«, die der Aufbau verlangt. Damit ist ein weiterer Grundkonflikt der DDR-Gesellschaft angesprochen: das Problem der Integration von ehemaligen Nazis und Wehrmachtssoldaten, die aufgrund ihrer fachlichen Qualifikation als sogenannte Spezialisten eine privilegierte Stellung genießen, die Instrumentalisierung der faschistischen Erblast.

Die spätere Hörspielchefin vom Rundfunk der DDR, Christa Vetter, bringt das Stück 1958 als Dramaturgin in den Funk. *»Die Korrektur. Ein Bericht über den Aufbau des Kombinats Schwarze Pumpe 1957«* wird in der Regie von Wolfgang Schonendorf im März 1958 produziert. Die für den 26. März 1958 geplante Ursendung wird nach einer Baracken-Probeaufführung im Kombinat vom Staatlichen Komitee für Rundfunk beim

Ministerrat wegen »Schwarzmalerei« und »harter Schreibweise« jedoch verboten – was die Müllers damals wohl kaum als Zeichen besonderer Aufmerksamkeit verbucht haben werden. Und die Veröffentlichung dieser Fassung im Maiheft 1958 von »Neue Deutsche Literatur« ruft eine Reihe von Diskussionen hervor. Das Stück, so der Grundtenor der Kritik, zeige das Besondere, das Negative, tatsächlich aber sei das Positive das Typische.

Es sind Vorwürfe, die, unterschiedlich formuliert, in der Folge gegen nahezu alle Müller-Stücke vorgebracht werden. Tatsächlich sperren sich die Biographien seiner Bühnenfiguren gegen die statistische Homogenisierung. Interessant sind sie ja gerade, weil sie aus dem Rahmen des normativ Üblichen fallen. Aus dem Mangel an Repräsentativität ergibt sich jedoch der Vorwurf mangelnder Realität und daraus wiederum die Behauptung der Kunstunfähigkeit bzw. -unwürdigkeit. Dieter Kranz konstatiert im Oktoberheft 1958 von »Theater der Zeit«: »Die erste Fassung des Stücks stimmte [...] pessimistisch. Das Schwergewicht lag auf den sehr plastisch dargestellten widersprüchlichen, die Entwicklung hemmenden Faktoren, während die positiven Kräfte kaum in Erscheinung traten. Es war untypisch.«

Da habe ich das dann in den Ferien umgearbeitet und auf positiven Vordermann gebracht, ziemlich unsäglich, aber als Dokument ganz interessant. In Müllers zweiter Fassung lassen die Arbeiter das Fundament nicht einstürzen, um Bremer an die Normenschaukel zu gewöhnen, es stürzt von alleine ein; der Brigadier lernt, sich in der Brigade durchzusetzen, die Brigadisten wandeln sich durch die Initiative der Partei von Normbetrügern zu bewußt handelnden Arbeitern. Ein *Prolog* und ein *Epilog* sorgen für die nötige Klarheit, beseitigen auch die letzten Zweifel an der positiven Grundeinstellung der Autoren.

Kranz nennt in seiner Besprechung einen weiteren Unterschied: »In der ersten Fassung administriert der Parteisekretär, mit dem die Unterredung unter vier Augen stattfindet, ohne sich lange damit aufzuhalten, Bremer von seinem Fehler zu überzeugen. Der Brigadier entschuldigt sich nur, weil er der

Parteidisziplin folgen muß. Der Zuschauer erfährt nicht, ob in ihm irgendwelche inneren Auseinandersetzungen vor sich gegangen sind. In der Überarbeitung dagegen sprechen die Genossen mit dem Brigadier, bis er seinen Fehler versteht. Die Partei hilft ihm, seine sektierererische Haltung zu überwinden; wenn er sich entschuldigt, tut er es aus Überzeugung.«

Die ursprüngliche, dialektische Struktur des Stücks ist durch die Bearbeitung zerstört worden, aber nun erst ist es sendefähig. In dieser am 5. Oktober 1958 nur teilweise neu produzierten, geringfügig längeren zweiten Fassung wird das Hörspiel am 13. November 1958 im Berliner Rundfunk ausgestrahlt.

»Klettwitzer Bericht«

Müllers zweite Arbeit für den Rundfunk, wiederum ein Dokumentarhörspiel, ergibt sich aus den Schwierigkeiten mit seiner ersten: *»Die Korrektur«* ist soeben abgesetzt und er braucht wieder einmal Geld. *Im Rundfunk waren sie mir freundlich gesinnt*, und so erhält er einen zweiten Auftrag von Radio DDR: *›Du fährst nach Klettwitz, dann kriegst du wieder eine Rate.‹* Anfang Februar 1958 hatte es im Senftenberger Braunkohlenrevier (Tagebau Klettwitz) einen gravierenden Arbeitsunfall mit drei Verletzten gegeben. Nach dem Einsturz der 360 Meter langen Förderbrücke liegt der Tagebau still: Ein Verlust von täglich 5 % der Kohleförderung der gesamten Republik. Nun geht es darum, den Ausfall zu ersetzen. Der Tagebau muß auf Zugbetrieb umgestellt, 40 km Gleise gebaut werden. Es werden Freiwillige benötigt, die bereit sind, auf niedrigerem Lohnniveau zu arbeiten: zweifellos beste Voraussetzungen für ein Werk des sozialistischen Realismus. *Und so bin ich mit der ersten Rate in der Tasche nach Klettwitz gefahren.*

Im Oktober 1958 bringt Radio DDR, in einer »bereinigten« Fassung, das dreiundzwanzigminütige Dokumentarhörspiel *»Die Brücke. Ein Bericht aus Klettwitz«*. Als Autoren zeichnen Inge und Heiner Müller, Regie führt wieder Wolfgang Schonendorf. Unter dem Titel *»Klettwitzer Bericht 1958 – Eine Hörfolge«* war der Text, für den Müller dort allein verantwortlich zeichnet, schon im Juniheft der vom Zentralrat der FDJ herausgegebenen Zeitschrift »Junge Kunst« erschienen, wo er angemessene Beachtung findet: *Es war der erste Text, der in der Parteizeitschrift ›Einheit‹ lobend erwähnt wurde, weil ich mich auf dem Weg zum sozialistischen Realismus befände.*

Er habe damals eine *abstrakte Hymne* verfaßt, räumt Müller in seiner Autobiographie ein. Daß es ein solch *furchtbares Opus* geworden sei, habe *mit den Bedingungen zusammen* gehangen. Aufgrund von allerlei Mutmaßungen über die Unglücksursache *(finstere Geschichten über dunkle Verwicklungen, Sabotage, Stasi, alles mögliche)*, sei er außerstande gewesen, *darüber etwas Realistisches zu schreiben. Das war aussichtslos.* So wird der Unfall im Klettwitzer Tagebau zum Modellfall solidarischen Verhaltens, sozialistische Zeigefingerdramatik mit appellativem Charakter. Die Widersprüche, die *»Korrektur«* und *»Lohndrücker«* auszeichnen, fehlen hier völlig. Dieser Text ist glatt und uneingeschränkt löblich, denn er liegt zentimetergenau »auf Linie«.

Wie *»Korrektur«* wird auch dieses Hörstück zu einem Bühnenstück: Nach der Uraufführung am Theater der Bergarbeiter in Senftenberg (Regie: Horst Schönemann) wird es, ebenfalls 1958, von einem Literaturzirkel der Carl-von-Ossietzky-Oberschule in Pankow gespielt. Für den Musikwissenschaftler Gerd Rienäcker, damals »als Akteur und als Bühnenmusikant« dabei, war es ein ›klassisches‹ »Lehrstück« in bester Brecht-Tradition, handelnd »von Begebnissen, die Brecht und seine Schüler zum Staunen veranlaßten – davon nämlich, daß ohne Konkurrenzkämpfe produziert werden könne, daß es Solidarität unter den Produzenten gäbe, daß beispielsweise Stadt und Land sich gegenseitig helfen, um eine Havarie zu beheben«: Dies habe Müller im *»Klettwitzer Bericht«* quasi »mit ehernen Lettern« dokumentiert.

Ebenfalls unter Mitarbeit Inge Müllers (teilweise während eines Krankenhausaufenthalts zwischen September und November 1957) und als Auftragsarbeit der von Fritz Wisten geleiteten Berliner Volksbühne zur Sechzigjahrfeier der Oktoberrevolution entsteht die zusammen mit dem Dramaturgen Hagen Müller-Stahl erstellte Bühnenfassung von John Reeds

Reportagebuch »Zehn Tage, die die Welt erschütterten« – ein Text, den Müller später als »journalistische Arbeit« bezeichnet und nicht in seine Berliner Werkausgabe aufgenommen hat. Daß es kein großer Wurf geworden ist, scheint den beiden Verfassern durchaus bewußt gewesen zu sein. Im Programmheft, das neben Reed auch Marx, Müller und Majakowski zitiert, erklärt Müller-Stahl: »Die große Vernunft der Revolution verlangt eine vernunftgemäße, einfache Beschreibung. Das wurde versucht.«

In der Gastregie von Hans Erich Korbschmitt, einer – so Martin Linzer – »eher mediocren Erscheinung, der den Gestus des Stücks auch gründlich verfehlte, dank seiner den Text entschärfenden Mittelmäßigkeit die Aufführung (vielleicht) aber auch rettete«, wird die Szenenfolge am 22. November 1957 an der Volksbühne uraufgeführt (unter den Darstellern sind Otto Tausig und Steffie Spira) und im selben Monat im ersten Heft der FDJ-Zeitschrift »Junge Kunst« veröffentlicht. Das Presseecho ist breit und überwiegend zustimmend. Neben der »Berliner Zeitung« berichten »Sonntag« (Herbert Ihering), »Forum«, »Neue Zeit«, »Neues Deutschland« (Henryk Keisch) und »Junge Welt« (Rainer Kerndl). Inge Müller notiert zwei Wochen später in ihrem Tagebuch: »Ich freute mich über die spürbare Aufnahmebereitschaft des Publikums, Bemühen bei den Schauspielern, Regie, Intendanz usw. Mir war trotzdem nicht recht wohl – das ganze hätte besser sein können. Heiner hat wirklich ›mit der linken Hand‹ gearbeitet. Was denkt er sich bei den Lobreden? Ich wünschte, er würde darüber sprechen.« In seiner ihm unbewußten Eitelkeit erinnere er an P., verhalte sich kleinlich, erscheine klein.

Die Umsetzung des Textes durch Korbschmitt vermag auch Heiner Müller selbst nicht zufriedenzustellen. Um so mehr wird er sich über den Verriß der Aufführung im Märzheft 1958 von »Theater der Zeit« gefreut haben: »Die Inszenierung stimmt nicht: bestimmt, falsche Ansichten über die Revolution zu widerlegen, geht sie selbst von falschen Ansichten über die Revolution aus.« Es fehle überdies an Realismus, wonach der Text förmlich schreie. Als Verfasser zeichnet B. K. Tragelehn, der seit kurzem zu Müllers Freundeskreis gehört. Drei Hefte später folgt eine wütende Replik von Wilhelm Neef, »Komponist und Theatermann«: Wenn der Regisseur getan hätte, was Tragelehn forderte, wäre das Stück »ein Teststück für die Bühnentechnik geworden, eine Zumutung für den Theateretat und ein Nonsens für das Publikum.« Es sei außerdem fraglich, ob das Stück »überhaupt für ein Berufstheater geschrieben«, ob es »überhaupt so, wie es geschrieben, spielbar« sei. Die Szene IV b etwa verlange eine aufwendige Dekoration. »Und das für eine pantomimische Aktion von etwa zwei Minuten Dauer. Der Text besteht aus einem einzigen Wort: Stoi. Das ist keine Szene für das Theater. Vielleicht ist sie als Filmszene denkbar innerhalb einer spannungsreichen Bilderzählung von den Kämpfen um das Winterpalais. Auf dem Theater, für sich stehend, ist sie ein primitiver Lakonismus, der keinerlei Eindruck macht.« Man kann das freilich auch anders sehen, als eine Dramaturgie dichtester Verknappung, in der die fast stumme Entwicklung eines Bühnengeschehens langschweifige Argumentationen und selbst den Dialog überflüssig erscheinen läßt – eine für Müller charakteristische Besonderheit, von der er später noch häufig Gebrauch macht.

Rüdiger Bernhardt hat das Stück 1976 in eben diesen Zusammenhang mit Müllers späteren Arbeiten gestellt: Für ihn markiert die Szenenfolge »eine intellektuelle Position, der Müller von Anfang an konsequent den Kampf ansagte, nämlich der Auffassung, daß der Sozialismus ›nicht mit Gewalt‹ gehe.« »Die Eröffnungsszene der Müllerschen Szenenfolge« entspreche »in der Dialogführung fast wörtlich der literarischen Vorlage.« Er spitze diese Szene jedoch zu, indem er (im vorgeschalteten »Prolog«) die These von der Gewaltlosigkeit zusätzlich als revisionistisch brandmarke: *Student: [...] Sozialismus geht nicht mit Gewalt. Ich bin Marxist, ich weiß Bescheid, ich habe Bernstein gelesen.* Dem werde »nüchtern sachlich die Realität des Klassenkampfes gegenübergestellt«: Der Agitation des Studenten entgegnet ein Rotgardist: *Ich bin nicht gebildet. Für mich ist es ganz einfach. Es gibt zwei Klassen, das Proletariat und die Bourgeoisie.* »Dieses Einfache ästhetisch umzusetzen gehört zu Müllers Absichten.«

Das Jahr 1957 beschert Müller neben den ersten Aufträgen

für Rundfunk und Theater, kleineren journalistischen bzw. literaturkritischen Arbeiten eine neue Einnahmequelle. Aufgrund eines Zuverlässigkeitsgutachtens des Schriftstellerverbands wird er ab November für ein Jahr Mitglied des Redaktionskollegiums der neuen, vom Zentralrat der FDJ herausgegebenen Zeitschrift »Junge Kunst. Monatsschrift für Literatur, Kritik, bildende Kunst, Musik und Theater«. Im Gutachten vom 21. März hatte ihm sein Freund Heinz Nahke, der dann zum Chefredakteur des Blatts ernannt wird, die wesentlichen Voraussetzungen für dieses Amt attestiert: »Umfangreiche und gründliche Kenntnisse der deutschen und ausländischen schöngeistigen Literatur und der marxistisch-leninistischen Literatur. Hat selbständiges Urteil und ist fähig, neue Ergebnisse zu erarbeiten. [...] Während der politischen Ereignisse der letzten Monate (Ungarn, bestimmte Diskussionen polnischer Schriftsteller ...) klare Position für die DDR, den Arbeiter- und Bauernstaat und die Partei. Marxistische Haltung.«

Die »Junge Kunst« geht zurück auf den noch von Brecht angeregten »Kongreß junger Künstler«, 1956 in Karl-Marx-Stadt. Die Brechtschüler Kahlau und Tragelehn sowie Manfred Streubel, Jens Gerlach und Manfred Bieler hatten sich dort sowie in Gesprächen mit dem Zentralrat der FDJ dafür eingesetzt, daß ein »Klub Junger Künstler« gebildet und ein Publikationsorgan für junge Künstler gegründet wird, »die bewußt und unbeirrt für die Sache unseres Arbeiter-und-Bauern-Staates schaffen und sich im Sinne der Vielfalt und Breite des sozialistischen Realismus um die Darstellung unserer Wirklichkeit bemühen«, wie es im Editorial von Heft 1/1957 heißt. »Vermittels bildender, unterhaltsamer und begeisternder Literatur« sollen die jungen Leser »zu hohen Leistungen für den Sozialismus motiviert werden«. Zu den Autoren gehören Karl Mickel, Adolf Endler, Peter Hacks, auch Rudolf Bahro mit eigener Lyrik. Heft 1/1958 bringt Brechts »Katzgraben«-Notate. In der »Jungen Kunst« kann Müller auch eigene Arbeiten publizieren: gleich im ersten Heft vom November 1957 die Szenenfolge nach John Reed, im zweiten Jahrgang dann den *»Klettwitzer Bericht«* sowie zwei Gedichte.

Rosemarie Heise, seit 1958 Mitarbeiterin der Zeitschrift, erinnert sich an diverse Besuche eines »bleichgesichtigen, mageren jungen Mannes [...] in dem kleinen Redaktionsstübchen des Verlags Junge Welt«, dessen »immergleiches Outfit«, die »dunkle, ausgebeulte Hose«, ein »ebenso dunkler Pullover oder ›Nicki‹, wie damals in der DDR die T-Shirts hießen«, keinen Zweifel daran lassen, daß dieser Dichter am Rande des Existenzminimums lebt. »Wenn Müller in die Redaktion kam, holte Nahke gewöhnlich aus dem untersten Fach seines Schreibtischs eine Flasche. Es wurden meist lange Sessionen; neueste Kulturereignisse wurden beredet, natürlich auch Witze erzählt und allerlei Klatsch kolportiert. Wir tranken Wodka oder Korn, rauchten F 6 (an Zigarren war damals noch kein Gedanke!), aber es wurde auch ernsthaft diskutiert über das, was wir unter neuer sozialistischer Literatur verstanden. Heftkonzepte, an denen Heinz Nahke hingebungsvoll tüftelte, interessierten Heiner wenig; er war aber durchaus mit uns überzeugt, daß eine neue Literatur sich unterscheiden müsse von der, die damals etwas verschwommen als bürgerlich oder kleinbürgerlich bezeichnet wurde, und daß sie vor allem neue Stoffe aufgreifen müsse.«

Es sei, so Heiner Müller später, ein Versuch gewesen, *linke Tradition, auch plebejische, proletarische Tradition fortzusetzen, ein Organ gegen die offiziellen Organe zu entwickeln. Die ›NDL‹ zum Beispiel machte ziemlich verwaschen auf Volksfront, allgemeiner Literaturbegriff unter Ausklammerung von Politik, Politik kam höchstens als Ideologie vor, aber nicht als etwas Praktisches. ›Sinn und Form‹ war das Nobelblatt, am Anfang sehr gut, aber absolut elitär orientiert. Es gab kein Organ, keine Plattform für junge Schriftsteller, deswegen auch der Titel. [...]. Auch das geriet dann immer mehr unter Beschuß und ging ein.* 1962 wird die »Junge Kunst« eingestellt.

Szenen einer Ehe (2)

Die ersten Ehejahre müssen für Heiner und Inge Müller finanziell dramatisch gewesen sein. Zu den laufenden Ausgaben des Vier-Personen-Haushalts kommen die Unterhaltsnachforderungen von Rosemarie Müller: Im Frühjahr 1958 pfändet Gerichtsvollzieher Reichelt Möbel im Wert von 1682,10 Mark; den Versteigerungstermin setzt er auf den 15. April fest. Erst vier Tage vor Ablauf des Ultimatums kann Müller die Zwangsversteigerung abwenden, indem er dem Kreisgericht Oranienburg ratenweise Zahlung der Rückstände anbietet.

Hilfe kommt oftmals von staatlichen Institutionen: In Müllers Nachlaß hat sich eine Aufstellung der Gelder gefunden, die das Ehepaar zwischen 1955 und 1960 vom Schriftstellerverband bzw. dessen Sozialabteilung erhalten hat: über die »AWA« (Anstalt zur Wahrung der Autorenrechte) im September 1955 als Krankenbeihilfe für Inge Müller zweihundert Mark, ein Jahr später als »Überbrückung« wiederum zweihundert Mark, drei Monate später als Weihnachtsbeihilfe fünfhundert Mark. Ende 1957 wird eine Arztrechnung in Höhe von 405,20 Mark und eine Krankenhausrechnung in Höhe von 150,20 DM übernommen. Am 13. November 1959 gewährt die »AWA« ein zinsloses Darlehen in Höhe von eintausend Mark für den Umzug nach Pankow. Des weiteren erscheinen noch Außenstände bei privaten Gläubigern, so bei Wieland Herzfelde (»28. 8. 59 Kurhaus Ahrenshoop 300.–«) und bei dem Erzähler Walter Kaufmann (»15. 9. 1960 als Vorschuß für eine Übersetzung 800.– / als Honorar für 30 Seiten 1 000.–«): Inge Müller hatte sich gegenüber Kaufmann verpflichtet, seine englisch geschriebenen Romane aufgrund einer Rohübersetzung *nachzudichten* und *es dann natürlich nicht gemacht.*

1961, im Zusammenhang mit seinem Ausschluß, rechnet der Schriftstellerverband Müller vor, daß er – ohne jemals seine Beiträge gezahlt zu haben – »im Laufe der letzten fünf Jahre durch die Vermittlung unserer Sozial-Abteilung DM 9 355,– Staatsgelder erhalten« habe – ein wichtiges Beweismittel für den Vorwurf, bei ihm handle es sich um ein »asoziales Element«.

Trotz diverser Einnahmequellen ist Geld immer knapp bei den Müllers – nicht ohne eigene Schuld, wie Wolf Biermann meint: »Aus meiner Sicht, die falsch sein kann, bewegten sie sich in dem berühmten Circulus vitiosus, der da heißt: Weil ich arm bin, muß ich saufen, und weil ich saufe, bin ich arm. Die lebten wirklich sehr ungesund. Die haben geraucht wie die Teufel und gesoffen, als müßten sie irgendwelche Feuer löschen.« Ein Stasi-Informant lastet den Mangel Müllers Lebensweise an: »Er versäuft alles, er hat Miet-Geld, Gas, Licht usw. versoffen ... Er säuft herum und versucht, Leuten etwas zu spendieren. Das ist doch nicht normal.« Tatsache ist, daß das Ehepaar über geringe Einkünfte verfügt (kleine Honorare, Stipendien, Darlehen), aber über seine Verhältnisse lebt: Mit Geld wird achtlos umgegangen, ganz gleich, ob es sich um selbstverdientes oder geliehenes handelt.

War die Lebensgemeinschaft Müller & Müller auch eine Autorengemeinschaft? Freunde und Bekannte haben es damals so gesehen, ohne freilich Heiner Müller die Führungsrolle, ja Alleinherrschaft in dieser Literatenehe absprechen zu wollen. »Ein Idealpaar«, erinnert sich Brigitte Soubeyran, damals Schauspielerin und Lebensgefährtin Wolf Biermanns. Christa Tragelehn bestätigt: »Was da zwischen Inge und Heiner Müller passierte, war einfach faszinierend.« B. K. Tragelehn hält fest, daß die »grundlegenden konstruktiven Elemente« der Stücke stets von Müller stammten, erinnert sich aber an Momente produktiver Zusammenarbeit: »Der Heiner ging hin und her, zwischen dem Wohnzimmer und dem Schlafzimmer, und kam mit einem eingestrichenen Text wieder oder mit einem Entwurf von Inge, über den dann wieder überlegt wurde.« Die genauen Arbeitsabläufe zwischen beiden sind jedoch auch den engsten Freunden verborgen geblieben – und bis heute ungeklärt.

Die Hörspiele *»Die Korrektur«* und *»Die Brücke«* sind zunächst als Arbeiten des Autorenduos Inge und Heiner Müller ausgewiesen. Auch im Programmheft der Berliner Uraufführung von *»Korrektur«* wird das Stück noch als Gemeinschaftswerk bezeichnet. Später dann tritt Inge bloß noch als »Mitarbeiterin« in Erscheinung. Nach Christa Vetters Erinnerung ist es Inge Müller gewesen, die »den höchsten Partei-Kader, einen Staatssekretär, zuständig nur für das Kombinat«, nach dem primären Konflikt auf der Baustelle gefragt und die Antwort erhalten habe: »Die Normenschaukelei. Die ›Korrektur‹ der Lohnlisten.« Damit ist indes nichts über ihren literarischen Anteil gesagt. Bei einem anderen Text, an dem Inge offenkundig beteiligt war, *»Zehn Tage die die Welt erschütterten«*, ist von einer Mitwirkung gar keine Rede mehr. Müller, so scheint es, war an einem bestimmten Punkt nicht mehr bereit, das Wertvollste, was er besitzt, nämlich seine Texte, mit seiner Frau zu teilen. Für Inge bedeutet das die Aufkündigung der Gemeinsamkeit. Sie habe, so Müller 1995 in einem Gespräch mit Jürgen Serke, *den Ehrgeiz* gehabt, *in dieser Literatur zu wohnen, wie man selbst zusammenwohnte*, und er sei damals nicht souverän genug gewesen, um diesen Wunsch zu akzeptieren.

Hinzu kommt ein Rivalitätskonflikt: *Inge schrieb damals Kinderbücher [...] und Kinderreime, Kinderverse, Programme für Kinder, Revuen oder auch mal ein Programm für den Friedrichstadt-Palast. Das war alles Scheiße. Ich habe den großen Fehler gemacht, ihr das zu sagen. Das darf man natürlich nicht tun. [...] Jetzt mußte sie mir beweisen, daß sie gleichwertig und eigenständig als Schriftstellerin war. Grotesk. Auf ihrer Steuererklärung mußte immer mehr draufstehen an Einnahmen als bei mir, was durchaus zu unseren Ungunsten war – rein steuerlich. Von da ab gab es auf allen Ebenen Krieg.*

Heiner Müller hat das Problem damals durchaus erkannt und den literarischen Wettkampf, wie aus einer undatierten Notiz für Inge hervorgeht, zu beenden versucht. Als Begründung gibt er an, ein Paar, das sich liebe, dürfe nicht miteinander (und da dies in Konkurrenz geschehe, bedeute es: gegeneinander), sondern müsse füreinander schreiben.

In den Gesprächen, die seiner Autobiographie zugrunde liegen, hat Müller versichert, daß Inges ursprüngliche Nominierung als Co-Autorin eine leichtfertige Überbewertung ihrer Rolle war, geschehen aus Dank, daß sie ihn bei seiner Arbeit begleitet habe und als Gesprächspartnerin für ihn dagewesen sei: *Der entscheidende Fehler, den ich gemacht habe, war, daß ich sie fast überallhin mitnahm, bei ›Die Korrektur‹ zum Beispiel [...], und da sie an der Vorbereitung beteiligt gewesen war, [...], habe ich sie als Mitautorin genannt. [...] Sie war eben immer als Gesprächspartner beteiligt, wie das normal ist, wenn man zusammenlebt.*

Darüber hinaus aber, so Müller 1989 im Gespräch mit Blanche Kommerell, habe seine Frau *gar keinen* Anteil an seinen

Stücken gehabt. Sie habe, im Gegensatz zur verbreiteten Vorstellung, auch keine Texte recherchiert, die von ihm dann verarbeitet worden seien. *Ich hab doch keine naturalistischen Texte benutzt. [...] Nee, das ist ein Irrtum, daß die Inge mit an meinen Stücken gearbeitet hat. Die habe ich ganz allein geschrieben. Die Inge hat ihrs gemacht. Und das hat sie mir nicht gezeigt.*

Unter der allerdings wenig wahrscheinlichen Voraussetzung, daß sich die ersten Entwürfe zu den Gemeinschaftsarbeiten erhalten haben, wird es vielleicht einmal möglich sein, einzelne Verfasseranteile voneinander zu unterscheiden. Bis dahin muß offen bleiben, wie eng die literarische Symbiose bei Müller & Müller tatsächlich war. Offenbar hat es, was Heiner Müller später wohl verdrängt hat, Ansätze gemeinsamen Schreibens gegeben: Im Nachlaß Inge Müllers hat sich ein Blatt gefunden, dessen zwei Strophen mit I. S. bzw. H. M. signiert sind und miteinander korrespondieren – ein Doppelgedicht, datiert auf den 9. November 1954. Eine Woche später sind beide bei einer Lesung im Friedrich-Wolf-Haus gemeinsam vor die Öffentlichkeit getreten, allerdings gerade nicht mit gemeinsamen Texten. Wolfs Witwe Else moderiert die Veranstaltung, die unter dem Motto steht: »Kennen Sie sie? Junge Schriftsteller aus Lehnitz lesen«, mit dabei ist der nachmalige DDR-Historiker Olaf Badstübner, den Müller vom Lehrgang in Radebeul kennt. Inge Schwenkner liest Kindergeschichten und -verse, Heiner Müller gibt, wie die »Märkische Volksstimme« vier Tage später resümiert, »Proben seiner eigenwilligen Verskunst, mit der er das Neue unserer Gesellschaftsordnung zu gestalten versteht. Leider verloren die Verse etwas von der Wirkung durch den monotonen Vortrag.«

Belegt ist des weiteren, daß Heiner Müller 1956 unter dem Pseudonym *Heiner Flint* ein Manuskript mit Gedichten Inge Müllers zusammen mit eigenen Texten an die westdeutsche Literaturzeitschrift »Akzente« geschickt hat – ein Pseudonym, das er auch für das Hörspiel *»Der Tod des Traktorfahrers«* benutzt hat. Es ist die Zeit, in der sich Müller auch in Westdeutschland um einen Abnehmer für seine Manuskripte bemüht: Während er versucht, den Fernsehfunk der DDR für seine Erzählung *»Das eiserne Kreuz«* zu interessieren, bewirbt er sich beim Südfunk Stuttgart mit dem Hörspiel *»Fleischer und Frau«*. Erfolge kann er nicht verbuchen.

Heiner Müller hat lange Zeit Schwierigkeiten, Inges Gedichte anzunehmen. Als Dokumente einer existentiellen Krise, die sich rein literarischen Kategorien entziehen, bleiben sie ihm fremd, weil sie mit seinem eigenen Kunstanspruch, etwas Überpersönliches von Dauer zu schaffen, nicht zu korrespondieren scheinen: *Das war ihre eigene Welt. Ich habe nur gemerkt, wenn ich ihr Verbesserungen vorschlug, wurde etwas anderes daraus, etwas für sie Falsches, deswegen ließ ich dann die Finger davon. Es ist schwer, zusammenzuarbeiten, wenn man zusammenlebt. Da kann man leicht etwas zerstören.* Auch als Inge später vom Maxim-Gorki-Theater den Auftrag erhält, ein Stück eines damals beliebten irischen Autors zu bearbeiten, gestaltet sich die Zusammenarbeit schwierig: *Ich mußte es dann machen, das war immer ein schrecklicher Hick-Hack. Sie hat auch ›Unterwegs‹ von Viktor Rosow für das Deutsche Theater bearbeitet, sie hatte aber einfach nie ein freies Verhältnis dazu, das ist für Frauen auch schwer. Das war immer mit einem Übereinsatz verbunden, mit Verkrampfungen.*

Die Frage nach dem nicht-literarischen Anteil von Inge Müllers Mitarbeit läßt sich leichter beantworten. Heiner Müllers Defizit liegt eindeutig auf der »menschlichen« Seite. Tagebuchnotizen Inge Müllers aus dem Jahr 1957 bestätigen einen Mangel an überpersönlichem Interesse und – was schon Müllers erste Frau vermißt hatte – Verantwortungsbewußtsein: »Tuppa [das ist der Kosename, mit dem beide sich gegenseitig anreden; J.-C. H.] vergißt, daß wir Geld brauchen, um leben zu können, usw. er vergißt, wenn ich krank bin. Vergißt er es aus Zerstreutheit, oder aus psychischer Abneigung gegen Verpflichtung? […] Heiner kann noch immer kein Versprechen halten, es fällt ihm leicht, eins zu geben. – […] Rechnungen, unbezahlt; Termine, nicht gehalten und nicht zu halten – wie weit reicht ein Honorar, das ausgegeben ist, bevor wir es haben.« Sie zweifle mehr und mehr am gutem Willen Müllers. Worte könnten Taten nicht ersetzen. Seine nachlässige Art zu leben wirke sich auf seine Arbeit aus; vieles gerate flach oder übertrieben. Menschen seien für ihn wie Gegenstände, die er bei Bedarf zur Hand nehme. Er kümmere sich weiter nicht um sie und hoffe doch, daß sie ihm auch künftig zur Verfügung stünden.

Somit scheint zuzutreffen, was Peter Hacks 1971 mit grimmigem Humor konstatierte: »Müller schläft, wenn er müde ist, speist, wenn er hungrig ist, und arbeitet, wenn er kann. Er lebt, wie er muß, aber er muß nicht, wie wir müssen; und er ist unfähig, eine literarische Produktion oder eine kleine häusliche Verrichtung von einem vorgehabten Schlußtermin her zu organisieren.«

Inge Müller ist diejenige, die Aufträge vom »Schlußtermin« her denkt. Um den Arbeitsprozeß zu beschleunigen, beteiligt sie sich daran, sorgt so für den nötigen Druck, damit Projekte vorankommen, fertiggestellt werden. Wir wissen darüber hinaus, daß Inge häufig an den vorbereitenden Recherchen teilgenommen und ihren Mann auf seinen Arbeitsreisen begleitet hat, etwa – noch vor der Eheschließung – beim Besuch von Ehm Welk, den Müller im Sommer 1954 für den »Sonntag« porträtiert. Gemeinsam recherchieren beide – etwa 1960 – ein Szenarium für die DEFA: *Ein Dramaturg hatte die Idee, einen Film zu machen über eine besonders schlecht funktionierende LPG. […] Darüber hinaus war sie dann eigentlich hauptsächlich Redakteurin – bei mir*: Inge liest Korrektur, tippt seine Manuskripte ab. Mehr und mehr beschränkt sich ihre Rolle darauf, Gefährtin eines Schriftstellers zu sein. Wolf Biermanns damaliger Eindruck dürfte typisch für den der meisten Besucher sein: »Solche aufstrebenden Dummköpfe wie ich besuchten damals eben den Mann, den Heiner, den fertigen Dichter. Man wußte womöglich, daß neben Müller diese Zuarbeiterin da auch schreibt oder gelegentlich geschrieben hat. […] Mich hat dieser weibliche Schatten im Müllerschen Mondlicht nicht groß geblendet.« Als »Zuarbeiterin« ihres Mannes will Inge Müller freilich keinesfalls gelten. In einem Interview mit der Gewerkschaftszeitung »Der Bau«, 1960, beschreibt sie »die schriftstellerische Zusammenarbeit« aus ihrer Sicht und dementiert dabei die Vorstellung der führenden Rolle ihres Mannes:

»Man nimmt bisweilen an, ich sähe das, was Heiner alleine

geschrieben hat, nur noch einmal durch, um dies oder das zu verbessern oder Geringfügiges zu verändern. Dafür betrachte es dann mein Mann als seine Kavalierspflicht, im Titel auch meinen Namen erscheinen zu lassen. So ist das natürlich nicht. [...] In tage-, ja, oft nächtelangen Diskussionen klären wir die aus dem Leben aufgegriffenen Probleme, ihre Gestaltung und den Ablauf der Handlung. Dann kann schließlich ich dort weiterschreiben, wo Heiner aufgehört hat und umgekehrt.«

Für einen engen Freund wie Tragelehn kommen Inges Äußerungen überraschend. Da er vorher nicht gedacht hat, »daß sie das so sieht«, wirkt der »Mangel an Selbstbewußtsein«, der sich in dem Interview offenbart, »wie ein Schock«. »In der Art, sich auszudrücken über die Art der Zusammenarbeit«, habe »man die Verletzungen« gespürt, die da entstanden waren. Es sei für Inge zweifellos ein unlösbares Problem gewesen, »mit einem Mann von dieser Produktivität zusammen zu leben und die Belastungen, die daraus entstehn, zu ertragen. [...] Dieses Anspruchs-Moment an sich selber, das auch zu können. Und in so einem Verhältnis nicht Diener oder Zuarbeiter zu sein.« Denn das ist Inge Müller zweifellos.

Wolfgang Müller sagt, daß sein Bruder es verstanden habe, Inge gleichsam wie eine »Säule« in sein »Unternehmen« einzubauen; Bernd Müller meint, seine Mutter habe immer nur in Heiner Müllers »Schatten gelebt«, nicht »als gleichberechtigter Partner«, sondern »als Stütze«, ohne die Müller in diesen schwierigen Jahren vielleicht nicht hätte arbeiten können. »Irgendwie« sei sie dann »beim Arbeitstempo Heiners zurückgeblieben. Sie hätte nun seiner Stütze bedurft. Aber da war nichts.« Obwohl Inge Müller ihre Misere messerscharf erkennt und darunter leidet, akzeptiert sie ihre Rolle als Zuarbeiterin, beugt ihr – in ihrer eigenen Sicht – geringeres Talent dem »Genie« ihres Mannes. In einem Brief an Peter Hacks heißt es:

»Du bist ein Dichter, und ich werde hören auf das, was Du sagst und Dir wieder sagen, was ich nicht verstehe, auch wenn Du mir böse bist, weil ich lieber dem Müller den Dreck wegräume, als mit Dir zu arbeiten. Ich liebe ihn. Genügt Dir das? als Erklärung, meine ich, und: Er ist ein Genie. Und wenn er sich verzettelt, und wenn meine Kraft nicht ausreicht – das muß sich erst erweisen.«

Natürlich drängt sich die spekulative Frage auf, ob Heiner Müller ohne Inge Schwenkner der geworden wäre, der er schließlich wurde. Aber auch umgekehrt ist zu fragen, ob Heiner Müller bei Inge Schwenkner nicht den entscheidenden literarischen »Zündfunken« schlug. Aus dem, was beide vor 1953 geschrieben haben, zu schließen, wer schon damals bedeutender gewesen ist, fällt nicht ganz leicht, denn bei beiden sind die vor dem Zusammentreffen entstandenen Texte ohne geniales Brandzeichen. Was Heiner Müller vor 1953 originär produziert, ist bis auf wenige Ausnahmen epigonales oder krudes, krauses Zeug. Der Schwerpunkt von Inges Arbeit liegt zunächst im Bereich der Kinderliteratur. Das gilt für ihre Projekte bei Film und Rundfunk ebenso wie für das, was sie bei Zeitschriften und Verlagen unterbringt: 1957 druckt die »Neue Deutsche Literatur« einige ihrer Kindergedichte, 1958 veröffentlicht sie in Knabes Jugendbücherei »Zehn Jungen und ein Fischerboot«. Erst in der Verbindung mit Heiner Müller entwickelt sie starken künstlerischen Ehrgeiz. Es scheint, als ob beide, um weiterzukommen, einen gleichgesinnten Partner, der verborgene Energien weckte, gebraucht haben. Bei Heiner Müller ist die literarische Potenz offenbar größer gewesen, auch die Entschlossenheit, sich notfalls auf Kosten anderer durchzusetzen. Daß Inge dann mehr und mehr Gedichte geschrieben, sich in die privateste Form von Poesie geflüchtet und sich als Verlierer des ehelichen Literatenkampfes gefühlt hat, sollte jedenfalls nicht Müller angelastet werden.

In dem Maße, in dem Müller als Autor an Gewicht gewinnt, man sich an den Theatern für ihn zu interessieren beginnt, entwickelt sich bei seiner Frau der Eindruck des Alleingelassenseins – ein Gefühl, gegen das sie vergeblich ankämpft. Im Tagebuch von 1957 heißt es: »Ich muß lernen, nicht auf Heiner zu warten. (Wenn er spät kommt ohne Nachricht – eine Qual.) [...] Ich habe wieder lange auf ihn gewartet. Wieder sehr stark empfunden, wie nachtragend ich bin, auch wenn ich verstanden habe und vergessen will.«

Die häufige Abwesenheit ihres Mannes führt dazu, daß Inge

Trost und Ablenkung in andern Beziehungen sucht. Sie kann sich die Männer aussuchen, denn aufgrund ihrer intellektuellen und zugleich erotischen Ausstrahlung wird sie im gemeinsamen Freundeskreis verehrt und begehrt. Henryk Bereska, ein Kollege Müllers vom Aufbau-Verlag, schwärmt rückblickend: »Sie hatte Eloquenz und Charme, strahlte eine unglaubliche Heiterkeit aus, war von sprühender Intelligenz. Sie stand im Widerspruch zur Tristesse dieser Jahre. Sie hatte eine engagierte Neugier und eine hoffende Haltung der Gesellschaft gegenüber. Ohne Floskeln, ohne Phrasen, ohne Schlagworte.« B. K. Tragelehn, den Inge »gut leiden« mag, weil er »lustig« und »intelligent« ist, erinnert sich an ihre »großen, brennenden schwarzen Augen. [...] Sie war kleiner als er, kräftig, mit schmaler Taille.« Seine Frau Christa bringt es auf den Punkt: »Alle lagen Inge zu Füßen.« Heiner Müller erzählt: *Draußen in Lehnitz war viel Platz, und wir hatten viel Besuch. Djacenko hatte ein Haus draußen am See, auch ein Boot, und so sahen wir uns dort. [...] Der hat sich dann natürlich in Inge verliebt. Das war auch ein großes Drama. Aber nicht nur der, eigentlich waren alle in Inge verliebt, Hacks auch.* Sie sei eben auch ein bißchen kokett gewesen und habe sich von den Männern gern ihre Wirkung bestätigen lassen, sagt Christa Tragelehn.

Allerdings, und das haben die Freunde wohl nicht sehen können, schwankt Inge bereits 1957 zwischen der Genugtuung, im Kreis von Müllers Freunden gleichsam ungekrönte Königin zu sein, und der Verachtung diverser Freunde, die sich oft genug in die gemeinsame Arbeit einmischen und – in ihren Augen – das Vorankommen erschweren. Im Tagebuch notiert sie Ende 1957: »Manche (Heiners ›Freunde‹) wissen ›zuviel‹ und wollen (können) zu wenig; wissen zuwenig um zu wollen. (Gerede, stundenlang, leer, einer redet den andern ›voll‹, damit überhaupt etwas drin ist.) Eine Flasche Schnaps, ein Weiberrock – da suchen sie die Tiefe, von der sie geschraubt und verschroben reden. (Zwischen 20 und 30 Jahre alt!! Magenkranke Greise.)« Sie habe eingesehen, daß viele kämen und nähmen und nur wenige auch etwas gäben.

Das aus den Affären resultierende Schuldgefühl sei *ein Grund für ›ihre Trinkerei‹ gewesen*, erkärt Müller 1989 im Gespräch mit Blanche Kommerell, ein anderer *Schwierigkeiten in dem Haus in Lehnitz*. Die Hausgemeinschaft mit Herbert Schwenkner ist mittlerweile für alle Beteiligten unerträglich geworden. Ende 1958 kommt es zu einem Zusammenstoß unter Zeugen, der eine Privatklage Schwenkners gegen Müller wegen Beleidigung nach sich zieht und zu einer Verurteilung Müllers führt. In der »Märkischen Volksstimme« muß Müller daraufhin öffentlich seine Falschbehauptungen zurücknehmen.

Politische Wechsellagen

In Moskau geht am 25. Februar 1956 der XX. Parteitag der KPdSU mit einer Geheimrede des Generalsekretärs Nikita Chruschtschow zu Ende, in der die Amtszeit Stalins einer schonungslosen Analyse unterzogen, sein Machtmißbrauch und seine bei diversen »Säuberungen« begangenen Verbrechen offengelegt werden. Obgleich Chruschtschows Rede lediglich den obersten Führungsgremien der kommunistischen Parteien zur Kenntnis gebracht und etwa in der DDR natürlich nicht veröffentlicht wird, macht sie schon bald in Intellektuellenkreisen die Runde. Anfang 1957 wird sie dann sogar von einer Delegiertenkonferenz des Schriftstellerverbands diskutiert, mit Alexander Abusch und Alfred Kurella als Hauptreferenten. Bei vielen Parteigenossen gibt es ein Bedürfnis, die Lehren aus der Stalinismuskritik auch auf die DDR-Verhältnisse anzuwenden, um mehr Raum für Diskussionen zu gewinnen.

Die SED-Führung verschließt sich dem Reformgedanken nicht völlig, vermag aber die Notwendigkeit einer durchgreifenden Strukturveränderung der Parteiorganisation nicht zu begreifen, da doch die DDR nach Ansicht Ulbrichts vom Personenkult – ein Ausdruck, der das Phänomen nur unzureichend erfaßt – weniger berührt worden ist als andere »Bruderstaaten«. Da habe Ulbricht, sagt Wolf Biermann, »zum ersten Mal, könnte man ironisch sagen, so etwas wie Souveränität gegenüber der Sowjetunion bewiesen, leider nach hinten hin statt nach vorne: Er beharrte, er widersetzte sich, er ließ sich nicht auf den Weg der Liberalisierung locken, der damals im

Jargon ›Tauwetter‹ genannt wurde. […] Es sind viele Leute in diesen späten 50er Jahren, in diesen verfluchten vier Jahren der geschichtlichen Interferenz zwischen Sowjetunion und DDR, kaputtgegangen, die glaubten, sie müßten von der Sowjetunion das Siegen lernen. Da hatten sie aber die Rechnung ohne Ulbricht und Co. gemacht und wurden verfolgt – verboten, eingesperrt, vernichtet.«

Wenngleich über die Ursachen der diversen Fehlentwicklungen nicht diskutiert wird, so kommt es 1956 immerhin zu einigen, wenngleich eher kosmetischen, Korrekturen und Neuerungen. Demonstrativ wird im Sommer 1956 das von den Autoren immer wieder als Zensurbehörde verdächtigte Amt für Literatur und Verlagswesen aufgelöst, seine Aufgaben der Hauptverwaltung Buchhandel und Verlagswesen im Ministerium für Kultur übertragen und zusätzlich ein Büro für Urheberrechte eingerichtet. Für kurze Zeit, nach Hans Mayers Eindruck bereits im Frühsommer 1955 beginnend, haben in der DDR Vielfalt und Streit der Meinungen über Literatur ihren anerkannten Platz, nicht nur im »Sonntag«. In einem Artikel für das »Neue Deutschland« vom 27. Juli wie auch auf dem 2. Kongreß junger Künstler verkündet Alexander Abusch, stellvertretender Kulturminister, daß es neben dem sozialistischen Realismus noch weitere Schaffensmethoden fortschrittlicher Künstler gebe. Insofern sie gegen Militarismus und Krieg kämpften, sollten sie als Verbündete anerkannt werden. Und er räumt ein, daß sich das neue Verhältnis zwischen Funktionären und Künstlern »in einem harten Kampf gegen alte Gewohnheiten und falsche, manchmal liebgewordene Vorstellungen bei manchen unserer Staatsfunktionäre, ja auch unserer Parteifunktionäre«, habe durchsetzen müssen.

Das 28. Plenum des ZK vom 29. Juli 1956 bekräftigt die Hoffnungen auf einen »Neuen Kurs«: Beschlossen wird, »die Voraussetzungen für eine leidenschaftliche, wirkungsvolle, künstlerische Gestaltung der Probleme des Sozialismus zu schaffen. Das soll in einem geduldigen und beharrlichen Meinungsstreit, unter Überwindung dogmatischer und erstarrter Formeln, erfolgen. […] Den Künstlern nützen keine abstrakten, schematischen Lehrsätze und Einschränkungen, sondern nur eine von festen Grundsätzen ausgehende und von fachlichem Können getragene kritische und allseitige Wertung ihrer Werke.«

Einige dringende Forderungen der Schriftsteller sind damit erfüllt, einige hoffnungsvoll stimmende Losungen ausgesprochen. Für einige Gruppierungen geht es indessen um mehr als um Ästhetik und freie Diskussion, letztlich sogar um ein anderes Sozialismus-Konzept. Andernfalls, glauben sie, werde es kaum gelingen, eine lebensfähige Alternative zum Kapitalismus zu etablieren. Für die Reformer innerhalb der SED sind die gleichzeitigen Vorgänge in Polen und Ungarn eine Ermutigung: In Polen kann sich nach heftigen Machtkämpfen in der Kommunistischen Partei Władysław Gomułka als Generalsekretär durchsetzen, der mit seiner Politik den zaghaften Versuch wagt, gegenüber der Sowjetunion den nationalen Souveränitätsanspruch zu wahren. In Budapest bricht am 23. Oktober ein Aufstand gegen das diktatorische Regime von Ernö Gerös aus. Als die antisowjetischen Tendenzen zu einer Gefahr für den kommunistischen Machtbereich zu werden drohen, läßt Moskau Panzer gegen die »Konterrevolution« auffahren. Ein prosowjetisches Kabinett unter János Kádár übernimmt die Regierung und leitet eine unnachsichtige Verfolgung der Aufständischen ein, als deren Gipfelpunkt am 16. Juni 1958 nach einem Geheimprozeß die politischen Führer der Revolte um den Reformkommunisten Imre Nagy hingerichtet werden.

Die Niederschlagung des Ungarn-Aufstands bedeutet ein weiteres Mal das Ende der Hoffnungen auf eine durchgreifende Liberalisierung in der DDR. Statt dessen holen die reformfeindlichen Kader zum Gegenschlag aus. Wieder einmal sind es die Intellektuellen, die als Sündenbock herhalten müssen. In einer vom ZK der SED am 6. November 1956 abgegebenen »Erklärung zum Siege der ungarischen Werktätigen über die Konterrevolution« heißt es: »In dieser Situation wurden hier und da Stimmen laut, besonders aus den Kreisen der Schriftsteller und Studenten, die in zügelloser Weise gegen Partei und Regierung hetzten. Sie sahen schon nicht mehr auf einzelne Fehler, sondern griffen die Grundsätze der sozialistischen Bewegung an. Manche Kreise betrieben nicht mehr und nicht weniger als Selbstzerfleischung, die von konterrevolutionären Elementen ausgenutzt wurde.«

Diskreditiert durch seine Beteiligung an der ›Konterrevolution‹ in Ungarn ist zunächst der Philosoph und Literaturwissenschaftler Georg Lukács, Kulturminister im Kabinett von Imre Nagy und Mitglied des Petöfi-Klubs, einem Treffpunkt oppositioneller Intellektueller und unzufriedener Arbeiter in Budapest, dem die intellektuelle Vorbereitung des Aufstands zur Last gelegt wurde. Noch Jahre später benutzt man in der DDR den Namen des Diskussionszirkels als Etikett für kritische Autoren, die den Anschein erwecken, eine feindliche Gruppe zu bilden: Verbindungen aus gemeinsamem Kummer über Mißtrauen und Zustände werden so denunziert als Zusammenschlüsse gegen den Staat. Lukács, einstmals der maßgebliche marxistische Literaturästhetiker in der DDR, gilt mittlerweile als Personifikation des »Revisionismus«.

Der Direktor des Philosophischen Instituts an der Universität Leipzig, Professor Ernst Bloch, Nationalpreisträger von 1955, Mitherausgeber der »Deutschen Zeitschrift für Philosophie«, steht kurz vor der Verhaftung. Er ist, so Kurt Hager auf der Kulturkonferenz der SED vom Oktober 1957, mit dem »größenwahnsinnigen Anspruch« angetreten, »den Marxismus zu erneuern und zu einer marxistischen Anthropologie, zum ›menschlichen Sozialismus‹ weiterzuentwickeln«. Bloch erhält Lehr- und Veröffentlichungsverbot.

Ein weiteres Opfer ist der Lukács-Jünger Wolfgang Harich (1923–1995), Professor für Gesellschaftswissenschaft an der Humboldt-Universität, Theaterkritiker, Lektor für den Aufbau-Verlag und Chefredakteur der »Deutschen Zeitschrift für Philosophie«. Die Harich-Gruppe, bestehend aus Parteifunktionären und Intellektuellen, hat ein Konzept für eine demokratisch-sozialistische Wiedervereinigung und ein Reformprogramm für die SED ausgearbeitet, in dem von Umstrukturierung der Regierung, Arbeiterselbstverwaltung, partieller Reprivatisierung und »Wiederherstellung der Geistesfreiheit« die Rede ist. Sogar eine Liste mit Namen eines Schattenkabinetts existiert bereits. Es ist der Versuch eines unblutigen Staatsstreichs der intellektuellen Opposition: Harich, in vieler Hinsicht nicht weniger dogmatisch als sein Gegenüber, geht in einem Gespräch mit Ulbricht allen Ernstes davon aus, daß dieser, mit seinem Konzept konfrontiert, zurücktreten wird. Statt dessen läßt ihn der SED-Chef am 29. November 1956 wegen staatsfeindlicher Betätigung verhaften; im März 1957 wird er wegen »Bildung einer konspirativen staatsfeindlichen Gruppe« zu zehn Jahren Zuchthaus verurteilt, von denen er acht in Berlin und Bautzen absitzen muß. Nach seiner Entlassung wird er wissenschaftlicher Mitarbeiter des Akademie-Verlags.

Auch leitende Angestellte des Aufbau-Verlags und Redakteure des »Sonntag« werden des »Revisionismus«, der »Staatsfeindlichkeit« und »Boykotthetze« angeklagt: Nach einem Schauprozeß ergehen im Sommer 1957 die Urteile gegen Aufbau-Verlagsleiter Walter Janka (sein Nachfolger wird Klaus Gysi), gegen Heinz Zöger, den Chefredakteur des »Sonntag«, dessen Stellvertreter Gustav Just und andere; sie erhalten Zuchthausstrafen zwischen zweieinhalb und fünf Jahren. Im November 1957 wird Erich Loest unter dem Vorwurf verhaftet, er habe konterrevolutionäre Auffassungen in die SED getragen, und zu siebeneinhalb Jahren Haft in Bautzen verurteilt.

Die unterbliebene, im Keim erstickte Auseinandersetzung mit den Ursachen von Machtmißbrauch und Personenkult, das völlige Versagen der Parteispitze bei der Aufarbeitung und Bewältigung des Stalinismus, fordert trotz des rigiden Vorgehens gegen die Opposition in den eigenen Reihen einige Künstler zum Widerspruch heraus. Sie werden fortan auf »Kulturkonferenzen« im Haus des ZK der SED regelmäßig an die Kandare genommen. Auf einer solchen verkündet Alexander Abusch 1957, man habe »im vorigen Jahr«, leider nicht überall »mit der notwendigen Prinzipienfestigkeit und Energie«, »entschieden Front gemacht gegen die Versuche, die Methode des sozialistischen Realismus als ›historisch erledigt‹ zu erklären, Versuche, die hauptsächlich von einigen Literaturwissenschaftlern und Schriftstellern aus Ungarn und Polen kamen«. Es könne nicht länger geduldet werden, »daß antimarxistische und unmarxistische Kritiker das Feld der Literatur- und Kunstkritik weitgehend beherrscht haben; daß einige Literatur- und

Kunstwissenschaftler sich ein Monopol anmaßten für ihre Anschauungen«.

Anstelle der vermeintlichen Tauwetter-Periode hält in Politik und Kultur der DDR die Restauration Einzug: In den folgenden Jahren zeigt die Partei den unbotmäßigen Künstlern, wer das Sagen hat. Auch in der Sowjetunion wird der Entstalinisierungsprozeß Mitte der sechziger Jahre praktisch eingestellt. Ursachen und Auswirkungen des »Personenkults« können dort in größerem Umfang erst unter Gorbatschow untersucht werden.

III. AUFSTIEG UND FALL

B. K. Tragelehn

1957 schreibt Müller das *»Lohndrücker«*-Hörspiel zu einem Bühnenstück um. Im Mai veröffentlicht die »Neue Deutsche Literatur« den Text in einem von Edith Zenker zusammengestellten und wissenschaftlich betreuten, »Arbeiterklasse und Arbeiterbewegung in der deutschen Literatur« gewidmeten Themenheft. *Sie hatten viel aus dem 19. Jahrhundert und den ersten Jahrzehnten dieses Jahrhunderts, aber es fehlte ihnen ein neuer Beitrag.* Weil die wissenschaftliche Abteilung des Schriftstellerverbands und die Redaktion von »NDL« Flurnachbarn sind, gelingt es Müller, den Jungredakteur Claus Hammel für sein Manuskript zu interessieren. Dieser erinnert sich: »Ich lernte das Stück in einem Durchschlag kennen, der schon durch viele Hände gegangen war. [...] Ich habe mich für den Text eingesetzt – durchgesetzt habe ich ihn nicht.« *Er hatte*, mutmaßt Müller, *selbst kaum Zeit, es zu lesen, sonst wäre es vielleicht nie gedruckt worden. Das war ein Glücksumstand. Danach fing das Geraune in der Redaktion an: ›Kann man so was publizieren?‹, und Hammel fragte mich: ›Kannst du nicht etwas dazu schreiben?‹ Deshalb habe ich einen Vorspruch geschrieben.*

Gleichzeitig bemüht sich Müller auch um eine Inszenierung. Im Sommer 1957 lernt er den sieben Jahre jüngeren B. K. Tragelehn kennen, 1955/56 Brecht-Meisterschüler für Regie, seitdem freier Regisseur, u. a. am Theater für Bergarbeiter in Senftenberg. 1988 erinnert er sich, wie er, von Wittenberg kommend, mit Heinz Kahlau nach Lehnitz hinausgefahren ist: »›Lohndrücker‹ war der Anlaß, ich wollte das natürlich gleich inszenieren.« Es habe ein Verständnisproblem gegeben: »Für mich war schwer, die Verknappung zu lesen. Der Unterschied gegenüber dem, wie der Brecht schrieb, war, daß das so ungeheuer knapp war, also daß eine Handlungsphase, ein eigener Handlungsschritt nur ein Satz lang war oder auch nur eine Regiebemerkung lang.« Er habe deshalb Müller damals nach »bestimmten Erzählschritten, ganz konkret an der Fabel lang«, gefragt. Kahlau habe gestört, weil er »immer eine Diskussion über ästhetische Prinzipien« habe anfangen wollen. »Wir haben ihn dann ein paarmal entgeistert angeguckt und sind dann in Müllers Arbeitszimmer retiriert, ein ganz kleiner Raum [...]. Wir haben uns da gleich festgeredet und ich hab da übernachtet und am nächsten Morgen haben wir weitergemacht.« Im Herbst 1957, während die Müllers an »Korrektur« schreiben, quartiert sich Tragelehn für drei Wochen in Lehnitz ein.

Zwischen Müller und Tragelehn entwickelt sich zwar keine große Männerfreundschaft, aber eine ungemein intensive Arbeitsbeziehung, die erst mit Müllers Tod endet. Für Tragelehn ist Müller ein großer Autor von dauernder Wirkung; Müller schätzt an Tragelehn, daß er *unprätentiös, nicht modisch* ist und *sehr genau auf die Vorgänge ein*geht. *Bei ihm gibt es keine Arabesken und wenig Überflüssiges, so daß die Strukturen sehr deutlich werden. Außerdem hat er sehr viel Humor.*

Tragelehns Versuch, *»Lohndrücker«* am Elbe-Elster-Theater in Wittenberg zu inszenieren, scheitert an einem Zerwürfnis mit dem dortigen Intendanten. Daraufhin bietet er sich gegenüber dem Berliner Ensemble an, *»Lohndrücker«* zusammen mit Hausregisseur Carl M. Weber zu inszenieren, aber es wird ihm nicht gestattet. *Wekwerth*, so Müller, habe es gewollt, *die anderen haben es aber zum Scheitern gebracht.* Man hat im Theater am Schiffbauerdamm Vorbehalte gegen Müller. Als ehemaliger Verbandsmitarbeiter steht er im Ruf, ein »Funktionär« zu sein, *und von einem Funktionär konnte nichts Vernünftiges kommen.* Mit dieser Begründung wird das Stück abgelehnt. Helene Weigel untersagt Weber auch die Inszenierung am Maxim-Gorki-Theater. Ebenfalls erfolglos bleibt Müllers Vorstoß beim Deutschen Theater, dem Staatstheater der DDR, wo Intendant Wolfgang Langhoff und Chefdramaturg Heinar Kipphardt das Stück zwar »schätzen«, aber »in seiner Bedeutung nicht richtig« erkennen, wie Kipphardt 1959 selbstkritisch einräumt.

Erschwerend kommt hinzu, daß das Stück bei relativer Kürze einen großen Aufwand an Darstellern und Umbauten erfordert: Das Manuskript sieht bei einundzwanzig Szenen vierzig Rollen und dreizehn Dekorationen vor, was zunächst noch als Verstoß gegen die dramaturgische Ökonomie beanstandet wird. Kipphardt 1959: »Wir boten dem Müller an, entweder weiter daran zu arbeiten oder bei uns eine Studioaufführung zu machen, wenn er nicht ein abendfüllendes Stück daraus macht.«

Obgleich Kipphardt das Stück für nicht machbar hält, findet er es doch wichtig und setzt sich dafür ein. Auf der Kulturkonferenz vom Oktober 1957 merkt er an, »daß die Theater heute große Schwierigkeiten haben, wenn sie z. B. einen Dramatiker wie den jungen Müller, den ›Lohndrücker‹ oder andere sozialistische Dramen aufführen wollen. Das Theater ist im gegenwärtigen Zustand nicht geeignet, marxistische Dramatik zu verbreiten« – ein Vorwurf, der sich zwei Jahre später als Bumerang für Kipphardt erweisen wird, als ihm Siegfried Wagner, Chef der Kulturabteilung im Zentralkomitee der SED, »scheinmarxistische rote Phrasen« vorhält.

Auch Peter Hacks, damals »der Komet am Theaterhimmel, der gerade steil aufschoß« und damit eine Stimme von Gewicht, macht sich im Oktoberheft 1957 von »Theater der Zeit« für *»Lohndrücker«* stark, das er als »großes Stück« bezeichnet, und zählt den Autor zu jenem »Dutzend potentieller Autoren«, das den noch zu schaffenden »mobilen dramatischen Brigaden« zuarbeiten soll, die – einem Vorschlag von Hacks und Kipphardt zufolge – die »funktionsunfähigen kleinsten Stadttheater« ersetzen sollen. Claus Hammel erinnert sich noch an eine Art Attest von Hacks aus dieser Zeit, das ihm Müller einmal in der Redaktion der »Neuen Deutschen Literatur« unter die Nase gehalten habe. »Darin stand so sinngemäß: ›Ich halte Herrn Heiner Müller für den derzeit begabtesten Autor für das Theater der Deutschen Demokratischen Republik und befürworte ... ‹ Und dann folgte eine Reihe von Punkten, in denen es um Stipendien und Unterstützungen jeglicher Art ging.«

Publizistische Anerkennung erhält Müller des weiteren von dem Dramaturgen und Publizisten Lothar Creutz, der sich in einem längeren Aufsatz im Novemberheft 1957 von »Theater der Zeit« mit den »Anfängen sozialistischer Dramatik« beschäftigt, die er »überhaupt erst von ›Lohndrücker‹ an« datieren will. Im Vergleich zu dem Dutzend weiterer Stücke, deren Thema »der Aufbau des Sozialismus in den volkseigenen Betrieben« der DDR sei, handle es sich »um eine neue Qualität«. »Da gibt es keine naturalistischen Quisquilien, keine Stimmungsmalerei, kein ausgepinseltes Milieu; da gibt es keine ›Vertreter‹, keine ›Typen‹, keine ›Charaktere‹; da gibt es die Realität in der Fülle ihrer Widersprüche; da gibt es Personen, deren Verhalten ökonomisch und gesellschaftlich motiviert ist und sich dementsprechend ändert; und wenn es da zu Konflikten kommt, werden die Konflikte hart und realistisch ausgetragen.« Creutz benennt auch »die Aufgabe der sozialistischen Dramatik in unserer [...] Übergangszeit«: die Spaltung des Publikums, die Aufforderung zur Entscheidung für oder gegen den Sozialismus« – eine auf Brecht zurückgehende Ansicht, die sich auch Müller zu eigen gemacht hat. Am Schluß folgt ein Hinweis auf die Schwierigkeiten des Autors, eine Bühne zu finden: »Vielerorts« höre man »von Theaterleuten die Meinung, ›Der Lohndrücker‹ sei leider bis zur Unspielbarkeit ›verdichtet‹«.

Einen Erfolg kann Müller 1957 immerhin verbuchen: Kurz vor Weihnachten erhält er für *»Lohndrücker«* einen mit 2 000 Mark dotierten Anerkennungspreis des Kulturministeriums und damit den Segen der Partei. Der »Sonntag« meldet am 22. Dezember: »In festlichem Rahmen wurden vom ersten Stellvertreter des Ministers für Kultur, Staatssekretär Alexander Abusch, die Preisträger des dritten Preisausschreibens zur Förderung des Gegenwartsschaffens in der deutschen Literatur 1957 [...] ausgezeichnet.« In der nächsten Ausgabe des »Sonntag« bespricht Claus Hammel das immer noch nicht inszenierte Stück und empfiehlt es, als »Agitation auf hoher Stufe«, dringend zur Aufführung: *»Der Lohndrücker«* sei, obgleich zweifellos schwer spielbar, ein hochwertiges Tendenz- und Experimentierstück; die Bühnenpraxis dürfe nicht darauf warten, daß sich die »Dramatik im Übergangsstadium zum Sozialismus« ganz von allein vervollkommne.

»Der Lohndrücker«

Auf durchaus neue Art und Weise formuliert Müller einen neuen Stoff, den er der Realität des gesellschaftlichen Umbaus entnommen hat. *Das Stück*, so der Autor im Vorspruch von *»Der Lohndrücker«, spielt 1948/49 in der Deutschen Demokratischen Republik.* In einem volkseigenen Betrieb übernehmen die Maurer Lerka und Balke die Reparatur der gerissenen Deckel eines Ringofens, der zum Brennen von Zement, Kalk und Ziegeln dient. Lerka schaut dabei nur auf seinen Akkordlohn und vermauert feuchte Steine. Als der Deckel reißt, wirft ihm der Betriebsleiter Sabotage vor. Die Reparatur des Aktivisten Balke, ein zum Arbeiterstaat bekehrter Nazi-Mitläufer, der vor dem Krieg zusammen mit dem Parteisekretär des Betriebs, Schorn, in der Rüstungsproduktion eingesetzt war, gelingt dagegen. Als wenig später ein ganzer Ofen reißt, ist es wieder der zwielichtige Balke, der sich anbietet, die Reparatur des unter Feuer stehenden Brennofens zu übernehmen: eine Schinderei bei mehr als 80 Grad Hitze. Doch nur so kann die Unterbrechung der Produktion vermieden werden; Stillegung und Umbau würden nach der alten Norm vier Monate dauern und einen Verlust von 400 000 Mark bedeuten. Balke kommt in die Zeitung, für seine Kollegen ist er ein »Lohndrücker«, dessen Arbeit sie sabotieren, der von Zemke und Karras zusammengeschlagen wird. Ausgerechnet Schorn, der 1944 von den Nazis aufgrund von Balkes Denunziation wegen Sabotage eingesperrt worden war und selbst eigene Rachegefühle zurückstellen muß (*BALKE Was gewesen ist, kannst du das begraben?/SCHORN Nein*), übernimmt es, gegen seine eigene Erfahrung das Kollektiv wieder mit Balke auszusöhnen. Zum Aufbau gebraucht wird eben jeder und jedes, *Balk*en, *(Schorn)*steine, Schub*karr*en, *Ze*-*m*ent. Dafür verlangt er von Balke unter anderm, daß er noch einmal zum Denunzianten wird – diesmal indes für die andere, die »richtige« Seite.

Am Ende des Stücks gibt Müller Anhaltspunkte dafür, daß Balke und die Ringofenmaurer nicht auf derselben Erkenntnisstufe, auf der sie anfangs standen, stehengeblieben, sondern verändert aus den Erfahrungen der Reparatur hervorgegangen sind. Die Verletzungen, die sie sich in einer feindseligen Atmosphäre, allesamt mehr oder weniger in Zwangslagen befindlich, gegenseitig zugefügt haben, werden damit nicht geheilt, aber einige von ihnen sind offensichtlich bereit, ihre persönlichen Ressentiments zurückzustellen. Das Schlußbild zeigt Karras und Balke, die tags zuvor noch erklärt hatten, nicht miteinander arbeiten zu können, im Dialog.

Die Geschichte des Ringofens ist bekannt, heißt es lakonisch im Vorspruch des Stücks: Seit der Feuerungsmaurer Hans Garbe 1949/50 in einer spektakulären, normsprengenden Arbeitsleistung bei Siemens-Plania ohne Betriebsunterbrechung eine Reparatur durchführte, gehört der *»Lohndrücker«*-Stoff zum Standardrepertoire der Produktionspropaganda. 1949 hatte Garbe seine Aktivistengeschichte dem Schriftsteller Eduard Claudius erzählt; dieser verarbeitete den Stoff zur Reportageerzählung »Vom schweren Anfang« (1950) und anschließend zu dem Roman »Menschen an unserer Seite« (1951). Im Mai und Juni 1951 war Garbe von Bertolt Brecht und Slatan Dudow befragt worden; die Antworten wurden von Käthe Rülicke mitstenografiert. Auf Grundlage dieser Protokolle entstand das Buch »Hans Garbe erzählt«, das im November 1952 bei Rütten & Loening erschien und Müller das entscheidende Material liefert. Weitere Anstöße erhält er durch das Gedicht »Siemens-Plania« von Uwe Berger (erschienen in der Anthologie »Begeistert von Berlin«, die er 1953 im »Sonntag« rezensiert hatte) und vor allem durch Karl Grünbergs Beitrag »Der Mann im feurigen Ofen« im Buch »Helden der Arbeit« (Berlin 1951), das er später noch einmal für sein Stück *»Traktor«* benutzt. Den »ersten Impuls« liefert jedoch ein Bericht *aus der Zeitung*: Wie Müller 1995 Tom Schimmeck erzählt, war der Stoff den Schriftstellern *auf einer Parteikonferenz ans Herz gepreßt worden*.

Von Brechts im November 1954 entworfenem Werkplan und einigen Szenenentwürfen weiß Müller damals nur durch Tragelehn: »Heiner kannte das ja nicht, ich hab ihm nur davon erzählt, wie ich da [im Brecht-Archiv] gewesen war [...]. Die Unterschiede des Ansatzes [zwischen Brechts »Büsching«-Entwurf und Müllers »Lohndrücker«] sind ja sehr deutlich: Brecht wollte immer auf das Parabel-Moment raus, auch mit dem Garbe, das bei Müller natürlich völlig verschwunden ist.« Eben aus diesem Grund sei es auch nicht möglich gewesen, *»Lohndrücker«* am Berliner Ensemble aufzuführen: Es hätte eine Richtungsänderung bedeutet, weg von der Kanonisierung der Parabel, wie sie Wekwerth betrieb.

Immerhin verrät die dramatische Bearbeitung eines Brecht-Stoffes Selbstbewußtsein. Im Rahmen von dessen 1948 formulierter Theatertheorie, dem »Kleinen Organon für das Theater«, läßt sich *»Der Lohndrücker«* beschreiben als Stück mit der belehrenden Haltung des epischen Theaters unter Nutzung der dialektischen »Untersuchungsmethode«, worunter, vereinfacht gesagt, die bewußte Darstellung des Prozeßcharakters der gesellschaftlichen Zustände mit all ihren Widersprüchen (»Unreinheiten«) gemeint ist. Zwangslagen und soziale Gesetze, die das Verhalten der Figuren prägen, werden sichtbar, aber auch die Veränderbarkeit der Verhältnisse.

Für Müller sind, wie für sein Vorbild Brecht, die Schwierigkeiten beim Aufbau des Sozialismus behebbar, die Ungeschicklichkeiten korrigierbar; wie Brecht stattet er seine Stücke mit dialektischen Momenten aus, wirft Fragen auf, ohne Lösungen anzubieten, und überantwortet die Probleme auf diese Weise dem Publikum. Und wie bei Brecht steht auch bei Müller das Verhältnis von Individuum und Kollektiv im Zentrum des Geschehens: Er bringt Prototypen, die gleichzeitig sehr individuell gezeichnet sind, in aufschlußreiche Situationen, in denen die einzelnen Interessen bzw. die Interessen des einzelnen und des Kollektivs miteinander kollidieren.

Aber indem Müller an den frühen Brecht, den Autor der »Maßnahme« und des »Fatzer«-Fragments, anknüpft, greift er einen Ansatz auf, den Brecht nicht weiterverfolgte. In seiner Radikalität noch über Brecht hinausgehend, sucht sich Müller in äußerster Verkürzung von gesellschaftlichen Grundsituationen abgeleitete, zugespitzte dramatische Momente. Bei Brecht verlaufen die Fronten klar, Müllers »Held« vereinigt dagegen in einer Doppelrolle (alte) Schuld und (neues) Verdienst. Müller, so der Brecht-Biograph Werner Mittenzwei, stützte sich »auf den puren Ablauf der Widersprüche, ohne das Ziel, die

Lösung hervorzuheben. Während Brecht die Zeit, in der man sich auf die reine Dialektik stützen konnte, noch nicht gekommen sah, weil man sich innerhalb der gesellschaftlichen Interessenkämpfe immer wieder gezwungen sehe, zu ideologisieren, suchte Müller die Widersprüche ohne ideologische Verständigung zu erfassen.«

Die Sprachkunst von *»Lohndrücker«* resultiert aus dem Aufeinandertreffen von Widersprüchen und den sich daraus ergebenden Reaktionen der Figuren. Was Müller auszeichnet, ist die aphoristische Prägnanz seiner dialektisch oder antinomisch gesetzten Dialoge, ihr Vorzug der hohe Grad an Verallgemeinerung in der Wortwahl wie der Satzkomposition. Weit davon entfernt, die Sprache der Arbeiter lediglich nachzuahmen, formuliert Müller in lakonisch-präzisen, schnörkellosen, oftmals witzigen Dialogen pointierte Antithesen, die ein dichtes Spannungsfeld zwischen den Figuren aufbauen.

Im Unterschied zum damals üblichen Produktionsstück zeigt sich Müller in *»Lohndrücker«* weit davon entfernt, eine neue sozialistische Arbeitsmoral zu propagieren. In der freimütigen Ausstellung von Widersprüchen ist er vielmehr von einer Offenheit, die ihresgleichen sucht. Unübersehbar ist, daß das Kollektiv der Ofenmaurer ein reines Zweckbündnis ist und sich nur widerwillig dem Lernprozeß unterwirft. Wo der »sozialistische Realismus« feurige Bekenntnisse zum Aufbau gefordert hätte, sieht die Regieanweisung Pausen oder Schweigen vor. Müller setzt sich mit dem Kern des Konflikts auseinander, den er darin sieht, daß die Partei darauf angewiesen ist, die Disziplinierung der Arbeiterklasse für Rüstung und Krieg durch den Faschismus jetzt für den Aufbau des Sozialismus zu benutzen. Der entbehrungsreiche Einsatz für den jungen sozialistischen Staat verschleißt die Werktätigen noch mehr als unter kapitalistischen Bedingungen.

Auf der einen Seite stehen die Arbeiter, die dem neuen Staat mit Hohn, Verweigerung und Sabotage begegnen, etwa indem sie sich gegen magere Löhne und Normendruck zur Wehr setzen. In der Auflehnung gegen die Partei und ihre Aktivisten holen sie den Widerstand nach, den sie gegen Hitler nicht wagten: *Granaten haben sie gedreht mit allen Vieren, jetzt schreien sie ›Akkord ist Mord‹* – ein Motiv, das schon im Gedicht *»L. E. oder Das Loch im Strumpf«* anklingt: *Sagte der Mann: Gegen Wasser mit Lauch / Streikte man früher. Fragte die Frau: Gegen Hitler auch?* Die SED auf der anderen Seite wünscht sich im Interesse einer durch Reparationsleistungen ausgepowerten Staatswirtschaft nichts sehnlicher als das disziplinierte, zu Opfern bereite Arbeitstier aus Hitlers Rüstungsfabriken, über das Überstunden und Übererfüllungen der Wirtschaftspläne verhängt werden können. Um den neuen Staat aufzubauen, bedienen sich die Funktionäre der gleichen effektiven Methoden, die sie einst als Mittel der Ausbeutung anprangerten. Ausbeutung im nicht-herkömmlichen Sinne hat das Hans Mayer genannt: »Ohne diese Dialektik des Nichtmehr und Nochnicht« seien »die Ereignisse des 17. Juni 1953 nicht zu deuten.« Der Typ des kritischen, selbstbewußten Arbeiters ist entgegen allen offiziellen Bekundungen über die Arbeiter- und Bauernmacht nicht gefragt, die junge Republik, erstanden aus den Trümmern ihres bürgerlichen Vorgängers, kann auf kapitalistische Produktionsmethoden nicht verzichten, wenn sie überleben will. 1978 wirft Müller die Frage auf, von welchem Moment an diese Energieumleitung aufgehört habe, positiv zu sein. *Das historische Problem, das immer für die Republik bestanden hat und noch besteht, ist die Transformation dieser Disziplin in Emanzipation.* Die Antwort auf diese Frage wird er 1988 in seine eigene *»Lohndrücker«*-Inszenierung einbringen.

Am 27. Mai 1957 erwirbt der Bühnenvertrieb des Henschel Verlags Kunst und Gesellschaft die Bühnenrechte (Müllers Tantiemevorschuß beläuft sich auf 2 500 Mark), im Jahr darauf bringt er das Stück in seiner Reihe broschierter Einzelausgaben mit »zeitgenössischer Dramatik« heraus – Beginn einer Verlagsbeziehung, die bis zu Müllers Tod gedauert hat. Der 1945 von Bruno Henschel mit Lizenz der Sowjetischen Militäradministration und finanzieller Unterstützung der SED gegründete Verlag (1951 macht ihn Henschel der Partei zum Geschenk) hat in der DDR bis zuletzt eine Monopolstellung im Bereich Bildende und Darstellende Kunst inne. Die gesamte DDR-Dramatik wird hier veröffentlicht; außerdem Arbeiten zur Theatertheorie und -praxis. Verlagsleiter seit den sechziger Jahren ist Kuno Mittelstädt, die verantwortlichen Mitarbeiter im Bühnenvertrieb sind Ilse Galfert und (später) Jochen Ziller, den 1979 der parteilose Wolfgang Schuch ablöst. Henschels hauseigene Theaterzeitschrift »Theater der Zeit« wird seit den ausgehenden 50er Jahren neben dem »Sonntag« zu einem wichtigen Forum für die Anhänger (wie für die Kritiker) Müllerscher Dramaturgie. Hier, so das Fazit Martin Linzers, des langjährigen Redakteurs, »hielt Chefredakteur Fritz Erpenbeck, vielleicht weniger aus Überzeugung denn aus journalistischer Fairness, Freiräume der Diskussion offen, er förderte gern junge Autoren (auch junge Kritiker), als Moskau-Emigrant und Mitglied der ›Gruppe Ulbricht‹ genoß er zudem genügend Autorität.«

Mit der Annahme durch den Verlag steht einer Bühnenrealisierung nun nichts mehr im Wege. Am 23. März 1958 geht *»Der Lohndrücker«* in der Regie von Günter Schwarzlose über die Studio-Bühne des Leipziger Städtischen Theaters, fast gleichzeitig auch in Erfurt. Unter den Zuschauern ist der wegen seiner Sympathien für Kafka, Joyce und andere Vertreter westlicher »Dekadenz« bei der Partei in Verruf geratene Literaturwissenschaftler Hans Mayer, der seit dieser Aufführung für Müller »gewonnen« ist, sieht er doch in *»Lohndrükker«* »eine Weiterentwicklung der Brechtschen Dialektik«. Die Theaterrezensenten sind des Lobes voll, neben der Lokalpresse berichten auch die überregionalen Zeitungen, allen voran der »Sonntag« (»ein theatergeschichtliches Ereignis«), der sich massiv für seinen früheren Mitarbeiter eingesetzt hat, daneben »Der Morgen«, »Forum«, »Die Union« und die »National-Zeitung«. Im Maiheft von »Theater der Zeit« wird das Stück von Gerhard Piens gefeiert. Auf einer Rede vor Wissenschaftlern, Lehrern und Künstlern in Halle am 21. April 1958 lobt Walter Ulbricht, Erster Sekretär des ZK der SED, die zukunftsträchtigen Arbeiten von Kuba, Seghers, Strittmatter und Müller. Es handle sich um Werke des sozialistischen Realismus, »die die Richtung angeben, in der die Literatur sich weiterentwickeln muß«. Triumph also auf der ganzen Linie.

Die Hauptstadt-Premiere des Stücks wird im Frühjahr 1958 am Berliner Maxim-Gorki-Theater vorbereitet, als Doppelaufführung zusammen mit der korrigierten, in den Brüchen und Konflikten begradigten und auf Kurs getrimmten *»Korrektur«. Die Theater-Leute meinten, daß ›Lohndrücker‹ zu kurz wäre für einen Abend.* Regie führt der gleichaltrige Hans Dieter Mäde, den Müller vom Lehrgang in Radebeul kennt. Unter den Darstellern sind Hilmar Thate und die junge Eva-Maria Hagen; als Regieassistenten fungieren Bruno Zieme und B. K. Tragelehn. Letzterer erinnert sich 1988 an die angenehme Arbeit dort: »Das Maxim-Gorki-Theater war Stanislawski verpflichtet und in einer Gegenposition zum Berliner Ensemble. Zwei Jahre nach Brechts Tod gab es da so eine Öffnung, deshalb kam das Stück. Die Inszenierung von Hans Dieter Mäde war – na, solide.«

In einem Podiumsgespräch nach Müllers Tod hat sich Tragelehn an ein anderes Detail aus der Inszenierungsarbeit erinnert:

»Zum Beispiel war im Gorki-Theater ein kleiner Bühnenarbeiter, so ein drahtiger kleiner Kerl [...]. Und immer wenn der Mäde auf die Bühne kam, um irgendwas zu erklären, sagte der Bühnenarbeiter: ›Da, den, den schlag ich ungespitzt in'n Boden, ich bin sieben Mal vorbestraft wegen schwerer Körperverletzung, dreimal mit tödlichem Ausgang.‹ Und Mäde hatte dann immer einen leicht irren Blick, da irrten die Augen so umher, er lächelte aber, war etwas verlegen, weil ja die Arbeiterklasse sprach, damals wurde das auch noch so richtig geglaubt, grade von Mäde. – Das hat später der Traktorist gekriegt in der ›Umsiedlerin‹.«

Die Doppelaufführung muß jedoch verschoben werden. *Der Streitpunkt war ›Korrektur‹. ›Lohndrücker‹ war schon gegessen durch die Aufführung vorher in Leipzig. [...] Das war wirklich eine Überraschung, weil das alles so absurd und idiotisch war, gerade nach der zweiten, korrigierten Fassung von ›Korrektur‹, die ja schon sehr weit geht. [...] Sie haben mich bekniet im Theater, der Regisseur, der Intendant, ›Korrektur‹ umzuschreiben, und ich habe es dann umgeschrieben. [...] Es fand eine sogenannte Versuchsaufführung statt, eine geschlossene Vorstellung für Funktionäre und geladene Gäste. [...] Nach dieser Versuchsaufführung gab es eine Diskussion in einem größeren Kreis.*

Unter den Teilnehmern dieser Diskussion, die am Morgen des 6. Mai 1958 im Maxim-Gorki-Theater stattfindet, sind neben den an der Inszenierung Beteiligten Parteifunktionäre wie Hans Modrow und Gerhart Eisler (1897–1968), der stellvertretende Vorsitzende des Staatlichen Rundfunkkomitees, sowie eine Reihe geladener Gäste wie der Autor und Theaterkritiker Henryk Keisch und der Nationalpreisträger Hans Garbe. Notate von Müller und Tragelehn belegen, daß sich fast alle der an der Diskussion Beteiligten gegen *»Korrektur«* aussprechen. Die Hauptvorwürfe lauten: »Falsche Grundeinschätzung der Arbeiterklasse«, »Konzentration negativer Erscheinungen«, »Nicht typisch«, »Rolle der Partei ungenügend [dargestellt], »Stück orientiert nicht nach vorn«. Müllers Lippen, so Tragelehn, seien »immer dünner geworden, wie mit dem Messer gezogen, er hat nur einmal was gesagt: ›Wenn Sie das nicht konkreter sagen, hat das wenig Sinn.‹«

Der Versammlungsleiter, ein Wirtschaftsfunktionär namens Schneider von der Berliner Bezirksleitung, zeigt sich enttäuscht über *»Die Korrektur«:* Es sei »kein Fortschritt zu sehen von damals zu heute«. Auch seien die Begrüßungsszenen falsch dargestellt: »zu kalt, kein Handgeben, nicht parteimäßig«. Dazu merkt Tragelehn an: »Das war charakteristisch. Immer ein herzliches Verhältnis, auch wenn du totgeschlagen wirst.« Eisler bescheinigt *»Lohndrücker«*, daß »das Alte plastisch« dargestellt sei, aber in *»Korrektur«* würden die »Widersprüche nicht aufgelöst«. Keisch vermißt »die Begeisterung der gespannten Muskeln«, was er auf die »übermäßige Verknappung« zurückführt. Auch die Genossin Schulz von der Transportpolizei bezweifelt, daß dieses Stück imstande sei, zu »begeistern« und zu »erziehen«. Funktionär Paffrath vermißt beim »Gegner« die »Verbindung nach Westberlin«.

Die Gegenstimmen sind in der Unterzahl. Modrow bestätigt aus seiner Erfahrung das Verhalten der Figuren im Stück. Gezeigt werde ein »Prozeß«; »das Negative beschließt nicht«. Auch am Negativen könne man erziehen, wenn man zeige, »wie man damit fertig wird«. Ein Arbeiter aus der »Schwarzen Pumpe« schlägt vor, die Aufführung »den Arbeitern zur Diskussion« zu stellen. Garbe erinnert daran, daß der »Kampf« in

Wahrheit »noch viel schlimmer« gewesen sei: »Das Stück hilft unbedingt.«

Die sterile Fotodekoration und die einfallslose Musik werden dagegen durchweg als »optimistisch« gelobt. »Dieter Berge, ein Appen-Schüler, der vom Berliner Ensemble kam [...], hatte die Bühne gebaut: quasi-dokumentarisch, Kulissen aus vergrößerten Fotos. Darin lag ein Moment der Distanzierung. Aber dann war diese Bühne so beleuchtet, daß alles zurücksackte in Stimmung.« Und bei der Musik, so Tragelehn, habe es sich um eine Art Eisler-Parodie gehandelt: »Eisler, als Erfinder des 4/4Taktes war gut nachzumachen. Aber es war sehr optimistisch.«

Ergebnis der Diskussion ist, daß die Aufführung von der Bezirksleitung nicht erlaubt wird. Daß sie dann am 2. September doch stattfinden kann, geht Müller zufolge auf eine Weisung des Zentralkomitees zurück. Im Hintergrund hätten parteiinterne Machtkämpfe gestanden. Bis zum 22. April 1960 bringt es die Inszenierung auf 75 Vorstellungen. Eine Broschüre des Maxim-Gorki-Theaters aus dem Jahr 1960 zitiert den französischen Dramatiker Arthur Adamov, der im Sommer 1959 eine Aufführung gesehen und anschließend in »l'Humanité« von einem »politischen Stück, gleichzeitig sehr einfach und äußerst gewandt« gesprochen hatte.

Plötzlich war es dann ein großes Werk des sozialistischen Realismus, so jedenfalls das ›Neue Deutschland‹. Müllers Erinnerung ist unscharf: Das Parteiorgan hatte der Aufführung nur bescheinigt, sie habe »einen ersten wichtigen Schritt zu echten Gegenwartsstücken im Sinne des sozialistischen Realismus getan«. Das »Klassische Theater des sozialistischen Realismus« sei damit freilich, »weder der Form nach, noch in der Bewältigung unserer Probleme in Dialogführung und Szenenfolge«, erreicht. Im »Sonntag« vom 8. September führt Gerhard Ebert befriedigt aus, »die schöpferische Kritik der Partei und der Werktätigen« habe »den beiden Autoren geholfen [...], Mängel des Stückes zu erkennen«. Nunmehr zeuge die Aufführung »– obwohl ernste Probleme verhandelt werden – von einer heiteren Klarheit und Zuversicht«.

Hoch ist Eberts Meinung von *»Lohndrücker«:* »Mit diesem

Werk beginnt ein neuer Abschnitt der deutschen sozialistischen Dramatik. Zum ersten Male wird auf der Schaubühne der gewaltige Umwandlungsprozeß deutlich, in dem die Arbeiterklasse der Deutschen Demokratischen Republik steht. [...] Es ist geradezu erregend, wie Müller mit wenigen Worten typische Situationen aufreißt und Entscheidungen auf die Bühne bannt, wozu andere Autoren zumindest mehrere Repliken benötigen würden. Müller konfrontiert den Darsteller wie den Zuschauer unerbittlich mit der Nacktheit des wesentlichen Vorgangs.« Allerdings bleibe bei Müllers Kurzszenentechnik und dem Lakonismus der Dialoge die Psychologie mitunter auf der Strecke: Die »konsequente Konzentration« habe zur Folge, »daß zwar die dialektische Entwicklung des jeweils angesprochenen Konfliktes innerhalb einer Szene eindeutig vorliegt, daß aber die Entwicklung von Szene zu Szene ohne Sprünge nicht auskommt.« Doch »so eigenwillig« Müllers »formale Bewältigung des Stoffes« auch sei, »so viele Fragen sie aufwerfen mag«, sie gebe den Blick frei »auf Wege und Möglichkeiten unserer Dramatik« und stelle »die dichterische Begabung des Autors außer Zweifel«.

Ähnlich urteilt Dieter Kranz im Oktoberheft von »Theater der Zeit«: »Mit den beiden Stücken ›Der Lohndrücker‹ und ›Die Korrektur‹ und ihrer Aufführung im Maxim-Gorki-Theater sind – darüber kann kein Zweifel bestehen – für die Entwicklung unserer sozialistischen Dramatik neue Kriterien gegeben. [...] Die Gegenwart wird [...] nicht naturalistisch gespielt, sondern realistisch gestaltet, wobei die Autoren durch ihr Bestreben, die vorhandenen Widersprüche auch deutlich herauszuarbeiten, eher zum Trüb- als zum Schönfärben neigen. [...] Stücke, die die Entwicklung des Menschen in unserer Republik auf solchem Niveau darstellen, hat es bisher noch nicht gegeben.« Ebenso wie Ebert warnt Kranz vor einer Nachahmung der »Kurzszenentechnik«. Denn »logischerweise hat der auf die Spitze getriebene Lakonismus der Szenenkomposition im ›Lohndrücker‹ auch zur Folge, daß manche Figur im Text kaum Farbe gewinnt.« Ein großes Lob geht an den Regisseur, dessen Inszenierung »in mancherlei Hinsicht schöpferisch über das Stück hinaus« gehe, weil man »in jeder Szene die Parteilichkeit des Marxisten« spüre.

1959 kommt es gleich zu drei Editionen von *»Lohndrücker«:* Im Leipziger Friedrich Hofmeister Verlag erscheint eine Ausgabe für Laienspielgruppen (mit »Hinweisen zur Regie« von H. Konrad Hoerning), der Henschel Verlag nimmt das Stück in seine Reihe broschierter Einzelausgaben mit »zeitgenössischer Dramatik« auf und Wilfried Adling reiht es in seine Leipziger »Anthologie neuer deutscher Dramatik« ein, »Der Weg zum Wir«. 1961 wird *»Lohndrücker«* von der Lehrplankommission für Deutsche Sprache und Literatur am Institut für Berufsausbildung in den Lektürekanon für das erste Lehrjahr (Ausbildung mit Abitur) aufgenommen. *»Korrektur«* bringt Tragelehn 1959 in einer erfolgreichen Inszenierung an der Studentenbühne der Hochschule für Ökonomie in Berlin-Karlshorst heraus. Im Auftrag des Leipziger Zentralhauses für Volkskunst wird sogar ein Modellbuch vorbereitet, das dann allerdings wegen des Skandals um das Stück *»Die Umsiedlerin«* nicht erscheinen darf.

Beschreibung eines Kampfes

1959 wird Heiner Müller, im Jahr zuvor noch gewissermaßen Vorzeige-Dramatiker der Partei, zu einem der Leidtragenden der anhaltenden Auseinandersetzungen zwischen ideologischen »Hardlinern« und undogmatischen Kulturarbeitern. Und dabei wird nicht bloß wieder zurückgenommen, was diese sich 1955/56 an Spielraum erkämpft hatten: Das Pendel schlägt kräftig in die entgegengesetzte Richtung aus. Der Angriff der Ideologen zielt hauptsächlich auf drei feindliche »Erscheinungen«: Versuche, die marxistische Ästhetik westlichen bzw. modernistischen Einflüssen zu öffnen, die produktive Anwendung von Brechts Theatertheorie auf die Gegenwart der DDR, und die u. a. von Brecht angeregte Rückbesinnung auf proletarisch-revolutionäre Traditionen im Anschluß an Montage- und Revueformen des Agitprop, an den unter Stalin verpönten »Proletkult« oder an »Formalisten« wie Majakowski, Isaak Babel oder auch John Heartfield. All das steht in krassem Widerspruch zu einem sozialistisch-idealistischen Realismuskonzept, wie es die Parteiführung bevorzugt. Es ist, nach einem Wort von Ernst Bloch, die »Diktatur des kleinbürgerlichen Geschmacks im Namen des Proletariats«.

Auf der 4. Plenartagung des Zentralkomitees vom 15. bis 17. Januar 1959 wird Müller, wie auch Volksbühnen-Dramaturg Hagen Müller-Stahl und die Dramatiker Helmut Baierl und Herbert Keller, von Ulbricht als *Verfechter des sogenannten ›didaktischen Lehrtheaters‹* angegriffen, was, so Müller sarkastisch, in seiner Tautologie *schon als Formulierung eine Leistung war.* »Entscheidend ist«, dekretiert der Parteichef, »daß auf allen Gebieten der Literatur und Kunst die Linie der Partei für die Entwicklung einer großen und weiten sozialistischen Nationalkultur zur führenden Linie gemacht wird.« Müller deutet den Vorgang als Stellvertreterkrieg gegen Brecht: *Gegen die volle, runde, saftige Menschendarstellung war dieses didaktische Lehrtheater eben dürr, abstrakt, den Werktätigen fremd, der Realität nicht gewachsen und so weiter.*

Mehr noch als die Autoren sind ihre Förderer von dem Verdikt betroffen. Im Deutschen Theater mit Wolfgang Langhoff als Leiter und Heinar Kipphardt als Chefdramaturg glaubt die SED-Führung ein Zentrum reaktionärer, parteischädlicher Theaterarbeit erkannt zu haben. Am 16. März 1959 widmet die Kulturkommission beim Politbüro der SED in einer fast neunstündigen Anhörung insbesondere dem »bürgerlichen« Spielplan der renommiertesten Hauptstadtbühne eingehende Aufmerksamkeit. Während sich der angeschlagene Intendant sogleich der Parteidisziplin unterwirft, verteidigt Kipphardt seine Stückauswahl. Bereitwillig räumt er sogar ein, durch sein Beharren auf einem gewissen Qualitätsanspruch »verhindert« zu haben, »daß überhaupt Stücke, die zu unseren wichtigsten Fragen Stellung nehmen, in Berlin auf den Spielplan kamen. Das war ein Fehler.« Er habe gehofft, so Kipphardt weiter, »daß ich rechtzeitig ein Stück von Müller, an dem wir schon lange laborieren und das ›Die Umsiedlerin‹ heißt, sowie ein Stück von Hacks [...] bekomme und daß wir mit diesen beiden Stücken tatsächlich einen großen Qualitätsgewinn erzielen. Der eine oder der andere mag es mir verübeln; aber ich persönlich halte Müller und Hacks für begabter als meinetwegen Gustav von Wangenheim und Hedda Zinner.« Für Kommissionsleiter Kurella, der sich bereits bei früherer Gelegenheit den Spitznamen »Der Großinquisitor« verdient hat, erweist sich Kipphardt mit dieser Argumentation, was seine »Einstellung zu Parteifragen und zu Kulturfragen an den Theatern« angeht, als »typisch für bestimmte Überreste [...] in unserer Partei«: »Seine Einschätzung, die er heute in der Gegenüberstellung von Hacks und Müller, von Wangenheim und Zinner gegeben hat, ist das Gift. Man kann in unserer Kunstentwicklung nicht je zwei Schriftsteller gegenüberstellen, um sie in der Praxis [...] gegeneinander ausspielen zu lassen, noch dazu zwei junge noch wenig geprüfte und wenig als zuverlässig bewährte Kräfte gegen zwei alte Parteipferde, wie es Wangenheim und Hedda Zinner sind, die uns bei hunderten von Gelegenheiten bis zum Risiko des eigenen Lebens bewiesen haben, daß sie zu uns halten.« Kipphardt gehöre abgelöst: »Als Staatsfunktionär und als Theaterfunktionär ist Kipphardt durch diese ganze Diskussion, durch seine Praxis und durch seine prinzipielle Einstellung, die er gezeigt hat, nämlich erledigt.« Am Ende der Diskussion gibt sich Kipphardt geschlagen: Er teilt seinen Kündigungsentschluß zum Spielzeitende mit und seine Absicht, künftig als freier Schriftsteller arbeiten zu wollen. Was letzteres angeht, will sich Kurella nach all dem freilich ein Mitspracherecht der Partei vorbehalten – eine unverhüllte Drohung mit dem Berufsverbot. Ein halbes Jahr später verläßt Kipphardt die DDR.

Aufgrund der neuen Frontstellung bleibt der erwartete, gutdotierte Kunstpreis des Freien Deutschen Gewerkschaftsbundes aus, für den Heiner und Inge Müller vorgeschlagen sind. Damit soll »das Entstehen sozialistisch-realistischer Kunstwerke« gefördert werden, »in denen die Arbeit, der Kampf und das Leben der Arbeiterpersönlichkeit in der Deutschen Demokratischen Republik künstlerisch hervorragend repräsentiert wird«. Immerhin wagt die Akademie der Künste eine Geste gegen den Trend: Am 25. März 1959 erhält das Ehepaar Müller für *»Lohndrücker«* und *»Korrektur«* den Heinrich-Mann-Preis, den die Akademie für »Werke gesellschaftskritischen Charakters« vergibt, in denen »die demokratische und sozialistische Erziehung unseres Volkes gefördert« wird. Der FDGB-Preis allerdings, erinnert sich Müller, sei um mindestens 10 000 Mark höher dotiert gewesen.

Immerhin verfehlt auch dieser Preis nicht seine Wirkung: Auf der Bitterfelder Konferenz vom 23. April 1959 führt Ulbricht die Arbeiten von Heiner und Inge Müller mit als Beweis dafür an, daß auch Gegenwartsdramatik die Bühne erobern könne. Hier, im Kulturpalast des Elektrochemischen Kombinats Bitterfeld, vor 150 Schriftstellern, 300 schreibenden Arbeitern und ungezählten Funktionären und Lektoren, kündigt er des weiteren »praktische Maßnahmen« an, »um den Arbeitern zu ermöglichen, die Höhen der Kultur zu erstürmen«. Damit ist das Programm des »Bitterfelder Wegs« ausgerufen, jene kulturpolitische Offensive der Partei, die durch die Förderung des künstlerischen Laienschaffens die Künstler mit der Arbeiterklasse verbinden und das Monopol der Berufsschriftsteller brechen soll. Was wie eine Kulturrevolution anmutet, entwikkelt sich – von Ausnahmen wie etwa Werner Steinbergs Dessauer »Zirkel« abgesehen – unter dem Diktat der Partei in den meisten Fällen zu einer Parodie: *Domestizierung statt Klassenemanzipation*, wie Müller anmerkt. Ein von ihm besuchter »Zirkel schreibender Arbeiter« habe aus *Sekretärinnen, Buchhaltern* und zwei *Renommierarbeitern* bestanden und sei *von einer älteren Lyrikerin angeleitet* worden: *Die brachte denen bei, wie man Naturgedichte schreibt.*

Es sind die Jahre, in denen Christa Wolf Mitglied einer Brigade im Waggonwerk Ammendorf wird, Franz Fühmann sich um die Rostocker Warnow-Werft kümmert. Und auch Müller kommt nicht ganz umhin, der Bewegung seinen Tribut zu zollen. In einem über zwei Folgen reichenden Beitrag für die »Tribüne«, die Tageszeitung des Freien Deutschen Gewerkschaftsbundes, beantwortet er, offenbar als Experte für literarische Agitationsmodelle geltend, im Spätsommer 1960 die Frage: »*Wie schreibt man eine Agitpropszene?*« *Die Zeigefingermethode*, führt er aus, habe *nur schwache Wirkungen*. Wie man es richtig mache, zeige eine Puppenszene aus der Arbeit des Zirkels schreibender Arbeiter im Braunkohlewerk Deuben, ein *gutes Beispiel für Agitprop im und für den Betrieb*, wo *die Mo-*

ral […] auf einem Umweg serviert wird, der den Spaß erhöht und die Belehrung vollständig macht. Abschließend zitiert er eine Szene aus Brechts »Tagen der Kommune«, die *mit wenig Änderungen* benutzt werden könne, um *das Verhältnis zwischen Bonn und Washington* darzustellen. Daran knüpft sich die Überlegung: *Warum Neues erfinden, was Zeit und Mühe kostet, wo man Altes benutzen kann. Die Agitpropgruppen sollten von den Modellen, Vorlagen und Kunstmitteln, die die Literatur aller Zeiten und Völker ihnen an die Hand gibt, mehr Gebrauch machen. Nur die Arbeiterklasse kann die Rettung der Weltkultur leisten, also hat sie das Recht und die Pflicht, sich mit ihren Schätzen zu bewaffnen.* Als Eigenkommentar dieser doch sehr fragwürdigen Bekundung bietet sich eine spätere Bemerkung Müllers zu Ulbrichts Bitterfelder Rede an: *Die Höhen der Kultur mußten planiert werden, damit sie erstürmt werden konnten.*

Aus der Inszenierung seines Stücks ergibt sich für Müller die erste Anstellung an einem Theater: Nach der erfolgreichen Premiere von *»Lohndrücker«* nimmt ihn der aus sowjetischem Exil zurückgekehrte Maxim Vallentin, in Hans Mayers Erinnerung »ein treuer Stalinist, doch ein freundlicher Mensch und ein guter Lehrer als Begründer der Staatlichen Theaterhochschule«, in der Spielzeit 1958/59 als Dramaturg am Maxim-Gorki-Theater unter Vertrag. Müller schränkt ein: *Ich habe nie als Dramaturg gearbeitet, ich kriegte immer nur Geld als Dramaturg. Eigentlich war man so etwas wie ein Hausautor. Und wenn irgendetwas gespielt werden sollte, irgendein Klassiker oder so etwas, mußte das oft ein bißchen gekämmt oder überarbeitet werden. Dann war man eben dran. […] Es war eine Finanzierung von Autoren.*

Zu den Gefälligkeitsarbeiten für Vallentin gehört eine Bearbeitung von Nikolai Pogodins »Aristokraten«, eine Komödie über ein Straflager am Weißen Meer, die 1956/57 im Moskauer Majakowski-Theater neu inszeniert worden war. 1959 hatte der Henschel Verlag eine Übersetzung von Eberhard Dieckmann in Vertrieb genommen. In Müllers Prolog hieß es ursprünglich:

Sie sehen in unserem Musentempel
Heut mit Erlaubnis ein Exempel
Wie die Sowjetmacht mit Gaunern verfuhr
Im Jahr 23 in freier Natur –

eine Formulierung, die ihm später als *totaler Zynismus vor dem Hintergrund der wirklichen Ereignisse* erscheint. Obgleich Pogodin die gelungene Umerziehung *von Kriminellen zu fröhlichen Bolschewiken* beschreibt, wird die Aufführung nicht gestattet.

Im November 1959 zieht die Familie Müller nach Pankow, Kissingenplatz 12, in ein Mehrfamilienhaus aus den dreißiger Jahren. Der Balkon, wo *mehr Vogel- als Verkehrslärm* herrscht und er *von Parkbäumen zuverlässig sogar vor den Blicken der Nachbarn geschützt* wird, ist Müllers bevorzugter Schreibplatz.

Der Kern des Lehnitzer Freundeskreises, zu dem Hacks, Bieler, Kahlau, Hammel, Gerlach, Streubel, Tragelehn und Nahke gehörten, hat sich mittlerweile um Bieler (dem eine Affäre mit Inge Müller nachgesagt wird) reduziert; dazugekommen sind der Lyriker, Kabarett-Autor und Redakteur der »Jungen Kunst« Karl Mickel, der Lektor Richard Leising (der 1960, nach der Auflösung – und teilweisen Übernahme durch Henschel – des Hofmeister-Verlags, von Leipzig nach Berlin wechselt) und der Student der Wirtschaftswissenschaften Wolf Biermann, mit Beginn der Theatersaison 1957 für zwei Jahre Regieassistent und dramaturgischer Mitarbeiter am Berliner Ensemble. Seit dem Sommer 1960 gehört auch Hartmut Lange dazu, Student an der Filmhochschule Babelsberg, später Dramaturg am Deutschen Theater. Lange ist ein Hoffnungsträger des politischen Theaters, Peter Hacks sein wichtigster Fürsprecher. 1962 druckt die »Neue Deutsche Literatur« sein Stück »Senftenberger Erzählungen oder Die Enteignung«; ein Auszug war zuvor im Maiheft 1961 von »Theater der Zeit« erschienen. Biermann, dessen erste Arbeit Regieassistenz bei Benno Bessons Inszenierung des »Guten Menschen von Sezuan« ist, liest in Pankow oft aus seinen Abendregieprotokollen am BE. *Die waren wirklich witzig und lustig.* »Ich war«, erzählt Biermann, »damals dort, wo er gerne hinwollte. Und wo er nicht genommen wurde, weil er schon zuviel bedeutete. Mich haben sie genommen, weil ich ein Nichts war. Diese Abendberichte waren interessant, weil sie gingen um ernste Dinge; hauptsächlich um das Problem, wie man das ›Galilei‹-Stück richtig spielen kann.«

Wie hat Biermann Müller erlebt? Die Erinnerung ist vage: »Müller war stur, eigenbrötlerisch, ein Sonderling, ein Genie im mehr elitären Sinne des Wortes, ein unverwechselbarer, besonderer Mensch. Er war im Grunde schon fertig; der, der er war und der, der er werden sollte. Er war kälter und zynischer und verzweifelter als ich. Er war ein unglaublicher Geschichtspessimist. Für ihn war die Menschheit schon längst gestorben. Ich war kindlicher, emotionaler – nach außen hin – und poetischer, im lyrischen Sinne. Er mochte sehr gern meine Lieder. Und das gefiel mir. Ich hab' ihm meine Sachen gezeigt, er hat mir seine Sachen gezeigt. Der liebte geradezu affig das ›Lied auf das ehemalige Grenzgängerfreudenmädchen Garançe‹. Also das machte ihn unheimlich an.«

Noch schwächer Biermanns Erinnerung an die Wohnung der Müllers: »Es roch in der Wohnung nach wenig Geld und nach Dichter-Hochmut. Die Zettelchen an den Wänden. Literaturtapete.« Peter Hacks notiert 1971, bereits aus der Distanz des Konkurrenten: »Seine Art zu wohnen hat kaum Eigenschaften. Selbstredend besitzt er Bücher, und um auszudrücken, daß Bücher keine edlere Funktion haben als anderes Werkzeug, hat er die Bücherbretter auf ländlichen Leitern liegen [...]. An den Wänden hat er mit Reißzwecken Zettel befestigt, welche mit Bruchstücken von Versen, Strophen oder Szenen betippt sind und ihn ermuntern sollen, sich Ergänzungen einfallen zu lassen, was freilich oft nicht geschieht. Ich bilde mir ein, daß dieses Verfahren einen gewissen Mangel an Entschließungsfreude verrät, und ich halte für wahrscheinlich, daß der Dichter dazu neigt, seine Fragmente nach einer hinreichenden Ablagerungsfrist für fertig zu erklären.«

Horst Hiemer, 1958 in Leipzig Darsteller des Balke in der *»Lohndrücker«*-Uraufführung, erinnert sich an eine »alte, enge Wohnung« mit »verbrauchten Möbeln«, darunter, so Rosemarie

Heise, einige »rohe Holzregale«, ein zerscharteter Tapeziertisch, »ein marodes Sofa und ein paar brüchige Sessel.« Die Räume seien eher düster gewesen, die Wände bräunlich, schon seit Jahren nicht mehr geweißt, die Möbel alt und verschlissen, erinnert sich Karlheinz Braun. Auf bürgerliche Sauberkeit und Ordnung habe Müller keinen großen Wert gelegt. Eine »Zelle aus Papier, von Buchstaben bedrückt. NO FU(RNI)TURE« (Götz Loepelmann). An der Wand auch ein Zeitungsausschnitt mit der Abbildung von Brechts Totenmaske. Oft sind Gäste da. »Jeder brachte was, Müller hatte nichts. Wodka, Käse, Brot« (Horst Hiemer). 35 Jahre später wird Müller philosophieren: *Die Deutschen richten ihre Wohnungen ein als eine Festung, um sich von der Welt abzuschließen.* Eben das hat er zeitlebens konsequent vermieden.

Nicht zuletzt Inges Sensibilität wegen wird die Wohnung der Müllers, wie schon in Lehnitz, zu einem geschützten Raum, nicht nur für politisch-literarische Diskussionen, sondern auch für Trost bei privatem Kummer. Bernd Müller berichtet: »Wenn sie das heulende Elend hatten, kamen sie zu Inge. Zum Diskutieren kamen sie zu Heiner. Ich hatte das Gefühl, sie dachten: Er ist nicht so sehr Mensch, aber wir können von ihm profitieren. Wenn es spät wurde, blieben drei. Irgend jemand weinte immer am Schluß, ob es Hacks war oder Tragelehn. Für sie war Inge zuständig.«

Offenbar unter dem Eindruck von Biermanns privaten Liederabenden *(ein Ereignis)* versteht sich Müller sogar zu journalistischen Äußerungen über die Ästhetik des neuen sozialistischen Liedguts. Ausgangspunkt ist ein Artikel in der Gewerkschaftszeitung »Tribüne«. Zusammen mit zwei Volkskunstensembles wird in der Nummer vom 1. November 1960 auch eine Replik von »Heiner Müller, Schriftsteller«, zitiert: *Es ist die Eigenart der Kunst, Geschichte in der Form von Geschichten wiederzugeben. Es fehlt nicht an Texten, die etwas Allgemeines sagen, sehr an solchen, die etwas Besonderes erzählen. Brigadetagebücher, Betriebs- und Dorfchroniken sind eine unausschöpfbare Stoffquelle. Warum wird sie für Liedtexte kaum benutzt? Ein Lied, das den Weg eines ›Haufens‹ zur Brigade erzählt oder einen Vorfall auf diesem Wege, interessiert mehr und bewirkt mehr als zehn gereimte Wiederholungen der Losung ›Vom Ich zum Wir‹. Es fragt sich auch, ob die einseitige Orientierung auf das Chorlied, weg vom Couplet, von Ballade und Gassenhauer, nicht auf Kosten der Lebendigkeit geht. Zum Schluß: Nichts gegen Händel. Imponierend, wenn ein Laienensemble ein Händeloratorium aufführt, aufführen kann. Aber warum dann nicht auch Eisler und Dessau, ›Der große Plan‹, ›Die Teppichweber von Kujan-Bulak‹, ›Deutsches Requiem‹ oder ›Erziehung der Hirse‹?*

Schauplatzwechsel: Vom Leben auf dem Land

Ermutigt durch die Veröffentlichung von *»Lohndrücker«* und noch vor dessen Aufführung, geht Müller an sein zweites großes Stück, *»Die Umsiedlerin oder Das Leben auf dem Lande«*. Ohne daß er ein Exposé vorlegt *(sie hatten das schließlich akzeptiert)*, erhält er ein Stipendium aus dem staatlichen Kulturfonds, zweckgebunden an eine Inszenierung am Deutschen Theater. Später räumt das Sekretariat des Schriftstellerverbands ein, einen Fehler begangen zu haben: »Dieses Geld wurde, soweit es ersichtlich ist, nicht auf Grund eines vorliegenden Exposés gezahlt, sondern auf Grund warmer Befürwortungen bekannter Dramatiker und Theaterspezialisten (Peter Hacks, Heinar Kipphardt, Manfred Wekwerth und Genosse Bork).« Hacks hatte sich bei Walther Victor, dem damaligen Sekretär des Schriftstellerverbands, erfolgreich dafür eingesetzt, daß Müller, der zu diesem Zeitpunkt noch gar nicht Mitglied des Verbands ist, 2 000,– DM überwiesen bekam.

Müllers Projekt trägt zunächst den Arbeitstitel *»Bauernstück Anna B.«* Ende 1959 kommt es nach der Lektüre von zwei Einzelszenen zu einer Vereinbarung mit der FDJ-Studentenbühne der Hochschule für Ökonomie in Berlin-Karlshorst über eine Versuchsaufführung. Dort hatte man im Vorjahr, inszeniert von Steffie Spira, *»Lohndrücker«* gespielt. Für *»Umsiedlerin«* ist Tragelehn als Regisseur vorgesehen. Für ihn ist es die dritte Arbeit an der Hochschule in Folge: 1959 hat er dort *»Korrektur«*, 1960 Brechts »Die Ausnahme und die Regel«, ein Lehrstück aus den dreißiger Jahren, inszeniert. Er weiß schon seit längerem von dem Stückplan:

»Als ich Müller kennenlernte, 1957, waren das ein paar Seiten, in der Art von ›Lohndrücker‹ geschrieben, ganz knapp, in Prosa. Müller klebte die maschinengeschriebenen Seiten aneinander und hängte sie an der Wand auf, so lange Fahnen an der Wand. Da konnte man ganze Szenenfolgen übersehen und davorstehen und zurücktreten. Und wie die Geschichte weitergeht, das wurde immer wieder und wieder diskutiert. [...] Die Ketzerszene, also die zweite, und die Bodenreformszene, also die erste, sind später geschrieben, und in dieser Reihenfolge, sozusagen rückwärts. Die Ketzerszene ist schon in Berlin geschrieben worden, nicht mehr in Lehnitz. Ich kam zu Heiner, am Kissingenplatz in Pankow, und er hatte die Szene ins Reine geschrieben und in eine Extramappe gelegt. Von dieser Szene hatten wir vorher nie gesprochen. Der erste Eindruck war enorm. Ich war an ›Lear‹ erinnert.«

Von der externen »Versuchsaufführung« erfährt das Deutsche Theater erst im Mai 1961. Für das Deutsche Theater wie auch das Berliner Ensemble sind Voraufführungen indes gängige Praxis, und so kommt es zu keinem Einspruch. Die HfÖ, mit ca. 2 000 Studenten größte wirtschaftswissenschaftliche Hochschule der DDR, ist Ausbildungsstätte für künftige Leitungskader der sozialistischen Planwirtschaft. Die Studentenbühne kann unter ausgezeichneten Bedingungen arbeiten: Der »Kulturfonds von Groß-Berlin« leistet finanzielle Unterstützung; Dekorationen, Requisiten und Kostüme kommen von den Staatstheatern und den DEFA-Werkstätten, Maskenbildner des BE schminken die Laiendarsteller, die Ausstattung hat Manfred Grund vom BE übernommen.

Am 5. Juli 1957 schließt das Ministerium für Kultur mit Müller einen Werkvertrag, womit die Überweisung einer ersten Honorar-Rate in Höhe von 1500 Mark verbunden ist. Der ursprünglich vereinbarte Abgabetermin wird vom 31. Dezember zunächst auf den 30. September, dann auf den 31. Dezember 1958 verschoben. Drei Briefe von Heinar Kipphardt aus dieser

Zeit belegen zum einen das große Interesse des Deutschen Theaters an Müllers neuem Stück, von dem immerhin schon ein Entwurf vorliegt und dessen Titel feststeht, wie auch andererseits die Tatsache, daß der Autor zwischen Sommer 1957 und Januar 1959 kaum vorangekommen ist – woraufhin Kipphardt ihm vorschlägt, doch zum 10. Jahrestag der Republik (wie übrigens auch Hacks, Müller-Stahl, er selbst und andere) eine Szenenfolge zu schreiben: »Kleine Einakter, Szenen oder Blackouts, die Geschichten aus den letzten 10 Jahren der DDR behandeln und dabei natürlich die wesentlichen revolutionären Veränderungen angehen.« Der so Umworbene beteiligt sich jedoch nicht.

Weil Mahnbriefe des Kulturministeriums (Sektor Theater) vom 7. Januar und 10. Juli 1959 unbeantwortet bleiben, fordert Hauptreferentin Lilo Millis von Müller per Einschreibebrief vom 23. September 1959 den ausgezahlten Vorschuß zurück. Das zeigt Wirkung. Auf Anregung des Deutschen Theaters findet am 11. Januar 1960 ein Gespräch zwischen Stipendiengeber, Auftraggeber und Autor statt, bei dem Müller »die ersten Seiten seines Stückes« abliefert, woraufhin er eine weitere Rate erhält. Ein neuer Termin wird auf den 30. Mai festgesetzt.

Daß Müller mit dem Stück nicht fristgerecht fertig wird, hat nicht nur inhaltliche oder dramaturgische Gründe. In einem Gespräch mit Fritz Rödel, im Kulturministerium zuständig für Volkskunst und Laientheater, führt er entschuldigend an, er habe »ja zwischendurch noch mit anderen Dingen Geld verdienen müssen«. Damit sind die Redaktionstätigkeit und die Handvoll Beiträge für die »Junge Kunst« und die kleineren Arbeiten für die »Tribüne« gemeint. Darüber hinaus hat Müller 1960/61 offenbar eng mit Fernsehen und DEFA zusammengearbeitet: Ende 1961 ist er mit einem DEFA-Team an der Oder bei Schwedt, wo eine Erdölpipeline verlegt wird. Zuvor hat er, zusammen mit seiner Frau, für das Fernsehen der DDR Otto Gotsches 1959 erschienenen Roman »Die Fahne von Kriwoj Rog« dramatisiert, den Tragelehn, der auch am Drehbuch mitgearbeitet hat, im Frühjahr 1960 für den Deutschen Fernsehfunk inszeniert.

»Trostlos irgendwie. Wenig Zeit. Tag und Nacht gemacht.

[...] Damals wurde sowas noch live gesendet [...] und während der Sendung aufgezeichnet, das machte die Besetzung so kompliziert, weil, von dem, wie der Spielplan der Berliner Theater an dem Tag war, hing ab, welche Schauspieler man für die Sendung kriegte, weil die während der Sendung spielten. [...] Die Schreibarbeit war so, daß das aufgeteilt wurde, da hab ich auch mit geschrieben. [...] Das ging 'n bißchen darauf zurück, daß da ein Interesse vom Fernsehen an der ›Korrektur‹-Inszenierung der Hochschule für Ökonomie war. Sie konnten das dann nicht machen, wollten aber irgendwie was anderes machen. [...] Heiner und Inge waren da bei Gotsche, das muß auch sehr komisch gewesen sein, weil da links und rechts im Gang Soldaten standen und salutierten, wenn man vorbei ging, gegenüber war das Arbeitszimmer von Ulbricht. [...] 'ne furchtbare Produktion, entsetzlich, also das Ergebnis war entsetzlich.«

Als im Winter 1959/1960 in der Hochschulaula in Karlshorst die Probenarbeit für *»Die Umsiedlerin«* mit dem dreißigköpfigen Ensemble beginnt (zweimal wöchentlich je drei Stunden), liegt erst etwas mehr als ein Drittel des Textes vor. *Ich habe die Szenen geschrieben, habe sie auf der Probe angesehen, neu geschrieben. Das fängt an mit einer ganz zögernden Prosafassung, bis ich auf den Vers kam. Das war eine Befreiung, das ging immer mehr weg vom Naturalismus. Am Anfang klebte ich am Milieu.* Zwei Jahre lang läuft die Proben- und Schreibarbeit parallel. *Weder beim Schreiben noch beim Proben war uns bewußt, daß wir da eine Bombe gelegt haben. Wir waren ganz heiter, fanden das so richtig sozialistisch, was wir da machten, die Studenten auch, die hatten eine große Freude daran, Ökonomiestudenten, die kamen vom Land oder aus proletarischen Milieus, einige waren in der Armee gewesen, ein paar sogar Offiziere.*

Die Inszenierungsarbeit vollzieht sich indes weniger harmonisch, als es Autor und Regisseur nachträglich darstellen. Es fällt schwer, die Motivation der Laiendarsteller über einen so langen Zeitraum hinweg aufrechtzuhalten; in zwei Fällen ist eine Um- bzw. Neubesetzung nötig. Dennoch stellen die Studentinnen und Studenten der HfÖ eine Idealbesetzung dar: Zum einen sind sie im Unterschied zu ihren Kommilitonen anderer Fakultäten durchweg von kleinbäuerlicher, proletarischer oder agrarproletarischer Herkunft. Sie kennen daher die Probleme, die im Stück aufgezeigt werden, und melden keine ideologischen Bedenken an. Zum andern brauchen sie milieutypische Gesten und Bewegungen nicht erst zu lernen; bei ihnen stimmt es von vornherein.

Im Frühjahr 1960 wird die Probenarbeit unterbrochen, weil in der Landwirtschaft der DDR die Vollkollektivierungskampagne angelaufen ist, der Zusammenschluß der Bauern in Landwirtschaftlichen Produktionsgenossenschaften (LPG). Der Autor, mit dem Stück noch nicht zu Ende, sieht sich plötzlich von der Geschichte überholt. »Da haben wir ausgesetzt«, erinnert sich Tragelehn, »und das ganze Stoffkonvolut hat sich noch mal bewegt. Im darauffolgenden Winter habe ich wieder angefangen, schrittweise, und im Sommer 61 waren zwei Endprobenschübe.« Zwischenzeitlich hat Müller nach erneuter Androhung von Zwangsmaßnahmen durch Vermittlung des Deutschen Theaters eine weitere Rate des Kulturministeriums erhalten. Der letzte Text wird »nachts in der Generalprobe eingeflickt«.

Bis dahin vollzieht sich die gesamte Inszenierungsarbeit unbehelligt von Partei und Theaterleitung. *Ich schrieb mit dem Gefühl der absoluten Freiheit im Umgang mit dem Material, auch das Politische war nur mehr Material. Es war wie auf einer Insel, es gab keine Kontrolle, keine Diskussion über den Text. Wir haben einfach probiert, und ich habe geschrieben. Der Spaß bestand auch darin, daß wir böse Buben waren, die dem Lehrer ins Pult scheißen.* Eine Vorahnung, daß es mit dem *Lehrer* am Ende Ärger geben könnte, scheint Müller aber doch gehabt zu haben. 1994 erzählt Klaus Völker dem Theaterwissenschaftler Matthias Braun, »daß Müller ihm wahrscheinlich schon zur Premiere ein Textbuch mit der Bitte übergeben habe, es nach Westberlin mitzunehmen, damit wenigstens der Text sicher sei«. Und auch Tragelehn räumt 1987 ein, die Inszenierung sei »in vielen Punkten sehr polemisch« gewesen«.

»Die Umsiedlerin«

Thema von *»Umsiedlerin«* ist die Entwicklung der DDR-Landwirtschaft von der demokratischen Bodenreform 1945 bis zur sozialistischen Kollektivierung im Frühjahr 1960. Mit einer geradezu überbordenden Fülle realistischer Details und viel Witz werden die Auswirkungen der sozialistischen Revolution auf dem Land am Beispiel eines mecklenburgischen Dorfes im Bezirk Neubrandenburg aufgezeigt: Ein ländlicher Bilderbogen, ein Panorama der bäuerlichen Gesellschaft. Dreh- und Angelpunkt ist die Einführung zweier gemeinschaftlich zu nutzender Traktoren, ein Spiel um Macht und Gerechtigkeit. Der Epilog zeigt, wie ein Agitationskollektiv mit massivem Druck den letzten Einzelbauern des Dorfes für die LPG zu gewinnen sucht.

Ein brisantes Thema, denn die Kollektivierung bedeutet den eigentlichen historischen Einschnitt in die gewachsenen Strukturen der DDR-Geschichte. Sie ist indes unabwendbar: Die bei der Bodenreform verteilten landwirtschaftlichen Flächen haben sich als zu klein erwiesen, um ihre Bewirtschafter ausreichend ernähren zu können, eine effektive Nutzung der Maschinenparks (»Maschinen-Ausleih-Stationen«) ist nicht möglich. Aufbruch und Hoffnungen der Menschen erscheinen als Kampf zwischen altem und neuem Bewußtsein, alten und neuen Verhaltensweisen. Gegen jede harmonisierende Sichtweise entwickelt Müller den Prozeß der Landnahme als Kampf der Widersprüche: Die Aufhebung der alten produziert neue. Aller Idealismus erscheint ausgemerzt.

Müllers dramatische Chronik schildert die Konfrontation von über Jahrhunderte gewachsenen Denkstrukturen mit der neuen politischen Wirklichkeit, das Fortbestehen der sozialen Unterschiede zwischen den von der Enteignung verschonten Mittelbauern und den neuen Landbesitzern. Lakonisch-frech, mit satirischem Witz, aber sprachlich von hoher Präzision, wird notiert, was die Revolution auf dem Land mit den Menschen macht, wie die einzelnen sich dazu stellen. Dem einen schreitet der Kommunismus zu langsam voran, dem andern paßt der ganze Staat nicht. Für den Revolutionär Flint ist *die neue Zeit* eine *Spätgeburt, in letzter / Minute und mit fremdem Bajonett / der Mutter aus dem kranken Leib geschnitten.* Der Mittelbauer Treiber argumentiert dagegen: *Wir brauchen euern Sozialismus nicht / Wir haben, was wir brauchen, Auto, Fernsehn / Und eine Intelligenz als Schwiegersohn. / Soll in den Sozialismus gehen wers braucht / Wir halten keinen ab.* Der zynische Außenseiter Fondrak, Liebhaber von Bier und Frauen, verweigert sich der Landreform der Arbeiter- und Bauernmacht mit der hilflosen Begründung: *Erst kriegst du: Umsiedlerkredit, eine Bauernstelle, einen Posten. Dann wirst du zugeschnitten, was nicht in den Topf paßt, ab, und wenns der Kopf war. [...] Wenn du verhungern willst, fällt die Fürsorge über dich her. Diktatur.*

Anstelle einer großen Bauerngestalt, die mit Intelligenz und Energie die neue Macht im Staat repräsentiert, schafft Müller mit Fondrak einen Antihelden, der mit seinem unbedingten Autonomieanspruch zur lebendigsten Figur des ganzen Stücks wird. Einem Diktum von Brecht aus dem »Kleinen Organon« zufolge tritt das Asoziale oftmals »vital und mit Größe« auf und zeigt dabei »Verstandeskräfte und mancherlei Fähigkeiten von besonderem Wert«, »freilich zerstörerisch eingesetzt«: In der Fondrak-Figur hat Müller dies umgesetzt. (Eine private Pointe: Jochen Vondrak hieß der Frankenberger FDJ-Vorsitzende, der natürlich alles andere war als jener anarchisch-nihilistische Lebensphilosoph, als den Müller die Figur anlegt.) Lediglich die Gestalt des Landrats, der »als rettender Bote der Obrigkeit die Verhältnisse wieder ordnet und Recht zu Recht verhilft«, erscheint trotz des Verwirrspiels, mit der sie eingeführt wird, als positiv parteilich – gleichzeitig aber auch reichlich pädagogisch.

Die durchaus liebevoll aufgezeigte Diskrepanz von kommunistischer Utopie und realsozialistischem Alltag macht *»Die Umsiedlerin«* zu einer Geschichtskomödie – gleichwohl wittern die maßgeblichen Parteifunktionäre im Stück wie in Tragelehns Inszenierung »konterrevolutionäre Absichten« und Heimtücke. Der Zeitpunkt für das Stück ist denkbar ungünstig: *»Die Umsiedlerin«* tritt in einem Moment auf den Plan, als sich die Partei nach dem Mauerbau zu stabilisieren sucht. Das Beharren auf dem Widerspruch erscheint zu diesem Zeitpunkt als »objektiv gegen die Festigung der moralisch-politischen Einheit unserer Bevölkerung« gerichtet, als Versuch, »einen Keil zwischen die Partei und die Massen« zu treiben, wie es in einer Analyse von Siegfried Wagner, dem Chef der Kulturabteilung beim ZK, heißt. Kritik galt auch der Form des Stücks: Alfred Kurella, der im gleichen Atemzug gesteht, er habe nie viel von Müllers angeblichem Talent gehalten, verweist in einem Brief vom 17. Oktober 1961 auf die »offene Dramaturgie« des Stücks; dahinter, so läßt er Helmut Baierl wissen, stecke »der Verzicht des Künstlers auf die Erfassung des Wesens der Dinge und auf die Ordnung der verschiedenen ›Einzelheiten‹ zu einem Ganzen, das Typisches aussagt«.

Auf den ersten Blick mag *»Die Umsiedlerin«* tatsächlich formal krude und undiszipliniert wirken: Eine durchgängige Fabel gibt es scheinbar nicht; Blankvers (das Schema nicht immer streng eingehalten) und rhythmische Prosa wechseln, die Dramaturgie erscheint löchrig und ohne die früher bereits erreichte Ökonomie. Tatsächlich ist das Stück auf raffinierte Weise konstruiert. Marianne Streisand hat in einem Aufsatz für die »Weimarer Beiträge« nachgewiesen, daß das Stück »in seinem Entstehungsprozeß verschiedene Metamorphosen erlebt« hat, bei denen es sich »nicht nur um verschiedene Reifestufen« handle, sondern um »grundsätzliche konzeptionelle Wandlungen«. Diese seien zum einen den historischen Veränderungen geschuldet, zum andern dem Fortschritt von Müllers ästhetischen Vorstellungen. Für die ersten Entwürfe gelte, daß die Figuren »miteinander in einer betont didaktischen Sprechweise« reden. »Dem Zuschauer soll auffallen, daß ein Widerspruch existiert zwischen dem Gesagten und dem wahren Sachverhalt. [...] So ist der Erkenntnisprozeß, den der Zuschauer zu durchlaufen hat, von der Bühne her deutlich organisiert. Es ist die Sprache Brechtscher Lyrik und später Dramatik, die Müller hier fortsetzt.« In der Endfassung habe Müller dann die Theatralität stärker betont und so jene Form gefunden, die das Stück zu einem der großen Geschichtsdramen der deutschen Literatur mache. Zu den formalen Vorzügen von *»Umsiedlerin«* zählt Streisand »sprachliche Auslassungen«, »Kontradiktion, die zwischen Rede und Schweigen besteht«, »Text-Lücken, in denen körpersprachliche Aktion den Dialog ersetzt«, »Widersprüche zwischen Vorgang und Gespräch«.

Der Stücktitel und der Handlungsstrang der Umsiedlerin Anna Niet, einer von insgesamt vier größeren, sind der Prosaskizze »Die Umsiedlerin« (1950) von Anna Seghers entnommen. Sie war in einer zweibändigen Sammlung von Kurzgeschichten erschienen (»Der Bienenstock«), die Müller im »Sonntag« vom 31. Mai 1953 rezensiert hatte. Die Geschichte der jungen Kriegerwitwe Anna Nieth, die nach Kriegsende mit ihren zwei Kindern als Flüchtling bei einem Bauern zwangseinquartiert wird und, ermuntert vom SED-Landrat, lernt, sich gegen allerlei Widerstände der Einheimischen durchsetzen, wird, obgleich Müller sie nicht zu der Zentralfigur macht, die sie bei Seghers ist, zum ersten, den Stoff organisierenden Moment. Bis dahin wußte er noch nicht, wie er die gesammelten Notizen und Entwürfe zu einem »Agrodrama« in eine Form bringen sollte. Diese frühen, ab 1946 entstandenen Versuche sind stark von eigenen Erfahrungen in Mecklenburg und Sachsen geprägt gewesen. In einem Gespräch von 1983 hat er beiläufig seine große *Nähe zum Stoff* bekundet: *Ich kannte sehr viele Leute, die da auftreten.*

Richtungsweisend ist auch Brechts Proben-Modellbuch »Katzgraben-Notate« von 1953, für Müller der *erste konkrete Text über die Arbeit mit Gegenwarts-Material in einem Theater* und *auf Jahre hinaus eigentlich der einzige.* Brechts Inszenierung von Erwin Strittmatters Verskomödie »Katzgraben. Szenen aus dem Bauernleben«, bekräftigt Tragelehn, sei »der Anfang der DDR-Dramatik« gewesen. Müller übernimmt die neuartige, »jambisch-gehobene Volkssprache« (Brecht), radikalisiert sie aber noch, »indem er die Volksfiguren radikal in Konstruktionen ihrer Alltagssprache reden« läßt.

Ein Vierteljahr vor der »Versuchsaufführung« erscheint im »Sonntag«, mehr als Hinweis auf die Arbeit denn als Vorabdruck, eine Szene aus *»Die Umsiedlerin«* mit einem Kommentar des Regisseurs. Bei manchen Lesern erweckt sie den Eindruck, die Tendenz des Stücks sei parteifeindlich. Infolgedessen zitiert der Leiter der Abteilung Dramatik in der Kulturabteilung des Zentralkomitees, Hans Grümmer, Müller zu sich.

Außerdem interveniert er bei der Parteileitung der Hochschule, woraufhin noch vor den Semesterferien eine interne Vorführung der wenigen schon geprobten Szenen zwecks »Begutachtung« angesetzt wird, mit anschließender Diskussion. Anwesend sind unter anderen der Parteisekretär der Hochschule und Karl Schwarz, Sekretär der Abteilung Kultur im ZK der SED. *Da war ein Punkt, der uns später als Verschwörung ausgelegt wurde: Boris Djacenko kam dazu, der war gerade beim Zahnarzt gewesen, hatte eine dicke Backe und dadurch noch mehr russischen Akzent als sonst, der sprach nun emphatisch mit russischem Akzent für diese Aufführung. Daraufhin waren die Genossen eingeschüchtert und dachten, wenn die Russen dafür sind, müssen wir vorsichtig sein. Wir hatten Djacenko nicht vorgestellt, das wurde uns später als Bösartigkeit ausgelegt – daß wir einen Russen vorgeschoben hätten, um die Wachsamkeit der Partei einzuschläfern. [...] Nach dieser Geschichte, dem Durchlauf mit dem ›Russen‹ Djacenko, gab es offenbar eine Beruhigungsmeldung, und dann hat sich keiner mehr darum gekümmert.*

Im Maiheft von »Theater der Zeit« erscheint kurz darauf, vom neuen Chefredakteur Hans Rainer John mit einem distanzierenden Vorspruch versehen, ein Aufsatz von Peter Hacks: »Über den Vers in Müllers Umsiedlerin-Fragment«. Darin heißt es am Schluß: „Die Aufgabe des sozialistischen Theaterschriftstellers ist riesig. Er beginnt nach über hundert Jahren bürgerlicher Destruktion der Mittel; nach einem Jahrhundert Demontage der Fabel, Demontage des Charakters, Demontage der Schönheit. Die dialektische, kritische und revolutionäre Remontage ist seine Arbeit. Müllers Anteil an ihr ist wichtig und von Dauer.« Weil er solchermaßen Müllers »revisionistisches Stück« zu einer »Genietat« gestempelt habe, erhält Hacks im Dezember von Manfred Nössig an gleicher Stelle eine Rüge, die in der Behauptung gipfelt, »mangelhafte Verbindung« eines Schriftstellers »mit unserem Leben« müsse zwangsläufig »zu widerlich zynischen, ja konterrevolutionären Ergebnissen führen [...]. Weil diese Künstler mit ihrem – teilweise marxistisch verbrämten – Besserwissertum der Wahrheit unseres Lebens fernbleiben, können sie auch die führende

Rolle der Arbeiterklasse beim Aufbau des Sozialismus nicht erkennen und anerkennen. Ohne eine solche Überzeugung jedoch, gewonnen aus Erfahrung, ist unsere Gesellschaft heute künstlerisch nicht mehr darstellbar.« Fünfzehn Jahre später, nachdem die Partei ihr Urteil revidiert hat, preist derselbe Nössig dasselbe Stück, wiederum am gleichen Ort, nicht minder beflissen als »anspruchsvolle Historie«, »ehrlich, randvoll von Wahrheiten«.

Beim Bau der Chinesischen Mauer

Premierentermin für *»Umsiedlerin«* ist der 30. September 1961. Die Aufführung soll die »Zweite Internationale Studenten-Theaterwoche« eröffnen, die unter der Ägide des Zentralrats der FDJ stattfindet und für die der Intendant des Deutschen Theaters, Wolfgang Langhoff, kurzfristig die Schirmherrschaft übernommen hat. Dann kommt der 13. August, der Tag, an dem die DDR-Führung ihre Staatsgrenze zum Westen hin schließt und zu einem befestigten, unüberwindbaren »antifaschistischen Schutzwall« umbaut. Die DDR, von Beginn an in einer Art Belagerungszustand, wandelt sich jetzt auch nach innen in eine Festung. Zuletzt 30 000 Flüchtlinge im Monat, nicht wenige davon hervorragend qualifiziert, haben das Land an den Rand der Existenzfähigkeit gebracht. Die letzten Proben finden statt, während die Mauer gebaut wird. *Das war natürlich entscheidend. Danach fing der Zentralrat an, sich genauer anzusehen, was wir dort machten.* Außerdem, so Müller, habe es einen »Kontext« gegeben: In der Akademie der Künste läuft eine von Fritz Cremer betreute Ausstellung »Junge Kunst«, die einen Skandal entfesselt, weil sie Werke vorstellt, die »von modernistischen Auffassungen« allzu »stark beeinflußt« sind. »Der überwiegende Teil der ausgestellten Werke beweist die weitgehende Loslösung dieser Künstler vom neuen Leben und ist objektiv eine Verneinung der Prinzipien des sozialistischen Realismus«, konstatiert Siegfried Wagner in einer Analyse für Walter Ulbricht. In Leipzig wird Anfang September das Herbstmesse-Programm des Universitäts-Kabaretts »Rat der Spötter« verboten, die »Hauptprädelsführer« müssen sich vor Gericht verantworten. *Diese Dinge wurden nun plötzlich als ein Bermudadreieck, als Umsturzplan gesehen. Die Funktionäre dachten ja immer in Verschwörungen, da gab es keinen Zufall.*

Vor diesem Hintergrund erwecken Teile des »*Umsiedlerin*«-Dialogs den Anschein, als zielten sie in provokatorischer Absicht auf den Mauerbau. So sagt etwa Fondrak in der 9. Szene: *Hast du viel an unterm Kleid? Kann sein, der Rasen zwischen uns wird Staatsgrenze plötzlich, man hat schon Pferde kalben sehn aus Politik, du stehst in Rußland ohne einen Schritt, ich in Amerika, und Kinder machen auf dem Grenzstrich ist Export und verboten, Einfuhr wird auch bestraft. Wenn ich bloß nach deiner Brust greif, wird schon geschossen.* Tatsächlich hat Müller diese Passage bereits 1959 geschrieben.

Von den meisten Intellektuellen wird der Mauerbau anfangs begrüßt. »Landeskinder wie ich«, räumt Wolf Biermann ein, »wollten [...] im Schutze dieses langgestreckten Bauwerks endlich, endlich demokratische Bedingungen schaffen, die es uns ermöglichen sollten, die Mauer so schnell wie möglich wieder abzureißen.« Es war, so Müller, eine verbreitete Illusion, *daß die Mauer uns mehr Offenheit bescheren würde.* Umgekehrt habe Otto Gotsche, als Sekretär des Staatsrates Ulbrichts rechte Hand, gesagt: »Jetzt haben wir die Mauer, jetzt können wir jeden daran zerquetschen, der gegen uns ist.«

Anfang September tendiert der Zentralrat der FDJ dazu, die Theaterwoche zu verschieben. Die Berliner Bezirksleitung der SED dagegen will vermeiden, daß der Eindruck entstehen könnte, das kulturelle Klima habe sich nach dem Mauerbau verschlechtert. Nach dem 13. August haben viele internationale Teilnehmer abgesagt, andere sind von der FDJ ausgeladen worden. »Es waren«, so Hans Bunge, »nur so zehn oder zwölf Beobachter da, aus Belgien, aus Frankreich, vielleicht auch jemand aus Dänemark, aber nur einzelne Leute, die auf irgendeine Weise schon vorher mit uns verbunden gewesen waren.« Nun soll auf keinen Fall noch mehr passieren, vor allem nichts, was als Zensurmaßnahme gedeutet werden kann. Mit dieser Meinung kann sich der zuständige Sekretär für Kulturfragen, Karl Schwarz, durchsetzen. Allerdings will man es bei einer einmaligen Versuchsaufführung von »*Umsiedlerin*« belassen. Und um die geplante kontroverse Diskussion nach der Premiere zu seinen Gunsten zu entscheiden, hat der Zentralrat entsprechende Vorbereitungen getroffen: *Die Genossen Zuschauer wurden vor der Aufführung versammelt und instruiert, daß sie zu protestieren hätten.*

Die Generalprobe wird für den 29. September, 18.00 Uhr angesetzt. Tragelehn verlegt sie umständehalber auf 21.15 Uhr. Sie zieht sich in die Länge, *weil immer wieder neu probiert werden mußte.* Das Kulturministerium hat die Genossen Eva Zapff, vormals Dramaturgin am Maxim-Gorki-Theater, und Fritz Rödel delegiert. *Es gab keine Kantine in der Hochschule, nichts zu essen, außer Bockwurst. Die haben sich das drei Stunden klaglos angesehen. Dann kriegten sie Hunger und gingen essen. Von da aus berichteten sie an ihren Abteilungsleiter, die Sache sei hart, aber parteilich, sie sei zu verkraften. Damit hatten sie den beruhigt.* »Die Ministeriumleute waren da und haben ungefähr die Hälfte gesehen und sind dann gegangen, weil's halt Nacht war – die Generalprobe war früh gegen drei zu Ende.«

Weniger gelassen reagiert ZK-Mitarbeiter Siegfried Wagner. Noch am Tag der Aufführung erteilt er dem stellvertretenden Kulturminister, Günter Witt, den Auftrag, den Stücktext zu prüfen. Daraufhin kommt es in allen Leitungsgremien der beteiligten Institutionen zu hektischer Betriebsamkeit. »Dann hatt' ich noch 'ne Durchsprechprobe angesetzt für den nächsten Vormittag, da kam der Zentralrat und wollte den Text sehn, nun hatten wir keinen Text, es gab keinen fertigen Text, kein vollständiges Exemplar, und dann hab ich die zu der Durchsprechprobe gebeten, aber das dauerte so lange, also, ich hab das, irgendwann, nach vier Szenen, abgebrochen, damit die noch 'n bißchen Ruhe hatten vor der Vorstellung.« Am Nachmittag, wenige Stunden vor der Premiere, findet ein Gespräch zwischen dem Organisationskomitee des Festivals und Vertretern des Zentralrats der FDJ, Hochschulleitung und Parteileitung statt, an dem auch Tragelehn teilnimmt. Trotz politischer Bedenken setzt sich die Meinung durch, das problematische Stück zur Diskussion zu stellen. Im Festsaal der Hochschule geht daraufhin am Abend des 30. September 1961, einem Samstag, vor rund 300 Zuschauern die »Probeaufführung« der *»Umsiedlerin«* über die Bühne. Sie beginnt gegen 19 Uhr im Anschluß an eine Begrüßungsansprache von Wolfgang Langhoff und endet nach 23 Uhr. »In der Vorstellung hat den Flint bei seiner Schlußrede der Text verlassen, weil er seinen Zettel nicht dabei hatte, den hatte er noch nicht gelernt« – er war erst auf der Generalprobe eingeflickt worden. Für Autor und Regisseur wird die Aufführung zu einem kurzen Erfolg mit bösen Folgen; für die verantwortlichen Funktionäre zu einem anhaltenden Desaster.

Die beabsichtigten Störaktionen der FDJ kommen nicht zustande, *unter anderem wegen Manfred Krug, der spielte eine führende Rolle. Er saß vorn in der Mitte, ein Kleiderschrank, und lachte gröhlend über jeden Witz. Einige Genossen mußten dann auch lachen und haben nicht mehr protestiert, dadurch wurde es zur Katastrophe. Berta Waterstradt, eine alte Schriftstellerin aus dem Bund proletarisch-revolutionärer Schriftsteller, mußte sich später vor ihrer Parteiorganisation im Schriftstellerverband verantworten, weil sie nicht protestiert, sondern sogar gelacht hatte. Sie hätte ja Buh rufen wollen, sagte sie, aber sie hätte immer lachen müssen, und das könne man nicht gleichzeitig.* Sigurd Schulze, Leiter der Studentenbühne und als »Hans Büchner« Kontaktperson des Ministeriums für Staatssicherheit, berichtet seinem Führungsoffizier anschließend: »Sehr laut gelacht hat Manfred Krug. […] Block [=Hacks?] lobte das Stück sehr; Mickel bezeichnete es als einen Höhepunkt. […] Leising lobte die Darstellung und sagte etwa, das sei für eine Studentenbühne das Richtige.« Dagegen sollen, wie ein anderer Informeller Informant berichtet, Vertreter der Hochschulleitung und die Schauspielerin Steffie Spira regelrecht empört gewesen sein; zwei Mitglieder des Berliner Ensembles hätten sich »in der Pause ›davongeschlichen‹«.

Bereits in der Pause und auf der anschließenden Premierenfeier deutet sich allerdings an, daß der Triumph nicht lange währen wird. Peter Hacks meint: *›Sie werden dich politisch totschlagen, weil du sie entschuldigst.‹ An den Nebentischen sagten die Kenner der Sachlage: ›Die können jetzt bald die Bautzener Ge-*

fängnisfestspiele eröffnen‹. Tatsächlich gerät die Aufführung zu einem der größten kulturpolitischen Eklats der DDR bis zur Biermann-Ausbürgerung. Wo Müller auf befreiendes Lachen hofft, ruft er statt dessen vehemente Abwehrreaktionen hervor. Nicht nur die unmittelbar Beteiligten werden zur Rechenschaft gezogen, auch hinter den Kulissen rollen Köpfe. Einige Genossen der Hochschule verlieren ihr Parteibuch, ein stellvertretender Minister und drei Mitarbeiter des Kulturministeriums werden bestraft; insgesamt werden im Zusammenhang mit *»Umsiedlerin«* um die 30 Parteistrafen ausgesprochen. Die Provokation liegt in der Haltung des Autors zu den Ereignissen: »Hier wurden nicht die Erfolge des sozialistischen Aufbaus gefeiert, hier lag ein fremder Blick auf den Dingen, nicht vereinnehmbar, nicht einmal richtig greifbar und angreifbar.« Was Müllers Figuren auf der Bühne erleben, was sie aussprechen, ist mehr, als die Verantwortlichen ertragen können. Es fehlt, von mangelnder Souveränität gegenüber dem politisch selbst verantworteten Geschehen abgesehen, der zeitliche Abstand zu den behandelten Ereignissen. Mit seinem Beharren auf der Existenz von Widersprüchen auch in der sozialistischen Gesellschaft sabotiert Müller in den Augen der Herrschenden den verordneten Aufbau-Enthusiasmus.

Noch in der Nacht zum Sonntag laufen Zwangsmaßnahmen gegen die Beteiligten an. Das Stück wird sofort abgesetzt, die Bühne geschlossen, die Manuskripte eingezogen (sie werden später im Kulturministerium verbrannt) und eine Nachrichtensperre verhängt – aufgrund einer Informationspanne strahlt der Berliner Rundfunk am 1. Oktober dennoch einen zustimmenden Premierenbericht aus. Die Mitwirkenden werden inquisitorisch verhört und unter Androhung der Zwangsexmatrikulation zu demütigender schriftlicher Selbstkritik und Distanzierung genötigt. Autor und Regisseur sind zu diesem Zeitpunkt noch nichtsahnend: *Wir wunderten uns nur, daß die Studenten, die gespielt hatten, einer nach dem anderen verschwanden.*

Die geplante Diskussion wird gestrichen, statt dessen findet am nächsten Tag um 13 Uhr im Festsaal der Hochschule eine Versammlung der Parteigruppe der Hochschule statt, an der

der Rektor, der Partei- und der FDJ-Sekretär, 25 Mitglieder der Studentenbühnen, Vertreter des Zentralrats und des Kulturministeriums teilnehmen. Wer es noch nicht weiß, erfährt bei dieser Gelegenheit die offizielle Einschätzung des Stücks durch die Partei: »konterrevolutionär, antikommunistisch, dekadent.« Parallel dazu werden die Mitglieder der Studentenbühne befragt, drei Tage lang, beginnend am Nachmittag des 1. Oktober. Neben der geforderten kollektiven Stellungnahme hat jedes Mitglied eine persönliche Erklärung abzugeben.

Am 3. Oktober 1961 legt die Hochschule die geforderte Erklärung vor, unterzeichnet vom Rektor Rössler und dem Leiter der nun schon »ehemaligen FDJ-Studentenbühne« und Vorsitzenden des Vorbereitungskomitees der Theaterwoche, Sigurd Schulze:

»Wir sind gegenüber der Partei, dem Staat, dem Jugendverband, der Hochschule, dem Publikum und allen fortschrittlichen und friedliebenden Bürgern unserer Republik darüber Rechenschaft schuldig. Heute weiß jeder einzelne von uns, daß wir mit der Aufführung des Stückes entgegen unserer ehrlichen Auffassung und entgegen unserem Willen dem Klassengegner, den westdeutschen Militaristen gedient und die Bestrebungen, unsere Republik aufzuweichen, unsere Arbeiter-und-Bauern-Macht zu beseitigen und die Menschheit in die Katastrophe eines 3. Weltkrieges zu stürzen, aktiv unterstützt haben. Damit sind wir der Partei, unserer Regierung und allen friedliebenden Kräften in den Rücken gefallen und zu Werkzeugen gewissenloser, reaktionärer Elemente unter sogenannten ›Künstlern‹ wie Müller und Tragelehn geworden.

Das Stück hatte eindeutig konterrevolutionären, antikommunistischen und antihumanistischen Charakter. Die Erkenntnis dieses Inhalts hat sich erst durch intensive Diskussionen in unserer ehemaligen Studentenbühne durchgesetzt, obwohl es vor der Aufführung viele warnenden Stimmen gegeben hat. Das zeigt, daß jeder einzelne politisch versagt und damit feindlichen Elementen geholfen hat, uns zur Propaganda für eine staatsfeindliche Plattform von der Bühne her zu mißbrauchen.

Im Ergebnis der bisherigen Diskussionen erklären wir, daß wir uns von diesem feindlichen Machwerk, seinem Autor, dem

Regisseur entschieden distanzieren. Wir befinden uns noch im Prozeß der Auseinandersetzung, um alle ideologischen und politischen Fragen, die mit unserem Versagen zusammenhängen, restlos und ehrlich zu klären. Wir werden durch unser künftiges Verhalten, durch gute Taten beweisen, daß wir der Politik der Sozialistischen Einheitspartei und Regierung der DDR, der Sache des Sozialismus treu dienen werden.

Wir erklären, daß wir uns nicht durch unklare und feindliche Elemente zu ›Märtyrern‹ von unseren Feinden machen lassen, sondern daß wir die Auseinandersetzung mit uns und unter uns als richtig begriffen haben und auch offensiv unter unseren Mitstudenten an der Hochschule darüber keinen Zweifel lassen werden.

Jeder einzelne Jugendfreund hat eine persönliche Stellungnahme abgegeben, in der er seinen persönlichen Anteil und die gezogenen Schlußfolgerungen festgelegt hat.«

Am 2. Oktober werden eine Sitzung der Parteileitung sowie eine Vollversammlung der FDJ an der Hochschule anberaumt. Zur selben Zeit beraten die Abteilung Kultur beim ZK, Vertreter des Kulturministeriums, der Berliner Bezirksleitung, der Parteileitung der Hochschule und des Zentralrats der FDJ über weitere Maßnahmen. Um seine ideologische Zuverlässigkeit zu unterstreichen, fordert der Zentralrat, der durch Nachlässigkeit den Skandal mit verursacht hat, scharfe Gegenmaßnahmen und stellt den Antrag, »den Autor, den Regisseur und den Leiter der Bühne zu verhaften«. Der Vorwurf lautet auf »fortgesetzte staatsgefährdende Propaganda und Hetze«. Damit findet man jedoch keine Zustimmung. Auch Stasi-Oberleutnant Freiberg von der Abteilung V/6 der Verwaltung Groß-Berlin, der sich auf das Gutachten einer Kommission des Staatssekretariats für das Hoch- und Fachschulwesen stützt und den Antrag am 11. Oktober wiederholt, kann sich nicht durchsetzen, obgleich in der Einschätzung behauptet wird, *»Umsiedlerin«* bringe »einen offenen, gegen die Politik von Partei und Regierung, gegen die sozialistische Umwälzung gerichteten Standpunkt zum Ausdruck«, verbreite »Argumente des Gegners« und unterstütze »seine ideologische Diversion«; die Aufführung, »besonders vor studentischen Kreisen«, könne daher »zum gegenwärtigen Zeitpunkt leicht zum Kristallisationskern feindlicher Tätigkeit werden«. Die Festnahme unterbleibt; nach Müllers 1988 geäußerter Ansicht, weil sich das maßgebliche Politbüromitglied Paul Verner dagegen ausspricht: *Für Ideologie wird nicht verhaftet.*

Am 4. Oktober werden Müller und Tragelehn ins Kulturministerium einbestellt, wo sie von Fritz Rödel und Eva Zapff befragt werden, bei welcher Gelegenheit Rödel sie – nach Müllers Erinnerung – mit der Forderung *einiger Genossen* bekannt macht, Autor und Regisseur *von der Staatssicherheit verhaften zu lassen. Damit, und mit dem Auftrag, eine Stellungnahme abzufassen, waren wir verabschiedet.* In seinem anschließend notierten Informationsbericht zieht Rödel eine Verbindung zu den Vorgängen um *Korrektur*, wo Müller sich ebenfalls nur widerstrebend dem Parteistandpunkt gebeugt habe. Tragelehn und Müller, heißt es da, stünden »noch auf der gleichen Position intellektuell-snobistischer Kritik«, wie sie »zur Zeit der ›Korrektur‹-Diskussion an den Tag gekommen« sei. »Ihre Position ist noch heute, obwohl sie ihre Hingabe an den Sozialismus beteuern, im Grunde klassen- und staatsfremd.«

Während Müller der Aufforderung, sich binnen achtundvierzig Stunden schriftlich zu äußern, zunächst nicht nachkommt, schreibt der damals 25jährige Tragelehn am 6. Oktober einen Entschuldigungsbrief an den Kulturminister, in dem er »politische Leichtfertigkeit« und »Betriebsblind«heit einräumt, gleichzeitig aber die politische Verantwortung den Leitungskadern überläßt. Seit 1960 Mitglied der SED, muß er sich anschließend einem Parteiverfahren vor der Grundkommission der Partei am Theater der Bergarbeiter Senftenberg stellen, das von Hans Grümmer, in der Kulturabteilung des ZK verantwortlich für neue Dramatik, geleitet wird; mit dabei sind Hans Rainer John (eine »ganz neue Art Pornografie«) und Karl Holán, kommissarischer Leiter der Theater-Sektion im Ministerium für Kultur, später wie Rödel ebenfalls einmal Intendant der Volksbühne. Holán hatte, so Tragelehn, »die Freisler-Rolle des Brüllers« übernommen. *Der Vorwurf war: konterrevolutionär, antikommunistisch, antihumanistisch, nichts Konkretes. Es ging nur um die Hintermänner, um die Gesamtverschwörung. [...] Trage-*

lehn wußte keine Hintermänner, der arme Hund. Er konnte auch keine erfinden, dadurch hat sich das so hingezogen.

Anschließend hatte Tragelehn, wie er berichtet, »eine halbe Stunde Zeit, im Nebenzimmer eine Stellungnahme abzufassen. Ich brachte eine Demutsgeste zustande, aber genutzt hat sie mir nichts.« Reumütig und phrasenreich gibt er sein Verschulden zu. »Ich sehe, daß ich große Fehler begangen habe und unserer Sache ernsten Schaden zugefügt habe. Ich habe den festen Willen zu lernen. Ich bitte, mir bei der Überwindung der Fehler zu helfen. Ich werde, wo immer die Partei will, versuchen, mich zu bewähren.« Die Partei allerdings schließt ihn aus, sein Dienstvertrag für die Spielzeit 1961/62, in der er u. a. Müllers *»Reise«* inszenieren wollte, wird mit Wirkung vom 21. Oktober vom Intendanten Günter Lange fristlos aufgelöst: »Veranlassung ist die feindliche Einstellung zu unserem Staat, die Ihnen mit Ihrer Arbeit an dem Stück ›Die Umsiedlerin‹ von Heiner Müller an der Hochschule für Ökonomie in Berlin nachgewiesen wurde, und die zu einem Ausschluß aus der SED führte.« An eine Tätigkeit im kulturellen Bereich ist nicht zu denken. Die SED schickt ihn für ein gutes halbes Jahr »zur Bewährung« in die Produktion, als Kipper und Bandwärter auf einem Bagger nach Klettwitz. »Danach war er über ein Jahr arbeitslos. Seine Frau Christa, zweiundzwanzigjährige Indologiestudentin, ernährte die Familie, zu der noch eine einjährige Tochter gehörte, mit ihrem Stipendium von 250 Mark und Übersetzungen, die sie – da mit dem Namen Tragelehn schwer zu publizieren war – unter einem Pseudonym veröffentlichte.« 1963 erhält Tragelehn auf Vermittlung von Paul Dessau einen Werkvertrag am Greifswalder Theater, 1965 wird er Oberspielleiter am Landestheater Eisenach, ein Dreivierteljahr später jedoch wieder abgesetzt. 1967 kommt es dann zu einer langfristigen Anstellung als Regielehrer in Babelsberg. Bis er wieder an einem Berliner Theater inszenieren darf, müssen mehr als zehn Jahre vergehen, und doppelt so lange dauert es, bis er sich wieder an ein Müller-Stück machen darf. Im Hintergrund steht kein eigentliches Verbot, sondern die Angst der Intendanten, »daß die beiden Namen wieder zusammen erscheinen«.

Aufgrund einer Weisung des Ministeriums für Kultur müssen auch Mitglieder der führenden Kulturinstitutionen und andere Kulturschaffende Stellung zu *»Umsiedlerin«* beziehen, ihre Meinung offenlegen oder sich gar, wie Martin Linzer und Fritz Marquardt, die als Mitarbeiter von »Theater der Zeit« bei der Aufführung anwesend waren, »vor der jeweiligen Parteileitung verantworten«; Marquardt, der sich lobend über *»Umsiedlerin«* ausgesprochen hat, bekommt ein Parteiverfahren angehängt. Selbst der russische Theaterwissenschaftler Viktor Klujew, der zu den Premierengästen gehört, Müller besucht und sich gegenüber dem Zentralkomitee auch für Müller eingesetzt hatte, wird gemaßregelt: Zunächst muß er gegenüber seiner Botschaft Rechenschaft über seine Berliner »Theatertätigkeit« ablegen; nach Moskau zurückgekehrt, erfährt er, daß er in den nächsten fünf Jahren nicht mehr ins Ausland reisen darf.

Jürgen Schmidt, Parteisekretär des Deutschen Theaters, lehnt jede Mitverantwortung ab. Von den Mitgliedern des eben mit dem Nationalpreis bedachten Berliner Ensembles haben vier die Aufführung gesehen: Elisabeth Hauptmann, Hilmar Thate, Herbert Fischer und Helmut Baierl. Letzterer, Hausautor und Sekretär der Parteileitung des Theaters am Schiffbauerdamm, schreibt im Namen der vier am 5. Oktober 1961 einen beflissen-distanzierenden Brief an das Ministerium, in dem er die kollektive Abscheu gegenüber Autor, Regisseur und Stück zum Ausdruck bringt:

»Müller hat mit seinem Stück ›Die Umsiedlerin‹ seine Begabung in erschreckender Weise abgebaut. [...] Die Regie [...] ist nahezu verbrecherisch [...]. Das Stück ist der Studentenbühne unwürdig. [...] In dem Stück kommt eine Unmenschlichkeit zutage, auch wieder besonders durch die Regie. [...] Das Stück, das man auch betiteln könnte ›Von Strick zu Strick‹, ist in jeder Beziehung schädlich, vor allem politisch. Das Stück ist sowohl politischer Unsinn als auch künstlerischer Unsinn. [...] Wir sind bereit, auf einer neuen Basis, wenn es für Müller und für uns von Nutzen erscheinen sollte, mit ihm zu sprechen. Das bezieht sich aber nicht auf den Regisseur. Unsere Stellung zu ihm ist charakterisiert durch beiliegenden Brief.«

Offenbar unter dem Eindruck intensiver Diskussionen im

Ensemble muß Baierl namens seiner drei Kolleginnen und Kollegen einen Ergänzungsbrief hinterherschicken, in dem moderatere Töne angeschlagen werden. Darin ist von der zunehmenden Isolation Müllers die Rede, von fehlender Kontrolle, womit den eigentlich Verantwortlichen die Verantwortung und Schuld zugeschoben wird. Die Unterzeichner wollen, daß die Kritiker »sich noch einmal mit der Gesamtentwicklung Müllers, mit allen seinen Stücken und Prosaarbeiten beschäftigen« und dieser »nicht nur nach seinem letzten Stück« beurteilt werde. »Wir halten dieses Stück nicht für Müllers Weg; es ist ein Irrweg, von dem wir ihn zurückholen müssen, nachdem wir ihn diesen Weg haben einschlagen lassen.«

Siegfried Wagner legt Walter Ulbricht am 5. Oktober einen ausführlichen Bericht »über einige ideologische Probleme im Bereich der Kunst und Literatur« vor, in dem er die Aufführung als Provokation deutet, als Versuch einer Künstlergruppe (zu der er neben Müller und Tragelehn auch Hacks zählt), sich eine »Plattform« zu schaffen – womit ein Straftatbestand benannt ist. In einer weiteren, undatierten Analyse rückt Wagner diese Plattform »in die Nähe der Anschauungen der ›jugoslawischen Revisionisten und der Harichgruppe‹«.

Vom Zentralrat der FDJ bereits in den frühen Morgenstunden des 2. Oktober informiert, nimmt sich auch die Staatssicherheit des Falls Müller/Tragelehn an. Die »Berichtakte zu Heiner Müller« der Hauptabteilung V des MfS reicht bis ins Jahr 1957 zurück, aber erst jetzt füllt sie sich mit umfangreichen Dossiers. Seit dem 2. Oktober sind verschiedene festangestellte und informelle Mitarbeiter in Sachen »Umsiedlerin« tätig, zwei Tage später beginnen die Zeugenbefragungen. Die beiden Hauptverantwortlichen werden vom 6. bis 11. Oktober optisch und akustisch ausgespäht, ihr Verhalten dokumentiert (»operative Personenbeobachtung«). Hinzu kommen Nachforschungen im Umfeld und gezielte Provokationen wie jene *geheimnisvolle Aufforderung, die den Eindruck erwecken sollte, aus Westberlin zu kommen, zu einem Treff am Bahnhof Friedrichstraße.* Schon bald gewinnen die Mitarbeiter den Eindruck, daß hinter den Vorkommnissen »organisierte Feindtätigkeit« steckt.

»Geheime Informatoren« berichten aus dem Staatssekretariat für das Schul- und Hochschulwesen, aus der Hochschule für Ökonomie und von den Sitzungen des Schriftstellerverbands – mit mehr oder weniger Geschick. In einem dieser Berichte heißt es: »Ich glaube, mit dem Mann muß man nicht nur politisch diskutieren, dieser Mann müßte einmal zum Psychator. [...] Dieser Mann lief in den letzten Wochen herum, praktisch auch in den letzten Monaten, und erzählte mehreren Leuten im Vertrauen, daß er ein Genie sei [...]. Er versäuft alles, er hat Miet-Geld, Gas, Licht usw. versoffen [...]. Er säuft herum und versucht, Leuten etwas zu spendieren. Das ist doch nicht normal.« Weil nach fünfwöchiger »Bearbeitung« »keine weiteren Hinweise für eine Feindarbeit ermittelt werden« können, stellt die Staatssicherheit den »Vorlauf Operativ« zu Müller und Tragelehn am 10. November ein.

Am 9. Oktober findet eine Vollversammlung der Parteiorganisation der Hochschule statt, an der mehr als sechshundert SED-Mitglieder teilnehmen: Studenten, Vertreter der Hochschulleitung, des Zentralrats der FDJ, der Bezirksleitung und des Ministeriums für Kultur. Hans Bunge, der zum Organisationskomitee der Theaterwoche gehört, ist auch geladen. Er erinnert sich: »Das war fast wie eine Art Aufforderung zur Lynchjustiz. Dieser Sekretär für Kulturfragen aus dem Zentralrat der FDJ, der hieß Krieger, der stellte sich ans Rednerpult und beschimpfte die Studenten, daß sie ihre Fäuste nur in den Taschen geballt hätten und nicht auf die Bühne gelaufen sind und die Fäuste auf die Köpfe der Schauspieler haben trommeln lassen.« »Die Studenten [...], vielleicht 200, wurden aufgefordert, schriftlich ihr Mißfallen über das Stück auszusprechen. Jeder einzelne für sich, der Text war nahezu vorgegeben. Es war gesagt worden, wir erwarten von euch das und das. Das haben die meisten auch gemacht aus Angst, daß ihnen etwas passiert. Und nur 5 kamen dann zu mir in die Wohnung und wollten sich von mir beraten lassen, was sie machen können, um nicht unterschreiben zu müssen.«

Das Urteil

Für den 17. Oktober hat der Schriftstellerverband eine Sitzung der Dramatiksektion mit Gästen einberufen; voran geht am 16. Oktober eine Versammlung des Parteiaktivs, auf der der Kurs festgelegt wird. Unter den rund 50 Teilnehmern sind Alfred Kurella, Siegfried Wagner, Peter Hacks, Paul Dessau, Hans Bunge, Gerhard Piens. Das einleitende Referat hält Piens, Chefdramaturg am Deutschen Theater. Er habe, so Müller, den Parteiauftrag gehabt, *in seinem Referat nachzuweisen, daß das Stück und die Inszenierung sowohl objektiv als auch subjektiv konterrevolutionär sei. Subjektiv hieß Verhaftung – dumm sein darf man, aber wenn man es mit Absicht macht … […] Und der Piens kam zu mir und sagte: man muß dieses Referat halten, aber ich werde nur nachweisen, daß es objektiv konterrevolutionär ist, das andere kann ich nicht und das mache ich auch nicht. Dafür hatte er zwei Jahre Schwierigkeiten dann, weil er diesen Punkt nicht erfüllt hat.* In der Tat wird vom Verband später bemängelt, daß sich Piens »fast ausschließlich mit dramaturgischen Mängeln beschäftigte und die entscheidende Frage der falschen und verzerrten Darstellung der Wirklichkeit völlig ungenügend berücksichtigte«.

Anna Seghers, seit 1952 Präsidentin des Schriftstellerverbands, hält eine zehnminütige spontane Rede, in der sie die Argumente von Müllers Kritikern teils aufgreift und bestätigt, teils zurückweist. Entscheidend sei, »ob man diesen Menschen helfen will oder sie zugrunde richten will«. Mit den vorhergehenden Rednern ist sie der Meinung, daß es sich bei *»Umsiedlerin«* um »ein wirres«, ein »auch ästhetisch-künstlerisch nicht gelungenes Stück« handle, das, »auch wenn es mit der größten Klugheit und Geschicklichkeit aufgeführt würde, schädlich wirken kann. Auf jeden Fall nicht günstig auf die Zuhörer.« Dann spricht sie über den Sinn und die Berechtigung von »Negativität«: »Auch erinnert ja überhaupt der Heiner Müller und diese mehr oder weniger brauchbaren Stücke und Sachen, die er geschrieben hat, in aller Begabung, in aller Unreife, in allem Sexualquatsch, in aller Hysterie – ein wenig hysterisch ist es ja auch – erinnert ja alles ein bißchen an die uns so wohl bekannten Sturm- und Drangbeispiele, überhaupt an viele Beispiele [hier vermerkt das Protokoll ›Unmutsäußerungen‹] – an viele Beispiele in unserer Literaturgeschichte, wo immer offenbar für eine junge Generation ein Grund war, kribblig und hysterisch zu werden.« Auch bei dem »jung gestorbenen Borchert z. B.« entdeckt sie »stilistische Ähnlichkeiten«. Von Siegfried Wagner verlangt sie die Auskunft, ob es lediglich »ein dummes Gerede« sei, wenn es nun heiße, »jetzt kommt der Mann bestimmt zu Fall, sogar mit einer gewissen Hämischkeit«, oder ob das etwa tatsächlich zur Diskussion stehe.

Wagner, Chef der Kulturabteilung im ZK der SED, hält das Hauptreferat. Seine Hauptattacken gelten künstlerischer Arroganz und bürgerlichem Intellektualismus. Von Anfang an macht er deutlich, daß er die Sache nicht als Bagatelle durchgehen lassen will, da das Stück »seinem Wesen, Inhalt, seiner Konsequenz nach konterrevolutionär, gegen die Staatsmacht und die Politik gerichtet« sei: »Denn wir lassen unseren Staat in einer derartigen Weise, selbst von Shakespeareschen Blankversen unseres Jahrhunderts [ein ironischer Seitenhieb gegen Hacks; J.-C. H.], nicht beleidigen. [...] Wir können uns nicht leisten, daß in dieser Situation, wo die Deutsche Demokratische Republik international ein solches Wachstum ihres Ansehen hat, wo sie eine Autorität wird, daß da einige glauben hier diese Republik derartig in den Dreck treten zu können.« Und, an Anna Seghers gewandt:

»Liebe Anna, nimm mir jetzt nicht übel, wenn ich das ganz grob sage, was ich denken muß über den Kopf von Müller. Ich frage mich, welch eine Summe von Zynismus über unser neues Leben muß in einem solchen Kopf angehäuft sein, um so etwas zu schreiben. Wieviel Gedanken, die tiefer und schlimmer sind als die der Westberliner Zuhälter, leben in diesem Kopf, wenn man über menschliche Beziehungen dort liest, was dort geschrieben steht. Und wieviel Überheblichkeit und Snobismus ist in diesem Kopf, auch nur eine Minute lang, sich als den Shakespeare unseres Jahrhunderts bezeichnen zu lassen, für solch ein Machwerk, das künstlerisch-formal saumäßig gemacht ist. [...] Was ist hier an Zynismen, an Gemeinheiten gegen unseren Staat angehäuft, das gibt es in der ganzen, nicht erschienenen

Literatur in der Deutschen Demokratischen Republik zusammengenommen nicht, wie in diesem einen Stück. [...] Wenn ich das jetzt alles nehme, was dort gesagt, geschrieben, gedacht ist, dann komme ich zu der festen Überzeugung, daß es sich hier um ein Machwerk mit künstlerischen Mitteln handelt, von einem Menschen, der mindestens ein großer Zyniker ist, wenn nicht mehr. Ein Zyniker, der seine ganzen abwegigen Gefühle auf unser neues Leben hier ausgegossen hat.«

Wagner ergreift in der Debatte später noch einmal das Wort. Weil inzwischen mehrere Teilnehmer für eine nachsichtige Behandlung des jungen Stückeschreibers plädiert haben, sieht er sich veranlaßt, den Genossen den Ernst der Lage vor Augen zu führen. In gedrängter Kürze faßt er die Hauptvorwürfe gegen das Stück zusammen:

»Welche Ideen sind im Stück zur tragenden Wirkung gekommen?

1. Die Ordnung, wie sie bei uns herrscht, ist schlecht und führt eigentlich nicht zum Sozialismus. Das ist ein Zerrbild unseres Lebens, ein verlogenes Bild, in diesem Stück gezeigt.

2. Der Sozialismus in der DDR ist letzten Endes die Machtausübung einer kleinen Gruppe gegen die Mehrheit der Bevölkerung.

3. Diese kleine Mehrheit wiederum besteht aus mehr oder weniger angeknackten, verkommenen Menschen. –

Wenn ich das aber jetzt einmal summiere, dann stimmen diese Ideen, die im Stück zur Handlung geführt worden sind, letzten Endes überein mit den ideologischen, mit der ideologischen Diversion, wie sie aus dem Arsenal der psychologischen Kriegsführung Tag für Tag von ihren Zentralen über die DDR verbreitet werden.«

Damit hat er seine Rolle als Scharfmacher erfüllt und die Versammlung auf Parteikurs gebracht. »Die einzigen Personen, die für Müller Stellung nahmen, waren Hacks und Dessau«, heißt es im Bericht eines Leutnants der Staatssicherheit. »Hacks sprach in geschwollenen Worten über die gesunde politische Fabel, die dem Stück zugrunde liege. Er äußerte, daß seit Brecht nicht wieder so ein dramatisches Stück geschaffen worden sei, daß bei Müller hohe künstlerische Qualitäten vorhanden sind und daß er nur das Opfer einer dogmatischen Kunsttheorie sei.« Tatsächlich hatte Peter Hacks – freilich nicht geschwollen – Müller bescheinigt, die Bühnensprache von *»Umsiedlerin«* sei »breit, groß und faszinierend schön«; »seit Brecht« sei »nie wieder« solch ein »dramatischer Dialog geschrieben worden« mit »starken, kräftigen Lustspielszenen« auf der einen, ganz »zarten Szenen« auf der anderen Seite. Gleichzeitig hatte er den Fehler des Stücks jedoch gerade darin begründet gesehen, daß Müller sich gewissermaßen in einer Fülle von Situationen verliere, anstatt eng am Faden der Fabel entlang zu erzählen. Nur eine »große Fabel«, wie sie *»Umsiedlerin«* leider nicht aufzuweisen habe, bringe den Autor dazu, »Widersprüche in ihrer Bewegung zu zeigen« und verhindere, »daß ein Widerspruch sich verselbständigt«. Sie zwinge den Autor »zu einer wirklichen Totalität des Weltbilds«, während die »Anhäufung von Einzelheiten« nur eine »Scheintotalität« ergebe.

»Ich habe das Gefühl, oder ich weiß, daß der Müller ein Opfer dogmatischer Kunsttheorien ist. Ich meine aber nicht dogmatisch in dem neuen Sinne, in dem es angewandt wird, nämlich für alles, was einem nicht gefällt. Ich meine den guten, alten, bewährten Dogmatismus, der uns beigebracht hat, daß die Gesetze der Kunst sich ausschließlich herleiten vom Objekt, vom gezeigten Objekt, und der das Subjekt in der Kunst vergessen hat. Wenn wir das Objekt, den Gegenstand des Stückes, ganz allein betrachten, nämlich das Dorf 1949, stehen wir einem Gegenstand gegenüber, aus dem man, wenn man ernst und redlich ist, keine große, einfache, schöne Fabel gewinnen kann. Da sehen wir dieses zappelnde Gewirr von Widersprüchen, dieses Gewirr von Kämpfen und Krämpfen. Die große Form, die wir verlangen, [...] müssen wir heute immer noch hernehmen aus der Brust des Künstlers, aus der Gewißheit, der Souveränität, würde ich sagen, des sozialistischen Menschen. [...] Wir dürfen doch, wenn wir sagen, Müller hat hier einen Rückschritt gegenüber seinen früheren Stücken gemacht, nicht übersehen, einen wie großen Fortschritt er auch gemacht hat. [...] Er hat es nicht fertig gebracht, eine wirkliche Fabel zu schaffen, aber das sollte, meiner Ansicht nach, liegen auf dem Weg des

Fortschreitens, den er künstlerisch, wenn Sie mich fragen, gegangen ist.«

Paul Dessau sagt nur wenige Sätze, aber er macht klar, daß er sich als Freund Müllers betrachtet und sich daher für verpflichtet hält, mit ihm weiter zu arbeiten. Müllers »menschliche und künstlerische Qualitäten« seien »glänzend«, auch wenn »seine Menschlichkeit etwas Verkapseltes« habe. Er sei überzeugt, daß nur die Arbeit im Kollektiv Müller helfen könne. Auch er habe in der gemeinsamen Arbeit mit Müller »Enttäuschungen erlebt«, aber dies habe ihn niemals davon abhalten können, »die Zusammenarbeit und die Freundschaft, die ich zu ihm hatte, wieder aufzunehmen, weil ich mir davon verspreche, daß wir nur menschlich und künstlerisch davon gewinnen werden.« Dies, so Hans Bunge 1988, sei »einer der wenigen Fälle« gewesen, »wo Paul Dessau hinterher nicht umgefallen ist, sondern zu dieser Meinung gestanden hat, denn er war leicht beeinflußbar, und wenn man ihm sagte, du hast gegen die Parteidisziplin verstoßen, sah er das auch sofort ein und machte einen Rückzieher.«

Zusätzliche Schärfe bringt Alfred Kurella in die Debatte, dessen Beitrag an Wagners Zynismus-Vorwurf anknüpft. Er habe, führt er aus, in seinem Leben leider viel mit Menschen zu tun gehabt, die später zu »Verrätern« und »Konterrevolutionären« geworden seien, Menschen, »die in der Sowjetunion zu richtigen schweren, bis zum Terror gehenden, Gegnern der Revolution geworden« seien. Und es sei ihm eine »unheimliche Beobachtung« gewesen, daß »fast alle im Privatleben diese Haltung des Zynismus« gehabt hätten, beispielsweise »Bucharin und Radek«. Und wenn man das erlebt habe, dann frage man sich, wie sich diese beiden Erscheinungen zueinander verhielten. »Was ist der Zynismus im Leben, was bedeutet der für die Haltung zum Leben überhaupt und für die Kunstfähigkeit?«

Ekelhafte Zynismen, so Kurella weiter, prägten die Sprache von *»Umsiedlerin«*, und er habe sich gefragt, ob Müller und seine Frau solche Worte, wie sie in einer Liebesszene vorkämen, in den Mund nehmen oder in die Maschine diktieren könnten, ohne rot zu werden. Er verstehe nicht, wie so etwas einem Menschen in die Feder fließen bzw. ihn gar dazu veranlassen könne, »das auf der Bühne reden zu lassen, daß Hunderte und Tausende Menschen das hören. Da ist wirklich eine tiefe Menschenverachtung drin, die also sehr nahe am Zynismus liegt, der mit ihm gepaart ist.«

»Die Zusammenkunft«, so der Bericht des Stasi-Leutnants, »wurde ohne konkrete Festlegung beendet, lediglich mit der Maßgabe, daß die Diskussion fortgesetzt wird.« Das ist auch nicht nötig, denn Wagner, Kurella und ihre Fußtruppen haben ausreichend deutlich gemacht, welche Einschätzung vorzunehmen ist und welche Sanktionen sie für angemessen halten. Die Schlußfolgerungen zieht die Leitung der Sektion Dramatik wenig später, ohne weitere Diskussion: »Das Schauspiel ›Die Umsiedlerin‹ wird als eine schädliche Entstellung der gesellschaftlichen Wirklichkeit verurteilt. [...] Die Berliner Schriftsteller werden von dem vorliegenden Beschluß in einer Mitgliederversammlung unterrichtet.« Auf dieser Grundlage formuliert die Parteiorganisation des Berliner Bezirksverbandes einen Antrag, den der Vorstand am 24. November gutheißt. Beschlossen wird er auf einer vierstündigen Mitgliederversammlung des Bezirksverbandes Berlin unter Vorsitz von Paul Wiens am 28. November. Voran geht eine Beratung der Parteiorganisation des DSV Berlin. Deren Beschlußfindung ist wiederum durch eine Besprechung im Büro von Siegfried Wagner geprägt, an der Karl Schwarz, Sekretär für Kultur der Bezirksleitung, ZK-Mitarbeiter Erhard Scherner (aus dem Büro Kurella) und als Vertreter des Parteiaktivs des DSV der Autor Willi Lewin teilnehmen. Als Ergebnis wird festgehalten, daß Müller »wegen Interessenlosigkeit an der Arbeit des DSV, aber dessen hemmungsloser finanzieller Ausnutzung ohne Gegenleistung, sowie seines konterrevolutionären Stückes aus dem DSV auszuschließen« sei. Damit ist Müllers Entfernung aus dem Schriftstellerverband besiegelt, wenngleich die Begründung später um den letzten, schwerwiegenden Vorwurf reduziert wird.

Auf der entscheidenden Versammlung der Parteimitglieder des Deutschen Schriftstellerverbands am selben Tag unternimmt Anna Seghers mehrmals den Versuch, Müllers Ausschluß aus dem Verband zu verhindern. Sie findet jedoch keine

Unterstützung. Vor der anschließenden Mitgliedervollversammlung verläßt sie das Verbandsgebäude und sucht Helene Weigel auf, die ihr verspricht, sich um Müller zu kümmern. Mit dieser Nachricht kehrt sie zurück, läßt den Sekretär, Alfred Schulz, herausrufen und beschwört ihn erfolglos, den Ausschluß Müllers zu verhindern. Auf der anschließenden Abstimmung votiert von den 120 anwesenden Mitgliedern niemand gegen den Ausschluß; einzig Peter Hacks enthält sich der Stimme. Einige verdrücken sich während der Abstimmung auf die Toilette. Am entschiedensten sprechen sich Hermann Kant (»Er habe in der Literatur bei uns noch nie etwas gesehen, was so feindlich und schädlich wäre wie dieses Stück. Es zeige ganz klar, wie nahe H. Müller dem feindlichen Lager stehe«), Günther Rücker, Walther Pollatschek und Heinz Kahlau für den Ausschluß aus. Als man Müller auch noch »unmoralisches Verhalten« nachweisen kann (er hat keine Beiträge gezahlt und »seit Jahren auf Kosten von Organisationen und Kollegen« gelebt), sind genügend Argumente zusammen. Das Beschlußprotokoll vom 29. November hält fest: »Der Antrag auf Ausschluß Heiner Müllers aus dem Deutschen Schriftstellerverband wurde von der Mitgliederversammlung mit einer Stimmenthaltung (Dr. Peter Hacks) beschlossen.« Als Begründung werden genannt: Verstoß gegen die Ziele des Verbandes, Nichteinhaltung und Verletzung des Statuts.

Müller selbst ist nicht anwesend, sondern, wie er eine Woche später in einem Brief an den DSV entschuldigend mitteilt, *mit einer DEFA-Gruppe, an einer Baustelle bei Schwedt*, wo er bis zum späten Abend aufgehalten wird und auch nicht telefonieren kann. In den Tagen zuvor hat er sich unter Anleitung Helene Weigels eine devote Stellungnahme abgerungen. Datiert auf den 1. Dezember 1961 und adressiert an die Kulturabteilung beim ZK der SED, gipfelt diese in der Selbstbezichtigung, daß er, unter dem Druck des unverrückbaren Premierentermins, *jede Kontrolle* über seine Arbeit *verloren* habe, *jede Selbsteinschätzung, jede Selbstkritik. Mit nicht ausreichendem politischem Wissen ein politisches Stück schreibend, habe ich die Diskussion mit politischen Funktionären nicht gesucht, sondern gemieden. Isoliert von der Partei, verstand ich ihre Kritik nicht, die mir aus meiner Isolierung geholfen hätte, und versteifte mich auf Vorbehalte gegen die Formulierung der Kritik durch einzelne Funktionäre. [...] Das Deprimierendste an meiner Lage ist, daß die Partei Grund hat, an meiner Loyalität zu zweifeln, an meinem Willen zur Mitarbeit. [...] Ich wollte der Partei mit meiner Arbeit helfen, selbst isoliert von ihr. Ich sehe das Ergebnis meiner Arbeit in der Isolierung: einen Schaden für die Partei. Ich sehe, daß ich ihre Hilfe brauche, wenn ich ihr nützen will, und nichts anderes will ich.*

Heiner Müller in der Stunde seiner tiefsten Demütigung: Er weiß, daß er recht hat; er weiß, daß die Selbstkritik unaufrichtig und verlogen ist. Wenige Tage später trägt er sie im Club der Kulturschaffenden vor. Wie nicht anders zu erwarten, wird sie *als unzureichend verworfen*. Auf die spätere Frage, ob er sich anschließend wegen seiner Unterwerfung geschämt habe, erklärt er scheinbar kühl: *Mir war das Schreiben wichtiger als meine Moral.* Zugleich erinnert er daran, daß seine Frau, die soeben (im Kollektiv) für ihr am 9. November 1960 von Radio DDR ausgestrahltes Hörspiel »Die Weiberbrigade« den Vaterländischen Verdienstorden in Bronze erhalten hatte, bedrängt worden sei, sich von ihrem Mann, einem *destruktiven Element*, zu trennen. *Es war ein ungeheurer Druck. Das war wirklich schwierig, da noch einen klaren Kopf zu behalten und noch zynisch zu bleiben, also die Distanz zu dem eigenen Opportunismus zu wahren.*

Was sicherlich dazu beigetragen hat, daß Müller trotz allem einen »klaren Kopf« behält, ist die reflexive Auseinandersetzung mit Demütigung und Verbot, wenngleich nur auf dem Papier und ausschließlich für die Schublade bestimmt: Aber das Papier ist für Müller seit jeher das eigentliche Schlachtfeld, und die Schublade das Reservoir der Zukunft. Dieser Text, ursprünglich *»GRUSSADRESSE AN EINEN SCHRIFTSTELLERVERBAND«* betitelt, kommt allerdings erst aus dem Nachlaß zum Vorschein: eine Explosion von Wut und Haß, die zeigt, daß die ganze Affäre Müller keineswegs ungerührt ließ: *Ich habe nichts zu schaffen mit eurem Paradies für Dauerredner. Eh ihr nicht gelernt habt euch selber in die Fresse zu spein braucht ihr mir nicht mehr unter die Augen zu kommen. Die*

Hoffnung daß ihr nicht aufhören werdet mit Lügen ist was mich am Leben erhält. [...] Man sollte euch Scherben ins Maul stopfen, bis der Wind auf euren zerrissnen Gedärmen spielt. Ich hab euch den Spiegel gehalten für ein Trinkgeld. Auf meinem Schädel habt ihr ihn zertrümmert, weil euch eure Nase nicht gefallen hat. Jetzt ist keiner mehr / übrig / da / der euch eure Visagen zeigt.

Am 6. Dezember bestätigt der Vorstand des DSV den Ausschluß, nicht ohne Müller süffisant zu empfehlen, »während einer Zeit kontinuierlich dort zu arbeiten«, wo er *»Die Umsiedlerin«* angesiedelt habe, damit er »das echte ›Leben auf dem Lande‹ in unserer Republik kennen und erkennen« lerne.

Den Untersuchungen ist damit noch lange nicht genüge getan: Die Haltung zur *»Umsiedlerin«*-Affäre wird von der SED als Probierstein betrachtet, an dem sich Freund und Feind zu erkennen geben müssen. Ende Oktober hat Ex-Kulturminister Alexander Abusch, nunmehr stellvertretender Vorsitzender des Ministerrats, von Otto Nagel, dem Präsidenten der Akademie der Künste, ein gemeinsames »wissenschaftliches Gutachten« der Sektionen Dichtkunst und Sprachpflege (ständiger Sekretär: Stephan Hermlin) sowie Darstellende Kunst (ständiger Sekretär: Herbert Jhering) verlangt. Dafür stellt er sogar zwei Exemplare des indizierten Manuskripts zur Verfügung. Im Laufe des Monats Dezember äußern sich Bruno Apitz (»in seiner Wirkung schädlich und konterrevolutionär«), Kuba (»vollkommen undiskutabel, von Anfang bis Ende feindlich«) und, abgewogen, Franz Fühmann: Zwar sei das Stück in der »Grundtendenz verfehlt« und »mißlungen«, da es nur »schwarz in schwarz« male und die einzelnen Szenen in ihrer Konzentration »ein sehr verzerrtes, nicht unserer Wirklichkeit entsprechendes Bild« gäben; bei aller Kritik enthalte es aber doch »Partien von einer Sprachkraft und Bildhaftigkeit, die Müllers vorangegangene Stücke übertreffen«. Daher sei er »trotz allem, was gegen dieses Stück eingewendet werden muß, der Meinung, daß es sich lohnen würde, mit Heiner Müller, der ohne Zweifel einer unserer fähigsten Dramatiker ist, ernsthaft zu arbeiten und ihm kameradschaftlich zu helfen, zu einer für sein Schaffen günstigeren Position zu gelangen.« Anna Seghers, Willi Bredel, Stephan Hermlin und Bodo Uhse ziehen es vor, auf eine eigene Stellungnahme zu verzichten und schließen sich Fühmanns Urteil an.

Die Sektion Darstellende Kunst legt nach einer Sitzung vom 15. Januar 1962 ein kollektives Gutachten vor, wonach das Stück »trotz der negativen Darstellung eines der Probleme unserer Zeit die große Begabung des Schriftstellers erkennen« lasse. »Es ist gefährlich für einen solchen Schriftsteller, sich im Pessimismus und Nihilismus zu vergraben, denn dann würde sogar seine ungewöhnliche sprachliche Begabung ihre Gestaltungskraft verlieren. Ebenso gefährlich ist es aber auch, administrative Maßnahmen gegen ein so starkes Talent zu ergreifen.« In dieser milden Form ist die Stellungnahme freilich nicht diskussionsfähig. Also wird für den 18. Januar eine Sitzung der Sektion Dichtkunst und Sprachpflege in Anwesenheit von zwei Vertretern der Sektion Darstellende Kunst (Jhering, Engel) angesetzt, damit unter Regie von Ulbrichts Bürochef Otto Gotsche ein gemeinsamer, dezidiert kritischer Beschluß zustande kommt. Stephan Hermlin hat sich krank gemeldet. Aufgefordert, die für unzureichend erkannte Meinung der Sektion Darstellende Kunst zur Kenntnis zu bringen, erklärt Erich Engel als Gast, er stimme, und zwar in Ablehnung und Bejahung, mit Helene Weigel und Franz Fühmann im wesentlichen überein: Das Stück sei »durchweg nihilistisch«, aber er halte Müller »sprachlich für begabt, und man müsse sich seiner annehmen. Das Berliner Ensemble kümmere sich um ihn, um ihn nicht abrutschen zu lassen, und ermögliche ihm eine Zusammenarbeit mit Wekwerth und Baierl.«

Danach entwickelt sich eine Diskussion zwischen Engel und Fühmann auf der einen, Wieland Herzfelde, Willi Bredel und Arnold Zweig auf der andern Seite. Bredel zeigt sich »stellenweise direkt angewidert und peinlich berührt«, Wieland Herzfelde konstatiert »politische Unreife«. Er hat kurz vor der Sitzung mit Müller gesprochen und dabei in Erfahrung gebracht, daß dieser nicht weiß, ob er nun besser »in die Produktion gehen« oder »Werbefilme für DEWAG und Konsumgenossenschaften« machen soll, woraufhin er ihm noch eine weitere Möglichkeit aufgezeigt hat, nämlich »Landbriefträger« – »nicht das Schlechteste«. Arnold Zweig verlangt, ein »solcher Mann«

müsse unbedingt »in die Produktion« geschickt werden. Schließlich mischt sich Gotsche ein: Hier komme es nicht darauf an, jemandem Förderung angedeihen zu lassen, sondern es gelte, »einen überheblichen Menschen« zu erziehen. Es gebe »viele junge Leute, deren Wert viel höher liege«, mit denen sich niemand beschäftige. Das Zweckmäßigste für Müller sei, »eine vernünftige Arbeit zu ergreifen, nicht im Berliner Ensemble. Dort sei wohl das Milieu, um alle Prozesse, die die Gesellschaft verändern, kennenzulernen, nicht aber die Grundtendenzen der Entwicklung und die Menschen und ihre Probleme. Er habe sich immer in solchen Kreisen bewegt. [...] Es sei sicher gut für ihn, zwei Jahre keine Feder anzurühren.« Das kann Erich Engel so nicht stehenlassen: Am Berliner Ensemble herrsche »kein Formalismus, sondern ernsthaftes Bemühen um die Grundgehalte. [...] Müller könne dort großartige Handgriffe lernen, um szenisch und plastisch zu gestalten.« Gotsche beharrt: Müller müsse »nicht Handgriffe, sondern das Leben kennenlernen«. Schließlich wird beschlossen, vom Sekretariat der Schriftsteller-Sektion eine Stellungnahme ausarbeiten zu lassen und ein Redaktionskollegium, bestehend aus Wieland Herzfelde, Erich Engel, Franz Fühmann und Willi Bredel, einzusetzen.

So kommt es 14 Tage später zu dem erwünschten, verbindlich ablehnenden gemeinsamen Gutachten beider Sektionen der Akademie der Künste, das über den Akademiepräsidenten an Abusch geht: »Das Stück«, heißt es darin, sei »ohne jede Einschränkung abzulehnen, weil es ein völlig verzerrtes, negatives, ja nihilistisches Bild vom Leben auf dem Lande – d. h. vom Aufbau des Sozialismus auf dem Land –« entwerfe. Müller bekunde damit »Weltfremdheit und politische Ahnungslosigkeit«. Aus Gesprächen mit ihm sei zu schließen, daß er politisch viel zu unreif sei, um einen solchen Stoff bewältigen zu können. »Es wäre sicher gut für ihn, ein bis zwei Jahre keine Feder anzurühren und sich eine Arbeit dort zu suchen, wo er die Grundtendenzen unserer Entwicklung, die Menschen und ihre Arbeit wirklich kennenlernen kann. Das wäre durchaus keine Strafe, sondern könnte als Erziehungsmaßnahme seine Begabung fördern und seiner Weiterentwicklung dienen. Müller muß ernsthaft an sich arbeiten.«

Kaum jemand riskiert Widerspruch. »Solidarität gegenüber Leuten, die Angriffen ausgesetzt sind, die gab es damals nicht«, erzählt Tragelehn. »Freundliche Gesten waren verstohlen – wenn niemand hinguckt. Und wirkliche Hilfe war relativ selten.« Viele hätten große »Ängstlichkeit« bewiesen, wie etwa Herzfelde oder Seghers, manche sich »unvergeßlich säuisch benommen, wie Wekwerth, überhaupt das Berliner Ensemble«.

Nur wenige Prominente wagen es, sich für den Autor und sein Stück einzusetzen, am massivsten der Leiter des Brecht-Archivs, der Dramaturg und Regisseur Hans Bunge. Er schreibt am 15. Oktober 1961 einen dreizehn Seiten langen Brief an die Abteilung Studenten des Zentralrats der FDJ; Kopien gehen an die Kulturabteilung des Zentralkomitees, an die Kulturabteilung der Bezirksleitung der SED, an den Kulturminister, an die Akademie der Künste und an den Schriftstellerverband. Entschieden spricht er sich dagegen aus, »Müller konterrevolutionäre Absichten vorzuwerfen«. Zwar sei er »der Meinung, daß es sich um eine unausgereifte Arbeit« handele, »deren öffentliche Aufführung politisch unverantwortlich leichtfertig vorbereitet war«, doch dürften deshalb nicht der Autor und das Studentenensemble mit der alleinigen »Verantwortung belastet werden«. Auch habe er keinen Zweifel, daß Müller mit seinem Stück den Aufbau der DDR habe unterstützen wollen. Seine Hinweise auf »Schwierigkeiten und Unzulänglichkeiten« hätten »Impulse zu deren Überwindung erwecken« sollen. »Eines allerdings vermeidet Müller konsequent: er vermeidet es, die Fortschritte als leichte Errungenschaften, die notwendigen Maßnahmen als bequeme Eingriffe darzustellen.« Ans Ende seines bemerkenswert offensiven Briefs hängt der pfiffige Bunge die Mitteilung, die gesamte Diskussion habe ihm »den letzten Anstoß« gegeben, »die Grundorganisation« seines »Betriebes zu bitten«, seinen »Aufnahmeantrag in die Sozialistische Einheitspartei Deutschlands annehmen und prüfen« zu wollen. Eine Antwort erhält Bunge von keinem der Adressaten; der Schriftstellerverband lädt ihn immerhin zu einer Versammlung ein, auf der der Fall Müller verhandelt werden soll.

Auch Peter Hacks verhält sich strikt solidarisch, findet bei seinen Kollegen allerdings keine Unterstützung. Als Reaktion auf den Vorgang und in Verarbeitung allgemeinen Ärgers über die Berliner Theaterszene und -politik im Winter 1961/62 verfaßt er eine kleine Parabel: »Ekbal, oder: Eine Theaterreise nach Babylon«. In dieser intelligenten, scharfzüngigen Satire auf Berliner Zustände im allgemeinen und das Berliner Ensemble (»Babyloner Eng-Tempel«) im besonderen firmiert Müller als Autor eines neuen Stücks »Die Landfremde«, sein ungleich erfolgreicherer Antagonist Helmut Baierl (seit 1959 Dramaturg am BE und Autor der dort von Wekwerth inszenierten »Frau Flinz«, einer Art »Mutter Courage« in der DDR) als Verfasser eines Stücks »Frau Nzifl«. Beide werden als »berühmte Theaterdichter« beschrieben, von denen der eine, weil er »den größten Teil des Tages in den Kolonnaden des Palasts« zu verbringen pflege, den Spitznamen »der Bey« erhalten habe, während der andere, »seiner bettelhaften Kleidung wegen, ›der Mullah‹ genannt« werde.

Hacks gerät wenig später ebenfalls in Konflikt mit der Partei: Sein Stück »Die Sorgen und die Macht«, in dem es an einer Stelle heißt: »Kollegen, Kommunismus, wenn ihr euch den vorstellen wollt, dann richtet eure Augen auf, was jetzt ist, und nehmt das Gegenteil«, wird im Januar 1963 vom Spielplan des Deutschen Theaters genommen; Intendant Langhoff muß öffentlich und gegen seine Überzeugung bekennen, daß er mit seiner Inszenierung gegen die Interessen der Partei gehandelt habe.

Hans Mayer schickt Müller am 27. Dezember einen ermunternden Brief, in dem er seine kürzlichen Vorlesungen an der Universität Warschau »über die Entwicklung der deutschen Dramatik seit Hauptmann« erwähnt. Dort habe er über Müllers »Art der dramatischen Szenenführung und die Weiterentwicklung der Brechtschen Dialektik« gesprochen. Zuspruch erhält Müller außerdem, wie er sich 1988 erinnert, von Hanns Eisler: *Eisler hatte das Stück gelesen und sagte: Müller, ich hätte das Stück auch verboten und zwar wegen Schönfärberei. Das war seine Art, damit umzugehen.*

Im Sumpf prominenter Ängstlichkeit bzw. Feindseligkeit bilden Bunge, Hacks, Mayer und Eisler, auch das Ehepaar Dessau/Berghaus, heroische Ausnahmen. *Die Weigel hatte die Absicht, mich zu engagieren. Sie meinte, das wäre eine Art Schutz.*

Das wurde ihr dann verboten. Warum hat sich von den renommierten Schriftstellern niemand tatkräftig für Müller verwenden mögen? Sahen Leute wie Seghers, Apitz, Renn oder Bredel tatsächlich in ehrlicher Empörung, wie Werner Mittenzwei mutmaßt, durch *»Umsiedlerin«* »den unverzichtbaren humanistischen Anspruch verletzt und glaubten sich so in einer Position, in der sie etwas zu verteidigen hatten«? Man mache, so Mittenzwei weiter, »das Stück klein, wenn man nicht von dem Schock ausgeht, den es auslöste, so daß sich auch kluge Köpfe, die sich nicht eingeschüchtert fühlten, dagegen aussprachen«. Dem ist entgegenzuhalten, daß es für Leute wie Arnold Zweig oder Wieland Herzfelde über ihre zweifellos aufrichtige Irritation hinaus keinen Grund gab, sich dafür auszusprechen, an Müller das von der Partei gewünschte Exempel zu statuieren, ein befristetes Berufsverbot durchzusetzen. Und darauf läuft der Ausschluß aus dem Schriftstellerverband hinaus. Als Müller seinen Mitgliedsausweis beim Sekretär des DSV, Otto Braun, abgibt, sagt der ihm: *Wenn du von mir noch einen Rat willst, zwei Jahre wird dir kein Hund ein Stück Brot geben, zwei Jahre wird kein Hund von dir ein Stück Brot nehmen, machs gut. Das war ganz ehrlich, der war das so gewöhnt, er wußte, zwei Jahre dauert das. Und es dauerte präzis zwei Jahre. Es war fast wie ein ungeschriebenes Gesetz.*

Knapp zwei Jahre lang leben die Müllers wie Ausgestoßene. Wolf Biermann auf die Frage, ob es in Pankow kümmerlich zuging: »Na, kümmerlich ist noch schwer geschönt.« Er habe das in seiner »Legende vom Selbstmord der Inge Müller im Jahre '66« korrekt als »Mickerleben« bezeichnet, »und zwar nicht die Spur abwertend, wie mir unterschoben wurde. Mickrig sind die Leute, die jetzt glauben, sie müßten Müller gegen dieses Lied verteidigen. Er hat das elendste Mickerleben geführt, das man überhaupt haben konnte. Ihm ging es schlechter als jedem Hilfsarbeiter auf der LPG. Ich finde, er hat es schwerer gehabt als wir alle zusammen.« Inge Müller, die aus ihrer zweiten Ehe bürgerlichen Wohlstand gewohnt ist, leidet darunter mehr als ihr Mann.

Offiziell kann Müller nichts publizieren, und auch über ihn erscheint so gut wie nichts. Für ein ganzes Jahrzehnt verschwindet sein Name aus den Spalten von »Theater der Zeit«. Der Kampf an der Ideologiefront wird seitens der Partei mit aller Entschlossenheit geführt, Abweichler haben keine Chance: 1962 wird Peter Huchel als Chefredakteur von »Sinn und Form« wegen »Tendenzen ideologischer Koexistenz« abgelöst, seine Arbeiten können von nun an in der DDR nicht mehr erscheinen; 1963 wird Günter Kunert wegen des Abdrucks eines Kafka-Gedichts auf einer Kulturkonferenz der SED von Alexander Abusch in scharfer Weise als »Verräter« angegriffen.

Hörspiele für den Berliner Rundfunk, zum Teil unter Pseudonym verfaßt, dazu DEFA-Kurzfilmszenarien und Werbefilme für die DEWAG, die »Deutsche Werbe- und Anzeigengesellschaft«, sichern das Überleben der Familie Müller. Das Kriminalhörspiel *»Der Tod ist kein Geschäft«*, in der Regie von Hans Knötzsch am 1. November 1962 ausgestrahlt, erzählt vom Kampf zweier Verbrechergruppen um die Vorherrschaft im Vergnügungsgeschäft von Las Vegas. Stilistisches Vorbild sind die »schwarzen« amerikanischen Kriminalromane von Hammett, Chandler und ihren Nachfolgern – ein Genre, in dem sich Müller bestens auskennt, denn das Lesen von Krimis ist eine seiner Hauptdomänen. In den achtziger Jahren ist Ross Macdonald ein angenehmer Flugbegleiter, der sich bequem in einer Sakkotasche verstauen läßt.

»Der Tod ist kein Geschäft« ist ein »Tendenzstück« aus dem Alltag im US-amerikanischen Kapitalismus, wo das Geld regiert und Menschenleben nicht zählen. Was gelernt werden soll, formuliert der Gangsterboß Canetti im Salon eines hohen Stadtpolitikers: *Die Politik wird nicht von hergelaufenen kleinen Gangstern gemacht.* Schon das von Müller gewählte Pseudonym legt den Gedanken an Brecht nahe: Als Autor zeichnet ein gewisser *Max Messer*, was obendrein ein wenig nach ruchlosem Rächer klingt. Tatsächlich handelt es sich um einen Mix aus »Groschenheft und Dreigroschenoper«, wie Michael Töteberg sagt, vollgepackt mit holzschnitthaften Klischees von korrupten Politikern, Gewerkschaftsführern, Richtern und Polizisten. In diesem (NARWA-Glühlampen-)Licht erscheinen die Geschäfte des *Syndikats* nicht unsauberer als die legaler kapitalistischer Großunternehmer.

Wie immer bei Müller sind die »negativen« Protagonisten die interessanten, in diesem Fall der Killer Joe Lester, ehemaliger Koreaveteran mit zwei Orden und *Splittern in der Lunge*, dann *Fleischpacker am Fließband*, zuletzt nur noch *ein Stück Fleisch auf dem Arbeitsmarkt, immer im Trab nach der Arbeit und immer zehn Längen voraus die Automation* – eine Figur wie aus einem Roman von Theodore Dreiser.

Für *Max Messer* ist *»Der Tod ist kein Geschäft«* ein gutes Geschäft, denn es wird *sehr oft gesendet.* Es folgen die Kinderhörspiele *»Aljoschas Herz«* (nach der gleichnamigen Erzählung von Michail Scholochow), gesendet am 10. Dezember 1962, *»Der Kamelaugebrunnen«*, bearbeitet zusammen mit Inge Müller nach Tschingis Aitmatow (18. Dezember 1963), und die Mitarbeit an Carlos Raschs utopischem Hörspiel »Sierra an Meridian« (3. Dezember 1964). Honoriert wird auch das auf den 6. März 1963 datierte, vielleicht für eine aktuelle Sendung produzierte Manuskript *»Winterschlacht '63. Poem über die Rettung des Kraftwerks ›Elbe‹«*, das im selben Jahr in der FDJ-Studentenzeitschrift »forum« erscheint.

Weitere Einkünfte verschafft Müller der frühere Dramaturg des Gorki-Theaters Hans Kohlus mit Exposéaufträgen für nie zustande gekommene Fernsehspiele. Außerdem verfaßt er das Skript für einen Fernseh-Dokumentarbericht über westdeutsche Schulbücher und den Text zu einem *Dokumentarfilm über Buchenwald, der dann in Buchenwald als Teil des Besucherprogramms gezeigt wurde. [...] Es gab ein paar Bereiche, wo man noch etwas Geld verdienen konnte, wo die Texte nicht auffielen.* Inge Müller schreibt Kindergeschichten, Tiergeschichten in Versen und produziert pädagogische Dia-Serien. 1964/65 bearbeitet sie ein irisches Stück sowie, für das Deutsche Theater, »Unterwegs« von Viktor Rosow in der Übersetzung von Günther Jäniche. 1965 führt es B. K. Tragelehn am Landestheater in Eisenach auf; Heiner und Inge Müller sind unter den Premierengästen.

Was die Müllers diese entbehrungsreiche Zeit überstehen läßt, sind nicht zuletzt Akte unauffälliger privater Solidarität: Hans Mayer veranlaßt, daß Müller von der Deutschen Schillerstiftung in Weimar »regelmäßige Zuwendungen« erhält, Tragelehn besorgt Deputatkohle und -schnaps aus Klettwitz, Peter Hacks verzichtet auf die Rückzahlung alter Schulden, Paul Dessau und Ruth Berghaus beenden keinen Besuch, ohne nicht »unter den Büchern einen großen Schein« zu hinterlassen. Allerdings besteht der Freundeskreis zum überwiegenden Teil aus jungen Kollegen, die selbst am Rande des Existenzminimums leben und nicht imstande sind, den Müllers Geld zu pumpen. So gehört der Besuch des Gerichtsvollziehers zum Alltag dieser Jahre. *Wir hatten überhaupt kein Geld, nur Schulden, ständig den Gerichtsvollzieher im Haus, einen ganz netten, dem jeder ›Kuckuck‹ leid tat.* Unter anderem beantragt der Deutsche Schriftstellerverband am 10. Mai 1963 bei Stadtbezirksgericht Pankow den Erlaß eines Zahlungsbefehls über 993,70 DM zzgl. Gerichtskosten, weil Müller ein Darlehen aus dem Jahr 1959 bis auf eine einzige winzige Rate in Höhe von 10,– DM nicht, wie versprochen, 1960 aus DEFA-Honoraren zurückgezahlt hat.

»Die Bauern«

Bis ein DDR-Theater *»Umsiedlerin«* spielen darf, müssen fünfzehn Jahre vergehen. Erst im Juni 1975, parallel zur Aufnahme des Textes in den Henschel-*»Stücke«*-Band, wagt es henschel-Schauspiel, mit Müller einen Vertriebsvertrag abzuschließen und, mit Blick auf eine geplante Aufführung an der Volksbühne, den Stücktext beim Ministerium für Kultur einzureichen. Bedingung ist, daß das Stück für die Aufführung einen anderen Titel bekommt, denn *die Partei demütigt sich nicht.* Obwohl Müller vorgibt, es handle sich um eine *Neufassung*, hat er am Text so gut wie nichts geändert. Ursprünglich hatte Christoph Schroth, 1958 Regieassistent am Maxim-Gorki-Theater und von daher Müller gut bekannt, die Inszenierung übernehmen wollen, aber Fritz Marquardt, von Intendant Benno Besson eben erst an das Theater zurückgeholt, droht mit erneuter Kündigung, falls er nicht den Zuschlag erhält. Bis zum Schluß ist man sich unsicher, ob das Stück nicht doch noch vom Spielplan genommen wird: »Eine Genehmigung gab es vorerst nicht, man tolerierte die Proben, sicher war nichts bis zur Premiere.«

Marquardt, dem es einzig darauf ankommt, den Autor beim großen Publikum »heimisch« zu machen, serviert das Stück, angereichert durch eine Reihe von Versatzstücken aus anderen Müller-Texten, als derben historischen Schwank unter Einbeziehung von Pantomime, Slapstick und Schlagergesang. »Dorfgeschichten sind nichts Neues«, verkündet das Programmheft. »Auch was da auf dem Dorf passiert ist so neu nicht: Biersaufen, sich prügeln, sich lieben ... Dennoch verändert sich dabei die Welt auch im und durch das Dorf.«

Für Müllers Geschmack geht die Bearbeitung durch die Regie zu weit. Auseinandersetzungen mit dem Autor, »Ausbrüche und Kräche« sind die Folge. Marquardt erinnert sich in einem Gespräch mit Martin Linzer: »In den Schlußproben von ›Bauern‹ bekam ich eine Liste mit Änderungswünschen [...]. Ich sollte von Morgen auf Abend Änderungen machen. Heiner drohte mit der Rücknahme der Aufführungsrechte. Und Benno war in Paris. Das war gar nicht zu realisieren.« Man habe sich das, so Marquardt weiter, damit erklärt, daß Müller durch das Verbot von 1961 enorm sensibilisiert worden sei. Er habe dennoch an seiner Inszenierung nichts verändert, und es sei dem Einsatz von Besson, der sich auf der entscheidenden Hauptprobe demonstrativ hinter ihn gestellt habe, zu danken gewesen, daß das Stück planmäßig über die Bühne gehen konnte.

Bei der Premiere am 30. Mai 1976 gibt es starken und einhelligen Beifall. Christoph Hein erinnert sich: »Einige der Premierengäste kamen auf Müller zu, begrüßten ihn und wünschten ihm Glück. Plötzlich brach es aus ihm heraus. ›Diese Ratten‹, sagte er leise. Auf meinen erstaunten Blick hin bemerkte er verbittert: ›Das sind dieselben, die mir das Stück vor fünfzehn Jahren verboten haben.‹ Dann näherte sich die nächste Ratte und wünschte Heiner Müller Glück, und Müller lächelte dankend, die Lippen schmal, den Mund spöttisch verzogen, die Augen halb geschlossen, die Freundlichkeit in Person, alles verstehend, alles verzeihend und angeekelt.« Unter den »Ratten« ist auch der Botschafter der DDR in Rom, Klaus Gysi, von 1966 bis 1973 Kulturminister und als solcher erfolgreich an der Unterdrückung des Autors Heiner Müller beteiligt. Er sagt ihm bei dieser Gelegenheit: *»Siehst du, Heiner, ich* *habe dir immer gesagt, das war zu früh damals. Ein wunderbares Stück.«*

Die Meinung der Rezensenten ist zunächst geteilt; noch scheint der Presse die Linie der Partei nicht klar. Vorsichtig positiv äußert sich Christoph Funke im »Morgen« vom 1. Juni 1976: »Das ist oft schmerzhaft, quälend, aber auch wieder heilsam und mit geballter Energie zur Selbstüberprüfung zwingend.« Hellmut Ulrich wägt einen Tag später in der »Neuen Zeit« die »Stärken des Stückes« gegen »seine Schwächen«. Wiederum zwei Tage später liefert Rolf-Dieter Eichler, ein ausgemachter Gegner des Stücks, in der Berliner »Nationalzeitung« die vielleicht verständigste Kritik:

»Weshalb erhalten der heuchlerische, Verbrechen mit Phrasen tarnende Bürgermeister und sein verheerender Einfluß im Dorf, warum erhält der anarchistische Bieranbeter mit seinen anarchistischen Eskapaden einen so bemerkenswert großen Aktionsradius? Weshalb erscheint daneben der aktive, einsatzbereite Kommunist Flint permanent als der abgehetzte, nahezu hoffnungslose Einzelgänger, der keine verläßlichen Mitstreiter gewinnt, dessen Vorgehen immer wieder von Mühsal und Irrtum abgebremst wird und dessen Persönlichkeitsbild obendrein noch durch sein selbstsüchtiges Verhältnis zu zwei Frauen ins Spießbürgerliche rückt? Werden die Blauhemden der FDJ nur zu dem Zweck auf die Bühne gebracht, übermäßig ausgedehnte kabarettistische Studien dogmatischen Philistertums zu liefern? Daneben Neubauern als eine graue Masse Elend, aus der nur selten ein Impuls zur Vorwärtsbewegung aufleuchtet, die Mittelbauern als zwei kriminelle Exemplare rücksichtslosen Mißbrauchs von Besitz und Einfluß; ein solches Figurenensemble ist insgesamt ungeeignet, die von der führenden Arbeiterklasse und ihrer Partei in den revolutionären Veränderungen auf dem Lande verwirklichte Bündnispolitik als realen Prozeß des Überwindens aller gezeigten Schwierigkeiten und Widerstände erkennbar zu machen.«

Eichlers Philippika bleibt eine Ausnahme; Rainer Kerndls Besprechung im »Neuen Deutschland« vom 18. Juni 1976 gibt den künftigen Kurs an. Er interpretiert *»Die Bauern«* gelassen als »in metaphorischer Verknappung aufgeschriebene Historie von gesellschaftlicher Revolution und individueller Umwandlung am Beispiel des Dorfes und seiner speziellen Problematik«. Die entspannte Rezeption ist nicht etwa Folge einer liberaleren Kulturpolitik, sondern der veränderten politischen Gesamtsituation: Nach fünfzehn Jahren können *»Die Bauern«* als historisches Drama aus der schweren Anfangszeit begriffen werden. »Wenn Müller in seinen Szenen die schreckliche Zeit der Umwälzungen beschwor«, so Werner Mittenzwei, »konnte sich das Publikum zurücklehnen in der Gewißheit, das überstanden und etwas erreicht zu haben. Jetzt konnte mit Lachen Abschied genommen werden.« Mit der Erinnerung an den Skandal von 1961 tut man sich schwerer: Marianne Streisand kann ihre Berliner Dissertation von 1983, »Frühe Stücke Heiner Müllers. Werkanalysen im Kontext zeitgenössischer Rezeption«, mit einer ausführlichen Dokumentation zu den seinerzeitigen Vorgängen, nicht veröffentlichen.

Überlebensversuche

Eine kaiserliche Botschaft

Knapp zwei Jahre nach seinem Ausschluß aus dem Schriftstellerverband kommt es auf einer Kulturkonferenz der SED zu einer Begegnung Müllers mit Kurt Hager, seit dem VI. Parteitag vom Januar 1963 Leiter der Ideologischen Kommission beim Politbüro des ZK. Hager ermuntert Müller, *doch mal ein Poem* zu schreiben und gibt ihm auf diese Weise zu verstehen, daß der Bannfluch der Partei gelockert werden könnte. Im Hintergrund steht die Lyrik-Welle des Jahres 1962, die in dem berühmten, von Stephan Hermlin geleiteten Abend in der Akademie der Künste vom 12. Dezember kulminierte, bei dem u. a. Wolf Biermann, Rainer und Sarah Kirsch und Volker Braun debütiert hatten. Zum Ärger der Parteiführung waren dort kritische, düstere und rätselhafte, mithin dem Wesen des sozialistischen Realismus widersprechende Texte vorgetragen und sogar diskutiert worden. Das trug Hermlin eine Parteirüge ein; obendrein wurde er als Akademie-Sekretär der Sektion

Dichtung und Sprachpflege abgelöst und verlor seinen Sitz im neugewählten Vorstand des Schriftstellerverbands.

Hagers Anregung zielt demgegenüber auf ein im Sinne der Partei verfaßtes poetisches Elaborat. Müller nutzt seine Chance. So kann nach langen Jahren im März 1963 in der Zeitschrift »Forum«, der »Zeitung für geistige Probleme der Jugend«, wie es im Untertitel heißt, wieder einmal ein literarischer Text von ihm erscheinen. Die großformatige, grafisch aufwendig gestaltete Halbmonatszeitung, ursprünglich Journal der Berliner Studenten, mittlerweile längst »Organ des Zentralrats der FDJ«, macht seinem Namen alle Ehre: Hier sind Mitte der sechziger Jahre offene Diskussionen möglich. Es gibt Vorabdrucke von Stücken, Romanauszüge (Neutsch), Aufsätze (Georg Klaus, Rudolf Bahro), Essays und junge, unangepaßte Lyrik (Volker Braun, Adolf Endler, Sarah und Rainer Kirsch, Reiner Kunze). *Es gab immer wieder Krach und wilde Anrufe, aber es ging eine Zeitlang.* Chefredakteur ist zu dieser Zeit Heinz Nahke, der bis dahin die »Junge Kunst« redigiert hat; er vermittelt Müllers Mitarbeit. In seiner Autobiographie erinnert sich Müller an ein Treffen, das bezeichnend für die damalige Zeit gewesen sei. Nahke habe ihn eines Tages angerufen und gesagt: *›Kannst du mal vorbeikommen, ich muß Dir den Umbruch zeigen von unsrer nächsten Nummer.‹ Er zeigte mir den Umbruch: ›Hier haben wir Havemann angepißt* [dem systemkritischen Naturwissenschaftler und Philosophen wurden 1963/64 sämtliche Forschungs- und Lehrmöglichkeiten entzogen; J.-C. H.], *hier haben wir ein bißchen viel von Freiheit drin, da nehmen wir hier den Ulbricht ganz groß, und hier mußt du die Tschechen anpissen‹* – eben hatte in Prag die »Kafka-Konferenz« stattgefunden, auf der der österreichische Germanist und Marxist Ernst Fischer gegen den Widerspruch der DDR-Delegierten Kafka nicht als Prototyp bürgerlicher Dekadenz abgelehnt, sondern als bedeutenden Modernisten gerühmt hatte.

Das Anerbieten, sich dem Parteistandpunkt gemäß in den Kafka-Streit einzumischen, lehnt Müller damals ab; williger zeigt er sich als poetischer Gestalter eines Falls von beispielhafter Solidarität: Sein Poem *»Winterschlacht 1963«*, geschrieben im Februar/März desselben Jahres im Majakowski-Ton, beschäftigt sich mit einem Generatorenschaden im Kraftwerk Elbe, der durch den gemeinsamen Einsatz von deutschem und sowjetischem Militär, Arbeitern und Bauern behoben werden kann.

Der glatte und widerspruchsfreie Text, der mit den Zeilen endet: *Wenn die Menschheit erkennt, die Partei ist die Menschheit / Die erkannte Natur der Parteidisziplin unterwirft und / Ihren Platz einnimmt am Steuer des Planeten*, verhilft Müller zu zwei weiteren Beiträgen im »Forum«: *»Fragen für Lehrer«* (Heft 13, Juli 1963) übt Kritik am Volksbildungsministerium, der Schlußvers appelliert direkt an den Minister: *Wie werden die schlechten Schulen verbessert, Genosse Lemnitz?* Im selben Heft werden »spezifische Probleme der Jugend in der neuen Geschichtsperiode nach dem VI. Parteitag« diskutiert. Damit sind die Thesen der von Ulbricht einberufenen »strategischen Leitungsgruppe« vom »Neuen Ökonomischen System der Planung und Leitung« (NÖSPL) gemeint, die ein Jahr später auf dem 6. ZK-Plenum dann beschlossene Abwendung vom zentralistisch-bürokratischen Führungssystem, das sich zunehmend als Hemmschuh für die Wirtschaftsentwicklung erwiesen hat und nun zugunsten einer Dezentralisierung (freilich nur auf den unteren Entscheidungsebenen) aufgegeben werden soll. In seiner Autobiographie schildert Müller den Hintergrund des Gedichts; *»Fragen für Lehrer«* sei eine Auftragsarbeit für Nahke gewesen:

Allerdings saß der Minister schon auf dem Schleudersessel, das wußte ich aber nicht, Nahke wußte es wahrscheinlich, immerhin war es das einzige Mal in der Geschichte der DDR, daß ein Minister in einem offiziellen Organ mit Namen genannt und kritisiert wurde. Das war da plötzlich möglich. Danach kam das sogenannte Jugendkommuniqué – das ist im Westen wahrscheinlich gar nicht aufgefallen, das war so was wie die Kulturrevolution in der DDR, durchgesetzt von Ulbricht gegen die Mehrheit des Politbüros. […] Es ging darum, junge Kader zu etablieren, die Überalterung der Partei und der Apparate zu bekämpfen.

Eben von diesem »Jugendkommuniqué« handelt das dritte

1 Der Großvater Max Müller

2 Die Großmutter Anna Müller, 1936

3 Die Großeltern mütterlicherseits Ernestine und Bruno Ruhland, um 1936

4 Die Eltern Kurt und Ella Müller in Reutlingen

5 Fasching in Eppendorf, um 1932

6 Mit einer der Cousinen in Bräunsdorf

7 Einschulung in Bräunsdorf, 1935

8 Heiner Müller mit seiner Mutter Ella, um 1938

9 Mit den Eltern in Waren, um 1940

10 Die 4. Klasse der Volksschule Waren, Ende März 1930.
Heiner Müller: erste Reihe, dritter von links

11 Die Theatergruppe des Frankenberger Gymnasiums auf Tournee, um 1949

12 Rosemarie und Heiner Müller mit ihrer Tochter Regine, 1952

13 Mit B. K. Tragelehn bei Proben zu »Umsiedlerin« an der Studentenbühne der Hochschule für Ökonomie Berlin-Karlshorst

14 Inge und Heiner Müller in Lehnitz

15 In Lehnitz

16 Im Maxim-Gorki-Theater, 1958 (Foto Eva Kemlein)

17 Mit Hans Dieter Mäde bei der Regiebesprechung zu »Der Lohndrücker« im Maxim-Gorki-Theater, 2. 9. 1958 (Foto Eva Kemlein)

18 Preisverleihung beim dritten Preisausschreiben zur Förderung des Gegenwartsschaffens in der deutschen Literatur am 18. Dezember 1957. Heiner Müller erhält die Urkunde für »Der Lohndrücker« durch den stellvertretenden Minister für Kultur, Alexander Abusch

19 Verleihung des Heinrich-Mann-Preises am 25. 3. 1959 an Hans Lorbeer, Heiner und Inge Müller.
Von links: Anna Seghers, Hans Lorbeer, Heiner Müller, Ludwig Renn

20 In Müllers Wohnung Berlin-Pankow, Kissingenstraße, 1967 (Foto Roger Melis)

im »Forum« veröffentlichte Poem: *»Dt 64«* (Heft 11, Juni 1964), in dem Müller auch Verse aus einem westdeutschen *SDS-Twist* verarbeitet *(Wir sind mit der Freiheit gebunden / Wir lassen jeden reden / Wir reden gegen jeden / Unser Ohr hat Gewicht / Eine Stimme haben wir nicht).* Hier geht es um das Deutschlandtreffen der FDJ im Mai 1964 mit 500 000 Teilnehmern, darunter auch Gästen aus der Bundesrepublik, dem *Staat der Monopole / Wo die Gäste in den Wirtshäusern / Das Maß halten sollen damit der Wirt saufen kann / Und ihre Taschen ausleeren zugleich.*

Die Selbstverleugnung wird belohnt. 1964 erhält Müller im »Forum«-Kollektiv die »Erich-Weinert-Medaille«, den vom Zentralrat gestifteten Kunstpreis der FDJ. Das Bekenntnis zur Partei, der Verzicht auf die Darstellung gesellschaftlicher Widersprüche, der klare Standpunkt gegenüber dem Klassenfeind im Westen, all das hilft ihm, wieder in den Literaturbetrieb einzusteigen, die kulturpolitischen Freiräume auszuloten, allmählich zu erweitern und – für Müller entscheidend – seine Rückkehr auf die Bühne vorzubereiten. Auch hier ist er zunächst zu Konzessionen bereit: Anfang der 60er Jahre arbeitet er mit Hans Bunge an der Fabel für ein Stückprojekt, das sich allerdings zerschlägt. Bunge berichtet 1988: »Heiner dachte tatsächlich darüber nach, ganz am Anfang, ob er nicht doch mal etwas machen muß mit einer richtigen Fabel. Wir haben uns so Brocken zugeworfen gegenseitig, wie es weitergehen könnte, was dann passiert, welche Personen man braucht dazu. Es war ein kindisches Unternehmen und es ist auch nie etwas dabei herausgekommen.«

Danach unternimmt Müller einen letzten und lang andauernden Versuch (vom Entwurf bis zur Premiere vergehen siebzehn Jahre), sich im Genre des »Produktionsstücks« auf kritische Weise mit dem Alltag und der Gegenwart der DDR auseinanderzusetzen. Bis 1975 entstehen von seinem Stück *»Der Bau«* nicht weniger als sieben Fassungen, in denen Müller zum einen auf massive Kritik reagiert, in denen sich aber zugleich das Bemühen um einen weiterführenden dramatischen Ansatz und die Herausstellung des eigenen politischen Standorts manifestiert.

»Der Bau«

Der Auftrag kommt im Spätsommer 1963 vom Deutschen Theater, wo seit kurzem anstelle von Wolfgang Langhoff und Gerhard Piens Wolfgang Heinz als Oberspielleiter und Hans Rainer John als Chefdramaturg das Sagen haben. Letzterer hat vorgeschlagen, bekanntere Autoren mit der Dramatisierung nützlicher, aktueller Prosawerke zu betrauen, um so dem Mangel an Gegenwartsstücken abzuhelfen. Müller soll sich an dem (von Frank Beyer 1965/66 mit Manfred Krug verfilmten) 900-Seiten-Roman von Erik Neutsch bewähren, »Spur der Steine«, für den Neutsch 1964 den Nationalpreis erhält. Der Stoff hat Müller zwar *von Anfang an* nicht interessiert, aber es ist der einzige Stoff, an dem er arbeiten darf.

Neutsch hat die Zeichen der Zeit, die neue kulturpolitische Orientierung der SED nach dem VI. Parteitag 1963, erkannt und die gutgemeinte Kritik an Fehlentscheidungen der Planwirtschaft, am Dogmatismus leitender Parteimitglieder und an falschen Arbeitsnormen in den Mittelpunkt seiner Geschichte gerückt. Erzählt wird die Wandlung des Zimmermannsbrigadiers Hannes Balla vom anarchischen Glückssucher und Selbsthelfer zu einem klassenbewußten Sozialisten. Maßgeblich verantwortlich für diese sich unter vielerlei Widersprüchen vollziehende Entwicklung ist Ballas Begegnung mit dem undogmatischen Parteisekretär Werner Horrath, der auch Ballas vormals anarchisch-rowdyhafte Zimmermannsbrigade für seine Pläne gewinnen, mit ihrer Unterstützung die schädlichen Absichten der Ministerialbürokratie und das unbedingte Festhalten der Bauleitung am Plan durchkreuzen kann: Ein Beispiel für die verlangte neue Verantwortungsübernahme des einzelnen, mit dessen Hilfe administrative Fehlentscheidungen korrigiert werden können. Gleichzeitig, und das macht den Roman immerhin interessant, zeigt Neutschs Held menschliche Schwächen, die mit der Parteidisziplin unvereinbar sind: Als verheirateter Mann schwängert er eine Ingenieurin und verstößt so gegen die damaligen Maßstäbe sozialistischer Moral. Die Parteileitung degradiert ihn daraufhin zum Hilfsarbeiter; als er sich einen weiteren »Fehler« erlaubt, erhält er Baustellenverbot.

Müller beginnt seine Arbeit parallel zur Verfilmung durch Beyer. *Der Roman war noch nicht gedruckt. Das Theater hatte das Manuskript von der DEFA.* Obgleich Film und Stück *fast gleichzeitig* verboten werden, stehen sie in keinem Zusammenhang. Wieder einmal geht die Arbeit, wie Alexander Weigel von dem damaligen verantwortlichen Dramaturgen Karl-Heinz Müller erfährt, nur langsam voran. Selbst »eine versuchte Klausur in der Kaderabteilung des Theaters mit Liege und Zulieferung von Essen« bringt Müller nicht dazu, vereinbarte Termine einzuhalten. Ein Manuskript kann er erst im Frühjahr vorlegen. Daraufhin kommt es am 6. April 1964 zu einem Vertragsabschluß mit Henschel und einer ersten Vorschußzahlung des Verlags.

Dieses erste überlieferte und mit Abstand umfangreichste Manuskript trägt den Titel *»Spur der Steine. Nach dem Roman von Erik Neutsch«*. Sämtliche Figurennamen entsprechen der Vorlage. Mit einer zweiten, auf den 1. September 1964 datierten Fassung gelingt Müller nach Frank Hörnigks Befund eine »poetisch-dramatische Zuspitzung des gesamten szenischen Vorgangs«. Gegenüber der ersten Version habe der Text an »größerer Konzentration« gewonnen; wichtigstes Charakteristikum sei die Verabschiedung von allen »verkürzenden Vorstellungen einer immer harmonischer, konfliktfreier werdenden gesellschaftlichen Realität«, womit auch Neutschs Roman »stärker als am Ausgangspunkt der Beschäftigung mit dem Modell als Material behandelt« wird. Müller berichtet, daß es um den Text *ein langes Hin und Her im Ministerium und die üblichen Diskussionen* gegeben hat. Der Vorwurf lautet, daß das Verhältnis von Ideal und gegenwärtiger Wirklichkeit konzeptionell und gestalterisch nicht bewältigt worden sei, infolgedessen müßten die Protagonisten des sozialistischen Aufbaus klein und unbefriedigend erscheinen. Auch sei die Rolle der Partei vernachlässigt worden. Das Manuskript habe *im Ministerium, in der Bezirksleitung der Partei, im Zentralkomitee* gelegen, sei von zahlreichen *Abteilungen, Apparaten und Personen* geprüft und mit Randbemerkungen versehen worden. *Ministerium und Partei schrieben immer nur: ›Falsche Sicht der Partei‹.*

Anschließend kommt es zu einem Gespräch im Deutschen Theater, in dessen Verlauf Neutsch kalte Füße bekommt und gegenüber Müller darauf besteht, *Titel und Figurennamen zu verändern*. Die Differenz zu seiner eigenen Arbeit erscheint ihm unüberbrückbar. Der Vollzug dieser Forderung dokumentiert sich in der dritten Fassung vom März 1965 mit dem neuen Untertitel *Nach Motiven aus Erik Neutschs Roman ›Spur der Steine‹*. Die Auseinandersetzung mit Neutsch bestärkt Müller, sich noch weiter von seiner Vorlage zu entfernen; den Forderungen des Ministeriums, die von Chefdramaturg John bei einer Krisensitzung im Theater protokolliert werden, kommt er nur teilweise nach. Gegenläufig zur Doktrin des »Bitterfelder Wegs«, der die künstlerische Überhöhung der Arbeit propagiert, stellt Müller stärker als zuvor Konflikte und Widersprüche in den Mittelpunkt seiner Szenenfolge. In rasch wechselnden Einstellungen verweist er auf Diskrepanzen zwischen Anspruch und Wirklichkeit, zeigt das Fortbestehen der Entfremdung und damit auch die Wiederentstehung beseitigt geglaubter Strukturen. Für Barka, den Brigadeleiter, bleibt der Kommunismus eine Vision, die er nicht mehr erleben wird: *Ich bin der Ponton zwischen Eiszeit und Kommune* – ein Verweis auf den Übergangscharakter der DDR-Gesellschaft. Es war Peter Hacks gewesen, der den historischen Terminus 1956 in die kulturpolitische Debatte eingebracht und damit die Hervorhebung der Widersprüche in der Dramatik gefordert und gerechtfertigt hatte. Mittlerweile aber ist das Stichwort von der DDR als einer Übergangsgesellschaft zum Reizwort avanciert, denn es widerspricht der Behauptung der Parteiführung, daß es sich bei dem real existierenden Sozialismus um eine entwickelte, eigenständige historische Gesellschaftsstufe handle.

Ein Vorabdruck des Stücks, der Müller seitens des Theaters als unüberlegte Provokation übelgenommen wird (man wollte keine *schlafenden Hunde wecken*), erscheint im April 1965 in »Sinn und Form«. Die Durchsetzung gelingt, weil Hans Bunge, damals Mitarbeiter der Zeitschrift, den Text dem Chefredakteur Wilhelm Girnus, vormals Kulturredakteur beim »Neuen Deutschland« und einer der *Hauptkämpfer gegen die Moderne in der bildenden Kunst*, erst unmittelbar vor Redaktionsschluß übergibt. *Der las das schnell und war davon begeistert, wie er sagte, ein Metaphernrausch.* Die Mitte April 1965 unter dem Schauspieler Ernst Kahler begonnenen Proben werden Ende Mai (wegen mangelnder Akzeptanz des Regisseurs bei den Schauspielern) abgebrochen. Den Versuch des Intendanten, die Inszenierung selbst zu übernehmen, kann Müller in einem Vier-Augen-Gespräch mit Wolfgang Heinz abwenden. Anfang August kommt es zu Testproben unter Benno Besson, die aus künstlerischen Gründen unterbrochen und – in einem neuen Bühnenbild – am 8. Oktober fortgesetzt werden sollen. Als Premierentermin wird inzwischen der Sommer 1966 in Erwägung gezogen. Doch dann veröffentlicht die FDJ-Zeitschrift »Junge Welt« am 18./19. September 1965 einen Beitrag des Germanisten Hermann Kähler, der erklärt, das ihm aus »Sinn und Form« bekannte Stück sei zur Aufführung nicht geeignet, da es das Negative so allgemein formuliere, daß es als »mehr als nur eine Schwäche oder ein Hemmnis« erscheine, vielmehr als »Grenze, über die man nur mittels Utopie, des Träumens von einer schönen Zukunft hinausgelangt. Einer tristen, unpoetischen Gegenwart wird der Kommunismus als ferne Zukunft gegenübergestellt.« Müller sehe die Widersprüche der geschichtlichen Entwicklung »nicht als Triebkräfte der Bewegung«, sondern als »absurde Gegensätze«. *»Der Bau«* stehe »außerhalb von dem, was zwischen Ideal und Wirklichkeit ist und was man Praxis nennt«.

Im Juliheft des Parteiorgans »Einheit« hatten zuvor schon Wilfried Adling und Renate Geldner beanstandet, daß der Autor alle Chancen zur produktiven Konfliktlösung, die die realsozialistische Wirklichkeit biete, ignoriere. Müller verharre auf einer »mechanischen Grundposition«, »die das dialektische Zusammenwirken von objektiven und subjektiven Faktoren im Geschichtsprozeß übersieht, den Menschen lediglich als Objekt der gesellschaftlichen Widersprüche betrachtet und so zu einem ähnlichen ›Geworfensein‹ des Menschen gelangt wie die großbürgerliche Dekadenz«. Damit sind die Stichworte für das spätere Aufführungsverbot geliefert, das nun nicht mehr lange auf sich warten läßt: Ein Jahr nach Chruschtschows Sturz kommt das berüchtigte 11. Plenum des ZK der SED vom 15. bis 18. Dezember 1965, Höhepunkt der gewaltsamen Disziplinierung der Künstler und Intellektuellen durch die Partei. Auf dieser regelmäßig stattfindenden Vollversammlung des Zentralkomitees, bei der das Politbüro seinen Rechenschaftsbericht vorlegt, wird Front gegen »Liberalismus und Skeptizismus«, mithin gegen all jene Kulturschaffenden gemacht, die es an sozialistischer Moral und Humanität oder auch nur, »unter Mißachtung der Dialektik der Entwicklung«, am nötigen Aufbau-Enthusiasmus mangeln lassen und statt dessen zu westlicher Enthemmung und Brutalität oder zur »Verabsolutierung der Widersprüche« und »konstruierten Konfliktsituationen« tendieren. Erich Honecker, der den Bericht des Politbüros vorträgt, erläutert, daß in einer Reihe von jüngeren Kunstwerken die sozialistische Wirklichkeit fälschlicherweise »als schweres, opferreiches Durchgangsstadium zu einer illusionären schönen Zukunft« erscheine, als »Fähre zwischen Eiszeit und Kommunismus«. Damit ist ein Hauptmotiv von *»Der Bau«* genannt.

Es ist ein Rundumschlag gegen die Künstler, seien es Autoren von literarischen Werken, Filmen, Rundfunksendungen oder Interpreten neuer Unterhaltungsmusik. Neben Müller müssen sich unter anderen auch die »Schwarzmaler« und »Zweifelsüchtigen« Peter Hacks (»Moritz Tassow«), Wolf Biermann (»Die Drahtharfe«), Stefan Heym (»Der Tag X«), Manfred Bieler (»Maria Morzeck oder Das Kaninchen bin ich«) und Robert Havemann (»Marxismus ohne Dogma«) die Leviten lesen lassen; kurz darauf verliert Kulturminister Hans Bentzien sein Amt an Klaus Gysi.

Müllers Stück spielt im Jahr 1961 auf der Großbaustelle eines Chemiekombinats, wo mehrere Betriebe gleichzeitig errichtet werden sollen. Die Brigade Barka, ein Haufen rüder Individualisten, soll die Arbeit an einem Wasserwerk, das kurz vor der Fertigstellung steht, unsinnigerweise abbrechen und an einem Kraftwerk weiterbauen. Barka verweigert sich der Vorgabe der zentralen Planungsbehörde *(Den Plan sabotieren die Planer, sie werden bezahlt dafür, wir müssen uns selber helfen seit 1880)* und baut weiter am Wasserwerk. Aufgrund diverser Engpässe in der Zulieferung entwenden seine Leute das dafür benötigte

Material bei anderen Brigaden oder leiten es von anderen Baustellen um. Deckung erhält Barka von dem neuen Parteisekretär Donat. Er erhält wegen seiner Eigenmächtigkeit zwar eine Parteistrafe, aber er erreicht es, daß der Plan schließlich zugunsten der Praxis korrigiert wird und trägt mit dazu bei, daß Barka sich zu einem sozialistischen Vorzeigearbeiter entwikkelt.

Persönlich scheint Donat allerdings den scheinbaren Beweis dafür abzugeben, daß sich Aufbau des Sozialismus und privates Glück ausschließen: Für die Planerfüllung nimmt er die Zerstörung seiner Ehe in Kauf *(Unser Kind ein Foto in meiner Brusttasche, unsre Gespräche kein Referat lang, zwischen zwei Sitzungen eine Umarmung)*, von seiner Geliebten auf der Baustelle, der Ingenieurin Schlee, die *wegen Gefährdung der Baumoral* von Oberbauleiter Belfert vor die Parteileitung zitiert wird, verlangt er, daß sie seine Vaterschaft für das Kind, das sie erwartet, verleugnet: zugunsten der Parteidisziplin und um seine Position auf der Baustelle nicht zu gefährden.

Müller erzählt den Stoff mit den bewährten Mitteln seiner ersten Stücke. Aber verglichen mit *»Korrektur«, »Lohndrücker«* und *»Umsiedlerin«* ist er »technisch« einen Schritt weitergegangen: Die Sprache ist epigrammatischer geworden, das freie Versmaß wird nicht mehr durchgängig und im Dialog eingesetzt, sondern vor allem in langen Monologen, woraus sich ein Verfremdungseffekt ergibt. Die Figur des Hasselbein schließlich, des sich selbst ironisierenden Intellektuellen, der sich wie Hamlet verrückt stellt, wäre in den Produktionsstücken der 50er Jahre schlichtweg unvorstellbar.

Das Konfliktdreieck des Stücks wird gebildet aus Arbeitern, Vertretern der Partei und der Intelligenz, Funktionäre stehen gegen Praktiker. Um weiterzukommen, ist gegenseitiges Lernen gefragt. Brigadeleiter Barka ist ein durchaus eigennütziger »Selbsthelfer«, dessen Eigeninitiative zum Produktivitätsfaktor wird. Ziel seiner Arbeit bleibt eine kommunistische Zukunft, die er, wie er weiß, selbst nicht mehr erleben wird: *Mein Lebenslauf ist Brückenbau. Ich bin / Der Ponton zwischen Eiszeit und Kommune.* Oberbauleiter Belfert, ein hilflos feiger Bürokrat, beruft sich stets auf den Plan und scheut, sofern ihm ein Fehler nachgewiesen wird, auch keine opportunistische Selbstkritik *(Jede Sitzung eine Schwenkung, und das zehn Jahre lang, da lernt man sich von allen Seiten kennen)*. Ingenieur Hasselbein, Prototyp des zweifelsüchtigen Intellektuellen, hat Lösungen für die Probleme auf der Großbaustelle ausgearbeitet, vermag seine Neuerungsvorschläge aber nicht durchzusetzen; handlungsunfähig steht er zwischen Arbeitern und Parteivertretern. Allein Donat, der neue Parteisekretär, bringt Bewegung in die festgefahrenen Organisationsabläufe auf der Baustelle. Seine Bereitschaft, Verantwortung zu übernehmen, macht ihn zum Repräsentanten des »Neuen Ökonomischen Systems der Planung und Leitung«. Daß gerade er in privaten Belangen scheitert und ein menschlich mehr als fragwürdiges Verhalten an den Tag legt, muß die Frage aufwerfen, ob ein Phänomen wie die Entfremdung in menschlichen Beziehungen tatsächlich an die kapitalistische Klassengesellschaft gebunden ist oder auch im Sozialismus fortbesteht.

Eben das hatte Alexander Abusch am Vorabend des 11. Plenums im »Neuen Deutschland« dementiert: Es sei »falsch, zu meinen, ›daß die Selbstentfremdung des Menschen auch im Sozialismus unvermindert weiterexistiere‹«. Zwei Jahre zuvor hatte Alfred Kurella, in Reaktion auf die Ergebnisse der Kafka-Konferenz, ausführlich dargelegt, daß sich ein klassenbewußter Arbeiter bereits im Kampf mit der alten Ausbeuterordnung von den Strukturen der Entfremdung befreie und daß dieser Prozeß beim Aufbau des Sozialismus zur »tatsächlichen und progressiven Aufhebung dessen« führe, »was Marx unter dem Begriff der ›Entfremdung‹ zusammenfaßte«. »Für den Arbeiter, der das Wesen der kapitalistischen Ausbeutung begriffen und die Struktur der bürgerlichen Gesellschaft zu durchschauen gelernt hat, verliert die gesellschaftliche und staatliche Sphäre den Charakter des Fremden, Unerforschlichen, Bedrükkenden. Gesellschaft und Staat werden vollends etwas Vertrautes, ›Eigenes‹, in dem Maße, wie der Arbeiter am Aufbau des Sozialismus praktisch in die Geheimnisse der Lenkung von Wirtschaft und Staat eindringt, an ihr teilnimmt.«

Müllers Stück ignorierte offenbar diese »Erkenntnis«. Ohne präzise der Fabel zu folgen (ein unkünstlerisches Verfahren, das, Kurella zufolge, einen Autor ohnehin zwangsläufig »ins Lager der Reaktion« führen mußte), in rasch wechselnden Einstellungen, kurzen szenischen Schnitten und mit einem hohen Maß an Objektivität verdeutlicht *»Der Bau«* die Diskrepanz zwischen Anspruch und Wirklichkeit, verweist auf die Vorläufigkeit des Erreichten: *Was hier anfängt hört nicht auf / Mit uns, aber was lebt muß wachsen und / Haust in der Schwebe zwischen Alt und Neu.* Sätze wie diese betonen den parabolischen Charakter des Stücks, ermöglichen eine Deutung des *»Baus«* als Metapher für den Aufbau des Sozialismus.

Unmittelbar nach dem 11. Plenum wird ein Gespräch mit der Redaktion von »Sinn und Form« anberaumt, an dem neben Müller und dem Chefredakteur Wilhelm Girnus der Literaturwissenschaftler Werner Mittenzwei und der Theaterwissenschaftler Rudolf Münz teilnehmen und in dessen Verlauf Müller von einer *Arbeitsfassung* des Stücks spricht und Fehler einräumt, etwa *daß zu wenig herauskommt die Kontinuität der Entwicklung und der Geschichte der Deutschen Demokratischen Republik.* Später hat Müller seine damaligen Zugeständnisse relativiert und Wert auf die Feststellung gelegt, daß das Gespräch nicht ernstzunehmen sei: *Für DDR-Leser war klar, daß es nur um die Möglichkeit ging, ›Bau‹ aufzuführen. Da mußte gelogen werden. Es war mehr ein Verhör als ein Gespräch.*

Zur geplanten Wiederaufnahme der Proben unter Besson kommt es nicht mehr. Die Inszenierung, so das Fazit Alexander Weigels, sei »an einem Gemenge von künstlerischen und politischen Problemen, von äußerem Druck und vorauseilendem Gehorsam und Opportunismus, kurz gesagt auch am Status ›Staatstheater‹ gestorben«. Nach dem 11. Plenum mußte deswegen nicht einmal mehr ein Verbot ausgesprochen werden; die Sache verstand sich von selbst. Es folgen neuerliche Diskussionen und Zumutungen an den Autor, der mit einer weiteren Fassung von April/Mai 1966 unmittelbar auf die Kritik reagiert. »Dabei«, so Frank Hörnigk, »erhalten die Figuren des Bezirkssekretärs und Donats besonderes Gewicht. Für den Bezirkssekretär entsteht in der 6. Fassung ein ganz neues, das 15. Bild. In seinem Büro läßt Müller den Sekretär vor Belfert, der seine Entlassung als Oberbauleiter durchsetzen will, eine Antwort finden, die das politische Bekenntnis zur ›Errungenschaft Deutsche Demokratische Republik‹ aus dem Gespräch aufnimmt.« Noch an eine ganze Reihe von weiteren Beispielen kann Hörnigk »das Bemühen Müllers um eine veränderte Darstellung der Leitungs- und Planungsprozesse sowie der die Staatsmacht und die Partei repräsentierenden Figuren des Stückes« verdeutlichen. In einem Interview mit Peter von Becker berichtet Müller, daß er in einer Fassung Barka am Ende sogar in die Partei habe eintreten lassen: *Aber auch das reichte nicht. Es wurde trotzdem nicht gespielt.*

Bühnenwirksamkeit erlangt allerdings nicht diese korrigierte, sondern die vierte Fassung, die 1975 auch im *»Stücke«*-Band erscheint. Damit eröffnet sich henschel Schauspiel eine neue Chance, die Vervielfältigung des Bühnenmanuskripts und damit quasi das Vertriebsrecht genehmigt zu bekommen. Am 15. Juli 1977 geht der Text zur Prüfung an das Ministerium für Kultur – drei Jahre vor der Uraufführung, die erst am 3. September 1980 an der Volksbühne erfolgen kann. Regie führt Fritz Marquardt, den Müller Mitte der 60er Jahre bei Tragelehn kennengelernt hat, wo dieser vor Freunden aus *»Der Bau«* vorlas. Marquardt, damals Schauspieldozent an der Filmhochschule in Babelsberg, erinnert sich, wie er bei dieser Gelegenheit über den Text hergefallen, ihn als »verlogenes Unwerk« bezeichnet hat, worüber sich die andern »ungeheuer erregt« hätten. Im Verlauf der Nacht habe ihm dann Müller selbst »bewiesen«, daß seine Kritik eigentlich »ganz edel« sei, aber sein »Instrumentarium«, seine »Begriffswelt«, nicht stimme.

Es dauert noch einige Jahre, ehe Müller Marquardt überreden kann, das Stück zu inszenieren. Inzwischen hat Marquardt an der Volksbühne die *»Bauern«* inszeniert. »Müller hat zwei Tage mich beharkt, zuhause, allein, warum es so wichtig ist, daß ich ›Bau‹ mache.« Zwischen November 1978 und Februar 1979 finden »Arbeitsgespräche im Regieteam zur Vorbereitung der Inszenierung« statt: »Stücklesen. Gespräche. Ideen und Entwürfe zum Bühnenbild, zu Kostümen, Masken. Überlegungen zur Besetzung der Rollen. Bühnenbildner Piet Hein baut ein Bühnenbildmodell.« Am 26./27. Februar 1979 findet die Bauprobe statt, am 8. Mai beginnen die Proben. Die Arbeit ist von großen Spannungen zwischen Regisseur und Schauspielern gekennzeichnet; als es Marquardt einmal zuviel wird, verschwindet er kurzerhand nach Mecklenburg und muß von seinem Assistenten zurückgeholt werden. Mitte November werden die Proben wegen der Erkrankung eines Hauptdarstellers unterbrochen, das vorläufige Arbeitsergebnis wird auf Video festgehalten. Ende Juni 1980 gibt es zwei Voraufführungen; bis zur Premiere vergehen noch einmal acht Wochen.

Zuvor hatte Christoph Schroth das Stück 1965 in Halle machen wollen. Er war am Einspruch von SED-Bezirkschef Horst Sindermann gescheitert, der meinte, bei *»Der Bau«* handle es sich um »nicht eigentlich sozialistische Dramatik«.

Auch 1980 gibt es noch Bedenken gegen die Aufführung, von denen Müller 1981 in einem Gespräch mit Sylvère Lotringer berichtet. Alles sei *von der Reaktion des Publikums* abhängig gewesen. Hätte das Publikum den Satz vom *Schutzwall*, der ein *Gefängnis* ist, mit Beifall bedacht oder mit Lachen honoriert, *wäre die ganze Aufführung gefährdet gewesen. Aber es gab nur ein Schweigen, ein ganz langes Schweigen. Die Leute hatten die Macht des Schweigens erkannt. [...] Sie wußten, sie durften nicht reagieren. Also ging die Aufführung weiter.*

Marquardts Inszenierung, die die Ingenieurin Schlee zur tragenden Figur und *»Bau«* fast zu einem Emanzipationsstück macht, wird ein Erfolg, selbst bei linientreuen Theaterjournalisten der DDR-Presse. Bis zum Spielzeitende 1981 bringt es *»Der Bau«* auf neunundzwanzig Vorstellungen. Was 1965 unaussprechbar schien, stößt fünfzehn Jahre später auf breite Zustimmung. Dieter Krebs in der »Berliner Zeitung« vom 9. September 1980: »Heiner Müller handelt über einen revolutionären Prozeß, der im Bauschlamm von Leuna seine Wirklichkeit, im Aufbau des Kommunismus sein Ideal hat.« Maßgeblich wiederum Rainer Kerndl im »Neuen Deutschland« vom 11. September 1980. Er konstatiert, daß von »historischem Pessimismus«, wie er viele Stücke Müllers charakterisiere, hier keine Rede sein könne, obgleich der Autor mit »schneidender Härte [...] geschichtlich und polit-ökonomisch verursachte

Widersprüche als individuelle Konflikte der Figuren« ausstelle. In ihrer »schonungslosen Aggressivität« seien sie »doch Partei: für die Veränderung, für den revolutionären Prozeß im Individuellen wie im Gesellschaftlichen«.

»Schüsse knallen von früh bis spät«

Das fünfzehnjährige Verbot hat *»Bau«* zum Schlußstein von Müllers Produktionsstücken gemacht. Sein diskreter Versuch einer allmählichen Wiedereingliederung ist damit 1966 fürs erste gestoppt. Erneut sieht er sich isoliert; neue Arbeitsaufträge gibt es kaum. Ein paar Einkünfte verschafft ihm Günter Hauk, der musikalische Leiter des Maxim-Gorki-Theaters, indem er ihn beauftragt, sich an Nachdichtungen amerikanischer Protestsongs von Bob Dylan, Pete Seeger, Woody Guthrie, Tom Paxton und anderen für ein literarisch-musikalisches Programm mit dem Titel »Liebeslieder für das andere Amerika« zu beteiligen. Bei der Einstudierung behilflich ist Müllers Frankenberger Bekannter Fritz Grabner, Korrepetitor am Gorki-Theater. Das Programm, für das der 1966 gegründete »Oktoberklub« Maßstäbe gesetzt hat, wird am 28. Oktober 1967 erstmals aufgeführt, der Programmzettel nennt Müller als Bearbeiter einer Übersetzung Monika Dohertys von Woody Guthries »Land reich an Früchten« und eines spottschlechten Lieds von Phil Ochs, *Gendarm der Welt*, sowie als Nachdichter eines von Robert M. Lumer verfaßten *Lieds vom CIA*, einer Rumba:

Schüsse knallen von früh bis spät,
Wenn der CIA euch zur Party lädt.
Mensch, unsere Truppen sind auf dem Damm,
Ob in Bonn, in Kuba oder Vietnam.

CIA der Studentenfreund
Bezahlt den nationalen Studentenbund.
Der CIA ist gar nicht dumm,
Er hilft den Studenten beim Studium.

Ich ging zur Gewerkschaft meine Stimme abgeben
Zu 'ner Frage aus dem politischen Leben.
Ich trat mit dem Zettel an die Wahlurne 'ran:
Ein scharfes Auge sah durch den Schlitz mich an.

Mit mir allein ging ich auf den Abort
Und beklagte mich über die Regierung dort.
Da zielte auf mich eine Kamera schon,
Ich kriegte Angst und pinkelte ins Mikrofon.

Kuba, Santo Domingo, Vietnam, Venezuela, Indonesien,
Guatemala, Griechenland, Iran, Ghana – und die USA

[Refrain:]
Denn Gott sei Dank der CIA ist hart
Kämpft für die Menschheit auf jede Art
Mit Kanonen und Spionen, mit Geldern und Lügen -
Wer wird wohl als nächster Entwicklungshilfe kriegen?

Das Programm erscheint 1968 auch auf Schallplatte: »... und keiner wird uns zum Halten zwingen. Lieder und Songs«. Im Covertext beschwört Wera Küchenmeister die Vereinigung der Unterdrückten »zum großen, letzten Kampf, der von Tag zu Tag sichtbarer wird«.

Das Gorki-Theater sorgt dafür, daß Müller auch als Originalautor Tantiemen einspielt: Die *»Erzählung des Arbeiters Heinz B.«* und der *Epilog* aus *»Korrektur«* sowie *»Bericht vom Anfang«* tauchen öfter in musikalisch-literarischen Programmen auf, etwa anläßlich des 20. Jahrestags der Republik (»Denn es ist mein Land«) und des 20. bzw. 25. Jahrestags der SED-Gründung (»Der historische Handschlag und wir. Szenen- und Lied-Folge« bzw. »Unser Gruß – Unser Lied für die Partei«).

Zu den Gelegenheitsarbeiten dieser Jahre gehört auch ein *»Lenin-Lied«*, ein Liebesdienst für Paul Dessau. Er wurde zu Müllers väterlichem Freund, seit dieser sich etwa 1958 in seinem Auftrag an einem Libretto von Brechts Fragment »Die Reisen des Glücksgottes« versuchte. Im August 1967 wird Müller von Dessau, freilich vergeblich, für den im folgenden Jahr erstmals vergebenen Hans-Marchwitza-Preis der Akademie der Künste vorgeschlagen. 1970 nun braucht Dessau *einen Text* für ein Auftragswerk der Staatskapelle Berlin zum 100. Geburtstag des russischen Revolutionärs und zum 400jährigen Bestehen des Berliner Orchesters. Müller liefert ihn prompt: *Wenn ich den heute lese, sträuben sich meine Nackenhaare. [...] Das waren aber fünftausend Mark für mich und Paul Dessau. Ich dachte, wenn es von Paul Dessau komponiert wird, versteht man den Text sowieso nicht. Das war leichtsinnig*: Das *»Lenin-Lied«*, das mit politisch-kindlichen Elaboraten von Günter Stranka oder Kuba zu wetteifern vermag, erscheint am 15. März 1970 im »Neuen Deutschland«.

1976 unterläuft Müller, wiederum in Zusammenarbeit mit Dessau, ähnliches: Die Montage von Sätzen aus einer Honecker-Rede, in Töne gesetzt von Paul Dessau, uraufgeführt am 16. Mai 1976 zum IX. Parteitag der SED durch Chor und Sinfonieorchester des Rundfunks der DDR, vom »Neuen Deutschland« als Werk von »epochalem Gewicht« gelobt. »Chormusik Nr. 5 mit großem Orchester und Bass-Solo nach einer Rede unseres Ersten Sekretärs Erich Honecker gedichtet von Heiner Müller komponiert von Paul Dessau«, steht auf dem Widmungsexemplar. Sinnigerweise hat der Komponist die »Tonformel Es-E-D« in die Kantate gewoben.

Was derlei peinliche und glanzlose Gefälligkeitsarbeiten angeht, quälen Müller keine Skrupel. In solchen Ausnahmefällen zeigt er sich auf einmal doch gefügig, legt die Bereitwilligkeit eines Wiens an den Tag. Zu groß ist die Zahl der respektablen Vorgänger. Wie Hartmut Lange berichtet, hat ihm Müller einmal zu »einer Ode auf die Allmacht der Partei« geraten und dabei auf Horaz verwiesen, »der sich schließlich auch nicht gescheut habe, Oktavian zu verherrlichen.« Daß sich Beispiele für künstlerische Korruption bei vielen großen Meistern aller Zeiten und Länder finden lassen, ist eine Tatsache; und auch in dieser Hinsicht mißt sich Müller gern an Shakespeare, Michelangelo und Goya. Freilich führte die ihre Nachgiebigkeit gegenüber den Herrschenden niemals so tief in die Niederungen der Banalität wie Müller. Aber es waren auch andere Zeiten.

»Todesanzeige«

In den 60er Jahren kommt es in der Ehe von Inge und Heiner Müller, nicht nur wegen der finanzielle Misere, immer öfter zu Krisenerscheinungen. *Die Spannung wurde zu groß, die Erwartung in den anderen. Das kann keiner aushalten. [...] Ein paar Jahre ging das auch ganz gut, im Rausch und so. Aber wir waren dreizehn Jahre zusammen, und dreizehn Jahre bin ich nicht fremdgegangen. Diese Spannung hält so ein Verhältnis nicht aus. Daraus entsteht dann einfach eine Kälte*. Hauptursache der beiderseitigen Entfremdung ist der Dauerkonflikt zwischen den Ehepartnern, die literarisch mehr und mehr getrennte Wege gehen. Der Heiners führt nach oben, der Inges nach unten: Im Nachlaß Inge Müllers hat sich ein *»Stundenplan«* aus dem Jahr 1964 erhalten, mit dem ihr Mann für beide Partner den Tag zur Routine zu machen versucht hat, was beiden offensichtlich nicht leicht fiel. Für sie legt er fest: zwei bis drei Stunden unterwegs, ein bis zwei Stunden Prosa, dann Haushalt. Sich selbst verordnet er keine lästige Alltagsarbeit, sondern *schreiben, schreiben, schreiben*. Das einzuhalten gelingt ihm aber nicht. Einer von Inges Hauptvorwürfen lautet, daß Heiner den ganzen Tag auf dem Sofa liegt und Kriminalromane liest, nicht für Einkünfte sorgt und sich um nichts kümmert.

Daß die Konflikte immer wieder eskalieren, liegt an Inge Müllers Vorgeschichte: Sie leidet seit Jahren an manischen Depressionen und hat mehrere Selbstmordversuche unternommen. Ihr Mann Herbert Schwenkner hatte sie gegenüber Müller bereits 1953 als Alkoholikerin bezeichnet, was dieser damals nicht ernst nahm. Als sie 1959 nach Pankow gezogen seien, so Müller, habe Inge dann *schon sehr viel getrunken*. »Fünf Stunden hätten die Kämpfe mit ihr oft gedauert. Da konnte er schon lange nicht mehr, aber sie hätte immer noch gekonnt. Wenn sie dann endlich einschlief, sei er völlig erschöpft gewesen.« Eine ambulante psychiatrische Behandlung bzw. den Aufenthalt in einem Sanatorium hat Inge Müller stets abgelehnt. *Der Hauptpunkt war, daß Inge durchaus neurotisch disponiert war, sie war von Anfang an psychopathisch, schon bevor ich sie kannte. Ich habe es allerdings nicht gemerkt. [...] Dann hat sie getrunken natürlich, das führte zur absoluten Persönlichkeitsspaltung bei ihr.* Bernd Müller bestätigt: »Irgendwann trank sie heimlich. In Abständen, die kürzer wurden. Wenn sie dann getrunken hatte, war das wie ein Aufschrei. Den ganzen Schmerz lebte sie im Alkohol aus.«

Inges Trunksucht trübt auch das Verhältnis zu den alten Freunden und Bekannten. Zu den engsten gemeinsamen Freunden zählen Peter Hacks und seine Frau Anna Elisabeth Wiede. *Inge und ich waren oft bei Hacks, und Hacks war oft bei uns. Da gab es auch ständig Probleme, denn immer, wenn Inge betrunken war, wurde sie aggressiv. Das nahm gelegentlich ungeheure Formen an. Das waren manchmal anstrengende Parties.*

Sie konnte sehr störend und abstoßend werden, besonders, wenn Leute da waren. Da riß sie das Gespräch an sich. Keiner konnte mehr was richtig reden, und sie wurde sehr aggressiv. Da hat der Hacks die Inge ganz laut angeschrien: ›Halt die Schnauze!‹ Hätt ich mich nie getraut, aber vielleicht hätt sie sowas gebraucht, daß ihr einer die Grenzen zeigt.

Tragelehn bestätigt: »Das hatte katastrophale Züge in der letzten Zeit. Heiner ist dann oft hier gewesen, hat bei uns geschlafen, hat bei uns gearbeitet. Er mußte weggehen, weil wenn sie getrunken hatte und dann aggressiv wurde, war's aus. Sie hat wirklich exzessiv getrunken.« »Sie fing an, Manuskripte zu zerreißen. Manchmal kam Heiner und schlief bei uns. Sie rief nachts an, schimpfte, weinte oder sagte am Telefon kein einziges Wort.« In der Nacht vor ihrem Selbstmord hat Inge Müller noch Hans Bunge angerufen, »der bereits mehrmals nach solchen Hilfeschreien zu ihr gefahren ist. Diesmal fährt er nicht.« Am 1. Juni 1966 stirbt Inge Müller, vierzigjährig, an einer Gasvergiftung – ein Tod, der sich in vielen, glimpflich verlaufenen Suizidversuchen längst angekündigt hatte.

»Acht Jahre«, erzählt Müller 1989, »sei er aus Angst um ihr Leben nicht herausgekommen. Sie habe sich in ihr Zimmer zurückgezogen, während er in seinem Zimmer gearbeitet habe. Er habe die Inge Akkordeon spielen gehört. Oft stundenlang, während er schrieb. Die plötzliche Stille habe ihn zu ihr gerufen. Manchmal habe er dann einen Selbstmordversuch unterbrochen.« Diese Selbstmordversuche begannen bereits in Lehnitz, und Heiner Müller, sagt sein Adoptivsohn Bernd, sei ein wesentlicher Grund dafür gewesen. »Ich rannte von der Schule nach Hause. [...] Mein ewiger Gedanke: Hat sie getrunken oder nicht? Es gab fast sichere Anzeichen dafür, daß etwas passierte. Wenn sie stundenlang in ihrem Zimmer Akkordeon gespielt hatte und es dann still wurde. Ich hab' gelauscht, auch wenn die Balkontür aufging oder das Fenster. Ich bin rein und hab' mich angeklammert wie ein Verrückter, wenn sie zu springen versuchte.« Sein Stiefvater dagegen sei bei Selbstmordversuchen immer der erste gewesen, der ging. »Ein Fluchtmensch. Immer, wenn es kritisch wurde, war er weg.« *Vielleicht hätte ich ihr mal eine runterhauen sollen, wenn sie wieder einen Selbstmordversuch gemacht hatte. Vielleicht hätt sie es dann gelassen, aber ich konnt das nicht, war zu feige.*

1966 bereitet Müller seinen Auszug vor. *Das Zusammenleben mit ihr war für mich inzwischen auch ein Arbeitsproblem geworden. Ich konnte in unserer Wohnung nicht mehr arbeiten.* Im Gespräch mit Jürgen Serke, ein halbes Jahr vor seinem Tod, erinnert er sich: *Ich hatte die Erfahrung, daß Inge nie einen Selbstmordversuch gemacht hat, wenn ich nicht zu Hause war. An dem Tag, an dem das passierte, war ich am Nachmittag im Deutschen Theater und hab' zum erstenmal gefragt, ob sie mir nicht eine Wohnung besorgen können oder ein Zimmer, wo ich in Ruhe arbeiten kann, weil es zu Hause nicht mehr ging.* Als er am 1. Juni aufgrund einer unvorhergesehenen Verspätung erst nach Mitternacht nach Pankow zurückkommt, findet er seine Frau mit einer Gasvergiftung tot auf dem Boden liegend. Diesen Moment reflektiert er im Text *»Todesanzeige«* von 1975: Von der nüchtern-kalten Beschreibung der Situation des Auffindens der Leiche schreitet der Erzähler fort ins Unbewußte, in Täter/Opfer-Phantasien von Mord und Verschlungenwerden.

Inges Sohn Bernd leistet gerade seinen Wehrdienst ab. Am 2. Juni erhält er ein Telegramm seines Adoptivvaters: *Lieber Bernd Mutti ist plötzlich verstorben. Ich warte auf Dich Vati.* »Für mich«, sagt er heute, »lebt sie, wie ich sie während meiner Armeezeit im Urlaub sah, als ich sie mit meiner Freundin besuchte. Ich hab' sie nicht mehr gesehen. Ich hatte Angst sie zu sehen als Tote.« Heiner Müller: *Die Wochen und Monate danach habe ich fast pausenlos das ›Wohltemperierte Klavier‹ gehört. Ich habe mir Schlaftabletten gekauft, aber keine genommen. Es war schon schwierig. [...] Ich habe Inge sehr geliebt, bis zuletzt. Trotz ihrer Veränderungen.*

Nach dem Tod seiner Mutter zieht Bernd Müller aus der elterlichen Wohnung in Pankow aus, schlägt sich als Bühnenarbeiter am Deutschen Theater, Schauspieler und Regieassistent durch. Seinen Adoptivvater hat er danach kaum noch gesehen: »Ich hab' versucht, Kontakt herzustellen. Nach meiner Heirat, als ich Vater geworden bin. Ich hab' ihn aufgesucht mit dem Kind. Einmal und nie wieder. Ich hab' das Gefühl gehabt, mein Besuch war ihm lästig.« Er lebt heute als Holzschnitzer in Kuhhorst bei Fehrbellin.

Inge Müller wird auf dem Friedhof in Pankow beerdigt. An ihrem Tod, pflegte Müller auf Fragen zu antworten, sei nichts mehr zu ändern: das sei unumkehrbar. Ihr Grab hat er nie mehr aufgesucht. Nach Ablauf der Frist ist die Grabstätte eingeebnet worden. Sie ist heute nicht mehr auffindbar. Brigitte Maria Mayer hat zu Inge Müllers dreißigstem Todestag einen neuen Grabplatz gekauft und eine Sandsteinstele gestiftet.

IV. IN DER STRAFKOLONIE

Dem Mythos auf der Spur

Müllers frühe Stücke sind der DDR ebenso verpflichtet wie abgerungen. Sie zeigen parabelhafte Situationen im Übergang zwischen alter und neuer Zeit. In volkseigenen Betrieben, landwirtschaftlichen Produktionsgenossenschaften und Kombinaten besichtigt er die Grundlagen der neuen Gesellschaft. Doch was er als Autor in Fabrikhallen, auf Großbaustellen und Neusiedlerland geschehen läßt, entspricht nicht dem sozialistischen Ideal. Bürokratische Schikanen, Mißwirtschaft und Blindheit der Planungsbehörden sind an der Tagesordnung. Die bescheidenen Erfolge können nur unter ungeheuren Anstrengungen gegen technische, bürokratische und auch politische Widerstände erzielt werden. Müller zeigt gleichnishaft vorbildliches Handeln des einzelnen unter lauter Unzufriedenen, die durch realitätsferne Parolen zu lustlosem Handeln getrieben werden.

Die Kollision von Ideen und Individuen ist der Zentralpunkt seines Theaters: *Körper und ihr Konflikt mit Ideen werden auf die Bühne geworfen.* Immer wieder konfrontiert Müller Alltagswirklichkeit und kommunistisches *Endbild*, beschreibt den Widerspruch zwischen der verlangten Askese und der Verwirklichung der Glücksverheißungen: *Die Opfer sind gebracht worden, aber sie haben sich nicht gelohnt. Es ist nur Lebenszeit verbraucht worden. Diese Generationen sind um ihr Leben betrogen worden, um die Erfüllung ihrer Wünsche. Für ein Ziel, das illusionär war.* Seine Stücke zeigen nicht die Befreiung von barbarischen Verhältnissen, sondern deren Wiederkehr in anderer Gestalt. Der Versuch, die Geschichte revolutionär zu verändern, hat nicht Ausbeutung und Unterdrückung beseitigt, sondern die alte Gewaltordnung lediglich mit verändertem Gesicht wieder auferstehen lassen.

Die frühen Zurückweisungen, Verbote und Ausschlüsse haben Müllers Geschichtsbild stark beeinflußt. Aber der Widerstand ist auch Motivation: Die staatlichen Pressionen und Müllers literarische Produktivität stehen in einer Wechselwirkung, die Konfliktsituationen sind, wenn nicht Stoff, so doch Stimuli für sein Werk. Und von seinem literarischen Kurs läßt er sich weder durch Ignoranz noch durch Zensur oder Verunglimpfungen abbringen. Wenn es um seine Literatur geht, bleibt Müller unerbittlich. Daß er damit Anstoß erregt, ist nicht seine Absicht. Er sieht sich nicht als Häretiker, er ist überzeugt, daß seine deutende Kritik am Platz ist und daß für sie Platz ist: *Ich wollte nie anecken.* Keiner erträgt die Prügel so geduldig wie er. Er wartet dann auf die Stunde, in der er zurückschlagen kann.

Deshalb sind Müllers beste Jahre die sechziger, »als der Druck des Kulturregimes der Ulbricht-Partei noch stark genug war, um den Gegendruck des Dramas herauszufordern« (Friedrich Dieckmann). Und es sind nicht zuletzt die Aufführungsverbote, die sein Renommee im Westen begründen, denn es gehört zur Logik des Kalten Kriegs, jene zu hofieren, denen im Osten der Hammer gezeigt wird. Zum Dissidenten läßt sich Müller jedoch nicht machen: Nie versucht er, über westliche Medien Druck auf die Kulturfunktionäre auszuüben.

Heinar Kipphardt hat Müllers Verhältnis zur Staatspartei SED mit der Parabel vom »Mann, der von einem vermögenden Menschen eingeladen wird«, beschrieben:

Der Mann geht hin, sie unterhalten sich nett, und es ist eine schöne Atmosphäre. Dann sagt der Gastgeber zum Gast: »Ach wissen Sie, Sie können gleich durch den Garten gehen, da können Sie den Weg abkürzen.« Der Gast geht durch den Garten, fällt in eine Jauchegrube, rappelt sich heraus und geht nach Hause. Ein Jahr später wird der Mann wieder von demselben Gastgeber eingeladen, wieder ein schönes Gespräch. Der Gastgeber sagt: »Gehen Sie doch gleich durch den Garten, da können Sie den Weg abkürzen.« Der Gast fällt wieder in die Jauchegrube. Ein Jahr später derselbe Vorgang. Kipphardts Moral zu der Geschichte: Beim ersten Mal könnte man annehmen, daß es sich um ein bedauerliches Mißverständnis handelt, beim zwei-

ten Mal fängt man an zu argwöhnen, daß der Gastgeber ein böser Mensch ist, beim dritten Mal fängt man doch an, darüber nachzudenken, ob nicht der Gast ein Depp ist.

Mitte der sechziger Jahre werden die Stücke, in denen sich Müller auf direkte Weise mit dem sozialistischen Alltag oder der jüngsten Vergangenheit beschäftigt, entweder, wie *»Lohndrücker«* und *»Korrektur«*, nicht mehr, oder, wie *»Umsiedlerin«* und *»Der Bau«*, noch nicht gespielt. So erscheint es schlüssig, daß Müller versucht, sich durch die Bearbeitung antiker Dramen Geld bzw. Zugang zur Bühne zu verschaffen – und zwar mit solchem Erfolg, daß man ihn in den 60er Jahren ironisch zum neuen »Griechen-Müller« erklärt. *Damit war ich dann auch schon abgestempelt. Wenn irgendeiner etwas Antikes wollte, wurde entweder ich oder Hacks angerufen.*

Zwar stehen die Jahre zwischen 1964 und 1973 im Zeichen konsequenter Hinwendung zu antiken Stoffen und der Gestaltung mythischer und geschichtlicher Metaphern, doch sind es keineswegs erst die Darstellungsprobleme dialektischer Dramatik und die Verbote, die Müller auf die Spur des Mythos bringen: Sophokles' »Philoktetes« hat er Ende der 40er Jahre in Frankenberg gelesen, 1950 ein Gedicht dieses Titels in Hexametern geschrieben; 1953 liegt bereits *eine Szene eines Stücks zu dem Thema* vor. Etwa aus derselben Zeit stammen auch die Gedichte *»Geschichten vom Homer«*, *»Gespräch mit Horaz«*, *»Horaz«*, *»Ulyss«* und *»Orpheus gepflügt«*. Drei von ihnen (zusammen mit *»L. E. oder Das Loch im Strumpf«)* erscheinen 1966 in der von Adolf Endler und Karl Mickel herausgegebenen Anthologie »In diesem besseren Land. Gedichte der Deutschen Demokratischen Republik seit 1945«, die eine kontroverse Debatte auslöst. Es ist also keineswegs nur der Versuch, »geschichtsphilosophische Ambitionen der Zensur zu entziehen«, nicht allein eine Flucht in parabolische Allgemeinheit. Von Lothar Sachs 1984 in einer Diskussion darauf angesprochen, ob dies ein Ausweichen vor den Problemen mit der DDR-Gegenwart gewesen sei, eine Reaktion auf die Unmöglichkeit, nach den Erfahrungen mit *»Umsiedlerin«* und *»Bau«* Realität unmittelbar abzubilden, hat Müller einen Zusammenhang bestritten:

Der Abfolge nach ist das nicht so gewesen. ›Philoktet‹ habe ich vor der ›Umsiedlerin‹ zu schreiben angefangen. Das Gedicht, das sozusagen den ersten Entwurf enthielt, ist lange vor irgendeinem Bezug zur DDR-Realität entstanden. Es ergab sich aus der Schulbildung und daraus, daß ich sehr früh die antiken Werke gelesen habe. Dabei interessierten mich bestimmte Stoffe, u. a. eben Philoktet, und das sicher auch aus autobiographischen Gründen. Da kann man lange hin- und herrätseln. […] Aber in keinem Fall war es so, daß diese Aneignung der Antike eine Fluchtbewegung gewesen wäre, daß ich gemeint hätte, hier sei eine Allegorisierung nötig. So etwas kann ich sowieso nicht, ein aktuelles Problem antik einkleiden.

Nach dem Mauerfall hat Müller freilich eingeräumt, daß die Erfahrungen, die 1961 hinter ihm lagen, sehr *geeignet* gewesen seien, *sich jetzt diesem Stoff zuzuwenden. Vorher hatte ich an einen ganz anderen Verlauf, an einen ganz andern Schluß gedacht. Es war jetzt eine gute Zeit, das zu schreiben, denn jetzt konnte ich mich da gut einfühlen.*

Hauptvorzug der antiken Modelle (etwa gegenüber der komplexen Struktur bei Shakespeare) ist die Direktheit, Einfachheit und Durchsichtigkeit, mit der sie die menschlichen Beziehungen und *die gesellschaftlichen Bewegungsgesetze* darstellen: *Die antike Tragödie*, sagt Müller, Otto Ludwig zitierend, *hat mit dem nackten Menschen zu tun […], und bei Shakespeare sieht man den nackten Menschen durchs Kostüm nur, durch den Faltenwurf.* Das antike Geschehen kann zur Beschreibung barbarischer Verhältnisse dienen, wie sie auch nach der Etablierung sozialistischer Staaten noch fortexistieren. Als verallgemeinernde, vielschichtige Modelle sind die antiken Mythen besonders geeignet, die Schrecken und Gefahren einer Gesellschaft zu vergegenwärtigen, die auf Gewalt gebaut ist. Müllers Eingriffe sind durch sein Hauptinteresse bestimmt, die Brutalisierung und Pervertierung des Menschen durch den Krieg. Alle Elemente, die dies hart und schockierend verdeutlichen, werden von ihm übernommen. Seine Betonung des Archaischen läßt die Welt des griechischen Altertums erschreckend und befremdend erscheinen. Gleichzeitig sorgt er für eine weitgehende Entmythologisierung und -heroisierung. Hauptthema seiner modernen Versionen ist die Unmöglichkeit des Individuums, sich aus den Kriegen der Völker und der Klassen herauszuhalten, die Auflehnung des Menschen gegen die göttliche Ordnung. Wenngleich auf eine andere Weise als die Stücke der 50er Jahre, knüpft er wiederum an Brechts belehrendes Theater an, nur daß Müller diesmal nicht den Alltag ins Visier nimmt, sondern sorgsam Extremfälle konstruiert.

Mit den »Antike-Modellen« erfolgt Müllers Durchbruch im Westen. Werden dort von 1957 bis 1968 nur zwei seiner Stücke gespielt, so kommt es zwischen 1969 und 1975 allein in der Bundesrepublik zu siebzehn Inszenierungen. Erstmals verfügt Müller damit auch über eine gewisse soziale und finanzielle Sicherheit, die ihn zunehmend unabhängiger von den Maßgaben der DDR-Behörden macht. Der Instanzenweg ist hürdenreich: Da die Vervielfältigung von Manuskripten in der DDR bis 1989 genehmigungspflichtig ist, muß henschel-Schauspiel jeden Bühnentext (mit Begründung) beim Kulturministerium zur Prüfung vorlegen. Parallel dazu haben Theater, die eine Uraufführung beabsichtigen, Konzeptionen einzureichen. Häufig laufen die Genehmigungsanträge parallel, manchmal unabhängig voneinander. Wolfgang Schuch, langjähriger Leiter von henschel-Schauspiel, erläutert: »Man konnte irgendwo in der DDR leichter eine Genehmigung bekommen, wenn der Verlag das Werk schon ›durchgekriegt‹ hatte; der Verlag konnte andererseits leichter eine Vervielfältigungsgenehmigung bekommen, wenn er auf bereits genehmigte Interessen wichtiger Theaterleute verweisen konnte.« In Müllers Fall habe dieser Vorgang einzelner Genehmigungen für Textbücher bzw. DDR-Premieren bis Anfang der achtziger Jahre praktiziert werden müssen.

Ist Müller, was seine Durchsetzung als Theaterautor angeht, anfangs noch zu Zugeständnissen bereit, zu sogenannten Korrekturen sogenannter Fehler, zeigt er sich von nun an kompromißloser. Auf den DDR-Bühnen ist er deswegen zwar weiterhin nur mit Gelegenheitsarbeiten vertreten, doch durch die jetzt immer gegebene Chance, in der Bundesrepublik gespielt zu werden, kann er auch mit den neuerlichen Verboten der sechziger und siebziger Jahre leben. Je langwieriger und damit aussichtsloser sich die Verfahren in der DDR gestalten, desto öfter setzt er sich über das Reglement hinweg und riskiert ungenehmigte Aufführungen außerhalb der DDR, für die man ihm behördlicherseits immerhin, wie er Peter von Becker 1995 erzählt, keine Steine in den Weg gelegt habe. Von Konrad Naumann, dem Berliner SED-Bezirkschef, stamme das Diktum: *»Wir haben nichts dagegen, wenn ihr Schriftsteller eure Scheiße im Westen abladet. Aber nicht bei uns!« Scheiße im Westen*, so Müller weiter, *bedeutete Devisen für die DDR, und darum ging es. Das war der Einschnitt nach Ulbricht. Ich schrieb, was ich wollte, und wurde in der DDR zuerst noch verboten, dafür durfte ich im Westen gespielt werden. Weil für Honecker nur die Ökonomie wichtig war.* Gleichzeitig bietet sich für Müller, indem er die Kontrolle der Inszenierungen seiner Stücke als Grund anführt, die Chance zu Reisen ins westliche Ausland. Wenn sein Reiseantrag doch einmal vom Kulturministerium abgelehnt wird, *weil das Stück, das ich mir ansehen wollte, in der DDR verboten war*, schreibt er an Minister Gysi persönlich, *und dann ging es manchmal.*

Für westliche Leser und Zuschauer ist der von Müller intendierte politische Gehalt freilich schwer zu erfassen. Meist verkürzen die dortigen Regisseure seine dialektische Betrachtungsweise auf Antistalinismus. Umgekehrt gestatten es die Antike-Modelle, Müllers Auseinandersetzung mit dem Stalinismus, wie sie etwa in *»Horatier«* geleistet wird, in DDR-Inszenierungen abstrakt als Gleichnis von Macht und Machtmißbrauch, einen Urkonflikt jedes Menschendaseins, zu lesen. In diesem Licht erscheint etwa *»Philoktet«* als Parabel über das Hadern des durch die Gesellschaft verletzten Individuums. So kann das DDR-»Lexikon deutschsprachiger Schriftsteller« Müller 1974 bescheinigen, daß er mit der »zeitgerechten Bearbeitung und Neufassung von Stücken antiker Autoren einen wichtigen Beitrag zur marxistischen Antike-Rezeption auf dem Theater« leiste.

»Philoktet«

Für *»Philoktet«*, ein im wesentlichen zwischen 1958 und 1964 entstandenes Dreipersonenstück aus dem Stoffkreis des Trojanischen Kriegs, ist Sophokles' Tragödie die Vorlage, von der Müller wenig mehr als die Rahmenhandlung übernimmt. In seiner Version sind es drei Feinde, die auf einer wüsten Insel zusammentreffen.

Die Stückfabel hat eine Vorgeschichte, die zehn Jahre zurückliegt: Aufgrund eines schweren Unwetters droht die Überfahrt des griechischen Heeres nach Troja zu scheitern. Nur ein Opfer kann den Meergott versöhnlich stimmen. Während der Vorbereitungen hierzu wird einer der Feldherren, Philoktet, von einer Schlange gebissen. Wundgestank und Schmerzgeschrei stören die Opferhandlung und schädigen die Moral der Truppe. Der einstige Kriegsheld, wegen des von Herakles ererbten Bogens der beste Schütze der Griechen, wird seinen Kameraden zur Last und zum Ärgernis. Auf Anraten von Odysseus beschließen sie, Philoktet auf der Fahrt nach Troja auf der unbewohnten und unfruchtbaren Insel Lemnos auszusetzen, abgekoppelt von jeder Zivilisation. Zehn Jahre später – der Krieg vor Troja hat unzählige Opfer gekostet, aber noch keine Entscheidung gebracht – erhält der Einsiedler auf Lemnos Besuch von zweien seiner Landsleute, Odysseus und Neoptolemos, dem Sohn des berühmten Achill, der mittlerweile auch im Kampf gefallen ist. Odysseus, gekommen als Funktionär staatlicher Macht, ist entschlossen, Philoktet mit nach Troja zu nehmen, um dem griechischen Heer den nötigen Schwung für eine Schlußoffensive zu verleihen. Außerdem, so die Weissagung, können die Griechen Troja nur einnehmen mit dem unfehlbaren Bogen des Herakles. Philoktets Ruhm und Waffe sind also unverzichtbar.

Hier setzt die Handlung von Müllers Stück ein. Odysseus, Philoktets Haß fürchtend, schickt Neoptolemos vor, weil dieser dem Ausgesetzten unbekannt ist. Von Odysseus entsprechend instruiert, soll er, wie Rainer Kerndl im »Neuen Deutschland« vom 30. Dezember 1977 zutreffend erkennt, »Philoktets Verbitterung und Zorn listig einsetzen, um Philoktet wieder in die Maschen des Netzes von Armee- und Staatsräson zu lokken. Philoktet soll begreifen, daß er selbst seinem Rachebedürfnis nur gerecht werden kann, wenn er bei denen, an denen er sich rächen will, lebt.« Doch Neoptolemos haßt Odysseus, weil dieser sich unrechtmäßig Waffen und Rüstung seines Vaters Achilles angeeignet hat; obendrein entwickelt er Mitgefühl für Philoktet. Schon im Besitz von dessen Bogen, gesteht er ihm seinen Auftrag und verbündet sich mit ihm gegen Odysseus. Doch als der rasende Philoktet auf seinen Erzfeind Odysseus anlegt, ersticht ihn Neoptolemos von hinten. Sein Versuch, sich aus dem Konflikt herauszuhalten, ist gescheitert. Um womöglich viele Menschenleben zu retten, muß er einen Menschen töten. Die Staatsräson, die der listenreiche Odysseus verkörpert, hat gesiegt. Die Leiche des Feldherrn wird ebenso ihren Zweck erfüllen wie dies der lebende Philoktet getan haben würde. Odysseus wird sie den Truppen des Philoktet zeigen und behaupten, die Trojaner hätten ihn getötet. »Die Subsumption des Einzelnen unter den Kalkül von Machtpolitik und Krieg läßt sich vollständiger und entmenschlichender nicht vorstellen.«

Auch bei Sophokles findet sich schon der zentrale Konflikt zwischen den Ansprüchen des Individuums und den Erfordernissen des Staates. Aber der harmonische Ausgang, die Erscheinung des Herakles, der Philoktet Zeus' Befehl verkündet, daß er mit seinem Bogen die Entscheidung im Trojanischen Krieg herbeizuführen habe, ist verändert. Müller nimmt seinen Protagonisten die eigene Lösung ihres Problems nicht ab. Auf diese Weise entsteht ein Stück mit einer neuen Fabel. Neoptolemos und Philoktet bleiben Gefangene ihrer Ideen: Neoptolemos wird für sie zum Mörder, Philoktet zum Opfer, das Müller indes nicht als positive Figur zeichnet, sondern als stolz und rachsüchtig: Weil er keine Alternative sieht, überträgt er seinen Griechenhaß auf die ganze Menschheit. Müller geht es nicht um das Mitgefühl des Publikums für die Titelfigur, sondern um den Nachvollzug der Gewaltmechanismen, die am Ende eskalieren. Odysseus erscheint bei Müller als kühler Pragmatiker, der, seinerseits frei von Mitleid wie von Haß, seine beiden Partner rücksichtslos zu instrumentalisieren vermag. Alle drei, so Müller in seinen skizzenhaften Regiehinweisen zur Münchner Uraufführung, seien *drei Clowns und Gladiatoren ihrer Weltanschauung.* Der Ablauf erscheine jedoch nur so lange als *zwangsläufig*, wie *das System nicht in Frage gestellt* werde.

Müllers Selbstaussagen zur Interpretation des Stücks sind widersprüchlich. Nicht ernstzunehmen sind seine Ausführungen von 1966 in dem verhörartigen Gespräch mit der Redaktion von »Sinn und Form«. Wilhelm Girnus hatte ihn mit der Deutung einer »höchst suspekten Figur des rechtsextremistischen Pressesumpfes« in der Bundesrepublik konfrontiert, wonach Müller »in der Gestalt des Odysseus [...] eine Apotheose des sogenannten ›Stalinisten‹ versucht« habe. »Auf der anderen Seite haben einige Interpreten bei uns gemeint, das sei ein ausgesprochen parteifeindliches Stück.« Daraufhin kann Müller sich nur mit einer (stalinistischen) Spitzfindigkeit retten: Die Vorgänge, die *»Philoktet«* beschreibe, seien *nur in Klassengesellschaften mit antagonistischen Widersprüchen möglich [...], zu deren Bedürfnissen Raubkriege gehören.* Für sie hier in der DDR (wo demnach allenfalls nicht-antagonistische Widersprüche existieren) sei das doch *Vorgeschichte.*

1978 dann erklärt er in einem Rundfunkinterview: *Als das Stück geschrieben wurde, so in den Jahren '58 bis '64 ungefähr, war das auch eine Auseinandersetzung mit Problemen und mit Fehlentwicklungen, die z. B. mit der Person Stalins zusammenhängen.* Im Gespräch mit Sylvère Lotringer (1981) geht er noch einen Schritt weiter: *In meiner Fassung des Stücks ist der Kampf um Troja nur ein Zeichen oder Bild für die sozialistische Revolution in der Stagnation, im Patt. Odysseus wollte nicht in den Krieg; er wurde gezwungen. Keiner wollte es wirklich, aber jetzt sind sie alle drin, und der einzige Weg heraus ist tiefer hinein, um ihn zu beenden. Es gibt da keine Ideologie mehr, aber man kann den Krieg nicht beenden, ohne den Feind zu vernichten. [...] In den frühen sechziger Jahren konnte man kein Stück über den Stalinismus schreiben. Man brauchte diese Art von Modell, wenn man die wirklichen Fragen stellen wollte. Die Leute hier verstehen das sehr schnell.* Drei Jahre später behauptet er dann in einer Diskussion: *Mein Umgang mit dem antiken Material war immer völlig unideologisch. Mich hat mehr die Schönheit des Materials gereizt, ich habe darin herumgegraben, aber nie mit einer Konzeption. Daß in die Arbeit Überlegungen einfließen, ist eine andere Frage, aber ich habe nie, wie es Brecht zum Beispiel bei der ›Antigone‹ getan hat, einen Text mit einer klaren Konzeption bearbeitet. Das kann ich nicht, und ich habe nie ideologische Interessen in diesem Sinn gehabt und pädagogische auch nicht.*

Gleich nach Fertigstellung wird das Stück im Maiheft 1965 von »Sinn und Form« und anschließend in »Theater heute« gedruckt, 1966 erscheint es zusammen mit *»Herakles 5«* in der edition Suhrkamp. Kein geringerer als Peter Hacks bescheinigt Müller im April 1966: »Diese vollkommene Tragödie ist von vollkommener Bauart und in vollkommenen Versen verfaßt. [...] Müllers Stück ist besser als das des Sophokles [...]. Keiner handhabt so souverän wie Müller den Vers als Grenzereignis. Der Umsiedlerin-Vers, das war äußerste Gewalt, die man einem Vers antun konnte, ohne daß er aufhörte, ein Vers zu sein. Der Philoktet-Vers, das ist das Höchstmaß an innerer Spannung, das man einem Vers anmuten kann, ohne ihn der Qualität erlesener Feinheit zu berauben. Klassische Literatur spiegelt die tatsächliche Barbarei der Welt im Stoff wieder und ihre mögliche Schönheit in der Form; diese Maxime scheint in Philoktet erfüllt.«

Wolfgang Harich, der später als großer ästhetisch-ideologischer Widersacher von Müller auftritt, zeigt sich ebenfalls von dem Stück *begeistert: Er las das als eine tragédie classique, eine Beschreibung seiner Erfahrung der Einzelhaft* in Bautzen. In Harichs *»Macbeth«*-Philippika von 1973 liest man zu Anfang: »Seit ›Philoktet‹ interessierte mich Heiner Müllers Art, antike Literatur umzuschreiben. Die Dichtung aus einem Guß, als die seine erste Sophokles-Adaption sich darbietet, das Raffinement, mit dem darin aus einer entlegenen mythologischen Ecke eine Parabel für Tag und Stunde hervorgeholt wird, und die Sprachqualitäten des Werks flößten mir Respekt ein.« Im Vergleich mit Hacks, dem »Mozart des Adaptierens«, erscheint ihm Müller als ein »Dämonen in der Brust tragender Beethoven der gleichen Branche«.

Die Uraufführung erfolgt am 13. Juli 1968 durch Hans Lietzau am Cuvilliéstheater in München. Sie wird »ein Riesenerfolg, mit 20 Minuten Beifall am Ende« (B. K. Tragelehn). Müller, der zur Premiere nicht anreisen darf, erscheint sie *zu artifiziell und zu angestrengt*. Wie in anderen westlichen Inszenierungen ist Odysseus der stalinistische Schurke. Man sah, so Müller im Rückblick bedauernd, die Tragödie nicht, sah nicht, daß Odysseus die eigentlich *wichtigste, die tragische Figur in dem Stück ist. [...] Für die tragische Dimension der Geschichte gab es keinen Blick, nur den sentimentalen.* Das gelingt 1983 Dimiter Gotscheff mit der bulgarischen Erstaufführung des Stücks am Dramatischen Theater in Sofia – eine Inszenierung, um die er fast zwanzig Jahre hat kämpfen müssen. Doch gerade Lietzaus clowneske Inszenierung, die auch auf dem Berliner Theatertreffen 1969 vertreten ist, macht Müller im Westen populär. Innerhalb der nächsten sieben Jahre folgen neun weitere Inszenierungen, u. a. in Frankfurt, Hannover, Karlsruhe, Düsseldorf, Wien und Mainz. Bereits am 6. Oktober 1967 hatte das 3. Programm des Westdeutschen Fernsehens eine Fernsehfassung (Regie: Ludwig Cremer) ausgestrahlt. In der DDR dauert es noch bis zum Mai 1974, ehe das »Poetische Theater ›Louis Fürnberg‹«, die Studiobühne der Karl-Marx-Universität Leipzig, die dafür auf dem Merseburger Studententheater-Leistungsvergleich einen Anerkennungspreis erhält, eine Aufführung wagt (Regie: Brigitte Friedrich/Annegret Hahn).

Frühere Versuche sind unterdrückt worden. *Es gab einen Plan, das in Potsdam zu inszenieren, aber das wurde verboten, und dann noch zwei andere Projekte, glaube ich.* Am Berliner Ensemble habe 1965 Guy de Chambure (»Guido Schaumbier«, kalauern die Bühnenarbeiter), *der einzige Narr des Hauses*, die Aufführung durchsetzen wollen, *mit Bühnenmusik von Strawinsky und mit Picasso als Bühnenbildner*. Im »Neuen Deutschland« sei sogar zu lesen gewesen, *daß Wekwerth das Stück angenommen hätte*. Davon konnte allerdings keine Rede sein. Auch Helene Weigel habe sich gegen das Stück gesperrt. Sie hielt das Stück, wie auch Brechts »Maßnahme«, für *unspielbar*, erinnert sich Müller in einem Brief an Dimiter Gotscheff. *Ihr fehlte das Zufällige, Nichtnotwendige, der ›Kies‹.* Immerhin habe es bereits einen Bühnenbildentwurf von Karl von Appen gegeben: *Er zeigt im Rahmen der Fassade von Schönbrunn auf einem schwarzen Lavahaufen einen nackten Greis mit goldnem Bogen und in Galarüstung an der Rampe die Delegierten des griechischen Oberkommandos vor Troja.*

Die eigentliche DDR-Erstaufführung kommt am 17. Dezember 1977 am Deutschen Theater zustande. Die Regisseure Klaus Erforth und Alexander Stillmark hatten das Stück bei Intendant Gerhard Wolfram als Projekt durchgesetzt, ihr Inszenierungsversuch war jedoch am Widerstand der drei Schauspieler Alexander Lang, Christian Grashof und Roman Kaminski gescheitert, die das Stück schließlich als Kollektivinszenierung unter Leitung Langs selbst herausbringen. Ein Informeller Mitarbeiter des Ministeriums für Staatssicherheit hält Müllers Äußerung nach dem Besuch der dritten Hauptprobe fest, daß »er sich beim Schreiben das Stück so inszeniert gewünscht habe«. Zur »Art der Darstellung«, von der Müller »hoch begeistert« sei, notiert er:

»Als Dekoration wird nur ein einzelner Stuhl genutzt. Die Darstellung ist damit so zeitlos angelegt, daß die Bezüge trotz antikem Stoff auf die heutige Zeit gezogen werden müssen. [...] In dieser Aufführung wird das Leiden des Menschen so gezeigt, daß es für alle Gesellschaftsordnungen zutrifft. Im antiken Mythos zeigt der Heiner Müller den Triumph des Notwendigen und Nützlichen in der Welt – für die heutige Zeit wird dieses gleichgesetzt mit dem Triumph von Gesinnungslosigkeit und Egoismus, von Verrat und Gemeinheit.«

Die Botschaft kommt an: Nach der Premiere bedauert Rainer Kerndl im »Neuen Deutschland« vom 30. Dezember Müllers »mit radikaler Ausschließlichkeit artikulierten Pessimismus, der sich auch in den formvollendeten Versen findet: als befände der Mensch sich total und unveränderlich in barbarischer Eiszeit. Heiner Müller setzt mit lakonischer Vereinfachung Gesellschaft gleich Gesellschaft. Er ist auf pessimistische Interpretation aus. Marxistische Geschichtsbetrachtung ist seine Sache nicht. [...] Mit der lakonischen Sprachverdichtung, die ihre Wurzeln durchaus im Heutigen hat, mit den unentwegt das Sinnwidrig-Tragische behauptenden Metaphern holt er den Vorgang herüber in einer Art Zeitlosigkeit, die bei ihm als ›ewig und überall gültig‹ erscheint.« Immerhin darf das Stück auf dem Spielplan bleiben, wo es bis 1981 33 Aufführungen erlebt.

Großen Eindruck hinterläßt die Inszenierung Tragelehns, 1984 wiederum am Cuvilliéstheater in München. Karlheinz Braun erinnert sich an die Premiere am 25. November: »Ich habe selten eine Aufführung gesehen, wo ein Publikum, ein weitgehend touristisches Publikum, so fasziniert war und jedem Satz nachdenkend folgte. Es herrschte eine atemlose Stille. Man hörte ein Publikum denken.«

1978 bittet »Die Zeit« eine Reihe deutschsprachiger Autoren: »Schreiben Sie für uns ein Stück.« Für diese ironische »Anthologie zu Silvester 1978« in Nr. 53/1 vom 29. Dezember 1978 entwirft Müller *»Philoktet 1979. Drama mit Ballett (Entwurf)«*, einen launigen, selbstironischen Text *(Die Frauen essen Straußeneier und würfeln um Philoktet, der schon sehr geschwächt wirkt. Die Frau mit dem höchsten Wurf schleppt ihn in eine Höhle. Die andern stopfen oder stricken Socken für den kranken Fuß des Philoktet)* mit einem Seitenhieb am Schluß gegen die gerade heftig diskutierte Neutronenbombe, *die Traumwaffe der Archäologie, das Finalprodukt des Humanismus.*

»Herakles 5«

Zwischen 1964 und 1966 entsteht *»Herakles 5«*, gemessen am tragischen *»Philoktet«* ein derbes Satyrspiel mit der naiven Bildlichkeit eines Comic-Strip. Auch die Sprache ist bewußt unfeierlich. Der Titel weist auf die fünfte mythische Arbeit des Herakles hin, die Säuberung des Augiasstalles. *Das hatte ich eigentlich geschrieben, weil wir lange über das Problem der Kanalisation gesprochen hatten, darüber, daß die Pest ein Kanalisationsproblem ist. Ich habe verzweifelt und vergeblich versucht, dem Besson einzureden, diesen Text als Satyrspiel vor ›Ödipus‹ zu inszenieren.*

Müller zeigt einen verstockten Protagonisten, der aus Niederlagen nur mühsam lernt und kräftiger sinnlicher Anreize bedarf (Zeus lockt ihn mit der Gestalt der nackten Hebe), um nicht vorzeitig aufzugeben. Nacheinander erweist sich die Untauglichkeit der bisher angewandten Mittel, seien es Werkzeuge oder Waffen. Wie sich das Vertrauen auf die Metaphysik (Zeus unterstützt seinen Sohn nicht) als falsch erweist, reicht auch das alte Denken nicht aus, um das neue Problem zu lösen. Erst als Herakles sich auf seinen Verstand besinnt und die Natur nicht bloß unterwirft, sondern deren Kräfte für sich arbeiten läßt, stellt sich der Erfolg ein. Unter der Devise *Gestatte daß ich deine Welt ändre, Papa*, wird Herakles handgreiflich: Er baut einen Damm, leitet den Fluß durch den Stall, der den Mist fortspült, reißt, als Zeus den Fluß vereist, *die Sonne aus dem Himmel*, eignet sich Stall und Kühe des Augias an, *zerreißt Augias und wirft die Hälften in die Flüsse, holt den Himmel herunter, greift nach Hebe*, rollt schließlich *den Himmel ein und steckt ihn in die Tasche*.

Auch *»Herakles 5«* ist ein »Produktionsstück«, diesmal vom mythologischen »Aktivisten«, der ein außerordentlich irdisches Beispiel gibt, wie man die Welt durch frechen Mut verändern kann. Das Stück, so Rüdiger Bernhardt 1976, erscheine »als Versuch, ins Mythische versetzt, zu zeigen, wie und mit welcher Intensität Arbeit Bewußtsein zu bilden vermag«. Bei Herakles, der nach und nach alle Hindernisse aus dem Weg räumt, werde das Heroische durch das »Menschlich-Sinnliche« ersetzt. Es gehe Müller nicht um die Fiktion der Taten, »sondern um die Tatsache, daß diese Taten Arbeit waren.« Später reklamiert Müller einigermaßen ironisch für sich, er habe damit das erste Stück über Umweltverschmutzung geschrieben.

1970 steht *»Herakles 5«* auf dem Spielplan des Kammerspiels der Städtischen Bühnen in Frankfurt am Main, die Premiere ist für den 1. März geplant, zusammen mit Hartmut Langes Einakter »Herakles«. Daß Heiner Müller sich bereit findet, am selben Abend mit dem Republikflüchtling Lange gespielt zu werden, der 1966 über Jugoslawien in die Bundesrepublik gekommen ist, fordert die entsprechenden Stellen in der DDR zu einer schnellen Reaktion heraus. Roland Bauer, Kulturchef der Berliner Bezirksleitung, legt Müller nahe, vom Vertrag zurückzutreten. Müller befolgt den Ratschlag. »Wie ein Sprecher des Theaters am Dienstag mitteilte«, meldet die »Frankfurter Allgemeine Zeitung« am 25. Februar, »mußte Müllers ›Herakles 5‹ auf ›dringenden Wunsch‹ seines Autors aufgegeben werden. Müller hatte gebeten, nicht an einem Abend zusammen mit Hartmut Lange vorgestellt zu werden.« Die Uraufführung des kurzen Stücks kann erst am 9. Juni 1974 stattfinden: In der Regie von Ernst Wendt in der Werkstatt des Westberliner Schillertheaters, zusammen mit den beiden *Intermedien* aus *»Zement«*, *»Herakles 2 oder die Hydra«* und *»Die Befreiung des Prometheus«* als Vor- und Nachspiel. »Herakles hat's schwer«, überschreibt dpa-Korrespondentin Ingvelde Geleng tags darauf ihren Premierenbericht: »Für einen kurzen Augenblick zwar wird der mit List erfolgreiche Besieger des Drecks mit Hebe, der nackten Göttin der Jugend, belohnt. Aber keine Muße ist Herakles vergönnt. Die nächsten Taten ›fordern‹ ihn.« Vorangegangen war eine Versuchsaufführung mit Schauspielschülern am bat-Studiotheater in der Regie von Tragelehn und Einar Schleef.

Am 25. September 1974 ist *»Herakles 5«* in der Regie von Thomas Vallentin beim »2. Volksbühnenspektakel« in Berlin zu sehen. Erst danach, am 22. Januar 1975, reicht henschel Schauspiel den Text beim Ministerium für Kultur ein.

»Ödipus Tyrann«

1966 bearbeitet Müller *»Ödipus Tyrann«*. Zunächst liegt ein Angebot des Deutschen Theaters an Benno Besson vor, Sophokles' »Ödipus« zu inszenieren, als Ersatz für den verbotenen *»Bau«*. Besson *fragte mich, um mir noch für eine Weile Geld zukommen lassen zu können, ob ich einen Sinn darin sehen könnte, ›Ödipus‹ zu bearbeiten. Er selbst konnte aus seiner Brecht-Tradition heraus und weil er den Text nur aus einer von Voltaire kommentierten französischen Übersetzung kannte, wenig damit anfangen. Voltaire meinte ja, die Tragödie hätte sich vermeiden lassen, wenn es in Theben eine Kanalisation gegeben hätte. Dann wäre es zu keiner Pest und dann auch nicht zu diesem privaten Heckmeck gekommen. Das ist jetzt etwas* *vereinfacht wiedergegeben, aber so ungefähr war die Version von Besson. Mir fiel jedoch rechtzeitig ein, daß es auch Hölderlins Übersetzung des ›Ödipus‹ von Sophokles gibt, und ich dachte mir, da kann ich mit wenig Silben für eine Weile gutes Geld verdienen. Und so lief es dann ja auch. Ich habe einfach die Hölderlinsche Übertragung abgetippt und da und dort was geändert. Das war eine reine Gelegenheits- und Auftragsarbeit.*

Später hat Müller sein Interesse am Stück etwas differenzierter beschrieben: *Erst mal mußte ich Geld verdienen. Erst durch die Arbeit entstand dann ein Interesse. Das Schöne daran war, daß man mit sehr wenigen Eingriffen entscheidende Veränderungen vornehmen konnte, weil der Text einfach gut ist. Dann braucht man nur ein Wort zu verändern, ein Komma zu versetzen, und schon ist es etwas anderes. Das geht aber nur mit guten Texten. […] Gerade durch diesen Kampf zwischen Aufklärung und Orakel kamen wir auf einiges. Es wurde plötzlich ein Stück über Chruschtschow und die Krise der Landwirtschaft in dem Sinne, daß ohne die Pest in Theben keiner das Orakel ernst genommen hätte. Das war auf einmal eine aktuelle Parallele zu dem Sturz von Chruschtschow, der ja über eine Mißernte gestürzt war, den Zusammenbruch seines Landwirtschaftsprogramms. Es hatte für uns nun jedenfalls einen Sinn, sich damit zu beschäftigen. Oder das Problem der Hybris von Ödipus, der noch seine Blindheit zur Philosophie macht. […] Das Auslöschen der konkreten Wahrnehmung zugunsten einer Idee, in der man sich jetzt ansiedeln will.*

Hauptsächlich in zwei Punkten weicht Müllers zurückhaltende Bearbeitung von Hölderlins Übertragung ab: Verbrechen und Gewalt sind bei ihm nicht schicksalbedingt, sondern erscheinen als Folgen einer brutalen Weltordnung; die Hybris des Tyrannen von Theben wird nicht religiös, sondern sozial bestimmt, der Kampf zwischen Mensch und Göttern ersetzt durch den Kampf zwischen Individuum und Gesellschaft. Und gegenüber der Deutung von Ödipus als Beispielmensch, der nach der Wahrheit sucht und Schreckliches erfährt, beharrt Müller auf dessen herausgehobener sozialer Position: Bis zuletzt bleibt er bei ihm ein Machtmensch. Der politische Aspekt wird allerdings nicht wahrgenommen: *Die ›Ödipus‹-Inszenierung 1967 ist als eine Klassikerinszenierung von hoher Qualität rezipiert worden, als Kunstwerk. Politisch fiel sie nicht auf.* Alexander Weigel hält dagegen, daß Bessons Inszenierung »allein schon in ihrem Ernst quer zum verordneten Geschichtsoptimismus stand, ganz sichtbar mit einem Helden, der die finstere Wahrheit in sich selbst fand«.

Die Zusammenarbeit mit Besson verläuft nicht ganz einfach. *Wir mochten uns eigentlich nie besonders, aber wir haben uns respektiert. [...] War sehr ambivalent, die Rolle Bessons. Einerseits war es ein ungeheuer wichtiges Ferment in dieser steifen DDR-Kultur, das Romanische, das Spielerische, auch das Elegante, und andererseits tendierte es immer wieder zum Kunstgewerbe.*

Zum Streit kommt es über den Namen und die Auffassung der Titelgestalt: Für Besson ist Ödipus *der starke einzelne, der Schweizer Selfmademan: Schwellfuß gegen den Rest der Welt.* Müller ist gegen die Eindeutschung, auch die Konzeption erscheint ihm *etwas verquast: Auf der Bühne verstellt es den Blick auf die wirkliche Dimension der Tragödie.* Das Bühnenmanuskript des Henschel Verlags enthält daher Müllers Text und, in Klammern, die *in der Inszenierung des Deutschen Theaters Berlin benutzte, nicht verbindliche Variante.* Der *»Prolog«*, den Müller seiner Bearbeitung voranstellt, gelangt nicht auf die Bühne; als *»Ödipuskommentar«* erscheint der Text lediglich im Programmheft.

Mit dieser Stückbearbeitung, erstmals am 31. Januar 1967 am Deutschen Theater (und am 19. November 1967 in der Inszenierung von Hans-Joachim Heyse in Bochum) aufgeführt, findet Müller in der DDR nach seinem Absturz als Theaterautor wieder öffentliche Aufmerksamkeit. »Ein bemerkenswertes ästhetisches Experiment«, befindet Rainer Kerndl im »Neuen Deutschland« vom 5. Februar 1967. Doch es gibt auch kritische Stimmen. Wolfgang Harich datiert mit Müllers *»Ödipus«*-Version den Beginn seiner Abkehr vom bewunderten Autor des *»Philoktet«*. Er empfindet das ganze, wie er 1973 ausführt, als »überflüssig«, da »bei dem Abändern einer diesmal doppelt klassischen Vorlage« sich für ihn »keine Beziehung zur Gegenwart« mehr habe herstellen lassen. Obendrein konstatiert er ein peinliches »Mißverhältnis zwischen der Geringfügigkeit der geistigen Leistung, die Müller in seine Bearbeitung investiert hatte, und der Prätention, mit der er sie der Öffentlichkeit darbot«. Denn »auf Plakaten, Programmheften, Zeitungsanzeigen, Bühnenmanuskript« paradiere sein Name in einer Weise neben Sophokles und Hölderlin, als ob er »eine Größe gleichen Ranges und ihr Mitautor« sei.

Dazu ist freilich zu bemerken, daß es sich bei dem Bühnenmanuskript des Henschel Verlags um ein vervielfältigtes Schreibmaschinentyposkript handelt. Schreibmaschinen verfügen nicht über verschiedene Schriftgrößen. So sind die Namen Sophokles, Hölderlin und Müller in der Tat von gleicher Größe. Plaziert sind sie allerdings in dieser Reihenfolge untereinander, worin man, wenn man will, durchaus eine Abstufung nach Leistung erblicken kann. Für die Präsentation der Darbietung seiner Leistung in der Öffentlichkeit ist der Theaterautor in der Regel nicht verantwortlich zu machen. Offenbar ganz außerhalb des Blickfelds von Harich lag Müllers ökonomische Situation seit dem Freitod seiner Frau.

»Prometheus«

»Prometheus. Nach Aischylos« schreibt Müller, ohne einen Pfennig Honorar, 1967/68 für Fritz Marquardt, der das Stück mit Studenten in Potsdam auf die Bühne bringen will. Es sei *eher eine Gelegenheitsgeschichte* gewesen, sagt Müller 1991, der Stoff habe ihn nicht sehr interessiert. Die Aufführung wird nicht genehmigt. 1971 versucht Marquardt, sie an der Volksbühne durchzusetzen: »Wir hatten eine Arbeitsgruppe gebildet, mit Achim Freyer, Wolfgang Heise und Irene Böhme, hatten schon zwei Monate gearbeitet, bis plötzlich in einer Nachtsitzung mir erklärt wurde, daß die Zeit für ›Prometheus‹ im Moment nicht so günstig sei und ich doch lieber die ›Weiberkomödie‹ machen solle.«

Müllers Bearbeitung basiert auf einer Interlinearversion von Peter Witzmann. Die Veränderungen gegenüber der Vorlage sind gering, die Hauptarbeit gilt, wie Rüdiger Bernhardt 1976 festgestellt hat, der Sprache: Auffällig sei, daß der Begriff der »Arbeit« selbst dort verwendet werde, wo sich durch die Übersetzung Variationsmöglichkeiten ergeben hätten. Müllers Hauptinteresse ist *der Widerspruch zwischen Leistung und Eitelkeit, Bewußtsein und Leiden, Unsterblichkeit und Todesangst des Protagonisten.* So zeigt seine Version Prometheus nicht nur als leidendes Opfer, sondern auch als selbstbewußten Intellektuellen, der eigene Machtansprüche hegt. Damit schafft er auch Assoziationsspielräume, die in der Gegenwart angesiedelt sind, insbesondere was das Verhältnis des oppositionellen Künstlers zum Staat angeht. Was Hermes provozierend zu Prometheus sagt, könnte auch Kurt Hager von Müller verlangen: *Wags, Dummkopf, wags einmal / Zum Gegenwärtigen passend zu denken.*

Zuerst gedruckt wird der Text 1968 in Band 11 der Suhrkamp-Anthologie »Spectaculum«. Die Uraufführung findet am 18. September 1969 am Zürcher Schauspielhaus statt, Regie führt Max P. Amman. Sie bleibt ohne nennenswertes Echo; bis zur nächsten West-Aufführung vergehen zehn Jahre. Die Entstehung der Inszenierung hat Klaus Völker im Programmheft dokumentiert. Danach hat Müller in den Vorgesprächen Ende 1968 geäußert, *eine Besetzung mit Kindern wäre vielleicht die einzige Möglichkeit, die garantieren würde, daß dem Zuschauer die gedankliche Klarheit des Textes wirklich deutlich wird.* Er wünscht sich *eine ganz naive, aber doch exzessive Ausdruckskraft, die durch die Betonung der Körperlichkeit der einzelnen Figuren hergestellt werden müßte. Alle schauspielerische Phantasie müßte dazu mobilisiert werden.* Um sicherzustellen, daß die verschiedenen Prometheus-Interpretationen von Hesiod über Aischylos, Bacon, Rousseau, Marx und Freud bis Herbert Marcuse dem Zuschauer auf unkomplizierte und anschauliche Weise nahegebracht werden, schlägt Müller *ein Satyrspiel* vor. Das Bühnenbild stellt er sich als *eine Art ›Strafkoloniegerüst‹ oder einen grusinischen Figurenfries* vor. *Das Archaische im Sinne einer Antike ohne blauen Himmel und ohne Säulen müßte mit großer Leichtigkeit angestrebt werden. Auf keinen Fall* dürfe sich *ein antikisierender Effekt einstellen,* statt dessen solle der Eindruck einer *barbarischen Fremdheit* entstehen. 1969 produziert Radio DDR eine Hörspielversion (Erstsendung 1. Februar 1970). Zur DDR-Teil-Erstaufführung kommt es erst am 25. September 1974 an der Volksbühne, als Manfred Karge und Matthias Langhoff das Stück innerhalb des 2. Volksbühnenspektakels, als Collage zusammen mit Volker Brauns »Hinze und Kunze«, inszenieren.

»Der Horatier«

Während eines Bulgarien-Aufenthalts schreibt Müller 1968/69, inspiriert von Livius, Corneille (»Horace«) und Brecht (»Die Horatier und die Kuratier«) und als seinen *Kommentar* zur Niederschlagung des Prager Frühlings, *»Der Horatier«:* Ein Stück gegen parteiliche Beschönigung und Verklärung, dessen Titelheld aus einer Zwangslage als Sieger und Mörder zugleich hervorgeht. Zu lernen ist, daß dieser Doppelcharakter, das Widersprüchliche dieser Einheit, immer bewußt bleiben muß: *Nicht verbergend den Rest / Der nicht aufging im unaufhaltbaren Wandel.* Das Doppelgesicht der Gewalt muß als solches beschrieben werden, weil Geschichtslügen die Gesellschaft nicht zur Ruhe kommen lassen: Wenn die *Gewalt einmal weggelogen wird*, ist *die Barbarei verewigt.*

Müllers Vorlage ist eine antike Legende aus der römischen Frühzeit, die Livius aufgezeichnet hat, ein Lehr-Stück über absolute Staatsloyalität. Die Stadt Rom streitet mit dem benachbarten Alba um die Herrschaft, während beide sich auf den Angriff der Etrusker vorbereiten. Stellvertretend für die Heere der beiden Städte sollen drei Brüder jeder Seite gegeneinander kämpfen. Das Los fällt bei den Römern auf die Horatier, bei den Albanern auf die Kuratier. Ihre besondere Dramatik erhält die Auseinandersetzung dadurch, daß beide Familien durch die Verlobung einer Schwester der Horatier mit einem der Kuratier-Brüder miteinander verbunden sind: Für diese kann der Kampf nicht anders als tragisch ausgehen. Als daher ihr Bruder als einziger Überlebender triumphierend zu seiner Familie heimkehrt, verbirgt sie nicht ihre Trauer, woraufhin sie von diesem im Zorn, ohne Notwendigkeit getötet wird. Doch weder sein Vater noch die römische Volksversammlung nehmen dem Horatier seine Tat übel.

Müller hält sich anfangs an das Gerüst dieser Fabel, reduziert die Zahl der Protagonisten jedoch, indem er nur jeweils einen Vertreter der beiden Familien gegeneinander antreten läßt: Der Horatier tötet den Kuratier, um die Einheit zwischen Rom und Alba gegenüber den Etruskern zu ermöglichen. Darüber hinaus verschärft Müller den Ausgang, der in der antiken Sage mit blutiger Drastik belegt, daß der Dienst am Vaterland Respekt heischt und Vorrang vor den Bindungen der Familie hat. Bei ihm wird daraus ein blutig entschiedener Rechtsfall, in dessen Zentrum nicht das Unrecht, sondern dessen Beurteilung durch das römische Volk steht. Solange Müller mit dem Stückplan schwanger geht, will er die Entscheidung über das Schicksal des Horatiers offen lassen, sie dem Publikum überantworten. Als er das Stück dann schreibt, Ende 1968, scheint ihm die »schrecklich einfache« Lösung die einzig realistische.

Kernproblem in Müllers Version ist die Tatsache, daß die Widersprüche gemeinsam, miteinander verbunden, auftreten: Der Mörder ist auch der Retter; Schuld und Verdienst treten in einer widerspruchsgeladenen Einheit auf. Der Horatier ist *Sieger über Alba* und *Mörder seiner Schwester*, als solcher wird er erst geehrt und dann mit unerbittlicher Konsequenz abgeurteilt, denn seine Schuld wird durch das Verdienst, den Kuratier getötet zu haben, nicht aufgewogen. War die erste Tat für das Kollektiv überlebenswichtig, so diente die zweite der individuellen Befriedigung. Wird der Horatier für die erste Tat gefeiert, so wird er für die zweite geächtet und gestraft. Was er selber nicht lernt, lernt der Zuschauer an ihm, zugunsten des gesellschaftlichen Konsens und zugunsten der Zukunft, die nicht durch parteiliche Schönfärberei verstellt werden darf. Im Angesicht einer unsauberen Wirklichkeit entsteht das Bedürfnis nach einer sauberen, »reinen« Sprache.

Wie einer biographischen Notiz Karlheinz Brauns aus dem Jahr 1972 zu entnehmen ist, ist *»Der Horatier«* »auf Anregung von Ruth Berghaus« und »als Gegenentwurf zu ›Die Horatier und die Kuratier‹«entstanden, »nicht als Widerlegung, sondern als dialektische Ergänzung«. Müller nimmt hier also nicht bloß formal, sondern auch inhaltlich auf Brecht Bezug. Doch während Brecht für sein »Lehrstück über Dialektik für Kinder« lediglich die Kampfszene der Sage benutzt und damit zeigt, wie im Klassenkampf auch der Schwächere siegen kann, sofern er seine Intelligenz einsetzt, bekommt die Fabel bei Müller geschichtsphilosophische Tiefe. Ihm geht es um die Rolle der Gewalt im Geschichtsprozeß, um die Frage ihrer Berechtigung wie auch der ihr innewohnenden Eigendynamik. Kann Unmenschlichkeit anders als mit Gewalt beseitigt, kann dem Krieg anders als mit Mitteln des Kriegs begegnet werden? Welchen Charakter kann die neue Gesellschaft haben, wenn sie durch Gewalt etabliert wurde, wenn Inhumanität Voraussetzung ist für Humanität? Fragen, die den Geschichtsverlauf bis heute charakterisieren, nicht zuletzt die kommunistischer Revolutionsgeschichte. »Wir, die wir den Boden bereiten wollten für Freundlichkeit, konnten selber nicht freundlich sein«, heißt es in Brechts Gedicht »An die Nachgeborenen«. Wenn Gewalt nicht mehr als historische Notwendigkeit erscheint, sondern zur individuellen Befriedigung dient, wird sie zur Gefahr für die Gesellschaft.

Am Schicksal des Horatiers demonstriert Müller darüber hinaus, was mit dem einzelnen im Konflikt mit revolutionärer, d. h. »notwendiger«, moralisch gerechtfertigter, dem Kollektiv nutzender Gewalt geschieht. Auch das neue Beispiel von »gerechter«, »notwendiger« Gewalt bedeutet keine glatte Aufhebung von Widersprüchen, sondern ist geprägt durch Zwangslagen (*Ungesprochenes Gespräch / Beschwert den Schwertarm. / Verhehlter Zwiespalt / Macht die Schlachtreihe schütter*). In der Rechtsprechung über den Horatier bleibt so ein grausamer und beunruhigender *Rest*.

Noch weniger als *»Philoktet«* läßt sich damit *»Der Horatier«* lediglich als historische Momentaufnahme abbuchen. Am 31. März 1969 reicht Henschel den Stücktext beim Kulturministerium ein. Der damit zusammenhängende Versuch von Ruth Berghaus, das Stück am Berliner Ensemble zu inszenieren, wird von der SED-Bezirksleitung mit der Begründung unterbunden, *daß dies die Prager Position wäre, die Forderung: Intel-*

lektuelle an die Macht. Die Uraufführung erfolgt am 3. März 1973 in der Werkstatt des Schillertheaters in Westberlin durch Hans Lietzau; vorangegangen ist eine lehrstückgemäße Erarbeitung durch das Billstedter Schüler- und Lehrlingstheater unter Leitung von Jörn Tiedemann, die der WDR 1972 dokumentiert.

Bei der Premiere am Schillertheater ist Müller anwesend; gegenüber dpa bescheinigt er dem Regisseur anschließend, er habe mit seiner chorisch angelegten Inszenierung *eine ebenso überzeugende wie ungewöhnliche szenische Lösung* für seinen Text gefunden. Lietzau hat das Publikum auf der rundumlaufenden Galerie plaziert, von wo aus es in einen kahlen Kellerraum hineinschaut, in dem vierundzwanzig Darsteller, einzeln oder als Chor, den Text in Szene setzen.

In der DDR kommt das Stück erst 1988, als Teil von Müllers eigener *»Lohndrücker«*-Inszenierung am Deutschen Theater, zur Aufführung.

Versuche mit Shakespeare und anderen

»Kopien« und Variationen fremder Vorlagen gehören von Anfang an zu Müllers dramatischem Programm, sind ein konstituierendes Element seiner Ästhetik. Der Rückgriff auf vorgeformte Stoffe ist für ihn in erster Linie eine Arbeitshilfe, die den Schreibprozeß verkürzt. Die zwischen 1961 und 1972, als in der DDR keines seiner größeren Stücke gespielt wird, entstandenen Arbeiten müssen freilich auch vor dem Hintergrund seiner anhaltenden Bühnenabstinenz gesehen werden, als Brotarbeiten eines Dramaturgen – was nicht heißen soll, daß er kein Mitspracherecht bei der Auswahl hat. Was er partout nicht machen will, macht er nicht, und die Zusammenarbeit mit Benno Besson bereitet ihm großen Spaß.

Gleichzeitig mit den antiken Klassikern bearbeitet Müller für das Deutsche Theater *»Saison im Kongo«*, Aimé Césaires semi-dokumentarisches szenisches Epitaph auf den gestürzten Ministerpräsidenten der Demokratischen Republik Kongo,

Patrice Lumumba. Vorlage ist eine Übersetzung von Monika Kind. Der Text erscheint 1968 im Münchner Drei Masken Verlag als Bühnen-Manuskript. Mit dem Regieassistenten Stefan Schütz freundet sich Müller näher an. Für ihn, wie für einige andere, wird Müllers Wohnung in Pankow »eine Zeitlang das Zentrum der Welt. Und alle, die da miteinander redeten und arbeiteten, begriffen sich als Formation geistiger Opposition in der DDR.«

1967 übersetzt Müller zusammen mit Benno Besson Molières »Don Juan oder Der Steinerne Gast«, wobei seine Aufgabe lediglich darin besteht, in Bessons Rohübersetzung die Verse zu verbessern:

Ein schönes Stück, weil es für Molière untypisch ist. Es ist eher eine Abweichung vom Kanon. Das war mit Besson sehr schön, so etwas zu übersetzen. Er hatte sehr präzise Vorstellungen davon, was er damit machen wollte. Da genügten zwei Flaschen Kognac, um in drei, vier Tagen einen Molière zu übersetzen. Das ging sehr gut zusammen mit ihm.

Das Stück, in dem Don Juan eine heitere Höllenfahrt erlebt, gehört zu den häufiger gespielten Übersetzungen, der Premiere am 22. April 1968 im Deutschen Theater folgen zwischen 1972 und 1988 Inszenierungen in Nürnberg, Bonn, Tübingen, Stuttgart, Augsburg, Basel, Schwäbisch-Hall, Wien und Düsseldorf. Nicht ganz so viel Erfolg hat das Übersetzerteam mit Molières »Der Arzt wider Willen« (Erstaufführung Volksbühne, 30. Dezember 1970).

Arbeit mit Ginka Tscholakowa

Bei den Proben zu *»Ödipus Tyrann«* lernt Müller im September 1966 Ginka Tscholakowa (geb. 1945) aus Stara Sagora in Bulgarien kennen. Sie ist im Alter von 16 Jahren nach Mecklenburg gekommen, hat an der russischen Oberschule in Schwerin ihr Abitur abgelegt und anschließend die 12. Klasse des deutschen Gymnasiums in Wismar besucht. Zunächst belegt sie Elektronik an der TU Dresden. Jetzt studiert sie (wie gleichzeitig auch Mitko Gotscheff) an der Humboldt-Universität bei Ernst Schumacher und Wolfgang Heise Theater- und Kulturwissenschaften und absolviert ein Praktikum am Deutschen Theater. Tragelehn erinnert sich an einen kalten Tag, an dem er mit Müller in der Pause zu Konopke gegangen sei, um eine Wurstbrühe oder eine Currywurst zu essen. Anschließend sei im Probenraum Ginka aufgetaucht, »eine Studentin, die hospitierte, groß und schön, und unser Blick fiel auf sie, und Heiner zitierte den Klassiker, sich selber, die Traktoristen mit den Streichhölzern aus ›Umsiedlerin‹. Und dann ging das ja alles sehr schnell.«

Die Beziehung wird durch eine Reise Ginkas nach Sofia unterbrochen. Nachdem sie dort Ende des Jahres ihren langjährigen Verlobten geheiratet hat, kehrt sie nach Berlin zurück; ihr Ehemann, dem Müller auf ihre Bitte eine Arbeit in Berlin besorgt, folgt ein Jahr später. Bereits Anfang 1968 wird die Ehe geschieden.

Weil Ginka Kontakte zu einem amerikanischen Studenten gehabt hat und mit ihm im Oktober 1966 in eine Schlägerei auf offener Straße verwickelt worden ist, wird sie 1968 nach Bulgarien abgeschoben. Trotz vielerlei Repressionen durch die Staatssicherheit ist sie von ihrer Aussage nicht abgewichen, in einem der Beteiligten Erich Mielke erkannt zu haben. Um in Bulgarien ihr Studium fortsetzen zu können, benötigt sie Studienbescheinigungen der Humboldt-Universität, um die sich Müller bei ihrem akademischen Lehrer Wolfgang Heise bemüht, dessen Frau Rosemarie er seit 1958 kennt. Bei dieser Gelegenheit kommt es zu einer näheren Bekanntschaft mit dem Philosophen, der im Zusammenhang mit den Ereignissen in der ČSSR es vorzieht, seine ordentliche Professur für Geschichte der Philosophie mit einer außerordentlichen für Geschichte der Ästhetik zu vertauschen. In der Folge beginnt Müller damit, bei Besuchen Manuskripte mitzubringen, über die er mit den Heises diskutiert. Er kommt meist unangemeldet, aber nie ist er unerwünscht. Die oft nächtelangen Gespräche gelten neuen Texten, geschichtsphilosophischen Fragestellungen und der Politik. Manchmal wird Müller von Freunden begleitet, häufig von dem Heise-Schüler Fritz Marquardt, aber auch von ausländischen Freunden, die er mit dem marxistischen Philosophen, Ästhetiker und Kunsttheoretiker bekanntmachen will. Oft ist Müller auch als Teil eines ganzen Trupps von Mitarbeitern der Volksbühne bei Heises zu Gast. Es sind spontane Treffen, die sich aus Arbeitsanlässen ergeben, und es werden Pläne diskutiert – wie der vom Strandtheater in Ahrenshoop –, die viel zu schön sind, um wahr werden zu können. Müllers Beziehung zu Heise, die er in seiner Autobiographie skizziert hat, geht über eine bloß intellektuelle Affinität hinaus. Mit *»kritischer Geduld«* hat ihn Heise zu inspirieren und ihm auch zu widersprechen vermocht. Sein früher Tod im April 1987 hat Müller tief erschüttert.

Ein Treffen zwischen Müller und Ginka Tscholakowa ist allenfalls in Bulgarien möglich. Mit Hilfe von Paul Dessau erhält er schließlich einen Termin bei Honecker, der ihm persönlich ein Visum genehmigt. Der *Bittgang zu Honecker im Gebäude des Zentralkomitees, der Aufstieg mit dem Paternoster*, regt später eine Passage im Stück *»Der Auftrag«* an. *In jeder Etage saß dem Paternoster gegenüber ein Soldat mit Maschinenpistole. Das Gebäude des Zentralkomitees war ein Hochsicherheitstrakt für die Gefangenen der Macht.* Auch den Sommer 1969 kann Müller bei seiner Freundin verbringen; zur selben Zeit kommt Rosemarie Heise mit ihren beiden Söhnen nach Bulgarien. Am 9. Juli 1970 können Müller und Ginka vor dem Stadtbezirksvolksrat in Sofia heiraten, ein Jahr später darf sie dann auch wieder in die DDR einreisen. Dennoch verbringen beide die Ferien fast immer in Bulgarien, *weil das der billigste Urlaub war.*

Durch eine Affäre Müllers mit einer Volksbühnen-Schauspielerin, die von ihm schwanger wird, erhält die Verbindung indessen schon früh einen Dämpfer, sie ist seitdem *eher ein Balanceakt*. Müller weigert sich zunächst, das Kind als das seine anzuerkennen. Ginka ist es, die ihn dazu überredet, sich zu seiner Verantwortung zu bekennen und wenigstens materiell für den Sohn aufzukommen. 1989 räumt Müller gegenüber Blanche Kommerell ein, daß er sich um ihn damals nicht habe *kümmern* mögen. *Aber jetzt kommt er zu mir. Das gefällt mir.*

Seitensprünge Müllers sind gleichsam an der Tagesordnung, als dienten sie dem Aufladen eines leeren Akkumulators. (Vom *»Raubbau an der Lust durch die Treue eines Gatten«* spricht

Merteuil in *»Quartett«*.) Es bleibt Ginka Tscholakowa gar nichts anderes übrig, als mit der Polygamie ihres Mannes souverän umzugehen. Rückblickend erscheint ihr eine Bemerkung von György Konrád zutreffend, wonach in einem patriarchalischen politischen System, in dem Drogen verpönt bzw. nicht zu beschaffen sind, die Frauen die Funktion von Drogen übernehmen.

Unstrittig ist, daß sich Müllers Verbindung mit Ginka Tscholakowa zu einer nicht minder produktiven Arbeitsbeziehung entwickelt hat als es die zu seiner Frau Inge gewesen ist. Was beide Partner und unter welchen Schwierigkeiten dabei praktizieren, die Erzeugung und das Verbrauchen der Beziehungsenergie, wird immer wieder auch Thema von Müllers literarischen Arbeiten, wobei der Akzent mal mehr auf dem gesellschaftlichen Emanzipationsprozeß (wie in *»Zement«)*, mal mehr auf dem privaten »Geschlechterkampf« (wie in *»Quartett«)* liegt. Gewinn und Verlust werden von beiden Partnern rückblickend unterschiedlich gemessen. Müller behauptet, die Arbeitszusammenhänge hätten sich *ehelich verhängnisvoll* ausgewirkt. Die *glückliche bulgarische Zeit* habe mit seiner Eheschließung geendet. *Als wir zurückkamen, begannen dann die Probleme zwischen uns.* Als *wirkliche*, produktive *Zusammenhänge* will er nur die beiden gemeinsamen Inszenierungen, *»Der Auftrag«* (1980) und *»Macbeth«* (1982), sowie die *Übersetzungen aus dem Russischen* gelten lassen: Tschechows Komödie »Die Möwe« (1971), Suchowo-Kobylins Farce »Tarelkins Tod« (1972) und Majakowskis »Wladimir Majakowski Tragödie« (1983). *Das ging ganz gut zusammen, sie konnte hervorragend Russisch.*

Ginka Tscholakowa erklärt dagegen: »Wenn Heiner ein Stück schrieb, gab er mir Entwürfe, Notizen oder die literarische Vorlage zu lesen und wir diskutierten darüber. Dann zeigte er mir die neu entstandenen Texte. Ich habe manches gestrichen oder umgestellt. Er hat sich damit auseinandergesetzt und vieles akzeptiert.« Darüber hinaus kann sie sich an keine großen Konflikte aus den »Arbeitszusammenhängen« erinnern. Allerdings habe sie ihm oft Dinge gesagt, die ihm sonst keiner sagte. Verhängnisvoll im Müllerschen Sinne habe sich ausgewirkt, daß sie irgendwann gewünscht habe, »eine von ihm unabhängige Arbeit zu machen«. Solche Ausbruchsversuche gibt es 1977, als sie in Bulgarien einen Film dreht, und 1981, als sie nach Italien geht.

Zunächst wohnt das Paar in Müllers Wohnung in Pankow, wo sich Ginka aber nicht wohlfühlt. *Ich habe dafür gar keinen Sinn gehabt, ich habe das gar nicht mitgekriegt, daß es natürlich schwer ist für eine Frau, in der Wohnung zu leben, in der sich die vorhergehende Frau umgebracht hat. Aber ich hatte dafür kein Gefühl, habe lange gebraucht, um das zu kapieren.* Zu den häufigen Besuchern der frühen siebziger Jahre gehören Thomas Brasch, Matthias Langhoff, Fritz Marquardt und Ruth Berghaus. Immer noch sind es finanziell schwierige Jahre, die nicht zuletzt mit Hilfe von Geldgeschenken und Lebensmittelpäckchen der Eltern überstanden werden.

»Drachenoper«

1967/68 schreibt Müller zusammen mit Ginka Tscholakowa das Libretto zur Oper »Lanzelot«, nach Jewgeni Schwarz und unter Verwendung von Motiven von Hans Christian Andersen. Da liegt die deutsche Erstaufführung von Schwarz' Märchenkomödie »Der Drache«, im Deutschen Theater unter Besson, gerade erst zwei Jahre zurück. Für Müller hatte sie *das Ende des politischen Theaters in der DDR* bezeichnet. Schwarz' antistalinistische Parabel, erläutert er, sei durch Bessons Erfolgsinszenierung, die sich siebzehn Jahre auf dem Spielplan halten kann, *zu einem Märchenstück geworden. Der Drache war ein ›wirklicher‹ Drache, hergestellt von dem Theaterplastiker Eduard Fischer, der Feuer speien konnte, das Maul aufklappen, brüllen und donnern.* Das habe das Stück um seine politischen Konnotationen gebracht und entschärft.

Die Grundzüge der im Dezember 1969 an der Deutschen Staatsoper in der Regie von Ruth Berghaus und mit der Musik von Paul Dessau uraufgeführten *»Drachenoper«*, wie Müller seinen Text betitelt hat, entsprechen Schwarz' 1943 entstandener, aber erst 1961 und außerhalb der Sowjetunion, in Nowa Huta bei Krakau, uraufgeführter szenischer Parabel: Seit er vor langer Zeit ihre Bewohner von der Cholera befreit hat, ist der Drache Beherrscher einer Stadt, sein Lohn überdies jedes Jahr ein Mädchen, das er regelmäßig nach der Hochzeit umbringt. Braut des Jahres ist diesmal Elsa, deren Verlobten, den Bürgermeistersohn Heinrich, der Drache zu seinem Sekretär ernennt; seine Feigheit gefällt ihm. Lanzelot zieht aus, das Böse zu besiegen, aber er vermag nicht, die Furcht und das Phlegma der Stadtbewohner zu überwinden. Moralische Unterstützung erhält er lediglich von drei Arbeitern, einem Kind und zwei sprechenden Tieren. Sein Sieg gelingt mit Hilfe von Kampfwerkzeugen und -mitteln, die ihm die Handwerker zuvor ausgehändigt haben.

Als der frühere Bürgermeister, der sich nach dem Tod des Drachen schnell zum Präsidenten ausgerufen hat, den Sieg für sich in Anspruch nimmt, muß sich Lanzelot auch noch mit ihm und seinem Sohn auseinandersetzen. Beide erweisen sich als nicht belehr- und nicht integrierbar und lassen im Kampf mit Lanzelot ihr Leben. Deutlich wird, daß gerade die Humanität militanten Schutzes bedarf.

»Drachenoper« sei eine *absolute Gelegenheitsarbeit* gewesen, sagt Müller. *Aber es hat Spaß gemacht, weil es so verantwortungslos war. [...] Das Ganze war eine Lockerungsübung. Dessau war ursprünglich Orchestermusiker gewesen, hatte auch den Humor eines Orchestermusikers, eine geniale Kalauerbegabung. Zum Beispiel so einen Reim hätte ich nicht gewagt hinzuschreiben: ›Hoch DraDra. Er hat uns befreit von der Cholera.‹* Und dieser typische Dessau-Reim steht dann auch in Müllers Libretto.

Die Fabel der *»Drachenoper«* ist durchsichtig, aber – könnte man von den aufdringlichen Hinweisen im Prolog absehen – wie schon Schwarz' Vorlage übertragbar auf jedes autoritäre Regime. Wolf Biermann, der mit »Der Dra-Dra« nur ein Jahr später seinerseits an Schwarz' Stück anknüpft, macht es umgekehrt, wenn er in seiner Bearbeitung die Parteidiktatur ins Visier nimmt und sich in einer »Anmerkung zur Aufführung« wünscht, »revolutionäre Künstler« setzten das Stück sehr konkret »gegen ihren eigenen Drachen in Szene«.

Zugleich mit dem Stückabdruck erscheinen im Märzheft 1970

von »Theater der Zeit« Beiträge zum Werk und zur Aufführung sowie Müllers *»Sechs Punkte zur Oper«*, in denen der Autor seine thesenhaften Überlegungen unter Berufung auf gängige Schlagworterkenntnisse vorsichtig ausbalanciert: Dem provozierenden Satz *Was man noch nicht sagen kann, kann man vielleicht schon singen* folgt unmittelbar ein Zitat aus einer Rede Walter Ulbrichts; der Schlußsatz, der kurz und bündig die *Erhöhung der Eigenverantwortlichkeit* der Kunstproduzenten fordert, erhält seine Legitimation durch die Gewißheit, daß im Sozialismus *die Utopie [...] Wissenschaft geworden* sei.

Während eines Bulgarienurlaubs im Sommer 1969, noch vor der »Lanzelot«-Premiere, versucht Müller sich erneut an einem Projekt, das ihn und Dessau etwa seit 1958 beschäftigt hat. 1975 erinnert er sich: *Dessau hatte, als Beitrag zur Entwicklung einer neuen Art Hausmusik, einige ›Lieder des Glücksgotts‹ komponiert, die Brecht in den vierziger Jahren geschrieben hatte, Texte von historisch verabschiedeter Schönheit. [...]. Ich fand keinen Platz dafür, und keinen Grund für Lieder überhaupt [...]. Die Arbeit erwies sich schnell als (von mir) nicht machbar.* 1969, nach der gut verlaufenen Zusammenarbeit, hat er durchaus noch *Lust auf eine neue Oper*, wie er Dessau brieflich aus dem *sehr orientalisch*en Sofia mitteilt. Den *GG* stellt er sich jetzt *als endlos teilbaren Türke*n vor, *der x Bedürfnisse [...] gleichzeitig befriedigen kann.* Und weil *Paul* es *eilig* hat, widmet er auch die Weihnachtstage 1969 dem *»Glücksgott«*-Projekt, entwirft eine Hinrichtungsszene, in der sich mehrere Henker vergeblich an der Liquidierung des Glücksgottes versuchen. Doch es gibt ein ungelöstes *Problem*, *die Rolle des GG selbst*, der *nicht einfach Objekt sein* dürfe. Es genüge nicht, *wenn ihm das Gift schmeckt, wenn er tanzt am Strick, wenn sein Kopf nachwächst usw. Überleg mal, was Dir dazu einfällt*, bittet er Ginka Tscholakowa in einem Briefentwurf.

Das Projekt bleibt Fragment. Teile davon hat Müller 1975 im 4. Band der Rotbuch-Ausgabe veröffentlicht; weitere Notizen, Entwürfe und Skizzen sind im Nachlaß aufgefunden worden. Im Nachlaß Paul Dessaus ist ein ausführliches Text-Konzept Müllers überliefert; Kompositionsversuche sind jedoch nicht belegt.

Volkes Bühne

1969 übernimmt Benno Besson die künstlerische Leitung der Berliner Volksbühne. Mit ihm kommen Regisseure und Schauspieler vom Deutschen Theater, einige auch vom Berliner Ensemble. Bessons Idee ist es, das Theater in ein »Freizeit-Zentrum spielerisch-genießender Begegnung« zu verwandeln, »mit Inszenierungen, an denen möglichst viele soziale Gruppen ständig verändernd tätig waren«. Die Volksbühne versteht sich als Stadt-Theater; nach und nach werden 18 Freundschaftsverträge mit Berliner Betrieben abgeschlossen.

Im Mai 1968, noch als Regisseur am Deutschen Theater, besucht Besson zusammen mit zwei Mitarbeitern, dem Dramaturgen Karl-Heinz Müller und dem Bühnenbildner Horst Sagert, eine Probe des Arbeitertheaters beim Petrolchemischen Kombinat Schwedt/Oder. Gerhard Winterlich, der dortige »Betriebsschreiber« mit Berliner Schauspiel- und Regieerfahrung, wie Müller aus dem Erzgebirge stammend, hat in Schwedt mit der Inszenierung eines »Horizonte« betitelten Laienspiels begonnen, *angeblich mit Arbeitern, aber hauptsächlich mit Sekretärinnen, Ingenieuren und Buchhaltern*. Den Hintergrund für Winterlichs Stück bilden Shakespeares »Sommernachtstraum« und der Modellbegriff der Kybernetik. »Horizonte« soll bei der bevorstehenden Einführung von Elektronischer Datenverarbeitung und notwendiger Umstrukturierungen des Betriebs aufgrund kybernetischer »Modellierungen« (wobei Spielräume für eigenverantwortliches Handeln geschaffen werden) behilflich sein.

Die Handlung besteht in einem Rollenspiel, das von der Gattin des Werkdirektors während eines gemeinsamen Urlaubs in einem Naherholungszentrum inszeniert wird und in dem leitende Kader eines Großbetriebes ihre vom Arbeitsalltag verdrängten Konflikte austragen. Es geht um die »Optimierung« von Einstellungen: Wer in die Rolle eines andern schlüpft, kann nicht nur sein eigenes Verhalten überprüfen; er bringt auch möglicherweise eher Verständnis für eine Entscheidung auf, deren Begründung ihm bis dahin fremd gewesen ist. *Einer spielt (›optimiert‹) den andern; Identitätsfindung durch Identitätsverlust in Verwechslung und Verkleidung. [...] Es ging um die Einführung der EDV und der Kybernetik in menschliche Beziehungen, also darum, wie man kybernetisch Leute zu neuen Menschen macht.* Winterlich habe *fest daran* geglaubt.

Die Uraufführung erfolgt 1968 in Schwedt: *Besson, der immer bereit war, in jede Pfütze zu treten, wenn das Wasser warm war, fuhr dahin und inszenierte das zu Ende. Er half den Werktätigen. Ulbricht besuchte die Aufführung mit Lotte, und der Winterlich, so hieß der Schreiber, kriegte den FDGB-Preis. Besson wurde von Lotte geküßt. Lotte kam seitdem in jede Aufführung von Benno. Jedenfalls hatte ich davon gehört, und ich hatte die Idee, daraus ein Stück für die Volksbühne zu machen, wo Besson gerade Intendant geworden war. Meine Idee war, aus Scheiße Gold zu machen – eine große Idee. Und dann haben wir uns zusammengesetzt.*

Wie Müller einräumt, ist das Ganze für ihn auch ein Versuch in Opportunismus gewesen, denn er habe damals die Hoffnung gehabt, die Heirats- und Wiedereinreiseerlaubnis für Ginka damit beschleunigen zu können.

In Müllers Fassung gibt es kein »Spiel-im-Spiel« mehr: Die Optimierungsgruppe führt kein Theaterspiel auf, statt dessen geschehen die Verwandlungen spontan, indem die Figuren durch Zauberrequisiten außer sich geraten. Durch Bessons *bösartigen Einfall, die Identität an Requisiten festzumachen, an Eigentum (Wer die Brille des andern aufhat, ist der andre)*, sei die Volksbühnenfassung *ein wilder Gespensterschwank* geworden. Besson ist freilich so umsichtig, die Inszenierung als Kollektivwerk unter Einbeziehung der Partei anzulegen. Auch an Müllers Adaption des Stückes ist er, zusammen mit Karl-Heinz Müller und Dieter Klein, dem Verwaltungsleiter der Volksbühne, beteiligt. Bezirkskulturchef Roland Bauer, Müllers *Intimfeind*, gehört zum Beraterstab. Dieser *Versuch, unter staatlicher Kontrolle das Experiment der ›Umsiedlerin‹ zu wiederholen*, erweist sich allerdings als illusionär. Das Stück braucht sieben Fassungen, ehe es genehm ist. *Alles, was Ähnlichkeit mit wirklichen Vorgängen hatte, wurde eliminiert.* Dem DDR-Schriftsteller-Lexikon ist es immerhin eine Erwähnung wert: »In heiter-phantastischer Form« werde der »Zusammenhang von sozialistischer Leitungstätigkeit und Persönlichkeitsentwicklung diskutiert«.

Die Uraufführung erfolgt am 25. September 1969 an der Volksbühne. Respektlosigkeit gegenüber dem traditionsbefrachteten Haus wird signalisiert: Die prächtige Holztäfelung des Zuschauerraums ist mit buntbemalten Tüchern verhängt. Es gibt, ein Novum für die Volksbühne, zwei Pausen, in denen das Publikum im Foyer und in den Salons zur Diskussion über das Gesehene ermuntert wird. Am Ende werden die ersten Parkettreihen auf die Bühne gehoben, »um das aktive Miteinander von Zuschauern und Künstlern zu demonstrieren«. Die Diskussionen werden nach der Vorstellung fortgesetzt, sie gelten als integrativer Bestandteil der Inszenierung. Zur anschließenden Premierenfeier sind erstmals nicht nur handverlesene Gäste, sondern sämtliche Besucher eingeladen. Zwischen Machern und Rezipienten wird eine »dialogische Beziehung« angestrebt. Joachim Fiebach: »Gegenstand, Sprache und Struktur der Inszenierung antworteten auf den Ansatz in der DDR, die Wirtschaft umzubauen, sie effektiver zu machen durch größere Eigenständigkeit der Betriebe, durch breitere Spielräume für die subjektiven Faktoren innerhalb des zentral gelenkten Gesellschaftsmechanismus, vor allem aber durch die Nutzung von Wissenschaft und neuester Technik als Hauptproduktivkräfte.«

Aber die Rechnung geht nicht auf. Was in Schwedt funktionierte, wird in Berlin als böse Parodie empfunden:

Der Autor der Vorlage war nach der Premiere unser Feind. Die Leute, die in Schwedt das Original gespielt hatten, sich selbst gespielt hatten, was die Qualität der Grundidee von Winterlich war, fühlten sich beleidigt, weil sie sich auf der Bühne nicht wiedererkannten. Es gab bei der Premierenfeier in der Kantine keinen Platz für sie, ein verhängnisvoller Organisationsfehler. Sie haben dann eine politische Denunziation geschrieben. Der Kritiker des ›Neuen Deutschland‹, Kerndl, bekam den Parteiauftrag, die Aufführung zu verreißen, vor allem meinen Text im Verhältnis zu der Fassung von Winterlich. Aber Kerndl hatte einen Anfall von Redlichkeit. Er hat den Winterlich-Text ge-

lesen und meinen Text und konnte den Auftrag nicht ausführen. Er hat dann doch wenigstens die Aufführung verrissen, und wir waren jetzt bei allen Beteiligten unbeliebt. Der große Versuch in Opportunismus war ein Eigentor.

Bei vielen Theaterbesuchern ist *»Horizonte«*, das als Stück in Müllers Bearbeitung kaum wiederzuerkennen ist, als Theaterexperiment dennoch in guter Erinnerung geblieben – nebenbei auch ein Beweis dafür, daß selbst ein wenig bedeutender Text Müller zu inspirieren vermochte. Es sei, so Tragelehn, nicht mehr aufgeführt worden, weil Winterlich dies blockiert habe. »Ich mochte das ganz gerne, weil das hat so geradezu irrsinnige DDR-Züge. Schon die Namen, die kann sich auch der größte Dichter nicht ausdenken, wie Miru Mullebär, das ist gigantisch. Ich hatte immer den Wunsch, das mal im Theater im Palast zu inszenieren mit Berlin als Hintergrund, mit den Scheiben. Sehr komisches Stück. Aber diese Art zu arbeiten basierte auf einer damals als Wunsch, als Vorstellung ganz realen kommunistischen Utopie. Und als sich rausstellte, daß das nicht geht, war es eben so nicht wiederholbar.«

Im selben Jahr entsteht, nach Inge Müllers Hörspiel »Die Weiberbrigade« (veröffentlicht kurz vor dem Berufsverbot in Heft 1–2/1961 der »Jungen Kunst«), der Schwank *»Weiberkomödie«*, im Februar 1971 unter der Regie von Konrad Zschiedrich in Magdeburg uraufgeführt und am 25. Juni 1971 von Fritz Marquardt an der Volksbühne inszeniert. Schon Inge Müller hatte die Absicht, ihr Hörspiel zum Bühnenstück umzuarbeiten. Für Müller, erinnert sich Marquardt, sei es »eine Zangengeburt« gewesen; er habe sich ausschließlich des Honorars wegen an die Arbeit begeben: »Der Auftrag kam vom Maxim Gorki Theater, und eine Dramaturgin hatte ihm monatelang im Nacken gesessen, man merkt das, er hat sich manchmal in recht dünne Witze gerettet und sein Interesse an dem Stück war erloschen, seit er das Geld dafür hatte.« Bei seiner Inszenierung sei er auf »eine geschlossene Abwehrfront der Schauspieler« gestoßen; erst der »Einfall, die Schauspieler in historische Kostüme zu stecken«, habe das Arbeitsklima schlagartig zu ändern vermocht. Weil aber die Inszenierung nun »allen Vorstellungen vom sozialistischen Realismus und Abbild der Arbeiterklasse widersprach«, habe es »heftige Auseinandersetzungen mit der Bezirksleitung der Partei während der Schlußproben« gegeben, und nur weil »die gesamte Theaterleitung mit Kündigung gedroht« habe, sei die Aufführung schließlich freigegeben worden.

Der Stoff der »Weiberbrigade« stammt Annett Gröschner zufolge aus dem »Abfall« des 1957 von Inge und Heiner Müller in der Lausitz gesammelten Materials. In Inges Hörspiel kämen die in *»Lohndrücker«* und *»Korrektur«* nur am Rande in Erscheinung tretenden Frauenfiguren zu ihrem Recht, während »die Männer nur als Stichwortgeber taugen«. Es sei, bedenke man die Entstehungszeit, ein zu Unrecht unterschätzter Text; Heiner Müllers Versuch, »ihm als ›Weiberkomödie‹ eine gewisse Transzendenz zu geben«, sei »gescheitert.« Müller selbst hat das begreiflicherweise anders gesehen. Von Blanche Kommerell auf die Hörspielvorlage seiner Frau angesprochen, erklärt er 1989 knapp, sie sei *nicht gut, da hat sie der Partei gehorcht, mit der Zensur in sich geschrieben.* Kaum weniger kritisch kommentiert er seine eigene Version: Weil *die ökonomischen Grenzen der Emanzipation* nicht ausreichend *reflektiert* seien, verharre der Text *auf dem Niveau einer (sozialistischen) Bierzeitung* und solle deshalb *nicht als mehr gelesen werden.*

Im Herbst 1969 hatte Müller noch geäußert, er sei an *konkreten Arbeitskontakten mit einem konkreten Publikum* interessiert. *Ein paar Schauspieler und ich werden beispielsweise jetzt mit einem Berliner Großbetrieb zusammenarbeiten. Wir wollen sozusagen auf Bestellung schreiben und dort spielen.* Nach dem Desaster mit *»Horizonte«* ist davon keine Rede mehr.

In Zusammenarbeit mit Ginka Tscholakowa entstehen zwischen 1971 und 1983 drei Übersetzungen aus dem Russischen. Die Übersetzung von Tschechows »Möwe« ist eine Auftragsarbeit für die Volksbühne, wo Langhoff und Karge das Stück inszenieren wollen. Die DDR-Erstaufführung findet jedoch erst am 29. September 1973 am Hans-Otto-Theater in Potsdam statt (Regie: Rolf Winkelgrund), in der BRD im selben Jahr an den Bühnen der Stadt Köln. »Tarelkins Tod« von Suchowo-Kobylin kommt zuerst am 27. August 1972 am Brandenburger Theater heraus (Regie: Thomas Vallentin), Majakowskis

»Wladimir Majakowski Tragödie« in der Westberliner Schiller-Theater-Werkstatt am 9. September 1983 anläßlich der Berliner Festwochen (Regie: Hanns Zischler). Majakowskis Erstlingswerk, von ihm 1913 selbst inszeniert, formuliert die einzige ihm damals noch verbliebene Gewißheit: die Zeit der Menschheit ist abgelaufen. Am Ende bleibt nur der Dichter selbst, sein Name in Versalien.

»From Stratford to Stratford«

Intensiv und nachhaltig wie sonst nur Brecht hat das Vorbild Shakespeare Müllers dramatisches Schaffen geprägt. Solchermaßen ist sein Weg tatsächlich, wie er in einem Gedicht aus den siebziger Jahren notiert hat, *from Stratford to Stratford* gegangen, von der »Hamlet«-Lektüre aus der Bibliothek des vormals großherzoglichen Gymnasiums in Waren bis zu einer Übersetzung des 144. Sonetts, an der er sich noch kurz vor seinem Tod versucht hat.

Aus den späten 50er Jahren ist die Übersetzung der ersten Szene von »Timon von Athen« überliefert. Zwischen 1967 und 1985 entstehen fünf Adaptionen: Zunächst eine genaue Übersetzung von »Wie es euch gefällt«, vorgesehen für eine Inszenierung Tragelehns am Deutschen Theater, die jedoch unterbleiben muß (Uraufführung am 1. Juni 1968 durch Hans Lietzau am Residenztheater München, 1969 von Tragelehn mit Studenten an der Babelsberger Regiehochschule, 1975 von Besson an der Volksbühne inszeniert), 1971 eine freie Bearbeitung von »Macbeth«, 1976/77 das Doppelprojekt »Hamlet. Prinz von Dänemark« und *»Die Hamletmaschine«* und schließlich 1984 *»Anatomie Titus Fall of Rome Ein Shakespearekommentar«*.

Bei »Wie es euch gefällt« geht es Müller darum, *den Text möglichst genau nachzuvollziehen, um zu sehen, was in dem Shakespeare passiert, wenn er ein Stück schreibt*. Dabei macht er die Erfahrung, daß ihm Shakespeare von allen Dramatikern *als Mensch am nächsten* ist: *Es war, als arbeitete ich in seinem Körper. Ich bekam ein Gefühl für die Doppelgeschlechtlichkeit, diese Mischung aus Schlangen- und Raubkatzenbewegung in seiner*

Sprache, in der Dramaturgie seiner Stücke. Seither glaube ich ihn persönlich zu kennen, sagt er 1987 zu André Müller.

1976 bittet ihn Besson, »Hamlet« neu zu übersetzen. Müller lehnt zunächst ab und schlägt als Textgrundlage die Neuübersetzung von Maik Hamburger und dem Regisseur Adolf Dresen vor, die 1973 bei Henschel herausgekommen ist und die er aus einer Greifswalder Inszenierung kennt. Er selbst will zunächst nur an einzelnen Stellen verbessernd eingreifen. Daraus wird im Lauf der Probenarbeit mehr und mehr ein eigenes Werk, an dem auch Matthias Langhoff beteiligt ist. Die Erstaufführung dieser Müllerschen Neufassung erfolgt am 14. April 1977 an der Volksbühne. Dresen und Hamburger strengen später in Leipzig einen Plagiats-Prozeß gegen Müller und Langhoff an, die sich von Dr. Gregor Gysi anwaltlich vertreten lassen. Hamburger trägt vor, es sei unmöglich, in achtwöchiger Probenzeit eine eigenständige Übersetzung eines Shakespeare-Stücks herstellen zu können. Auf höhere Weisung wird der Prozeß abgebrochen; auf Initiative von henschel-Schauspiel kommt es 1985 zu einer gütlichen Regelung.

»Macbeth«

Banale Veranlassung für *»Macbeth«* ist, wie Tragelehn erzählt, ein gebrochener Knöchel: Im Krankenhaus habe sich Müller aus Langeweile »den Macbeth vorgenommen. Er hat angefangen, neu zu übersetzen, und was ihm nicht gefallen hat, hat er verändert oder gestrichen und was zugeschrieben, wenn ihm was eingefallen ist.« 1972 erklärt Müller selbst:

Ich habe an sich angefangen mit der Absicht, das Stück zu übersetzen […] und habe schon bei der ersten Szene […] gemerkt, die kann ich nicht stehen lassen. Denn dann würde ich mich völlig einlassen auf diese Prädestination, daß der ganze Ablauf programmiert ist von übernatürlichen Kräften. Deswegen habe ich die Szene zuerst mal weggelassen und nun ergaben sich immer mehr Veränderungen. Wenn man eine Sache ändert, muß man andere ändern.

Was Müller insbesondere an der Vorlage stört, ist die Auffassung der Hexen als Vertreterinnen des Bösen, die einen ursprünglich guten Menschen schicksalhaft verstricken und ins Verderben führen. Demgegenüber wertet Müller Macbeth nicht moralisch, als Schurken, sondern als tüchtigen Helfer seines Königs, der sich im Krieg durch Entschlossenheit auszeichnet, ehe er seine kriegerische Energie gegen den legitimen Herrscher wendet. Die Irrationalität und Destruktivität von Müllers Hexen richtet sich gegen die Ordnung und die Zweckrationalität der Herrschaft, die selbst als irrational und zerstörerisch gezeigt wird. Dabei glaubt er der Intention Shakespeares näher zu kommen als es dem britischen Autor selbst möglich war: *Der simpelste Beleg ist das, was Shakespeare aus der Chronik nicht übernehmen konnte, nämlich, daß der Hexen-Auftritt anfängt mit der Verbrennung einer Puppe von Duncan; was bei Holinshed steht. Was Shakespeare nicht verwenden konnte, weil das nicht aufgeführt worden wäre, Verbrennung eines regierenden Fürsten.* Damit holt Müller die Schärfe der Quelle ins Stück zurück.

Seine Version macht die sozialen Vorgänge sichtbar, vor deren Hintergrund er seine Protagonisten agieren läßt. Die schottischen Thronfehden deutet er als rücksichtslose Cliquenkämpfe auf Kosten der Bauern und Soldaten, denen er – im Unterschied zu Shakespeare – Gestalt und Stimme gibt. Dabei verkürzt und verdichtet er das Original. 1975 gesteht er ein, daß die Vorlage *viel komplexer* als seine Bearbeitung sei. Aber auch für Brechts »Coriolan«-Fassung gelte, daß sie gegenüber Shakespeare eine Verarmung bedeute, weil sie das Original *auf einen Aspekt, auf eine Lesart* reduziere. *Die Einfügung der Bauernszenen* sei *ein bißchen mechanisch gemacht manchmal. Aber ich sah keine andere Möglichkeit, weil dieses feudale Pathos, diese Rhetorik, die konnte ich einfach nicht nachvollziehen. Mir fiel da immer was anderes ein, mir fiel immer was dagegen ein. Und so ergab sich diese Version.* Noch einige andere Randfiguren hat Müller eingefügt: Kurze Volksszenen zeigen Bauern und Soldaten als Material für Feldherrn und Spielzeug für Sadisten. Positive Herrscherfiguren wie bei Shakespeare gibt es nicht. Die Welt erscheint als Schlachthaus, Macht und Gewalt, so ist zu sehen, vermögen jedes Gesetz außer Kraft zu setzen. Revolutionen und Regierungen kommen und gehen, an der Lage des Volks ändert sich nichts, wem auch immer dabei der Sieg zufällt.

Man kann Müllers *»Macbeth«* mit Peter Hacks durchaus als barbarische Reduktion, mit gleicher Berechtigung aber eben auch als Konkretisierung des Originals lesen, gut genug für den Zweck: Die historisch-politische Konstellation gibt Shakespeares Tragödie eine zusätzliche Dimension. Nach Auffassung Tragelehns hat Müller Shakespeare zwar »skelettiert«, aber im Sinne einer Sichtbarmachung. Indem Müller »die Machtkämpfe der feudalen Oberen als Schindungen der Unteren drastisch vor Augen führe«, habe Müller, so der Theaterwissenschaftler Ernst Schumacher, eine »Soziologisierung« Shakespeares vorgenommen. Tragelehn bringt die Vorzüge von Müllers Bearbeitung 1976 auf den Punkt: »Sie zeichnet in das alte Gedicht das ein, was Brecht die ›Züge der berühmten Ahnen‹ genannt hat; sie erleichtert eine Darstellung der Vorgänge und Bewertung der Figuren in der historischen oder politischen statt in der moralischen Sphäre; und sie erleichtert eine Darstellung der Hexen als in unserem Sinne positiver geschichtlicher Untergrund.«

Als Müller 1971 erfährt, daß in Brandenburg Shakespeares »Macbeth« gespielt werden soll, scheint sich eine Chance zur Aufführung zu bieten. Der Termin ist allerdings *sehr knapp* gesetzt: *Die zweite Hälfte oder das letzte Drittel meines Textes ist im Fieber geschrieben. Da hatte ich eine schwere Grippe, und das ergab eine seltsame Beschleunigung, einen Sog.* Ende 1971 liegt das Stück dem Verlag vor, der am 7. Januar 1972 beim Ministerium für Kultur um die notwendige Erlaubnis zur Vervielfältigung nachsucht, die erst nach einigem Hin und Her erteilt wird: Das Manuskript trägt zunächst den Titel: *William Shakespeare/Heiner Müller: Macbeth*; später ändert Müller in *Heiner Müller: Macbeth. Nach Shakespeare*; die Frage, ob es sich um ein Müller-Stück oder um eine Shakespeare-Bearbeitung handelt, betrifft die Zuständigkeit bestimmter Ressorts im Ministerium.

In der Regie von Bernhard Bartoszewski gelangt das Stück am 11. März 1972 am Brandenburger Theater zur Uraufführung. Sie sei, so Müller, *flach* und *schwach* gewesen und *nicht* *weiter auf*gefallen. Rainer Kerndl, Theaterrezensent des »Neuen Deutschland«, erinnert sich 1982 an eine Inszenierung, die »überviel« zu wünschen übrig gelassen habe: »Karg« sei sie gewesen, »ungeschickt, banal mitunter, manchmal peinlich«. In seiner Besprechung am 15. April 1972 liest es sich jedoch anders: Kerndl gefällt, daß »die Figuren, ganz materialistisch, auf soziale Gegebenheiten reagieren«. Müllers Akzentuierung sozialer und politischer Elemente rechtfertigt für ihn die respektlosen Eingriffe in die ästhetische Struktur des Originals. Dagegen mißfallen ihm »naturalistische Grausamkeitsdemonstrationen« – ein Punkt, auf den Müller noch öfter angesprochen wird. So muß er sich am 4. Februar 1972 in einer Diskussion mit Lehrern und Schülern der Brandenburger Oberschule für die exzessiven Gewaltszenen rechtfertigen. Er tut es, indem er erklärt, nicht er als Autor sei sadistisch, sondern die Wirklichkeit, die er beschrieben habe.

Wenige Wochen später entfacht Hans Hollmann mit seiner *»Macbeth«*-Inszenierung in Basel einen Skandal – einer Fehlinszenierung, wie Benjamin Henrichs in der »Zeit« vom 24. Mai 1974 meint. Hollmann, so Müller, habe das *in seiner modischen Art aktualisiert. Aktuell war damals gerade die Verfolgung der Kommunisten im Irak. Sie haben dort die Kommunisten einfach in Gullys gestopft, massenweise. Das hat Hollmann inszeniert, die Toten, die Gullys, und in den Mordszenen wurde statt Blut Nestlé-Schokolade verwendet.* Wie beabsichtigt, drängen sich außerdem Assoziationen an die US-amerikanische Kriegsführung in Vietnam auf. Allerdings findet die Regie kein ästhetisch überzeugendes Konzept für die Darstellung von Gewalt und Grausamkeit. Von Peter Brooks Regieeinfall in der Vietnamrevue »US«, wo in Anspielung auf die Napalmbombereinsätze ein Schauspieler auf offener Bühne einen Schmetterling verbrennt, ist Hollmann weit entfernt: Folter und Greuel hat er sorgsam stilisiert, aus den Mördern grelle Theatermonster gemacht. Der gute Geschmack des Basler Premierenpublikums vom 22. März 1972 wird damit jedenfalls heftig strapaziert; während der Aufführung kommt es zu Tumulten. *Die Sponsoren wollten ihr Geld zurückziehen.* Der Theaterverwaltungsrat fordert die Absetzung des Stücks, der Intendant weigert sich standhaft. Danach wird das Stück mit anhaltendem Erfolg monatelang weitergespielt.

Es ist der Basler Skandal in Verbindung mit dem Stück-Abdruck in »Theater der Zeit« und »Theater heute«, der in Ost und West bis in die Shakespeare-Philologie hinein eine leidenschaftliche, teilweise mit Erbitterung geführte Debatte entfesselt. Voran geht eine Diskussion in »Theater der Zeit«, die sich über drei Ausgaben erstreckt: Ein »Panegyrikus« von Martin Linzer im Juliheft wird in der folgenden Nummer von dem Anglisten Anselm Schlösser gekontert, worauf Wolfgang Heise und Friedrich Dieckmann, wiederum ein Heft später, antworten. Schärfe bekommt der Meinungsstreit, als sich Wolfgang Harich in »Sinn und Form« einmischt. Wie einst Lukács gegen Brecht, so zieht der Lukács-Jünger Harich gegen Müller zu Felde, um ihm mit einer scharfzüngigen Polemik den Garaus zu machen – freilich mit gehässigen Mitteln und denunziatorischer Absicht.

Harich wirft Müller »literarisches Schmarotzertum« und »modernistische Verramschung und Enthumanisierung des Kulturerbes« vor; seine angeblich ganz und gar unmotivierten Grausamkeits-Einblendungen seien bloß Anbiederungsversuche eines kulturellen Opportunisten gegenüber der westlichen Porno- und Gewaltwelle. Für Harich ist Müller der Prototyp eines »außengeleiteten«, modernen »Kulturträgers« (wie ihn auch Enzensberger, Walser, Kipphardt, Peter Weiss oder Erika Runge repräsentierten: linke BRD-Intelligenz, die nicht auf SED-Kurs liegt), der keinem inneren Kompaß mehr gehorcht, für den es nur noch darauf ankommt, »dabeizusein«: »Um dabeizusein, denkt man, wie die anderen denken, schreibt man, wie die anderen schreiben.« »Befangen in der Mentalität des außengeleiteten Intellektuellen, hat er nur daran gedacht, der westlichen Pornowelle, die sich auf seinem interiorisierten Radarschirm abzeichnete, Tribut zu zollen, um ›in‹ zu sein.« Die grobschlächtige »Bearbeitung« literarischer Klassiker, die Ignoranz und Frechheit gegenüber geschichtlicher Überlieferung, sei ein wesentliches Charakteristikum der inhumanen »Außenleitung«.

Obendrein habe Müller mit *»Macbeth«* endgültig den Beweis

für seine »Abkehr von der Überzeugung, daß es sich um eine bessere Zukunft zu kämpfen lohnt«, geliefert. Auch seine Leistung als Übersetzer sei jämmerlich, jede seiner Verbesserungen in Wahrheit eine Verschlechterung der Vorlage (»reaktionär im Inhalt, schlampig in der Form«): »Sind die Streichungen, die Müller an ›Macbeth‹ vorgenommen hat, als Leistung nicht der Rede wert, sind seine Zusätze und Einschiebsel dichterisch von kaum vorstellbarer Dürftigkeit, so ist hier doch, mit diesen wenigen saloppen Griffen, das Wunder vollbracht worden, ein aus dem Geist der Renaissance geborenes Kunstwerk höchsten Ranges in eine moderne Reprise Schopenhauerscher Philosophie umzuwandeln, die dieser aber auch wieder ihren Tiefsinn, ihre anspruchsvolle Klarheit austreibt und sie ungebildet, gemein, kloakenhaft karikiert.«

Müllers umgebauter *»Macbeth«* sei eine »Parabel [...], die uns die Zeitgemäßheit pessimistischer Geschichtsphilosophie suggerieren soll. Das ist die Tendenz der Umarbeitung [...]. Denn weit davon entfernt, das Schottland des 11. Jahrhunderts nüchterner und plebejisch-parteilicher sehen zu wollen, als es Shakespeare sah, hat Müller, ausgehend von der Vermutung, daß dort finstere Dinge geschehen sein dürften, in diese Zeit die Bestialitäten aus [Stanley Kubricks Film] ›A Clockwork Orange‹ usw. hineinprojiziert, um einem Publikum, dem sie von den westlichen Massenmedien her geläufig sind, glaubhaft zu machen, daß so, wie heute alles schrecklich ist, immer schon alles schrecklich war, also wohl auch immer alles schrecklich bleiben wird.«

Unter Ulbricht hätten derlei Invektiven ausgereicht, um einen Schriftsteller zum Schweigen zu bringen. Mit Honecker als Parteichef kommt es immerhin zu einer Diskussion. Auf Harichs Philippika folgen Repliken von Hartmut Lange, der Harich vorhält, er formuliere »in der Sprache des Staatsanwalts«, und von Friedrich Dieckmann und Helmut Holtzhauer. Friedrich Dieckmann leistet Schützenhilfe, indem er ausschließlich auf westlich verortete Lesarten des Stücks verweist: »Der unsichere Mörder« könne für Hitler stehen, »Malcolm, der Restaurator« sei »eine Art Adenauer«, aber auch Metternich oder Friedrich Wilhelm III. kämen in Betracht. Der

Duncan-Mord könne im Licht des Kennedy-Mordes betrachtet werden, »die Bauern stünden dann für Vietnam«. Einen Verbündeten findet Harich unverhofft im rechten Spektrum der westdeutschen Intellektuellen: In der »Welt« vom 13. März 1973 begrüßt Günter Zehm, Springers Hauptwaffe im ideologischen Kampf gegen Marxismus und Sowjetkommunismus, Harich als Anhänger eines Reformkurses, der offensichtlich nichts mit der westdeutschen Neuen Linken zu tun haben wolle und Müller nicht von Honecker aus, sondern eher von rechts kritisiere. (Daß es sich bei Harich um einen Renegaten handeln könnte, der seine Lektion gelernt hat und nun gegen einen Abweichler von heute vorgeht, zieht Zehm nicht in Betracht.)

Die Zeitläufte haben Müllers seinerzeit befremdende Bearbeitung, die übrigens nicht minder legitim sein dürfte als die von Schiller, relativiert. Ebenso wie Schiller sich berechtigt fühlen durfte, die Shakespeareschen Kraßheiten zu mildern, war Müller befugt, sie zu verschärfen. Und der Vorwurf exzessiver Gewaltdarstellung könnte auch auf Shakespeare selbst Anwendung finden, vergegenwärtigt man sich die zahlreichen Morde in »Hamlet«, die Morde und Wahnsinnsszenen in »Lear« oder die ausgesuchten Scheußlichkeiten in »Titus Andronicus«. Harichs Tiraden sind jedoch schon damals anachronistisch. Es ist ein Versuch, gewisse »westliche« Modernismen von der DDR fernzuhalten. Auch Honecker hatte seinerzeit auf dem 11. Plenum vor den »neuesten Ergüssen der Enthemmung und Brutalität aus dem kapitalistischen Westdeutschland« gewarnt – aber das lag bereits acht Jahre zurück. Seit dem VIII. Parteitag im Juni 1971 gibt es bei der Parteiführung eine wachsende Bereitschaft, kritisches Kulturschaffen nicht mehr ideologisch zu diskreditieren. Auch in die Politik ist Bewegung gekommen: Im Dezember 1972 erfolgt die Paraphierung des BRD-DDR-Grundlagenvertrages, im Juli 1973 kommt es zur ersten Zusammenkunft der »Konferenz über Sicherheit und Zusammenarbeit in Europa« (KSZE), im September 1973 werden BRD und DDR in die Vereinten Nationen aufgenommen. Ende 1974 unterhält die DDR mit fast allen Staaten diplomatische Beziehungen. Im August 1975 erfolgt die Mitunterzeichnung der KSZE-Schlußakte durch die DDR.

Während sie sich nach außen und international öffnet und gleichzeitig zur Sicherung der eigenen Souveränität eine strikte Abgrenzung nach Westen hin vornimmt, gestattet sich die DDR nach innen einen Kurs der vorsichtigen Liberalisierung. Auf dem 4. Plenum des ZK vom 16. bis 17. Dezember 1971 macht Honecker der DDR-Kunst ein Freiheitsangebot, kündigt die Aufhebung aller Tabus auf kulturellem Gebiet an: »Wenn man von der festen Position des Sozialismus ausgeht, kann es meines Erachtens auf dem Gebiet von Kunst und Literatur keine Tabus geben. Das betrifft sowohl die Fragen der inhaltlichen Gestaltung als auch des Stils – kurz gesagt: die Fragen dessen, was man die künstlerische Meisterschaft nennt.« Die Folgen: Im Frühjahr 1972 können Hermann Kants »Impressum« und Ulrich Plenzdorfs »Die neuen Leiden des jungen W.« veröffentlicht und Volker Brauns »Die Kipper« uraufgeführt werden.

Im Auftrag Honeckers, der sich auf der bevorstehenden 6. ZK-Tagung offenbar als kulturpolitischer Erneuerer profilieren will, verfaßt Stephan Hermlin im Mai 1972 ein Memorandum zur gegenwärtigen kulturpolitischen Situation, das sich mit den diversen Beschränkungen kritischer zeitgenössischer wie als »bürgerlich« denunzierter Literatur beschäftigt. Unverblümt konstatiert Hermlin »eine jedes Maß übersteigende Zensur (die natürlich um keinen Preis Zensur genannt werden will)« und »Manipulationen jeder Art. Eigentlich jeder begabte Autor unseres Landes ist in den letzten Jahren von der Zensur behindert worden. Das Ergebnis ist ein Austrocknungsprozeß, ein Ausweichen in Harmlosigkeit und Konformismus oder auch in Schweigen.« Von Hermlins Denkschrift macht Honecker aus gutem Grund keinen Gebrauch.

Die westdeutsche Uraufführung von *»Macbeth«* findet am 26. November 1972 am Badischen Staatstheater in Karlsruhe statt, Regie führt Bert Ledwoch. Auch hier gibt es bei der Premiere Ärger; zwei Dutzend Zuschauer verlassen türenschlagend vorzeitig das Theater. Allerdings gilt das Mißfallen weder Stück noch Autor, sondern der Inszenierung, die Müllers Theater der Grausamkeit mit steriler Schlachthofatmosphäre und deftigen Grand-Guignol-Szenen verdoppelt. dpa-Korrespondent

Felix Fiat meint, daß »weder Bühnenbild noch Inszenierung« dem Text »gerecht« geworden seien, Rudolf Krämer-Badoni, der freilich auch dem »Irrtum« des Autors eine gewisse Schuld zumißt, spricht in der »Welt« vom »Pech der provinziellen Umstände«.

1975 will B. K. Tragelehn zusammen mit Einar Schleef das Stück am Berliner Ensemble inszenieren, mit Ekkehard Schall in der Titelrolle. »Und weil er das am BE nicht durfte«, berichtet Lothar Trolle, »wollte er es in einem Keller des Staatlichen Kunsthandels machen, in diesem Laden in der Karl-Marx-Allee neben der Mokka-Milch-Eisbar, ›Kunst im Heim‹ hieß der. Das hatte der Pachnicke, der Chef vom Kunsthandel, versprochen, aber auch das wurde nicht erlaubt und andere Räume kriegte Tragelehn nicht. Sie haben dann Leseproben bei Tragelehn zu Hause gemacht, Kunst im Heim mit ›Macbeth‹«. Es sei quasi ein Versuch gewesen, eine freie Theatergruppe zu gründen. Und das ist in der DDR nicht möglich. Erst 1984, am Düsseldorfer Schauspielhaus (und an gleicher Stelle erneut 1987), kann Tragelehn das Konzept umsetzen. Er nennt seine Inszenierung *»Macbeth nach Shakespeare«*. »Das heißt, daß der Figur nach Shakespeare, durch die Geschichte, die sie überliefert, etwas zuwächst.«

In seiner eigenen *»Macbeth«*-Inszenierung, 1982 zusammen mit Ginka Tscholakowa an der Volksbühne, zeigt Müller den Zwangscharakter des Systems, die gegenseitige Abhängigkeit von Unter- und Oberschicht: Mit der Eliminierung des Volks geht die Vernichtung des Herrschers einher. *Gegenstand der Bearbeitung/Inszenierung*, so ein Arbeitsnotat vom 1. Juli 1982, *ist die Auswechselbarkeit des Menschen. Diese stürzt den Einzelnen in die Verzweiflung. Die Verzweiflung des Einzelnen ist die Hoffnung für die Kollektive. Kommunismus bedeutet die Möglichkeit der wirklichen Vereinzelung, die das Ende der Auswechselbarkeit ist. Entlassung des Menschen aus der Not seiner Vorgeschichte in das Universum seiner Einsamkeit.*

Die Veränderungen gegenüber 1970 beschränken sich auf zwei Streichungen und winzige Zusätze. Als wesentlicher Eingriff erweist sich die Inszenierungsidee, fast allen Darstellern mehrere Rollen zu übertragen und die Titelrolle mit drei Schauspielern zu besetzen, nämlich Dieter Montag (für Müller zu dieser Zeit fast der einzige DDR-Schauspieler mit einer männlichen Ausstrahlung), Hermann Beyer und Michael Gwisdek. Joachim Fiebach: »Macbeth erschien hier einmal eindeutig als Schlächter, in einer Art Lederkostüm, das sein Schlächterfleisch sehen läßt. Er war aber auch, von einem anderen Darsteller gespielt, ein scharfsinniger, kalt argumentierender Kommentator, und dann wieder ein sich vorsichtig-vornehm zurückhaltender Drahtzieher, der sichtbarlich, dezent sein Fleisch im Kostüm verhüllte, hinter und neben dem Schlächter stand.«

Im Gespräch mit Angela Kuberski und der Dramaturgin Lily Leder erklären Müller/Tscholakowa 1985/86, dies habe der *Vielschichtigkeit und der Vielgesichtigkeit, dem Dissonantischen jedes einzelnen in seiner Beziehung zur Gesellschaft, aber auch in sich selbst* Rechnung tragen sollen. (»Wir alle sind Schurken und Engel, Dummköpfe und Genies, und zwar das alles in einem«, heißt es bei Georg Büchner.) Auch wird so der nicht gewünschten Identifikation des Zuschauers mit der Hauptfigur der Boden entzogen. Denn es ist das Problem eines jeden Protagonisten, ob Lear, Courage oder Danton, der über einen solch langen Zeitraum auf der Bühne präsent ist, daß er die mitfühlende Teilnahme des Zuschauers erweckt.

Premiere der dreieinhalbstündigen Aufführung *(Sie hätte zwölf Stunden dauern müssen)* ist am 21. September 1982. Das Bühnenbild, das Assoziationen an einen typischen Prenzlauer-Berg-Hinterhof zuläßt, stammt von Hans Joachim Schlieker. Zwei junge Schauspieler aus der Provinz geben ihr Berliner Debüt: Corinna Harfouch, Ulrich Mühe.

Martin Linzer teilt Interna aus der Redaktion von »Theater der Zeit« mit: »Auf ›Empfehlung‹ der Leitung des Theaterverbandes sollte keine Rezension erscheinen, man wollte weder ein Lob noch einen Verriß, ein Rundtischgespräch (Heft 1/83) mit Verbandsfunktionären, Kritikern, dem Volksbühnenintendanten (also ohne den Autor/Regisseur) sollte Objektivität und Meinungsvielfalt demonstrieren, den Autor jedenfalls, auch in den Augen der (internationalen) Öffentlichkeit, nicht beschädigen. Parole: Wir müssen Müller ›schützen‹, vor Freund und Feind sozusagen.«

Die Debatte findet trotzdem statt; das Spektrum der Theaterkritik reicht von verhaltener Begeisterung (»Ein großer und beeindruckender Theaterabend«) bis zu schroffer Ablehnung (»Ein Abend von durchschlagender Wirkungslosigkeit«). Damit sind freilich zwei extreme Positionen bezeichnet. Im großen und ganzen stößt die Inszenierung auf höflich formulierte Ablehnung. Müller und Tscholakowa haben Theatermittel und -formen ausprobiert, eine Skala von Ausdrucksmöglichkeiten, wie sie im DDR-Theater so massiv bisher nie vorkamen. Nicht wenige Kritiker zitieren genüßlich eine Replik Macbeths, mit der Müller/Tscholakowa das Stück beginnen lassen: *Ein Märchen erzählt / Von einem Irren, voll mit Lärm und Wut / Bedeutend nichts.*

Übereinstimmend wird die Alternativlosigkeit der Inszenierung beanstandet. Christoph Funke im »Morgen« erkennt »die lähmende Müdigkeit eines ewigen Eingeschlossenseins in den Welt und Gesellschaft bedeutenden Burghof, der die Herrscher gleichgültig kommen und gehen sieht«. Dieser fatalistischen »Sicht auf geschichtliche Prozesse, auf menschliche Möglichkeiten« vermag er weder »zu folgen«, noch sie sich »zu eigen zu machen« oder auch nur sich »ihr zu nähern«. Müller zeige, so Rolf-Dieter Eichler in der »Nationalzeitung« vom 29. September 1982, einen »Kreislauf sich ewig fortzeugender Brutalität« und »Schrecknisse ohne Alternative«. Rainer Kerndl erkennt in Müllers Harmoniefeindlichkeit, seinem »Beharren auf absoluter Dissonanz und Unvereinbarkeit von menschlichen Haltungen und objektiven Machtstrukturen« »eine andre ›Harmonie‹«, die »des Fatalistischen«. Ernst Schumacher konstatiert in der »Berliner Zeitung« vom 24. September 1982 zwar einen »Zugewinn an ›schönem Schein‹«, dem jedoch »ein Verlust an ›eingreifendem Denken‹ gegenüber« stehe. Es fehle der humanistische Gedanke des Anderswerdens.

Völlig zu Unrecht vermutet Michael Stone im Westberliner »Tagesspiegel« vom 24. September 1982, daß Müller in der DDR jetzt »Narrenfreiheit« genieße: Auf einer Kulturkonferenz der FDJ in Leipzig am 21./22. Oktober 1982 attackiert Hartmut König, Autor des Oktoberklub-Megahits »Sag mir, wo du stehst« und nunmehr einer der leitenden Funktionäre im Zentralrat, heftig die neuesten kulturpolitischen »Mißgeburten« des Landes: eine Leipziger Inszenierung von Volker Brauns »Tinka« und die *»Macbeth«*-Inszenierung an der Volksbühne, die König als jugendgefährdend und Paradebeispiel eines hoffnungslosen »Geschichtspessimismus« gilt. Man habe damals, so Müller, *ein Kesseltreiben* gegen beide Stücke veranstaltet. Auf den Spielplan hat das jedoch keine Auswirkungen: Das Stück läuft mit 41 Vorstellungen bis zum 18. September 1985. »Alles zerfetzt sich und die Vorstellungen sind ausverkauft«, lautet das Resümee eines Lehrers, der im Februar 1983 an einem Pädagogenseminar der Volksbühne teilnimmt. Für den Regisseur Müller hat der politische Skandal um *»Macbeth«* allerdings sehr wohl Folgen: *Der Intendant bat mich, doch bitte so schnell nicht wieder zu inszenieren. Arbeitspausen waren in der DDR garantiert.*

Hacks!

Jahre später erfährt Müller von Wolfgang Harich, daß es Peter Hacks gewesen sei, der Harich seinerzeit animiert habe, gegen seinen *»Macbeth«* vorzugehen: *Der Hacks hatte gefragt: ›Hast du ›Macbeth‹ gelesen?‹ – ›Ja‹. Und Hacks sagte: ›Da muß man doch was dagegen tun, aber ich kanns nicht machen als Kollege.‹* Zwei Jahre später äußert er sich dann doch selbst. In seinem Aufsatz »Über das Revidieren von Klassikern«, der im März 1975 in »Theater heute« erscheint, heißt es: »Der neueste Bearbeiter sieht nicht nur die Schönheiten seiner Vorlage nicht; er schließt vor ihnen die Augen. [...] Er zerstört also die Verhältnisse des Inhalts und damit notwendigerweise die der Form, auf welchen die ästhetische Wirkung sich gründet.« Hacks argumentiert klüger als Harich, verschärft die Polemik aber noch, indem er behauptet, es handle sich nicht um einfaches »Schmarotzertum«, wie Harich meine, sondern um »Vampirismus«. Müller habe Shakespeare zum Krüppel geschlagen und aus dem großartigen Original »ein zeitbezogenes schlechtes Stück« gemacht.

Müller und Hacks: In den 60er Jahren gelten sie geradezu als Dioskuren, nicht zuletzt, weil sie beide mit ihrer nicht zur

Schönfärberei neigenden Weltsicht auf enorme Widerstände stoßen, Hacks mit »Moritz Tassow«: Mit vierjähriger Verzögerung am 5. Oktober 1965 an der Volksbühne endlich uraufgeführt, wird das Stück, in dem der Anspruch des Individuums auf gegenwärtigen Lebensgenuß so radikal formuliert wird wie in keinem anderen dieser Jahre, bereits drei Monate später wieder vom Spielplan genommen. Mit dem auf Druck der Parteiführung mehrfach umgearbeiteten Gegenwartsstück »Die Sorgen und die Macht« war es ihm ein paar Jahre zuvor nicht anders ergangen.

Das solidarische Freundschaftsverhältnis wird mit Hacks' Kritik an Müllers »Macbeth« auch für die Öffentlichkeit abrupt aufgekündigt. 1973 folgt ein Epigramm, betitelt »Auf ›Macbeth‹, von Müller«. Daß Hacks Müller am 15. Februar 1974 der Akademie für den Nationalpreis vorschlägt, obwohl er »die ästhetischen Haltungen dieses grossen Dichters« im Grunde seiner Seele »missbillige«, gehört zu den Merkwürdigkeiten dieser komplizierten Beziehung zweier großer Schriftsteller. Für Wolf Biermann, der sie beide etwa gleich gut kannte, ein klarer Fall:

»Es ist der stumpfe Neid, und nichts weiter. Die haben sich ja unmittelbar gemessen, denn die waren so eine Kategorie, was das Alter und die Rolle in dem damaligen Koordinatensystem der Gesellschaft betrifft. Und sie waren wirklich Welten auseinander, in jeder Beziehung. Hacks war reich und Müller war arm. Hacks poussierte mit der Macht, Müller war stur, eigenbrötlerisch. [...] Hacks war eine kecke Kreatur des Regimes, der manchmal, weil er so keck war, was auf die Fresse gekriegt hat. [...] Der wirkliche Antipode von Müller war nicht die Parteiführung in all ihrer Dummheit und Brutalität, sondern die parfümierte Literatenleiche Hacks. Konkurrenten waren sie allemal, beide wollten Theater beliefern mit Stücken, beide wollten gespielt werden, beide maßen sich mit Brecht. Jeder Maulwurfshaufen mißt sich am Matterhorn.«

1993 fragt »Die Woche« Hacks nach seiner Meinung zu Müller. Seine Antwort gibt die Wochenzeitung in Stichworten wieder: »Fand Müller früher ›nicht schädlich‹, hält ihn inzwischen für ›übergeschnappt‹.«

V. WIEDEREINSTIEG

Rückenwind

1970 ist das Wendejahr für den Dramatiker Heiner Müller: Als Ruth Berghaus in der Nachfolge von Manfred Wekwerth Intendantin des Berliner Ensembles wird, holt sie Müller als Dramaturg und Hausautor an die Brecht-Bühne. Nach zwanzig Jahren ist sein alter Traum in Erfüllung gegangen.

Die Berghaus kam zu mir, assistiert von Paul Dessau, und sagte: ›Ich brauche dich da und du wirst am BE arbeiten.‹ Also sie brauchte mich als Dramaturgen, das heißt eigentlich sie brauchte jemanden, der sie berät. […] Ich war sogenannter künstlerischer Mitarbeiter und Berater in allen Lebenslagen.

41 Jahre ist Müller alt, als er erstmals über die Gnade eines existenzsichernden festen Gehalts verfügt.

Martin Linzer erläutert, wie von nun an »wechselnde Koalitionen« von Mitarbeitern der Zeitschrift, des Henschel Verlags, des Theaterverbands, ja »selbst des Ministeriums versuchten, gegen den offenen oder versteckten Widerstand« der ideologischen »hardliner« »das eine oder andere Werk Müllers auf die Bühne zu bringen«, und wie Stückabdrucke, Essays, Interviews, Rezensionen usw. in »Theater der Zeit« dazu dienten, den Autor ins Gespräch zu bringen, in der Diskussion zu halten, auf ungespielte Stücke hinzuweisen.

Müllers erste mit dem Berliner Ensemble abgesprochene oder diesem vorgelegte Projekte bleiben allerdings auf der Strecke, darunter *»Mauser«*, der Bericht eines Genossen, der seine eigene Liquidierung gutheißt. Es sei, so Müller, *der einzige* seiner Texte, zu dem es *ein schriftliches Verbot* gegeben habe: *»Die Publikation und Verbreitung dieses Textes auf dem Territorium der Deutschen Demokratischen Republik ist verboten.«* Seine *Rehabilitation* als Theaterautor erfolgt erst mit Ruth Berghaus'

Inszenierung seines Stückes *»Zement«* im Jahr 1973. Möglich wird sie aufgrund der Ablösung Ulbrichts durch Honecker auf der 16. Tagung des ZK der SED am 3. Mai 1971 und der kontrollierten Liberalisierung, die auf den VIII. Parteitag der SED vom 15. bis 19. Juni 1971, den »Tauwetter«-Parteitag, folgt. Ulbrichts Phantom der bereits vollendeten »sozialistischen Menschengemeinschaft« wird dort eine Absage erteilt und statt dessen der Sozialismus als erste Phase der kommunistischen Gesellschaft und nicht als eigenständige Formation bestimmt. Zumindest in der Theorie wird die Lösung ökonomischer und sozialpolitischer Probleme mit der allseitigen Entwicklung des Menschen verknüpft.

Die folgenden Jahre werden von vielen Künstlern als eine Phase der Konsolidierung und Stabilisierung erlebt, mit der eine großzügigere Handhabung der Vorschriften einhergeht. Am 1. Februar 1973 löst Hans-Joachim Hoffmann Klaus Gysi als Kulturminister ab; Klaus Höpcke wird am 13. März zu seinem Stellvertreter ernannt. Im Mai 1975 erklärt Erich Honecker, daß der Empfang westlicher Rundfunk- und Fernsehsendungen durch DDR-Bürger ab sofort keinen Sanktionen mehr unterliege. Freilich handelt es sich um eine Scheinliberalisierung: Der neue Kurs weicht keine Handbreit vom sogenannten Demokratischen Zentralismus ab und läßt die Herrschaftsstrukturen unverändert. Und immer wieder kommt es zu Rückschlägen: Bereits auf dem 9. Plenum vom 28. bis 29. Mai 1973 kritisiert Honecker die breite Inanspruchnahme der neuen kulturellen Freiheitsräume durch Künstler wie Plenzdorf und Braun. Und nach wie vor greifen die bewährten Zwangsmaßnahmen gegen mißliebige Autoren: Zensur, Drosselung oder Verhinderung von Nachauflagen.

»Mauser«

Entstanden ist *»Mauser«* 1970; der Titel verweist auf die im Stück zur Exekution dienende, nach ihrem schwäbischen Konstrukteur benannte Pistole: Ein unverändert durch verschiedene Hände gehendes, gleichbleibendes Instrument der Gewalt. Bereits in Majakowskis Gedicht »Linker Marsch«, das Hanns

Eisler vertont hat, wird der »Genosse Mauser« als Mitstreiter der Revolution angesprochen.

Die Handlung des Stücks setzt mit dem Schluß ein; Rückblenden machen die Fabel transparent: Weil er sich *zu schwach* für sein Amt fühlt, bittet der Genosse A die Partei um seine Abberufung. Er hat als Leiter des Revolutionstribunals tagtäglich Feinde der Revolution exekutiert, darunter auch seinen Vorgänger B, der aus spontanem Mitgefühl Bauern, die mehr aus Unwissenheit als aus Arglist mit dem Feind kollaborierten, verschont hatte.

A haben solche Zweifel bisher nicht angefochten, seine Anweisungen hat er mit blindem Gehorsam ausgeführt. Doch nun überkommen ihn ebenfalls Skrupel: *Töten und Töten / Und jeder dritte vielleicht ist nicht schuldig*. Aber die gewünschte Entlassung aus dem Parteiauftrag wird ihm verweigert. Weil zur revolutionären Erneuerung vorläufig weiterhin Gewalt erforderlich sei, erwartet die Partei von ihm, daß er seiner Pflicht nachkommt, mit gnadenloser Mechanik sein blutiges Handwerk verrichtet. An diesem Punkt schlägt die aufgezwungene Routine in Vergnügen um. Psychisch seiner Aufgabe nicht mehr gewachsen, *entdeckt* A *die Lust am Töten*, wie es in einer frühen Fabelskizze heißt, und verliert seine Selbstkontrolle oder, wie die Partei formuliert, sein *Bewußtsein*, daß die *Arbeit [...] getan werden muß hier und heute / Damit sie nicht mehr getan werden muß und von keinem*.

Die Partei erklärt A daraufhin, daß *die Revolution* für ihn nun keinen andern *Platz mehr* habe *als vor den Gewehrläufen der Revolution*. Und sie verlangt von ihm seine Zustimmung zu seinem Tod, die Einsicht in die Notwendigkeit seiner Verurteilung. Das Stück endet mit dem Erschießungskommando von A, das seine Zustimmung zur eigenen Liquidierung bedeutet: *TOD DEN FEINDEN DER REVOLUTION.*

Der in Müllers Werk vielfach diskutierte Widerspruch, eine bessere Zukunft mit den grausamen Methoden der Vergangenheit aufbauen zu müssen, wird in *»Mauser«* nüchtern und unerbittlich auf ein extremes Modell reduziert und dem Publikum zur Diskussion überantwortet. Das Stück behauptet den Zusammenhang von terroristischer Gewalt und Revolution, entscheidet aber nicht. So kann es mit Eindeutigkeit weder als provozierendes Plädoyer für die Weisheit des Kollektivs, noch als existentieller Aufschrei des betroffenen Individuums gelesen werden. Seine Spannung erhält es aus der nicht vermittelbaren Konfrontation beider Perspektiven: Auf der einen Seite die radikaler nicht denkbare Selbstverleugnung des einzelnen im Interesse der vom regelsetzenden Kollektiv vertretenen Notwendigkeit des geschichtlichen Fortschritts; auf der anderen Seite den Widerstand des Subjekts gegen seine Substitution unter ein lebensfeindliches Gesetz.

Das Stück hat einen realen historischen Ort, es spielt während der Oktoberrevolution in einer Stadt in Weißrußland. Als Vorlage dient Müller ein Motiv aus dem 20. Kapitel von Michail Scholochows Roman »Der stille Don« (1928/1940): In einem kurzen Prosatext *(Die Bauern standen mit dem Rücken zum Steinbruch)* und zwei Gedichten hat Müller es bereits in den frühen 50er Jahren aufgegriffen. Es ist die Geschichte von Buntschuk, einem Neuling im Revolutionstribunal des Dongebietes, der verzweifelt den Anforderungen seiner »Dreckarbeit« zu genügen sucht und sie mit den Worten rechtfertigt: »Alle wollen in blühenden Gärten wandeln. Aber – hol sie alle der Teufel – bevor man Blumen und Bäume pflanzt, muß man den Dreck wegputzen! Düngen muß man! Die Hände muß man beschmutzen!« Von hier, so Georg Wieghaus, leitet sich in Müllers Text die selbstsuggestiv wiederholte, auf den ersten Blick paradoxe Parteidevise her: *Das Gras noch müssen wir ausreißen, damit es grün bleibt.*

Müller anonymisiert die Vorgänge, verzichtet auf jede psychologisierende Charakterisierung. Die Ausklammerung jeder individuellen Physiognomie überführt die Darstellung auf eine höhere Ebene, mit der jede historische Referenz überboten wird. *Die Stadt Witebsk*, heißt es in einer *Anmerkung* des Autors, stehe *für alle Orte, an denen eine Revolution gezwungen war ist sein wird, ihre Feinde zu töten.* Gleichzeitig ordnet Müller *»Mauser« als drittes Stück einer Versuchsreihe* zu, *deren erstes ›Philoktet‹, das zweite ›Der Horatier‹* sei. Gemeinsam ist ihnen der Untersuchungscharakter dessen, was bisweilen euphemistisch »sozialistisches Experiment« genannt wird.

»Mauser« ist ein Stück mit deklamatorischem Gestus, weniger spielbar als vortragbar, mit einem relativ hohen Grad an Abstraktion der Wirklichkeit und kargen theatralischen Mitteln. Es brauche die Abstraktion, sagt Müller 1976 bei einer Diskussion in Madison, weil es um das *Problem* des *Tötens* gehe und nicht um das Faktum. Es steht dem Typus des Brechtschen Lehrstücks wie »Die Maßnahme« nahe, auf die sich Müller in mehrfacher Hinsicht bezieht. *»Mauser«*, so Müller 1978 in einem Gespräch mit Jacques Poulet, sei ein Versuch, »Die Maßnahme« unter Berücksichtigung der Erfahrungen der sowjetischen Schauprozesse und des Terrors der Stalinzeit zu kritisieren und neu zu schreiben. Bei Brecht ist es der »junge Genosse«, der Mitleid und damit Schwäche gezeigt und gegen die Parteidisziplin verstoßen hat. Doch während Brecht aus dessen bedingungsloser Hingabe an die kommunistische Idee quasi seine »Selbstauslöschung« entwickelt, legt Müller den Hauptakzent auf die Bewußtseinsprozesse des Individuums, argumentiert vom Subjekt aus, denn zunächst widerspricht A seiner Subsumtion unter eine Idee.

Wenn Müller darüber hinaus anmerkt, es handle sich um eine den Vorgänger kritisierende Fortschreibung (das Stück *setzt voraus/kritisiert Brechts Lehrstücktheorie und Praxis*), so wendet er sich damit gegen dessen Charakterisierung des Lehrstücks als reine Geschmeidigkeitsübung in Dialektik für die pädagogisch-politische Arbeit von Kollektiven, lediglich gedacht für spezielle theatralische Veranstaltungen abseits der Theaterunterhaltung. Das Lehrstück, so Brecht, bedürfe keines Publikums, da es zur Selbstverständigung und Selbstbelehrung diene. Es lehre dadurch, »daß es gespielt, nicht dadurch, daß es gesehen wird«. Über die »Maßnahme« verhängte er ein »prinzipielles Aufführungsverbot«, da er befürchtete, daß selbst wohlmeinende Inszenierungen beim Publikum antikommunistische, antisowjetische Haltungen erzeugen könnten. Demgegenüber hält Müller eine Aufführung mit gewissen Einschränkungen (es handle sich um kein *Repertoirestück, der Extremfall* sei *nicht Gegenstand, sondern Beispiel*) für möglich, wenn die Zuschauer zu Mitspielern oder durch andere Maßnahmen aktiv in die Aufführung einbezogen würden und es ihnen somit erlaubt würde, *das Spiel am Text zu kontrollieren und den Text am Spiel. Theatermittel sollten nur offen eingesetzt werden; Requisiten, Kostümteile, Masken, Schminktöpfe usw. auf der Bühne.* Es geht Müller also nicht um die schematische Übernahme von Brechts Lehrstück-Konzept in seiner Reinform, sondern um eine produktive Anwendung mit bestimmten Modifikationen.

Dies freilich sind spätere Erwägungen, die schon auf Erfahrungen mit der ersten Inszenierung in Texas beruhen, der Müller beiwohnt. Denn eine Bühnenrealisierung kann er sich zunächst überhaupt nicht vorstellen: *Für diesen Text gab es in meiner Phantasie keinen Raum, keine Bühne, keine Schauspieler, nichts.* Es gibt nur den starken Wunsch, *»Mauser«* überhaupt inszeniert zu sehen, vorzugsweise an einer Parteihochschule. Es ist Hans-Diether Meves, zu *»Umsiedlerin«*-Zeiten Mitarbeiter des Ministeriums für Kultur, mittlerweile Generalintendant in Magdeburg, der das Stück 1972 im Rahmen einer »Woche des sowjetischen Gegenwartstheaters« inszenieren will; wie Müller sich erinnert, *mit Orgelmusik und weißen Gewändern als eine Art Liturgie.* Zwei Wochen nach Probenbeginn wird die Aufführung vom Kulturministerium untersagt. Weil Meves sich weigert, die Proben abzubrechen, wird er als Generalintendant fristlos entlassen. Obendrein erhält er ein Parteiverfahren und wird aus der SED-Bezirksleitung ausgeschlossen. *Dann war er ein paar Jahre arbeitslos. Bei jedem Angebot, an einem Theater zu arbeiten, sagte er: ›Wenn ich »Mauser« inszenieren kann.‹ Das hat er ein paar Jahre durchgehalten.* Da Meves kürzlich als Mitarbeiter der Staatssicherheit enttarnt wurde, wäre zu bedenken, ob die ganze Affäre von ihm lediglich inszeniert wurde, um sich eine glaubwürdige Biographie zu verschaffen, die ihn in Oppositionskreisen als besonders vertrauenswürdig erscheinen ließ.

Den DDR-Kulturfunktionären gilt das Stück, das, obgleich nur als Modell, den Terror der Bolschewiki thematisiert, als »konterrevolutionär«; überdies, so die Argumentation, habe es keinen Adressaten, denn es würden Dinge behandelt, die nicht Angelegenheit der DDR seien, weil es hier (als einzigem der sozialistischen Länder, wie betont wird) keine stalinistischen Schauprozesse gegeben habe. Noch 1980 stößt eine Lesung im PEN-Zentrum der DDR bei allen Anwesenden, von Hacks bis Hermlin, auf geschlossene Ablehnung. Daß – wie bei Lehrstücken üblich – Müllers »Parteistandpunkt« nicht eindeutig zu fixieren ist, macht es schwierig, sich für das Stück einzusetzen. Zudem erscheint die Fragestellung des Stücks abstrakt und konstruiert. *Hacks sagte: ›Das ist Studikerproblematik.‹ Hermlin: ›Das ist stalinistisch.‹* Offenbar schrecken die Kollegen davor zurück, eine zweite, für Mißverständnisse bzw. bösartige Fehldeutungen offene »Maßnahme« gutzuheißen. Der Ostberliner Literaturwissenschaftler Frank Hörnigk kann 1981 nur nach einem Abdruck in der Westberliner Zeitschrift »Alternative« zitieren. Erst am 10. November 1989 sieht henschel-Schauspiel die Zeit für gekommen, den Text beim Ministerium für Kultur einzureichen.

Die Uraufführung erfolgt am 3. Dezember 1975 durch die Austin Theatre Group während einer sechsmonatigen Gastdozentur Müllers an der dortigen Universität. Regie führt Fred Behringer zusammen mit der Germanistikdozentin Betty Nance Weber; sie kennt Müller von ihrer Arbeit im Berliner Brecht-Archiv und hat das Stück *wegen ihrer Brecht-Neigung* ausgewählt. Ginka Tscholakowa dokumentiert die Inszenierungsarbeit auf Video. Die der Inszenierung zugrunde liegende Übersetzung ins Amerikanische von Helen Fehervary und Marc Silberman wird im Frühjahr 1976 in »New German Critique« abgedruckt.

In Austin wohnt das Ehepaar in einer Wohnung, die Guntram Weber vermittelt hat, Ehemann von Betty Nance Weber und amerikanischer Mit-Übersetzer von *»Der Horatier«*. Er erinnert sich: »Er lief barfuß rum, mit riesigen Zigarren, sagte nichts außer ›Ja‹ und ›Hm‹. [...] Er schien dort sehr glücklich zu sein. Vielleicht, weil er nicht schreiben mußte.«

Es gab einen jungen Professor, einen Regie-Professor, und nach längeren Beratungen kamen sie zu dem Schluß, daß man das in Amerika nur mit Frauen machen könnte, einer ›Minderheit‹. Das fand im Schwarzenviertel von Austin statt. [...] In der ersten Etage eines alten Lagerhauses haben wir geprobt, und dort wurde dann auch gespielt, schwarze Frauen waren nicht dabei. [...] An der Inszenierung waren nur zwei oder drei Studentinnen beteiligt, die andern waren Arbeitslose, angeworben mit Annoncen. [...] Weil in dem Stück von Revolution die Rede war, hatten sie das Bedürfnis, ihren Standpunkt dazu auch vorzutragen. Deswegen gab es zwischen den Szenen Statements, die Spielerinnen traten einzeln oder paarweise an die Rampe [...]. Dann stiegen sie wieder ein in das Spiel und verwandelten sich in eisenharte Bolschewisten.

Es ist Müllers erste USA-Reise; sie dauert insgesamt neun Monate und damit weit länger, als sein Halbjahresvisum gestattet. Von Austin aus unternimmt das Ehepaar verschiedene Reisen, u. a. nach New York, Chicago, Kalifornien, Arizona, Nevada, Mississippi und New Mexico. Es ist buchstäblich die Erfahrung einer neuen Welt, prägend für Müllers Geschichtsverständnis wie für sein Schaffen. *Als ich zurückkam, war ich schon abgeschrieben. Meine Gage am Berliner Ensemble war von der Berghaus schon storniert.* Das Visum hat seine Frau allerdings beim Ministerium erkämpfen müssen: »Ich hatte mein bulgarisches Ausreisevisum zuerst, und er bekam seines nicht, und da bin ich ins Ministerium gegangen und habe gesagt, gut, dann fahre ich allein, aber ich werde der Presse erzählen, daß Heiner das Visum verweigert wurde. Und kurze Zeit später hatte er seins auch.«

Anfang 1979 kommt das Stück am Théâtre Gérard Philippe in Saint-Denis heraus. Die deutsche Erstaufführung findet am 20. April 1980 in Köln statt. Aus dem vierzehnseitigen Text macht ein Regieteam um Regisseur Christof Nel und seinen Dramaturgen Urs Troller einen »Abend in zwei Teilen über Erinnern und Vergessen«. Müllers Text wird zurückgebunden an seinen Ausgangspunkt, die Buntschuk-Episode aus dem »Stillen Don«, vom Abstrakten zurückgeführt zum Persönlichen, zur individuellen Biographie. Der zweite Teil ist rein pantomimisch. »Imponiertheater«, meint Benjamin Henrichs in der »Zeit« vom 25. April 1980. Georg Hensel wirft Nel vor, er habe »durch Wegrücken, Privatisierung, Ästhetisierung« das Stück »bis zur Unkenntlichkeit verharmlost«. Müller selbst findet die Inszenierung *hochinteressant*: *Die haben damals, aus der richtigen Überlegung heraus, daß sie sowas wie Revolution,*

Umwälzung von Verhältnissen eigentlich nur aus Mann-Frau- oder Familienbeziehung kennen, also nicht auf einer direkten politischen Ebene, […] die ganze Geschichte […] erzählt an einer Mann-Fraubeziehung. Eine Schauspielerin, ein Schauspieler – der Rest war Bühne, ein vertracktes Bühnenbild. […] Bei jeder Erschießung klatschte der Mann der Frau eine Sahnetorte zwischen die Schenkel. Das klingt ziemlich blöd, aber es war nicht albern.

Karlheinz Braun erinnert sich: »›Mauser‹ war eine große, absolut hybride deutsche Erstaufführung. Aus dem Nukleus des kleinen Stücks entwickelte Nel in Köln die ganze Welt. Alles schien tatsächlich aus diesem Text hervorzugehen. Müller hatte einen Kern gesetzt, und Nel ließ daraus wuchern, Variationen, Kommentare. Ein Flop, eine Zumutung ans Publikum, aber eine große Aufführung.« Angeblich wegen einer notwendigen Meniskusoperation der Hauptdarstellerin wird das Stück bereits am 4. Mai abgesetzt.

»Zement«

Den Roman »Zement« von Fjodor W. Gladkow hat Müller in einer Ausgabe des Verlags Volk und Welt im Erscheinungsjahr 1949 kennengelernt. Die Übersetzung folgt der Ausgabe von 1941, einer der zahlreichen vom Autor selbst vorgenommenen Überarbeitungen, mit denen Gladkow sein Werk immer wieder auf die jeweils richtige Linie zu bringen suchte. Die Erstausgabe stammt aus dem Jahr 1926, sie wurde 1927 ins Deutsche übersetzt und sorgte schon bald nach ihrem Erscheinen für Aufmerksamkeit. Unter den frühen Rezensenten waren Egon Erwin Kisch, Erich Mühsam, Walter Benjamin und Anna Seghers. Diese erste und, wie ihm scheint, *ruppigere* Fassung lernt Müller allerdings erst später kennen. Im Gespräch mit Karl Corino erinnert er sich 1975: *Ich kannte die erste Fassung und die späteren Fassungen des Romans und habe eigentlich alles benutzt, was ich kannte […]. Mich hat die erste Fassung mehr interessiert als die späteren, weil sie härter ist […], etwa die Rolle des Ehebruchs bei der Emanzipation der Frau, die in der ersten Fassung etwas stärker betont ist. In der zweiten ist das sehr offengelassen [...]. In den letzten Fassungen spricht Tschumalow mehr wie ein Funktionär als in den ersten Fassungen, was sicher auch mit der Entwicklung von Gladkow selbst zu tun hat.* Der Stoff hatte schon lange vor Müller das Interesse der darstellenden Künste geweckt: 1926 war »Zement« in der Sowjetunion dramatisiert, 1927 verfilmt worden. Aber diese Versionen waren ihm zum damaligen Zeitpunkt nicht bekannt.

Aus Gladkows Roman ein Stück zu machen ist ein alter Plan Müllers aus den fünfziger Jahren – desgleichen, wie Tragelehn sich erinnert, »die Verzahnung von Antike-Motiven mit dem ›Zement‹-Stoff«. Im Berliner Ensemble weiß man von dem Projekt. Aber erst als Müller im Herbst 1971 – zur 55. Wiederkehr der Oktoberrevolution – einen Arbeitsauftrag erhält, setzt er zur Realisierung an. Exposé, Fabel und Skizze der ersten Szene des Stücks bilden die Grundlage für einen Vertrag, der im Frühjahr 1972 abgeschlossen wird. *Und dann habe ich angefangen, das Stück zu schreiben.* »Wir hatten die größten Schwierigkeiten«, erzählt Hans-Jochen Irmer, der damalige Dramaturg, »von Heiner Müller ein Exposé zu erhalten, aber das Stück hatten wir Ende des Jahres 1972.«

Mit der Arbeit am Stück kommt Müller zunächst zügig voran. Ein knapper Blankvers, immer wieder von Prosa durchbrochen, kombiniert archaische Ausdrücke mit zeitgenössischer Umgangssprache. Schwierig wird es, nachdem er etwa die Hälfte seines Pensums geschafft hat. *Ich erinnere mich, es gab für mich beim Schreiben einen längeren Stop vor diesem Hydra-Text innerhalb des Stückes. [...] Denn davor liegt die Szene ›Die Bauern‹, in der es um die Revolution in Deutschland geht bzw. um das Ausbleiben der Revolution in Deutschland, der Anfang vom Ende der Sowjetunion. [...] Als die deutsche Revolution ausfiel, standen sie im Regen. Sozialismus in einem unterentwickelten Land hieß Kolonisierung der eignen Bevölkerung. Und das ist der Punkt in dieser kurzen Szene in ›Zement‹.* An diesem Punkt habe er nicht weitergewußt, *da war eigentlich die Geschichte für mich zu Ende. Ich habe lange gebraucht, um neu anzusetzen.* Der Neuansatz ist das *Intermedium »Herakles 2 oder die Hydra«*, ein Monolog über die mörderische Beschaffenheit der Welt, geschrieben in einer Nacht, *nach einer Flasche Wodka, fast bewußtlos.* Das Grundbild geht auf einen Traumtext Ginka Tscholakowas zurück. *Es ist der Versuch, einen Vorgang zu erzählen aus dem Zentrum des Vorgangs, ohne einen Anfang, und ein Ende ist auch nicht abzusehen. Und ich wußte bei keinem Satz, was der nächste sein wird. Das ist völlig blind geschrieben. [...] Der Rest ist dann eher eine Ausfächerung.*

Auf der Suche nach poetischen Bildern von den neuen Verhältnissen der Menschen greift Müller zu überlieferten, mythologischen Darstellungen, die den neuen Erfahrungen ähneln und ihnen zugleich unähnlich sind, die sie spiegeln und gleichzeitig neuartig beleuchten. Rüdiger Bernhardt hat beschrieben, wie auch die eingefügten Texte in der neuen Umgebung gewissermaßen ihre Farbe wechseln: »Die statuarische Größe dieser Gestalten zerfällt; ihre durch Kunstwerke wie Homers ›Ilias‹ und ›Odyssee‹ feststehenden charakterlichen Qualitäten werden zerstört, ihnen neu zugeordnete Eigenschaften stellen sich als Ergebnis historischen Verhaltens dieser Gestalten dar.« Von diesem Kunstgriff, der verfremdenden Einschaltung selbständiger, archetypischer Texte, macht Müller noch an zwei weiteren Stellen Gebrauch. Zunächst beschwört der Revolutionär Tschumalow, als er den bürgerlichen Ingenieur Kleist in den Würgegriff genommen hat, Achilles und Hektor: Erinnerung an die barbarische Vorgeschichte, von der sich der neue kommunistische Mensch, indem er auf persönliche Rache verzichtet – ein Motiv, das bereits in *»Lohndrücker«* und *»Korrektur«* eine gewichtige Rolle spielt –, zu befreien weiß. »Das Zementwerk wird nicht Kleists Friedhof sein, sondern ein ›Denkmal der befreiten Arbeit‹.« Daraufhin antwortet der Darsteller des Kleist mit der Erzählung von der Befreiung des Prometheus: Er muß mit Gewalt vom Gebirge geschleppt werden, nachdem er seinen Befreier Herakles als Mörder beschimpft und seine Ketten gegen den Zugriff des Befreiers verteidigt hat, bis zuletzt *seine Unschuld an der Befreiung* beteuernd. Lorenz Jäger hat darin »das Dilemma der DDR« gespiegelt gesehen, das »Dilemma des unwillkommenen Befreiers«, des feindlichen Freundes.

Es sind die unerschöpflichen Möglichkeiten der Interpretation solcher Szenen, die dem Stück seine historische und philosophische Tiefe verleihen. Im Gespräch mit Horst Laube hat Müller 1975 erklärt, die der europäischen Mythengeschichte entnommenen Intermedien hätten ihm zum einen eine Möglichkeit eröffnet, um dem festgelegten Dialog zu entkommen; andererseits seien die Figuren gar *nicht in der Lage, zu formulieren, was ihr historischer Stellenwert ist und welches Spiel sie da spielen. Daraus ergibt sich dann die moralische Verpflichtung für den Autor, selber etwas dazu zu sagen. Tschumalow zum Beispiel weiß nicht, wer Achill ist, das kann er von seiner Biographie her auch gar nicht wissen. Ich weiß das, der Kleist weiß es auch, also muß ich Tschumalow beispringen und das irgendwie einbauen.* Allerdings dürften die *Kommentartexte* keinesfalls vom Stückablauf isoliert werden und damit zur Illustration mißraten. *Man muß die Szenen so kriegen, daß auf solche Texte gewartet wird. [...] Und ich meine, daß es relativ langweilig wird, wenn man diese Prosatexte und die Szenen trennt, weil die Leute immer Zeit haben, sich zu beruhigen. Man muß immer eins in das andere reinziehen, damit beides zur Wirkung kommt.* In der Berliner *»Zement«*-Inszenierung ist dies offensichtlich gelungen. Ein Oberschüler, der einer Probe beiwohnen durfte, hat die Wirkung dieser Einlagen mit den Worten beschrieben: »Als ob wir anfingen, laut zu denken.«

Im Kontext andersartiger gesellschaftlicher Voraussetzungen verhalten sich diese mythologischen Grundsituationen in zwei Richtungen produktiv, nämlich wie an das Stück angeschlossene Aggregate, die den Text sowohl mit Energie versorgen als auch umgekehrt von ihm mit Bedeutung aufgeladen werden – dramaturgische Instrumente, um zeitübergreifende Sinnfragen an entscheidenden Punkten der Handlung ins Bild zu setzen und auf diese Weise die Weite eines Bedeutungshorizontes sinnlich erkennbar zu machen, der sich allein aus der Dramenhandlung nicht ohne weiteres erschließt. Die Integration solcher zeitübergreifenden ›Fremdtexte‹ (von denen er in *»Zement«* erstmalig Gebrauch macht) wird für Müller von nun an zu einem wesentlichen Gestaltungsmittel seiner Arbeit. Sie finden sich 1974 dann auch in *»Traktor«* und seitdem in nahezu allen Texten von größerem Umfang.

Gladkows Roman »Zement« erzählt von Beziehungen zwischen Männern und Frauen, Revolutionsbefürwortern und -gegnern, bürgerlicher Intelligenz und Arbeitern, und von den Konflikten, die sie bewegen. Zugleich liefert Gladkow einen Bericht über die Härte und schier unglaubliche Überlebenskraft in der von Bürgerkrieg, Intervention und Blockade verwüsteten jungen Sowjetunion, als der Hunger zum Alltag weiter Bevölkerungskreise gehörte. Die Handlung umfaßt die Jahre 1920/21, die Zeit des Übergangs vom Kriegskommunismus (rigide staatliche Kontrolle aller Betriebe, Pflichtablieferung von Getreide und Futterpflanzen) zur »Neuen Ökonomischen Politik«, als während sechzehn Jahren die Existenz privater Produktions- und Handelsbetriebe geduldet wurde: Konsequenz der ökonomischen Rückständigkeit Rußlands und des Ausbleibens der sozialistischen Revolution in Deutschland. Dennoch dauerte es acht Jahre, bis Industrie und Landwirtschaft wieder den Stand der Produktion vor dem Krieg erreicht hatten. Ende der dreißiger Jahre dann nimmt die Sowjetunion in der europäischen Industrieproduktion den ersten Platz ein.

Die Fabel von Müllers Stück ist rasch erzählt: Als Regimentskommissar aus dem Bürgerkrieg in seine Heimatstadt zurückkehrend, findet der Schlosser Gleb Tschumalow eine veränderte Welt vor, die er, ein neues Ziel vor Augen, für die Sowjetmacht wiederherzustellen sucht. Zwar gelingt es ihm, seinen Todfeind, den Ingenieur Kleist, Vertreter der alten bürgerlichen Intelligenz, für den Wiederaufbau des zum Ziegenstall verkommenen Zementwerks zu gewinnen; sein privates Problem kann er jedoch nicht lösen. Als Mann fühlt sich der Bolschewik Tschumalow noch als Besitzer seiner Frau Dascha, doch die Revolution hat vor Heim und Herd nicht haltgemacht, sie geht bis in die Ehe, bis in die Familie: Dascha, im sicheren Gefühl ihres eigenen gesellschaftlichen Rangs, besteht auf ihrer Gleichberechtigung. Für die alten patriarchalischen Machtstrukturen ist in der neuen Gesellschaftsordnung kein Platz mehr. Am Ende wird deutlich, daß Gleb die Umwälzung akzeptiert, auch den Übergang von der heroischen Kampf- zur produzierenden Aufbauphase der Revolution: In der drittletzten Szene steht er mit einer Genossin vor einem Café, in dem die von der Neuen Ökonomischen Politik geduldete Bourgeoisie *Kapitalismus spielt*, d.h. »Mehrwert« verpraßt. Die Regieanweisung sieht ein *Streichorchester* vor, das eine Melodie aus Léhars »Lustiger Witwe« spielt. Während Polja Mechowa die Vorgänge hinter der Glasscheibe angewidert kommentiert *(Der Spuk ist nicht vorbei. Der Leichnam schmatzt)*, schwadroniert Gleb, *die Revolution* brauche *eine Atempause.*

»Zement« ist ein Geschichtsdrama aus der schwierigen Aufbauzeit der Sowjetunion, aber im Mittelpunkt steht der durch die sozialistische Revolution herbeigeführte Umsturz in den Geschlechterbeziehungen, das Hinfälligwerden der bürgerlichen, auf Besitz- und sonstigen Abhängigkeitsverhältnissen gründenden Ehe. Die alte Form ehelichen Zusammenlebens hat ihren sozialen Grund verloren; der Kommunismus zwingt Gleb und Dascha, nach einer neuen Lebensform zu suchen. Wie der Roman »Zement« an Gorkis Roman »Die Mutter« anschließt, so schließt Müllers Drama an Brechts »Mutter«-Drama an: Hatte Brecht gezeigt, wie sich das Verhältnis von Mutter und Sohn unter den Bedingungen der proletarischen Revolution verändert, so zeigt Müller die Veränderung der Beziehung von Gleb und Dascha im Prozeß der revolutionären Umgestaltung. Auf die weibliche Emanzipation als eigentlichen Kern der Geschichte hatte schon Walter Benjamin in seiner Rezension des Romans aus dem Jahr 1927 hingewiesen.

Bei aller Schärfe der Konflikte versäumt Müller in *»Zement«* keineswegs die Formulierung sozialistischer Ideale seiner Figuren. Im letzten Bild, *Befreiung der Toten*, wird deutlich, daß der Sozialismus sich als Heimat aller Menschen versteht, sogar der ehemaligen Feinde der Revolution.

Der DDR-Literaturwissenschaftler Gunnar Müller-Waldeck konstatiert 1979 als »neue Qualität«, »daß neben der barbarischen Vorzeit, dem Greuel des Krieges und der Konterrevolution, erstmalig nachdrücklich die befreite Arbeit mit ihrer kollektiv- und persönlichkeitsformenden Kraft den Vorrang einnimmt«. Müller habe dafür gesorgt, daß die Assoziationen des Zuschauers bewußt »auf die Bestätigung des realen Sozialismus gelenkt« würden. Niemand in *»Zement«* begreife sich

– wie in »*Der Bau*« – als »Fähre zwischen Eiszeit und Kommunismus«. Vorsichtiger äußert sich Rüdiger Bernhardt, der in »*Zement*« den Beweis dafür sieht, daß sich die Müllersche Geschichtskonzeption »auf die erweiterte Konturierung einer menschlich sich entwickelnden Gesellschaft« ausgeweitet hat »– noch längst nicht auf ›Harmonie‹vorstellungen, aber sie bezieht nun die progressive Vermittlung innerhalb der menschlichen Geschichte ein.« Zur breiten Akzeptanz des Stücks in der DDR trägt wohl auch bei, daß Müller sich, wie Genia Schulz darlegt, mit einer nacherzählbaren Stückfabel und den übersetzbaren Parabeln der drei Intermedien »formal im Rahmen einer gemäßigten Moderne bewegt«.

»Im Frühjahr 1973«, so Hans-Jochen Irmer, »begannen wir mit den Proben. Wir versuchten nicht, dem Autor in seine Arbeit hineinzureden; von Zeit zu Zeit las er in kleinem Kreis ein paar Szenen vor.« »Während der Inszenierung« sei Müller ein »vorsichtiger Diskussionspartner« gewesen. »Er fragte, regte diese oder jene szenische Lösung an, ging auf Anregungen der Schauspieler ein, prüfte den Text im Hinblick auf die theaterpraktischen Erfordernisse. Auf diese Weise kamen Änderungen, Kürzungen, Ergänzungen zustande. Strukturveränderungen in einem weiteren Umfang waren nicht notwendig.« Zu diesen kleinen Änderungen gehöre, daß das Bild »Schlaf der Maschinen« von der zweiten an die erste Stelle gerückt worden sei.

Wenige Wochen vor der Premiere wird Müller ins Kulturministerium bestellt. *Da saßen zwei Beamte, und einer davon sagte zu mir, in der Partei, die du da beschreibst, möchte ich nicht sein*, woraufhin Müller schlagfertig antwortet: *Sie sind aber drin.* Zweck dieses nicht ganz undramatischen Gesprächs ist, Müller mitzuteilen, daß das Stück in dieser Form nicht aufgeführt werden könne. Offenbar lesen die Kulturfunktionäre, klüger als der Autor, das Stück als Ausdruck bürokratischer Stagnation und Beschreibung der maroden Wirtschaft in den sozialistischen Staaten – ein Phänomen, das für Müller damals angeblich noch vom *historischen Aufbaupathos* überlagert ist. Anschließend kommt vom Ministerium der schriftliche *Bescheid, die Produktion müsse um mindestens ein Jahr verscho-*

ben werden, Müller muß umschreiben. Diese Fassung kann nicht gespielt werden.

Ruth Berghaus hat das offenbar vorausgesehen und die Gründung eines »Parteiaktivs Zement« am Berliner Ensemble veranlaßt. Die Proben werden von zahlreichen Diskussionen innerhalb und außerhalb des Theaters begleitet, es finden viele Gespräche mit Mitgliedern einer sozialistischen Brigade, mit Oberschülern, mit Partei- und Staatsfunktionären statt. Erfahrungen und Erkenntnisse der Inszenierungsarbeit werden schriftlich ausgewertet. Noch vor dem Verbot durch das Ministerium und verbunden mit einer Ergebenheitsadresse, geht dann ein Bericht des »Parteiaktivs Zement« an Staats- und Parteichef Erich Honecker.

Daß in schwierigen Situationen die ›staatlichen Leiter‹ Ergebenheitsadressen der Werktätigen sammeln, gehörte zum Brauchtum. Offenbar war Honecker gerade wieder in einer schwierigen Lage. Zeitgleich mit dem Verbotsbescheid des Ministeriums hing dann ein Dankschreiben von Honecker am Schwarzen Brett. [...] Das ermöglichte der Berghaus dann, den Kulturminister Hoffmann zu besuchen, und sie sagte ihm: ›Hans-Joachim, wenn ich das nicht irgendwie inszenieren darf, dann weiß ich nicht mehr, was ich mit dem BE anfangen soll.‹ Und dann sagte Hoffmann: ›Ja Ruth, kannst du das als Kommunistin verantworten, das Stück so wie es ist zu inszenieren?‹ Ich weiß nicht, wie lange sie gezögert hat, jedenfalls sagte sie dann Ja. Und Hoffmann atmete tief durch und sagte: ›Na gut, dann komme ich in vierzehn Tagen und schaue mir das an.‹ Nach diesem Gespräch ist der Durchlauf für Minister Hoffmann nur noch eine Formsache.

In einem 1987 geführten Gespräch mit Ruth Berghaus hat Müller der Regisseurin bescheinigt, daß ohne ihr Engagement *»Zement«* niemals auf die Bühne gelangt wäre: *Es hätte keinen Intendanten in Berlin gegeben damals, und auch nicht woanders in der DDR, der in dieser Situation dieses Stück noch durchgekriegt hätte. Und mit einer Haltung für das Stück.* Auch die *große Öffnung* nach dem VIII. Parteitag sei allein nicht ausschlaggebend gewesen, niemand außer ihr habe sie genutzt.

»Zement« wird am 12. Oktober 1973 am Berliner Ensemble

uraufgeführt. Mit ihren »sehr pathetischen Momenten« sei die Inszenierung »für die politische Aufnahme günstig gewesen«, meint B. K. Tragelehn, dem Müller die Konstellationen des Stücks schon in den fünfziger Jahren angedeutet hatte. »Die hatten alle Salbe auf der Stimme.« Zu Müller sagt er damals scherzhaft: »Das ist dein Wilhelm Tell« – womit er an ein Bonmot Hanns Eislers anknüpft, der Müller nach der *»Umsiedlerin«*-Affäre den Rat gegeben hatte: *»Denken Sie an Schiller: ein österreichischer Tyrann wird in der Schweiz ermordet. Solche Stücke müssen Sie in Deutschland schreiben.«* »Ich dachte, es ist zu spät geschrieben.« Dem wollte Müller nicht widersprechen: *Ich habe es immer vor mir hergeschoben. Es ist sicher etwas an dem Vorwurf dran, daß es ein zu spät geschriebenes Stück ist. [...] Das Stück hat im Verhältnis zum behandelten Stoff etwas sehr Beruhigtes, etwas Abgehobenes.*

Ich weiß nicht, wie lange ›Zement‹ dann im Berliner Ensemble gelaufen ist, sehr lange lief es nicht. Ein Problem der Inszenierung war natürlich die Absicherung. Das hat sich ein bißchen ausgewirkt. Zum Beispiel diese eine Szene, in der die Larissa Reissner-Figur, diese Mechowa mit dem Tschumalow, dem Protagonisten, vor dem NEP-Café steht, wo Léhar gegeigt wird, da war für mich klar, daß die frontal zum Publikum sprechen müssen; daß nämlich das NEP-Café im Publikum ist und daß die Musik von hinten kommt. Das haben sie ein paarmal so probiert und einen Todesschrecken dabei gekriegt. Daraufhin haben sie es dann umgedreht. Es wurde ein sehr schönes NEP-Café auf der Bühne aufgebaut, damit war es entschärft, war von den Leuten weg. Das war das übliche Beispiel, wie man etwas entschärft, so daß es für das Publikum nicht mehr aufregend war. Außerdem ist der Titel nicht sehr anziehend, der erinnert an die 50er Jahre, ›Russenstück‹ und so. Deswegen ist es auch nicht besonders aufgefallen.

Daß auch er selbst kräftig zur *Absicherung* beigetragen hat, erwähnt Müller nicht. Dem »Neuen Deutschland« erklärt er am 10. Oktober auf Anfrage, *»Zement«* sei geschrieben als Beitrag *gegen die politische Weltverschmutzung durch antisowjetische Propaganda.* Dafür gibt es 1974 dann den Kritikerpreis für Gegenwartsdramatik der »Berliner Zeitung« und schließlich hohe staatliche Ehren: Am 29. September 1975 erhält der Autor aus der Hand von Kulturminister Hoffmann den Lessing-Preis: »Müller«, so der Bericht der »Frankfurter Allgemeinen Zeitung« vom 4. Oktober 1975, »erhielt den Preis für seine bedeutenden Leistungen, die der ›sozialistisch-realistischen Bühnendramatik der DDR‹ zuzurechnen seien.« Als Vorzeigestück darf das BE mit *»Zement«* die Theatertage der DDR in Budapest 1975 eröffnen.

Während es bei der Berliner Uraufführung die Kompromisse und Konzessionen der Regie sind, die bei Müller keine rechte Freude aufkommen lassen, ist es bei Peter Palitzschs stürmisch beklatschter westdeutscher Erstaufführung (Schauspiel Frankfurt, 3. September 1975) die Angestrengtheit, mit der die Geschichte dem Publikum nahegebracht, das Menschliche in den Figuren herausgestellt wird. Im Gespräch mit Patrik Landolt und Willi Händler erinnert sich Müller 1988: *Als der Palitzsch in Frankfurt ›Zement‹ inszenierte, hat er das so gemacht, wie man es 1960 im Berliner Ensemble machte. Fürchterlich. Mit der Haltung, Bolschewiken sind auch Menschen, das zeigen wir euch jetzt mal.- Ganz falsch. Bolschewiken sind Marsmenschen. Sie sind so weit weg. Dann wird es Kunst.*

1975 druckt der Leipziger Reclam-Verlag in großer Auflage Gladkows Roman (in der ersten deutschen Übersetzung von 1927 durch Olga Halpern) zusammen mit Müllers Stück. Daß dort, wie auch in der *»Zement«*-Edition des Henschel Verlags, im zweiten Intermedium, *»Befreiung des Prometheus«*, drei Sätze fehlen *(Nur am Geschlecht war die Kette mit dem Fleisch verwachsen, weil Prometheus, wenigstens in seinen ersten zweitausend Jahren am Stein, gelegentlich masturbiert hatte. Später hatte er dann wohl auch sein Geschlecht vergessen. Von der Befreiung blieb eine Narbe)*, hat Müller später als *Sittenzensur* ausgegeben – zu Unrecht, wie Wolfgang Schuch sagt:

»Es gibt auch von Heiner selbst in die Welt gesetzte Legenden. Ich habe von ihm das allererste ›Zement‹-Manuskript gekriegt, nach der Abschrift hat er selbst in unser Exemplar Korrekturen eingetragen (z. B. die Szenentitel!), es war noch kein verbindliches Manuskript, aber wir haben nichts weggelassen. Vermutlich hat Heiner für eine spätere Abschrift die 3 Zeilen noch eingefügt, das uns aber nicht mitgeteilt. Und dann ist die unvollständige Textfassung vom Bühnenvertrieb für die Buchausgabe, bei Theater der Zeit und bei Reclam übernommen worden.«

Zweiter Ruhm

1971 erhält Müller den Förderpreis zum Lessing-Preis des Hamburger Senats zugesprochen; der Hauptpreis geht an den Frankfurter Philosophen Max Horkheimer. Von der Annahme des Preises wird Müller seitens der Parteiführung *abgeraten.* Daß er sich darauf eingelassen und das Stipendium mit großer Geste abgelehnt habe, sei *eine der größten Schweinereien* seines Lebens gewesen, räumt er rückblickend ein und erklärt den Hintergrund: Roland Bauer habe ihm vorgehalten, daß er zusammen mit dem *»Republikflüchtling«* Hartmut Lange in »Theater heute« abgebildet sei und ihm zu verstehen gegeben, daß er den Preis ablehnen solle, wie dies übrigens bereits 1967 Karl Mickel getan hatte. Als er am Abend des gleichen Tages die Mitteilung erhält, daß sein Visumantrag für eine Reise nach Bulgarien abgelehnt worden sei, versteht Müller die Drohung und schickt ein entsprechendes Telegramm nach Hamburg, in dem es heißt: *Das Lessingpreiskollegium hat mich, auf Herrn Horkheimers Frankfurter Schul-Bank, eines Stipendiums für wert befunden. Ich muß daraus schließen, daß meine Arbeit mißverstanden wird, und möchte den Irrtum aufklären helfen, indem ich ablehne. Ich arbeite in der DDR, für deren Anerkennung Ihre Behörde, soweit mir bekannt ist, bisher nichts gesagt oder getan hat. Mich trennt von Herrn Horkheimer mehr als eine Staatsgrenze.*

Als er am nächsten Morgen nach Hause kommt, findet er eine Benachrichtigung der Volkspolizei vor, wonach er seine Reisepapiere *am nächsten Vormittag im Polizeipräsidium abholen könnte.*

Hatten bereits die Aufführungen von *»Ödipus Tyrann«* in Bochum, *»Philoktet«* in München, Frankfurt, Hannover und andernorts sowie von *»Prometheus«* in Zürich Müller Ende der sechziger Jahre aus westlicher Sicht zu einer anerkannten

Größe des DDR-Theaters gemacht, so bringt ihm die spektakuläre Ablehnung des Stipendiums zum Lessing-Preis weitere Publizität, läßt ihn aber auch als fest zu seinem Staat stehenden Autor erscheinen. Harichs *»Macbeth«*-Polemik tut 1973 ein übriges, um in der Bundesrepublik die Aufmerksamkeit auf diesen Autor zu lenken, für den sich bislang nur Regisseure und Theater interessiert haben. Und sie korrigiert das Bild vom loyalen Staatsdichter. Die Reaktionen sind keineswegs immer begeistert; doch gleichgültig läßt Müller niemanden.

1973 nimmt F. C. Delius vom Westberliner Rotbuch Verlag, »mit Rückendeckung des Verlags-Kollektivs und mit Hilfe von Kurt Bartsch [...] Kontakt zu Heiner Müller auf«, um Möglichkeiten für eine Edition der Theaterstücke und weiterer Texte zu sondieren. Die Rechtslage ist, wie immer bei DDR-Autoren, kompliziert. Müllers erste im Westen gespielte Stücke, *»Philoktet«* und *»Prometheus«*, sind (wie auch *»Herakles 5«)* von Suhrkamp verlegt worden. Bei einer Begegnung in Leipzig im Herbst 1968 hatte Verlagsleiter Siegfried Unseld Müller vorgeschlagen, dem Verlag die westlichen Subvertriebsrechte an seinem Gesamtwerk zu übertragen. Das hatte Müller damals abgelehnt und sich 1969 dem genossenschaftlich organisierten Frankfurter Verlag der Autoren angeschlossen, der im Frühjahr desselben Jahres von einer Gruppe Autorinnen und Autoren auf Initiative von Karlheinz Braun, von 1959 bis 1969 Leiter der Theaterabteilung des Suhrkamp Verlags, gegründet worden ist. Hier sind, im Subvertrieb des Henschel Verlags, alle weiteren Stücke Müllers erschienen. Naheliegender wäre zweifellos gewesen, die westlichen Rechte dem Münchner Drei-Masken-Verlag zu übertragen, wie es auch Hacks praktiziert, doch ist dies für Müller eben der Grund, es nicht zu tun.

Allerdings publiziert der Verlag der Autoren die Bühnentexte zunächst ausschließlich als vervielfältigte Typoskripte. Braun hat daher zunächst versucht, Klaus Wagenbach für eine Publikation von Müllers Stücken zu gewinnen, ist aber an dessen Skepsis gescheitert. Die Initiative des von ehemaligen Wagenbach-Mitarbeitern gegründeten Rotbuch Verlags kann an diese Vorgespräche anknüpfen. F. C. Delius erzählt: »Nach einigen Besuchen am Kissingenplatz in Pankow waren wir uns im

November 1973 einig: Wir publizieren nach und nach, beginnend im Frühjahr 1974 [...] eine Werkausgabe nach dem Vorbild der Brechtschen ›Versuche‹«, von Müller selbst zusammengestellt. »Skepsis überall, als wir begannen (›Einer, der Müller heißt und Stücke schreibt, ist nicht zu verkaufen. Noch dazu ein Heiner! Unmöglich‹, hieß es im Buchhandel).«

Das Wunder von Schöneberg geschieht: Binnen weniger Jahre steigt Müller zum Weltautor auf. Bereits 1978 konstatiert Theo Girshausen einen »Müller-Boom« im Westen. Der Anteil der Rotbuch-Ausgabe daran ist nicht zu unterschätzen, ist sie doch, da Müller bis 1979 eher selten gespielt wird, das einzige Medium, das eine Vorstellung von seinem Gesamtschaffen vermittelt. Bis 1989 ediert Müller bei Rotbuch elf raffiniert zusammengestellte Bände einer Werkausgabe, von den zwei Bänden *»Geschichten aus der Produktion«* bis zu den ebenfalls zweibändigen *»Kopien«*, in denen Übersetzungen und Bearbeitungen gesammelt sind.

Er habe damals dem Henschel Verlag angeboten, die Ausgabe *parallel mitzumachen*, erzählt Müller. *Sie waren auch daran interessiert, und das Ganze starb dann durch einen Anruf von Hager, der am Telefon empört war über ein Gedicht im ersten Band der Rotbuch-Ausgabe. Es war das Gedicht ›Film‹.* Das sei *das Ende für diesen Plan* gewesen.

Volksbühne

1974 übernimmt Benno Besson die Intendanz der Volksbühne, deren künstlerischer Leiter er seit 1969 war. Mit der gleichzeitigen Verpflichtung von Manfred Karge, Matthias Langhoff und Fritz Marquardt als Hausregisseure eröffnet sich Müller die Möglichkeit, alte, gewissermaßen im Embryonalstadium verbliebene Texte, mit deren Realisierung am Berliner Ensemble er aus inhaltlichen wie formalen Gründen nicht rechnen kann, für das Theater aufzubereiten. Zwischen 1974 und 1982 wird so die Volksbühne zum wichtigsten Transformator für die Durchsetzung und Aufnahme seiner Stücke in der DDR.

Als Ruth Berghaus Anfang April 1977 aufgrund einer privaten Intervention als Intendantin des Berliner Ensembles von Manfred Wekwerth abgelöst wird, wechselt Heiner Müller an die Volksbühne, die ihn als künstlerischen Berater verpflichtet. Sein monatliches Bruttoeinkommen beträgt 2 500,– Mark, netto bleiben ihm 1900,– Mark. Damit beginnt für ihn eine der fruchtbarsten Arbeitsphasen als Dramatiker, Dramaturg und Regisseur; auch noch, als Intendant Besson am 25. April 1978 von Fritz Rödel abgelöst wird, weil, wie Tragelehn erläutert, »zu viel Müller im Spielplan« gestanden hatte. »Denn was nicht gewollt wurde, war ein Müller-Theater. [...] So etwas wird ganz schnell als Gruppierung angesehen, und Gruppierungen sind grundsätzlich verdächtig.« Im selben Jahr verlassen Karge und Langhoff mit befristeten Visa die DDR.

»Die Schlacht«

1974 collagiert Müller fünf Einzelszenen, die überwiegend im Jahr 1951 entstanden oder skizziert worden sind, zu einer knappen Szenenfolge, die er mit dem Titel *»Die Schlacht. Szenen aus Deutschland«* versieht. »Zündfunke« des Projekts ist die Inszenierung der Szene *»Das Laken oder Die unbefleckte Empfängnis«*, die – in einer frühen, kürzeren Version – bereits 1966 in einem »Sinn und Form«-Sonderheft gedruckt worden ist, durch Matthias Langhoff und Manfred Karge im Rahmen des zweiten Volksbühnen-»Spektakels« am 25. September 1974. Voran ging eine Inszenierung von Christoph Schroth am Theater des Friedens in Halle; die Premiere fand im Kulturhaus des Chemiekombinats Buna statt, im Rahmen eines Programms zum 17. Jahrestag der DDR am 7. Oktober 1966. Schroth erinnert sich, daß ihm »dieses kurze, knappe Stück ungeheuer aufregend« erschien, der Umsprung des Verhaltens dieser »kleinen deutschen Leute«, aufgerieben »zwischen Russen und SS«. Er habe die Inszenierung »sehr natural angelegt«, »sehr konventionell, sozusagen ›realistisch‹. Heiner Müller kam zur Premiere und sagte nur: ›Man hätte es mit Masken spielen müssen.‹«

»Spektakel II« ist ein Beitrag der Volksbühne zum 25. Jahrestag der Republikgründung. Die künstlerische Gesamtleitung liegt bei Manfred Karge und Matthias Langhoff. An dreizehn Tagen werden allabendlich in einem Haupt- und einem Nachtprogramm zwölf Uraufführungen dramatischer Werke von DDR-Autoren gezeigt. Wer alle Stücke sehen will, muß vier Abende im Theater verbringen. Insgesamt kommen rund 17 000 Zuschauer; darunter viele ohne Eintrittskarte, denn niemand wird nach Hause geschickt. Gespielt wird auf insgesamt neun Bühnen, im Foyer, auf der Probebühne und sogar auf einem Spielplatz hinter dem Bühnenhaus. Bei *»Das Laken«*, das in den letzten Kriegstagen in einem Berliner Keller situiert ist, sitzt das Publikum, wie sich Müller erinnert, im Rang, im Parkett und auf der Bühne, *mit Blick auf die Schauspieler und den leeren Zuschauerraum;* die Schauspieler agieren auf einem Steg zwischen den Zuschauern. *Eine Situation wie im Luftschutzkeller. Es war sehr formalisiert, sehr streng, sehr fremde Kostüme. Ganz real war nur das Bombergeräusch. […] Vor oder neben mir saß eine dicke, ältere Frau, die sagte, als dieses Geräusch einsetzte: ›Die Flieger kommen‹ und fing an zu weinen. Diese Wirkung war möglich gerade durch die Überhöhung. Durch das Weggehen vom Naturalismus wurde die Szene real.*

Diese Aufführung beweist Müller, daß sich auch für seine nur halb realisierten oder bloß projektierten Stückpläne szenische Lösungen finden lassen. Hinzu kommt ein neu erwachtes bzw. zugelassenes Interesse an einer Auseinandersetzung mit der jüngeren Vergangenheit, wofür etwa Konrad Wolfs DEFA-Film »Ich war neunzehn« steht. In Verbindung mit der Lektüre von Brechts »Antigone«-Vorspiel mit seinen ›deutschen‹ Knittelversen sieht Müller plötzlich eine Möglichkeit, *diese Szenen alle zusammenzustellen. Zu einer Art Collage zu montieren, zu einer Szenenfolge. Da habe ich zum ersten Mal gesehn, daß es dafür eine theatralische Form gibt.* Bis dahin hatte er *keine Vorstellung davon, wie man soetwas auf dem Theater machen kann, auch keine Vorstellung von einer Dramaturgie für solche Szenen. […] Daraufhin habe ich dann andere Sachen vorgekramt, alte Entwürfe, angefangene Sachen aus den 50er*

Jahren und das Ganze zu Ende geschrieben. Die meisten dieser Szenen, so Müller 1981 in einem Gespräch mit dem Ensemble der Bochumer *»Schlacht«*-Inszenierung (ein gemeinsames Projekt der Westfälischen Schauspielschule, des Schauspielhauses Bochum und des Theater Unten), seien *als eine unmittelbare Reaktion auf Erlebnisse, Erfahrungen* entstanden. *Das war ziemlich früh, Anfang der fünfziger Jahre. Fertiggeschrieben* sei damals nur die Szene *Fleischer und Frau* gewesen, allerdings in Hörspielform, *unter anderem weil ich mir Theater dafür nicht vorstellen konnte. [...] Die Theater, so wie sie waren, hatten auch kein Interesse an solchen Formen oder an Sachen, die so geschrieben sind, weil sie auch keine Vorstellung hatten, wie man's macht. Alles steckte sehr tief im Naturalismus oder in sozialistisch aufbereiteten bürgerlichen Salondramaturgien.*

»Die Schlacht« zeigt in zunächst sechs, später fünf selbständigen »Einaktern« individuelles Verhalten unter den Bedingungen der nationalsozialistischen Gesellschaft und in der Extremsituation des Krieges. Unschuld, so impliziert das Stück, ist ein Glücksfall. Müller entwirft zugespitzte Zwangslagen, in denen Schuld kaum noch eindeutig zugeteilt werden kann. Daß nun keine Alternative mehr möglich erscheint, verweist um so deutlicher auf den Punkt in der Vergangenheit, an dem eine andere Entscheidung noch möglich war.

Mit einer Vielzahl von Beispielen verdeutlicht Müller die Verstrickung von Arbeitern, Soldaten, Bürgern und Geschäftsleuten in das System von Lüge, Terror und Mord oder die martialischen Konsequenzen aus solcher Verstrickung. Ebenso schonungslos wie Goya die Schrecken des Krieges gemalt hatte, zeigt Müller, wie Menschen ihre Menschlichkeit verlieren können, wenn sie sich dem Regime nicht konsequent verweigern. Es gibt keine Solidarität, *»Die Schlacht«* reicht bis in die Familie (wie seinerzeit, wenngleich nicht mit der gleichen Dramatik, in die des Autors), entzweit sogar zwei Brüder proletarischer Herkunft.

Naziterror und -ideologie in Verbindung mit materieller Not und/oder einem dumpfen Selbsterhaltungstrieb verwandelt Brüder in Todfeinde *(Die Nacht der langen Messer)*, macht aus Frontsoldaten im russischen Winter Kannibalen *(Ich hatt einen Kameraden)*, aus einem »ehrbaren« Bürger einen verblendeten Mörder *(Kleinbürgerhochzeit)*, aus einem Fleischer einen »Menschenschlächter an der ›Heimatfront‹« *(Fleischer und Frau)*. Eine Gruppe von Bombenflüchtlingen wird zu brutalen Konkurrenten, die ihr Verhalten in wechselnden Allianzen dem Stärkeren anpassen und einander rücksichtslos verleugnen *(Das Laken)*. Die Perspektive der Opfer zeigt sich im Ansatz von Widerstand, der roh unterdrückt wird: Die Tochter, die nicht bereit ist, nach dem Führerbeispiel aus dem Leben zu scheiden, muß von ihrem Vater vor der Tötung gefesselt werden; der Deserteur bezahlt das Hissen des Kapitulationslakens mit dem Tod.

»Schlacht« und »Schlachten« liegen in diesem Stück dicht beisammen. Sämtliche Figuren sind gerade dabei, sich selbst oder andere umzubringen oder umgebracht zu werden. Wer dabei wen erledigt, scheint weitgehend dem Zufall überlassen. Die revueartige Szenenfolge beginnt mit der Nacht des Reichstagsbrandes am 27. Februar 1933 und endet mit der Befreiung Berlins durch die Rote Armee im April 1945. Die ursprüngliche Verlängerung bis zum Juni 1953 durch eine Szene, in der sich die beiden feindlichen Brüder der ersten Szene in einem DDR-Gefängnis wiederbegegnen (B also nicht durch eine Kugel von A gestorben ist), macht Müller rückgängig; der Text, Allegorie für die andauernde Spaltung der Arbeiterbewegung, wird später Teil von *»Germania Tod in Berlin«*. So läßt sich *»Die Schlacht«* interpretieren als Erinnerung an »Vorgeschichte«, die mit Gründung der DDR definitiv abgeschlossen wurde. *»Schlacht«*, bestätigt Müller, *konnte man von offizieller Seite als historisch abbuchen.*

Freilich entspricht das nicht Müllers Intention: Die aufgezeigten individuellen Haltungen, die mit dazu beitrugen, den Naziterror zu ermöglichen, haben für ihn das Kriegsende überdauert. Für ihn ist es schlicht unmöglich, zu einer Tagesordnung überzugehen, die nicht von der Erinnerung und dem Bewußtsein von jener Zeit bestimmt ist: *Die Zukunftsstruktur der DDR findet man nur gleichzeitig mit der Vergangenheitsstruktur*, erklärt er 1984.

Nicht nur, weil die gesamte Szenenfolge an »Furcht und Elend des Dritten Reichs« erinnert, drängen sich Parallelen zu Brecht auf; es gibt auch direkte Anspielungen: Die erste Szene, in der der eine Bruder den andern bittet, ihn wegen seines im Gestapo-Keller begangenen Verrats zu erschießen, variiert das Thema der »Maßnahme«; eine andere hat Müller mit *Kleinbürgerhochzeit* überschrieben, dem Titel eines frühen Brecht-Einakters. Die entscheidende Differenz zwischen Brecht und Müller ist, daß Brecht strikt die Täter von den Opfern trennt, Müllers Protagonisten dagegen als Täter und gleichzeitig Opfer (von Menschen oder von Ideologie) gekennzeichnet werden. Im Unterschied zu Brechts zwischen 1935 und 1938 im dänischen Exil entstandener, unter diesen Bedingungen grob und durchsichtig ausgefallener Analyse der faschistischen Ideologie geht es Müller um das Aufzeigen individueller Haltungen, die den Terror des Nationalsozialismus ermöglicht haben bzw. selbst Teil des Terrors wurden. Dafür konstruiert er Situationen, in denen gängige Konfrontationen von politischer und moralischer Eindeutigkeit keine Rolle mehr spielen, sondern in denen es nur noch ums nackte Überleben geht, womit er Erlebnisschichten in die Erinnerung zurückholt, die weit tiefer liegen als die politischen Fehlverhaltens, an dem Brecht in erster Linie interessiert war. Zudem bedient er sich nicht wie Brecht ausschließlich realistischer Mittel, sondern macht obendrein von Slapstick und Groteske Gebrauch.

Zündstoff bietet das Stück wegen Müllers verquerer Sicht (quer zur Sicht der Partei) von Nationalsozialismus und proletarischem Widerstandskampf. *Die Provokation der ersten Szene in der ›Schlacht‹ liegt ja darin, daß da der antifaschistische Widerstand überhaupt nicht dem DDR-Klischee entsprechend dargestellt ist, und daß da zum ersten Mal die Arbeiterklasse als gespalten auf der Bühne auftritt – daß der eine auch Kommunist war, bevor er SA-Mann wurde.*

An der Volksbühne weiß man mit offiziellen Bedenken jedoch umzugehen: *Es gab im Vorfeld Diskussionen im Patenbetrieb des Theaters, dem Glühlampenwerk NARVA. Die Schauspieler haben dort den Text vorgelesen und mit den Arbeitern darüber geredet, wie die das Kriegsende erlebt hatten und die Nazi-Zeit. So entstand ein ziemlich umfangreiches Material, und das hat einiges an Skepsis abgefedert.* Außerdem wird das Stück in den ersten Aufführungen aus taktischen Gründen noch mit *»Traktor«* kombiniert; so ist es spielbar: Gegen *die alten Greuel* in *»Schlacht«* steht *die Geburt des Neuen* in *»Traktor«. ›Traktor‹ fiel später weg.*

»Traktor«

Das im wesentlichen zwischen 1955 und 1961, also zugleich mit *»Die Umsiedlerin«* und zunächst als Hörspiel (*»Der Tod des Traktorfahrers«)* entstandene Stück *»Traktor«* handelt erneut vom Überwinden der Aufbau-Schwierigkeiten, konkret von der Wiedergewinnung verminter Getreideanbauflächen. Am Beispiel eines Traktoristen, der abwägen muß zwischen lebenschützendem Egoismus und Dienst an der Gemeinschaft, untersucht es den Konflikt zwischen persönlichem Lebensglück und den Zumutbarkeiten des sozialistischen Aufbaus. Anna Seghers' Geschichte »Der Traktorist«, ebenfalls in der von Müller 1953 rezensierten Prosasammlung enthalten, dürfte auch diesmal die erste Inspiration gegeben haben. 1974, mit neuen dramaturgischen Vorstellungen, montiert Müller das vorhandene Material und ergänzt es um eine Reihe von Fremdtexten, die zum einen das Assoziationsfeld des Stücks erweitern, zum andern die Funktion von teils ergänzenden, teils die Handlung weiterführenden Kommentaren übernehmen: Zitate von Empedokles, chinesischen Lyrikern, Lenin, Ernst Thälmann und andern, teils aus dem Band »Helden der Arbeit« (Berlin 1951).

Die erste Szene blendet das Geschehen zurück in die letzten Wochen des Zweiten Weltkriegs, als eine Kompanie deutscher Soldaten auf Befehl ihres Feldwebels einen Kartoffelacker vermint. Damit sind die historischen Ausgangsbedingungen beschrieben. Ein Jahr später bittet der Bauer einen Traktoristen, seinen Acker zu pflügen, damit er wieder bestellt werden kann. Dieser weigert sich zunächst: Seine körperliche Unversehrtheit ist ihm wichtiger als ökonomische Fortschritte zu kollektivem Nutzen. Als er sich nach langem inneren Kampf entscheidet, das Feld doch zu pflügen, löst er eine Minenexplosion aus, die ihm ein Bein abreißt. Im Krankenhaus räsoniert er im Gespräch mit einem Besucher über seinen »Fehler«.

Nach dieser Erfahrung versucht es ein anderer Besucher gar nicht erst mit Trost. Statt dessen nimmt er den Traktoristen in die ideologische Pflicht, appelliert an sein gesellschaftliches Bewußtsein. Auf dessen Vorwurf, er, der Traktorfahrer, sei der Idiot eines glücklicheren Kollektivs, antwortet er: *Der einzige bist du nicht der Haare läßt. / Hier löffelt mancher manche Suppe aus / Die er nicht eingebrockt hat.* Damit hat er Erfolg: Bei seiner Entlassung aus dem Krankenhaus zeigt sich der Traktorist im Gespräch mit dem skeptischen Arzt als zur Gesellschaft bekehrt: *Jeder macht seine Arbeit, ein Held spart den nächsten, und jedem kann alles passieren, wenn er bloß über die Straße geht, Ähre oder Zahl.* An seinen Arbeitsplatz zurückgekehrt, macht er *eine Erfindung, die Helden überflüssig macht. Das Kolonnenpflügen.*

Auf den ersten Blick zeigt das Stück also die Not und den Aufbauwillen der unmittelbaren Nachkriegszeit und welche Risiken der neue Anfang barg. Das konventionelle Schema vom positiven Helden ist scheinbar erfüllt. Doch bevor das Stück, so Wolfgang Schivelbusch, »diese Schleife zieht, verharrt es erstaunlich lange in dem Bereich, wo der Held mit seinem Schicksal hadert«. Nimmt man das Geschehen in *»Traktor«* parabolisch, so stellt das Erbe der Vergangenheit eine latente Bedrohung dar: Auf gefährlichem Grund soll die Geschichte einen neuen Anfang nehmen. In diesem Licht erscheint *Minenpflügen* als Metapher für die vorerst noch auf der Tagesordnung stehende menschliche Arbeit, notwendig angesichts einer nicht bewältigten Vergangenheit. Wenn ihre Arbeit am Fortschritt nicht sinnlos gewesen sein soll, dürfen die Leiden der Opfer der Geschichte nicht vergessen werden. Zur Ermutigung, Bestärkung, Anfeuerung der Nachkommenden müssen auch die Qualen, die ihr heroisches Beispiel begleiteten, zitiert werden. Das ist das Vermächtnis der Toten.

Die Uraufführung von *»Traktor«* findet, zusammen mit *»Herakles 5«*, am 27. April 1975 im Friedrich-Wolf-Theater in Neustrelitz statt, Regie führt Thomas Vallentin. Am 7. März hatte der Henschel Verlag den Stücktext zur Genehmigung beim Ministerium für Kultur eingereicht. Die westdeutsche Erstaufführung erfolgt ein halbes Jahr später, am 27. September 1975 in der Regie von Walter Pfaff in Ulm, zusammen mit *»Philoktet«*.

Einschüchterung durch Kunst

Das Manuskript von *»Die Schlacht«/»Traktor«* geht am 20. Mai 1975 zur Genehmigung an das Ministerium für Kultur, am 30. Oktober 1975 erfolgt in der Regie von Manfred Karge und Matthias Langhoff die Uraufführung. *Es gab wie üblich die Empfehlung, das Stück nicht zu machen, aber kein Verbot. [...] Das Stück war eine Polemik gegen das offizielle Geschichtsbild, die Inszenierung vielleicht sogar noch mehr. Das ist schon verstanden worden, aber man konnte es einstecken.*

Gespielt wird die erste Fassung des Stücks, die zusätzlich, zwischen *Kleinbürgerhochzeit* und *Fleischer und Frau*, die später *Quadriga* benannte Szene ohne Schauspielertext enthält. Obgleich eine »langwierige« Angelegenheit, habe die Aufführung, so der Bericht von Ingvelde Geleng für dpa, »den freundlichen Beifall eines Publikums« gefunden, »das nach grandiosen, Denkanstöße auslösenden Bildern durch den ausführlich belehrenden Schlußteil ermüdet schien«. Schärfer Günther Cwojdrak in der »Weltbühne«: Es handle sich um eine den knappen Szenen nicht angemessene »Supershow«. Weniger Aufwand hätte dem Text besser getan.

Aber gerade die opulente Inszenierung, die vierzig Radfahrer auf die Bühne bringt, in den Umbaupausen den Autor und diverse zwischen Zustimmung und Ablehnung schwankende Lesermeinungen auf eine riesige Leinwand projiziert, dürfte ganz wesentlich zur Akzeptanz des Stücks beigetragen haben. *Die Strategie von Matthias Langhoff war Einschüchterung durch Kunst, eine aufwendige Inszenierung, mit vielleicht sogar zuviel Prunk und Ästhetik.*

»Die Schlacht«/»Traktor« vermag sich ein ganzes Jahrzehnt hindurch auf dem Spielplan der Volksbühne zu halten. Mit einem Schlag ist Müller vom Ruch eines Autors befreit, der

nur ein kleines Probebühnen-Publikum zu interessieren vermag. 1976 erhält er erneut den Kritiker-Preis der »Berliner Zeitung«.

Die BRD-Erstaufführung von *»Schlacht«* erfolgt am 14. November 1975 am Deutschen Schauspielhaus Hamburg, Regie führt Ernst Wendt. Obwohl es sich um eine bedeutende Arbeit Wendts handelt (die auch auf den Mülheimer Theatertagen vertreten ist), bringt sie es in Hamburg nur auf sieben Vorstellungen. Es folgen Inszenierungen u. a. in Basel (1976, zusammen mit *»Traktor«*, Regie: Harun Farocki/Hanns Zischler), Wien (1979, Josef Szeiler), Bochum (1982, Manfred Karge) und Düsseldorf (1982, B. K. Tragelehn). Die Empörung bei den westdeutschen Aufführungen sei größer gewesen als in der DDR, sagt Müller später. Tatsächlich stößt sein Bild des deutschen Frontsoldaten dort auf Mißfallen. Zur Hamburger Aufführung schreibt Walter Schröder in der »BILD-Zeitung«, die Inszenierung sei »eine Zumutung an Verstand und guten Geschmack«. Was Müller biete, sei »eine kommunistisch verdrehte, in jammervoll schlechten Versen erzählte Schau jener Jahre, die ihr Autor nur als Kind miterlebte. Bruder erschießt Bruder, weil dieser die heile proletarische Welt an die Faschisten verriet. Damit geht es los. Typisch für kommunistische Literatur, die immer wieder Entschuldigungen für kommunistische Genickschuß-Praxis sucht. Dann hagelt es nur so: Deutsche Soldaten als Kannibalen, deutscher Schlachter schlachtet US-Flieger, Hitler selbst beißt in seinen Teppich. Bis Rotarmisten fahnenschwenkend das Heil bringen.«

Georg Wieghaus merkt in seinem »Autorenbuch« von 1981 kritisch an, daß Müller zwar »die unheilvolle Kontinuität archaischer Verhaltensstrukturen bis in die jüngste Vergangenheit nachzuweisen« vermag, aber wohl kaum »die Psychologie des Faschismus erklären kann, wenn er ihn nur als Phase extremer Brutalisierung der Menschen beschreibt und nicht auch die Formen von Massenenthusiasmus berücksichtigt, die er zu entfesseln wußte«. Zustimmend zitiert Wieghaus, Jahrgang 1953, hierzu den in Madison/Wisconsin lehrenden Germanisten Jost Hermand, Jahrgang 1930: »Mit solchen Soldaten hätte Hitler den Zweiten Weltkrieg bereits nach vierzehn Tagen verloren.

Wenn die drei Landser ihren zu Tode erschöpften Kameraden für ›Führer, Volk und Vaterland‹ noch 200 Kilometer auf den Schultern mitgeschleppt hätten, so wäre das eine bessere Analyse des Faschismus gewesen.« Ein Mißverständnis, emotional aufgeladen: Was Müller zeigt, ist ein Endpunkt, wie er auch in der Szene *Hommage à Stalin* in *»Germania Tod in Berlin«* und in *»Germania 3«* beschrieben wird.

1977 wird die Volksbühne mit Brechts »Kleinem Mahagonny« zu einem Gastspiel nach Paris eingeladen. Weil die Brecht-Erben ihre Zustimmung verweigern, rückt *»Die Schlacht«* an die Stelle des Songspiels. Weil es aber nur Pässe und Visa für die (kleinere) Besetzung des »Kleinen Mahagonny« gibt, muß *»Die Schlacht«, damit die Personage ausreicht*, auf dieses zwangsverkleinerte Ensemble hin umbesetzt und teilweise umgeschrieben werden. Neu hinzu schreibt Müller die Szene *Ruine der Reichskanzlei. So entstand eine Fassung, in der spielte Hermann Beyer die Tochter des Kleinbürgers, der seine Familie umbringt. In der ersten Fassung spielte das in bürgerlichem Salon, auch bühnenbildlich sehr realistisch mit großem Aufwand. Die Tourneefassung war die Groteske.*

»Germania Tod in Berlin«

Als Stückprojekt älter als *»Schlacht«* ist *»Germania Tod in Berlin«*. Die Vorarbeiten reichen indes nicht ganz so tief in die fünfziger Jahre zurück: Tragelehn erinnert sich, daß Müller Anfang 1962 an der – damals noch geschlossenen – Fabel des Stücks gearbeitet und die zweite Szene geschrieben hat; im Sommer 1970, nach der Rückkehr aus Bulgarien, sei das Stück fertig gewesen. Realisiert wird es aber erst nach *»Schlacht«*. Es sei eigentlich *mehr 'ne Revue*, die man eigentlich gar nicht in seriösen Theatern, sondern vielleicht in *Nachtclubs* spielen solle sagt Müller 1978. In dreizehn Bildern und mit weitaus aufwendigeren szenischen Mitteln als zuvor bilanziert das Stück den Weg der deutschen Arbeiterklasse von 1918 bis 1953. Szenen von tiefem realistischem Gehalt verbinden sich mit Lesetexten, drastischen Allegorien und gespenstischen Intermezzi

Clownnummern, grotesken Parodien, bizarren Pantomimen und anderen meist surreal verfremdeten Szenen aus Mythologie und Historie, die Müller im friderizianischen Potsdam, im Kessel von Stalingrad und im Führerbunker angesiedelt hat. Exakt in der Mitte steht die Szene *Die heilige Familie*, eine bitterböse Groteske auf die Entstehung der Bundesrepublik.

Wie Chaplin dies in »The Great Dictator« vorgemacht hatte, wird Hitler nebst Konsorten auch bei Müller ästhetisch dekonstruiert, »verkleinert« und damit der Lächerlichkeit preisgegeben. In einer Diskussion im Anschluß an eine Münchner Aufführung hat Müller für die Einschaltung der diversen Lachnummern eine simple Begründung geliefert: *Theater ohne Klamauk ist, glaube ich, nicht machbar.*

»Germania Tod in Berlin« ist auch der Versuch, die DDR vor dem Hintergrund deutscher »Vorgeschichte« in einer Krisensituation darzustellen. In dreizehn Bildern spannt Müller einen Bogen aus fünfunddreißig Jahren deutscher Geschichte, von der Novemberrevolution 1918 bis zum Juniaufstand des Jahres 1953. In der zweiten Szene verbindet die Figur des *Alten mit Kind auf dem Rücken* den Gründungstag der DDR mit dem der KPD einunddreißig Jahre zuvor. Das von Müller gutgeheißene Experiment, mit der Etablierung des ersten Arbeiter- und Bauernstaats auf deutschem Boden einen historischen Neubeginn zu unternehmen, darf von den blutigen Wurzeln der deutschen Geschichte nicht absehen, wenn sie sich in Form tradierter Bewußtseins- und Verhaltensweisen bis in die Gegenwart fortpflanzen. Die Hoffnung auf eine Unterbrechung des gewalttätigen Geschichtszusammenhangs, in dem archaische Konflikte und destruktive Kräfte weiterwirken, ist gering. In der Szene *Nachtstück*, dem einzigen Bild ohne Parallelszene, demonstriert Müller in einer surrealen Pantomime die Selbstverstümmelung des alten Menschen, dessen Gesicht auch im Sozialismus noch *ohne Mund* ist. *Der Mund entsteht mit dem Schrei.*

Diese verinnerlichte »Unmündigkeit«, die eine Last der Vergangenheit ist, wird schon in einer früheren Szene aufgegriffen. Auch der Stalinallee-Vorzeige-Maurer im sozialistischen Staat, von der Partei als »Held der Arbeit« ausgezeichnet, von der Arbeiterklasse mit Steinen beworfen, muß die preußische Untertanenmentalität erst abschütteln.

Der Szenenablauf von *»Germania Tod in Berlin«* scheint auf den ersten Blick ungeregelt, weder einer inneren, noch gar einer Chronologie der historischen Ereignisse folgend: Von der 2. Szene (1949) springt er – nach einem clownesken friderizianischen Intermezzo, das mit der zwischen Realität und Traum schwebenden Aktivisten-Auszeichnungsszene aus dem Jahr 1950 gekoppelt ist – in die Schlußphase des Rußlandfeldzugs zurück. Darauf folgen Episoden aus dem Frühjahr und Sommer 1953, vor, während und nach dem Arbeiteraufstand, unterbrochen von einer Grand-Guignol-Szene im Führerbunker, einer Pantomime, einem Tacitus-Text und einem Heym-Gedicht.

Man kann die Szenenfolge aber auch als sechs Paare mit einem Zwischenspiel *(Nachtstück)* zählen, was einen außerordentlich konzisen Ablauf ergibt: Jedes Paar konfrontiert ein Bild aus der germanisch-preußischen Historie mit einer Momentaufnahme aus der Frühphase der DDR. Der parallele Szenenaufbau unterstreicht die Kontinuität von Militarismus und Untertanengeist, von Ausbeutung und Spaltung des Proletariats in der deutschen Geschichte. Der Schwerpunkt liegt, nicht nur quantitativ, auf den Ereignissen im Juni 1953, die Müller seinerzeit als Augenzeuge verfolgt hat: Die großen Fahrradkolonnen mit Jugendlichen aus West-Berlin in Ringelsocken und Windjacken, die im zweiten und achten Bild des Stücks auftauchen, hat er damals gesehen. In einer Diskussion mit Besuchern der Münchner Aufführung sagt er 1978 *»Germania Tod in Berlin«* sei *ein Versuch, die DDR zu legitimieren als einen Gegenentwurf zu deutscher Vergangenheit*. Das ist allerdings nur die halbe Wahrheit: 1990 hebt er hervor, daß der 17. Juni *ein Drehpunkt in der DDR-Geschichte* gewesen sei, *die letzte Chance für eine neue Politik, für eine andere DDR-Geschichte, verpaßt aus Angst vor der Bevölkerung und vor dem übermächtigen westlichen Gegner.*

Die Spaltung der deutschen Arbeiterschaft demonstriert Müller, solchermaßen einen kühnen Bogen von germanischer Frühgeschichte bis in die jüngste Vergangenheit schlagend, an einem Tacitus-Intermedium, das den Streit zwischen Arminius und seinem Bruder Flavus überliefert, in einer Nibelungenszene, im Überlebenskampf der deutschen Wehrmacht im Kessel von Stalingrad, im Widerstand der Arbeiter gegen die Erhöhung der Arbeitsnormen und im Kampf der Häftlinge in einem DDR-Gefängnis. Den *Tod in Berlin*, den vor ihm schon Rosa Luxemburg und mit ihr der Versuch einer sozialistischen Republik erlitten hat, stirbt Hilse, ein Maurer, der sich dem Streikaufruf am 17. Juni nicht anschließt und von Westberliner Jugendlichen mit Steinen beworfen wird (sein Namensvetter in Hauptmanns »Webern« bleibt ebenfalls dem Streik fern und kommt als einziger ums Leben). Allerdings ist Hilses Tod ein Tod auf der Krebsstation: Nicht die gewalttätigen Attacken von außen haben ihn ums Leben gebracht, sondern eine schleichende Krankheit, die bei der Untersuchung zufällig entdeckt wird. Die Degeneration findet von innen statt: *Wir sind eine Partei, mein Krebs und ich.* Was Müller an dieser Stelle unausgesprochen läßt, sagt wenig später der Krankenhaus-Besucher, ein junger Maurer, dem sich seine Freundin als Prostituierte offenbart hat, als er sich um einen Vergleich für seine Gefühle bemüht, die ihn jetzt foltern: Die *Partei* hat so viel *Dreck am Stecken*, daß *sie sich selber nicht mehr ähnlich sieht*.

Die ersten Szenen von *»Germania Tod in Berlin«* sind 1956 entstanden; vollendet wird das Stück 1970/71. *Das heißt, auch hier sind die ersten Szenen ziemlich alt, ich habe sie später nur zusammengestrichen. Da waren viel mehr Details drin, mehr Kies, mehr Stoff.* Als Quelle benutzt Müller u. a. das »Anekdotenbuch« von F. C. Weiskopf (Berlin 1949). Daraus entnimmt er die Anregung für die Geschichte von den beiden feindlichen Brüdern, der eine Nazi, der andere Kommunist, die vorübergehend Teil von *»Die Schlacht«* ist. Von Gewicht sind diesmal auch Erlebnisberichte und Geschichten wie die vom Kompanieführer im Kessel von Stalingrad *(Kannst du noch robben, Willi, altes Schwein)* oder vom Schädelverkäufer *(Ich arbeite beim Tiefbau)*, die Müller in seiner frühen Berliner Zeit in Kneipen und Cafés gehört und damals als *Arbeitsmaterial* notiert hat.

Eine Veröffentlichung wagt Müller erst 1977 im Rahmen seiner Westberliner Werkausgabe; gleichzeitig erscheint das Stück in einem Sonderheft von »Theater heute«. Da zeichnet sich bereits die Uraufführung ab, die am 20. April 1978 an den Münchner Kammerspielen erfolgt (Regie: Ernst Wendt).

Für diese Inszenierung, die zum IV. Mülheimer »stückefestival« eingeladen wird, erhält Müller im Mai 1979 den mit 10 000 DM dotierten »Theaterpreis der Stadt Mülheim« zugesprochen. Die Juroren haben ihn gegenüber Botho Strauß mit sechs zu zwei Stimmen favorisiert. Bei der Preisverleihung am 9. September läßt sich Müller durch Karlheinz Braun, den Geschäftsführer seines westdeutschen Theaterverlags, vertreten. Er verliest Müllers auf den 6. September datierte Danksagung, die anschließend mehrfach nachgedruckt wird, unter anderem in der »Frankfurter Allgemeinen Zeitung« vom 13. September 1979 und im Oktoberheft von »Theater heute«. Darin entschuldigt Müller sein Fernbleiben mit der Arbeit an einem neuen Stück und den *Proben zur Uraufführung eines älteren*, womit *»Der Bau«* gemeint ist. In seiner »lakonisch-gediegenen« Rede stellt Müller DDR- und BRD-Dramatik gegenüber, tadelt die *»kapitalistischen Trauerspiele«* von Botho Strauß und schützt Thomas Bernhards *»grauschwarze Schwänke«* vor ihren falschen Verehrern, solidarisiert sich mit den *»heroischen Versuchen«* von Franz Xaver Kroetz, lobt die Mülheimer Theatertage und verabschiedet sich heiter und auch ein bißchen zynisch mit einem zu den Örtlichkeiten passenden »Fatzer«-Zitat: *Seit dem RUNDGANG DES FATZER DURCH DIE STADT MÜLHEIM, der in bösen Sätzen den Zusammenhang von Krieg und Geschäft reflektiert, hat sich an den Eigentumsverhältnissen in Mülheim wohl nicht viel geändert. Der Dramatikerpreis ist insofern etwas wie ein Ablaß.* Das Ganze erscheint wie eine Pflichtübung, eine Geste gegenüber den ›Aufpassern‹ in der Abteilung Ideologie, wie man sie Müller ein paar Jahre zuvor, anläßlich des Stipendiums zum Lessing-Preis, schon einmal abgenötigt hat.

Einem »Strohmann«, wie der Lokalredakteur der »Westdeutschen Allgemeinen Zeitung« despektierlich Verlagsleiter Braun nennt, will die Stadtkasse den Betrag jedoch nicht aushändigen. So bleibt das Geld, wie Heinz Kluncker am 24. Januar 1980 in der »Frankfurter Rundschau« resümiert, einstweilen in Mülheim »und die dem Preisträger vorbehaltene Seite im Goldenen Buch der Stadt leer. Als Heiner Müller auch später nicht, wie vage beabsichtigt, nach Mülheim kommen konnte (oder wollte – immerhin hatte der Oberbürgermeister eine Art Anti-Laudatio gehalten, die Preis und Preisträger eher Abbruch tat), überwies der Kulturdezernent noch im alten Rechnungsjahr die vom Adressaten erwünschte Preissumme – ›klammheimlich‹, wie die WAZ schrieb.«

Vorausgegangen (und offensichtlich nicht ohne Auswirkungen geblieben) ist der Protest des Theaterkritikers Georg Hensel, der am 6. Juni 1979 in der »Frankfurter Allgemeinen Zeitung« dazu aufgerufen hatte, die Verleihung des Mülheimer Dramatikerpreises an Müller zu überprüfen, da er in *»Germania Tod in Berlin«* ein »propagandistisch verfälschendes Bild [...] von der Vergangenheit der Bundesrepublik und der DDR« zeichne: Das Stück »bekennt sich zur linientreuen Parteiansicht vom 17. Juni, feiert die russischen Panzer und denunziert die Aufständischen als Mörder: Wer bei Müller dem Streikaufruf folgt, der ist ehemaliger Nazi, Militarist oder ein vom RIAS aufgehetzter Reaktionär – es ist die SED-Legende fürs DDR-Lesebuch.« Das, so Müller 1990, sei von *Theaterleuten in der DDR* hilfsweise als Argument für die Aufführbarkeit des Stücks benutzt worden. *Es wurde sogar eine Kommission von Historikern gebildet, die über die Frage der Aufführbarkeit des Stücks entscheiden sollte.* Denn daran ist vorläufig nicht zu denken, vor allem wegen der Gefängnisszene, ein Tabuthema, das bis dahin noch nie in einem DDR-Stück aufgegriffen werden konnte.

Sogar in den offiziellen Biographien von DDR-Autoren, die in den 50er Jahren wegen angeblicher »staatsfeindlicher Betätigung« inhaftiert waren – Erich Loest, Gustav Just sind Beispiele –, ist das Haft-Kapitel unterschlagen. *»Germania«* sei das erste DDR-Stück *mit einem Kommunisten im DDR-Gefängnis*, sagt Müller mit offensichtlichem Stolz während einer Münchner Diskussion Ende 1978. Der Germanist Horst Domdey allerdings findet für diese Szene (wegen ihrer Nähe zur

Passion Christi) das herablassende Wort vom »antifaschistischen Kitsch«.

Vor demselben Münchner Publikum gibt Müller auch seiner Überzeugung Ausdruck, daß *»Germania Tod in Berlin«* in spätestens einem Jahr in der DDR aufgeführt werde. Das ist insofern richtig, als es zwischen ihm und Benno Besson eine Absprache gibt, das Stück 1980 von Fritz Marquardt an der Volksbühne inszenieren zu lassen. Fritz Rödel, der neue Intendant, der Mann aus dem Kulturministerium, der 1961 bei *»Umsiedlerin«* seine Rolle spielte und sich danach als Dramaturg am Maxim-Gorki-Theater bewähren mußte, will davon allerdings nichts wissen und redet Marquardt *»Germania«* aus. (Müller gelingt es immerhin, Marquardt davon zu überzeugen, statt dessen *»Bau«* zu inszenieren.) Ähnliche Versuche gibt es am Deutschen Theater, wo sich die Regisseure Erforth und Stillmark und der Dramaturg Weigel für das Stück einsetzen, zuletzt 1987 zur 750-Jahrfeier Berlins – und immer vergebens: Bis 1988 gilt für *»Germania«* in der DDR ein Totalverbot. *Die Ablehnung ist gesamtdeutsch, die Argumentation verschieden.*

Anläufe gibt es auch, das Stück zu drucken: Frank Hörnigk berichtet, daß ihm der Reclam-Verlag schon 1984 das Angebot gemacht habe, eine Sammlung von Müller-Stücken mit »Texten über Deutschland (1957–1979)« unter Einschluß von *»Germania«* herauszugeben; »geplant war gleichzeitig eine Erstaufführung des Stücks am Berliner Ensemble. Inszenierung und Veröffentlichung kamen nicht zustande, sie wurden verhindert. Genehmigt wurde allein ein in Erinnerung gebliebener berührender Abend mit Heiner Müller, der nach seiner Wahl zum Mitglied der Akademie der Künste zum ersten Mal in den Räumen der Akademie Szenen aus ›Germania Tod in Berlin‹ einem größeren Publikum vorlas. Das war 1985.« Das Manuskript des Bandes sei noch weitere vier Jahre beim Verlag liegen geblieben und habe erst 1989 erscheinen können, gleichzeitig mit der von Joachim Fiebach im Henschel Verlag herausgegebenen Sammlung *»Stücke«* (die fälschlich das Erscheinungsjahr 1988 trägt). Auch ein weiterer Inszenierungsversuch 1986 am Staatsschauspiel Dresden wird vom Kulturministerium nicht gutgeheißen: Man empfiehlt, auf *»Germania Tod in Berlin«* zugunsten der DDR-Erstaufführung von »Warten auf Godot« zu verzichten.

Erst am 20. April 1988, genau zehn Jahre nach der Münchner Uraufführung, reicht der Henschel Verlag den Text beim Ministerium für Kultur ein. »Es war nur noch eine – möglichst unauffällige – Bereinigung, als 1988 die ewig verweigerten offiziellen Genehmigungen erteilt wurden: die lächerliche Behauptung bürokratischer Regeln bis in den Untergang.« Im Hintergrund steht die Äußerung von Manfred Wekwerth, dem Intendanten des Berliner Ensembles, daß er das Stück an seinem Haus von Fritz Marquardt *inszeniert haben wollte. Eine Sondergenehmigung von Hager, die nur für Wekwerth und das Berliner Ensemble galt, machte es möglich.* Es sei *eine Art Vertrauensbeweis von Hager an Wekwerth* gewesen. Premiere ist am 20. Januar 1989.

Trotz der früheren Beschäftigung mit dem Stück noch zu Volksbühnen-Zeiten wird es für Marquardt »eine schwierige Arbeit«. »Sie ging gut«, erzählt er 1995, »solange wir auf der Probebühne gearbeitet haben, bei der Umsetzung auf die große Bühne bekam das ganze so eine Wendung ins BE-mäßige.« Immerhin sei ihm die Entdeckung gelungen, daß *»Germania«* »auf einen Ritt durchgeschrieben« ist, »ein synthetisches Fragment, in das mehrere Stücke zusammengeschoben sind, zu einem Riesengesamtkonzept, das eine Ruine ist«. Frühere Inszenierungen hatten demgegenüber zu Müllers Mißfallen gerade die Montage in den Mittelpunkt gestellt. *Die Qualität von Marquardts Arbeit mit ›Germania‹*, so Müller, *besteht unter anderem darin, daß sie gegen das modische Mißverständnis als Collage, das ein Rezensent unermüdlich vom andern abschreibt, die Volksliedstruktur des Stückes behauptet, die sein Politikum ist: die Politik steckt in der Form, sonst wozu die Anstrengung der Kunst.* Marquardt habe *einfach auf alle kabarettistischen Dimensionen bewußt verzichtet, eine ›Verweigerungsinszenierung‹ gemacht, gegen die Erwartungen. Bei einem achtzehn Jahre lang verbotenen Stück erwartet man, daß da der ungeheure Staatsfeind endlich voll raushängt. Das war aber nun nicht. Marquardt war tief erschrocken, als der Höpcke sagte,* *er würde gar nicht verstehen, daß er das Stück früher mal verboten hätte. Es wirkte jetzt eher affirmativ auf das Publikum.*

Eine von Müller ergänzend zur Verfügung gestellte und von Marquardt in seine Inszenierung einmontierte Szene muß wieder zurückgenommen werden; sie findet später in »*Germania 3 Gespenster am Toten Mann*« Verwendung *(Nächtliche Heerschau). Der Intendant, Manfred Wekwerth, nahm mich beiseite und sagte: Kannst du mir helfen, dem Regisseur zu sagen, daß diese Szene nicht geht. Weil, ich bin im ZK, und ich habe da schon viele Dinge erreicht, [...] aber der Honecker redet sonst kein Wort mehr mit mir.*

In den Wende-Jahren 1989/90 wird »*Germania Tod in Berlin*« zu einem häufiger gespielten Stück: Die schöne Bochumer Inszenierung von Frank-Patrick Steckel, eine helle Zirkusnummer mit grotesken Elementen, erhält 1989 die Einladung zu einem Gastspiel nach Moskau. Es ist die erste Aufführung eines Müller-Stücks in der Sowjetunion.

VI. DER TOTE TAG

Ende einer Hoffnung

Am 17. November 1976 wird dem Liedermacher Wolf Biermann während einer Gastspielreise in der Bundesrepublik von der Regierung der DDR die Staatsbürgerschaft entzogen und auf diese Weise den ostdeutschen politischen Katastrophenjahren 1953, 1956, 1961, 1965 und 1968 ein weiteres angefügt. Zwar ist die Entscheidung des Politbüros am Vortag gemeinsam gefallen, Honecker hat den Ausweisungsbeschluß jedoch »zur vertraulichen Chefsache erhoben«. Biermann, der seit dem 11. Plenum vom Dezember 1965 Auftrittsverbot hatte, nicht veröffentlichen und auch keine Auslandsreisen unternehmen durfte und die DDR dennoch für den besseren der beiden deutschen Staaten hält, protestiert und erhält dafür Unterstützung von vielen seiner Freunde und Kollegen in der DDR. Stephan Hermlin und Stefan Heym bringen zusammen, wen sie für bedeutend und gleichzeitig mutig genug halten, eine Bitte an die Staatsführung zu formulieren und zu unterzeichnen: Erich Arendt, Volker Braun, Fritz Cremer (der am 18. November unter Druck widerruft), Franz Fühmann, Sarah Kirsch, Günter Kunert, Christa und Gerhard Wolf, Heiner Müller. Hinzu kommt noch Rolf Schneider; Jurek Becker wird telefonisch eingeweiht. »Wir protestieren gegen seine Ausbürgerung und bitten darum, die beschlossenen Maßnahmen zu überdenken«, schließt der offene Brief der dreizehn vom 17. November 1976. Es ist »die erste, gezielt in die internationale Öffentlichkeit getragene Kritik an einer staatspolitischen Maßnahme der DDR seit dem Arbeiteraufstand von 1953«. Acht der Erstunterzeichner sind Mitglieder der SED, die sich mit ihrem Schritt eines klaren Verstoßes gegen das Parteistatut schuldig gemacht haben, sechs Mitglieder des Zentralvorstandes des Schriftstellerverbands, drei Vorstandsmitglieder des Bezirksverbands Berlin. Keiner von ihnen bleibt von Sanktionen verschont.

Binnen vier Tagen schließen sich mehr als einhundert Künstler aller Fachgruppen der Petition an. Natürlich kann sie in der DDR nicht veröffentlicht werden. Durch Stephan Hermlin gelangt der Brief an die französische Nachrichtenagentur AFP. Drei Tage später bittet der Chef der Abteilung Agitation und Propaganda, Werner Lamberz, der von Heinz Adameck, dem Chef der Fernsehens der DDR, und einem Mitarbeiter begleitet wird, zwölf der Unterzeichner um eine »Aussprache«: Hilmar Thate, Angelica Domröse, Stefan Heym, Manfred Krug, Jurek Becker, Frank Beyer, Klaus Schlesinger, Christa Wolf, Jutta Hoffmann, Dieter Schubert, Ulrich Plenzdorf. Die Diskussion verläuft emotionsgeladen. Zu einer Annäherung der Standpunkte kommt es nicht. Heiner Müller sagt nur wenige Sätze, der wichtigste: *Es geht jetzt nur darum, was man daraus machen kann, wie daraus eine Chance werden kann, um über die Dinge zu reden, über die wir eigentlich alle reden wollen und worüber Gespräche eben immer nur in solchen Runden möglich waren.*

Zu der ersehnten »großen Aussprache« kommt es indes nicht. Statt dessen greift die Regierung der DDR zu Verhaftungen, fristlosen Entlassungen, Schikanen am Arbeitsplatz, Parteistrafen, Verhören, Haussuchungen und anderen Zwangsmaßnahmen. Um weitere Repressalien zu verhindern, schlagen einige der Erstunterzeichner vor, eine Distanzierung vom politisch-instrumentellen Gebrauch der Biermann-Petition durch den Westen zu verfassen. Diese zusätzliche Kollektiverklärung unterbleibt, weil Stephan Hermlin sich anbietet, das Problem direkt mit Erich Honecker zu klären, was ihm jedoch nicht gelingt. Ruth Berghaus, so Müller, habe ihn damals *bearbeitet*, selbst etwas zu unternehmen, *um den Protest zu relativieren, und ich habe das dann als Einzelperson formuliert, die Abgrenzung von dem westlichen Gebrauch.* Dadurch habe die Intendantin seine Entlassung als Dramaturg abwenden können. Es sei zweifellos eine »feige Volte« gewesen, sagt Stephan Suschke, der gleichzeitig zu bedenken gibt, daß »die Vorausetzung für

Müllers Arbeit ein gewisses Einverständnis mit dem antikapitalistischen Gesellschaftsentwurf war, für die die DDR ja in aller Unfertigkeit stand. Dieses Einverständnis auf Diskussionsebene zu verlassen, war schwierig: Es gab keinen anderen Entwurf. Müllers Biographie, seine Erfahrungen und Ängste gaben es nicht her, zu sagen: Jetzt reichts.«

Müllers Erklärung, die in den Augen der Kulturabteilung des ZK einer Rücknahme seiner Unterschrift gleichkommt, lautet:

Ich habe die Anfrage zu Wolf Biermanns Ausbürgerung mit unterzeichnet, weil ich das internationale Ansehen der DDR, für das ich mich als Schriftsteller und Staatsbürger mitverantwortlich fühle, dadurch geschädigt sah. Ich distanziere mich von der Umfälschung der Meinungsverschiedenheiten über die Lösung eines ideologischen Problems in eine Konfrontation durch die kapitalistischen Medien. Der Versuch, den Vorgang zur Hetze gegen die DDR und gegen den Sozialismus zu mißbrauchen, war vom Klassengegner zu erwarten. Das Gesetz unseres Handelns bestimmt er nicht. Die wirklichen Probleme in unserem Land, um die es mir bei der Unterschrift ging, werden nirgendwo anders bewältigt werden als in unserem Land, von niemandem anders als von uns selber und mit Sicherheit ohne den Beifall unseres Gegners.

Am 24. November ist Müller zu Gast bei einer Gesprächsreihe, die der Literaturklub der Sektion Germanistik an der Humboldt-Universität durchführt. Geplant ist eine Lesung mit anschließender Diskussion aus dem zwar gedruckten, aber damals noch nicht aufgeführten *»Bau«*. Die Parteileitung der Hochschule kann damit rechnen, daß Müller studentischerseits auf die Biermann-Petition angesprochen wird. Ehe er mit der Lesung beginnen kann, muß er daher vor den etwa hundert Zuhörern seine Distanzierung wiederholen, was von einem Mitarbeiter der SED-Bezirksleitung Berlin notiert wird. Deren Sekretär für Kultur, Roland Bauer, preist am 30. November in einer Rede vor sämtlichen SED-Funktionären des künstlerischen Bereichs Müllers Verhalten als Musterbeispiel, wie die Partei durch vernünftige Gespräche einen Unterzeichner dazu gebracht habe, seinen Fehler einzugestehen: »Wir hatten ja dieser Tage eine Lesung von Heiner Müller in der Uni. Sie ist anständig gelaufen. Mit Heiner Müller wurde vorher geredet. Und er hat damit angefangen: Damit hier keine Unklarheiten bestehn, ich habe die und die Haltung zu dieser Aktion. Es war ein Fehler, daß wir das an die Westpresse gegeben haben, und so weiter und so fort. Ich wünsche nicht, daß darüber diskutiert wird. Diskutieren nur zur Tagesordnung! Und er hat dann auch sein Stück vorgelesen.«

Die Distanzierung bewahrt Müller zwar vor der Entlassung aus dem Berliner Ensemble, nicht jedoch vor weiteren Nachstellungen des Ministeriums für Staatssicherheit. Die Berliner Bezirksverwaltung, Abteilung XX/7, erhält den Auftrag, »alle in ihren Zuständigkeitsbereich fallenden Unterzeichner der Biermann-Resolution operativ zu bearbeiten«. So wird auch Heiner Müller als »feindlich negativer Schriftsteller« Gegenstand eines von Oberleutnant Holm bearbeiteten »Operativen Vorgangs«, der stärksten Form geheimdienstlicher Überwachung. Die Staatssicherheit hört Müllers Telefon ab und versucht, Spitzel in seiner näheren Umgebung zu plazieren. Unter dem Deckwort »Zement« trägt Holm zwei Jahre lang seine Beobachtungen zusammen. Die betreffende Akte ist zwar nicht auffindbar, doch muß das Ergebnis ohne nennenswertes Interesse gewesen sein. Der Stasioffizier gelangt nämlich nach eigenen Angaben zu der Einsicht, daß Müller alles andere als ein Staatsfeind ist: »Er hielt Müllers Tätigkeit weniger für ein sicherheitspolitisches Problem als für einen kulturpolitischen Dissens zur kulturellen Doktrin.« Und dieser »kulturellen Doktrin« fühlt sich Holm, dem in 14jähriger Geheimdiensttätigkeit nur die Anwerbung eines einzigen Informellen Mitarbeiters gelingt, sogar weniger verbunden als Müllers Ästhetik.

Tatsächlich ist Müller schon seit Jahren im Visier der Staatssicherheit, wird ausgespäht und abgehört. Dennoch habe er sich bis dahin, sagt er später, *nicht bespitzelt gefühlt. Offene ›Beschattung‹ habe ich erst 1976 kennen gelernt, nach der Austreibung Biermanns. [...] Das war die einzige Zeit, wo es wirklich deutlich war, wo es gezeigt wurde. Man sollte es damals merken. Da hatte ich zum Beispiel Besuch von einem Nachbarn, der mit mir über Biermann reden wollte. [...] Natürlich war klar, daß das Telefon abgehört wurde. Sowieso wußte man an jedem Theater, wer die ›Mitarbeiter‹ waren. Man konnte die Leute auch benutzen. Sie waren ja nicht immer bösartig, nur die wenigsten. [...] Man kannte auch meistens die ein oder zwei Offiziere, die für die Theater zuständig waren.* Nach der »*Umsiedlerin*«-Affäre von 1961 wird die Kontrolle durch die Staatssicherheit erst 1965/66 wieder intensiver. Inzwischen ist eine »Wanze« in der Wohnung installiert worden: Wie Paul Gratzik berichtet, hat Müller bei einem Besuch im Jahr 1966 einmal die Antenne aus dem Radio gezogen und sich damit »einer Steckdose über der Fußleiste hinterm Sockel der Stehlampe« genähert. »Der Sender ward gestörter, je näher er mit dieser Antenne der Dose kam.«

Wie F. C. Delius berichtet, hat Müller auch bezüglich seiner seit 1974 im Rotbuch-Verlag erscheinenden Werkausgabe Kontakt mit »Mitarbeitern des ›Ministeriums für Staatssicherheit‹« gehabt und diese über die gemeinsamen »Pläne und Strategien informiert«.

Gespräche mit Girod

1978 verschärft sich die Situation, als die Lichtenberger Hauptabteilung der Berliner Staatssicherheit im Zusammenhang mit der Ausreise von Thomas Brasch Material gegen Müller in die Hand bekommt und damit eine Möglichkeit sieht, diesen zu kriminalisieren.

Müller und Brasch kennen sich seit 1970. Weil Müller dem Theater, das Brasch interessierte, nahe stand, und »weil beide gerne und viel tranken«, sei Brasch damals, erzählen Marianne und Günter Kunert, von ihnen zu Müller »›übergelaufen‹ und ein echter Intimus geworden«. »Wirkliche Freunde« seien sie gewesen, bestätigt Brasch 1995, aber weder respekt- noch kritiklos: »Das wortlose Versprechen, einander nie die Fremdheit und Würde anzutasten«, habe Müller »zum Glück« nicht daran gehindert, »schlecht« über ihn »zu reden« wie es umgekehrt ihn selbst nicht dazu verpflichtet hätte, Müller »zu glauben oder seine Stücke zu lesen, was mich unter sein gnadenloses Glücksrad hätte kommen lassen, das manchen talentierteren Theaterautor überrollt hatte.« 1978 nun entdeckt die Stasi-Hauptabteilung XX, daß Müller dem soeben nach Westberlin ausgereisten Brasch ein Empfehlungsschreiben für den Suhrkamp Verlag mitgegeben und ihm für den Notfall finanzielle Unterstützung aus seinem Westkonto zugesichert hat. Sofort trifft sie Vorbereitungen für die Einleitung eines Ermittlungsverfahrens wegen Devisenvergehens.

In diesem Moment jedoch, so erfahren Andreas Schreier und Malte Daniljuk nach der Wende von Ex-Oberleutnant Holm, entscheidet sich dieser, die von ihm bearbeitete »Operative Personenkontrolle« nicht an die Zentrale abzugeben. »Im MfS gab es eine eiserne Regel: Wenn die Möglichkeit bestand, eine Person für die Staatssicherheit zu werben und demzufolge ein sogenannter IM-Vorlauf angelegt werden mußte, durfte keine andere Diensteinheit auf diese Person Zugriff haben, ohne den Bearbeiter zu konsultieren.« Gemeinsam mit seinem Kollegen, dem Stasi-Hauptmann Wilhelm Girod, beschließt Holm, »Müller von der ›Feind‹- in eine ›Freundbearbeitung‹ umzudeklarieren«. Aus der Operativen Personenkontrolle »Zement« wird im Juli 1978 ein IM-Vorlauf. Damit ist Müller »erst einmal aus der Gefahrenzone«. Joachim Walther, 1993 im Auftrag der Gauck-Behörde mit einem Forschungsbericht zum Thema »Literatur und Staatssicherheit« beschäftigt, erklärt gegenüber der »Frankfurter Allgemeinen Zeitung«, es sei durchaus vorgekommen, daß Stasi-Offiziere, die »unter Plan- und Erfolgszwang standen«, »unter Druck IM-Vorläufe angelegt« hätten. »Und wenn der Vorgesetzte streng war und nach der Erfüllung des Plans fragte, dann kann es schon vorgekommen sein, daß er eine Akte umregistriert hat ohne Wissen des potentiellen IM.«

Doch »um diese Vorgehensweise zu legitimieren«, muß zuvor »ein Gespräch mit dem Werbungskandidaten stattfinden«. Vermittelt durch Müllers Bekannten Dieter Klein, bis 1978 Verwaltungschef der Volksbühne, kommt es am 1. September 1978 in Müllers Wohnung zu einer ersten Kontaktaufnahme. »Nach Holms Darstellung bewegte sich die Diskussion zwischen Müllers Auffassungen zur herrschenden Kulturpolitik und Standpunkten zum kritischen Marxismus Karl Korschs.« Gegenüber seinen Vorgesetzten begründet Holm anschließend, warum keine weiteren Schritte gegen Müller eingeleitet zu werden brauchen: In einem »dreiseitigen Maßnahmenplan« schildert er, welche ausgezeichneten Möglichkeiten sich durch einen Informellen Mitarbeiter Müller mit seinen zahlreichen Westkontakten bieten und schlägt vor, »IM Zement« auf das Künstlerpaar Klaus Schlesinger/Bettina Wegner anzusetzen, zu denen Müller allerdings gar keinen engeren Kontakt hat.

Weil sich in den folgenden achtzehn Monaten zum Ärger der Zentrale in Sachen Müller nichts tut, wird Holm in einen anderen Zuständigkeitsbereich versetzt; die Akte Müller von Girod übernommen. Zur selben Zeit wird von der Hauptverwaltung ein Telefonat zwischen Müller und Matthias Langhoff abgehört. Im Gespräch mit Thomas Assheuer erläutert Müller am 22. Mai 1993: *Langhoff inszenierte in Hamburg und hatte eine Freundin in der Schweiz. Sein Problem war, daß er sein Visum überzogen hatte. Er war schon zwei Monate länger als erlaubt im ›westlichen Ausland‹.* Zunächst geht Müller den offiziellen Parteiweg und wird bei dem Berliner SED-Chef Konrad Naumann vorstellig. *Er haßte aber die ganze Volksbühnen-Mannschaft und lehnte jede Hilfe ab.* Langhoff bestätigt 1999 in einem Gespräch mit Roland Koberg, er habe damals von Genf aus brieflich mitgeteilt, er sei nicht gewillt, sich »vorschreiben zu lassen, wo in der Welt ich mich aufhalte«. Konrad Naumann habe Müller daraufhin mitgeteilt, »wenn Langhoff zurückkäme, würde er verhaftet«. Daraufhin wird Müller wieder bei Dieter Klein vorstellig, denn der habe gewußt, *wie man mit großer Schläue mit dem Apparat umgeht, in dem meine und andere Texte verschwanden.* So kommt es in Kleins Wohnung zum ersten Treffen mit Wilhelm Girod, der das Gespräch anschließend gegenüber seinen Vorgesetzten als erfolgreiches »Werbungsgespräch« deklariert. Aus dem »IM-Vorlauf Zement« wird auf diese Weise im Jahr 1981 der »IM Heiner«. *Ein paar Tage später hatte Langhoff sein Visum über das Büro Honecker.*

Seitdem trifft sich Müller unregelmäßig, ein- bis viermal im Jahr, mit Girod, führt mit ihm Gespräche über *Kulturpolitik*, auch *Weltpolitik, die Gefahren des Nationalismus, über Dritte Welt*, später über die Folgen von Glasnost und Perestroika: *Girod machte sich Gedanken über die Weltlage und die Folgen der Reformen in der Sowjetunion. Deutlich war die Angst, daß man das Tempo nicht in den Griff kriegt, das Tempo für die notwendigen Reformen.* Manchmal bringt Girod, den Müller als einen *kunstinteressierten, aber paranoiden Menschen* schildert, der *dienstliche Belange nie aus den Augen verloren habe*, ein »Präsent« mit, mal sind es Zigarren, mal gibt er einen aus; die Spesenbelege finden sich, als »Operativgeldabrechnung«, später ebenfalls in den Akten des Ministeriums für Staatssicherheit: 64 Mark am 27. September 1983, 115,45 Mark am 17. Oktober 1986, 59,90 Mark am 22. September 1988. Damit hat es sich auch schon.

Das beiderseitige Interesse ist klar: Die Behörden der DDR wollen Müller als einen der wenigen verbliebenen Vorzeige-Autoren nach Möglichkeit kontrollieren, was in seinem Fall schwierig ist, da er weder Mitglied der Partei noch des Schriftstellerverbands ist. Sonstige Einwirkungsmöglichkeiten gibt es nicht. Martin Wuttke berichtet zwar, Müller habe erzählt, »daß er mit irgendwelchen Stasileuten sprechen mußte«, damit sein Dauervisum aufrechterhalten bleiben konnte, das es ihm erlaubte, ohne besonderen Antrag ins westliche Ausland zu reisen, doch anders als in den sechziger Jahren, als er sich durch die Verweigerung einer Reisegenehmigung noch erpreßbar gezeigt hatte, ist Müller mittlerweile bekannt genug, um sich dies notfalls publizistisch zu erstreiten. Gleichzeitig hofft die Staatssicherheit, über ihn Einfluß auf bestimmte Personen nehmen zu können – was Müller bestätigt, freilich nur im Sinne der Deeskalation: In konkreten Fällen habe er geholfen, etwa wenn es um Reisemöglichkeiten ging *oder um die Verhinderung einer Verhaftung*. In seiner Umgebung weiß man: »Wenn Müller zu Klein fährt, dann versucht er etwas.« Für ihn sind das alltägliche Begegnungen und quasi normale Verkehrsweisen innerhalb eines undurchsichtigen Zuständigkeitssystems, in dem man sich und anderen durch Cleverness Vorteil (bzw. Recht) verschaffen kann. Die südkoreanische Korrespondentin Hyunseon Lee erfährt im Juni 1994 von ihm:

Ich hatte sehr viel mit jungen Leuten zu tun, die schreiben wollten, die aber kein Geld verdienten damit. Und die Staatssicherheit hat alle, die arbeitslos waren, die nicht arbeiten wollten, die z. B. schreiben oder malen wollten, ständig überwacht, und auch bedroht mit Berlinverbot, d. h. daß sie aus Berlin rausmußten. Wenn die nicht nachweisen konnten, daß sie Geld verdienten, mit dem Schreiben oder Malen, dann kamen oft welche zu mir und fragten, ob ich unterschreiben könnte, daß sie mir Manuskripte verkauft haben, für fünftausend Mark oder so. Mich fragte der Stasioffizier, ob das stimmt. Da habe ich natürlich gesagt: ›Ja, sicher!‹ Ich habe immer gelogen, wenn es nötig war. Ich wußte auch, wann ich ihm etwas sagen kann, und daß ich auch Einfluß nehmen konnte auf Dinge und um Dinge zu verhindern. Die Staatssicherheit war natürlich auch kein geschlossener Block. Da gab es Intelligente und Idioten. Es gab auch Leute dabei, die nicht daran interessiert waren, daß sie jemanden verhaften mußten, die eher daran interessiert waren, Dinge zu vermeiden.

Nicht wenigen in Not geratenen jungen Autoren überträgt Müller Jobs oder Schein-Jobs, um ihnen zu nachweisbaren Einkünften zu verhelfen. Lothar Trolle berichtet, daß auch er einmal wegen zu geringen Einkommens Schwierigkeiten mit der Sozialversicherung bekam: »Die Gefahr war, daß man einen Arbeitsplatz zugewiesen bekommt. Dieses Problem hatten viele junge, mißliebige Künstler. [...] Da habe ich Heiner um Hilfe gebeten, er hat sich mit irgend jemandem darüber unterhalten, und mir ist nichts passiert.« Der schwierigste Fall, so Müller 1995 vor dem Stasi-Untersuchungsausschuß in Berlin, sei der von Dieter Schulze gewesen, 1983. *Bei ihm, so sagte man mir, laute die Alternative: entweder Zuchthaus oder Ausbürgerung. Ich wurde um Rat gefragt und war in diesem Fall für die Ausbürgerung. [...] Auskünfte oder Einschätzungen über Personen* habe er nie gegeben.

Ich habe versucht zu beraten und Einfluß zu nehmen auf Dinge, weil es war von einem bestimmten Zeitpunkt ab nicht mehr möglich, mit Parteifunktionären vernünftig zu reden, gerade in den letzten Jahren. Und da war es möglich, mit Stasi-Offizieren vernünftig zu reden, weil der mehr Informationen hatte und mehr wußte über die wirkliche Lage als ein Parteifunktionär, der seinen Nachtschlaf nur noch zu Stande brachte, indem er sich Illusionen machte. Das war die Situation. Ich habe da überhaupt nie ein moralisches Problem drin gesehen, sehe ich auch heute nicht. Man wußte, man sprach mit Paranoikern, und das war ganz klar.

Margarita Broich: »Für Schauspieler waren Ausreisen und Arbeitsvisa das Thema Nummer Eins. Da hat er unheimlich rumgerührt. Aber dafür lege ich meine Hand ins Feuer, daß er niemals irgend jemanden angeschmiert hat.« Karlheinz Braun bestätigt: »Die Privilegien, die er hatte, haben viele veranlaßt, ihn um dies und das zu bitten. Er hat wirklich unheimlich vielen Leuten geholfen, nicht nur finanziell, sondern sich auch eingesetzt bei politischen Stellen, ohne daß das jemand weiß. Was ich weiß, ist schon ziemlich viel.«

So kompromißlos Müller in seinen Texten ist, so kompromißbereit zeigt er sich im Umgang mit der Macht. Weil er mit jedem redet – zuletzt beispielsweise noch mit Wolfgang Harich oder Egon Krenz – sind selbst Gespräche mit der Staatssicherheit für ihn kein Tabu. Angeschwärzt hat er offenkundig niemand, dafür aber Schaden abgewendet und vielfach Zugeständnisse der Behörden erreicht. Ihm kommt es einzig darauf an, sich innerhalb der Möglichkeiten frei bewegen zu können, wobei er die unterschiedlichen Auffassungen zwischen staatlichen Stellen und obersten Parteiinstanzen, zuletzt auch die zunehmende Entscheidungsschwäche der Parteiführung, geschickt für sich zu nutzen weiß. Zu dieser Geschicklichkeit gehört auch ein hohes Maß an Charme, an intellektueller Erotik: »Das war auch was, mit dem er umgegangen ist, mit dem er operiert hat.«

Während Günter Kunert Müller »für zynisch und unehrlich« hält und das Argument, die Stasi-Leute seien interessantere Gesprächspartner gewesen als der Kulturminister, ein gelernter Bäcker, für vorgeschoben (»Die Stasi-Leute waren auch nicht intelligenter als die Parteifunktionäre. Und die interessierten sich auch nicht für Shakespeare, die wollten immer nur was über andere Leute erfahren«), verteidigt Wolf Biermann Müller: »Natürlich glaubte Heiner in seiner tiefen Melancholie über das Scheitern der kommunistischen Weltpläne und angesichts der Verbrechen, die die Herrschenden der sogenannten sozialistischen Länder begangen haben, die er kannte, immer das Recht zu haben, mit denen zu reden, sie zu manipulieren, Dinge zu befördern, Gefahren zu mildern oder abzuwenden; ich würde das moralisch nicht so verurteilen. Ich hatte immer das Gefühl, daß wir zusammengehören, was das immer diffus bedeuten mag. Auch im Streit der Welt. Heiner war, egal ob wir ihn Spitzel nennen oder nicht, einer von uns.«

Die Verwandlung

Die Biermann-Ausbürgerung, mehr noch die anschließenden staatlichen Repressionen gegen Intellektuelle, die mit Biermann sympathisieren, führen auch bei den von den Zwangsmaßnahmen nicht unmittelbar Betroffenen zu Enttäuschung und Resignation. Der Ausschluß bedeutender Autoren aus der Partei bzw. aus dem Schriftstellerverband oder dessen Vorstand, eine Spätfolge der Solidarisierungswelle, beendet die Phase der Scheinliberalisierung. Zwischen der Einheitspartei und der kritischen Intelligenz wächst die Entfremdung. Die Identifikation vieler Schriftsteller und Künstler mit ihrem Staat ist endgültig zerstört, die Hoffnung auf eine lernfähige, pluralistische sozialistische Gesellschaft hat einen heftigen Schlag erlitten. Von »prinzipieller Lösbarkeit« der Differenzen ist von diesem Tag an keine Rede mehr. Aber auch das Vertrauen der SED in »ihre« Autoren ist nachhaltig erschüttert. »Honeckers Versuch, die Kluft zwischen Geist und Macht zu überbrücken, indem er den Geist durch verbale Zugeständnisse stärker an die Macht zu binden suchte, hatte im Grunde für beide Seiten mit einer Ernüchterung geendet.« Es beginnt ein Exodus von Autoren, Schauspielern, Komponisten, Sängern und bildenden Künstlern. Zwischen Ende 1976 und 1980 verliert die DDR einen beträchtlichen Teil ihrer Kulturelite an die Bundesrepublik: 1977 verlassen u. a. Reiner Kunze, Sarah Kirsch, Jürgen Fuchs, Hans-Joachim Schädlich, Manfred Krug, Eva-Maria Hagen und Adolf Dresen die DDR; Jurek Becker, Erich Loest, Günter Kunert, Rolf Schneider und Joachim Seyppel erhalten 1978/79 mehrjährige Visa.

Geht mit der Krise der Gesellschaft auch eine Krise der Form und der Gattung Drama einher? Die Behauptung eines Zusammenhangs würde Müller sicher gefallen haben, auch wenn er den hier skizzierten Hintergrund wohl dementiert hätte. Es wäre überdies zu fragen, ob nicht der Einmarsch sowjetischer Truppen in Afghanistan Weihnachten 1979 psychologisch eine größere Rolle spielte als innenpolitische Vorgänge: Er wurde, weil er außerhalb des sozialistischen Lagers stattfand, auch bei DDR-Intellektuellen als Beweis für das imperialistische Streben der Sowjetunion angesehen, die Invasion gleichgesetzt mit der US-amerikanischen in Vietnam.

Gewiß: Die Wirklichkeit ist immer komplexer, als sie erscheint. Aber Anfang 1977 ist Müllers hegelianisches Fortschrittsdenken in seinen Grundfesten erschüttert. Das äußert sich in einer Absage, die er 1977 Reiner Steinweg erteilt, mit dem er sich 1975 in Frankfurt zu Gesprächen über Brechts Lehrstücke getroffen hatte. Aus der Transkription eines Mitschnitts, so ist verabredet, soll er einen Beitrag zu einem Band der edition suhrkamp zusammenstellen. Doch mit Brief vom 4. Januar teilt Müller Steinweg mit, daß ihm zu diesem Thema nichts mehr einfalle. Brecht hatte seine Lehrstücke für ein sozialistisches Theater geschrieben, in dem der Gegensatz zwischen Bühne und Zuschauerraum aufgehoben sein und es auf beiden Seiten nur noch Produzenten geben würde. Seinem berühmtesten und umstrittensten Lehrstück, »Die Maßnahme« aus dem Jahr 1930, hatte er 1956 in einem Gespräch mit Manfred Wekwerth attestiert, es stelle das Modell für das Theater der Zukunft vor. Dies, so Müllers Einsicht, wird in absehbarer Zeit nicht realisiert werden können. Damit ist das »Lehrstück« im Brechtschen Sinn für ihn obsolet geworden, zumal sich auch keine Heilserwartung mehr daran knüpfen läßt. *Was bleibt: Einsame Texte, die auf Geschichte warten.*

Der Brief wird ein Jahr später gedruckt: Müller stellt ihn ans Ende von Band 6 seiner Werkausgabe, der seine wesentlichen »Lehrstücke« – in dem von ihm gegenüber Brechts Maßgabe erweiterten Sinn – enthält: *»Philoktet«*, *»Horatier«*, *»Mauser«*. Seine Frustration zu dieser Zeit ist bereits ähnlich groß wie später nach dem Mauerfall: *Es besteht keine Substanz für einen Dialog mehr, weil es keine Geschichte mehr gibt*, sagt er im Frühjahr 1978. Und ausdrücklich auf die DDR gemünzt ist die Einsicht, daß wir uns *in einer Zeit der Stagnation* befinden, *wo die Geschichte auf der Stelle tritt.*

Was ihm bleibt, ist die Reflexion der Rolle des Intellektuellen und Künstlers in einer Stillstandszeit. Eben dies macht er bis 1980 zum Thema seines Theaters. Es geht Müller nicht mehr darum, eine Fabel linear zu entfalten und dabei den marxistischen Anspruch auf Erfassung gesellschaftlicher Totalität zu verwirklichen. Im Unterschied zu früheren Werken vernachlässigt er mehr und mehr die sozialen und wirtschaftlichen Lebensbedingungen seiner Figuren. Den Primat sozio-ökonomischer Prozesse, denen sich der Autor von *»Lohndrücker«*, *»Umsiedlerin«* oder *»Bau«* mehr oder weniger eindeutig unterworfen hatte, erkennt er nicht länger an. Der Ausschnitt von Wirklichkeit, den er liefert, wird immer enger, bis zur »Mikrowelt der Geschlechterbeziehungen« in *»Bildbeschreibung«* und *»Quartett«*, der Zuschnitt auf sich selbst immer präziser. Im Hintergrund steht die Auseinandersetzung mit der eigenen Geschichte, auch wenn Müller dies äußerlich immer zurückdrängt: *Ich will nicht wissen wo ich herkomme wo ich hingehe wer ich bin.* Der eigenen Bekundung zum Trotz werden die eigene Biographie und die Reflexionen des Autors immer mehr zu literarischem Material, der Autor selbst zu einem Protagonisten.

Die zunehmende Komplexität der Texte ist nicht bloß eine Reaktion auf die Konfrontation mit der Zensur, mit den äußeren Widerständen, an denen sich Müllers Phantasie abarbeiten muß. Hinzu kommt sein Eindruck, daß der strenge Rationalismus des sich um Sinnsuche bemühenden aufklärerischen Diskurses wesentliche gesellschaftliche Triebkräfte, seien es Massenphänomene oder Dunkelseiten des Individuums, gewissermaßen links liegengelassen hat, da ihre Erforschung scheinbar nicht zur Erhellung geschichtlicher Prozesse beiträgt und sie mit den üblichen sozio-ökonomischen Rastern ohnehin nicht erfaßbar und analysierbar sind. Gerade diesen Rest, der sich der Aufklärung scheinbar entzieht bzw. von ihr unbehelligt bleibt, findet er untersuchenswert. 1976, bei einem Workshop in Madison, weist er darauf hin, *daß der Surrealismus ein Formenarsenal zur Verfügung gestellt* habe, das das Theater – *für realistische Zwecke natürlich* – verwenden könne; verwenden im Sinne von Integration, nicht von Präsentation. Es ist ein Rückholen dessen, was in den sozialistischen Staaten per Partei-Direktive als irrational, dem revolutionären Kampf schädlich, zurückgestellt und ausgeschieden worden war.

In der Kunstpraxis der Moderne findet Müller Formen, die dem traditionellen Theater wesentliche Impulse verleihen können: Spontaneität, Ungezähmtheit und Regellosigkeit; Strukturen, wie sie im Traum oder im Rausch erzeugt werden. In einem Gespräch mit Horst Laube hatte er bereits ein Jahr zuvor erklärt, das Theater habe von *neuen Technologien etwa der Bildenden Kunst noch viel zu wenig übernommen oder verwendet.* Ein Beispiel sei die Collage-Technik, die auf dem Theater viel zu selten methodische Anwendung gefunden habe. Indem er »die steril gewordene politische Aufklärungsästhetik mit einer an der literarischen Moderne orientierten Formensprache konfrontiert«, gelingt Müller das Kunststück einer Verbindung von strenger Rationalität und kollektivem Unbewußten. Artauds entliterarisiertes »Theater der Grausamkeit« – im Sinne von schmerzhafter Unerbittlichkeit, Kompromißlosigkeit – ergänzt Brechts Lehrtheater; Lautréamont, Rimbaud, Beckett, die Surrealisten werden zu dauerhaft wichtigen Bezugsfiguren, deren Gemeinsamkeit im antibürgerlichen Reflex wurzelt.

Auf der Suche nach neuen theatralischen Realisationsformen für seine Texte entwickelt sich Müller zu einem ästhetisch innovativen Dramatiker und, wie Müllers/Tscholakowas Inszenierung von *»Macbeth«* belegt, auch Theaterpraktiker. Anfang der siebziger Jahre hatte er Abschied vom zukunftsorientierten Weltbild seiner Produktionsstücke genommen und begonnen, mit Stücken wie *»Mauser«* und *»Macbeth«* Gegenmodelle zu entwickeln. *»Zement«* ist das erste Stück, das deutliche Kennzeichen einer nun auch formalen Neuorientierung trägt. Immer enger wird ab jetzt die Fabel der Stücke mit der

Form verbunden; immer schwieriger wird es, dem einen das andere interpretatorisch zu entwinden. Auf die subtil konstruierten Text-Collagen vom Typus *»Schlacht«*, in denen auch stummen metaphorischen Vorgängen auf der Bühne Raum gegeben wird, folgen kompakte Textmaschinen, die nicht mehr dialogisch organisiert sind. Die Beziehungen zwischen den Figuren werden abstrakter und anonymer, ihre Selbstreflexionen immer mehr ausgeweitet bis hin zu anonym präsentierten, von den Protagonisten abgelösten Textblöcken. Diese Krise des Dialogs ist zugleich eine Krise des Dramatischen überhaupt. Müller versucht sich an Stoffbereichen, die sich der traditionellen dramatischen Form widersetzen, mit vielen epischen Elementen, die man damit nicht wirklich greifen kann.

Dieser Entwicklungsprozeß, der für Müller eher eine *Auswicklung* darstellt *(das eine ist im andern)*, verläuft natürlich komplizierter und über einen viel längeren Zeitraum als hier skizziert. So kündigt sich in *»Horatier«, »Bau«* und *»Zement«* bereits vieles von dem an, was in *»Auftrag«* und *»Verkommenes Ufer«* als konstitutives dramaturgisches Element benutzt wird und seinen Höhepunkt in *»Bildbeschreibung«* erreicht, einem Text ohne Sprecher, ohne szenische Gliederung, ohne Bühnenhandlung, der dennoch theatralisch aufzulösen ist.

An der Widerständigkeit dieser sperrigen Textblöcke mit verschwimmenden Sprecher-Identitäten gegenüber einer bühnengerechten Umsetzung tun sich Regisseure schwer. In der DDR mit ihrer »schmalen Kunstavantgarde« (Joachim Fiebach) stellen Müllers Arbeiten eine besondere Provokation dar. Immerhin hatte er sich mit seinen Produktions- und Antikestücken ein Renommee erarbeitet, das ihn quasi legitimierte, den Anschluß an Experimente der europäischen Avantgarde zu suchen. Im westlichen Ausland, wo es weniger künstlerische Vorbehalte gibt, macht sich die Kritik eher an den Inszenierungen seiner Stücke fest; wenn sie doch einmal dem Autor persönlich gilt, ist sie fast immer politisch motiviert.

Für Karlheinz Braun hat Müller das Brechttheater weitergeführt »auf Brechts produktivstes Verfahren der Lehrstücke. Aber den Glauben, der dem Brechtschen Theater zugrunde lag, die Veränderung der Welt durch den Sozialismus, den gab er auf. Daher gibt es mitten in seinem Werk diesen Bruch, wobei sich auch die formale Konsistenz seiner Stücke völlig verändert hat: Fragmentierung, Auseinanderfallen ... Damit nimmt er Formen auf, die eher am Anfang des 20. Jahrhunderts versucht wurden, in der experimentellen Literatur des Dada und der Absurden. Da nähert er sich dann wieder Beckett, wie er sich von Brecht entfernt. Nicht zuletzt war er interessiert an den Experimenten der Wiener Schule, Konrad Bayer. Er kommt aus dem Lehrstück und hat die Moderne wiederentdeckt, aufgenommen und weitergeführt.«

Der von Braun angesprochene Bruch geschieht im Jahr 1977, der Text, der ihn markiert, ist *»Hamletmaschine«*; mittlerweile Müllers meistgespieltes Stück. Es sei dramaturgisch für ihn ein *Schritt ins Dunkle gewesen*, sagt Müller 1995. Wie schon für *»Mauser«* habe es dafür in seiner Phantasie *keinen Raum* gegeben, *keine Bühne, keine Schauspieler, nichts.* Seine *verzweifelten*, unspielbaren Regieanweisungen seien, erläutert er den Schauspielern seiner Inszenierung von 1990, reines *Kopftheater* gewesen, *also ein geträumtes Theater, weil ich keins hatte oder keine Aussicht hatte, gespielt zu werden, und dann baut man sich im Kopf ein Theater auf.* In einem Gespräch mit Alisa Solomon für die New Yorker Zeitung »Voice« räumt er ein, daß *die Bühnenanweisungen für ›Hamletmaschine‹ nur Provokationen waren, geistige Bilder, von denen ich nie gedacht hatte, daß Theater versuchen sollten, sie umzusetzen. Es ist langweilig, wenn eine Inszenierung versucht, eine Bühnenanweisung wie ›Ophelia sitzt im tiefen Meer‹ zu zeigen. Es ist besser, wenn die Bühnenanweisungen Bilder für das Publikum sind.*

»Die Hamletmaschine«

Shakespeares »Hamlet« stellt für Müller einen wichtigen, vielleicht den wichtigsten literarischen Bezugspunkt überhaupt, dar. *Wahrscheinlich, weil es das erste von Shakespeare war, das ich versucht habe zu lesen, und weil es am meisten mit mir zu tun hat, und mit Deutschland.* Im Gespräch mit Alexander Kluge skizziert er »Hamlet« als Stück *über einen jungen Mann, der Mitglied der herrschenden Schicht ist* und aufgrund seines Studiums in Wittenberg *auch ein Intellektueller geworden* sei. *Es geht um einen Riß zwischen zwei Epochen*, in dem Hamlet untergehe. Die Metapher des isolierten, zur Tatenlosigkeit verdammten Intellektuellen, der in der Gesellschaft keinen Bezugspunkt mehr für politisches Handeln findet, durchzieht sein Werk von den frühesten Anfängen bis in die letzten Gedichte. In der 1977 geschriebenen *»Hamletmaschine«* erfolgt eine Verdichtung dieser Grundproblematik, wobei Müller das vorgegebene Assoziationspotential der Hamletfigur durch eine Fülle von Bildern, Zitaten und Selbstzitaten erweitert.

Das in der Werkausgabe des Rotbuch-Verlags nur neun Seiten umfassende Stück stellt mit der Verweigerung der herkömmlichen Dramenstruktur, einer konzentrierten Bildlichkeit, hermetisch wirkenden Sequenzen, deren Rhythmus bestenfalls in der Inszenierung deutlich wird, und seiner monologischen Form einen der unzugänglichsten Theatertexte Heiner Müllers dar. *›Hamletmaschine‹ ist kein Drama. Das ist eigentlich das Ende des Dramas. Die Maschine steht, das Öl läuft raus und die Zahnräder knirschen.* Müllers frühere Texte waren von der Absicht geprägt, Sachverhalte zu beschreiben und vor ein Publikum zu tragen, das diese Sachverhalte aus seinem Alltag kannte, weil es mit ihnen mehr oder weniger ständig beschäftigt war. Diese gesellschaftliche Relevanz scheint dem Stück auf den ersten Blick ebenso abzugehen wie »Einheit« als dramaturgisches Ordnungsprinzip. Dialogisch gedachte Szenen, Pantomime und Prosamonolog sind so dicht miteinander verwoben, als handle es sich um einen einzigen Bewußtseinsstrom. Selbst der Unterschied zwischen Autortext und Figurenrede ist verwischt, es gibt nur noch fließende Identitäten, denen Text zugewiesen werden kann. Müllers Tendenz einer zunehmenden Episierung des Dramas ist hier in ihre entscheidende Phase getreten.

In dieser extravaganten Form ist das Stück allerdings *überhaupt nicht geplant.* Am Anfang steht die Idee eines Gegenwartsstücks, in dem Hamlet als Sohn eines hingerichteten bzw. ermordeten »Verräters« in einem Ostblockstaat erscheint: *Mich interessierte eine Variante, Hamlet als der Sohn eines Rajk oder Slánský oder Kostoff.* Die Geschichte von Traitscho Kostoff, dem Sekretär Dimitroffs und Opfer der stalinistischen Säuberungen in den 50er Jahren, kennt Müller durch seine Bulgarienbesuche; das Heizkraftwerk gegenüber der Wohnung seiner Frau in Sofia ist (nach der Rehabilitierung) nach ihm benannt. *Ich hatte etwa folgende Idee: Die Person kommt vom Staatsbegräbnis seines Vaters nach Hause und muß nun mit dieser Welt zurechtkommen.* Der Arbeitstitel dieses Stücks lautet »*Hamlet in B.*«, wobei B. zwar für Budapest steht, aber eher als Metapher: *Es war auch nicht so genau lokalisiert.*

Die Vorarbeiten deuten auf ein umfangreiches Projekt, in dem *das ganze Problem aufgefächert* wird. *Ich habe ein ganzes bulgarisches Schulheft vollgeschrieben mit Notizen, Entwürfen, Anfängen von Stücken. [...] Die Vorstellung war ein Zweihundert-Seiten-Stück mit Riesendialogen zwischen Horatio und Hamlet, zwischen dem toten Horatio und Hamlet auf dem Friedhof.* Noch in Bulgarien reduziert Müller den vorhandenen Stoff auf wenige Seiten. Am Ende des Arbeitsprozesses steht der *Extrakt*, der *Schrumpfkopf* eines Stücks, ein einziger großer Monolog, der sich in fünf Bildern auf die beiden Protagonisten (Hamlet/Hamletdarsteller und Ophelia) verteilt. *Was ich schon in Bulgarien gemerkt hatte, war die Unmöglichkeit, mit dem Stoff zu Dialogen zu kommen, den Stoff in die Welt des sogenannten real existierenden Sozialismus-Stalinismus zu transportieren. [...] Es ging nicht, es gab keinen Dialog, es gab kein Material für einen Dialog, das heißt, eigentlich war da nichts. Es bedeutete, daß diese sozialistische Welt völlig am Ende war. Wenn es keinen Dialog mehr gibt, ist es aus.*

»*Hamletmaschine*« ist ein hochpolitisches, zugleich aber auch ein persönliches, fast »privates« Werk, in dessen Hintergrund der eigene Vater-Sohn-Konflikt steht: Wenige Monate vor Beginn der Niederschrift, im März 1977, ist Heiner Müllers Vater, Regierungsoberinspektor a. D. Kurt Müller, in Reutlingen gestorben.

An Material verarbeitet das Stück zunächst die Kernhandlung des Shakespeare-Stücks, insbesondere im ersten Bild, betitelt *Familienalbum*, was sowohl als Auseinandersetzung mit dem eigenen Eltern-Sohn-Drama als auch mit der literarischen »Hamlet«-Tradition zu deuten ist. Hier wie auch im vierten Bild (das abweichend von den vier vorangehenden aus Innen- und Außenperspektive geschrieben ist) finden sich Spuren des alten Stückplans.

Inspiration hat Müller ferner durch das Kafka-Buch von Deleuze und Guattari und durch eine Episode aus der Vorgeschichte der Rote-Armee-Fraktion erhalten: eine Aktion in der gemeinsamen Wohnung von Klaus Rainer Röhl und Ulrike Meinhof, bei der *alles zerschlagen und die Möbel aus dem Fenster geworfen wurden. Ihr Mann hat anscheinend am nächsten Morgen alles neu kaufen müssen, aber für sie war es eine Art zu brechen, eine etablierte Situation zu verlassen. [...] Dann kam die Amerika-Erinnerung noch dazu: Charles Manson. [...] Der Schlußsatz ist von Susan Atkins, Mitglied seiner ›family‹, eine der Mörderinnen von Sharon Tate, die berühmt war für ihre ›scaring phonecalls‹. Einer war in ›Life‹* zitiert – *›Wenn sie mit Fleischermessern durch eure Schlafzimmer geht, werdet ihr die Wahrheit wissen.‹ [...] Das war der Kern der Geschichte. Dazu kam die Meinhof-Geschichte. So entstand ›Hamletmaschine‹.*

Anspielungen auf eigene Stücke wie *»Zement«*, *»Die Umsiedlerin«* oder *»Der Bau«*, auf Müllers persönliche Situation und den Selbstmord seiner Frau Inge *(Die Frau mit dem Kopf im Gasherd)* unterstützen den Eindruck, Müller habe hier über etwas ihm sehr nahe Gehendes geschrieben.

Gleichzeitig beharrt Müller darauf, daß *»Hamletmaschine«* ein Stück *für einen Chor* sei, denn es artikuliere eine *kollektive*, keine *persönliche Erfahrung*. Die politische Brisanz ergibt sich aus den Hinweisen auf den Aufstand im sozialistischen Lager (DDR 1953, Ungarn und Polen 1956, Prag 1968) und auf die Polit-Ikonen *Marx Lenin Mao*. *»Hamletmaschine«* zeigt die »Selbstreflexion des marxistischen Intellektuellen« in der Dauerkrise eines geschichtlichen Stillstands, seine unentschlossene Haltung zwischen revolutionärem Eingreifen und der Versuchung zum Verrat, zum Rückzug in die private Existenz. Gleich im ersten Satz offenbart Müller, radikal wie nie zuvor, Zweifel an einer fragwürdig gewordenen Geschichtsanschauung: *Ich war Hamlet. Ich stand an der Küste und redete mit der Brandung BLABLA, im Rücken die Ruinen von Europa.* Im Bild der

»Ruinen Europas« bündelt er die schmerzliche Erkenntnis von der endgültigen *Versteinerung einer Hoffnung*, die im vierten Bild Gewißheit wird. Der Name »Doktor Schiwago« aus Pasternaks verfemtem Roman steht dort für den Typus des Intellektuellen in einer Umbruchzeit. Der alte Glaube, die gesellschaftliche Entwicklung durchschauen oder gar steuern zu können, die Hegelsche Idee einer fortschreitenden Vervollkommnung, all das erscheint gründlich ruiniert. Galt für Müller die kapitalistische Welt ohnehin schon als zukunftslos, so jetzt auch die sozialistische. »Geschichtslosigkeit, Ohnmacht des Individuums, Verflüchtigung von Autorschaft heißt das dreifache Fazit einer stehenden Zeit.« Selbst mit dem Aufstand des Volkes gegen seine Unterdrücker kann sich der Hamletdarsteller nicht mehr identifizieren; er steht auf beiden Seiten der Front: *Speichel und Spucknapf Messer und Wunde Zahn und Gurgel Hals und Strick.* Für den Autor bleibt nur der Ausstieg aus einer als sinnlos empfundenen Rolle.

Wie der *Hamletdarsteller* unvermittelt *Maske und Kostüm ab*legt, problematisiert Müller seine privilegierte Stellung als Autor, formuliert seinen Überdruß an seiner parasitären Beziehung zur Gesellschaft:

In der Einsamkeit der Flughäfen
Atme ich auf Ich bin
Ein Privilegierter Mein Ekel
Ist ein Privileg
Beschirmt mit Mauer
Stacheldraht Gefängnis.

Die Verbindung von politischer und privater Sphäre, die eine Brücke zwischen Hoffnung und Resignation sein kann, geschieht durch die Opheliafigur, in der Müller autobiographische, literarische und zeitgeschichtliche Motive zusammenführt. Während auf der von Männern repräsentierten *Staatsebene* Stagnation herrscht, liefert Ophelia im zweiten Bild als Repräsentantin der unterdrückten Frau das Beispiel einer sich selbst befreienden Kraft und erscheint damit als Gegengewicht zu einer materiell wie ideell zerstörten Welt. Ihre Befreiung vollzieht sich spontan, aus demütiger Duldung wird ein blindwütiges Aufbegehren, mit dem sie ihre Fesseln für kurze Zeit abzuschütteln vermag.

Mit der Stimme Elektras, die in der griechischen Mythologie Rache an ihrer Mutter Klytämnestra nimmt, der Mörderin ihres Vaters Agamemnon, fordert Ophelia schließlich im fünften und letzten Bild namens der unterdrückten und geknechteten Menschheit die Zurücknahme der bestehenden Welt überhaupt. Sie predigt den Aufstand, der den Tod bringt. Weil ihr Haß ohne Alternative ist, bedeutet er letztlich aber auch die Zurücknahme der vagen Hoffnung auf ein *Europa der Frau*, wie es das zweite Bild verheißt, auf eine Kraft, die den revolutionären Gesamtprozeß sichtlich vorantreiben könnte. Eine Stimme der Un-Vernunft, die zum Schweigen gebracht wird: Während Ophelia/Elektra ihren Schlußmonolog spricht, wird sie von *zwei Männern in Arztkitteln [...] von unten nach oben in Mullbinden geschnürt*, ihre Revolte erstickt. So bleibt sie zurück, *reglos in weißer Verpackung*, von klinischer Sterilität, erstarrt zum pathologischen Fall.

Das Stück, das eine tiefgreifende Krise sowohl in der Weltanschauung als auch in der Darstellungsweise des Autors bezeichnet, erschüttert wie kein anderes die Literaturwissenschaft der DDR. Selbst Müller gewogene Germanisten tun sich schwer mit dem Werk: Für Frank Hörnigk hat er, scheinbar wenigstens, den Pfad der Lehrmeinung verlassen, als er im Stück die Stellung zur Revolution an die Geschlechterrolle gebunden, nicht der proletarischen Weltrevolution, sondern einer feministischen Revolution der Frau Stimme verliehen hat. Zudem vermißt Hörnigk jenen »Gestus der Veränderbarkeit« und »historischen Optimismus möglicher Selbstbefreiung der Menschen«, der frühere, zu Unrecht als geschichtspessimistisch verteufelte, Stücke ausgezeichnet hatte. Die »individuell als gespalten empfundene subjektive Lage des Künstlers im Stück« werde ganz ungerechtfertigt »zum Maßstab einer historisch generalisierenden Absage auch des Autors Heiner Müller«, der »hier am Scheideweg zwischen selbstbezogener Absage oder notwendiger Überprüfung ästhetischer wie geschichtsphilosophischer Positionen angelangt« sei. Gunnar Müller-Waldeck wertet die Assoziationstechnik von *»Hamletmaschine«* als klares Indiz für eine »Krise des Autors«: »Von hier aus führt kein Weg zu einer gesellschaftlich relevanten Dramatik.«

Bis dahin hatte es Müller in den üblichen Umkreis-Interviews nie an Hinweisen mangeln lassen, daß seine rigorose Zurückweisung jeder harmonisierenden Geschichtsbetrachtung zugleich von einem historischen Optimismus getragen sei, der an die Veränderbarkeit der Verhältnisse glaube. In *»Hamletmaschine«* ist eine solche Haltung erstmals nicht mehr zu erkennen. Der erstrebte Bruch mit der *Vorgeschichte* bleibt Utopie, die *Eiszeit* besteht fort: *WILDHARREND / IN DER FURCHTBAREN RÜSTUNG JAHRTAUSENDE* – ein Hölderlin-Zitat, das gleichwohl wegen seines fatalistischen Gestus Protest hervorruft. Daher bleibt Müller, auf die Problematik angesprochen, diesmal nur der Rückzug, nämlich die Versicherung, so nicht weitermachen zu wollen: *›Hamletmaschine‹ war ein Endpunkt*, erklärt er in einem Interview mit der »Berliner Zeitung« am 17. April 1980, *man muß das mal formulieren, wenn einem so ist, und in die Konsequenz treiben. Aber da geht nichts weiter, da kann ich nur noch weiße Seiten abliefern, wenn man das fortsetzen wollte.* In einem Gespräch mit Ernst Schumacher im Rahmen eines Brecht-Oberseminars an der Humboldt-Universität räumt Müller 1984 ein gewisses Maß an *Realitätsflucht*, einen *Abflug ins Parabolische*, ein. Es sei ein Reflex auf die deutsche Geschichte gewesen, die immer wieder ins Stocken gerate. In den 50er Jahren sei es ihm leichtgefallen, unmittelbare Gegenwartsdramatik zu schreiben, weil die Dinge offener, vielleicht brutaler ausgetragen wurden, *aber es gab eine Bewegung*. Heute könne man keine unmittelbare Gegenwartsdramatik schreiben, ohne zu moralisieren. Das sei aber nicht seine Absicht.

Müllers völlig illusionärer Wunsch, *»Die Hamletmaschine«* in einer Doppelproduktion Benno Bessons zusammen mit »Hamlet« auf die Bühne zu bringen, läßt sich an der Volksbühne nicht realisieren. Kurz nachdem der Text 1977 im Programmheft der Münchner Kammerspiele zu *»Ödipus Tyrann«* erstmals publiziert worden ist, will der Regisseur Klaus Brehmer das Stück in Zürich herausbringen, doch der Plan zerschlägt sich. 1978 produziert der Süddeutsche Rundfunk eine knapp zwanzigminütige Hörspielfassung; Regie führen der Autor und

Harun Farocki. Es ist Müllers »erste Regiearbeit, noch vor der Theaterregie«, wie Hans Burkhard Schlichting konstatiert – mit einer bezeichnenden Änderung: Indem Müller im Selbstbekenntnis *Mein Ekel / Ist ein Privileg / Beschirmt mit Mauer / Stacheldraht Gefängnis* das Wort *Mauer* durch *Folter* ersetzt, nimmt er den Versen ihre anstößige geographische Eindeutigkeit.

Die deutsche Erstaufführung an den Kölner Kammerspielen 1978 wird zwei Wochen vor dem angekündigten Premierentermin (28. Juni) abgesetzt. Der Regisseur, Volker Geissler, scheitert an mangelnder Unterstützung durch Intendanz, Dramaturgie und Ensemble: »Meine Konzeption basierte auf zu wenig Autorität beim Inszenieren.« Die Uraufführung findet außerhalb Deutschlands statt: im November 1978 (zusammen mit *»Mauser«)* durch das Ensemble Théâtral Mobile in Brüssel (Regie: Marc Liebens). Die westdeutsche Erstaufführung erfolgt am 28. April 1979 am Theater der Stadt Essen (Regie: Carsten Bodinus).

Im Wintersemester 1984/85, während einer Gastprofessur am Institut für angewandte Theaterwissenschaft in Gießen, inszeniert Müller das Stück mit Studenten auf der Probebühne des Instituts. 1986 gelingt Robert Wilson mit Studenten der Columbia-University eine grandiose Inszenierung in New York, die Müllers internationale Reputation bedeutend erhöht. Vergebens hat sich der Regisseur zuvor um einen Tip des Autors für die Inszenierung bemüht. »Er sagte ›Nein, mach's wie du's machen willst.‹« Müllers einziger Kommentar: *Es sollte nicht länger sein als 50 Minuten.* Im gleichen Jahr wiederholt Wilson seine Inszenierung im Rahmen eines Doppelprojekts mit »Hamlet« (Regie: Jürgen Flimm) am Hamburger Thalia-Theater (Theater in der Kunsthalle; Premiere am 4. Oktober 1986), die auch zum Berliner Theatertreffen 1987 eingeladen wird. Sie dauert allerdings zweieinhalb Stunden. Müller hat beide Inszenierungen gesehen: *Die ›Hamletmaschine‹ 1986 in New York war strenger, präziser als in Hamburg, weil die Studenten in New York einen härteren Arbeitsmarkt vor sich haben. Die sind diszipliniertter und kommen nicht auf die Idee, daß sie Persönlichkeiten sind. Aber jeder Schauspielstudent ist eine Persönlichkeit. Dadurch gibt es Unreinheiten, das Private verwischt die Kontur.*

In der DDR wird die Genehmigung zur Veröffentlichung verweigert und verschleppt. Erst am 3. Januar 1989, nach Erscheinen des von Joachim Fiebach herausgegebenen, erweiterten *»Stücke«*-Bandes, kann henschel-Schauspiel dem Kulturministerium das Bühnenmanuskript zur Genehmigung vorlegen, um anschließend einen Aufführungsvertrag mit dem Deutschen Theater abzuschließen. In der Regie des Autors gerät die *»Hamletmaschine«* von 1990 zum *Requiem für einen Staat*.

»Leben Gundlings«

Ein Jahr vor *»Hamletmaschine«*, größtenteils ebenfalls während eines Urlaubs in Bulgarien, entsteht das *»Greuelmärchen«* (so der Untertitel) *»Leben Gundlings Friedrich von Preussen Lessings Schlaf Traum Schrei«*. Das Titelmonstrum verbindet die Überschriften der ersten und letzten Szene mit dem Namen einer weiteren Zentralfigur. Ein Konzentrat preußischer Geistesgeschichte im 18./frühen 19. Jahrhundert, die in Müllers Szenen-Collage als unaufhaltsame Abfolge von Herrschaft und Knechtschaft erscheint, eine Sequenz unterschiedlicher Verhaltensweisen im Verhältnis zwischen preußischen Intellektuellen und staatlicher Macht: Künstlerische Argumente werden, wie im Falle Schillers, zum Schweigen, oder wie im Falle Lessings, durch die Stilisierung des Autors zum Klassiker, um ihre Wirkungsmöglichkeit gebracht. Der Kopflastigkeit solcher Deutungen begegnet Müller durch eine widerständige Bildlichkeit, die lapidare realistische Szenen mit Pantomime, Grand-Guignol, Absurditäten und Grotesken kombiniert. Seine Phantasie scheut weder erdrückende Ernsthaftigkeit noch belanglose Albernheiten. Selbst die Vorführung tragischer Zwangslagen trägt clowneske Züge, wodurch das Geschehen fast mit dem Blick eines Anthropologen aufgenommen und dem Zuschauer zur Beobachtbarkeit freigegeben wird.

In *»Gundling«* montiert Müller teils geschichtliche Überlieferung, teils literarische Phantasmagorien und surreale Wirklichkeitsdeformationen. Zu seinen historischen Quellen gehören zwei Bücher von Werner Hegemann: »Fridericus oder das Königsopfer« (1925) und »Das steinerne Berlin« (1930), ferner *ein Schulbuch aus der wilhelminischen Zeit, in dem eine Inspektionsfahrt Friedrichs des Großen aufs Land beschrieben wird* und *ein Bericht im ›Neuen Deutschland‹ über eine Inspektionsreise von Walter Ulbricht aufs Land.* Zu den Vorlagen habe er das gleiche Verhältnis gehabt wie Max Ernst in seinen Collage-Romanen. Es geht ihm nicht um historische Wahrheit, sondern um Aufdeckung eines Zusammenhangs, der bis in die Gegenwart reicht.

Die Szenenfolge führt vom königlichen Garten Friedrich Wilhelms in Potsdam und unbezeichneten Schauplätzen bei Hofe über diverse Schlachtfelder, Audienzsaal, Irrenhaus, Rübenacker und ein Seeufer bei Strausberg (dort stehen die Villen der Volksarmee-Generäle; in der Nähe befindet sich das DDR-Verteidigungsministerium) auf einen amerikanischen Autofriedhof in Dakota. Zwischen Autowracks mit ausrangierten bzw. verunfallten Theaterfiguren und Filmstars begegnet der Dichter Lessing, begleitet von Emilia und Nathan, dem letzten amerikanischen Präsidenten, einem gesichtslosen Roboter auf dem elektrischen Stuhl: Bildzeichen für die »dunkle Seite« der Aufklärung, die durch Vernunftanwendung neben Humanität auch Entfremdung und Instrumentalisierung gebracht und die hemmungslose Schraube von Produktion und Konsumtion in Gang gesetzt hat, mit der die Lebensgrundlagen der Menschheit zerstört werden. Die letzte Szene, *APOTHEOSE SPARTAKUS EIN FRAGMENT*, ist nur noch ein stummes Bild, eine *Projektion*, in der ein Torso, Sinnbild zugleich für den römischen Sklavenaufstand, den Spartakusbund und Lessings antityrannisches Tragödienfragment, zugeschüttet wird, wogegen sich Lessing vergeblich wehrt, bis er von Bühnenarbeitern schließlich selbst in seine eigene Büste verwandelt wird: *Man hört aus der Bronze seinen dumpfen Schrei.*

Dem Schlußbild voran geht der Hinweis auf gesellschaftliche Gegenkräfte, auf eine mögliche Wende des Geschichtsverlaufs: Eine schwer deutbare, in der Vielstimmigkeit kaum unterscheidbare Aufzählung von Bildern und Fremdzitaten, mit der, wie Joachim Fiebach in Erfahrung gebracht hat, nicht nur

Metaphern der antibürgerlichen Avantgarde beschworen werden (unter anderem von Rimbaud), sondern auch der Aufstand der Kolonisierten, der Unterdrückten und Ausgebeuteten der sogenannten Dritten Welt eine Stimme erhält.

Die Reihe gescheiterter, mißbrauchter oder zerstörter Kohabitationen zwischen geistig-künstlerischer Intelligenz auf der einen, Staatsmacht und Gesellschaft auf der anderen Seite beginnt mit Jakob Paul Freiherr von Gundling, dem Zeitungsreferenten und Historiographen Friedrich Wilhelms I., der am Hof des »Soldatenkönigs« zum tragikomischen Hofnarren herabsinkt. Der sich selbst zerstörende Kleist gehört ebenso in dieses tragische Ensemble wie der junge Friedrich II., genannt »der Große«, der von seinem Vater mit bornierter Brutalität einer »preußischen« Erziehung unterworfen wird, die ihm alle Weichheit, Weiblichkeit, Musivität und Menschenliebe austreiben soll.

Müller entwirft ein Panorama seelischer Deformationen, das die Täter ebenso wie die Opfer einschließt, wobei Friedrich für ihn beide Rollen ausfüllt. Der Prinz, Kleist und Lessing sind für Müller *drei Figurationen eines Traums von Preußen, der dann staatlich abgewürgt wurde in der Allianz mit Rußland gegen Napoleon*; auf der Bühne sollen sie als eine einzige Figur sichtbar werden, *gespielt von einem Schauspieler*.

In der letzten Szene, dem Triptychon *Lessings Schlaf Traum Schrei*, führt Müller das historische Preußenthema mit dem Intellektuellen-Problem, das ihn in *»Hamletmaschine«* näher beschäftigt, zusammen. Gleichzeitig bringt er das eigene Ich ins Spiel, denn in der Figur des 47 Jahre alten Lessing hat Müller sich mitporträtiert, was sich unter anderm auch aus den Anspielungen auf den Selbstmord seiner Frau Inge ergibt, teilweise in den gleichen Formulierungen wie in *»Hamletmaschine«*. In einem Gespräch mit Frank Feitler erklärt Müller 1985, daß er in seinem fast auf den Tag genau 200 Jahre vor ihm geborenen sächsischen Landsmann *schon sehr früh* eine Art *Vorbildfigur* gesehen habe, vor allem aufgrund seiner Haltung als freier Schriftsteller:

Und diese Tapferkeit, die zu dieser Existenz gehört, ist in der Form drin, ist in den Versen drin und in der Prosa. Das ist das Utopische. […] Lessing hat im Kontext der Literatur- und

Theatergeschichte so eine Funktion wie Brecht. Er steht am Ende einer Periode und entwirft eine neue. [...] Da gibt es noch etwas, das zum Modellcharakter der Figur Lessing gehört. Es ist das Leben ohne Hoffnung und Verzweiflung. Das ist ja die Lebensform, um die es geht. Wenn man keine Hoffnung mehr braucht und keine Verzweiflung einen mehr angeht, das ist ja eigentlich, was zu erreichen ist. Diese Lebenshaltung ist durch die christliche Ermordung der Antike kaputtgegangen, diese Haltung zur Wirklichkeit, die eine realistische ist, ohne Hoffnung und Verzweiflung. Wer wirklich lebt, braucht weder Hoffnung noch Verzweiflung. Darum gehts eigentlich. Und das Hoffnungsgeschrei der Leute, das kommt natürlich aus dem religiösen Vakuum, das entstanden ist, weil die Konzepte der Kirchen nicht mehr so ganz die Wirklichkeit abdecken.

Noch in manch anderem Detail ist das Stück, in dem so häufig wie in keinem anderen Müller-Drama *ICH* gesagt wird, auch als Selbstporträt zu lesen, bis hin zu der Nathan-Figur, ein alter Mann, der mit der jungen Emilia den Kopf tauscht: *Wenn ich das wieder lese oder wenn ich daraus zitiere, merke ich, daß es mich mehr angeht als viele andere Texte. Ich kann nicht distanziert darüber reden. [...] Wenn ich aus ›Gundling‹ zitiere, werde ich traurig, in dem Stück ist Mitleid. Mitleid mit allem, was da beschrieben wird. [...] Der erste Satz, der mir einfiel, als ich in Bulgarien angefangen habe, das zu schreiben, war: ›Sire, das war ich.‹* Dieser Satz, vom jungen Friedrich zu seinem Vater unmittelbar nach der Erschießung seines Freundes Katte gesagt, ist für Müller *der Kernsatz*, wie überhaupt der junge Friedrich *fast eine Identifikationsfigur.*

Der Stücktext von *»Gundling«* wird vom Henschel Verlag bereits 1977 zusammen mit *»Schlacht«* und *»Traktor«* veröffentlicht. Ein wohlkalkuliertes Nachwort von Joachim Fiebach versucht, die Publikation des Textes zu rechtfertigen, ihn für den Kulturapparat goutierbar zu machen. Fiebachs Fazit lautet, *»Gundling«* sei »ein für DDR-Literatur und Theater unvertrauter und so wahrscheinlich befremdender Entwurf«, dennoch »wichtig genug, öffentlich zur Diskussion gestellt zu werden, an ihm Möglichkeiten neuer ästhetischer Wahrnehmung abzutasten.« Fehlende oder nicht aktive »geschichtliche

Gegenkräfte« könnten von dem »koproduzierenden Betrachter in der sozialistischen Gesellschaft« hinzuassoziiert werden. Mit abgrenzender Kritik wird keineswegs gespart: »Die Collage vermittelt hellsichtig kraß ›unreine Wahrheit‹, gerät aber auch – wie in Groteske angelegt – ins Unwahrscheinliche, Banale, trifft Realität dann nur noch an Randstellen, wird ›eindimensional‹.« Stein des Anstoßes ist zum einen, daß Müller die Person Lessings »wesentlich nur als Opfer vorgestellt« hat, wodurch »das langsame reale Vorwärtsgehen von Geschichte, Chancen und Wirklichkeit humaner Entfaltung und Befreiung im Preußen des 18. Jahrhunderts« verdeckt werde. Zum andern bekunde die Szene »Lessing in Amerika«, wenn auch kryptisch, daß Müller sich vom real existierenden Sozialismus und der europäischen Arbeiterbewegung wenig verspreche, seine Hoffnungen mithin nicht auf eine proletarisch-organisierte, sondern auf eine Revolution der Deklassierten setze – eine Rollenverteilung, die natürlich dem dogmatisch verfestigten marxistisch-leninistischen Klassen(kampf)begriff widerspricht (die Weltkonferenz der kommunistischen Parteien hatte 1969 die Befreiungsbewegungen in den ehemaligen Kolonien lediglich als dritten revolutionären Hauptstrom anerkannt). Damit rücke das Stück in die Nähe gewisser »illusionärer Entwürfe, die in den unterprivilegierten Minderheiten, in der Dritten Welt und nicht zuletzt in den Weltbildern und der rebellischen Haltung der künstlerischen Avantgarde Europas und Amerikas die entscheidende Alternative gegenüber spätbürgerlicher Gesellschaft sehen«. Wer daran glaube, sitze »letztlich einer unpraktischen Romantik auf«.

Nach der Genehmigung der Buchveröffentlichung ist die ministerielle Erlaubnis zur Vervielfältigung und zum Vertrieb des Bühnenmanuskripts nur noch eine Formsache. Am 15. Juli 1977 reicht henschel-Schauspiel den Text ein. Zu einer Aufführung an einem DDR-Theater kommt es vorerst jedoch nicht, denn *»Gundling«* liegt quer zum gegenwärtigen Trend von Historikern und Politikern, an die progressiven Momente der preußischen Aufklärung anzuknüpfen. Für das Kulturministerium sei es offenbar ein Problem, so Müller 1983 gegenüber dem »Tagesspiegel«, das Denkmal Friedrichs des Großen im

Zentrum von Berlin aufzustellen (auf die Demontage im Sommer 1951 spielt das Stück an) *und dann gleichzeitig so ein Stück aufzuführen.* Tatsächlich bezeichnet eine Kritikerstimme des Senders Radio DDR den Text als »monströse Geschmacklosigkeit«. Versuche seitens des Ministeriums, eine Aufführung des Stücks zu verhindern, hat es aber laut Wolfgang Schuch nicht gegeben. So sind es wohl die Theater selber, die vor einer Realisierung zurückschrecken, und Sibylle Wirsing behält recht, als sie mutmaßt, Fiebachs Empfehlung, »Heiner Müllers dramatische Phantasmagorien und Historienhöllen als Anlaß zu nehmen, um die eigene Übereinstimmung von Realitätsbewußtsein und Realität zu prüfen«, müsse »über den Horizont einer Kritik und Rezeption hinausgehen, die von Staats wegen daran festhalten, daß es im Bereich des sozialistischen Fortschritts keine dämonische Diskrepanz zwischen Bewußtsein und Wirklichkeit gibt, es sei denn als Ausdruck krankhafter Subjektivität«.

Obgleich Müller kein Geschichtsdrama geschrieben hat und weit davon entfernt ist, ein objektives Preußenbild zeichnen zu wollen, wird der Text in der DDR als skeptische, verbindliche Aussage über die verstümmelte Aufklärung in Preußen und ihre Folgen bis hinein in die deutsche Gegenwart empfunden. »›In ihrer Absurdität einfach ärgerlich ...; schade um das Talent‹, lauten die ersten Kommentare.« Gunnar Müller-Waldeck, Verfasser des Artikels über Müller im 1979 erschienenen Band »Literatur der Deutschen Demokratischen Republik« und diesem durchaus freundlich gesinnt, bemängelt, daß unter einem »grotesken Titel« »ein Greuelmärchen geboten« werde, »das in beängstigender und teilweise kaum noch auflösbarer Bildfülle das Preußentum in jeglicher Gestalt attackiert, ohne seinen ›Kausalnexus‹ zu offenbaren«. Heraus komme eine »preußische Apokalypse«, »die mehr einen Alptraum erzeugt, als daß sie Einsichten oder Distanzierungen ermöglicht. Müller gibt hier jegliche Objektivierung bewußt auf und ersetzt sie durch eine Füller subjektiver Visionen.«

Die DDR-Erstaufführung findet am 4. Dezember 1988 an der Volksbühne statt (Regie: Helmut Straßburger/Ernstgeorg Hering). Müller kennt die Inszenierung nur vom Hörensagen; was er darüber hört, deutet nicht auf große Kunst: *Die haben treu versucht, an der Sache zu bleiben, und alle Regieanweisungen ernst genommen. Es war wohl ziemlich schlecht.* Die Inszenierung, so Verena Auffermann nach einem Gastspiel der Volksbühne in Frankfurt, habe das Stück »mit jener zotenhaften Sinnfälligkeit zur Schau gestellt, die aus Müller einen plumpen Historienabschreiber macht«.

Regie bei der Uraufführung am 26. Januar 1979 am Schauspielhaus Frankfurt/Main führt Horst Laube. Als Prolog ist ein langes Zitat aus den monströsen »Gesängen des Maldoror« von Lautréamont zu hören, so als ob dadurch bekräftigt werden sollte, daß auch Haß ein legitimes Erkenntniswerkzeug ist. Anschließend kommt es zu heftigen Auseinandersetzungen über Müllers Preußen-Bild, in die sich sogar Bundesinnenminister Friedrich Zimmermann (CSU) einmischt. Wie zuvor schon bei *»Macbeth«*, so ergeben sich auch anläßlich von *»Gundling«* befremdende Allianzen in der Beurteilung, kommen sich West und Ost in der Verdammung seltsam nahe.

Das Mißverständnis bei den Inszenierungen in Bochum (Goetz Loepelmann 1979) und am Berliner Schillertheater (Klaus Emmerich 1983) sei gewesen, so Müller, daß man es *sehr elitär* aufgefaßt habe. *Das war sicher auch sehr interessant, nur natürlich nicht für das Publikum. Das Interessante an dem Mißverständnis war, daß sie es als ein grelles, lautes, groteskes Stück inszeniert haben. Es ist aber ein ganz leises Stück, ganz zart sogar. Und das ist nie gesehen worden, auch von der Kritik wurde das nicht gesehen.* Es habe *eigentlich eine ganz tänzerische Struktur*, und gut könne er sich eine Inszenierung *mit Laien, vielleicht Gastarbeitern* vorstellen. Ein weiterer Irrtum sei, *das Stück als Montage von Teilen zu lesen. Das ist ein sehr oberflächlicher Blick. Das Interessante sind in Wirklichkeit die fließenden Übergänge zwischen den disparaten Teilen. Da sind überhaupt keine Schnitte dazwischen, es ist so, als ginge da ein Blutstrom durch, der das zusammenhält.*

»Der Auftrag. Erinnerung an eine Revolution«

»Der Auftrag. Erinnerung an eine Revolution« entsteht 1979. Der Stückplan, sagt Müller 1990, sei etwa zwanzig Jahre alt gewesen: *›Auftrag‹ wollte ich machen, seit ich die Geschichte ›Das Licht auf dem Galgen‹ von der Seghers gelesen hatte. Sie war in ›Sinn und Form‹ vorabgedruckt.* Seghers' Erzählung gehört zum Zyklus der »Karibischen Erzählungen«, die nach der Rückkehr der Autorin aus dem mexikanischen Exil entstanden. Sie erzählt darin vom Befreiungskampf der Negersklaven auf Haiti und Guadeloupe, doch Müller interessiert daran vor allem *ihre Auseinandersetzung mit der Geschichte des Stalinismus; Napoleon / Stalin, der Liquidator der Revolution.* Er thematisiert die Versuchung des bürgerlichen Intellektuellen durch den Verrat; ein Motiv, das später durch sein *Reiseprivileg* für ihn stark an Bedeutung gewinnt. *Die Seghers beschreibt das so: Beim Halt auf einem Hügel in Jamaika, als in dem Jakobiner Debuisson – er hat die Nachricht vom 18. Brumaire bekommen und weiß, daß die Revolution vorbei ist – zum ersten Mal ›die Stimme des Verrats‹ zu sprechen beginnt, sieht er zum ersten Mal, wie schön Jamaika ist.* Zu diesem Zeitpunkt entsteht das Gedicht *»Motiv bei A. S.«*.

Das war eigentlich das Motiv für mich. Es ist merkwürdig: 1958 muß ich wohl den Seghers-Text gelesen haben, dieses Gedicht geschrieben haben, aber wie ich das Stück *schreiben konnte, das habe ich erst in Mexico verstanden, in Puerto Rico. Das ist eine ganz ähnliche Landschaft. [...] Die ersten Sätze sind in Mexico geschrieben. [...] Erst in Mexico fiel mir die Form, die Dramaturgie ein.*

Es ist Müllers zweite Amerika-Reise, 1977, wieder zusammen mit seiner Frau Ginka. Das Reiseprivileg macht ihm durchaus Kopfschmerzen. Es ist ihm *zuwider (...), daß es eine ganze Menge Leute gibt, die das nicht können. Aber ich würde das nicht dadurch ändern, daß ich sagte, ich will das auch nicht. Wenn ich nicht rausgekonnt hätte, hätte ich auch nicht hierbleiben können*, sagt er Anfang 1990 in einem Gespräch mit Jeanne Ophuls. *Ich hätte das meiste von dem, was ich geschrieben habe, nicht schreiben können, ohne zu reisen.*

In Kalifornien begegnet das Ehepaar Robert Wilson, Wim Wenders und György Konrád. In Austin/Texas, in einer Kneipe mit dem sinnigen Namen »Hole in the wall«, liest Müller *»Hamletmaschine«*; Ginka Tscholakowa dokumentiert das Ereignis auf Video. Ein Abstecher führt beide nach Puerto Rico und Mexiko. Hier, auf dem Rückweg von einem Dorf fünfzig Kilometer von der Hauptstadt zur Hauptverkehrsstraße, erhält Müller eine wesentliche Anregung durch ein Schlüsselerlebnis:

Es wurde ganz schnell dunkel, und wir gingen einen von Kakteen gesäumten Feldweg entlang, ab und zu tauchten dunkle Gestalten wie von Goya-Bildern auf, manchmal mit Taschenlampen, auch Kerzen leuchteten zwischendurch. Es war ein richtiger Angst-Gang. Das ist eine wichtige Grundlage für die Geschichte. Irgendwann haben wir auf der Hauptstraße ein Taxi bekommen. Vorher sind wir aber eine Stunde durch die Nacht geirrt, es war auch kein Mond am Himmel, man sah nichts außer dunklen Gestalten mit ihren Lichtern.

Produkt dieses *Angst-Gangs durch die Dritte Welt* ist zunächst ein Traum, den Müller fast unverändert in die zweite Hälfte des Stücks übernimmt. Der einzige Unterschied besteht darin, *daß in dem Traum Peru ein Dorf in Bulgarien war, aber Bulgarien paßte da nicht rein. Der Traum ist exakt so, wie ich ihn geträumt habe – in allen Details.*

Im Stück bildet dieser Traum, verbunden mit einer anderen, stärker abgewandelten Erfahrung, Müllers *Bittgang zu Honecker im Gebäude des Zentralkomitees, der Aufstieg mit dem Paternoster*, ein Prosa-Intermedium, der ein anderes, szenisches Intermedium von der Wiederaufnahme der Handlung trennt. Einen weiteren, unter Drogeneinfluß (Müller nahm gelegentlich Marihuana, ab und zu Kokain, einmal LSD) in New York geträumten Traum von einer goldenen und einer blauen Schlange, die ihm auf dem Gehsteig begegnen, erzählt Debuisson gegen Ende des Stücks: *Das lag aber daran, daß ich vorher in San Francisco gewesen war. Das hat sich mir sehr eingeprägt. Dort gab es ein Museum mit Mineralien aus allen Kontinenten. Die Mineralien aus Afrika hatten ein merkwürdiges Blau, das spielte auch eine Rolle für die blaue Schlange.*

Aus der Vorlage übernimmt Müller die Französische Revolution als *ein Revolutionsmodell*, das ihm hintergründig die *Auseinandersetzung mit dem Ergebnis der Oktoberrevolution, was wir hier in Deutschland erlebt haben*, ermöglicht, die Beschreibung des Scheiterns einer geschichtlichen Utopie. Auch in Deutschland, sagt er 1982, sei der *Import einer Revolution oder der Ergebnisse einer Revolution* versucht worden. Gespenstische Aktualität erhält Müllers Text wenige Jahre später mit dem Untergang der Sowjetunion und dem Verschwinden der DDR.

Im Anschluß an Seghers erzählt Müller die Geschichte dreier Emissäre der französischen Regierung, die 1798 auf die Antillen geschickt werden, um in der Kronkolonie Jamaika einen Sklavenaufstand gegen die britische Herrschaft zu organisieren. Der Arzt Debuisson, *Sohn von Sklavenhaltern auf Jamaika, mit Erbrecht auf eine Plantage mit vierhundert Sklaven*, wird von Galloudec, einem Bauern aus der Bretagne, und Sasportas, einem entflohenen Negersklaven, begleitet. In Port Royal angekommen, legen sich die drei Agitatoren, um ihren Geheimauftrag erfüllen zu können, eine neue Identität zu: Debuisson und Sasportas werden zu denen, die sie einmal waren, Galloudec spielt Debuissons Diener. Nach mehr als einem Jahr konspirativer Arbeit erfahren sie, daß in Frankreich Napoleon die alleinige Macht übernommen hat. Aufgrund der unterschiedlichen sozialen und ethnischen Herkunft entwickeln sich nun, nachdem die Revolution in Frankreich an ihr vorzeitiges Ende gelangt und der Auftraggeber der Revolution gewissermaßen abhanden gekommen ist, unterschiedliche Reaktionsweisen. In einem Interview mit Wolfgang M. Schwiedrzik vom März 1982 hat Müller diese *Differenz zwischen historischen Positionen und auch Standards* als *Hauptpunkt* des Stücks bezeichnet:

Für Debuisson, den Leiter dieser Truppe, der einen mindestens großbürgerlichen Hintergrund hat, ist dieser Auftrag durchaus nicht so existenziell wie für den Neger, der überhaupt keine andere Möglichkeit hat, der die Möglichkeit zum Verrat nicht hat. [...] Es geht eigentlich eher um die Schwierigkeiten, daß es keine Universalgeschichte gibt, daß es auch keine gleiche Hal-

tung zu politischen Problemen, sogar zum Problem der nuklearen Auf- oder Abrüstung geben kann. [...] Wenn ich nicht weiß, was ich morgen zu essen habe und ob ich was zu essen habe, ist die Atombombe nicht relevant und der Atomkrieg keine Frage. Eigentlich geht es um die Differenz dieser Positionen und um den Fakt, daß es keine Universalgeschichte gibt.

Debuisson liest die Nachricht aus Paris als eindeutige Rücknahme ihrer Mission, die Ideale der Revolution in die Karibik zu exportieren. Unter Berufung auf den vergeblichen Ausgang aller bisherigen gesellschaftlichen Umwälzungen will er jetzt sein Leben auf der Sonnenseite genießen, dort, wo *gelacht wird*: *Ich will mein Stück vom Kuchen der Welt. Ich werde mir mein Stück herausschneiden aus dem Hunger der Welt. Ihr, ihr habt kein Messer.* Sein *Verrat*, der Rückzug in die private Existenz, wird in einem der Handlung angefügten Erzähltext breit ausgemalt, der das Zentralmotiv des Gedichts von 1958 aufgreift: *Der Verrat zeigte lächelnd seine Brüste, spreizte schweigend die Schenkel, seine Schönheit traf Debuisson wie ein Beil.* Demgegenüber halten seine beiden Mitstreiter an der Befreiung der Ausgebeuteten fest. Während Debuisson in die alte privilegierte Position zurückkehren kann, gibt es für den Bauern und den Schwarzen keine Alternative zur Revolution. Galloudec will den Ereignissen in Paris daher nicht die Bedeutung zumessen, die Debuisson ihnen beilegt; zu sehr hat er sich mit seiner Aufgabe identifiziert. Und für Sasportas gilt der Auftrag so lange, wie es *Herren und Sklaven gibt*: *Was hat ein Generalsputsch in Paris mit der Befreiung des Sklaven auf Jamaika zu tun, die unser Auftrag ist. Zehntausend Männer warten auf unsern Befehl, auf deinen, wenn du willst. Aber es muß nicht deine Stimme sein, die den Befehl spricht.* In der abschließenden Figurenrede von Sasportas, der schon in einem vorangehenden Intermedium als einziger jene Kraft verkörperte, die in der Lage scheint, den revolutionären Auftrag auszuführen, gelangt Müller (wie sich das schon in *»Leben Gundlings«* angedeutet hatte) zu einem »anthropologisch orientierten Blick« auf die Unterdrückten und Ausgebeuteten: »Die beherrschende Instanz Geschichte«, so Genia Schulz, »wird verschoben durch den Blick auf die ›Geographie‹, auf Landschaft und Körper.«

Hätte Müller mit der Verbrüderung des bretonischen Bauern und des entlaufenen Negersklaven beweisen wollen, daß er den Tugendpfad der marxistisch-leninistischen Klassen(kampf)-philosophie keineswegs, wie man dies bei *»Gundling«* moniert hatte, verlassen hat und sehr wohl anerkennt, daß nicht Herkunft oder Hautfarbe, sondern einzig die Stellung im Produktionsprozeß die Klassenzugehörigkeit und damit auch die -interessen bestimmt, dann wäre dieses Signal in der DDR-Germanistik seinerzeit angekommen. Frank Hörnigk 1981:

»Es sind die unterschiedlichen sozialen Ziele, Bedürfnisse, Klasseninteressen, von denen aus der Kampf weltweit bestimmt wird. Sie entscheiden allein darüber, wo die Hoffnung auf eine bessere Zukunft liegt. Die Behauptung der Revolution erfolgt durch Sasportas und Galloudec, durch Schwarze und Weiße, wie sie durch den Mann aus dem Fahrstuhl und jene Menschen erfolgt, denen er am anderen Ende der Welt begegnet, die ihm entgegenkommen.«

Das weitere Schicksal der Protagonisten ergibt sich aus einer an den Stückanfang gestellten Szene, in der ein Matrose dem Konventsmitglied Antoine einen Brief des an Wundfieber erkrankten Galloudec überbringt, in dem dieser, nach der Hinrichtung von Sasportas, auf seinem Totenbett den Auftrag zurückgibt: *Vielleicht richten andere mehr aus. Von Debuisson werden Sie nichts mehr hören, es geht ihm gut. Es ist wohl so, daß die Verräter eine gute Zeit haben, wenn die Völker in Blut gehn.* Inzwischen sind Jahre vergangen; im Paris des Ersten Kaiserreichs ist die Erinnerung an die Revolution längst nicht mehr opportun. Antoine verleugnet daher zunächst seine Identität, ein Verräter auch er.

Im Unterschied zu Müllers vorangegangenen Texten steht wieder eine nacherzählbare Fabel im Hintergrund; in diesem Sinn geht *»Der Auftrag«* hinter den mit *»Hamletmaschine«* und *»Gundling«* erreichten Punkt zurück. 1980 räumt Müller, indem er eine briefliche Formulierung Rosemarie Heises aufgreift, ein: *Sicher ist ›Der Auftrag‹ auch ein Zurückgehen, aber um woandershin weiter zu kommen.* Allerdings verzichtet Müller auf die Geschlossenheit einer einzigen Spielhandlung. Statt dessen erzählt er gegen die Chronologie, indem er das Geschehen nach einer Einleitungsszene zurückblendet und zwischen den beiden fragmentarischen Blöcken der Kernhandlung auf eine neue Handlungsebene wechselt (Theater im Theater), die ihrerseits Erfahrungsmuster aus anderen Zeiten und Orten aufgreift. Reiseeeindrücke vermischen sich mit Träumen, die wiederum mit der Ausschreibung zurückliegender Erfahrungen kombiniert werden. Und er verwischt immer wieder die Eindeutigkeit der Zuordnung des Texts an einzelne Sprecher. So ergeben sich eine Vielzahl unterschiedlicher und vielschichtiger Assoziations- und Interpretationsangebote, die durchgespielt und zur Diskussion gestellt werden.

Das erste Intermedium, *Heimkehr des verlorenen Sohnes*, zeigt Debuisson, Galloudec und Sasportas in ihren angenommenen Rollen als Sklavenhalter, Aufseher und Sklave. Debuisson wird mit den Gespenstern seiner Eltern in einem offenen Schrank und seiner *ErstenLiebe* konfrontiert, deutbar als Allegorie des Ancien régime, die ihm von ihrem Thronsitz herab die Leviten liest und zurückfordert, was sie an die Revolution, Debuissons zweite, *blutbeschmierte* Liebe, verloren hat. Das zweite Intermedium, *Theater der Revolution*, beginnt mit einem Rollentausch: *ErsteLiebe* wird zur Fußbank, an ihrer Stelle nimmt Debuisson den Platz auf dem Thron ein, Galloudec wird als Danton, Sasportas als Robespierre ausstaffiert. Es folgt ein grotesker Kampf zwischen Galloudec/Danton und Sasportas/Robespierre. In der Typisierung der Charaktere hält sich Müller an die Lesart von Büchners »Danton's Tod«: Danton sinnlich und korrupt, egoistisch und ausschweifend; Robespierre spiritualistisch und selbstgerecht, rigoros und borniert. Im dritten Intermedium, *Krönung Sasportas'*, tauschen die drei Revolutionäre ihre Plätze in der Hierarchie: Galloudec als Fußbank benutzend, erklärt Sasportas das *Theater der weißen Revolution* für beendet; Debuisson wird zum Tode verurteilt: *Weil deine Haut weiß ist. Weil deine Gedanken weiß sind unter deiner weißen Haut.*

Auf diese beiden szenischen Intermedien folgt unmittelbar ein längerer Prosamonolog, der in einer an Kafka erinnernden Diktion die Fahrstuhl-Fahrt eines Ich-Erzählers beschreibt, der einen Termin bei seinem obersten Vorgesetzten wahrzunehmen versucht, ohne Kenntnis, welchen Zweck das Gespräch haben wird (möglicherweise handelt es sich um die Entgegennahme eines Auftrags) und wo er den *Chef* finden kann. Nach einem alptraumhaften Aufstieg, in dem die Ordnung der Dinge aufgehoben erscheint, und bevor der Fahrstuhl sein Ziel erreicht hat, findet sich der Erzähler auf einer Dorfstraße in Peru wieder, wo er mit dem Elend der Dritten Welt konfrontiert wird. Die Preisgabe nun auch der Zeitebene soll nach Müllers Vorstellung das Stück für eine breitere Auslegung öffnen: *Jeder Angestellte kann diesen Text hier verstehen und als einen eigenen inneren Monolog rezipieren.*

Überraschenderweise gibt es bei *»Auftrag«* keine Probleme mit den Behörden. Niederschrift des Autors, Abgabe des Manuskripts beim Verlag, Einreichung des Textes beim Kulturministerium zwecks Genehmigung und Beginn der Proben folgen diesmal so rasch aufeinander wie bei keinem anderen Müller-Stück. Mit Brief vom 24. Juli 1979 schickt Müller das Manuskript, sarkastisch als *neuer Irrtum* deklariert, an Intendant Rödel, nicht ohne ironisch auf die Alternative hinzuweisen, bei verweigerter Genehmigung den Text im westlichen Ausland zu veröffentlichen: *Ich bin froh, daß die Götter vor das Devisenvergehen die Volksbühne gesetzt haben.* Am 3. Januar 1980 geht das Bühnenmanuskript ans Ministerium.

Rödel setzt sich für den Text ein und gibt Müller obendrein in einer politisch durchaus schwierigen Zeit die Chance, sich zusammen mit Ginka Tscholakowa als Regisseur zu erproben: *»Der Auftrag«* wird seine erste Berliner Regiearbeit. Es sind zahlreiche Vorstellungen angesetzt, die allerdings in äußerst kleinem Rahmen stattfinden, nämlich im nicht mehr als vierzig Zuschauer fassenden Theater im 3. Stock der Volksbühne. So wird es »eine halb klandestine Aufführung«. Premiere ist Mitte November 1980. Für das »Neue Deutschland« berichtet Rainer Kerndl am 18. November 1980 unter der Überschrift »Erkenntnisweg zwischen Niederlage und Aufbruch«. Jost Hermand ist bei einer der späteren Aufführungen dabeigewesen: »Das Publikum war weitgehend miteinander bekannt. Neben mir saßen Günter Gaus, Klaus Scherpe, die beiden Schlenstedts, Guntram Weber und eine Reihe führender SED-

Mitglieder. Der Text, die Regie, die schauspielerischen Leistungen, die politische Botschaft: alles war von einer Intensität, daß es vielen den Atem verschlug.« Für Karlheinz Braun wird es »eine der wichtigsten Aufführungen von Müller-Stücken, wo mitgedacht wurde, wo man es knistern hörte vor lauter Anspielungen mit unglaublicher Brisanz«.

In der DDR entwickelt sich *»Der Auftrag«* zu einem Erfolgsstück: Klaus Pfützner (seinerzeit Erster Sekretär des Theaterverbandes) hat zwischen 1981 und 1989 vierzehn Inszenierungen an dortigen Theatern gezählt. Im Frühjahr 1981 produziert der Berliner Rundfunk eine Hörspielfassung (Regie: Alexander Stillmark, Dramaturgie: Christa Vetter, Sendung am 23. April 1981). Frank Castorfs Inszenierung 1983 in Anklam steht im Visier der Staatssicherheit, konnte doch inoffiziell »herausgearbeitet werden, daß Anklam zu einer Experimentierbühne entwickelt werden soll«. »Schwerpunkt« des Experten-IM-Einsatzes mit dem Decknamen »Dario Fo« ist daher »die vorbeugende Verhinderung der Inszenierung weiterer Stücke« durch »C«.

Auch im Westen gehört *»Der Auftrag«* zu den häufiger gespielten Stücken Müllers. Im Mai 1981 inszeniert es Wilfried Minks am Schauspiel Frankfurt, im Oktober desselben Jahres Hansgünther Heyme in Stuttgart. 1982 inszeniert Müller *»Auftrag«* noch einmal in Bochum, diesmal mit einem schwarzen Panther im vergitterten Laufstall zwischen den Zuschauerreihen. Der mutmaßliche Grund ist vielleicht in dem Umstand zu sehen, daß Müller 1977 bei einem Besuch im Tierpark Friedrichsfelde *etwas über die Panther* erfahren hat, was ihn sehr beeindruckte: *Da stand, daß die Paarung der Panther sechs Stunden dauert und alle zwei Minuten ein Orgasmus stattfindet. So ein Panther möchte ich vielleicht sein. Da man ja älter wird, ist das vielleicht ein Problem.* Premiere dieser Inszenierung ist am 13. Februar 1982. Sie sei, sagt Karlheinz Braun, »sehr schön, sehr opulent«, aber gegen die in Berlin vergleichsweise »harmlos« gewesen.

VII. UNTERWEGS

Spagat als Lebensform

Die deutsche Teilung bringt es mit sich, daß Müllers Werk auf eine doppelte Öffentlichkeit stößt. Aus der Konfrontation der beiden Systeme beziehen seine Texte einen großen Teil ihrer Innenspannung und damit ihrer enormen Wirkung. Seit 1983 als Inhaber eines unbefristeten Reisevisums ein ›Mauerspringer‹, *mit je einem Bein auf den zwei Seiten der Mauer*, ist er zugleich Opfer wie Nutznießer einer grotesken Situation: Obgleich in der DDR vor 1986 kaum gespielt, kann er dort dank seiner Weltgeltung, den niedrigen Lebenshaltungskosten und der subventionierten Kaufkraft der DDR-Mark durchaus vom Schreiben leben, *hauptsächlich durch die Situation, daß es zwei deutsche Staaten gab. Ich wurde in dem anderen gespielt und deswegen konnte ich in dem, in dem ich lebe, davon leben, daß ich schreibe und so. Und damit fing es an. Aber auch nur, weil ich in dem anderen gelebt habe. Wenn ich in diesem gelebt hätte, hätte ich davon nicht leben können.*

Der verquere Standort ist Müllers Kapital. Auch weil er als Dramatiker Reibung und Risiko und die Nähe zu dem Material braucht, von dem er zehrt, den Erfahrungsdruck, wie er in der DDR Alltag ist. Nur so kann er zum erhellenden Geschichtsschreiber des real existierenden Sozialismus bis zu seinem Niedergang werden. Würde er ins Exil gehen oder Dissident werden, verlöre er augenblicklich seine Einzigartigkeit als deutsch-deutsche Doppelexistenz, die darin besteht, in der DDR als bekennender Realist, in der BRD als Finsternisexperte für szenische Alpträume gehandelt zu werden. So aber ist er ein Grenzgänger deutscher Kultur, der über den beiden politischen Systemen schwebt und sich mit den Jahren einer immer größer werdenden Freiheit erfreuen kann.

Im Januar 1981 werden an der Volksbühne innerhalb einer Woche vier Stücke Müllers aufgeführt: *»Bauern«*, *»Schlacht«/»Traktor«*, *»Bau«* und *»Auftrag«*, die beiden ersten als Wiederaufnahmen, die beiden letzten als Neuinszenierungen. Jetzt, da Müllers Aufstieg zum Weltautor nicht mehr zu übersehen ist, kommt es aufgrund einer Vereinbarung zwischen seinen beiden Theaterverlagen, henschel-Schauspiel in Berlin und dem Frankfurter Verlag der Autoren, zu einer Neuregelung über die Vergabe von Weltrechten an seinem Gesamtwerk. Voraussetzung ist die Zusammenfassung der verstreut vergebenen Rechte, von denen ein Teil noch bei Suhrkamp liegt. In einem Brief vom 2. April 1981 fordert Müller daher Siegfried Unseld auf, ihm die Bühnenrechte an seinen vom Suhrkamp-Theaterverlag (im Subvertrieb oder im Alleinvertrieb für das westliche Ausland) vertretenen Stücken zurückzugeben, *damit ich das ganze Zeug unter ein Dach bringen kann. Die Streuung auf drei Verlage hat sich (ohne Schuld des einen oder andern) besonders im Ausland doch sehr störend und verzögernd ausgewirkt. Das Eine ist das Böse, aber es beschleunigt den Geschäftsgang.* Mit Wirkung vom 1. Januar 1982 vertritt der Verlag der Autoren, zwölf Jahre nach seiner Gründung bereits einer der umsatzstärksten unter den rund sechzig bundesdeutschen Theaterverlagen, im Auftrag und in Vertretung von henschel-Schauspiel das gesamte dramatische Werk von Heiner Müller für das Gebiet der BRD, Westberlin, Österreich, die Schweiz sowie nahezu alle anderen nicht-sozialistischen Länder Europas und die USA. Die Vereinbarung gilt bis zur deutschen Vereinigung; danach nur noch für das westliche Ausland. Seit dem 1. Oktober 1998 liegen sämtliche Aufführungsrechte an Werken Heiner Müllers beim henschel SCHAUSPIEL Theaterverlag in Berlin.

Aufgrund des am 1. April 1981 mit Müller abgeschlossenen Vertrags über die Weltrechte an seinen Stücken meint henschel-Schauspiel, im Verlagskatalog 1983 erstmals alle bisherigen Werke Müllers, also auch die in der DDR unterdrückten wie *»Germania Tod in Berlin«*, *»Hamletmaschine«* und *»Mauser«* ankündigen zu können. Als Werbematerial gelangt der Katalog aber nicht nur an die westlichen Theatervertriebe und Bühnen sondern auch an Theater und »zentrale Einrichtungen« der DDR. Eine Intervention der Kulturabteilung der SED Ende 1982 macht deutlich, daß die Nennung aller Müller-Titel im Katalog dort »als unerwünschte Aufforderung zur breiteren Müller-Rezeption in der DDR begriffen« wird. Dem Verlangen nach Zurückziehung des Katalogs kann henschel Schauspiel erfolgreich Widerstand entgegensetzen. Der Argumentation von Verlagsleiter Mittelstädt fehlt es nicht an Überzeugungskraft, zumal er nicht von der Hand zu weisende pragmatische Überlegungen (»Valuta«) mit taktischen Scheinargumenten (»Steuerungs«möglichkeiten) koppelt:

»Mit Abschluß dieses Vertrages wurde die völlig unübersichtliche juristische Situation im Hinblick auf die Wahrnehmung der Rechte an den Müller-Stücken beendet und damit die Grundlage geschaffen, die Stücke dieses DDR-Autors im Rahmen von Subvertriebsverträgen in den kapitalistischen Ländern Europas und in den USA zu vertreten. Gleichzeitig ergab sich damit die Möglichkeit einer gewissen Steuerung des Einsatzes dieser Stücke, zumindest der beratenden Einflußnahme bei der Vergabe der einzelnen Aufführungsrechte.«

In den Katalog für 1983, so Mittelstädt weiter, seien »alle Stücke aufgenommen« worden, »die Bestandteil des Generalvertrages mit diesem Autor sind«. Für Aufführungen von *»Hamletmaschine«* und *»Quartett«* im westlichen Ausland habe der Verlag der Autoren 1982 ca. 16 600 DM abgerechnet. Ohne eine »entsprechende Werbung« sei es unmöglich, »die aktive Valutabilanz von henschel-Schauspiel zukünftig aufrechtzuerhalten.« Auch im Falle von Hacks und Plenzdorf sei so verfahren worden. Eine andere Verfahrensweise müsse »tiefgreifende Komplikationen zumindest mit den hier genannten Autoren« nach sich ziehen, »die mit Recht beanstanden würden, wenn der Verlag von ihm übernommene Stücke in seinen Werbematerialien nicht aufführt. Die Übernahme gerade aber dieser Stücke erfolgte in Abstimmung mit allen Einrichtungen auch unter dem Gesichtspunkt, einen gewissen Steuerungsprozeß ihres Einsatzes vornehmen zu können bzw. Autoren generell davor zu bewahren, ohne Registrierung durch das Büro für Urheberrechte Aufführungsrechte an ihren Stücken individuell mit einzelnen Bühnen bzw. Medieneinrichtungen zu vereinbaren.«

Seit im Jahr 1965 die Vorlagepflicht eingeführt worden ist, steht es dem Büro für Urheberrechte zu, die Vergabe von Urheberrechten durch Autoren bzw. Verlage der DDR im Ausland zu genehmigen und gegebenenfalls abzulehnen. Diese grundsätzliche Regelung wird durch gesetzliche Sanktionen (»Devisenvergehen«) abgesichert. *Wenn ich von dem hätte leben müssen, was ich in der DDR eingenommen habe, wäre ich längst verhungert gewesen. Meine Einnahmen, die Tantiemen, kamen aus dem Westen. Natürlich immer reduziert um den Anteil des Staatsbüros; man hatte Anspruch auf 30 Prozent des Honorars in der anderen Währung, den Rest bekam man 1 : 1, und davon gingen dann nochmal 15 Prozent Bearbeitungsgebühr ab. […] Ansonsten hat man natürlich auch Möglichkeiten gefunden, das Büro wieder zu betrügen. Das gehörte einfach dazu, zu diesem Spiel.* Mit der Durchsetzung der neuen Praxis wird die bisherige Prozedur der Stück-um-Stück-Genehmigung durch das Ministerium für Kultur durchbrochen. »Intern blieb das kulturpolitische Reglement für DDR-Inszenierungen unverändert, aber hinsichtlich der Müller-Rezeption im westlichen Ausland beschränkte sich die (unterdessen auf Weltläufigkeit bedachte) DDR-Bürokratie vor allem auf Devisen-Reglements, die über die Schiene Henschel Verlag / Büro für Urheberrechte/Verlag der Autoren gesichert werden sollten.«

Zwischen 1981 und 1989 wird Müller immerhin zweiundsechzigmal in der DDR inszeniert. In den Berliner »grenzüberschreitenden Salons« avanciert er zum Gaststar, seine Wohnung wird Ausflugslokal und Wallfahrtsort für Besucher aus Ost und West. Lothar Trolle: »Es wurde […] immer voller da. Die ganze Linke Westberlins kam rüber, im weißen Hemdkragen, so übers Revers gelegt. F. C. Delius und weiß der Teufel wer noch. Das wurde ja richtig modern, da hinzupilgern.« Für die Mitarbeiter des Rotbuch Verlags hat das auch praktische Gründe, wie Delius erzählt: »Wenig konnte brieflich fixiert werden, am Telefon sprachen wir nur Termine ab. Zuverlässigkeit war Müllers Stärke nicht. Alles mußte direkt besprochen, nichts durfte der Post (also der Stasi) überlassen werden.

Fünf Jahre lang fuhr ich mindestens zweimal im Monat über die Grenze, um mit Heiner diese Kleinarbeit voranzubringen. Die Zusammenstellung jedes einzelnen Bandes war zu besprechen, die verborgenen Kommentare und Kontraste der Texte untereinander.«

Grenzüberschreitend war bereits die Festschrift, die Wolfgang Storch Müller zum 50. Geburtstag dargebracht hatte: »Geländewagen 1 Berlin«, erschienen Anfang 1979 als Auftaktband einer Reihe halbjährlicher Revuen im Westberliner Verlag Ästhetik und Kommunikation, versammelte Beiträger der Sparten Bildende Kunst, Fotografie, Literatur und Theater aus beiden Teilen der geteilten Stadt – im Verzeichnis der Mitarbeiter nur unterschieden nach den Bezirken der Stadt, in der sie leben. Das weitere Gemeinsame formulierte Sibylle Wirsing in der »Frankfurter Allgemeinen Zeitung« vom 5. März 1979 ebenso zutreffend wie kühn: Die Beiträger, zumeist junge Angehörige einer »verdeckten Szene«, seien »nicht bei der SED in die Lehre gegangen, sondern gruppieren sich um einen Meister, der ihnen Respekt vor dem tragischen Kontext gesellschaftlicher Fortschritte beibringt und die intellektuelle seelische und physische Strapaze der kathartischen Prozesse hoch einschätzt«.

Ende 1979 zieht das Ehepaar Müller in eine Sechs-Zimmer-Wohnung im 14. Stock eines Plattenneubaus Erich-Kurz-Str. 9, zu der man über eine Treppe »wie aus einem Schiffsraum auf Deck hinaufsteigen muß«, denn der Aufzug fährt nur bis in den 13. Stock. Vom Balkon blickt man auf das Braunbären-Freigehege im Tierpark Ost, wo nachts die Pfauen schreien. »Da sah man dann immer diese Giraffen, wie sie aus den Wäldern guckten, oder du hörtest mal 'n Löwen brüllen. Und es gab unglaublich schöne Sonnenuntergänge.« *Die Wohnung wurde vorher noch von bulgarischen Hexen astrologisch untersucht, die fanden, das sei eine gute Wohnung. Und deswegen ging das für Ginka dann klar.*

Bei dem Plattenbau-Penthouse am Tierpark handelt es sich keineswegs um eine Luxuswohnung, die der Staat dem devisenbringenden Dichter zur Verfügung gestellt hat. Schnell machen sich Bauschäden bemerkbar: »Das Haus war oben noch nicht fertig, da hat es unten schon wieder reingeregnet. Man kam zu Heiner, und die ganze Tapete hing von den Wänden runter. Also das war sozusagen als Ruine konzipiert. Oder gerade hatten sie den Fahrstuhl oben, da konnte man unten schon wieder nicht mehr durch die Tür rein, weil alles aus den Angeln war. Unglaublich. Das waren alles Sachen, die ich nie kapiert habe.«

Doch um derlei häusliche Malheurs kümmert sich Müller mit entspannter Zuversicht oder auch überhaupt nicht. Seine Lebensmitte liegt im Schnittpunkt von »Paris Bar«, »Florian«, »Foffi« und »Diener«, seinen Charlottenburger Lieblingslokalen, für leere Kühlschränke und einstürzende Altpapierstapel fühlt er sich nicht eigentlich zuständig. Er hat Angst, etwas wegzuschmeißen. Zwar gibt es in der Erich-Kurz-Straße mehr Platz als in Pankow, aber das bedeutet bei Müllers Tendenz zur totalen Unordnung lediglich, daß sich das Chaos auf eine größere Fläche verteilt. Alle Räume sind mit Bücherstapeln gefüllt. Selbst auf der Toilette türmen sich Zeitungen. Möbel gibt es kaum: ein Sekretär, ein brandfleckiger Schreibtisch, ein altes Sofa, ein noch älteres Klavier, ein Bett, ein Fernseher, eine Stereoanlage; irgendwo hängt eine Dartscheibe. Und dazwischen Manuskripte, Hefte, Aschenbecher, Zigarrenschachteln, Flaschen aller Art, Vogelfedern, Papierblumen, »an der Wand eine Maske, an der Decke ein Loch, im Loch die nackte Birne, die schon mal durchknallt, wenn die Stelle feucht wird«. Margarita Broich:

»Diesen Umzug hat er nicht überwunden. Das konnte er nie mehr einrichten. Ginka war ja nun auch nicht gerade ein Organisationstalent und auch keine Hausfrau, und ich kann es auch nicht. Also es konnte irgendwie keiner Heiner helfen. Es hat ihm jemand Regale gebaut, und irgendwann hatte er die Bücher dann da, aber die standen in zwei bis drei Reihen, denn die Regale waren zu tief. Er hat sie auch nicht selber eingeordnet, dadurch hatte er nie mehr diesen unmittelbaren Zugriff auf seine Bücher, Tausende von Bücher. Jahrelang wurde an diesem Regalsystem gearbeitet. Immer wieder kamen irgendwelche armen Menschen, die versucht haben, das in den Griff zu kriegen. Und immer wurden Regale gebaut, viele Regale dauernd. Das war das wichtigste Thema, wie man das mit den Büchern in den Griff kriegt.«

Nicht nur das Bücherproblem bringt Müller immer wieder zur schieren Verzweiflung. Obendrein leidet er darunter, daß er sich nicht ausbreiten kann. Die Arbeitsphasen werden durch Lagen von Zeitungen voneinander getrennt – ein Zettelkrieg gegen die nachwachsenden Mengen an Papier, in dem er Verlierer bleibt. »Er hat immer mit Zeitungslagen gearbeitet. Da war dieser Tisch mit Tausenden von Zetteln und Notizen, und da hat er dann ab und zu wieder Zeitungspapier darüber gedeckt, wie ein Schichtkuchen, und dann wieder neu angesetzt.« Die Putzhilfe erhält deshalb Anweisung, keinesfalls *aufzuräumen* oder zu *ordnen*, weil Müller sonst sein *Chaos nicht wieder* findet, *das sich nur durch Arbeit ordnen läßt*. »Und er hat natürlich unheimlich viel nicht gefunden. Erstens durch dieses Hin- und Herfahren. Dann hat er natürlich auch Pläne gehabt, die über Jahre gingen und wo er dann die Aufzeichnungen nie mehr gefunden hat.« Martin Wuttke erinnert sich:

»Es gab Tapetentische, die abgebaut wurden, wenn Feste gefeiert wurden, bedeckt mit dem Schichtsystem, verschiedenen Lagen. Das war eine Situation, die, was den Arbeitsprozeß betraf, wirklich kritisch wurde. Er hatte sich an alles mögliche gewöhnt, an dieses Reisen, an die Zerrissenheit der Arbeitsorte. Aber wenn da sozusagen die letzte Strukturierung oder Ordnung aufgehoben wurde, da war es dann aus, dann gab es wirklich nur noch diesen Packen von Zeug, den er unterm Arm oder in Plastiktüten mit sich trug, in denen sozusagen Zeitabschnitte mit allem möglichen drin abgelegt waren. Es gab keinen Ort mehr, an dem so etwas wie Arbeitsruhe eintreten konnte. Auf der einen Seite produzierte er das, und auf der anderen Seite litt er darunter.«

1983 wird die diplomierte Theaterwissenschaftlerin Renate Ziemer Müllers Mitarbeiterin. Geboren in Berlin, aufgewachsen in Dresden, führt sie ihr Weg nach dem Abitur an das damals interessanteste Berliner Theater, die Volksbühne. Weil keine andere Planstelle frei ist, beginnt sie zunächst als Ankleiderin in der Kostümabteilung. So lernt sie Müller kennen, der neben und mit Matthias Langhoff, Manfred Karge, Fritz Marquardt und anderen die Arbeit dieses Theaters prägt, das im Zeichen der integrierenden Intendantenpersönlichkeit Benno Bessons steht. Müller braucht organisatorische Hilfe, um nicht im größer werdenden Chaos des Alltags zu ersticken; außerdem fehlt seit kurzem die Schreibkraft, die bis dahin seine Texte abgeschrieben hat. Dieser Vorgang – so mühsam er sich damals auf den mechanischen Schreibmaschinen vollzieht – ist wichtig, weil der von anderer Hand getippte, scheinbar fertige Text wieder fremd anmutet und in der Regel letzte Korrekturen provoziert. »Wenn Müller einen neuen Text aus der Schreibmaschine zog, brauchte er sofort ein Echo. Es schien ihm fast egal zu sein, wer das als erster lesen konnte. Früher waren es Inge oder Ginka, später ich, wenn ich gerade da war, oder einer der Besucher. Sein eigenes Nachdenken über den Text hatte noch nicht aufgehört, aber das Echo war trotzdem wichtig.«

Anfangs arbeitet Renate Ziemer noch ein- bis zweimal im Jahr parallel als Dramaturgin an verschiedenen Theatern; Ende 1985 wird die Assistenz dann zum Fulltime-Job. Von nun an ist sie fast täglich in der Erich-Kurz-Straße. Auf seinen Reisen ins westliche Ausland kann sie Müller nicht begleiten, da sie erst eineinhalb Jahre vor dem Mauerfall anläßlich einer geplanten Arbeit in Österreich einen Reisepaß mit einem befristeten Visum erhält. Eine längere Abwesenheit Müllers Ende 1987/Anfang 1988 benutzt sie, um endlich die letzten im Arbeitszimmer gestapelten Umzugskisten aus Pankow auszupacken; für das Sortieren der vielen losen Blätter wird der Fußboden der halben Wohnung benötigt. Neben Dokumenten und Fotos kommen alte Texte von Heiner und Inge Müller zum Vorschein, darunter über dreißig Jahre alte Manuskripte und Typoskripte auf zerschnittenen Zirkusplakaten – offenbar Makulatur aus dem Hause Schwenkner. Lange vermißte Entwürfe finden so den Weg zurück auf Müllers Schreibtisch; einiges davon gelangt zusammen mit alten Fotos in den von Wolfgang Storch herausgegebenen Band »Explosion of a memory«. Als 1988/89 von henschel Schauspiel, Rotbuch Verlag und Verlag der Autoren kurzzeitig der Plan einer gemeinsamen Werkausgabe erwogen wird (die durch den Fall der Mauer obsolet wird), geht die Suche nach verschollen geglaubten Texten weiter.

Das Papierchaos in der Erich-Kurz-Straße erscheint nur Außenstehenden unübersichtlich; Müller und Renate Ziemer finden sich in dieser Unordnung, die ihr System hat, durchaus zurecht. Im Ernstfall ruft Müller bei seiner Assistentin an: »Wo hast du das und das das letzte Mal gesehen?« – »Im Arbeitszimmer, rechts neben dem Kopierer.« Der kleine Tischkopierer, den Müller für viel Geld und gegen Ausweisvorlage kurz vor der Wende im Intershop gekauft hat, leistet gute Dienste; das Schreiben mit dicken Lagen Kohlepapier hat nun ein Ende.

Der Umzug von Pankow nach Lichtenberg ist vor allem auf Ginka Tscholakowas Wunsch erfolgt: *Ich kann überall leben, wo ich ein Bett habe und einen Tisch zum Arbeiten. Für Ginka dagegen hatte diese neue Wohnung einen Symbolwert – neuer Anfang, weg von dem, wo Inge war.* Zu diesem Zeitpunkt ist die Ehe, belastet durch zahlreiche Affären Müllers, schon fast an ihrem Endpunkt angelangt. Auch politisch haben sich mit den Jahren Reibungsflächen ergeben: Ginka wirft ihrem Mann vor, daß er sich auf das Spiel der Machthaber, sich die Loyalität der international anerkannten Autoren mit Vergünstigungen zu erkaufen, eingelassen hat. Müllers »fauliges Verhältnis zur Macht«, wie Thomas Brasch es nennt, besteht darin, daß er seine Privilegien nutzt (und sichtlich genießt) und sich in der Medienöffentlichkeit gegenüber seinem Staat loyal verhält. Niemals vertraut er ihr auch nur ein schlechtes Wort über die DDR an, immer spricht er behutsam, um jener strengen und wunderlichen Erzieherin ja nicht weh zu tun. Daß sie ihm umgekehrt häufig genug weh getan hat, ist ihm offenbar weniger wichtig. Als André Müller ihn 1987 um einen Kommentar zum Schießbefehl an der innerdeutschen Grenze bittet, sagt er knapp: *Dafür bin ich nicht zuständig.* Der Protest findet in seinen Stücken statt, da sorgt er für Unruhe. Ginka Tscholakowa gibt heute zu bedenken: »Solange man eine Hoffnung auf die Reformierbarkeit des sozialistischen Systems hatte, wußte man, daß das nur von innen geschehen konnte. Die DDR-Führung lebte in einem Gefühl der Frontstellung. Jede Kritik unter Benutzung der Medien des Gegners wurde als Verrat angesehen und abgestraft. Die Strafe für einen Dramatiker war der Entzug seines Wirkungskreises – des Theaters. Theaterstücke konnten auch im Westen gedruckt und gespielt werden, aber die lebendige Kommunikation mit dem Publikum wäre verlorengegangen, und Heiner interessierte in erster Linie das DDR-Publikum.« Stephan Suschke bekräftigt: »Das Öffentlichkeitsmodell in der DDR war ein anderes als im Westen. Öffentlichkeit in der DDR war Theater. Im Theater hatte Müller einen direkten Kontakt zum Publikum. Seine Texte waren sein Sprachrohr. Müller hatte noch den Aufbruchimpuls, auch wenn es eine Sackgasse war, Brasch hatte das nicht mehr. Wenn er Müller kritisiert, urteilt er aufgrund seiner eigenen persönlichen Erfahrung. Wenn er Müller an seinem eigenen Verhalten mißt, hat er recht.«

Der 1981 in die BRD übergesiedelte Schauspieler und Schriftsteller Stefan Schütz hat 1988 behauptet, daß es aufgrund des Wohnungswechsels zu einem Bruch zwischen Müller und einigen seiner jüngeren Gefolgsleute gekommen sei, weil ihr Weg nicht, wie Müllers Aufzug, nach oben führte, sondern eher nach unten. »Da setzte so etwas wie Enttäuschung, Verbitterung und emotionaler Rückzug ein. [...] Müller kam nach oben, und wir anderen wurden aus der DDR gedrängt.«

Zumindest für Schütz mag zutreffen, daß er seitdem »Commander« Müller nicht mehr als seinen geistigen Vater, seine Wohnung als sein geistiges Zentrum hat begreifen wollen. Bei manch anderem Freund mögen unter Umständen auch Müllers relativ häufige Westreisen seit 1966 – ein Privileg, das dem DDR-Normalbürger bis in die achtziger Jahre verwehrt blieb – für zunehmende Entfremdung gesorgt haben. Doch der überwiegende Teil der »Gefolgsleute« folgt Müller in die Erich-Kurz-Straße, und zwar in solcher Zahl, daß literarische Arbeit dort kaum noch möglich ist. Ginka Tscholakowa: »Es war ein ständiges Kommen und Gehen. Unangemeldet gaben sich Besucher die Klinke in die Hand. Manche klingelten um zwei Uhr nachts. Es war ein Arbeitsort, wo Ideen, Projekte und Arbeitsprobleme besprochen wurden. Heiner war immer bereit, zu reden, ob es einfache Probleme waren oder existentielle Krisen, und es war immer etwas zu essen und zu trinken auf dem Tisch. Er wurde zugeschüttet von den Problemen anderer, und es war eine Armee von Leuten, die er unterstützt hat. Sie zeigten ihm Texte, baten um Hilfe. Er hatte eine unerschöpfliche Geduld und verwandte viel Zeit darauf.« Das Private anderer langweilt Müller schnell, und wenn er sich überhaupt damit beschäftigen mag, schlägt er kurzerhand pragmatische Lösungen vor. Um so mehr interessieren ihn die Versuche junger Autoren, obgleich ihm die Rolle des Guru, in die ihn manche drängen, im Grunde genommen fatal ist. Manchmal verweist er Ratsuchende an Wolfgang Heise, dem es hin und wieder gelingt, mit einem geschickten Gutachten einem Text zur Veröffentlichung oder Aufführung zu verhelfen.

Gegenüber der Bundesrepublik nimmt Müller nie ein Blatt vor den Mund. Ja, manchmal – wie im Fall des Lessing-Förderpreises und des Mülheimer Theaterpreises – zwingt ihn die Aktualität sogar zu Distanzierungen, die ohne politischen Druck nie zustande gekommen wären. Solche Willfährigkeit macht Müller als moralische Instanz ungefährlich. Zwar hat sich Müller selbst nie als Staatsbürger gesehen und als Schriftsteller nicht an einen besonderen gesellschaftlichen Stellenwert geglaubt. Dennoch geht von dem loyalen Verhältnis eines bedeutenden Künstlers oder integren Intellektuellen zu seinem Staat, ob er nun Brecht heißt, Hermlin oder Müller, Werner Krauss oder Walter Markov, Anna Seghers oder Christa Wolf, immer auch eine legitimatorische Wirkung auf die Bevölkerung aus. Es mag allerdings sein, daß diese Loyalität in der DDR, von den Intellektuellen abgesehen, bis zur Wende weniger wahrgenommen wurde.

Regelbestätigende Ausnahmen sind Müllers systemübergreifende kritische Reflexionen auf den Schriftstellertagungen von 1981 und 1987 oder für das »Nürnberger Friedensgespräch« vom 7./8. Mai 1985. Der kurze Diskussionsbeitrag auf der »Berliner Begegnung zur Friedensförderung«, zu der sich am 13. und 14. Dezember 1981 auf Einladung Stephan Hermlins fast einhundert Wissenschaftler und Schriftsteller aus acht Ländern in Berlin/DDR treffen, um über die Bedrohung des Friedens in Ost und West zu sprechen, findet gerade wegen seiner Schlichtheit und Offenheit große Beachtung; der Ostberliner »Sonntag« druckt ihn und die Hamburger »Zeit«. Müller formuliert *ein Unbehagen*, den *Alptraum* nämlich, *daß die Alternative Sozialismus oder Barbarei abgelöst wird durch die Alternative Untergang oder Barbarei*, weil der Preis für die Bewahrung der Schöpfung *(das Überleben des Planeten)* der Untergang der menschlichen Gattung *(das Ende der Menschheit)* sein könnte. Den Bürgern der DDR aus dem Herzen gesprochen ist die provokante Feststellung, daß die Rüstungsanstrengungen in den sozialistischen Ländern *nicht nur das materielle Lebensniveau* senken: *Das beweist sich in unserem Alltag*.

Margarita Broich

Bei den Bochumer »*Auftrag*«-Proben im Herbst 1981 macht Müller die Bekanntschaft der 21jährigen Fotodesign-Studentin und Theaterfotografin Margarita Broich. »Ich habe Heiner kennengelernt im November 1981 in der Kantine. Da hat er gesagt, ich hätte so schöne Daumen. Das war ein schöner Trick.« Im Januar 1982 fahren beide nach Wuppertal, um sich ein ums andere mal die Wiederaufnahme von Pina Bauschs Tanztheaterstück »Blaubart; beim Anhören einer Tonbandaufnahme von Béla Bartóks Oper ›Herzog Blaubarts Burg‹« anzusehen. Bei einer dieser Gelegenheiten gesteht Müller seiner Freundin, daß er verheiratet ist und seine Frau zur »*Auftrag*«-Premiere nach Bochum kommen wird. Nun will er ihr Margarita demonstrativ als ihre Nachfolgerin vorstellen. »Dieser Abend entbehrte nicht einer gewissen Komik. Heiner war total aufgeregt. Ich saß zwischen Ginka und Heiner und war dieser ganzen Sache nicht im geringsten gewachsen. Ich hab immer nur gesagt: Ich weiß nicht … Und: Ich kann nicht … Ginka tröstete mich und redete zwischendurch mit Heiner. Und ich war so dankbar, daß ich abends aus dieser Kombination von den beiden wieder heil rauskam.«

Unabhängig von ihren neuen Beziehungen seit 1981 teilen beide Partner weiterhin die Wohnung und arbeiten zusammen. Gemeinsam inszenieren sie 1982 »*Macbeth*«, halten sich Anfang 1983 zu Arbeitszwecken (erneut 1984 zur Kirschenzeit) in Bulgarien auf, übersetzen Majakowski, besuchen im Mai/Juni das Hollandfestival in Den Haag und sind im Dezember in Paris. Ginka Tscholakowa, die einen bulgarischen Reisepaß besitzt, arbeitet 1984 in Brüssel und 1985 in Amsterdam, wo Müller sie jedesmal besucht, um sich ihre Arbeiten anzusehen. Am 8. September 1986 wird die Ehe geschieden, aber der freundschaftliche Arbeitskontakt bricht nicht ab. 1985 inszeniert Ginka in Graz die Uraufführung von *»Bildbeschreibung«*; für ihre Textfassung und Inszenierung von *»Medeaprozeß«* 1988 auf Martinique stellt Müller ihr Ausschnitte aus *»Medeamaterial«* und *»Auftrag«* zur Verfügung. Zuletzt arbeiten sie 1993 gemeinsam an einer Übersetzung von Gedichten chilenischer Autoren.

Um ihrem Freund näher zu sein, setzt Margarita Broich ab Mitte des Jahres 1982 ihr Studium in Berlin fort. Durch Müllers Vermittlung zieht sie im April 1982 nach Wilmersdorf in die Güntzelstraße in die Wohnung von Peter und Heidi Gente, die dort seit 1970 den kleinen, links-unorthodoxen Merve-Verlag betreiben. Im selben Jahr erscheint dort der Band »Rotwelsch«: Interviews, Essays, Gedichte, Rezensionen und Prosa; ein kleines Seitenstück zur Rotbuch-Werkausgabe; 1983 folgt das Verlagsmagazin »Dry«, für das Müller eine Sentenz über Berlin *(Berlin ist das Letzte. Der Rest ist Vorgeschichte. Sollte Geschichte stattfinden, wird Berlin der Anfang sein)* und zwei *»Medea«*-Zeichnungen beisteuert. Das Merve-Verlagsprogramm hat wesentlich zu Müllers intellektueller Horizonterweiterung beigetragen; die französischen Theoretiker Barthes, Foucault, Baudrillard, Lyotard, Deleuze/Guattari und Virilio hat er zunächst als Autoren des Merve-Verlags kennengelernt. »Da war Heiner dann auch oft zu Besuch, wie ich umgekehrt bei ihm. Das war manchmal anstrengend: Immer waren mindestens fünf Leute da und redeten über ganz wichtige Sachen.«

»Als wir uns kennengelernt haben, konnte Heiner nur reisen, wenn er eine Einladung hatte. Und sonst bin ich immer rübergefahren. Er bekam nur Dienstvisa, die offiziell immer im Zusammenhang mit beruflichen Reisen stehen mußten. Aber für unsere Beziehung war das wohl ein Vorteil.« »1983 bekam er dann eine andere Form von Visum, mit dem er dann einfach nach Westberlin reisen konnte. Das ging dann immer flotter.«

Ende März legt Margarita Broich die Aufnahmeprüfung für die Schauspielschule an der Hochschule der Künste ab. Die Bewerbung hat sie bei Tragelehns in der Küche geschrieben, die sich noch daran erinnern, daß Müller dabeigesessen und ihr geholfen hat. »Margit Broich war, wie sie auftauchte, sehr jung, das war ein unmittelbares und spontanes Verhältnis.« – »Zu Beginn war sie ein Kind. Die hatte ein Gesicht wie ein blankgeputzter See. Sie war sehr angenehm, und er strahlte dann genauso. Richtig strahlend glücklich und ganz aufgeräumt war er. Ich war froh für Heiner, daß er die Margit getroffen hat. Sie gefiel mir wirklich sehr. ›Der Heiner‹, sagte sie, ›das hat ja alles gedauert. Da kennst du also ›Heiner Müller‹. Und dann fängst du an. Und eine Schicht mußt du abtragen, und noch eine Schicht mußt du abtragen, und dann kommst du endlich ran an Heiner. Das andere mußte ich ja erstmal alles beiseite tun, sonst wär das ja alles überhaupt nichts geworden.‹«

1987 läßt ein Theater-Engagement Margarita Broich nach Frankfurt wechseln. Müllers Visiten in der Mainmetropole werden nun regelmäßig, zumal sein westdeutscher Theaterverlag hier seinen Sitz hat. Auch politisch versucht Müller der Reise nach Frankfurt etwas abzugewinnen. Dem »Spiegel«-Redakteur Wilhelm Bittorf versichert er 1988, sein »oft arg erschlaffter ›DDR-Patriotismus‹ erwache beim Anblick des Hauptquartiers der Deutschen Bank und bei der Lektüre der ›Frankfurter Allgemeinen‹ stets zu neuem Leben. Bei allem, was gegen ›die Republik‹ einzuwenden sei, fühle er dann doch ›Genugtuung darüber, daß diese Brüder in der Deutschen Bank und in der ›FAZ‹ bei uns nichts mehr zu melden haben. Das ist doch schon was‹.« Wenige Jahre später ist die verachtete »FAZ« allerdings sein bevorzugtes Publikationsorgan.

In Frankfurt wohnt Müller bei seinem Freund K. D. Wolff im Verlag Stroemfeld/Roter Stern. Tagsüber sitzt er meist »mit einem Glas Whiskey im Garten auf der Terrasse«. Abends schaut er sich im Theater die Stücke an, bei denen seine Freundin mitspielt. Über Michael Gruners Inszenierung von Else Lasker-Schülers »Die Wupper« sagt er, sie sei »wie das Leben in einer Tiefkühltruhe nach drei Monaten Stromausfall«. Hinterher sitzt man »bei Toni« oder im »Binding«, einem der Künstlerlokale.

Hier lernt der Schauspieler Martin Wuttke ihn näher kennen, der als Jugendlicher in Bochum die Müller-Inszenierungen von Karge und Langhoff gesehen hat, die ihn stärker berührten als die von Peymann, »weil sie aufregender, radikaler, auch bösartiger waren und der eigenen Lebenssituation mehr zu entsprechen schienen als das West-Theater«. Im Gedächtnis geblieben ist ihm ein kleiner Mann, der zwischen einer großen blonden und einer großen farbigen Frau sitzt und ständig an der Zigarre saugt:

»Das muß 1984/85 gewesen sein, während meiner ersten Spielzeit am Theater in Frankfurt, ich war da 22 oder 23. Das zweite Stück, was ich dort gemacht habe, waren ›Die Räuber‹ mit Thomas Reichert, und da kam irgendwann Heiner Müller, sozusagen als Geheim-Dramaturg. Das war ja so eine Funktion, die er gerne ausgeübt hat, der Joker des Regisseurs. Es war aber eine schwierige Phase, so kurz vor der Premiere. Im Ensemble wurde es als unangenehm empfunden, vor allem, weil man nicht mit ihm sprechen konnte. So habe ich den kennengelernt, als ein Mysterium, als einen Propheten, der von irgendwoher angereist kam und eintrat. Und dann haben wir uns eigentlich in der Kneipe kennengelernt, wo man als junger Schauspieler mal mit am Tisch sitzen durfte, und das gestaltete sich dann ganz anders und war sehr unterhaltsam. Diese Mischung aus Witzen, Anekdoten, Trinken und geistreichem Diskurs wirkte ungeheuer entkrampfend. Die freie, humorvolle, auf- und anregende Art von Heiner Müller war doppelt anziehend. Das war einfach eine erotische Figur. Das hatte viel mit einem intellektuellen Moment zu tun, hatte aber auch viel mit ihm selbst zu tun. Diese Erotik war ganz vielfältig.«

Als Ensemblemitglied des Frankfurter Schauspiels ist Margarita Broich an den Spielplan gebunden, an Probentermine und Vorstellungen. Zwischendurch nimmt sie teil an Müllers Welt: »Monatelang bin ich mit Heiner abends bei Rischbieter gewesen. Das war alles wahnsinnig interessant, hatte aber wirklich nichts mit mir zu tun. Ich hatte natürlich meinen Freundeskreis, aber ich bin nie tanzen gegangen oder habe so blödes Zeug gemacht.« Als sie Martin Wuttke kennenlernt und sich in ihn verliebt, ist es ein Ausbruch. Im Sommer 1988, nach der

Rückkehr von einem gemeinsamen Brasilien-Urlaub, trennt sich Margarita Broich von Heiner Müller. Der Grund dafür liegt in der Beziehung selbst, und das ist es, was die Trennung für ihn so schwer macht: »Heiner war schmerzlich verletzt. Alles schien fürs Leben gebaut zu sein. Er hatte mich immer heiraten wollen. Ich war noch keine dreißig Jahre alt und wollte mich noch nicht fürs Leben einrichten. Es folgten einige wüste Monate. Wir haben uns dann seltener gesehen. Ich bin Heiner nach Möglichkeit aus dem Weg gegangen, weil ich wußte, daß die Begegnung ihm wehtat. Er hoffte bei diesen Treffen immer darauf, daß ich zu ihm zurückkehren würde.«

Um sich abzulenken und auch wenn er, wie meist in dieser Zeit, nicht schlafen kann, taucht Müller im Winter 1988 häufig in der Wohnung von Wolfgang Storch auf, der zusammen mit Renate Ziemer und Grischa Meyer an der Endredaktion des Bandes »Explosion of a Memory Heiner Müller DDR« sitzt, dem von Storch herausgegebenen Freundesgeschenk zum 60. Geburtstag. Konfrontiert mit seiner Biografie, die für ihn erstmals nun die eines gealterten Mannes ist, beginnt Müller zu erzählen, zum Beispiel die Geschichte zu dem in diesem »Arbeitsbuch« erstmals veröffentlichten Foto mit Inge und dem alten LPG-Bauern, die sonst vielleicht nie erzählt worden wäre.

Endgültig verlassen hat Margarita Broich Müller dann 1989 – vordergründig eines jungen Mannes wegen, mit dem er sie selbst bekannt gemacht, der bei ihm auch monatelang gewohnt hatte. Sie wußte, daß sie jemanden wie Heiner Müller nicht wieder kriegen würde. Aber es mußte trotzdem sein: »Das war einfach so ein komisches unausgelebtes Lebensgefühl, das so vehement an meine Tür klopfte und irgendwie raus wollte. Und ich kriegte das halt nicht anders geregelt, als alles kaputtzuhauen und diesem Lebensgefühl mal tüchtig nachzugeben.« Christa Tragelehn: »Es hat ihn getroffen, daß sie ihn verließ. Aber sie war nicht die Art Person, um sich nun im Ruhme von Heiner zu sonnen. Und das spricht auch für sie. Denn als Schauspielerin konnte ihr eigentlich nichts Besseres passieren, als diesen Mann an der Seite zu haben.«

Danach geht es Müller monatelang richtig schlecht. Zum ersten Mal wird er damit konfrontiert, daß er sich nicht mehr aussuchen kann, mit wem er nach Hause gehen will. Bis in den Herbst 1990 hinein ist er trotz allem Prominententrubel um seine Person einfach ein einsamer Mensch.

Projekte

Seit Mitte der 80er Jahre häufen sich bei Müller die Angebote der Theater, für sie als Autor, Übersetzer, Dramaturg oder Regisseur tätig zu sein. Zu diesen Gelegenheitsarbeiten hat er stets ein entspanntes Verhältnis behalten: *Es ist mir bis heute überhaupt nicht unangenehm, wenn man mir Aufträge gibt.* Immer öfter auch bieten ihm international tätige Künstlerinnen und Künstler projektbezogene Zusammenarbeit an; durch sie lernt er wieder neue Kolleginnen und Kollegen kennen: A. R. Penck, Rebecca Horn, Jannis Kounellis, Robert Rauschenberg, Daniel Libeskind, Susan Sontag, Klaus Heinrich, György Konrád, Merce Cunningham, John Cage, Luigi Nono, Wolfgang Rihm, Pierre Boulez, Jean-Luc Godard, Wim Wenders, Volker Schlöndorff, Klaus Kinski, die Brüder Kaurismäki, Alexander Kluge, John Berger, Elfriede Jelinek, Peter Brook, George Tabori und viele viele andere – eine internationale Kunstavantgarde, deren gemeinsame Arbeit von Differenzen lebt und sie produktiv macht.

Im Dezember 1983 inszenieren Jean Jourdheuil und Jean-François Peyret in Paris (in bewußtem Anklang an die Deutschlandbücher der Baronin Germaine de Staël und Heinrich Heines) unter dem Titel »Heiner Müller – De l'Allemagne« eine kleine Müller-Werkschau: Die amerikanische Schauspielerin Kate Manheim, ihre französischen Kolleginnen und Kollegen Clotilde Mollet, Jean Badin und Bertrand Bonvoisin sowie Heiner Müller selbst lesen und spielen in einer auf vier einstündige Abende verteilten Aufführung im Petit Odéon. Die Ausstattung besorgt Gilles Aillaud. *Es waren [...] hauptsächlich Texte, die etwas mit deutscher Geschichte, mit Deutschland zu tun hatten, zusammengesetzt aus verschiedenen Stücken. Auch ein ›Spiegel‹-Interview wurde inszeniert. Einer der Schauspieler spielte mich, zwei andere spielten die ›Spiegel‹-Redak-*

teure – ein großer Lacherfolg. Jean Jourdheuil hat als Übersetzer und Regisseur enorm viel zu Müllers Durchsetzung in Frankreich beigetragen. Vom Regisseur Jourdheuil, der in seinen Inszenierungen vielleicht am entschiedensten dem untergründigen Witz der Stücke Rechnung trägt, hat Müller viel gelernt; vielleicht mehr als von Robert Wilson.

Bei der Uraufführung von Luigi Nonos »Prometeo«, im September 1984 in der Kirche San Lorenzo in Venedig, rezitiert Müller zusammen mit Margarita Broich Texte von Hölderlin (weitere Aufführung im September/Oktober 1985 an der Mailänder Scala).

Für das Westberliner Schillertheater richtet er im selben Jahr Schillers »Wallenstein«-Trilogie ein; Premiere seiner Fassung, die das Original erheblich zusammenschrumpfen läßt, ist am 5./6. April 1985 (Regie: Klaus Emmerich). In einem Interview mit Olivier Ortolani räumt er anschließend ein, das Projekt sei gescheitert, obwohl er versucht habe, *noch etwas Einfluß zu nehmen auf das Resultat. Es ist alles gescheitert. Totales Scheitern an einem Staatstheater und an der Misere eines Staatstheaters, da war nichts zu machen.*

1985 bearbeitet er (auf der Grundlage einer Übersetzung von Marie Gignoux-Prucker) Bernard-Marie Koltès' Stück »Quai West«. Die deutschsprachige Erstaufführung findet am 26. November 1986 am Schauspielhaus Bochum statt. Sie wird ein Flop. »Quälend zieht sich der Abend hin, da die verquaste Sprache lediglich wichtigtuerische Hohlheiten verkündet«, meint Dieter Westecker in der »Westdeutschen Zeitung« vom 28. November 1986. Die Kritiker sind sich nicht klar, ob es nur an der Inszenierung von Nicolas Brieger oder auch an Müllers Vorlage liegt, daß sich lähmende Monotonie und Langeweile breitmachen. Bereits in der Pause leert sich das Theater auf sichtliche Weise. Die Übriggebliebenen aber stiften freundlichen Beifall.

Die Qualität von Müllers Übersetzung ist von Frank Heibert in »Theater heute« schon vorab geschmäht worden, der von einem »(drohenden) Stück-Mord« sprach. Dem schließen sich fast alle Kritiker, die Zeuge der Aufführung werden, an. Müller habe sich, so Hans Jansen in der »Westdeutschen Allgemeinen« vom 28. November 1996, »für ein hochstilisiertes Gemisch aus krudem Jargon und Kunstidiom entschieden« und, so Günther Hennecke im »Bayerwald-Bote« vom 2. Dezember 1986, Koltès' »typenmäßig gegliedertes Französisch in schwerste deutsche Sprachgewänder« geschlagen, »ja sie darin fast erstickt«. Müllers Bearbeitung sei mit ihrer »gestelzten Kunstsprache«, den »Verschachtelungen und gelegentlichen Ausflügen in den Fäkalbereich« eine »Zumutung«, heißt es bei Klaus Lamza in der »Recklinghäuser Zeitung« vom 2. Dezember 1986. Einzig Konrad Schmidt vermerkt, daß Müllers Übersetzung »in der gespielten Fassung verständlicher, schöner, als Heiberts Kritik erwarten ließ«, sei. Immer wieder wird zudem darauf verwiesen, daß Müller ja kein Wort Französisch spreche. Daß er eine Interlinearübersetzung als Vorlage benutzt, ist allerdings so ungewöhnlich nicht.

Ende Oktober 1987, auf einer Podiumsdiskussion mit Patrice Chéreau, der sich gerade zu einem Gastspiel an der Freien Volksbühne in Berlin aufhält, erklärt Müller »die Kritiker seiner Übersetzung [...] alle für Idioten, Theaterleiter, die seinen Text nicht nachspielen, inbegriffen« – so das Resümee von C. Bernd Sucher, der indes nicht gerade als Müller-Fan bekannt ist.

1986 schreibt Müller für einen Wallraff-Abend am Hamburger Thalia-Theater am 4. Juni die Schlußszene: *Ali im Wunderland*, 1987 für eine Aufführung von Hebbels »Nibelungen« an derselben Bühne einen *Prolog zu ›Kriemhilds Rache‹*.

Im selben Jahr wünscht sich Udo Lindenberg, den Müller seit 1985 kennt, daß Müller für ihn das Libretto einer Rockoper schreibt; es bleibt aber bei einem Gedicht für ein Plattencover, das immerhin mit 1000,– DM honoriert wird. Fortan besucht Müller den Deutschrocker manchmal im Hamburger Interconti-Hotel, wo Lindenberg ein Dauerappartement bewohnt, und raucht auf seine Rechnung eine Davidoff Nr. 1 für 80,– DM.

Im August 1987 wird im Rahmen der Salzburger »Sommerszene« Müllers 1986 verfaßtes Dramolett *Kanakenrepublik* aufgeführt.

Immer häufiger erfolgen auch Einladungen zu Vorträgen und

Diskussionen im In- und Ausland. Tina Glitz, die Müller als Diskutant in West wie in Ost erlebt hat, bezeichnet es Ende 1986 als bewundernswert, »wie gut Müller die Regeln der beiden Welten beherrscht, für jedes Publikum findet er genau den Ton, der jeweils gehört und verstanden werden kann«. Eine der ersten internationalen Tagungen, die er als Referent besucht, ist das im Dezember 1978 in New York von der Modern Language Association veranstaltete erste Forum zur »Frage des Postmodernismus«, auf dem auch David Antin, Julia Kristeva und Ihab Hassan das Wort ergreifen. 1984 nimmt Müller zusammen mit dem Theaterwissenschaftler Ernst Schumacher und dem Regisseur Christoph Schroth am Internationalen Theatertreffen in Delphi, im Februar 1985 zusammen mit Andrzej Wirth, Robert Wilson und Robert Brustein in Cambridge/Mass. nach der Premiere von »the CIVIL warS« (Kölner Teil) am American Repertory Theatre an einer Podiumsdiskussion teil, Ende Juni 1986 am 49. Internationalen P. E. N.-Kongreß in Hamburg. Am 17. November 1986 diskutiert er zusammen mit Regisseuren, Theater- und Literaturwissenschaftlern bei einer Veranstaltung der Dramaturgischen Gesellschaft im Theatersaal der Hochschule der Künste in Westberlin über den »dramaturgischen und szenischen Umgang« mit seinen Texten. Gekommen sind außerdem der Germanist Hans-Thies Lehmann, B. K. Tragelehn, Robert Wilson, Fritz Marquardt. Im März 1987 ist er Gast bei einer Podiumsdiskussion des Schauspiels Bonn am Vorabend von Elfriede Jelineks »Krankheit«. Auf der internationalen Schriftstellertagung »Berlin – ein Ort für den Frieden« hält er Anfang Mai 1987 eine kurze Rede über die Reformen in der Sowjetunion und die *Hypothek des Stalinismus* in der DDR. Am 6. Oktober 1987 bringt der Verleger Alexander Wewerka Müller und Erich Fried zu einem Gespräch zusammen, das anschließend auch im Druck erscheint.

Vom 8. bis 10. Oktober 1987 ist Müller unter den zwanzig europäischen Schriftstellern, die als Redakteure drei Tage lang die Berliner »tageszeitung« gestalten, von der Schlagzeile bis zum Sportkommentar. Mit dabei sind u. a. Hans Magnus Enzensberger, Rolf Hochhuth, Elfriede Jelinek, Wolfgang Koeppen, Alexander Kluge, Gabriele Goettle, Gisela Elsner; zu den auswärtigen Korrespondenten gehören Johannes Mario Simmel, Erich Fried und Györgi Konrád. Enzensberger und Müller sind »Chef vom Dienst«. Außerdem fällt Müller die Aufgabe zu, für die Ausgabe vom 8. Oktober Günter Wallraff, den *postmodernen Robin Hood aller Erniedrigten, Gedemütigten und Beleidigten*, zu interviewen. Wallraff war soeben von »konkret«-Herausgeber Hermann L. Gremliza der von ihm selbst gestiftete Karl-Kraus-Preis verliehen worden, dessen Annahme mit der Bedingung verknüpft ist, daß der Preisträger ab sofort keine Zeile mehr schreibt und einen nützlichen Beruf ergreift. In seiner Preisrede hatte Gremliza ausgeführt, daß es sich bei dem Autor Wallraff um eine – zu einem beträchtlichen Teil von ihm, Gremliza, unterstützte – Fiktion handle: Seine Bücher hätten andere geschrieben. Müller erfindet für sein Interview u. a. die Schlagzeile: *Deutsche Linke im Beißkrampf.* Sein abschließender Kommentar lautet: *Nach dem Gespräch mit Wallraff und der Lektüre von Gremlizas Karl-Kraus-Preisrede gegen ihn wünschte ich, sowohl die Wallraffs als auch die Gremlizas kämen im Dutzend vor. Feuer und Wasser auf der einen Seite, Feuer und Wasser auf der andern und hinter ihnen gegen sie der gemeinsame Feind. [...] Es gibt Lagen, in denen Wahrheit entsteht, wenn die Kamera wackelt, das beweist auch dieser traurige Stellvertreterkrieg.*

Am 23. April 1988 hält Müller eine vielbeachtete Rede bei den Shakespeare-Tagen in Weimar *(Shakespeare eine Differenz)*, Mitte Juni moderiert Reinhard Baumgart in Berlin ein Gespräch mit dem jahrgangsgleichen Hans Magnus Enzensberger sowie mit Dieter Wellershoff und Adolf Muschg über »Literatur heute«, die »Krise der Moderne« und den vermeintlichen Mangel an literarischen Stoffen. Im Juli 1988 liest Müller in der Münchner Galerie Sabine Knust anläßlich der Vorstellung einer im Maximilian Verlag erschienenen Ausgabe von *»Wolokolamsker Chaussee«* IV und V mit Lithographien von A. R. Penck in einer gemeinsamen Veranstaltung mit dem Künstler und seiner Band.

Im Sommer 1988 gibt es in Westberlin eine dreiwöchige Müller-Werkschau mit Gastspielen (u. a. aus Paris, Amsterdam,

Brüssel, Florenz, Athen, Warschau, Sofia), Lesungen, einer Ausstellung, Videoaufzeichnungen, Diskussionen, Vorträgen und einem dreitägigen Symposium. Die Auswahl »konzentrierte sich auf die späten Stücke und dramatischen Ersatz-Texte«, resümiert Sibylle Wirsing am 19. Juli 1988 in der »Frankfurter Allgemeinen Zeitung«. Eine Theaterkompanie aus Amsterdam versucht sich sogar an den *»Gesammelten Irrtümern«*, Müllers 1986 erschienenen Interviews. Aus der DDR gibt es nur Inszenierungs-Videos zu sehen, doch ist immerhin für Müllers *»Lohndrücker«*-Inszenierung im Ostteil der Stadt ein Kartenkontingent reserviert, und ein Werkschau-Bus bringt die Zuschauer sogar zu Aufführungen nach Dresden (*»Anatomie Titus«)* und Schwerin (*»Wolokolamsker Chaussee«).*

Besonders fruchtbar gestaltet sich die Kooperation mit dem Wiener Bühnenbildner Erich Wonder, dem Frankfurter Komponisten Heiner Goebbels und dem texanischen Theaterkünstler Robert Wilson. Bereits 1978 gestaltet Müller am Düsseldorfer Schauspielhaus gemeinsam mit Erich Wonder das Projekt *»Rosebud«*. Wonder, 1944 als Sohn einer »durch und durch sozialistischen Familie« im burgenländischen Jännersdorf geboren, kommt von der Malerei, war dann eine Zeitlang Assistent von Wilfrid Minks in Bremen. Er schafft Bühnenräume von seltener Intensität, die den Stücken, für die sie gemacht werden, sehr nahe stehen. Zugleich sind es auf distanzierte Weise selbständige Kunstwerke, keine Illustrationen der Bühnenhandlung. Besonders gefällt Müller, daß Wonder *seine Räume auf ein geometrisches Grundmuster zurückführt, dem Bühnenraum eine bestimmte Struktur zugrundelegt. Seine Räume sind nie einfache Abbildungen oder gar Nachahmungen realer Räume. Sie geben vielmehr Koordinaten an, innerhalb derer Personen agieren, Handlungen ablaufen und Konflikte ausgetragen werden. MAeLSTROMSÜDPOL*, ein Gemeinschaftsprojekt Erich Wonders, Heiner Goebbels' und Heiner Müllers, eröffnet am 11. Juni 1987 die VIII. documenta in Kassel. Müller hat dazu einen Text verfaßt, in dem Motive der Erzählung »Die Abenteuer des Arthur Gordon Pym« von Edgar Allan Poe verarbeitet sind. Es sei für sie *eher ein Spielzeug* gewesen, *außerhalb des Kulturbetriebes.*

Heiner Goebbels, 1952 in Neustadt an der Weinstraße geboren, hat mehrere Texte Müllers *vertont* – was für ihn heißt, *den Text mit Kompositionen einzuschließen, und dann aufzubrechen und mit der Musik zu lesen.* Für *»Die Befreiung des Prometheus. Hörstück in 9 Bildern«*, eine Gemeinschaftsproduktion von Hessischem Rundfunk und Südwestfunk aus dem Jahr 1985, erhalten Autor und Komponist am 13. Mai 1986 den Hörspielpreis der Kriegsblinden sowie den Prix Italia-Spezialpreis. Es gebe *ein ungelöstes Problem mit Texten und neuer Musik*, sagt Müller mit Blick auf die vielen Vertonungsversuche. Tatsache aber bleibt, daß kein anderer Theaterautor der Gegenwart so viele Musikdramatiker inspiriert hat. Paul Dessau, Siegfried Matthus und Friedrich Goldmann gehören ebenso dazu wie Wolfgang Rihm, Luigi Nono, Luca Lombardi, Jens Josef und die »Einstürzenden Neubauten«. »Die Aufführungspraxis ist karg, aber das ist ein eigenes Kapitel.« Müllers Meinung dazu gegenüber Monika Beer: *Einige bringen Geld. Ansonsten glaube ich, daß Paul Dessau recht hat, der da meinte, daß meine Texte nicht zu vertonen sind, ganz einfach weil sie zu dicht sind.*

Den amerikanischen Theateravantgardisten Robert Wilson hat Müller 1977 in Kalifornien kennengelernt; Anfang 1979 trifft er ihn in Westberlin wieder. Das Allroundtalent Wilson, dessen künstlerische Karriere im therapeutischen Theater wurzelt, inszeniert an der Schaubühne am Halleschen Ufer »Death Destruction & Detroit«, und Müller besucht eine der offenen Proben. *Er war während des Durchlaufs völlig bekifft. Er saß am Mischpult und spielte wie ein Kind mit Licht und Ton. Das war ganz faszinierend.* Im März 1983 besucht er zusammen mit Margarita Broich die Premiere von »Golden Windows« in den Münchner Kammerspielen. Im Juni trifft man sich beim Theater der Nationen in Köln, wo Wilson »Man in the raincoat« inszeniert, *eine Schnellproduktion nur für das Festival.* Anschließend bietet ihm Wilson die Mitarbeit am deutschen Teil des Welttheaterprojekts »the CIVIL warS: a tree is best measured when it is down« an, das als künstlerischer Beitrag wie Kontrapunkt zu den Olympischen Sommerspielen in Los Angeles 1984 gedacht ist. Auslöser des Projekts sind

Fotografien aus dem amerikanischen Bürgerkrieg 1860–1865. Wilson: »Ich [...] wollte mit einem deutschen Schriftsteller arbeiten, da sagte Ivan Nagel, ›Warum arbeitest du nicht mit Heiner, der ist der beste.‹ Ich schrieb ihm einen Brief und fragte ihn, ob ihn das interessieren würde, und er sagte ja.« Müllers Mitarbeit am Text (er steuert eine Textcollage zu Friedrich dem Großen, zum Zusammenhang von Preußentum und Pathologie bei) wird allerdings durch eine Augenerkrankung stark beeinträchtigt. Premiere ist am 19. Januar 1984 am Kölner Schauspielhaus. Fünf Wochen später besucht Müller Wilsons Proben-Workshop in einem Bergkloster bei Marseille. Im Februar 1985 schaut er sich in Boston die Aufführung von »CIVIL warS« an; anschließend macht er mit Margarita Broich vier Wochen Urlaub in New York und Kalifornien. Für den 13. März notiert sie: »Flug von San Francisco nach Las Vegas. Wir besuchen den Grand Canyon. Heiner hat keine Zigarren und leidet. 14. März. Wir fliegen trotz Schneesturm nach Las Vegas zurück, weil Heiner keine Zigarren hat!«

Auch wenn Müller die Bedeutungsträchtigkeit von Texten nie in Frage stellt, während sie Wilson minimiert bzw. ganz bestreitet, verbindet beide das Interesse am Surrealen, auch an künstlerischen Drogenerfahrungen. Wie Wilson, von dem er gelegentlich eine Prise Kokain annimmt, interessieren ihn Drogen wegen der Entgrenzung der Wahrnehmung. Über die Arbeitszusammenhänge hinaus kommen sich der Autor und der Bühnenkünstler so auch menschlich nahe; für beider weltzugewandtes und in vielen Dingen naives Naturell ein nicht unwichtiger Faktor. Es sei *fast eine Art von erotischer Beziehung* entstanden, sagt Müller. Außerdem besitzen beide eine enorme Trinkfestigkeit: *Wir haben natürlich auch viel gesoffen. Während der Proben, nach den Proben, vor den Proben.* Alkohol ist für Müller ein Stimmungsmacher, bei Theaterproben unverzichtbar. Beim Schreiben dagegen könne man ihn eigentlich *nur in Notsituationen* gebrauchen. *Morgens ein Whisky ist ganz gut, aber beim Schreiben selbst dann möglichst nicht trinken*, verrät er im Sommer 1993 dem »Stern«.

Wilsons minutiös ausgetüftelte theatralische Konstruktionen in Raum und Zeit entziehen sich einer interpretierenden

Gesamtsicht. Seine teilweise infantil anmutenden Assoziationen und Arrangements, ohne vermittelbare Bühnenrealität und nacherzählbare Fabel, erscheinen beliebig, alles verbleibt im Atmosphärischen und Ungefähren, in der Zelebrierung von Stimmungen und Gefühlen. Aber für Müller bedeutet Wilsons Umgang mit seinem *Material* eine langersehnte Befreiung. Seine vom japanischen Bunraku-Theater inspirierte Trennung der Bühnenelemente Sprache, Licht und Ton, sein Umgang mit Zeit auf der Bühne, das aus Drogenerfahrungen resultierende Hauptmoment seines Theaters (das Regiebuch für *»Hamletmaschine«* läßt aus drei Sekunden Echtzeit 20 Minuten Bühnenzeit werden), haben Müllers weitere Theaterarbeit wesentlich geprägt und sein Stückeschreiben davon befreit, *sich von Theaterkonventionen unter Druck gesetzt zu fühlen. Ich schreibe nur, was ich schreiben will, und es ist egal, ob Theater damit etwas anfangen können oder nicht.*

Das »Bündnis mit Robert Wilson«, sagt Benjamin Henrichs, sei ein Versuch gewesen, »vom eigenen zentnerschweren Theater in ein verantwortungslos schwebendes zu kommen«. Urs Jenny meint sogar: »Ein Regisseur ist Heiner Müller erst durch Robert Wilson geworden: Ihm hat er abgeschaut, wie man durch rigorose, scheinbar sinnfeindliche Formalisierung einen Text zu seltsam nachhaltiger Wirkung bringt; ihm eifert er nach.« Für Wilson machen Erklärungen die Welt ärmer, daher hat er vor nichts mehr Angst als vor allzu klarer Eindeutigkeit der Interpretation. Der Text ist für ihn nur eine Struktur im Raum, weshalb er ihn nicht anders als Licht, Ton oder Dekor behandelt, als ein Element unter anderen. Das ermöglicht ihm den Weg zu einem anderen Umgang mit dem Text, auf den das europäische Theater traditionell fixiert ist. *Seine Hauptfrage ist immer: ›Isn't it too obvious?‹ Das ist die Angst vor der planen Bedeutung, die man sofort benennen kann. Und da hat er recht, es muß immer ein bißchen daneben sein, denn dann siehst du es genauer.* Beide sind sich darin einig, »daß Bewegung nie die Worte illustrieren darf und daß eine Inszenierung ›nicht die Bedeutung der Worte, sondern ihre Idee darstellen‹ sollte«.

»Heiners Texte«, sagt Wilson 1986, »haben so viele Bilder in ihren Worten, daß man einen bestimmten Raum braucht, um die Bilder zu sehen. Deshalb arbeite ich genauso, wie ich immer gearbeitet habe. [...] Bei Müller [...] möchte man, daß die Leute über die Wörter nachdenken und darüber, was sie bedeuten.« Bei einem Auftritt in Taormina spricht er 1994 von seinem Ansatz, »auf der Bühne ein Hörspiel und einen Stummfilm zusammenbringen zu wollen – und daß er Emotionen kenntlich zu machen suche, indem er Müller-Texte gelegentlich ohne Ansehen des Inhalts dreifarbig markiere: gelb für Haut, blau für Fleisch und rot für Knochen. Das meiste sei am Ende gelb, manches blau, weniges rot.« »›Ich mag Heiners Arbeiten, weil sie nicht Antworten geben, sondern Fragen stellen. Weil es nicht einen Weg gibt, sie durchzulesen. Nicht, weil sie zeitlos wären – sondern weil sie voll von Zeit sind, full of time. Because you can get lost in them‹«, zitiert Matthias Pees den Künstler.

Wilsons erste Inszenierung eines Müller-Textes erfolgt im Rahmen seines »Medea«-Projekts. 1986 folgt *»Hamletmaschine«* in New York und Hamburg, ebenfalls 1986 *»Bildbeschreibung«* im Rahmen seines »Alcestis«-Projekts (Uraufführung am 12. März am Loeb Drama Center in Cambridge/ Mass.; weitere Aufführungen u. a. in Bobigny und Stuttgart), 1987 *»Quartett«* im Schloßtheater Ludwigsburg (Musik: Christoph Eschenbach). Die geplante Zusammenarbeit bei »Death Destruction & Detroit II« für die Berliner Schaubühne am Lehniner Platz im gleichen Jahr kommt nicht zustande, Müller will für Wilsons Bilder-Theater kein Text gelingen. Unter den Texten, die Müller für Wilsons »Forest«-Projekt, das 1988 in Berlin, München und New York zu sehen ist, ausgesucht hat, ist nur ein einziger von ihm selbst verfaßt, und der stammt mehr oder weniger von Martin Wuttke, wie dieser erzählt: »Er hatte eine totale Schreibblockade und konnte nicht schreiben. Er schlug allerdings Texte von E. T. A. Hoffmann vor und eigene alte Texte.« Im Sommer 1988, nach der Rückkehr von einer Brasilien-Reise, trifft Müller sich mit Wuttke, der zwischenzeitlich von Margarita Broich eines Dritten wegen verlassen worden ist, in einer Kneipe:

»Zwei verlassene Liebhaber diskutierten über ihr Problem.

Ich ging mit Heiner, nachdem ich mit ihm eine Nacht durchgesoffen hatte, morgens zu Probe, beide völlig verkatert, und Heiner kam zu mir und fragte: ›Was hast du heute nacht geträumt?‹ Und wenn man viel getrunken hat, träumt man nicht, und ich sagte: ›Ich habe nichts geträumt.‹ – ›Doch, du hast irgendwas geträumt.‹ Und irgendwann sagte ich: ›Ja, ich habe kurz vorm Aufstehen was geträumt.‹ Und er: ›Schreib's auf! So wie's dir in den Kopf kommt, schreib's auf.‹ Vor der Probe, während der Riesenstab sich sammelte und ich mich eigentlich umziehen mußte, saß ich und kritzelte auf ein Papier, was ich geträumt hatte, und das gab ich Heiner. Und Heiner gab es Bob Wilson. Und dieser Text steht heute im Programmheft von ›The Forest‹.«

Als Wilson für das »Zeitmagazin« vom 5. Juli 1991 fünfundzwanzig historische Persönlichkeiten als Sitzmöbel porträtiert, steuert Müller »Fußnoten« bei, »dunkle Assoziationen, spontane Gedanken«, wie Marie Hüllencremer einleitend notiert. *Gott ist die Wüste,* lautet Müllers Fußnote zum Saddam-Hussein-Stuhl – ein Zitat des mittelalterlichen Mystikers Meister Eckhart. Kafka bekommt den Vers *Ich hab zu Nacht gegessen mit Gespenstern*, den Müller anschließend für ein Stasi-Gedicht benutzt, Einstein das Gagarin-Zitat *Dunkel, Genossen, ist der Weltraum, sehr dunkel*, das in seinem letzten Stück wiederkehrt. Unter sein eigenes Stuhlporträt, eine Art Ottomane aus Holz, Schaumstoff und dunkelgrauer Seide, von Wilson »quartet sofa« betitelt, setzt er die schon in »Quartett« benutzte Sentenz »How to get rid of this most wicked body«.

Schlachtfelder der Liebe

»Quartett« / »Herzstück«

1980/81 entsteht, teils in Italien, unter dem Titel *»Quartett«* die Adaption des Briefromans »Les Liaisons Dangereuses« (1782) von Pierre Ambroise François Choderlos de Laclos. Ein *zwanzig Jahre alter Plan* sei es gewesen, sagt Müller 1982; aber erst jetzt gelangt er zur Ausführung. *Ich saß da in einer*

Villa bei Rom im obersten Stock. Angefangen hatte ich vorher schon, aber das letzte Drittel oder die zweite Hälfte ist da geschrieben worden, zum ersten Mal auf einer elektrischen Schreibmaschine. Das hatte Folgen für den Text. Er ist mehr ein Uhrwerk als andere Texte vorher. In den unteren Räumen wohnte meine Frau mit einem anderen Mann, der heftig in sie verliebt war. Sicher ging davon eine Energie aus. Ich hatte ein kleines Radio bei mir, im dritten Programm lief gerade eine Schubert-Serie. Und ich erinnere mich an das Lied, das da in der Nacht besonders eindrucksvoll war, aus der ›Schönen Müllerin‹, wo der Bach den Knaben zum Selbstmord einlädt. ›Und die Sterne da oben, wie sind sie so weit.‹

Obgleich es sich um einen kongenialen Extrakt aus Laclos' Roman handelt, hat Müller, wie er 1990 einräumt, das Buch *nie ganz gelesen*, seine *wesentliche Quelle* sei Heinrich Manns Vorwort zu seiner Übersetzung (»Gefährliche Freundschaften«, Leipzig 1905) gewesen. Er habe diesen Text *in den 50er Jahren in einem Essayband gelesen, Heinrich Mann, ›Geist und Macht‹, und den Roman brauchte ich dann eigentlich gar nicht mehr. Ich habe eigentlich nur drin geblättert und gesucht, was ich verwenden kann.* Mit geradezu animalischer Intuition habe er dann die richtigen Stellen gefunden. *Das ist ein Stoff, der an mir nicht vorbeigehen konnte. Oder der kam an mir nicht vorbei, sobald ich ihm begegnete, auf Grund meines genetischen Codes.*

Müllers *Hauptproblem* bei *»Quartett«* ist, eine *Dramaturgie* für den Briefroman zu finden. *Das ging schließlich nur über das Spiel, zwei spielen vier.* Die Dramaturgie kommt 1980 durch Christof Nels' *»Mauser«*-Inszenierung in Köln, als Müller zu entdecken meint, daß *»Quartett« die gleiche Struktur* wie *»Mauser«* haben müsse.

Im Unterschied zu Laclos, der die Darstellung des sittlichen Verderbens seiner Zeit mit einem moralischen Besserungsanspruch verbindet, interessieren Müller die Täter, die ruchlose Marquise de Merteuil und der nicht minder zynische Vicomte de Valmont, die ihre Partner lediglich instrumentalisieren. Sie sind die gegenüber den Opfern interessanteren, »moderneren« Charaktere. Müller extrahiert aus seiner Vorlage den Vernichtungskampf zwischen Mann und Frau, zeigt Terror und Gewalt im Bereich intimster menschlicher Beziehungen. Den Stoff, der bei Laclos vier Bände füllt, reduziert er auf einen zwanzigseitigen Dialog zwischen dem einstigen Liebespaar Merteuil und Valmont, das sich einen spielerischen Machtkampf mit mehrfachem Rollentausch liefert, der jeder Schuldfestlegung der beiden Akteure den Boden entzieht. Dabei hat der Mann per se leichte Vorteile, die die Frau nur mit List kompensieren kann. Seine physische Überlegenheit läßt die Frau an einer Stelle schließlich den Vorschlag machen: *Wollen wir einander aufessen, Valmont, damit die Sache ein Ende hat, bevor Sie ganz geschmacklos werden.* Damit kündigt sich gleichzeitig das dramatische Finale des Spiels an.

Während ihn selbst die tugendhafte Präsidentengattin Madame de Tourvel reizt, soll Valmont auf Wunsch der Marquise ihre Nichte, die junge Volanges, verführen: *Ich habe Sie nicht in die Freiheit entlassen, damit Sie auf diese Kuh steigen, Valmont.* Schließlich willigt Valmont ein: *Wann geben Sie ihre jungfräuliche Nichte zur Besichtigung frei, Marquise.* Wie um seine Bereitschaft zu belohnen, inszeniert die Marquise daraufhin Valmonts Verführung der Tourvel, indem sie in seine Rolle schlüpft, während Valmont anschließend den Part der Tourvel übernimmt. Im Verlauf des Spiels offenbart sich, daß es sich um ein beiden wohlbekanntes Ritual handelt und jeder mit dem Rollenverhalten des anderen Geschlechts völlig vertraut ist.

Danach spielt Merteuil auf Initiative Valmonts die Rolle ihrer jungfräulichen Nichte, die den Verführungskünsten Valmonts bald erliegt. Am Ende steht ihre physische *Vernichtung*. Nun fordert Merteuil von Valmont das *Damenopfer*, woraufhin dieser in der Rolle der Tourvel deren Selbstmord imaginiert. Merteuil verwandelt das Spiel in Wirklichkeit, indem sie Valmont ein Glas mit vergiftetem Wein reicht: Sein Tod ist der *Tod einer Hure. Jetzt sind wir allein / Krebs mein Geliebter.*

Müllers Orts- und Zeitangaben *(Salon vor der Französischen Revolution/Bunker nach dem dritten Weltkrieg)* steuern einer historischen Festlegung entgegen. Nur an einer Stelle zeigt sich ein Aufschein der Französischen Revolution: *Die Zeit ist das*

Loch der Schöpfung, die ganze Menschheit paßt hinein. Dem Pöbel hat es die Kirche mit Gott ausgestopft, wir wissen, es ist schwarz und ohne Boden. Wenn der Pöbel die Erfahrung macht, stopft er uns nach. Der Geschlechterkampf wird in seiner Version zu einer tödlichen Auseinandersetzung, die die gesamte Geschichte der menschlichen Gattung begleitet. In einem Gespräch mit Matthias Matussek und Andreas Roßmann hat Müller seine desillusionierend-destruktive Sicht des Themas gerechtfertigt: *Wenn ich über irgendein Thema schreibe, interessiert mich nur das Skelett daran. Hier hat mich interessiert die Struktur von Geschlechterbeziehungen freizulegen, wie ich sie für real halte, und die Klischees, die Verdrängungen zu zerstören. Auch wenn ich selbst, in meinem Sexualleben von Illusionen lebe, kann ich, wenn ich darüber schreibe, diese Illusionen nicht berücksichtigen. Mein Hauptimpuls bei der Arbeit ist die Zerstörung. Also anderen Leuten das Spielzeug kaputtmachen. Ich glaube an die Notwendigkeit von negativen Impulsen.*

Am 6. Mai 1981 gibt henschel Schauspiel das Manuskript zwecks Genehmigung an das Ministerium für Kultur. Die Uraufführung erfolgt in Müllers Anwesenheit am 7. April 1982 am Schauspielhaus Bochum; Regie führt B. K. Tragelehn. *Es gab eine ganz schöne Publikumsreaktion: Eine Familie saß im Theater, Mann und Frau mit ihrer noch nicht ganz reifen Tochter, vielleicht fünfzehn, vierzehn Jahre alt, und Vater und Mutter hielten der Tochter immer abwechselnd die Augen und die Ohren zu. Wirklich, keine Übertreibung! Im Besucherbuch, das da für das Publikum lag, war eine der schönsten Eintragungen: ›Dieses Stück ist eine Schweinerei, der Intendant sollte aufgehängt werden.‹ Der Intendant war Peymann.*

Bis zur DDR-Erstaufführung müssen noch einige Jahre vergehen. Einer baldigen Bühnenrealisierung stehen diesmal keine politischen Bedenken im Wege, sondern eher ästhetisch motivierte Abneigungen. In Müllers Darstellung liest sich das so: Mitte der 80er Jahre habe Alexander Lang *»Quartett«* am Deutschen Theater inszenieren wollen, was vom Ministerium abgelehnt worden sei. *Das Argument war: ›Den Müller muß man manchmal vor sich selber schützen.‹* Der lange Arm des Ministeriums habe sogar bis nach Skandinavien gereicht: *Eine Aufführung war in Finnland geplant. Die Intendantin eines Theaters dort wollte das aufführen, auch selber mitspielen. Ein Regisseur aus der DDR, der schon öfter in Finnland gewesen war und da auch inszeniert hatte, sollte das machen, aber er kriegte plötzlich kein Visum nach Finnland. Der hat sich dann erkundigt und folgendes rausgekriegt: Die Intendantin war in die DDR-Botschaft bestellt worden. Der Kulturattaché fragte sie: ›Sagen Sie, Sie wollen wirklich dieses Stück inszenieren?‹ Sie antwortete: ›Ja, ich will auch selber spielen‹ und so. Darauf der Attaché: ›Sie können doch nicht so ein Stück spielen, das ist doch Pornographie. Haben Sie nicht den ›Stern‹ gelesen? Da hatte Peymann in einem Interview im Zusammenhang mit der Aufführung gesagt – als Reklamespruch natürlich – ›Das obszönste Stück der Saison‹. Das war der Beleg dafür, daß es Schweinerei war.* Tatsächlich hatte Peymann das Stück »den deftigsten Anschlag auf die Erotik im Theater« genannt; was nun freilich gerade das Gegenteil meint.

Die zögerliche Haltung der zuständigen Stellen in der DDR kann nicht verhindern, daß *»Quartett«* rasch auf die europäischen Bühnen gelangt: Noch im Uraufführungsjahr wird es in Eindhoven und Gent gespielt, 1983 dann in Mailand, Wien, Bern und London, 1984 folgt Madrid, 1985 Nanterre (Regie: Patrice Chéreau), 1987 Stockholm. Es sei von Müller durchaus als »well-made play« geplant gewesen, als Stück, das endlich einmal die großen Tantiemen bringen sollte; »Müllerscher Broadway« eben, sagt Karlheinz Braun. Robert Wilson geht sogar so weit, zu behaupten, *»Quartett«* sei »auf eine Weise eine Seifenoper, wie eine amerikanische Seifenoper, ›Dallas‹ oder so«. Müller selbst räumt ein: *»Quartett« ist doch auch wirklich eine Komödie. Aber es gibt eine so feierliche Haltung dem Text gegenüber, die die Leute daran hindert, die Klamotte zu entdecken. Dabei ist da doch auch ›Charleys Tante‹ drin.* Die Minimalbesetzung mit zwei Darstellern in einer einzigen Dekoration habe gewiß zum Erfolg beigetragen, wie natürlich auch das *bißchen Schweinerei und so.*

Seine DDR-Premiere erlebt *»Quartett«* schließlich am 1. April 1988 am Berliner Theater im Palast [der Republik]. Unter der

Regie von Bernd Peschke spielen Manfred Ernst und die Intendantin, Vera Oelschlegel. Der Dramaturg Gregor Edelmann spricht im Programmheft von einem feudalen »Endspiel«: »In sich ist ›Quartett‹ eine Tragödie, die den Zustand von Welt, den status quo von Alternativlosigkeit und Bedrohung am Ende der Epoche beschreibt.« Als wollten sie dies persönlich bekräftigen, setzen sich eineinhalb Jahre später der Regisseur und der Hauptdarsteller über Ungarn in den Westen ab. In einem – wie Müller witzelt – *einmaligen humanitären Akt* liest der Autor daraufhin im Oktober 1989 die Rolle des Valmont selber. 1991 inszeniert er das Stück selbst am Deutschen Theater, als Teil seines *»Mauser«*-Abends, 1994 noch einmal am Berliner Ensemble.

Gewissermaßen ein Seitenstück zu *»Quartett«* ist *»Herzstück«*, das Müller 1981 in der Kantine des Bochumer Schauspielhauses für Karlheinz Brauns Projekt der »Minidramen« schreibt, eine Anthologie von Dramoletten, die 1987 in der »Theaterbibliothek« des Verlags der Autoren erscheint. Die Uraufführung des aus siebzehn kurzen Sätzen bestehenden Stücks erfolgt im Rahmen des Theaterabends »Unsere Welt« am 7. November 1981 in Bochum, sie dauert immerhin neunzig Minuten. Regie führen Manfred Karge und Matthias Langhoff:

Das fing genau um Mitternacht vor dem Schauspielhaus in Bochum an, auf einem Podest, da ist ein ziemlich weiträumiger Platz. Auf dem Podest stand ein Flügel, und an dem Flügel saß ein Schauspieler, der konnte auch wirklich Klavier spielen. Und dann kam ein Bus der Städtischen Verkehrsbetriebe, aus dem stieg der zweite Schauspieler mit seiner Geige, und der konnte Geige spielen. Und der kam auf das Podium, und dann spielten sie sich mit dem Dialog gegenseitig an, und am Ende wurde der Geiger von dem Pianisten auf dem Flügel geschlachtet, und er holte ihm aus der Brust einen großen Ziegelstein. Ein Zuschauer wurde ohnmächtig. Das war der größte Erfolg.

Diese Aufführung gastiert 1982 beim Theatertreffen Berlin und im Mai/Juni 1983 auf dem Heiner-Müller-Festival des HOT-Theaters in Den Haag.

21 Heiner Müller Ende der siebziger Jahre

22 Theaterplakat 1975

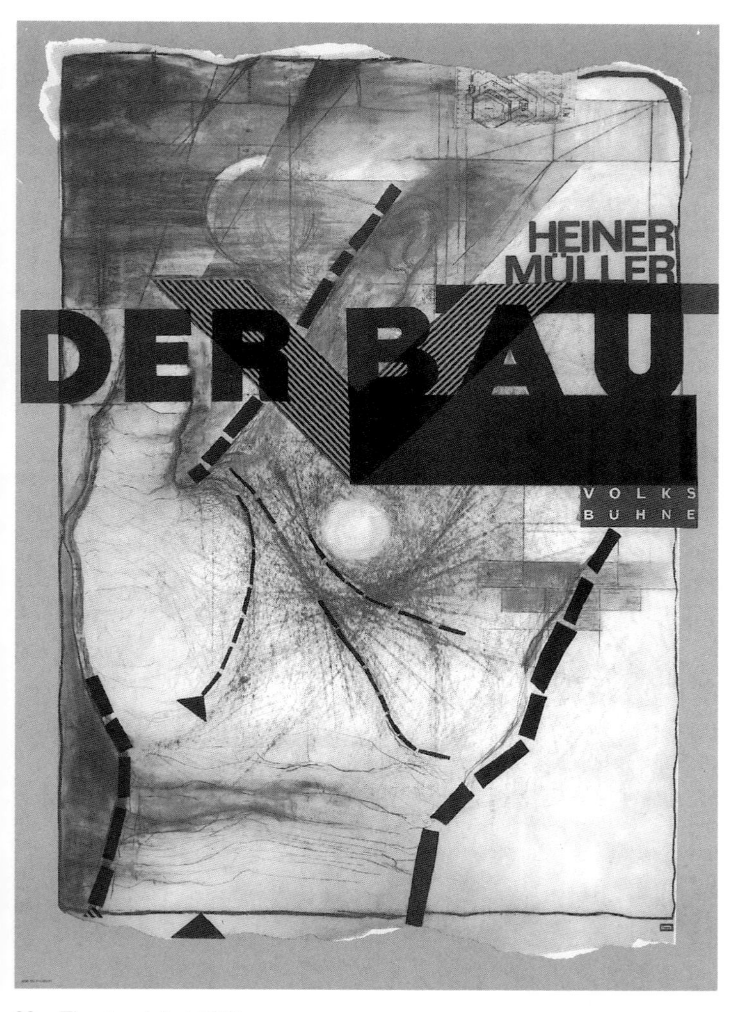

23 Theaterplakat 1980

24 Theaterplakat 1980

25 In Austin, Texas, mit Ginka Tscholakowa (links) und Freunden, 1976

26 Mit Jean-Luc Godard und Ginka Tscholakowa in Texas, 1976

27 Mit Volker Braun in der Kantine des Berliner Ensembles bei der Premierenfeier von »Fatzer«, Juni 1987 (Foto Vera Tenschert)

28 Mit Fritz Marquardt (rechts) und Robert Wilson im Berliner Ensemble, 1989 (Foto Vera Tenschert)

29 Mit Margarita Broich, Februar 1984

30 Am Deutschen Theater, Berlin, Sommer 1987

31 Am Strand von Ahrenshoop, Darß, Dezember 1987
(Foto Sibylle Bergemann)

32 In den Ruinen des Aphrodite-Tempels in Delphi, 1987
(Foto Ernst Schumacher)

33 Auf dem Berliner Alexanderplatz während der Demonstration für Presse- und Meinungsfreiheit am 4. November 1989 mit den Schauspielern des Deutschen Theaters Ulrich Mühe (links) und Volkmar Kleinert (Foto Thomas Sandberg)

34 Mit Christa Wolf, März 1991 (Foto Günter Prust)

35 Mit Stefan Hermlin, Oktober 1991 (Foto Günter Prust)

36 Das Direktorium des Berliner Ensembles.
Von links: Fritz Marquardt, Heiner Müller, Peter Palitzsch, Peter Zadek, Matthias Langhoff, Februar 1993 (Foto Bernd Uhlig)

37 Mit dem Schauspieler Martin Wuttke bei der Premierenfeier von »Arturo Ui« in der Kantine des Berliner Ensembles am 3. Juni 1995 (Foto Bernd Uhlig)

38 Mit Brigitte Maria Mayer, 1995 (Foto Konrad Hoffmeister)

39 Heiner Müller 1993 (Foto Jens Neumann)

40 Heiner Müller 1991 (Foto Stephan Suschke)

»Verkommenes Ufer Medeamaterial Landschaft mit Argonauten«

Unter dem Titelungetüm integriert Müller Material aus einem Zeitraum von mehr als dreißig Jahren. Eine »erste«, Ginka Tscholakowa gewidmete Fassung, ist auf den 29. Mai 1982 datiert. Nur ein paar Zeilen, sagt er 1983 in einem »Spiegel«-Gespräch, seien neu. Es ist ein sehr persönliches Stück, nicht nur, weil sich im dritten Teil ein Ich-Erzähler ins Eigenverhör nimmt, der bereits die Katastrophen vorauserleidet, an denen die Menschheit am Ausgang des Jahrhunderts arbeitet *(WAS BLEIBT ABER STIFTEN DIE BOMBEN)*. Von Hellmuth Karasek und Urs Jenny befragt, ob es sich um ein »autobiographisches Gedicht« handle, stimmt Müller sofort zu. Aus alten und neuen Materialien hat er einen Text geformt, der mit Motiven aus der griechischen Mythologie die von ihm erlebte Problematik des Mann/Frau-Verhältnisses durchspielt. Es sei nicht seine *erste Beschäftigung mit Medea* gewesen, der Stoff habe ihn *schon lange interessiert*. Nach der 1974 geschriebenen *»Pantomime« »Medeaspiel«* habe er bereits ein zur Publikation allerdings ungeeignetes Medeaspiel in Prosa verfaßt.

An literarischem Material verwendet Müller die »Medea«-Versionen von Euripides, Seneca und Jahnn. Dabei interessiert ihn nicht wenig, daß die Geschichte von Jason *der früheste Mythos einer Kolonisierung* ist, *jedenfalls bei den Griechen*. Wenn Jason von seinem Schiff erschlagen werde, mithin der Kolonisator durch das Vehikel der Kolonisation, deute das auf das Ende der Kolonisierung. Insofern enthält also auch dieser finstere, von blinder Kausalität beherrschte Text ein utopisches Moment.

Die Bilder zu Beginn des ersten Teils beruhen, so Müller, auf einem konkreten Erlebnis, einem Badetag zusammen mit seiner Frau Inge an einem See bei Strausberg. Das Gedicht *»Sie hocken in den Zügen ...«*, das die zweite Hälfte des ersten Teils einleitet, ist Müller zufolge 1949 im Anschluß an eine Fahrt von Frankenberg nach Berlin geschrieben worden; in den verächtlichen Wendungen (*Ihre Weiber stellen das Essen warm hängen die Betten in die Fenster bürsten / Das Erbrochene aus dem Sonntags-*

anzug Abflußrohre / Kinder ausstoßend in Schüben gegen den Anmarsch der Würmer) manifestiere sich seine *Angst vor der Ehe*.

Der Dialog im 2. Teil sei *fast das Stenogramm eines Ehestreits* mit Inge, um 1958 in Lehnitz geschrieben. Der anschließende Monologteil Medeas ist laut Ginka Tscholakowa 1982 in Berlin entstanden. In der Sentenz *Mit diesen meinen Händen der Barbarin / Händen zerlaugt zerstickt zerschunden vielmal / Will ich die Menschheit in zwei Stücke brechen / Und wohnen in der leeren Mitte Ich / kein Weib kein Mann*« sei, so Müller, ein Nietzsche-Zitat versteckt, das er beim Blättern in einem Nachlaßband entdeckt habe. Den dritten Teil, *Landschaft mit Argonauten*, habe er 1981/82 in Bochum geschrieben, während seiner Inszenierung von *»Der Auftrag«*, hineingewebt habe er ein Erlebnis und die Nacherzählung eines Traums, den er in Belgrad geträumt habe; als *Jugoslawischer Traum* zugleich eine Anspielung auf Titos Dritten Weg zwischen Kapitalismus und Sozialismus: *Die Alte mit dem Tragholz war eine Frau in Belgrad im Supermarkt, in schwarzer Bauernkleidung, ihr Tragholz, mit dem sie früher wohl die Wassereimer geschleppt hatte, behängt mit den Produkten deutscher Sauberkeit, Persil und Ajax und so weiter. [...] Das war für mich so ein Bild für diesen Dritten Weg, der Rest war ein wirklicher Traum, ganz exakt aufgeschrieben – das mit den Leichenschwestern, die Umweltkatastrophe und der VW. Es war ein Volkswagen, der auseinanderbrach, dann kam ein Wolf raus und das kaputte Kino. Also das ist alles Traum, ein bißchen aufgemotzt vielleicht.*

Der erste Teil, *Verkommenes Ufer*, für den sich Müller als Schauplatz eine Peepshow *bei laufendem Betrieb* vorzustellen vermag, läßt sich als ein aus Abfall und Abraum rekonstruiertes Porträt der frühen DDR oder, mit Müller, weiträumiger als *Männerteil* deuten: Die Beschreibung von Zivilisationsmüll an einem See bei Strausberg nahe Berlin, Dialogfetzen aus einem Eifersuchtsdrama, diskontinuierliche Reflexionen eines von Alltagsbeobachtungen angewiderten S-Bahn-Passagiers und eine Reminiszenz an das Kriegsende bezeichnen Fundstücke auf der *Spur / Flachstirniger Argonauten*. Es ist ein Text ohne Handlung, ohne Rollen, den Genia Schulz »als Auseinandersetzung und Fortsetzung zu Eliots ›Waste Land‹« liest. Mit der Anspielung auf Jasons Unfalltod in der Mitte und mit der Charakteristik Medeas in den letzten Versen schafft Müller den Übergang zum zweiten, *Medeamaterial* betitelten Teil. Darin knüpft er nun deutlicher sichtbar an den antiken Stoff an: Nach den Sehnsuchtsgeständnissen und Schuldvorwürfen einer kriselnden Ehe bilanziert Medea in einem langen haßerfüllten Monolog die furchtbaren Opfer der Vergangenheit. Die imaginierte Vernichtung ihrer Rivalin und die Ermordung der beiden gemeinsamen Kinder bezeichnet das Ende ihrer Unterwerfung, das freilich in seiner Ungeheuerlichkeit keine Hoffnung zu vermitteln vermag. Der dritte Teil, ein nicht interpunktierter, geradezu maschinenhaft abschnurrender Monolog in dichter traumartiger Diktion, knüpft an die männlichen Gewalt- und Sexualphantasien des ersten Teils an: In *Landschaft mit Argonauten* wirft der Ich-Erzähler (der, wie Müller anmerkt, als ein kollektives Ich begriffen werden soll, womit die Verantwortung der menschlichen Gattung angesprochen ist) einen apokalyptischen Blick auf die globale Heillosigkeit einer auf Verschwendung und Verschleiß gebauten Endzeitzivilisation: Variationen des Nachdenkens über verwüstete Seelen in einer zerstörten Welt.

Bereits im Entstehungsjahr wird der Text zweimal publiziert, im Jahr darauf folgen Nachdrucke in »Theater heute« und »Theater der Zeit«. Die Uraufführung findet am 22. April 1983 in Bochum statt, Regie führen ein weiteres Mal Karge und Langhoff. *Es spielten eigentlich nur drei Personen. Der erste Teil, die Amme, der zweite Teil, Medea/Jason, und der dritte Teil Jason. War also sehr klein gehalten, aber eine aufwendige Inszenierung, viel Bühne und viel Apparat, Musik – eher eine Collage aus Musik- und Tiergeräuschen, Waldgeräuschen.* Binnen weniger Jahre kommt es auch im Ausland zu zahlreichen Aufführungen (u. a. Wien, Brüssel, Rom, Amsterdam und Genf).

»Verkommenes Ufer« ist ein Stück ganz ohne Chronologie eines Handlungsablaufs, das in drei voneinander unabhängigen Zeitabläufen Gegenwart, Vergangenheit und Zukunft anspricht und, wie Müller anmerkt, *den Naturalismus der Szene* braucht. Einprägsame szenische Bilder liefert er nicht mit,

vielmehr bedarf er der Phantasie seiner Regisseure. B. K. Tragelehn etwa trennt 1989 in seiner Düsseldorfer Inszenierung das Publikum nach Geschlechtern in zwei Chöre, Chorführer sind die Schauspieler.

Müllers komprimierte Sinnhaftigkeit und scheinbare Hermetik lädt allerdings auch zu inszenatorischer Willkür ein. Ein Beispiel für solchen Umgang ist Michael Klettes Inszenierung am Aachener Stadttheater, die 1996 sogar zum 15. NRW-Theatertreffen eingeladen wird. Bei der anschließenden Diskussion erklärt der Regisseur in vielleicht einmaliger Offenheit: »Ich mochte Heiner Müller als Person, doch ich verstehe ihn nicht. In meiner Inszenierung von ›Medeamaterial‹ steckt überhaupt kein Gedanke, kein Plan dahinter, nicht einmal der Ansatz eines Gedankens. Müllers Text ist sehr kurz für eine zweistündige Aufführung, deshalb haben wir andere hinzugenommen, ganz willkürlich. Alles Zufall; die Auswahl der Texte hätte ich auch im Suff treffen können.«

»Bildbeschreibung«

»Bildbeschreibung« ist in Müllers Werk ein Beispiel für eine zwar nicht, wie er selbst nahelegte, »automatische«, aber gleichsam »maschinelle« Schreibweise: Marlies Janz weist darauf hin, daß Müller offenbar durch Michel Foucaults Beschreibung von Velasquez' »Hoffräulein« (»Meniñas«) zu seinem Text inspiriert wurde, den sie deswegen für eine »demonstrative Nachkonstruktion« hält. Müller beschreibt ein tatsächlich existierendes Bild: *Der Anlaß war eine Zeichnung, etwas koloriert, von einer Bühnenbildstudentin in Sofia. Sie hatte einen Traum gezeichnet. [...] Sie war eine Freundin von Ginka, die wir öfter mal besuchten. [...] Jedenfalls hat sie uns das gezeigt oder es lag herum, und ich habe sie gefragt, ob sie es mir geben könne, weil mir sofort eingefallen war, daß man damit etwas machen kann. Das war aber sehr lange, bevor ich anfing zu schreiben.* Die Niederschrift erfolgt zum größten Teil 1984 in der Wohnung von Nina Ritter in Mietenkam am Chiemsee, wo Müller mit Margarita Broich zu Gast ist. *Es gab ein Angebot*

vom ›Steirischen Herbst‹, 15 000 Mark für einen neuen Text, und ich hatte gerade diesen Text in Arbeit. Margarita Broich erinnert sich, daß Müller beim Schreiben einen »Hänger« hatte und – was damals sehr selten vorkam – zur Whiskyflasche griff. Dann habe er weiterschreiben können.

Das Interesse an fremden Träumen läßt Müller an dieses bildliche Traumprotokoll von Ginkas Freundin anknüpfen, die ganz naiv, ohne Kenntnis von psychoanalytischer Traumdeutung und ohne Wissen auch um die Sinnbildlichkeit der Dinge, eine Traummaske der sie bewegenden Gefühle gezeichnet hat: *Sie hatte Freud nicht gelesen, so daß das eins zu eins war, ohne jede Hemmung vor Symbolen. [...] Und dann kommt hinzu, sie konnte nicht gut zeichnen, jedenfalls konnte sie überhaupt nicht schraffieren und so was, und dadurch war es sehr direkt.* Die Vorlage selbst ist bedeutungslos: *Es hätte also auch eine andere Zeichnung sein können. Man kann aus jedem Bild, aus jeder Zeichnung – so harmlos sie ist – irgendwas Finsteres machen. Warum ich gerade damals zu diesem Zeitpunkt auf dieses Bild reagiert habe und nicht auf andere Bilder? Dafür kann man tausend Erklärungen finden, die nichts sagen. Ich könnte sagen, es hat etwas mit Sofia zu tun, mit meinem Verhältnis zu Ginka und so weiter.*

Das Bild, eine Tuschezeichnung in Schraffiertechnik, sparsam mit Wasserfarben getönt, etwas größer als DIN A 3, befindet sich in Berliner Privatbesitz: In der Mitte ein primitives würfelförmiges Haus; durch das weit geöffnete Fenster, hinter dem Umrisse eines Zimmers auszumachen sind, weht die Gardine, im Windstoß schwebt eine Feder; davor ein knorriger Baum mit einem Vogel in der belaubten Krone, darunter ein roh gezimmerter Tisch mit einer Obstschale und einem zerbrochenen Weinglas in einer dunklen Lache, halb darunter geschoben ein einfacher Stuhl, ein zweiter etwas weiter entfernt, umgestürzt. Aus der Eingangstür des Hauses tritt ein Mann mit rundem Kindergesicht, der einen zweiten, andersartigen Vogel trägt, sein Blick gerichtet auf die jüngere, langhaarige Frau im Vordergrund der rechten Bildhälfte mit versonnenem/verstörtem Blick, eine Halbfigur, die rechte Hand aus Verlegenheit oder Schutz vor der Brust, ihr kittelartiges Kleid an der

Schulter und am Ärmel zerrissen, auf der Wiese hinter ihr ein Gebilde, das einer exotischen Sumpfpflanze gleicht. Im Hintergrund eine Hügelkette, darüber ein blauer Himmel, in dem, den beiden Personen zugeordnet scheinend, zwei ungleich große Wolken schwimmen.

Das Bild weckt Interesse, weil es drei verschiedene Zeitstufen fixiert: eine Vergangenheit vor den Akteuren, den Moment der Bildgegenwart und ein früheres Geschehen. Auf das Letztgenannte verweisen das zerbrochene Glas, der umgeworfene Stuhl und das zerrissene Kleid des Mädchens; die Gegenwart wird durch das Heraustreten des Mannes bezeichnet, während die Landschaft außerhalb der zeitlichen Erfahrung eines einzelnen Menschen liegt.

Perspektive und Proportionen sind gelungen; die Plastik der Körper läßt zu wünschen übrig. Müllers Phantasie entzündet sich an den Unkorrektheiten der Zeichnung, sucht sich Raum in den Lücken der Bildgegenwart, assoziiert einen Zeitablauf, der sich mit den Einzelheiten des Bildes, und seien sie Kunst-Fehler, zur Deckung bringen läßt. Der unvollkommene Strich der Tuschfeder wird zum ernstgenommenen Bilddetail: Das mißglückte Vogelgeschöpf kann in diesem Licht *ein Geier sein oder ein Pfau oder ein Geier mit Pfauenkopf*, die unförmig modellierten Wolkengebilde, die als solche nur dadurch zu identifizieren sind, daß sie am Himmel schweben, mutieren zu Wolken *unbekannter Bauart, die linke größere könnte ein Gummitier aus einem Vergnügungspark sein, das sich von seiner Leine losgerissen hat, oder ein Stück Antarktis auf dem Heimflug*. Das verleiht Müllers surrealer *»Bildbeschreibung«* eine ironische Dimension.

Der Text, der in der Rotbuch-Ausgabe siebeneinhalb Seiten umfaßt, besteht aus einer Folge von atemlos miteinander verketteten Nebensätzen. In leichtem, heiterem Ton beschreibt Müller zunächst den nicht-menschlichen Teil des leicht zu überschauenden Tableaus: Himmel und Wolken, eine Landschaft mit spärlicher Vegetation, ein Haus, ein Tisch, ein Baum, ein Vogel im Geäst. Dramatik gewinnt die Schilderung durch die Interpretation einer Zeichenunsicherheit. Im Gesicht der jungen Frau entdeckt der Autor *eine Schwellung an der Wur-*

zel, vielleicht von einem Faustschlag. Mit einemmal kommt Bewegung in das Bild. Von dem, was er unmittelbar sieht, gelangt Müller zu immer neuen Assoziationen und Vermutungen, wobei jede neue Schicht der Beschreibung jeweils die vorige auslöscht: *Oder alles ist anders, das Stahlnetz die Laune eines nachlässigen Malstifts, der dem Gebirge die Plastik verweigert mit einer schlecht ausgeführten Schraffur.* Am Ende bringt sich der Betrachter selbst ins Spiel, stellt sich und auch den Beschreiber des Bildes durch Perspektivenwechsel selbst in Frage: *Wer ODER WAS fragt nach dem Bild, IM SPIEGEL WOHNEN, ist der Mann mit dem Tanzschritt ICH, mein Grab sein Gesicht, ICH die Frau mit der Wunde am Hals, rechts und links in Händen den geteilten Vogel, Blut am Mund, ICH der Vogel, der mit der Schrift seines Schnabels dem Mörder den Weg in die Nacht zeigt, ICH der gefrorene Sturm. [...] Insofern ist es fast ein Autodrama. Es ist wie ein Stück, das man mit sich selber aufführt, mit sich selber spielt. Der Autor wird sein eigner Darsteller, gleichzeitig sein eigner Regisseur und Schauspieler.*

Obwohl »*Bildbeschreibung*« kein Drama ist, sondern allenfalls Material darstellt, das von anderen theatralischen Möglichkeiten ergänzt werden muß, ist es bis heute erstaunlich oft aufgeführt worden. Offenbar provoziert der Text die theatralische Phantasie von Spielern und Inszenatoren gerade wegen seiner vollständig mit den Konventionen des Dramas brechenden Gestalt, die Räume schafft und sinnliche Einfälle erzwingt. Für die Uraufführung des Textes an den Vereinigten Bühnen Graz am 6. Oktober 1985 im Rahmen des »Steirischen Herbst« schlägt Müller Ginka Tscholakowa vor; Hans Joachim Schlieker entwirft das Bühnenbild. Im Programmheft erklärt die Regisseurin, bei der »Umsetzung« des Textes »ins Theatralische [...] den Begriff der menschlichen Psyche nach C. G. Jung als Modell« genommen zu haben. *Ich weiß nicht, ob es eine gute Inszenierung war*, erinnert sich Müller, *aber das Konzept war interessant. Es gab sechs Schauspieler, und die Grundidee war, daß die sich dauernd die Identität klauen.*

VIII. SCHAKALE UND ARABER

Wendezeit

»Anatomie Titus Fall of Rome«

Das umfangreiche Stück entsteht zwischen Mai 1983 und Frühjahr 84 in Berlin, Italien und Mietenkam als raffende Übersetzung und Bearbeitung von Shakespeares früher Tragödie »Titus Andronicus«, die einen mit hoher krimineller Energie und Grausamkeit geführten Kampf um die Macht im römischen Imperium beschreibt. In den Trümmern des Titels offenbart sich die Fragmentierung der Vorlage. »Titus Andronicus« scheint Müller als Rohmaterial besonders gut geeignet, weil es sich um ein *ziemlich krudes Stück* handelt, *sprachlich nicht auf der Höhe des späten Shakespeare*, das zudem, *weil die Oberfläche des antiken Rom nicht mehr bekannt ist*, Raum läßt für aktuelle Imaginationen.

Müller geht es in seiner Version nicht um Aneignung im Sinne einer Erbekonzeption, sondern um Nutzbarmachung eines Materials. Hauptzweck ist der *»Shakespearekommentar«* aus der Sicht dieses Jahrhunderts. *Das neue Rom heißt USA, Che Guevara ist das Kreuz des Südens*, steht schon in einem Brief an Dimiter Gotscheff vom 27. März 1983. Shakespeares Stück spielt in einer Zeit des inneren und äußeren Zerfalls, als Rom sich der Invasionsgefahr der »Barbaren« ausgesetzt sieht. In der Konfrontation der urbanisierten römischen Zivilisation mit dem kriegerischen Volk der Goten, *die aus Wald / Und Steppe an den Trog der Städte drängen / Von Wölfen dezimiert Mißernten Stürmen*, entdeckt Müller jenen Aspekt, den er schon in *»Gundling«, »Hamletmaschine«* und *»Quartett«* herausgearbeitet hatte: *Was mich an dem Stoff vor allem interessiert hat, das war der Einbruch der Dritten Welt in die Erste Welt.* Das *große Rom, die Hure der Konzerne* steht für die Untergangsgesellschaft der Alten und Neuen Welt, die *Goten* für eine anrückende Armee von Hungernden der Dritten Welt. Das läßt ihn nach dem Mauerfall sagen, *»Anatomie Titus«* sei *im Moment ein ungeheuer aktueller Text.*

Der Plan dazu war alt, wie immer. Ich hatte eine Vorstellung davon seit meinem ersten Aufenthalt in Rom und seit dem CIA-Putsch gegen Allende mit der Verwandlung von Fußballstadien in Konzentrationslager und Begegnungen mit Jugendbanden von New York bis Rom. Das war um 1973, rund *zehn Jahre* vor der Niederschrift. Ursprünglich hatten Karge und Langhoff in Bochum »Julius Caesar« in Müllers Neuübersetzung inszenieren wollen. Das wurde dann, nach dem Regierungswechsel in Bonn, fallengelassen: *Dann haben die den Plan aufgegeben, weil am 1. 10. 1982 die Koalition in Bonn gekippt und Schmidt als Bundeskanzler gestürzt wurde. Karge/Langhoff hatten Angst, daß ›Julius Caesar‹ dadurch eine platte Aktualität kriegen könnte.* Für Müller eröffnet sich, nicht zuletzt wegen des Termindrucks, die Möglichkeit, erstmals eine Prosaübersetzung von Shakespeare zu machen:

Da habe ich dann ›Titus‹ vorgeschlagen, weil ich damit irgendwie schon schwanger ging. Jetzt war aber noch weniger Zeit. Der Termin für ›Caesar‹ stand schon fest, und nun mußte statt dessen ›Titus‹ bearbeitet werden. Ich habe das relativ schnell gemacht. Der ganze erste Akt erschien mir bei Shakespeare unerträglich. Das ist sehr schwerfällig, sehr auf Dekor und Rhetorik, es war mir einfach zu langweilig, das zu übersetzen, also eine Gelegenheit, diese alten Vorstellungen zu probieren und mal einen Shakespeare-Akt zu erzählen, mit Dialogeinsprengseln. […] Und dann wurde die Zeit immer knapper, so daß immer mehr Shakespeare stehen blieb, die Prosateile und Kommentare immer kleiner wurden. Dadurch hat es ein bißchen ein Ungleichgewicht. Das ergibt auch eine Inszenierungsschwierigkeit. Man muß den ersten Teil ganz anders inszenieren als den zweiten. Als einheitliche Sache geht es nicht. […] Es war auch eine schöne Inszenierung, meistens war ich dabei.

Das Ganze, so Müller, habe ihm *ungeheuren Spaß gemacht, war einfach eine schöne Arbeit, mit viel Lust verbunden. Die ist auch drin im Text. Und ich glaube, es ist ein sehr schöner Text, jetzt nur mal vom Ästhetischen her. Gerade nach diesen kom-*

primierten, etwas elitären Gebilden war es eine kleine Ausschweifung, auch nach unten, in die Niederungen, die das Theater auch braucht und hat.

Weil der Probenbeginn aufgrund einer Verletzung des Schauspielers Gert Voss verschoben werden muß, eröffnet sich für Müller die Gelegenheit, sich von der reinen Übersetzung zu lösen. Ohne den Handlungsablauf aufzugeben, kann er mit der Vorlage frei umgehen: Ganze Szenenkomplexe werden erzählend, bisweilen auch kommentierend, zu Versberichten zusammengefaßt. Der Kommentar hat das erste und das letzte Wort. Er greift in den Text ein, baut ihn um, überdeckt die Monologe der Schauspieler, deutet voraus, gibt Regieanweisungen und schafft Gelegenheit zur aktualisierenden Interpretation. Wörtliche Anachronismen im Text wie *Schlägertrupp, Wellblech, Frischfleisch, Banken, Würstchenbuden, Bierzelt, Fußballstadien, Kinderchöre, Panzerketten* wirken dabei wie Sprengsätze, die den Text in die Gegenwart öffnen. Müller beschreibt den Kommentar *als Mittel, die Wirklichkeit des Autors ins Spiel zu bringen*; in der Aufführung solle er *nicht an einen Erzähler delegiert werden*, denn er sei *Drama, nicht Beschreibung*. Die Zeitebene des Shakespeare-Textes und des Erzählers (der durch Druck in Versalien markiert ist) müßten als *Einheit* aufgefaßt werden. Durch die Mischung von Dialog- und Erzählebene entsteht ein Text, dessen Fabel löchrig geworden, dessen dramatische Struktur zerfallen, durch den dauernden Wechsel der Perspektive fragmentarisch geworden ist, und der dennoch bis zum Schluß seiner Vorlage verpflichtet bleibt.

Nach einem erfolgreichen Feldzug des römischen Heers unter dem Feldherrn Titus Andronikus werden die Gotenkönigin Tamora und die Gotenfürsten im Triumph nach Rom gebracht. Das Unheil hebt an, als Tamoras ältester Sohn auf Vorschlag von Titus' Sohn Lucius zur Buße seiner einundzwanzig im Krieg gefallenen Brüder im Sinne von Roms grausamem Totenkult geopfert wird. Weil er den anhaltenden Streit zwischen den beiden Söhnen des Kaisers um die Herrscherkrone beenden will, schlägt Titus' Bruder, der Volkstribun Marcus Andronikus, vor, Titus die Wahl treffen zu lassen, der sich zugunsten des ältesten Herrschersohnes, Saturnin, entscheidet, der daraufhin zum Dank Titus' Tochter Lavinia zur Gattin erwählt. Als Bassian, der unterlegene Kaisersohn, sich darauf beruft, daß er mit Lavinia verlobt war und sich sowohl Marcus als auch Titus' Söhne dieser Auffassung anschließen, kommt es zum Streit des Vaters mit seiner Familie, auf dessen Höhepunkt Titus seinen Sohn Mutius im Affekt erschlägt. Saturnin, Titus' Beliebtheit beim Volk fürchtend und insgeheim gekränkt, aus seiner Hand die Krone empfangen zu haben, nutzt den *Familienkrieg*, um den Vertrauensbeweis seines Feldherrn abzuweisen, ihn samt seiner Sippe zu verstoßen und sich die schöne Gotenkönigin zur Frau zu wählen. Tamora veranlaßt Saturnin, Titus und seine Familie zu begnadigen; vorgeblich aus Milde, tatsächlich aber, weil sie aus Rache das ganze Geschlecht der Androniken vertilgen will: *Ich finde einen Tag zu schlachten sie alle / Und auszureißen ihren Stamm den Bluthund / Von Vater die Verräter seine Söhne*. Ihr Liebhaber, der Schwarze Aaron, unterstützt sie dabei, wobei seine Intrige darauf zielt, aus dem schwelenden Konflikt der Parteien eigene Vorteile zu ziehen, langfristig seinen mit Tamora gezeugten Sohn in Amt und Würden zu bringen.

Danach läuft, Shakespeare immer wieder zitierend, die Vernichtungsmaschine des Stücks ab, die in der letzten Szene mit der Ermordung der beiden Söhne Tamoras, Lavinias, Tamoras, Titus' und Saturnins sowie der Hinrichtung Aarons endet. Heike Müller-Merten, Dramaturgin bei der DDR-Erstaufführung, hat die Toten gezählt: »Die in den Schlachtfeldern verbliebenen Söhne des Titus Andronikus mitgerechnet, gibt es im Stück 35 Leichen, abgehauene Köpfe, abgehackte Hände, eine herausgeschnittene Zunge, Vergewaltigungen und Kannibalenschmaus.« Wie bei Shakespeare verhelfen die Goten Titus' Sohn Lucius zur Kaiserkrone, aber bei Müller bricht am Ende wieder ein neuer Konflikt auf: Als der *neue Kaiser Roms* sie *reich beschenkt* wieder in ihre *Steppe* entläßt, deuten sie an, in Rom bleiben zu wollen, woraufhin sein aggressiver Rassismus hervorbricht. Die Spirale aus Rache und Gewalt wird sich weiterdrehen, die Goten, von der Metropole in Dienst genommen und von ihr nach getaner Schuldigkeit entlassen, werden diese am Ende erobern, ohne indessen die bewährten Unterwerfungs- und Ausbeutungsverhältnisse umzustürzen. Der Kollaps des Nordens wird durch keine Revolution herbeigeführt, sondern Werk jener Massen aus den Hinterhöfen der Metropolen sein, die ihren Anteil am Reichtum verlangen und bereit sind, sich ihn herauszuschneiden. Im Text werden sie Goten, Hunnen *(Späher Attilas)* oder Neger genannt, beliebige Decknamen für Kolonisierte und Diskriminierte überall auf der Welt.

In der radikalen Destruktion, die seinen Angriff auf die versklavende (Un-)Ordnung der Weißen zu einem antirassistischen Rassismus verschärft, ist Aaron keine Vorbildfigur, hat seine Rache nichts mit der Romantisierung von Befreiungsbewegungen der Dritten Welt zu tun; Müller vermeidet jede eurozentristische Exotik. Zwischen Römern und Goten verläuft keine sittlich-moralische Demarkationslinie. Das wird von ihm in einer Nachbemerkung betont, die die Austauschbarkeit fordert: *Kein Monopol auf Rolle Maske Geste Text.*

Die Uraufführung durch Karge und Langhoff erfolgt am 14. Februar 1985 am Schauspielhaus Bochum. Urs Jenny im »Spiegel« tadelt sie als »schaubudenhaft plump, dröhnend, hölzern«. Die Regie habe mit ihrer »postmodernen Sperrmüll-Ästhetik« im Verlauf von vier Stunden »alle widersprüchlichen Empfindungen« niedergehämmert. Müller räumt ein, daß es ein Fehler gewesen sei, die Inszenierung vom Großen ins Kleine Haus zu verlegen. *Dort war es [...] einfach zu dicht am Publikum, das war zu grell, zu grob. Es braucht ein Großes Haus und den Abstand.* Vier Wochen nach der BRD-Premiere sieht henschel-Schauspiel den Zeitpunkt gekommen, das Bühnenmanuskript beim Kulturministerium einzureichen. Es gibt keinerlei Genehmigungsschwierigkeiten. Regie bei der DDR-Erstaufführung am 3. Juli 1987 am Staatsschauspiel in Dresden (Probebühne Astoria) führt Wolfgang Engel. Inzwischen ist das Stück schon in Kapstadt zu sehen gewesen.

»Mann im Fahrstuhl«

Die achtziger Jahre bringen Müller im In- und Ausland Anerkennung auf der ganzen Linie. Jetzt, da er die Fünfzig bereits deutlich überschritten hat, vollzieht sich sein Aufstieg zum Weltautor – vorbereitet durch eine Vielzahl kleiner Schritte. In seiner Heimat steht zunächst Versöhnung und Wiedergutmachung für erlittene Unbill auf dem Plan. 1984 wird Müller gemeinsam mit Volker Braun zum Mitglied der Akademie der Künste der DDR gewählt. Das bedeutet nicht nur zusätzliche fixe Einkünfte von 800,– Mark monatlich, es ist auch ein ermutigendes Signal. *Es gab den üblichen Kaufpreis, zwei, drei andere mußten mit hinein, damit wir gewählt werden konnten. Vorher waren ich und Volker Braun immer nur vorgeschlagen, dann aber auf der Regierungsebene abgelehnt worden.* Im Mai 1984 darf Müller für ein Honorar von 120 Mark im Rahmen der IV. Werkstatt-Tage des DDR-Schauspiels aus seiner »Fatzer«-Bearbeitung lesen, 1985 in den Räumen der Akademie erstmals vor einem größeren Publikum aus *»Germania Tod in Berlin«*.

Danach ist der Westen am Zug: Am 18. Oktober 1985 erhält Heiner Müller für seine »sprachgewaltigen, bildkräftigen Theaterstücke sowie für seine provokative Theaterarbeit«, so der Jurytext, den damals mit 30 000 DM dotierten Georg-Büchner-Preis der Deutschen Akademie für Sprache und Dichtung in Darmstadt. Unter den Ehrengästen ist der Bundespräsident, Richard von Weizsäcker, was Müller nicht wenig schmeichelt; die Laudatio hält Helmut Krapp, einst Dramaturg von Harry Buckwitz in Frankfurt, jetzt einer der »Bavaria«-Direktoren. Nach Reiner Kunze (1977) und Christa Wolf (1980) ist Müller erst der dritte DDR-Autor, der den angesehensten deutschen Literaturpreis zugesprochen bekommt. Auf die Frage des Basler Dramaturgen Frank Feitler am Vorabend der Verleihung, ob er »keine Angst vor so einer Art ruhmvoller Vergipsung« habe, antwortet Müller:

Doch, denn das ist ja eine allgemeine Gefahr, daß Wirkung irgendwann durch Ruhm ersetzt wird. Ruhm ist ja weiter nichts als eine Etikettierung und wenn die Bronzebüste in Arbeit ist, muß man sehr aufpassen, daß man das Gesicht überhaupt noch bewegen kann. Und dann ist da auch das Erlebnis, das man zunehmend hat, daß Leute einen mit großer Verehrung behandeln und es stellt sich heraus, sie haben nie etwas gelesen von dem, was man geschrieben hat.

Müllers Dankrede ist Nelson Mandela gewidmet, dem berühmtesten politischen Häfling der Welt, mittlerweile im 21. Jahr auf der südafrikanischen Gefängnisinsel Robben Island. Sie verfolgt die Woyzeck-Spur bis in die Gegenwart Schwarzafrikas. Woyzeck, ein subbürgerlicher Massencharakter des 19. Jahrhunderts, für seinen Autor Büchner Repräsentant kollektiver sozialer Deklassierung, wird bei Müller zur Chiffre seiner Hoffnung auf die antiimperialistischen, antikolonialistischen Befreiungsbewegungen des Südens.

Einen derart poetisch-dichten und zugleich politisch brisanten Text (Ulrike Meinhof *mit dem blutigen Halsband der Marie* als *spätgeborene Braut* Kleists) hat noch kein anderer Preisträger abgeliefert. Traditionsgemäß wird *»Die Wunde Woyzeck«*, wie Müller seine Rede überschrieben hat, in der Wochenendausgabe der »Süddeutschen Zeitung« vom 19./20 Oktober 1985 gedruckt. Joachim Kaisers einleitender Kommentar nimmt den Preisträger, eigene Verunsicherung ausstellend, in Schutz: Man habe mit der Veröffentlichung erst »ein wenig gezögert«, denn diese Festrede mit ihren »aberwitzigen Assoziationssprüngen« sei alles andere als »logisch-diskursiv argumentierend«. Aber beim zweiten Lesen habe er erkannt, daß dies »Kunst-Prosa« sei, »die manchmal in lyrischen Rausch gerät«. Nach Joachim Fiebachs Einschätzung handelt es sich, wie im Fall der Shakespeare-Rede von 1990, um einen literarischen, sogar »dramatisch-theatralen« Text vom Typus *»Bildbeschreibung«* oder *»Verkommenes Ufer«:* Jeder Satz sei ein Bild, »gestisch geformt und montiert«. Mehrere Inszenierungen haben inzwischen erwiesen, daß *»Die Wunde Woyzeck«* tatsächlich theatralisch aufgelöst werden kann.

Der Büchner-Preis, der nur der Auftakt zu einer ganzen Reihe bedeutender Auszeichnungen ist, bringt Müller nicht nur weitere Reputation, er stärkt auch seine Position in der DDR. So kann er im November 1985 auf dem V. Kongreß des DDR-

Theaterverbandes die überfällige *Beteiligung der Autoren bei der Genehmigung oder Ablehnung von Stücktexten durch das Kulturministerium* einfordern. Der *böse Blick des Dramatikers* dürfe nicht als *pessimistisch* denunziert werden, denn er könne *den Zuschauer zum Kampf für eine bessere Welt motivieren*. Die DDR habe in ihrer kurzen Geschichte soviel künstlerische Energie freigesetzt wie kein Staat zuvor, ohne sie jedoch sinnvoll verwerten zu können: Die Talente wanderten ab. Dieser Aderlaß sei unentschuldbar. Noch spricht Müller nicht von einer Abschaffung der Zensur (der redet er im Mai 1987 auf der internationalen Schriftstellertagung in Berlin das Wort), weil ihm dies zur Zeit nicht durchsetzbar scheint. Aber er meint, die Parteiführung solle sich gefälligst etwas großzügiger und liberaler geben. Es dauert noch bis zum Frühjahr 1988, ehe der Kulturminister der DDR einen solchen »Beirat für Dramatik« einberuft, der den Minister »in allen Grundsatzfragen der Arbeit mit DDR-Dramatik« beraten soll und dem, wie die »Süddeutsche Zeitung« am 21. März 1988 meldet, auch Müller angehört.

Inzwischen hat Müller, im Oktober 1986, »für sein schriftstellerisches Gesamtwerk, insbesondere für seinen Beitrag zur Entwicklung der DDR-Dramatik«, den (mittlerweile von 100 000 auf 60 000 Mark reduzierten) Nationalpreis 1. Klasse der DDR, die höchste kulturelle Auszeichnung des Landes, erhalten – eine späte, längst überfällige Genugtuung. Es sei *ein Friedensangebot* der Partei gewesen, *eine Aufforderung zum Waffenstillstand*, und dafür bindet er sich zum Nadelstreifenanzug sogar noch eine Krawatte um, was ihn fast zu einem Double des Staatsratsvorsitzenden macht:

Das Schlimmste an der Zeremonie war, daß ich einen Schlips tragen mußte. Auffällig das tote Gesicht von Honecker [...], sein weicher, aber noch restproletarischer Händedruck. [...] Den Preis ablehnen wäre ein Affront gewesen und hätte, was ich vorhatte, schwieriger gemacht. Es ging nicht um Privilegien, sondern um Arbeit. Ein Jahr danach war ich der meistgespielte Autor in der DDR. Die Folge des Nationalpreises war einfach, daß kein Funktionär in irgendeiner Bezirksstadt dem Intendanten mehr sagen konnte: ›Müller nicht‹.

Und genau so kommt es auch. Zwischen 1986 und 1988 wächst die Zahl der Aufführungen von Müller-Stücken fast linear. Noch 1985 hatte Müller abschwächen müssen: *Ich bin kein erfolgreicher Dramatiker*. Zwei Jahre später ist er mit fast 300 Aufführungen in Ost- und Westdeutschland der meistgespielte deutschsprachige Theaterautor. 1988 verschiebt sich außerdem die Bilanz der Aufführungen erstmals zugunsten der DDR, gibt es hier erstmals mehr Müller-Aufführungen als in der Bundesrepublik: 1986 stehen 51 Aufführungen im Osten 129 im Westen gegenüber, 1987 beträgt das Verhältnis 124 zu 173, 1988 228 zu 225, 1989 245 zu 233.

Vom 19. Mai bis zum 4. Juni 1990 veranstaltet die Stadt Frankfurt mit einem Kostenaufwand von über 1,6 Millionen DM die »Experimenta 6«. Mit über 90 Veranstaltungen in siebzehn Tagen, die sämtlich Heiner Müller gewidmet sind, wird das Theaterfestival zur »bislang größten Werkschau« eines deutschen Gegenwartsschriftstellers. Für Roland Mischke in der »Hannoverschen Allgemeinen Zeitung« vom 7. Juni 1990 eindeutig keine kritische Bestandsaufnahme, sondern eine bizarre Huldigung: »Müller an verschiedenen zentralen Plätzen der Stadt. Müller auf sämtlichen Radio- und TV-Wellen. Müller als Medienspektakel.« Diese »Marathontour« werde »dem vielseitigen Dramatiker eher schaden als nützen: Müller-Übersättigung führt zu Müller-Abstinenz«. »Abstinenz« hatte es bis dahin allerdings genug gegeben: Von der Westberliner Werkschau 1989 abgesehen, ist es das erste Müller-Festival auf deutschem Boden. Vorangegangen ist im Juni 1983, in Anwesenheit des Autors, das »Heiner-Müller-Projekt« des HOT-Theaters in Den Haag mit zehn Inszenierungen von Bühnen aus Belgien, Bulgarien, BRD, DDR und den Niederlanden; ein Jahr später folgt unter dem Titel »Le cas Heiner Müller« ein kleines Theater-Festival in Avignon (10.–26. Juli).

Es ist die letzte auf der Basis des Kulturabkommens zwischen BRD und DDR zustandegekommene deutsch-deutsche Kulturveranstaltung. Geplant 1987, vorgesehen für Januar 1989, findet die »Experimenta« zwischen der Unterzeichnung des Staatsvertrages DDR-BRD und der Währungsunion statt. Dadurch, so Müller, seien siebzig der neunzig Veranstaltungen überflüssig geworden. Es sei dies auch ein Kennzeichen von *Verschleiß* gewesen, sagt er Monika Beer 1993, und man dürfe das nicht mit Erfolg verwechseln. *Die Wirkung kann nur darin liegen, daß man das Publikum spaltet. Wenn das Publikum harmonisch zusammenklingt, dann hat man Erfolg, aber damit ist die Wirkung vorbei.*

20 000 Besucher sehen sechsunddreißig aktuelle Inszenierungen deutschsprachiger Theater von fünfundzwanzig Müller-Stücken (etwa zwei Drittel des Gesamtwerks), dazu kommen Hörspiel- und Videovorführungen, Ausstellungen, Vorträge, Debatten und Konzerte. Bochum steuert ebenso wie das Berliner Ensemble *»Germania Tod in Berlin«* bei, aus Hannover kommt *»Macbeth«*, aus Karl-Marx-Stadt *»Der Bau«*, aus Nürnberg *»Philoktet«*, aus Frankfurt (Theater am Turm) *»Quartett«*, die Volksbühne zeigt *»Leben Gundlings«*. Müller selbst ist mit seinen Eigeninszenierungen von *»Lohndrücker«* und *»Hamlet/Maschine«* am Deutschen Theater vertreten. *»Bildbeschreibung«* ist mit zwei Inszenierungen aus Frankfurt, aus Essen und der Schweiz gleich viermal repräsentiert. Es gibt auch eine Uraufführung: Die Wiener Meisterschule für Bühnengestaltung (Leitung: Erich Wonder) hat über achtzig Räume installiert, in denen Otto Sander (vom Tonband) *»Der Bankrott des Großen Sargverkäufers«* liest.

Spektakulärste Aufführung ist eine Produktion des Theaters am Turm, die am 2. Juni 1990 Premiere hat: Drei für die westdeutsche Geschichte der Linken bedeutende Persönlichkeiten, Daniel Cohn-Bendit, der einstige Pariser Studentenführer vom Mai 1968 und nunmehrige Frankfurter »Grünen«-Stadtrat, Horst Mahler, ehemals APO- und RAF-Anwalt und wegen »Beihilfe« inhaftiert, und der Schriftsteller Christof Wackernagel, Ex-Mitglied der Rote-Armee-Fraktion, lesen an rotgedeckter Tafel *»Auftrag«*; vom Videoband spricht Ex-Politbüromitglied Günter Schabowski den *Mann im Fahrstuhl*:

Immer noch dienstbereit, aber nicht mehr tauglich. [...] Mir wird klar, daß schon lange etwas nicht gestimmt hat: mit meiner Uhr, mit diesem Fahrstuhl, mit der Zeit. [...] Was im Büro des Chefs geschieht, geht die Bevölkerung nichts an, die Macht ist einsam. [...] Nicht einmal im Dienst zu sterben ist mir vom Schicksal vergönnt, meine Sache ist eine verlorene Sache.

Im Februar 1988, siebenundzwanzig Jahre nach dem Ausschluß, erfolgt schließlich Müllers Wiederaufnahme in den Schriftstellerverband der DDR. Als am 9. Januar 1989 sein 60. Geburtstag im Deutschen Theater gefeiert wird, erreichen ihn aus aller Welt Glückwünsche. Auch die Führung der Staatspartei des eigenen Landes steht da nicht zurück: Unter den Gratulanten sind Willi Stoph als Vorsitzender des Ministerrats und Günter Schabowski, der 1. Sekretär der SED-Bezirksleitung Berlin.

Wetterzeichen

»Bildbeschreibung« und *»Anatomie Titus«* bezeichnen für den Dramatiker Müller, auch in seinen eigenen Stellungnahmen, den Endpunkt einer Produktionsphase von mehr oder weniger elitären Kunstgebilden, die Reflex seiner damaligen politischen Weltsicht sind. 1977, im Brief an Reiner Steinweg, hatte er seiner Überzeugung Ausdruck gegeben, *daß wir uns vom LEHRSTÜCK bis zum nächsten Erdbeben verabschieden müssen.* Sieben Jahre später löst er das Versprechen ein. Im Dezember 1985 sagt er im Gespräch mit Gregor Edelmann: *Es dreht sich jetzt etwas, es muß sich etwas drehen. Die Situation ist reif für Veränderungen. Das ist der Moment, wo wieder gelernt werden kann, gelernt werden muß. Da wird auch dieses Spielmodell Lehrstück wieder aktuell* – wobei Müller nicht an die *dialektischen Idealkonstruktionen* der Brechtschen Lehrstücke denkt, sondern an eine komplexere theatralische Struktur, die der Tatsache Rechnung trägt, daß es heute *viel größere Freiräume* gibt.

Dazwischen liegen acht Jahre, in denen wider Erwarten Bewegung in die Politik gekommen ist: Regelmäßige Versorgungskrisen, die Gewißheit, den Anschluß an die dritte industrielle Revolution verpaßt zu haben, nicht zuletzt das unter der Präsidentschaft von Ronald Reagan enorm forcierte Rüstungsprogramm der USA, die geplante Militarisierung des Weltraums (»SDI«), haben die Parteiführung der KPdSU unter starken Druck gesetzt. Indem er die Sowjetunion zu einer globalen Militärmacht hochrüstete und seine politischen Möglichkeiten (zuletzt in Angola und Afghanistan) nutzte, hatte Breschnew der sowjetischen Volkswirtschaft gewaltige Rüstungslasten aufgebürdet. In den letzten Jahren sind die jährlichen Zuwachsraten der sowjetischen Wirtschaft stetig zurückgegangen, hat sich der Abstand im Bruttosozialprodukt zu den USA, der Europäischen Gemeinschaft und Japan merklich vergrößert. Hinzu kommen die üblichen Verschleißerscheinungen des Machtmonopols: Korruption, Machtmißbrauch, Schattenwirtschaft, organisierte Kriminalität. Die UdSSR steckt in einer tiefen Krise, die durch Repression allein nicht mehr zu meistern ist.

Breschnews Tod am 10. November 1982 bringt mit Juri Andropow, dem langjährigen Chef des KGB, einen reformwilligen Parteiveteranen ins Amt des Generalsekretärs, der gewillt ist, mit dem bürokratisch-diktatorischen Herrschaftsstil der Vergangenheit zu brechen. In seinem Auftrag sorgt das bis dahin im Westen nahezu unbekannte Politbüromitglied Michail Gorbatschow dafür, daß eine Reihe von korruptionsverdächtigen Ministern und Gebietssekretären ihr Amt verliert. Der 51jährige, aus der Region Stawropol im Kaukasus stammende Gorbatschow ist als Sekrektär des Zentralkomitees bisher für Reformen in der Landwirtschaft zuständig gewesen.

Als Andropow am 9. Februar 1984 stirbt, folgt ihm der 73jährige Konstantin Tschernenko; nach dessen Tod am 10. März 1985 wählt das Zentralkomitee Gorbatschow zum Generalsekretär. In seiner Antrittsrede vom 11. März verspricht er, die unter seinen Vorgängern ausgearbeitete strategische Linie zur langfristigen Überwindung der ökonomischen und gesellschaftlichen Misere fortzuführen. Die Plenartagung des ZK der KPdSU am 23. April 1985, die erste unter Gorbatschows Leitung, wird zur Wendemarke zwischen der bald als »Stagnationsperiode« geschmähten Breschnew-Ära und der nun folgenden Aufbruchphase. Anspruch und Tragweite seiner Reformpolitik formuliert Gorbatschow am 2. August 1986 in einer aufsehenerregenden Rede vor dem regionalen Parteiaktiv in Chabarowsk, in der er die geplante »Umgestaltung« als veritable »Revolution« definiert. Es komme darauf an, mit dem bisher üblichen Arbeitsstil, der durch unzureichende Kritik, Offenheit und Verantwortung gekennzeichnet sei, zu brechen. Das Zentralkomitee habe deshalb einen Prozeß der Kritik und Selbstkritik und der Offenheit entfacht. »Offenheit ist keine einmalige Maßnahme, sondern eine Norm des gegenwärtigen sowjetischen Lebens, ein ständiger, ununterbrochener Prozeß.«

In einer Rede auf dem Januar-Plenum des ZK der KPdSU vom 27./28. Januar 1987, die von Ost und West als »historisch« eingestuft und Chruschtschows Geheimrede von 1956 an die Seite gestellt wird, fordert Gorbatschow eine umfassende Demokratisierung der sowjetischen Gesellschaft, geheime Wahlen innerhalb wie außerhalb der Partei mit Nominierung mehrerer, durch Urwahl zu bestimmender Kandidaten, die Erweiterung der Rechte der Gewerkschaften und eine allgemeine Stärkung der Rechtssicherheit. Die Bildung von Genossenschaften sollte unterstützt werden. Es gehe um nicht weniger als um eine wirkliche Wende mit revolutionären Maßnahmen: »Wir brauchen Demokratie wie die Luft zum Atmen. Wenn wir dies nicht begreifen, und selbst wenn wir es begreifen, aber keine wirklichen ernsthaften Schritte [...] unternehmen, dann wird die Umgestaltung ersticken.«

Zentrales Politikziel ist für Gorbatschow die intensive und dynamische Entwicklung der Volkswirtschaft, eine Beschleunigung des wissenschaftlich-technischen Fortschritts und nicht zuletzt eine tiefgreifende Umgestaltung bei der Wirtschaftsplanung und -leitung. Kern der Reform ist die Verlagerung umfassender ökonomischer Entscheidungs-, Handlungs- und Verfügungskompetenzen von den zentralen und mittleren Planungs- und Leitungsorganen auf die Betriebe, die Überführung der Planungsbürokratie in eine regulierte Marktwirtschaft. Doch die ökonomische Modernisierung ist nicht ohne Öffnung der Gesellschaft nach innen und außen zu haben, denn für die Umgestaltung werden kreative, leistungsbereite Bürgerinnen und Bürger gebraucht. Deshalb soll der Willensbildungsprozeß in Staat und Partei mit Hilfe der Medien transparent gemacht und der Bevölkerung so die Möglichkeit einer besseren Mitsprache gegeben werden. Versprochen werden eine nie dagewesene Erweiterung der Bürgerrechte und -freiheiten und eine offene Publizistik. Es ist der Versuch der Etablierung eines völlig neuen demokratischen Systems der Macht und der Verwaltung, wobei an der Partei als führender Kraft festgehalten wird. Um dies durchzusetzen, scheut Gorbatschow nicht die Auseinandersetzung mit den höchsten Kadern der Partei. Binnen kurzem wird ein großer Teil der Mitglieder des Sekretariats und der Abteilungsleiter des ZK der KPdSU erneuert und nahezu das gesamte Präsidium des Ministerrats der UdSSR ausgewechselt. Erinnerungen an die atemberaubenden Reformen in der ČSSR im Frühjahr 1968 werden wach, aber auch an die gewaltsame Unterdrückung des »Prager Frühlings«. Nur geht diesmal der Impuls vom Machtzentrum des Warschauer Pakts aus.

Zur Absicherung seines Reformkonzepts, das im Westen vor allem unter den Schlagworten »Perestroika« (russ. »Umbau«) und »Glasnost« (russ. »Öffentlichkeit«) bekannt wird, bemüht sich Gorbatschow außenpolitisch um einen Ausgleich mit dem Westen. Ein technologisches Wettrüsten kann er sich nicht leisten, wenn er die Wirtschaft nach von bringen will. Unmittelbar nach seinem Amtsantritt beginnt er mit einer Reihe von Abrüstungsinitiativen, auf die die USA allerdings zögerlich reagieren. Am 6. August 1985 stellt die UdSSR vorläufig alle nuklearen Atomtests ein, ein halbes Jahr später gibt Gorbatschow als Zielsetzung die Beseitigung aller Atomwaffen bis zum Jahr 2000 aus. Am 8. Dezember 1987, auf dem Washingtoner Gipfeltreffen, unterzeichnen die Präsidenten der USA und der UdSSR einen Vertrag über die Beseitigung ihrer Raketen mittlerer und kürzerer Reichweite. Erstmals läßt die Sowjetunion nun auch Vor-Ort-Inspektionen zu. Am 15. Mai 1988 beginnt der russische Truppenabzug aus Afghanistan.

Der europäischen Linken gilt Gorbatschow bald als Vaterfigur eines Sozialismus mit menschlichem Antlitz. Auch bei westlichen Politikern wird er, nach anfänglicher Skepsis, zu einem glauwürdigenen Verhandlungspartner, dessen Demokratisierungskurs allmählich rüstungsfördernde Feindbilder ins Wanken bringt. Wie für fast alle politisch denkenden Bürgerinnen und Bürger der DDR ist er seit seinem ersten internationalen Auftreten auch für Heiner Müller ein Hoffnungsträger. Im Gespräch mit Gregor Edelmann, Anfang 1986, klingt deutlich die Hoffnung an, daß die DDR-Führung das Gorbatschowsche Reformprogramm übernimmt: *Auf einem bestimmten Standard von industrieller Entwicklung kann man nicht einfach mit Disziplinierung auskommen, da braucht man Kreativität. Das ist genau der Punkt, der jetzt so ungemein wichtig ist für die Industrien der sozialistischen Länder. [...] Man muß die Lust an der Produktivität erzeugen. Das kann man aber nur dadurch, daß man Leute immer mehr an den Prozessen beteiligt, daß man sie an den Entscheidungsfindungen beteiligt, daß man ihnen mehr Verantwortung gibt.* Nichts anderes steht im Programm von Michail Gorbatschow.

Auf der internationalen Schriftstellertagung »Berlin – ein Ort für den Frieden« vom 5. bis 7. Mai 1987 erklärt Müller:

Die westliche Umarmung für das Gorbatschowprogramm, was seinen innenpolitischen Teil angeht (in der Abrüstungsfrage fällt die Umarmung eher gehemmt aus), sollte uns nicht blind machen für die Tatsache, daß es dabei nicht um eine Annäherung an den Westen geht, sondern im Gegenteil um die Herausbildung des Anderen, um die wirkliche Alternative zum Kapitalismus, nicht um das Aufgeben von Positionen, sondern um die Erprobung der einzigen Position, die Zukunft möglich macht. Wir haben keinen anderen Weg nach vorn als zurück zu Marx und Lenin, die Analyse und Berücksichtigung der veränderten neuen Bedingungen vorausgesetzt.

Er habe die DDR *seit Gorbatschow für reformierbar* gehalten, bekennt er im Januar 1993 in einer Presseerklärung.

Spur der Panzer

»Wolokolamsker Chaussee«

Zwischen März und August 1984 schreibt Müller die Szene »*Russische Eröffnung*«, die, wie auch ein Jahr später »*Wald bei Moskau*«, ein Motiv aus Alexander Beks 1943 erschienenem Roman »Die Wolokolamsker Chaussee« (deutsch 1947) verarbeitet, dem der insgesamt aus fünf Teilen bestehende Zyklus seinen Titel verdankt. Allen fünf Teilen gemeinsam ist, daß sie eine Antwort auf die offizielle Geschichtsverdrängung darstellen, das Verleugnen der Deformationserscheinungen des real existierenden Sozialismus. Wie bei den beiden ersten, handelt es sich auch bei den drei folgenden Teilen von *»Wolokolamsker Chaussee«* um selbständige Einzeldramen von geringem Umfang (jeweils zwischen sechs und neun Seiten in der Rotbuch-Werkausgabe), deren Entstehung sich über die Jahre 1985 bis 1987 erstreckt, Stück für Stück Schritt haltend mit dem politischen Wandlungsprozeß. *›Wolokolamsker Chaussee‹ war von Anfang an in fünf relativ selbständigen Teilen geplant, auch weil ich damit rechnen mußte, daß die letzten drei in der DDR nicht möglich sind. Vielleicht spielt auch die Prägung durch das Fernsehen eine Rolle: Die Teile einer Serie müssen relativ selbständig sein.* Als die beiden ersten Teile schon gespielt werden, sind die beiden letzten noch nicht geschrieben. Es werden Müllers letzte Szenen zur DDR vor deren Auflösung und auf Jahre überhaupt seine letzten dramatischen Texte. Das Stück insgesamt, das man als Bilderfolge aus Geschichte und Gegenwart des realsozialistischen Systems lesen kann, erweist sich im nachhinein als Müllers *Requiem* auf *das Ende des sozialistischen Blocks*.

Beks Roman, sagt Müller, sei *vom Informationswert, vom Materialwert her sicher das beste sowjetische Buch über den Krieg, merkwürdigerweise auch das einzige, in dem der Name Stalin nicht vorkommt.* Zwei Episoden darin hätten ihn besonders interessiert, ihretwegen habe er *angefangen, das zu schreiben*: Die Erschießung eines Soldaten wegen Feigheit vor dem Feind – zu Tage getreten freilich nicht im Verlauf einer Kriegshandlung, sondern während einer Übung – und die Degradierung eines Hauptmanns gegen die Hierarchie und das Militärgesetz. Beides Fälle von zweifelhafter Rechtsauslegung, beides Entscheidungen in Zwangslagen gegen ein Individuum zugunsten eines Kollektivs, in diesem Fall der Truppenmoral. Unter dem Druck der Überlegenheit des Gegners werden sowohl bei dem russischen Bataillon als auch bei seinem Kommandeur

Reaktionen hervorgerufen, die dem Verhalten des Gegners auf der anderen Seite der Front in mancher Hinsicht gleichen.

Der Plan ist wieder einmal über zwanzig Jahre alt. 1962 erschien im Militärverlag der DDR die zweite deutsche Ausgabe des Buchs, übersetzt von Rahel Strassberg. Karl Mickel, 1971 bis 1978 Dramaturg am Berliner Ensemble und Mitarbeiter der Intendantin, ist offenbar zuerst darauf aufmerksam geworden: In »Sinn und Form« veröffentlicht er 1971 den Einakter »Wolokolamsker Chaussee. Nach Alexander Bek«; 1987 erscheint der Text noch einmal im Sammelband »Volks Entscheid«. *Der Mickel hatte eine Szene geschrieben, und Tragelehn und ich, wir sprachen auch darüber, nachdem wir den Roman gelesen hatten. Von da an war klar, daß man damit etwas anfangen kann.* In einem Brief an Erich Wonder vom September 1985 ist von einem umfassenden Theaterprojekt die Rede. Unter anderem heißt es dort: *Wir werden den Weg der Panzer beschreiben, Wiedergänger der Elefanten Hannibals, von den Schlachtfeldern des Ersten Weltkriegs über Stalingrad, den deutschen Traum vom Südpol, mit wechselnder Besetzung nach Berlin.*

Die epische *Kommentarebene* in seiner *»Titus«*-Bearbeitung, sagt Müller 1986, sei eine wichtige Vorarbeit für *»Wolokolamsker Chaussee«* gewesen, denn er habe dadurch die Möglichkeit erproben können, *Stoffmassen auf die Bühne zu bringen, ohne den ganzen Theaterapparat bemühen zu müssen. Eine Panzerschlacht kann man auf der Bühne nicht mit Panzern darstellen. Dafür braucht man eine Erzählebene, die aber auch dramatisch sein muß.*

Für die beiden ersten Teile ist mit dem Zyklustitel auch der konkrete Handlungsort benannt, die Wolokolamsker Chaussee, nicht weniger geschichtsträchtig als Verdun oder Stalingrad: Auf der 120 km langen Fernstraße von Moskau nach Westen stoppte die Rote Armee im Oktober 1941 die Offensive der Deutschen Wehrmacht. Die Teile 3 (*»Das Duell«*) und 5 (*»Der Findling«*) spielen im wesentlichen am 17. Juni 1953 bzw. 1968 in der DDR; Teil 4 (*»Kentauren«*) weist durch seinen Untertitel (*»Ein Greuelmärchen aus dem Sächsischen des Gregor Samsa«*) ebenfalls auf die DDR hin. Verallgemeinert aber bezeichnet die Wolokolamsker Chaussee jenen Ort, an dem der Vormarsch von Hitlers Soldaten zum Stillstand kam, Voraussetzung für den Sieg über den Nationalsozialismus – Ausgangspunkt auch für den Export des Sozialismus, der der Spur der russischen Panzer folgte, die als Befreier und Besatzer kamen, von der Abwehrschlacht bei Moskau bis zur gewaltsamen Unterdrückung der Freiheitsbewegungen in den »Bruderstaaten«, für die im Stück stellvertretend Berlin und Prag stehen. *»Der Weg der Panzer«* lautet denn auch eine frühe Titelversion des Zyklus:

Ich hatte als ersten Titel ›Die andere Schlacht‹, dann ›Der Weg der Panzer‹ [...], also die Straße der Panzer, das ist die Straße von Berlin nach Moskau, von Moskau nach Berlin, nach Prag, nach Budapest.

Der 17. Juni wie auch die Niederschlagung des Prager Frühlings erscheinen in diesem Licht sowohl als Resultat des Zweiten Weltkriegs als auch als Folge der Entwicklung des Sozialismus in der Sowjetunion unter den Bedingungen von Krieg und Isolation.

Obgleich *»Wolokolamsker Chaussee«* eine Kompilation von fünf Kurzdramen (oder vielmehr dramatischen Textblöcken) darstellt, ohne durchlaufende Figurenhandlung und mit Schauplätzen, die räumlich und zeitlich extrem weit auseinanderliegen, läßt es sich als geschlossenes Werk inszenieren. Die Oberflächenstruktur ist relativ einfach zu beschreiben: In regelmäßigen Blankversen werden fünf Episoden aus der Geschichte der sozialistischen Staaten erzählt, zwei davon in der Sowjetunion, drei in der DDR spielend, wobei eine (*»Kentauren«*) abweichend surreale Züge trägt. Eine feste Rollenaufteilung gibt es im epischen Bericht nicht; die Darstellung des Geschehens ist einem Erzähler übertragen, der sich diese Arbeit mit einem oder weiteren Darstellern teilen kann – ein chorisches Element, das wieder auf Brechts Lehrstück-Konzept verweist. *»Russische Eröffnung«* sollte, so Müller in einer Anmerkung zur Inszenierung, *nach Möglichkeit doppelt besetzt werden*, für die folgenden Teile gibt es solche Anweisungen nicht.

Die Geschlossenheit eines dramatischen Werks ergibt sich durch ein Geflecht von sich wiederholenden und ineinander verschränkten Motiven. Für Gregor Edelmann sind der Kommandeur in *»Russische Eröffnung«* und *»Wald bei Moskau«*, der Werkleiter in *»Duell«*, der Sicherheitsbeamte in *»Kentauren«* und der Funktionär in *»Findling«* »Varianten einer Grundfigur«. Es ist der Zusammenhang der Motive, der es erlaubt, das Einzelgeschehen auch als symptomatisch, das Ganze als Abgesang auf den real existierenden Sozialismus zu lesen, wenn nicht – eine Deutung, der sich Müller wohl kaum angeschlossen hätte – der kommunistischen Utopie überhaupt.

Der Titel des ersten Teils, *»Russische Eröffnung«*, ist der Schachsprache entlehnt: Mit diesem spiegelgleichen Gegenzug begegnet Schwarz dem Angriffszug des gegnerischen Königsspringers. Damit könnte die russische Reaktion auf das »Unternehmen Barbarossa«, Hitlers Angriffsbefehl, gemeint sein; in erster Linie dürfte Müller aber zum Ausdruck gebracht haben, daß mit der Niederlage der faschistischen Wehrmacht an der Wolokolamsker Chaussee und später der Vernichtung der 6. Armee in Stalingrad die Voraussetzungen für den Sieg über den Faschismus und damit für die europäische Nachkriegsordnung geschaffen wurden, für das geteilte Europa und schließlich auch für das geteilte Deutschland. Der Spielcharakter verweist zugleich darauf, daß Alternativen zur Handlung denkbar sind: Figuren können geopfert oder geschont werden.

Im Stück erinnert sich ein Bataillonskommandeur der Roten Armee an eine Entscheidung im Oktober 1941, die sein Gewissen lebenslang belastet hat. In Erwartung des deutschen Invasionsheers ließ er damals einen Gruppenführer, der sich aus Panik in die Hand geschossen hatte, wegen Feigheit vor dem Feind standrechtlich erschießen: Ein unzweifelhafter Fall von Selbstverstümmelung, allerdings bei einem Probealarm, der nicht als Übung kenntlich gemacht worden war. Im Gewissenskampf des Kommandeurs, ehe er sein Erschießungskommando gibt, scheint für einen Moment die Möglichkeit von Mitleid auf, aber in der Extremsituation des Kriegs wird humanes Verhalten utopisch, der Terror eiserner Disziplin notwendig. Die Situation verlangt nach einer drakonischen symbolischen Handlung: Der Tod des Feiglings soll die Angst töten, die das ganze Bataillon beherrscht. Schon das Auslösen des Probealarms war Terror gegen die Truppe gewesen: *Ich wußte nur der Schrecken treibt die Angst aus.* Die Möglichkeit des *Pazifismus*, die an der Notwendigkeit militärischer Disziplin scheitert, ist für Müller *der Hauptpunkt* in diesem Text. *Und das utopische Moment im Pazifismus ist aufgehoben in der Erinnerung des Kommandeurs, der dieses Naturrecht außer Kraft setzen mußte in der Situation der Bedrohung. Aber es ist eine schuldhafte Erinnerung, und insofern ist die Utopie aufgehoben. Die Überlegenheit der sowjetischen Militärmaschine*, so Müller im Frühjahr 1995, habe auf der Außerkraftsetzung der Menschenrechte beruht. Die Komplexität des Stücks liegt für ihn nicht auf einer literarischen Ebene, sondern auf der theatralischen. *Ich habe mir vorgestellt, daß diese Erinnerung des Kommandeurs eine kollektive Erinnerung ist. Sonst geht das nicht. Das ist kein einzelner, der sich erinnert. [...] Die Figuren sind auswechselbar. Der Kommandeur ist auswechselbar mit dem Deserteur zum Beispiel.*

In »*Wald bei Moskau*« ist *der Anarchismus* Hauptpunkt von Müllers Interesse. Weil er seine Verwundeten im Stich gelassen hat, wird ein Bataillonsarzt von seinem Kommandeur zum einfachen Sanitäter degradiert, womit er, in der Überzeugung handelnd, daß es nicht auf den Buchstaben, sondern auf den Geist des Gesetzes ankommt, wissentlich gegen die Dienstvorschrift verstößt, denn er hat nur den Rang eines Oberleutnants. Er statuiert, wie schon im ersten Teil, ein Exempel, freilich im Bewußtsein, daß er damit nicht nur im Interesse, sondern auch mit Billigung seiner Soldaten handelt, die sich lieber mit einer Rechtsbrechung abfinden als mit einer Ungerechtigkeit. Was der Kommandeur praktiziere, sei *an sich anarchistisch. Er setzt sich über das Militärrecht hinweg. Das heißt, der Anarchismus auf seiten des Rechts, auf seiten der Macht. Das ist das Interessante daran, das ist das Wichtige. Die Macht muß imstande sein, ihre eigenen Gesetze zu variieren und außer Kraft zu setzen, wenn die Situation es verlangt. Nur dann bleibt sie in Verbindung mit dem Konkreten.* In der *Außerkraftsetzung der Sowjetordnung* sieht Müller einen *antistalinistischen Ansatz* bei Bek. *Die Degradierung darf gar nicht stattfinden. Das ist gegen die Hierarchie, gegen das Militärgesetz. Er macht es trotzdem in einer Ausnahmesituation. Das hat nie jemand begriffen [...], es hat also auch keiner inszeniert. Dieser Text ist mein Nahkampf mit der Faszination der Logik des Krieges. Aber der Kampf wird nicht bemerkt, bei den meisten kommt nur die Faszination an. [...] Das wichtigste im zweiten Teil ist die Zeile: ›In den Wolken weiter‹. Das ist schon die Katalaunische Schlacht, es geht nur noch ums Prinzip, die Sache ist verloren.*

In diesem zweiten Stück des Zyklus weicht Müller stärker von seiner Vorlage ab, indem er die Selbstzweifel des Kommandeurs verstärkt und auch der Kritik an der Militärstrategie Ausdruck gibt *(Wie hast du uns geführt Genosse Stalin)*, die sich bei Bek verständlicherweise nicht findet.

Teil 3, *»Das Duell«*, ist 1986 in Wilmersdorf entstanden. »Er hat«, erinnert sich Margarita Broich, »angefangen zu schreiben, als ich in der Güntzelstraße angefangen habe zu renovieren. Das war am 31. Juli 1986. In dem Moment, wo es nach Arbeit roch, fing Heiner schlagartig an. Da hatte ich alle Möbel in einem Zimmer. Und inmitten von diesem Chaos ... Er konnte wirklich schreiben wo immer er saß. Der konnte sich wahrscheinlich auch anders konzentrieren. Und als die Renovierung fertig war, als die Gefahr beseitigt war, hier irgend 'n Eimer anzurühren, hat er dann auch wieder aufgehört.«

»Duell« schreibt, indem die Handlung über eine erste Duellsituation im Jahr 1946 hinaus ins Jahr 1953 mit neuen Akteuren verlängert wird, ein Motiv aus der gleichnamigen Erzählung von Anna Seghers fort. Im Kern geht es um ein zweimaliges Korruptionsangebot, das von ein und derselben Person, einem überzeugten Kommunisten, einmal zurückgewiesen, ein anderes Mal ausgesprochen und durchgesetzt wird. (Damit korrespondiert Balkes zweimalige Denunziation in *»Lohndrücker«:* das eine Mal erzwungen durch die Nazis, das andere Mal gefordert vom kommunistischen Parteisekretär.)

Am 17. Juni stehen sich der Erzähler, Direktor eines volkseigenen Betriebs, Kommunist mit zehn Jahren Zuchthauserfahrung, und sein Stellvertreter, ein jüngerer Genosse, den er zum Studienabschluß an der Arbeiter-und-Bauern-Fakultät regelrecht hat zwingen müssen, gegenüber. Sieben Jahre zuvor hatte er sich mit dem Hochschullehrer seines jetzigen Gegners, in dem er einen Kommilitonen erkannte, der sich 1934, anders als er selbst, per Revers den Nazis unterworfen hatte, einen verdeckten psychologischen Zweikampf geliefert. Jetzt wird er von seinem Stellvertreter, der für den Streik ist, zum Rücktritt aufgefordert. Das Duell der Kontrahenten von 1953 wird durch die Ankunft der russischen Panzer zugunsten des Betriebsleiters entschieden, aber sein Sieg bedeutet politisch eine Niederlage, weil er den Verlierer anschließend mit der Routine eines alten Parteifunktionärs zum Schreiben einer Selbstkritik auffordert, von ihm also jene Unterwerfung verlangt, der er sich selbst seinerzeit gegenüber den Nazis verweigert hatte. Der aufgetretene Konflikt wird nicht ausgetragen, sondern durch Macht entschieden.

Teil 3, *»Kentauren«*, erzählt den Alptraum eines Geheimdienstoffiziers: In der Sorge, überflüssig geworden zu sein, weil es keine staatsgefährdenden Delikte mehr gibt und die *Menschen sind / Wie sie im Buch und in der Zeitung stehn*, schickt er seinen Untergebenen in den Tod, indem er ihm befiehlt, *bei Rot über die Kreuzung* zu fahren, *Und zwar / In Uniform*, damit wieder jene Unordnung hergestellt wird, aus der beide ihre Legitimation beziehen. Noch in Gedanken darüber, wie der Vorfall gegenüber der Öffentlichkeit darzustellen sei, konfrontiert mit der Geistererscheinung seines Mitarbeiters, der den Vollzug des Befehls meldet, sieht sich der Sicherheitsbeamte plötzlich in ein Zwitterwesen verwandelt, einen Kentaur der sozialistischen Bürokratie, halb Mensch, halb Schreibtisch: Anlaß für eine Kette grotesker Reflexionen, bis ihn sein eigener Hilferuf schließlich aus dem Alptraum weckt.

Das von Müller auf den 22. August 1986 datierte Kurzdrama hat gleich mehrere literarische Paten: Der Untertitel, *»Ein Greuelmärchen aus dem Sächsischen des Gregor Samsa«*, verweist auf die kafkaeske Situation der Verwandlung eines Menschen in das, was er innerlich längst ist, wobei die Zwangsläufigkeit der Verwandlung im Unterschied zu Kafka nicht aus dem Selbstbild des Betroffenen resultiert, sondern aus der Verinnerlichung des gesellschaftlichen Systems mit seinen totalitären Ansprüchen; das Motto aus Shakespeares »Sturm« bringt Huxleys »Brave New World« ins Spiel. Ungenannt bleibt der Bezug auf Sławomir Mrożeks satirisches »Drama aus dem Gendarmenmilieu«, »Die Polizei«, dem Müller den Grundeinfall verdankt: In Ermanglung einer veritablen Opposition übernimmt die Polizei selbst die Rolle des Feinds von Staat und Ordnung.

»Der Findling«, von Müller auf den 21. April 1987 datiert, knüpft an die zentrale Figurenbeziehung zwischen dem Ziehvater und dem Adoptivsohn aus Kleists gleichnamiger Erzählung an, wobei er nicht alle Wendungen der Vorlage mitvollzieht: Bei Kleist wird der Sohn zum Verderber des väterlichen Lebensglücks und von diesem schließlich getötet, bei Müller zum ideologischen Feind erklärt. Der Dialog zwischen beiden entwickelt sich aus der Erinnerung des Sohnes, der mittlerweile in Westberlin lebt, wo er von Heimweh gequält wird, das über ihn kommt wie ein *Brechreiz* oder *Blutsturz*. Geschildert wird die letzte Auseinandersetzung zwischen einem hohen SED-Funktionär und seinem rebellischen Adoptivsohn, der im Sommer 1968, nach dem Einmarsch der Panzer der Warschauer-Pakt-Staaten in Prag, Flugblätter verteilt hat, daraufhin von seinem Vater angezeigt wird und eine fünfjährige Zuchthausstrafe erhält. Sieben Jahre zuvor hatte er dem Vater, nachdem ihm die Partei auf einer Sitzung *das Kreuz gebrochen* hatte, in einem Telefongespräch dessen Selbstmordabsichten ausgeredet.

Dahinter steckt die Geschichte von Thomas Brasch: Der Sohn des zeitweiligen stellvertretenden Kulturministers Horst Brasch ist im Oktober 1968 wegen »staatsfeindlicher Hetze« von der Filmhochschule zwangsexmatrikuliert und zu einer siebenundzwanzigmonatigen Haftstrafe verurteilt worden, weil er öffentlich gegen den Einmarsch der Warschauer-Pakt-Staaten in die ČSSR protestiert hat. Nach einem Jahr auf Bewährung entlassen, siedelt er 1976 legal nach Westberlin über.

Während *»Kentauren«* noch als komisches Satyrspiel durchgehen kann, beschreibt *»Der Findling«* im Klartext und ohne satirische Tröstung den *Riß zwischen den Generationen in der Führungsschicht*, in dem Müller die *Initialzündung für die Implosion des Systems* sieht. Das Phänomen selbst hatte er schon zehn Jahre zuvor, in einer »Spiegel«-Rezension von Braschs

Textsammlung »Kargo. 32. Versuch auf einem untergehenden Schiff aus der eigenen Haut zu kommen«, umrissen, zum Teil mit den gleichen Worten wie im Stück: *Die Generation der heute Dreißigjährigen in der DDR*, heißt es dort, habe *den Sozialismus nicht als Hoffnung auf das Andere erfahren, sondern als deformierte Realität. Nicht das Drama des Zweiten Weltkriegs, sondern die Farce der Stellvertreterkriege (gegen Jazz und Lyrik, Haare und Bärte, Jeans und Beat, Ringelsocken und Guevara-Poster, Brecht und Dialektik).* Und noch älter als dieser Artikel ist Müllers Plan, aus der Geschichte von Brasch und Motiven aus Kleist ein Stück zu machen.

Eine Aufführung des Gesamtwerks *»Wolokolamsker Chaussee«* an einem Abend ist in der DDR fast bis zuletzt nicht möglich; sie findet zuerst am 23. Februar 1988 am Théâtre de Bobigny, einem Vorort von Paris statt (Regie: Jean Jourdheuil und Jean-François Peyret), in der Bundesrepublik ein Jahr später an den Münchner Kammerspielen (Regie: Hans-Joachim Ruckhäberle). Bei der Aufführung in Frankreich darf das Stück aus urheberrechtlichen Gründen nicht den Titel des Romans tragen, so wählt Müller den ursprünglichen Titel und nennt es *»La route des chars«*. Teilaufführungen in der DDR sind möglich, etwa der ersten drei Teile am 13. Januar 1988 im Volkstheater Rostock (Regie: Joachim Lemke) und am 4. Mai 1988 in der Regie von Frank Castorf in Frankfurt/Oder. Erst Ende 1989 kann Christoph Schroth den ganzen Zyklus am Berliner Ensemble inszenieren. Er erinnert sich: »Während des Probenprozesses fiel die Mauer, ging die DDR bankrott, das BE stürzte in eine existentielle Krise und auch für das Publikum war eine neue Situation entstanden, das Theater hatte seine Funktion als Ersatzöffentlichkeit verloren.« Auch in Leipzig kommt in einer Inszenierung von Karl Georg Kayser am 1. November 1989 der ganze Zyklus auf die Bühne: quasi als Wiedergutmachung gegenüber dem, was in früheren Spielzeiten Kaysers Vater, ein echter Theaterfürst, versäumt hatte.

Darauf, daß zwischen Mai 1985 und Februar 1989 in Berlin bzw. Potsdam nach und nach alle fünf Teile auf die Bühne gelangen, sei Müller »besonders stolz« gewesen, sagt Karlheinz Braun. Die ersten DDR-Inszenierungen sind von lebhaften politischen Diskussionen begleitet; im Vorfeld zunächst beschränkt auf die Mitwirkenden auf und hinter der Bühne, nach der Aufführung dann auch beim Publikum.

Eine Gelegenheit, den ersten Teil auf der Bühne zu sehn, liefert Alexander Langs Inszenierung von Johannes R. Bechers »Winterschlacht« zum 40. Jahrestag der Befreiung vom Faschismus. *Der fragte mich nach einem Vorspiel.* Unter dem Titel *»Vorspiel zur Winterschlacht«* geht das Manuskript von *»Russische Eröffnung«* am 4. Februar 1985 an das Ministerium; die Premiere findet am 9. Mai 1985 am Deutschen Theater statt, nahezu zeitgleich mit der westdeutschen Erstaufführung am 10. Mai 1985 am Schauspielhaus Bochum (Regie: Alfred Kirchner), in Verbindung mit Kleists »Robert Guiskard« unter dem Gesamttitel »Preußische Gesänge. Zum 8. Mai«. Schwierigkeiten gibt es diesmal nicht mit den eigenen Behörden, sondern mit den russischen Freunden: *Es war wohl eine sowjetische Delegation in einer Vorstellung. Was die an dem Text zu beanstanden hatten, war klar: Es gab in der Sowjetarmee keine Deserteure. […] Diese Delegation hat sich formell bei der Botschaft beschwert, und die Botschaft suchte daraufhin das Gespräch mit dem Theater. […] Die Bezirksleitung hatte das praktisch schon verboten. […] Daraufhin hat Dieter Mann, der Intendant des Deutschen Theaters, seinen Posten zur Verfügung gestellt, und dann durfte es stattfinden. Ich glaube, das war aber schon über ein Gespräch im Politbüro abgesichert, nur die nächstuntere Ebene hatte es noch weghaben wollen. Zur Premiere kam Margot Honecker, um ihren pädagogischen Segen zu erteilen, den wir auch entgegengenommen haben. Sie sagte nichts Belangvolles, Höflichkeitsfloskeln.*

Am 23. Oktober 1985 reicht henschel Schauspiel das Bühnenmanuskript von *»Wald bei Moskau«* beim Kulturministerium ein, fast auf den Tag genau ein Jahr später, am 21. Oktober 1986 folgt das Manuskript von *»Das Duell«*. Der Instanzenweg dauert in beiden Fällen etwas länger: Die Uraufführung von Teil 2 kann erst (in Verbindung mit Teil 1) am 4. Mai 1986, von Teil 3 am 6. März 1987 stattfinden; Regie in der Inszenierung des Hans-Otto-Theaters Potsdam führt beide Male Bernd Weißig. Die Aufführung von 1986 haben die Potsdamer dem

IX. Parteitag der SED gewidmet. Seit dem 10. April 1987 werden dort die drei Teile nur noch zusammen gespielt. Es sind brisante Versuche, und der Regisseur ist allerlei politischen Reglementierungen ausgesetzt. Das Hans-Otto-Theater ist bekannt dafür, »mit neuen Stücken wider den Stachel zu löcken, man fuhr aus Berlin dahin und drängte sich in den engen Räumen«.

»Das Duell« wird Ende des Jahres auch in der Volksbühne, im Intimen Theater im 3. Stock, aufgeführt. *Der Parteisekretär erzählte mir, sie hätten vom Magistrat den Text ohne Kommentar zurückbekommen, kein Nein, kein Ja. Von der Bezirksleitung auch ohne Kommentar, kein Nein, kein Ja. Das Manuskript hätte sogar bei Honecker auf dem Tisch gelegen, niemand wollte mehr entscheiden*, für Müller ein sicheres Krisensymptom.

Die Bühnenmanuskripte von *»Kentauren«* und *»Der Findling«*, zwei von Müllers brisantesten Theatertexten überhaupt, reicht der Verlag zwecks Genehmigung am 15. Oktober 1987 beim Ministerium für Kultur ein. Die Uraufführung der *»Kentauren«* erfolgt im Rahmen von Müllers *»Lohndrücker«*-Inszenierung am Deutschen Theater am 29. Januar 1988. Erst rund ein Jahr später wagt Christoph Schroth während seines Theaterprojekts »Entdeckungen 7 – DDR-Dramatik« aus Anlaß des 90. Todestages von Bertolt Brecht am Mecklenburgischen Staatstheater in Schwerin eine separate Aufführung (zusammen mit *»Das Duell«)*. Schroth: »Der 17. Juni und die Vereinigung von Staatssicherheit und Schreibtisch, letzteres inszenierte ich als derbes Clownsspiel in einer Zirkus-Manege. […] Heiner Müller kam zu einer Aufführung. Die Dramaturgin B. J. kam nach der Vorstellung und flüsterte: ›Der Heiner hat ganz feuchte Augen gehabt.‹« Den *»Findling«*, dessen Aufführung damals noch nicht genehmigt ist (sie kann, in Bernd Weißigs Regie, erst am 4. Februar 1989 am Hans-Otto-Theater Potsdam stattfinden), liest Müller am Sonntag nach der Premiere von *»Lohndrücker«* in einer Matinee des Deutschen Theaters am 30. Januar 1988. Intendant Dieter Mann hat ihm Rückendeckung gegeben. *Es war eine atemlose Stille im überfüllten Zuschauerraum. Die Leute hielten noch im Januar*

1988 nicht für möglich, daß so etwas laut gelesen wird. Auch ich hatte Schwierigkeiten, das zu lesen, ohne daß meine Stimme zitterte, weil mir der Abschied von der DDR nicht leichtfiel. Ganz ähnlich war es ihm ein halbes Jahr zuvor bei der Rundfunkproduktion seiner »Fatzer«-Bearbeitung gegangen.

»Der Untergang des Egoisten Johann Fatzer«

Ausgangspunkt für Müllers Bearbeitung von Brechts »Fatzer«-Fragment Mitte der siebziger Jahre ist eine Anfrage von Manfred Karge und Matthias Langhoff. Sie wünschen sich »Fatzer« als Ergänzung zu ihrer Inszenierung von Kleists »Prinz von Homburg« am Deutschen Schauspielhaus in Hamburg und erinnern sich, daß Müller in den 60er Jahren versucht hat, das »Fatzer«-Fragment mit Zustimmung von Brechts Erben am Berliner Ensemble unter der Intendanz von Manfred Wekwerth zu realisieren: *Es gab Vorbereitungen und Gespräche darüber.* Am 25. März 1967 kommt es zu einer Fassungsbesprechung zwischen Müller, Guy de Chambure und Alexander Stillmark. Das ganze, so Müller, sei dann *im wesentlichen daran* gescheitert, *daß es keiner für möglich und machbar hielt. Schall meinte, es sei zu kurzatmig, und man könne nichts spielen, es seien alles Kondensate.* Vorausgegangen ist eine *Aufbereitung* des Materials durch Frank-Patrick Steckel für die Berliner Schaubühne, die am 11. März 1976 zur Uraufführung gelangt. Steckel hatte sich nach Müllers Eindruck allerdings *im wesentlichen auf den Ersten Weltkrieg konzentriert und das Ganze eher so als Abbildungstheater gesehen, mit Panzern und Schlachtfeldern und so. Eigentlich ist er gar nicht auf den Kern der Sache gekommen.*

Diesen Kern sieht Müller in Brechts Erfahrung der Tragödie der deutschen Arbeiterbewegung, im Zusammenhang mit der Ermordung von Rosa Luxemburg und Karl Liebknecht. Es sei ein Blick *auf den Nullpunkt des Jahrhunderts* gewesen; Brecht habe gewußt, *daß das eine Enthauptung der deutschen Kommunistischen Partei, ihre Auslieferung an Lenin* gewesen sei. Den *Fabelansatz*, den Müller dem Material entnimmt, formuliert er so: *Vier Leute* [Fatzer, Büsching, Kaumann, Koch] *desertieren aus dem Ersten Weltkrieg, weil sie glauben, die Revolution kommt bald, verstecken sich in der Wohnung des einen, warten auf die Revolution, und die kommt nicht. Und nun sind sie ausgestiegen aus der Gesellschaft. Da es keine besseren, keine expansiven Möglichkeiten gibt für ihre angestauten revolutionären Bedürfnisse, radikalisieren sie sich gegeneinander und negieren sich gegenseitig.*

Brechts »Fatzer«-Projekt hat Müller in den 50er Jahren durch das erste, 1930 erschienene Heft der »Versuche« kennengelernt, wo Teile des Fragments abgedruckt sind. *Qualität* und *Dichte* dieser Sprache faszinieren ihn, und erstmals kommt bei ihm *Neid* auf gegenüber diesem *Jahrhunderttext, einfach wegen des Gefühls, das kann ich nicht.* Doch bis sich eine Idee für eine produktive Rezeption des Textes einstellt, vergehen wieder einmal Jahre. Im Herbst 1975 äußert er gegenüber Horst Laube sein Interesse an Brechts Fragment, das er einen *großen Entwurf* nennt, in dem *alles [...] angelegt* sei, was die damals aktuelle *Baader-Meinhof- und Anarchisten-Problematik* betreffe.

1977 sieht Müller im Brecht-Archiv das gesamte, in mehreren Fassungen überlieferte Material ein, mehr als fünfhundert Manuskriptseiten mit Skizzen, Entwürfen, Szenen und Notaten, die er in einem Archiv-Arbeitsraum auf dem Boden ausbreitet, um daraus eine spielbare Fassung herzustellen. *Ich habe auch willkürlich Zusammenhänge hergestellt, an die Brecht nicht denken konnte, ein Puzzle-Spiel. Aktueller Bezugspunkt* ist für ihn die Rote-Armee-Fraktion. Anknüpfend an die Schlußrede von Koch (*Seid nicht hochfahrend, Brüder/Sondern demütig und schlagt es tot/Nicht hochfahrend, sondern: unmenschlich!*) konstruiert er mit der Verbindung von Demut und Tötungsbereitschaft eine Gemeinsamkeit zwischen Brecht, Kleist und der RAF. Fatzer ist für ihn *Anarchist*, Koch/Keuner repräsentieren *die Verbindung von Disziplin und Terror.* Das gleiche Verhältnis zwischen dem Kollektiv und Abweichlern läßt sich für ihn auch an der Geschichte der RAF aufzeigen, *Leuten, die sich zum Töten* hätten *zwingen müssen. [...] Töten, mit Demut, das ist der theologische Glutkern des*

Terrorismus. [...] Es gehört zur Tragik von militanten Gruppen, die nicht zum Zug kommen, daß die Gewalt sich nach innen kehrt.

Am 5. März 1978 geht die von Müller hergestellte Fassung von Brechts »Fatzer«-Fragment in der Inszenierung von Karge/Langhoff in Hamburg erstmals über die Bühne; als Doppelpremiere zusammen mit Kleists »Prinz von Homburg«. Mit Brechts Tochter Barbara Schall hat er vereinbart, daß sein Anteil an den Tantiemen 1,5 % beträgt. *Die Inszenierung war wahrscheinlich nicht gelungen, weil den Regisseuren zuviel einfiel, sie war nicht einfach, und kein Kritiker hat den Bezug verstanden, was mir dann doch ein Rätsel war, denn der Schluß war sehr gut inszeniert. Das war Mogadischu, aber keiner hat etwas gesehen.* Ein von Wolfgang Storch zusammengestelltes Programmbuch mit RAF-Texten darf auf Anweisung des Intendanten Ivan Nagel nicht vertrieben werden; die Exemplare werden vernichtet. 1987 versucht sich das Berliner Ensemble an der Inszenierung von Müllers Bearbeitung.

In einen gänzlich anderen politischen Kontext fällt der von Christa Vetter, der zuständigen Abteilungsleiterin, unterstützte Versuch von Matthias Thalheim, damals freiberuflicher Regieassistent und ab September 1984 festangestellter Dramaturg beim Berliner Rundfunk, Müllers »Fatzer«-Fassung in der Regie des Autors als Hörspiel zu produzieren. Nachdem ein erster Anlauf scheitert, versucht man es 1987 erneut. Die Forderung des Hauptabteilungsleiters Dr. Gugisch, den provozierenden Schluß zu streichen, lehnt Müller kategorisch ab. Tatsächlich wird der Text ohne Kürzung im Juni 1987 produziert – fast gleichzeitig mit der Premiere einer Adaption von Müllers »Fatzer«-Bühnenfassung in der Regie von Manfred Wekwerth/Joachim Tenschert am Berliner Ensemble. Im Herbst kommt die Musik der »Einstürzenden Neubauten« dazu. Müller spricht die Überschriften, Regieanweisungen und das prekäre Ende: *Du bist fertig, Staatsmann ...* Er liest alles klar und unprätentiös und ohne irgendwelche Versprecher. Nur den Schluß müssen die Toningenieure zweimal aufzeichnen, weil Müller bei den Worten *Der Staat braucht dich nicht mehr/ Gib ihn heraus* die Stimme bebt und er sich eine *etwas nüchter-*

nere Variante wünscht. Endfertigungstermin ist der 31. Dezember 1987. Am 11. Februar 1988, zu Brechts 90. Geburtstag, geht die Produktion unbeanstandet über den Sender.

Ein Staat implodiert

Die »Revolution von oben« in der Sowjetunion hat in allen sozialistischen Ländern die Hoffnung auf eine Reformierbarkeit des Systems genährt. Wenn Gorbatschow, wie am 2. November 1987 auf einer Festsitzung des Obersten Sowjet, die Unabhängigkeit und Selbständigkeit der kommunistischen Parteien in den Staaten des Warschauer Pakts betont, weil der Sozialismus über kein fertiges Modell verfüge, das für alle Staaten passe, so ist das freilich in zwei Richtungen interpretierbar: Als Freibrief für noch weiter reichende Schritte ebenso wie für die Verweigerung eines radikalen Reformkurses. In der DDR macht sich die SED-Führung die letztere Auslegung zu eigen. Im Bericht des Politbüros auf der ZK-Tagung vom 1. Dezember 1988 erklärt Honecker, die DDR unterstütze den »Prozeß der Umgestaltung in der Sowjetunion«, der von »großer Bedeutung für die Stärkung des Weltsozialismus und die Sicherung des Friedens« sei. Es gebe jedoch kein für alle sozialistischen Länder einheitlich gültiges Modell. Und am 29. Dezember, auf einer Festveranstaltung aus Anlaß des 70. Jahrestages der Gründung der KPD, erklärt er u. a., die DDR berücksichtige »sehr wohl die Erfahrungen anderer sozialistischer Länder«, sehe aber keine Veranlassung, die Praxis dieses oder jenes unserer Bruderländer zu kopieren«. [...] »Wir gestalten die entwickelte sozialistische Gesellschaft hier in diesem Lande [...]. Wir gestalten sie in den Farben der DDR.«

Das überalterte Politbüro – die Mitglieder sind im Schnitt 65 Jahre alt – verkennt die wachsenden Ansprüche und Bedürfnisse der Bevölkerung und sieht keine Veranlassung für einen Kurswechsel, obwohl der Modernisierungsrückstand des Produktionsapparats, nicht erfüllte Plansolls in der Industrieproduktion, im Konsumgüterbereich und im Wohnungsbau, eine rückläufige Arbeitsproduktivität, der marode Zustand der Infrastruktur und der ökologische Raubbau das Land in den Ruin geführt haben. Zwar wirkte die »entwickelte sozialistische Gesellschaft« zuletzt äußerst stabil und wenig krisenanfällig (der Lebensstandard gegenüber anderen sozialistischen Staaten lag bei Honeckers Amtsantritt um ca. dreißig Prozent höher), aber bereits 1983 war die DDR, nicht zuletzt aufgrund der ruinösen Sozial- und Konsumbefriedigungspolitik, mit der keine Steigerung der volkswirtschaftlichen Gesamtleistung einherging, zahlungsunfähig gewesen. Nur durch die Gewährung neuer westlicher Kredite hatte der Staatsbankrott abgewendet werden können. Hinzu kommt wohl auch Honeckers Einsicht, daß die nationale Identität der DDR auf dem Spiel steht: Als geschichtliches Kunstprodukt ohne nationale Grundlage hat sie, anders als die andern Warschauer-Pakt-Staaten, keine Überlebenschance denn als Beute ihres reichen Nachbarn. Heiner Müller im Frühjahr 1995: *Wir Intellektuellen haben Gorbatschow für einen möglichen Reformator gehalten, der das System von innen heraus erneuert. Honecker erkannte gleich, daß Gorbatschow der Liquidator war.*

In den »Bruderländern« ist zu diesem Zeitpunkt längst ein Reformprozeß in Gang gekommen. In der ČSSR beschließt das Zentralkomitee der Kommunistischen Partei nach dem Rücktritt ihres Generalsekretärs Gustav Husák Ende 1987 umfassende Strukturveränderungen von Wirtschaft und Gesellschaft. In Budapest verabschiedet im Frühjahr 1988 eine Parteikonferenz der Ungarischen Sozialistischen Arbeiterpartei ein Programm wirtschaftlicher und politischer Reformen und nimmt weitreichende Veränderungen in den Führungsgremien der Partei vor. In Polen räumt das Parlament der Regierung zur selben Zeit Sondervollmachten zur Beschleunigung der Wirtschaftsreform ein; der stellvertretende Premierminister Patorski gibt im Dezember 1988 als neue marktwirtschaftliche Devise »Gleichheit, Freiheit, Konkurrenz« aus. Wenige Wochen später beginnen in Warschau Gespräche am Runden Tisch zwischen Regierung, Partei und Opposition über Gewerkschaftspluralismus und die Ausarbeitung einer neuen Verfassung. Im Sommer 1989 wählt das polnische Parlament den Kandidaten der Opposition, Tadeusz Mazowiecki, zum neuen Ministerpräsidenten. In Ungarn werden zur selben Zeit die politischen und rechtlichen Voraussetzungen für den friedlichen Übergang zu einem auf dem Mehrparteiensystem beruhenden Rechtsstaat geschaffen.

Am 10. September öffnet die ungarische Regierung die Grenze nach Österreich. 60 000 sich im Land aufhaltende DDR-Bürger setzen sich daraufhin ohne gültige Reisedokumente in den Westen ab. Bis Ende des Jahres werden es 350 000 sein, die ihr Land verlassen. Die innenpolitische Situation in der DDR verschärft sich von Woche zu Woche. Zur Flucht entschlossene Bürgerinnen und Bürger, die nicht mehr nach Ungarn reisen dürfen, stürmen im September die bundesdeutschen Botschaften in Prag und Warschau. Nach Verhandlungen zwischen den betroffenen Regierungen dürfen die rund fünftausend Botschaftsbesetzer in der Nacht zum 1. Oktober in Begleitung von bundesdeutschen Diplomaten mit Zügen der Deutschen Reichsbahn über das Territorium der DDR in die BRD ausreisen. Am 3. Oktober stimmt die DDR-Regierung einer weiteren Ausreiseaktion aus Prag, später auch aus Warschau, zu. Gleichzeitig und mit sofortiger Wirkung wird der paß- und visafreie Reiseverkehr mit der ČSSR bis auf weiteres ausgesetzt. Nachdem die ungarische Regierung die Westgrenze geöffnet hat, kommt es dort zur Massenausreise von DDR-Bürgern.

Die SED-Führung hat den Ernst der Lage immer noch nicht begriffen. Auf den Exodus ihrer Bevölkerung reagiert sie mit anhaltender Sprach- und Konzeptionslosigkeit. Obwohl sie in einer dramatischen Akzeptanzkrise steckt, bagatellisiert sie die vorhandenen Widersprüche und hält an ihrem starren Kurs fest. Sie leugnet weiterhin die Notwendigkeit innergesellschaftlicher Reformen und verweigert den von Umwelt-, Kirchen- und Friedensgruppen zunehmend stärker geforderten Ruf nach Demokratisierung und ökologischem Umbau, antwortet stattdessen mit Ausgrenzung, Einschüchterung und Kriminalisierung. Auf seiner Jubiläumsrede am Vorabend des 40. Jahrestages der DDR am 6. Oktober 1989 demonstriert Honecker Unerschütterlichkeit: Seine Erinnerung gerät zu einer reinen Erfolgsgeschichte, auf die tatsächlichen Probleme der DDR geht er mit keinem Wort ein. Dagegen klingt in Gorbatschows Grußbotschaft der Appell an die DDR-Führung an, sich in den »allgemeinen Prozeß der Modernisierung und Erneuerung, der jetzt im gesamten sozialistischen Lager vorgeht«, einzufügen. Am Abend des 7. Oktober kommt es nach einer spontanen Demonstration im Anschluß an die Feierlichkeiten in Berlin zu Massenverhaftungen. Am 9. Oktober gehen in Leipzig 50 000 Menschen auf die Straße, um unter dem Motto »Wir sind das Volk« Bürgerrechte und Demokratie einzufordern. Schnell sind es vielerorts Hunderttausende. Ebenso rapide, wie die Erbitterung gegen das aus Lüge und Mangel gebaute System wächst, geht die Treuebereitschaft verloren. Längst ist der Vorschuß an Vertrauen und Sympathie aufgebraucht, alle Hoffnung auf die Reformfähigkeit der Partei dahin. Einigkeit besteht darin, daß die Utopie einer neuen Gesellschaft von den Funktionären des real existierenden Sozialismus verraten worden ist.

Inzwischen hat die Protestbewegung eine Eigendynamik angenommen und läßt sich, anders als in China, wo im Frühsommer 1989 Studentenproteste von der Regierung mit brutaler Gewalt unterdrückt worden sind (westliche Quellen sprechen von dreitausend Todesopfern und zehntausend Verletzten), nicht mehr stoppen. Die Repressionen greifen nicht mehr. Am 18. Oktober legt Honecker alle Funktionen in Staat und Partei nieder und scheidet, wie es heißt aus gesundheitlichen Gründen, aus dem Politbüro. Noch drei weitere Mitglieder treten zurück, während die ZK-Sekretäre für Wirtschaft und Agitation/Propaganda ausgeschlossen werden. Zum Generalsekretär wird das Politbüromitglied Egon Krenz gewählt, der bisherige ZK-Sekretär für Sicherheitsfragen, Jugend und Sport. Am 24. Oktober wählt ihn die Volkskammer zum Staatsratsvorsitzenden und zum Vorsitzenden des Nationalen Verteidigungsrats.

Schauspieler der Berliner Theater organisieren für den 4. November auf dem Berliner Alexanderplatz eine Großdemonstration für Presse- und Meinungsfreiheit, die vom Fernsehen der DDR direkt übertragen wird und zu der sich mehrere hunderttausend Teilnehmer einfinden. Noch geht es um systemimmanente Reformen; niemand ahnt den bevorstehenden Mauerfall. Unter den Rednern der achtstündigen Kundgebung sind neben Künstlern aller Berufssparten Bürgerrechtler und Angehörige der Nomenklatura sowie die Schriftsteller Christoph Hein, Christa Wolf, Stefan Heym – und Müller. Plaziert auf einem Lastkraftwagen, sehen sie sich dem größten Auditorium gegenüber, das je einem deutschen Dichter gelauscht hat. Müller, der seine Nervosität mit diversen Wodka bekämpfen muß, verliest zur allgemeinen Überraschung lediglich den (ihm kurz zuvor von Unbekannten in die Hand gedrückten) »Aufruf« einer »Initiative für unabhängige Gewerkschaften«, die innerhalb der »Kirche von unten« entstanden ist und zum linken Flügel der Bürgerbewegung gehört. Daß er sich als einziger vorausschauend äußert (*Die nächsten Jahre werden für uns kein Zuckerschlecken)*, trägt ihm allgemeine Ablehnung ein. Überdies sind vor der improvisierten Tribüne einige hundert Angehörige des Staats- und Sicherheitsapparates postiert, die Müller lautstark beschimpfen (*›Demagogie‹*, *›Aufhören‹ oder ›Arbeiten gehen‹*) und auspfeifen: *Die einen waren empört, daß ich nichts eigenes sagte, die anderen, weil sie mich, wahrscheinlich wegen der Brille, für irgendeine dunkle Figur aus einem Gewerkschaftsgully hielten, für einen Mafioso, der hetzen will.* »Er stand allein gegen den Strom aller, und am Ende hatte er als einziger recht«, sagt Mark Lammert.

Am 7. November tritt die Regierung unter Willi Stoph geschlossen zurück, am 8. November auch das Politbüro. Am Abend des 9. November gibt Günter Schabowski, einst als Kandidat für die Honecker-Nachfolge im Gespräch, die bevorstehende Öffnung der Grenzen nach Westdeutschland und Westberlin bekannt. In der gleichen Nacht fällt die Berliner Mauer, Einleitung des Endes der DDR. Am 28. Januar 1990 kommt es zur Regierungsbildung unter Hans Modrow, dem früheren SED-Bezirkschef von Dresden; am 18. März 1990 finden die ersten freien und geheimen Wahlen zur Volkskammer seit vierzig Jahren statt, die mit einem Wahlsieg der Christdemokraten enden; zum 1. Juli 1990 tritt eine Währungs-, Wirtschafts- und Sozialunion in Kraft, mit dem Datum des 31. August regelt ein Einigungsvertrag die rechtlichen Grundlagen für die Vereinigung beider deutscher Staaten. Am 23. August beschließt die Volkskammer den Beitritt der DDR zur Bundesrepublik, der am 3. Oktober 1990 erfolgt. An diesem Tag wird Heiner Müller, wie 17 Millionen seiner Landsleute auch, Neubürger der Bundesrepublik Deutschland.

Das Ende der DDR bringt für Müller, wie er ein paar Wochen später in seiner Rede zur Entgegennahme des Kleist-Preises sagt, *Trauer um Vergangnes* und *Wut über Versäumtes*. Es ist nicht der Verlust der alten staatsbürgerlichen Identität, der Müller tief erschüttert – im Laufe seines Lebens hatte er es schon mit vier Regimes, die einander ablösten, zu tun gehabt: mit der ersten deutschen Republik bis 1933, mit dem Nationalsozialismus bis 1945, mit dem Besatzungsregime in der SBZ bis 1949 und anschließend mit der DDR. Wie selbstverständlich geht er davon aus, die neue Situation, die ihm soviel mehr Freiheit gewährt, auch literarisch meistern zu können. Im Oktober 1990 verkündet er frohen Mutes, er werde jetzt *die Stücke schreiben*, die er *schon vor zehn Jahren schreiben wollte*. Tatsächlich wird er von der deutschen Vereinigung *kalt erwischt*. Was für Millionen Menschen in der DDR einen tiefen Einschnitt in ihre soziale, mentale und emotionale Realität bedeutet, geht auch an ihm nicht spurlos vorüber. Mit dem Verschwinden der alten Ost-West-Konfrontation und damit auch aller politisch bedingten Schreib- bzw. Veröffentlichungshemmnisse geht die grundlegende Veränderung der gesellschaftlichen Voraussetzungen seiner Kunst einher. Er kann, will er nicht obsolet werden, so nicht weitermachen. Es ist eine gute Zeit für Lyrik, für journalistische Prosa, für Interviews.

Ein paar Jahre zuvor hatte Müller in einer Diskussion geäußert, Brechts Tragik sei gewesen, daß er in seinen letzten Jahren die Wirklichkeit der DDR ignoriert und sich auf die Inszenierungsarbeit konzentriert habe: *Er hat eigentlich nur noch sein Werk exekutiert und verkauft, aber er hat nie [...] mit beiden Augen auf diese neue Wirklichkeit geguckt, das konnte er nicht, das konnte man von ihm auch nicht verlangen, das hätte er nicht ausgehalten.* »Es berührt seltsam«, kommentiert Michael Töteberg diese Äußerung aus dem Herbst 1986, wie Müller, der spätestens mit seinem Eintritt ins Direktorium des Berliner Ensembles in eine ähnliche Position wie Brecht gelangt sei, »hier seine eigene Misere vorweggenommen« hat.

Ist Lyrik zum einen eine gute Vorbereitung, um wieder ans Schreiben zu kommen, so ist zum anderen unstrittig, daß Müller für Gedichte nicht die gleiche physische Kraft und Zeit braucht, die das Schreiben eines Stücks von ihm fordert. Er habe, sagt er 1993 im Gespräch mit Monika Beer, *seit 1988 [...] außer Gedichten tatsächlich nichts mehr geschrieben. Rein äußerlich lag das daran, daß ich keine Zeit hatte, weil ich eingebunden war in alles Mögliche, in die Akademie, ins Theater ... Natürlich ist es nach so einem Epochenbruch auch schwer, da braucht man eine gewisse Anlaufzeit. Die Gedichte sind schon der beste Weg, wieder zum Stückeschreiben zu kommen.* Viele dieser Gedichte sind auf Briefpapier des Berliner Ensembles geschrieben – Nebenprodukte eines Autors, der sich stets als Stückeschreiber verstanden hat, der stets das Gefühl hat, daß Gedichte nicht so viel wert sind wie Stücke, und der sich auf alle erdenkliche Weise dazu gedrängt sieht, ein neues Stück zu schreiben.

Tatsächlich aber hat Lyrik den Autor in allen Lebensphasen begleitet: anfangs in Wechselwirkung mit den Stücken, später mehr und mehr sich als selbständige Ausdrucksform etablierend. Und betrachtet man die Gedichte im Zusammenhang, fällt auf, daß die für die späte Lyrik typische Situation, mit sich selbst allein zu sein, mit sich selbst reden zu müssen, schon in den frühen Texten begegnet, etwa im *»Selbstbildnis 2 Uhr nachts am 20. August 1959«*.

Die fruchtbaren Jahre des Dramatikers sind die Jahre mit dem schwächsten Lyrik-›Output‹: In den zwanzig Jahren von 1969 bis 1989 sind kaum zwanzig Gedichte entstanden; viermal weniger als in seinen letzten sechs Lebensjahren. Es dauert bis zum Jahr 1992, ehe er sich zur Herausgabe eines Lyrikbandes mit 81 ausgewählten Gedichten entschließen kann. Vorangegangen ist 1990 die Publikation des Fotobandes *»Ein Gespenst verläßt Europa«* von Sibylle Bergemann (sie hat 1988 Müllers *»Lohndrücker«*-Inszenierung am Deutschen Theater fotografiert), wozu Müller zehn Gedichte, teils alt, teils neu, beigesteuert hat.

Regie: Heiner Müller

Es ist nicht bloß Flucht vor der Unproduktivität, die Müller mehr und mehr dazu übergehen läßt, als Autor Regie zu führen. Wie Brecht lebt er mit dem Theaterapparat und für das Theater, nimmt die Theaterarbeit ebenso ernst wie die schriftstellerische Arbeit. Als Regisseur hat er die Möglichkeit, scheinbar *versteinerte* Texte aufzulösen: *Wenn man jahrzehntelang Stücke schreibt, merkt man irgendwann, daß man sich wiederholt. Das Handwerk wird mechanisch. Bestimmte Wendungen tauchen immer wieder auf, die gleichen Motive. Ein Medikament dagegen ist, die Texte selbst zu inszenieren. Dann lösen sich die Versteinerungen auf. Inszenieren ist meine einzige Möglichkeit, meine Texte zu vergessen, ein Befreiungsakt, eine Therapie. Vor und nach der Probe weiß ich sie auswendig, auf der Probe sind sie fremd und gehören den Schauspielern.*

Karlheinz Braun: »Er war ein wunderbarer Dramaturg und ein großer Regisseur seiner Stücke, obwohl er erst spät damit angefangen hat. Er war von einer unendlichen Geduld, ich habe ihn fast nie giftig und garstig erlebt. Er wußte immer ziemlich genau, was er mit den Schauspielern machen wollte, aber er hat das alles sich entwickeln lassen. Es gab eine große Harmonie und eine große Freiheit. Die Schauspieler liebten ihn dafür.« Mit der ungewohnten Freizügigkeit kann allerdings nicht jeder etwas anfangen. Da Müller sich möglichst lange alles offenhalten will, erfährt das Ensemble von ihm, solange er mit seinen Überlegungen nicht zu Ende ist, kaum Bestätigung, was immer wieder zu Lustlosigkeit und Resignation führt. Martin Wuttke: »Er nahm das, was man ihm als Schauspieler anbot, als Material und verführte dazu, mehr Material zu liefern.« Vorspielen tut er so gut wie nie. B. K. Tragelehn: »Da war über eine Schamschwelle zu steigen bei ihm. Ich weiß noch das erste Mal, daß ich das sah, Ende der sechziger Jahre. Für ein Programm an der Ostsee, das dann auch verboten wurde, probierte ich mit Bernd Renne auf der Probebühne der Volksbühne den Anfang von George Chapmans ›Bussy d'Ambois‹. Und für einen Moment machte Heiner einen alten Mann vor, gebeugt und zitternd. Es war enorm. Nur eine Sekunde, so eine Andeutung. – Es ist aber der Dramatiker, der Masken hat, das Durchspielen von vielen verschiedenen Rollen. Er muß in die Figuren reingehen und sich nicht für eine Figur entscheiden.«

Müllers Karriere als Regisseur beginnt, als der Motor des Dramatikers ins Stocken gerät, in den späten achtziger Jahren. 1986 will Alexander Lang in einer Doppelaufführung am Deutschen Theater »Hamlet« und Müllers *»Prometheus«* inszenieren, doch das Projekt wird nicht genehmigt: *Königsmord und Machtwechsel waren als Thema unbeliebt. Das sprach schon für eine unterschwellige Angst vor einem endgültigen Machtwechsel.* Daraufhin bietet Dieter Mann, seit 1984 Intendant, Müller eine Inszenierung an. Er entscheidet sich für *»Lohndrücker«*, der damit nach jahrzehntelanger Verbannung auf eine einheimische Bühne zurückkehrt und zum Auftakt seiner Arbeit am Deutschen Theater wird, das für die nächsten Jahre seine künstlerische Basis darstellt. Sein Wunsch, mit Erich Wonder als Bühnenbildner zusammenzuarbeiten, stellt das Theater vor die schwierige Aufgabe der Devisenbeschaffung.

Eine Generation lang ist *»Lohndrücker«* in der DDR geradezu unerwünscht gewesen, ziemlich vergessen bzw. verdrängt und selbst in den anhaltenden Diskussionen in »Theater der Zeit« um die sozialistische Gegenwartsdramatik »nicht mehr oder nur marginal erwähnt« worden. Wesentlich dazu beitragen haben dürfte die Kritik von Siegfried Wagner, geäußert auf einer Parteiaktivtagung der Theaterschaffenden am 28./29. Mai 1959 – also kurz nach der Verleihung des Heinrich-Mann-Preises an das Ehepaar Müller. Wagner hatte in *»Lohndrücker«* »eine bestimmte abstrakte weltanschauliche Haltung« ausgemacht, die den Autor daran hindere, »unsere Wirklichkeit [...] in ihrem wirklichen Zusammenhang und in ihrer Entwicklung« zu erkennen.

Im Westen war die Aufnahme des Stücks zunächst vom blinden Vorbehalt gegenüber sozialistischen Produktionsstücken geprägt. Stark bearbeitet hatte Frank-Patrick Steckel *»Lohndrücker«* am 31. August 1974 an der Berliner Schaubühne am Halleschen Ufer inszeniert; vorangegangen war ein Abdruck im »Kursbuch« (Heft 7/1966). Die naturalistische Genauigkeit der Aufführung, über der, wie Augenzeugen berichten, ein ständiger Dunst von Schweiß und Mörtelstaub schwebte, stieß beim Publikum auf freundliches Interesse, während sie Müller damals mißfiel: *Ich hätte mir beim ›Lohndrücker‹ doch eine abstraktere oder epischere Darstellungsweise vorstellen können.* Insbesondere fehlte der Inszenierung die Sensibilität für Müllers knappe szenische Pointen und den dialektischen Witz.

Im Juni 1986 erhält Müller den Regievertrag, am 15. November trifft er sich mit Erich Wonder in Frankfurt, am 2. Februar 1987 findet ein erstes Gespräch über begleitende »Aktivitäten« der Inszenierung statt. Der schöne Plan, dem Bestarbeiter Garbe und seiner Brigade den jugendlichen Gangster Werner Gladow und seine Bande, die in der Zeit der Berliner Blockade erfolgreich war, gegenüberzustellen, Garbe und Gladow als zwei Prototypen von *Helden* der Nachkriegszeit, die beide zum Mythos geworden sind, kenntlich zu machen, wird nur in einer Installation im Theaterfoyer realisiert (Konzept: Grischa Meyer, Mitarbeit: Peter Voigt, mit dem Müller »in den fünfziger Jahren« Brechts »Tage der Commune« bearbeitet hatte). In das Konzept integriert wird dagegen der Vorschlag Johanna Schalls, in einer Nebenproduktion den in der DDR noch nicht gespielten *»Horatier«* aufzuführen. Noch eine Reihe weiterer Glanzlichter verdanken sich Anregungen und Vorschlägen der Mitwirkenden während der Vorbereitungen und auf den Proben. Im Auftrag der Akademie der Künste macht Thomas Heise eine Video-Dokumentation. Er versucht, etwas anderes als das übliche Künstlerporträt herzustellen und rückt alltägliche Vorgänge in den Mittelpunkt. So entsteht »Ein Tag im Leben des Heiner Müller«. Außerdem führt er Gespräche mit Ella Müller, die auf Tonband aufgenommen, transkribiert und auszugsweise in dem von Wolfgang Storch 1988 herausgegebenen »Arbeitsbuch« »Explosion of a Memory Heiner Müller DDR« veröffentlicht werden. Als Dramaturgieassistent begleitet der neunundzwanzigjährige Student der Theaterwissenschaften Stephan Suschke die Inszenierung. Er wird in den folgenden Jahren zu Müllers wichtigstem Mitarbeiter.

Müllers Inszenierung, die das Thema von Ausbeutung und Verrat in den Mittelpunkt rückt, gerät zu einer »archäologischen Studie«; die Sonde des Archäologen heißt Kritik. Rückblickend scheint Müller sein damaliger Blick auf das Proletariat als mythologisch. »Als erstes«, erinnert sich Dramaturg Alexander Weigel, »wurden alle Regieanweisungen gestrichen und ›vergessen‹«, schienen sie doch »Relikte einer gewissen opportunistischen Verbindlichkeit«. Auch den harmonisierenden Schluß, die Versöhnung zwischen dem Kommunisten und dem zum Arbeiterstaat bekehrten Ex-Nazi, streicht Müller und läßt statt dessen Schorn immer wieder den Satz »Wer hat mich gefragt, ob ich mit dir arbeiten kann?« wiederholen, woraus sich ein Zweikampf zwischen ihm und Balke entwikkelt. Außerdem fügt er mit *»Horatier«* als Prolog und *»Kentauren«* als Epilog (beides als DDR-Erstaufführungen) zwei Texte ein, die »Angeln« darstellen, »in denen die alternde DDR hing, das Stalinerbe und das Sicherheitswesen«. Die alte Bestarbeitergeschichte wird auf diese Weise zeitlich sowohl in die Vergangenheit wie in die Gegenwart verlängert. Deutlich wird, daß es nicht gelungen ist, die Disziplinierung der deutschen Arbeiterklasse durch den Faschismus, die von der SED für den Aufbau des Sozialismus benutzt werden konnte, in eine Emanzipation der Arbeiterklasse umzuwandeln: Ein revolutionärer Anspruch ist in einem bürokatisch erstarrten Überwachungsstaat aufgegangen. *»Der Lohndrücker«* von 1988 präsentiert sich so nicht als Aufbaustück mit Schönheitsfehlern, sondern als *Diagnose einer Geburtskrankheit, die sich inzwischen ausgewachsen hatte zu einer unheilbaren Krankheit dieser Struktur, dieser Gesellschaft.*

Die Inszenierung, in der »Theatermittel des Lehrstücks, der deutschen und russischen Avantgarde der zwanziger Jahre wiederzuerkennen« sind (Alexander Weigel), wird Müllers größter Bühnenerfolg, eine der bedeutendsten Inszenierungen des Deutschen Theaters überhaupt und ein Theaterereignis selbst im Bühnenspiegel des »Neuen Deutschland«. Premiere ist am 29. Januar 1988; insgesamt gibt es 72 Vorstellungen, die letzte am 19. September 1991. Gastspiele finden in Leipzig, Paris, Westberlin, Hamburg und Frankfurt statt. Bei *»Horatier«*, Müllers parabolischer Auseinandersetzung mit Stalin bzw. dem Schweigen der kommunistischen Parteien über Stalin, hält das

Publikum den Atem an. Doch nach Gorbatschows Ausführungen zum Stalinismus vor dem Obersten Sowjet im Oktober 1987 ist die Zeit reif für diesen Text. Gorbatschow: »Wenn wir bei der historischen Wahrheit bleiben wollen, müssen wir sowohl den unbestrittenen Beitrag Stalins zum Kampf für den Sozialismus und zur Verteidigung seiner Errungenschaften als auch die groben politischen Fehler und die Willkürakte sehen, die er und die Personen um ihn begangen haben. [...] Die Schuld Stalins und seiner Vertrauten, die gegenüber Partei und Volk für Massenrepressalien und Willkür verantwortlich sind, ist groß und untilgbar.« Jetzt gehe es um die »Wiederherstellung der Gerechtigkeit«. Der Versuch, »neuralgische Fragen unserer Geschichte zu übergehen, sie totzuschweigen und so zu tun, als wäre nichts Besonderes geschehen«, käme einer »Mißachtung der historischen Wahrheit« gleich und wäre »eine Respektlosigkeit gegenüber dem Andenken jener, die unschuldiges Opfer von Ungesetzlichkeit und Willkür geworden sind.« Müller 1968/69:

Wie soll der Horatier genannt werden der Nachwelt?
Und das Volk antwortete mit einer Stimme:
Er soll genannt werden der Sieger über Alba
Er soll genannt werden der Mörder seiner Schwester
Mit einem Atem sein Verdienst und seine Schuld.

1989/1990 folgt am Deutschen Theater *»Hamlet/Maschine«*. Geplant wird das Projekt im Frühjahr 1988, im Dezember ist Müller zu Gesprächen über das Bühnenbild bei Erich Wonder in Wien. Schon auf dem Flug dahin entwickelt er, erzählt Alexander Weigel, »aus den realen Zeitangaben Shakespeares die Metapher für eine übergreifende, eine Epochenzeit, in der er die Handlung in vorzeitlichem Eis beginnen und in endzeitlicher Wüste enden sah. [...] Den theatralischen ›Rahmen‹ für diesen ›Klimasturz‹ bildet ein alles umfassender Horizont, ein ›Grundraum‹, mit dem die Aufführung beginnt und endet, der der gewaltige Innenraum eines unfertigen oder eines nach einer Katastrophe stehengebliebenen Betonbaus/Bunkers sein kann. Er sollte auch der Ort für Müllers ›Hamletmaschine‹ sein, die, nach Hamlets Abreise und vor Ophelias Wahnsinn, als aktueller ›Drehpunkt‹ der Aufführung gedacht war«.

Zu diesem Zeitpunkt ist »*Hamletmaschine*« in der DDR noch tabu. Nach dem Mauerfall hat sie ihre subversive Funktion plötzlich verloren. *Was in ›Hamletmaschine‹ beschrieben ist, fand inzwischen auf der Straße statt. Dadurch war ganz schwer, das Stück noch zu inszenieren, das war dann eher die Verweigerung einer Inszenierung oder eine Minimalisierung der Vorgänge, eher ein Referieren.* Damit wird auch die Absicht zunichte, das Projekt an zwei aufeinanderfolgenden Abenden zu zeigen: Da »*Hamletmaschine*« als Vor- oder Nachspiel *dumm* erscheint, wird sie eingefügt.

Was jetzt in den Vordergrund rückt, ist die *Selbstkritik des Intellektuellen* als dasjenige Motiv, *das dem ganzen Text zugrundeliegt.* Hamlet ist für Müller *ein junger Intellektueller zwischen den Epochen, in einem Riß zwischen den Epochen. An diesem Riß geht er zugrunde. [...] Hamlets Problem*, sagt er am 8. Mai 1990 in einem Probengespräch, sei nicht die Ohnmacht des Intellektuellen. Es handle sich um *keine Kraftfrage*, sondern eher um *eine Frage des Wissensstands*: *Er weiß zu viel, um noch unbedarft politisch handeln zu können, er weiß, daß da nur eine Scheinlösung die andere ablöst. Und dieser Blick in den Abgrund ist das, was ihn politisch handlungsunfähig macht. [...] Je mehr man weiß, desto kleiner wird der Aktionsradius. Das ist das Hamletproblem*, äußert er, einen Gedanken Nietzsches aus der »Geburt der Tragödie« aufgreifend, zur selben Zeit im Gespräch mit Frank-Michael Raddatz.

Aufgrund des politischen Umbruchs weitet sich die Probenzeit von Anfang September 1989 bis März 1990 aus. Die Geschichte, die bei Shakespeare erzählt wird, weist plötzlich derart frappante Übereinstimmungen mit den politischen Vorgängen auf, daß es immer schwieriger wird, platte aktuelle Assoziationen zurückzudrängen. In den Monaten Oktober und November 1989, dem Höhepunkt der Krise in der DDR, kommt man, wie Ulrich Mühe erzählt, zu keinerlei »Probenergebnis«. Alle Beteiligten haben jetzt Wichtigeres zu tun. Auch das Deutsche Theater beteiligt sich an der Wende: Für den 28. Oktober organisiert Müller eine öffentliche Veranstaltung mit dem bis dahin verfemten Walter Janka, tags darauf findet in der überfüllten Berliner Erlöserkirche unter dem Goya-Motto

»Wider den Schlaf der Vernunft« eine Diskussion »gegen den staatlichen Machtmißbrauch« statt, an der neben Müller eine Reihe prominenter Künstler teilnehmen, darunter de Bruyn, Hein und Hermlin.

Strukturen ändern sich über Nacht oder lösen sich ganz auf, wie die vormals das Theaterleben stark bestimmenden Parteiorganisationen. Im Interview mit Reinhard Tschapke sagt Müller im Januar 1990: *Es herrschen zentrifugale Tendenzen. Die Leute streben in alle Richtungen davon, man kann die Schauspieler kaum einmal um sich versammeln.* Premiere ist am 24. März 1990. Die Inszenierung zeige, so Martin Linzer, »die Grablegung einer Utopie«. Dafür nimmt sich Müller acht Stunden Zeit. Überraschend viele Zuschauer machen diesen Bühnenmarathon mit. Erst am 18. Dezember 1993, nach vierzig Vorstellungen, wird das Stück vom Spielplan genommen.

Müllers letzte Regiearbeit am Deutschen Theater ist eine Collage aus *»Herakles 2 oder Die Hydra«*, *»Mauser«*, *»Quartett«*, *»Der Findling«* und dem 1991 geschriebenen, von Gesprächen mit dem Philosophen und Religionswissenschaftler Klaus Heinrich angeregten Text *»Herakles 13«*, der auf einen alten Plan Müllers zurückgeht: Notizen und Entwürfe stammen aus der Zeit, als *»Herakles 5«* und *»Herakles 2 oder Die Hydra«* entstanden sind. Der Mythos überliefert bekanntlich nur zwölf Arbeiten des Herakles; Müllers Grundlage ist der Botenbericht in Euripides' Tragödie »Herakles«, wo erzählt wird, wie Herakles im Wahnsinn seine Kinder tötet (eine Begründung, die Müller nicht übernimmt). Der Text von *»Herakles 13«* wird vom Band eingespielt.

Eingestreut sind Texte von Shakespeare (»Macbeth«), Kafka (»Der Process«), Ernst Jünger und Brecht (»Aus einem Lesebuch für Städtebewohner«, 1927): Merkverse für die Neubürger des vereinigten Deutschland, gelesen von Müller. Ein historischer Bogen von der Französischen Revolution (die in *»Quartett«* aufscheint) über die Russische Revolution von 1917 (in *»Mauser«* ist sie Hintergrund) bis in die Endphase der DDR (*»Der Findling«)*; drei Stationen europäischer Revolutionsgeschichte, von Mal zu Mal quälender erscheinend: Läßt sich *»Herakles 2 oder Die Hydra«* als »tragischer Gang des Menschen durch die Geschichte« deuten, macht die grausige dreizehnte Tat des Herakles auch die Zukunft zunichte. Den Übergang zu *»Der Findling«*, in dem sich Vater und Sohn als Feinde gegenüberstehen, schafft ein stummes Zwischenspiel, in dem ein Repräsentant der Väter-Generation Jugendliche mit einem Band Stalin erschlägt. Die Kombination von *»Mauser«* und *»Quartett«* ist von Christoph Nels Entdeckung verwandter Strukturen in beiden Stücken inspiriert: *Terror und Gewalt einmal im politischen Bereich, dann Terror und Gewalt im Bereich intimster menschlicher Beziehungen.*

Das Bühnenbild stammt von Jannis Kounellis. Gast bei den Proben ist der Berliner Künstler Mark Lammert, ein ehemaliger Meisterschüler der Akademie, den Müller von einem Atelierbesuch kennt. Die während der Proben entstandenen Lithografien und Radierungen, von Lammert mit Lithografenkreide und Kugelschreiber direkt auf den Stein oder mit der Kaltnadel in das Kupfer gezeichnet, werden 1993 in dem Band »Blockade« veröffentlicht, zu dem Müller das Gedicht *»Ich hab zur Nacht gegessen mit Gespenstern«* beisteuert. Lammerts Zeichnungen gefallen Müller, weil sie sich, wie er mit Bezug auf die in der Mappe »Aus dem Totenhaus« veröffentlichten Arbeiten schreibt, »gegen das [wehren], was sie gleichzeitig suchen. Die Spannung zwischen Widerstand und Sehnsucht macht ihre Qualität aus.«

»Mauser«, wie der Stücktitel bei der Premiere am 14. September 1991 lautet, ist ein letzter, angestrengter, im Grunde überflüssiger Versuch, verdrängten Problemen der DDR-Gesellschaft in verschlüsselter Form eine Öffentlichkeit zu verschaffen. Die sechsundzwanzigste Vorstellung am 14. Mai 1993 ist auch die letzte. Inzwischen ergibt sich die Möglichkeit, in das Direktorium des Berliner Ensembles zu wechseln und damit den Spielplan zu bestimmen, was Müller als Gastregisseur am Deutschen Theater nicht möglich ist.

Bericht für eine Akademie

Am 16. Juli 1990 wird Heiner Müller in geheimer Abstimmung als Nachfolger von Manfred Wekwerth zum Präsidenten der Akademie der Künste in Berlin-Ost gewählt. Er ringt lange mit sich, ehe er sich darauf einläßt, und es sind sachliche Erwägungen, die seine Entscheidung bestimmen – nicht zuletzt die Tatsache, daß er als der prominenteste Fürsprecher erscheint, dessen Stimme auch international am meisten Beachtung findet dürfte. Müller, der ohnehin niemals nein sagen, niemanden wegschicken kann, schon gar nicht, wo er Schwäche und Bedürftigkeit sieht, engagiert sich und hilft.

Für Gerhard Stadelmaier ist zu diesem Zeitpunkt unzweifelhaft, daß »das gesamte Deutschland [...] irgendwann eine einzige Berliner Akademie haben« wird. Bis dahin würden die beiden Akademien in Ost- und West-Berlin »noch eine Weile nebeneinander her existieren.« Doch um die Definition des Zeitrahmens wird heftig gestritten. Müller versucht, die Ost-Akademie, die für viele seiner Landsleute die Substanz der DDR-Kunst ausmacht, nach dem Modell der – auf staatlicher Ebene bereits gescheiterten – Kooperation nicht zu übergeben oder gar auszuliefern, sondern mit Achtung in die Fusion zu überführen; als Wunschdatum nennt er 1994. Bis dahin soll es autonome Entscheidungen beider Akademien geben unter Wahrung der wesentlichen Arbeitsbereiche der Ost-Berliner Akademie. Auch die Stipendien für Meisterschüler, wie sie es an keiner anderen deutschen Akademie gibt, sind ihm erhaltenswert. Der Berliner Senat will der Akademie dagegen nur eine kurze Galgenfrist bis zum 31. März (später verlängert bis 30. Juni) 1992 einräumen. Dann werde die Finanzierung eingestellt. Erwartet wird, daß bis dahin die Voraussetzungen für eine gemeinsame Kunstakademie in Berlin unter längerfristiger Beteiligung des Landes Brandenburg geschaffen werden.

Auf die Frage von »Literatur konkret«, was man als Akademie-Präsident denn so mache, antwortet Müller im Sommer 1990: *Es gibt dauernd endlose Sitzungen. Die Hauptbeschäftigung ist herauszufinden, wie man überleben kann. Und an wen man sich wenden soll, um zu überleben. Die Diäten haben wir ja schon gestrichen. Wir haben beschlossen, daß die Akademiemitglieder zum 1. Oktober keine mehr bekommen.* Das Geld solle man *so lange wie möglich nutzen, um den Prozeß der Vereinnahmung und Auslöschung einer Kultur durch die andere zu stören.* Sein erklärter Wunsch ist es, die Akademie am Robert-Koch-Platz *auf den Weg zu einer Europäischen Künstlersozietät zu bringen*, Stipendiaten hauptsächlich aus dem europäischen Osten und Südosten sollen nach Berlin geholt werden.

Müllers Engagement, meint Mark Lammert, entsprang »nicht nur der Eitelkeit, sondern auch einem sozialen Gewissen, obwohl es teilweise auch wie ein Betonklotz am Bein war«. Er habe gemeint, »Verantwortung wahrnehmen zu müssen für Dutzende von Biographien, die ihm gleichgesinnt waren«. Und dann sei es ihm darum gegangen, »die Wunde der Vereinigung so lange wie möglich offen zu halten«. Denn die Vereinigung der Akademien sollte anders verlaufen als der politische Prozeß. »Er wollte etwas 'rüberretten, was als Substanz wichtig war, wollte die Kultur in Anstand und Würde vereinigen. Denn die Akademie der Künste war etwas, was die DDR produziert hat. Es ging um das ›wie‹«, so Ginka Tscholakowa. Renate Ziemer: »Es war der ehrliche Impuls, sich nicht unterkriegen zu lassen, unter der Devise: So nicht! Es war gegen den Westen gerichtet, gegen das ihm bekannte kapitalistische System, das über die DDR gekommen war. Seine Biographie war mit diesem Land engstens verbunden. Er wollte es nicht von diesem ›Rollkommando‹ ohne Widerstand plattmachen lassen. Auch ich habe damals gesagt: Wenn schon, dann stehend erschossen, nicht auf den Knien. Dennoch saßen er und die anderen Akademiemitglieder und -mitarbeiter zunächst etwas paralysiert wie das Kaninchen vor der Schlange. Konfliktfähigkeit gehörte ja nicht zu seinen Stärken. Aber er hat sich außergewöhnlich viel Zeit genommen. Mit kompetenter anwaltlicher Hilfe fühlte er sich dann gestärkt. Es folgte die Kriegserklärung und eine ›Schlacht‹, die nicht wirklich zu gewinnen war. Doch der Versuch war ihm wichtig.«

Zum Hauptstreitpunkt werden zunehmend die Modalitäten der Fusion mit der Westberliner Akademie der Künste, der

Walter Jens präsidiert. Deren knapp dreihundert Mitglieder wollen sich mehrheitlich nicht mit den ungeliebten alten DDR-»Staatskünstlern« gemein machen, die eine Vereinigung mit einschließen würde. In einer Presseerklärung vom 11. Oktober 1991 schlägt Müller daher als Kompromiß vor, daß sämtliche Mitglieder der Ost-Akademie geschlossen austreten und anschließend *ein Gremium von je fünf Mitgliedern jeder Sektion* wählen, *das eine neue Akademie konstituiert, auch und vor allem durch Zuwahl von jungen Mitgliedern.* Werde sein Vorschlag *nicht angenommen*, stehe er *als Präsident nicht mehr zur Verfügung.* Damit kann er sich im eigenen Haus durchsetzen.

Die Voraussetzungen für Müllers Beitritts-Vorschlag werden in einer geheimen Neuwahl der Ost-Akademie am 9. Dezember 1991 geschaffen, die eine Erneuerung und Verkleinerung bewirkt: Von ursprünglich 122 Mitgliedern sind noch 69 übrig. Nun, so hofft er, kann die Vereinigung vollzogen werden, ohne *Anschluß und Demütigung, nicht durch Zuwahl einzelner Mitglieder, sondern durch geschlossene Übernahme der in Neuwahlen legitimierten Akademie Ost.* Das allerdings wird von Walter Jens abgelehnt, der eine individuelle Hinzuwahl verlangt. »Hintergrund dieser Äußerungen ist, daß so umstrittene Personen wie etwa der frühere Präsident des DDR-Schriftstellerverbandes Hermann Kant und der frühere Präsident der DDR-Kunstakademie, also Müllers Vorgänger Manfred Wekwerth, weiterhin Mitglieder der Ostakademie sind.« Am Ende können die Ost-Berliner nur dreißig Mitglieder in die neue Berlin-Brandenburgische Akademie der Künste einbringen, und auch sie sollen sich, so die Forderung einiger Akademiemitglieder, vor der Bestätigung ihrer Wahl einer Überprüfung auf Kontakte mit der Staatssicherheit durch die Gauck-Behörde stellen – ein Ansinnen, das Walter Jens, unterstützt von der SPD-Fraktion des Berliner Abgeordnetenhauses, zurückweist.

Es geht aber nicht nur um die Mitglieder. Auch Grundstücks- und Gebäudefragen und die sozialen Konsequenzen, die sich für die Beschäftigten der Ost-Akademie aus einer Zusammenlegung ergeben, wollen geklärt sein. Am wenigsten problematisch ist der Umgang mit den Vermögenswerten: Die rund zweihundert Sammlungen, Nachlässe und Archive werden in eine

Stiftung eingebracht. Von den ehemals 130 Beschäftigten können aber nur vierzig übernommen werden. Für sie hat Müller bis zum Schluß mit großem Einsatz gekämpft. Friedrich Dieckmann: »Fürsorge war nicht das geringste seiner Motive. Walter Jens hat kürzlich erzählt, wie hartnäckig und wie erfolgreich sein präsidialer Vereinigungspartner darum gerungen habe, daß eine erhebliche Zahl von Mitarbeitern ihren Arbeitsplatz behalten konnte.«

Rückblickend erscheint Müllers Rolle vergleichbar mit der des Kapitäns eines sinkenden Schiffes, dessen Aufgabe es lediglich sein konnte, den Zeitpunkt des Untergangs, der als solcher nicht abzuwenden war, aufzuschieben, denn aus einem instinktiven Reflex heraus hatten sich die bundesdeutschen Politiker gegen die Doppelexistenz entschieden.

Das unwürdige Gezerre um die Akademie mag mit dazu beigetragen haben, daß Müller, wie dpa am 9. Juli 1992 berichtet, den Gründungsappell der u. a. von der PDS initiierten ostdeutschen Sammlungsbewegung »Komitee für Gerechtigkeit« in der Öffentlichkeit unterstützt. Die Agentur zitiert Müller mit den Worten, »es gehe nicht um eine Partei, sondern um den Versuch, die Ostdeutschen zu motivieren, sich gegen Dinge zu wehren, die sie als ungerecht empfinden«.

IX. WHISKY & CIGARS

Medien-Maschine

Die allmähliche Häufung seiner Ämter, die parallele Arbeit an diversen Projekten und die ständige Inanspruchname durch die Öffentlichkeit erlauben es Müller nicht, längere Zeit kontinuierlich an einem größeren Text zu arbeiten. Kein Monat vergeht, ohne daß er nicht zwei bis drei öffentliche Statements abgibt, Interviews gewährt oder durch eine Presseerklärung von sich reden macht. Endlos die Kette von Diskussionen, Lesungen und Begegnungen, Preisverleihungen, Workshops, Talkshows, Interviews, Presseerklärungen, Dementis vor einem unermüdlichen Publikum rund um den *Globus* (eines seiner Lieblingswörter). Müller ist eine öffentliche Person geworden und spielt mit. »Das war eine seiner schrecklichsten Eigenschaften: Er hat alles zugesagt. Nur war die Zusage nicht viel wert, weil es nicht immer ging. Das war dann peinlich, wenn er nicht erschien.« Häufig scheint es fast, als ob Müller mit der Zusage für ein Treffen oder einen Text seine Arbeit schon für getan hält. So bleibt ihm manchmal als Ausweg zwischen zwei für denselben Zeitpunkt zugesagten Verabredungen nur das Verschwinden bei einer dritten. Wer derartige Erfahrungen schon öfter gemacht hat, zieht persönliches Erscheinen vor und sitzt so lange auf dem Sofa in Lichtenberg herum, bis er ein wie auch immer geartetes Ergebnis in der Hand hat. Nur wenn es gar nicht anders geht, wird Renate Ziemer mit Abwimmeln und Vertrösten beauftragt. Da sie – wie viele in der DDR – zu Hause lange Zeit über keinen eigenen Telefonanschluß verfügt, gestaltet sich die Terminkoordinierung mit Müller über öffentliche Fernsprecher aufwendig und mühsam, besonders über die ständig überlasteten Vorwahlnummern nach Westberlin. Solche telefonische Geduldproben sind auch der spätabendliche Sport, wenn Müllers Gäste aus dem Ausland per Taxi pünktlich wieder zur Grenze müssen. Ein von den Umständen gebeutelter Tom Stromberg schenkt Renate Ziemer am Ende der Frankfurter »experimenta« (1990) einen Anrufbeantworter, so kann sie, wenn sie am späten Abend nach Hause kommt, wenigstens erfahren, wo ihr Chef an diesem Tag vermißt worden ist und wer ihn am nächsten dringend zu sprechen wünscht.

Anfang September 1989 liest Müller – entgegen der Ankündigung, die eine Lesung aus *»Wolokolamsker Chaussee«* verspricht – im Hindemith-Saal der Alten Oper Frankfurt aus *»Verkommenes Ufer«*; Bernhard Wambach spielt dazu Karl Amadeus Hartmanns viersätzige Klaviersonate »27. April 1945«. Das ganze steht unter dem Motto »Oh, Vaterland«. In der »Frankfurter Allgemeinen Zeitung«zeigt sich Lotte Thaler anschließend von Müllers Outfit wie von seiner Vortragskunst unangenehm berührt: Der »Erfolgsdramatiker«, der »immer mehr einem Stadtstreicher aus seinen eigenen Schmuddelszenen gleicht«, habe das Publikum mit seinem »Genuschel in Schlammfarben« »in gesunden Schlaf« versetzt.

Im Mai 1990 entwirft Müller das Konzept einer Landschaftsskulptur (Stahlstelen und Klanginstallation), das von Daniel Libeskind in Groningen realisiert wird. Im selben Jahr gestaltet er drei Wagen zu Hanne Hiobs Projekt »Der Anachronistische Zug«, nach Brechts gleichnamigem Gedicht. Auf dem Wagen der Commerzbank steht *»Wir sind das Volk«*, auf dem der Dresdner Bank *»Wir sind ein Volk«*, auf dem der Deutschen Bank *»Du sollst keine anderen Völker haben neben mir«*. Das Problem, daß eine Emanzipationsbewegung schnell in Chauvinismus umschlagen kann, hatte er Mitte Januar in einem Interview formuliert: *Vergegenwärtigt man sich die erste Losung, in Leipzig: Wir sind das Volk ... das klang ungeheuer. Völlig logisch, daß daraus schnell wurde: Wir sind ein Volk. Und daraus wird sehr schnell: Es gibt keine anderen Völker.*

Ein bereits vier Jahre zuvor gemeinsam mit Rebecca Horn und Jannis Kounellis entwickeltes, von Müller *»Die Endlichkeit der Freiheit«* betiteltes und vom Deutschen Akademischen Austauschdienst koordiniertes Ost-Westberliner Skulpturenprojekt von elf internationalen Künstlern, deren aufeinander bezogene Kunstwerke die Grenzen der Stadt überwinden sollten, ist dort in modifizierter Form vom 1. September bis zum 7. Oktober 1990 zu sehen. Unter demselben Titel treffen sich am 1. Oktober in der Akademie der Künste (Ost) Müller und Susan Sontag zu einer von Ivan Nagel moderierten Diskussion. Am 4. November liest Müller im »Freihafen« der Hamburger Kammerspiele Texte von Walter Benjamin, dem für ihn wichtigsten geschichtsphilosophischen Gewährsmann des Jahrhunderts. Am 23. November 1990 nimmt Müller in München den von mehreren Verlagen Deutschlands, Österreichs, der Schweiz und Liechtensteins gestifteten, mit 25 000 DM dotierten Kleist-Preis entgegen; die Zürcher Literaturkritikerin Beatrice von Matt hat als »Vertrauensfrau« die Wahl getroffen. Eine »vorzügliche Wahl«, bestätigt Sibylle Wirsing in der »Frankfurter Allgemeinen Zeitung«: »Die Herausbildung des Gewährsmannes Heiner Müller, der Garantie-Figur für eine DDR-Gesellschaft, die sich unter den realen Zwängen nicht oder nur bruchstückhaft herstellte und jetzt als Fragment in die Geschichte eingeht, gehört zu den pathetischen Vorgängen im Geistesleben der Jahrzehnte seit der DDR-Staatsgründung.«

1990/91 bearbeitet Müller auf Grundlage einer Übersetzung von Peter Witzmann für Christof Nels Inszenierung an der Freien Volksbühne Aischylos' »Die Perser« – die früheste erhaltene unter den griechischen Tragödien und zugleich das einzige Zeitstück; ein Stück über die Besiegten, geschrieben von einem Angehörigen des Siegervolks, und dennoch aus der Sicht der Besiegten, wie Müller konstatiert. Für die Inszenierung von Luigi Nonos »Intolleranza 1960« an der Stuttgarter Staatsoper stellt er 1992 drei Texte zum Thema »Folter« zur Verfügung, darunter eine Bearbeitung von Franz Kafkas »In der Strafkolonie«. In der Aufführung, die am 11. Oktober 1992 Premiere hat, wird jedoch nur der Text *»Sisyphus«* (ein Prosa-Intermedium aus *»Traktor«)* verwendet.

Es falle derzeit schwer, Müller nicht zu begegnen, schreibt Roland H. Wiegenstein in der »Frankfurter Rundschau« vom 9. November 1991: Als »Preisträger oder Talkshow-Gast, auf Podien oder als cleverer Nachlaßverwalter der ›Akademie der

Künste in Berlin‹« habe er »eine Ubiquität erreicht, die in krassem Gegensatz steht zu dem, was er emphatisch verkündet, daß es nämlich auf Einsamkeit ankomme, Rückzug aus der Politik, Hinwendung zur Kunst«. Wer sich in das öffentliche Geschwätz begibt, kommt darin um. Andererseits: Wer sich nicht hineinbegibt, kommt auch darin um.

Stephan Suschke interessiert eher, was »unter der Oberfläche dieser Interviews« passierte: »Als ihn die viele Gegenwart, die der Westen produzierte, eingeholt hatte, war er nicht mehr in der Lage, sich dem zu entziehen. Natürlich hat auch Eitelkeit eine Rolle gespielt, denn es ist angenehm, befragt zu werden. Ich glaube, daß Müller versucht hat, die Medien für sich zu instrumentalisieren, wie er es in der DDR mit der Kulturpolitik (oder der Stasi, wie auch immer) versucht hat, um für sich eine Position zu schaffen, die es ihm ermöglichte, auf intellektuelle Weise Einfluß zu nehmen.« Die poetische Produktion sei verbindlicher als das Mediengeschwätz, die Gedichte originärer als die Interviews, sie erzählten mehr über ihn und seine Verfassung.

Termine, Termine: Ende Mai 1991 mit Erich Kuby auf der Bühne der Freien Volksbühne, im November 1991 in Rom auf einem Benjamin-Kongreß, im Januar 1992 auf Einladung der Schweizerischen Bankgesellschaft zu einer Lesung und Diskussion am Bodensee mit Zürcher und Konstanzer Literaturwissenschaftlern, am 8. März im Paradiso in Amsterdam bei einer Diskussion mit den Schriftstellern Andrej Bitow (St. Petersburg), György Konrád (Budapest), den Philosophen Hannes Böhringer (Berlin) und Boris Groys (Münster), dem Komponisten Peter Schat und dem Theaterwissenschaftler Dragan Klaić (Amsterdam), am 31. März mit dem Bürgerrechtler Jens Reich bei einem von Walter Jens geleiteten Streitgespräch der Akademie der Künste (West), am 1. April mit Documenta-IX-Chef Jan Hoet im Konrad-Wolf-Saal der Akademie der Künste (Ost), am 5. Juni mit Gregor Gysi im Alexander-Verlag in Berlin, im September mit jungen französischen Regisseuren im Berliner Ensemble, im Januar 1993 mit einer Kafka/Brecht-Lesung im Berliner Ensemble, im Herbst 1993 mit Valentin Falin, dem einstigen Deutschland-Experten der KPdSU, in der »Freitag«-Redaktion, im Januar 1994 auf Einladung des Deutschen PEN-Zentrums Ost mit Henning Rischbieter in der Berliner Literaturwerkstatt.

Problemlos füllt sich bei der Feier von Müllers 65. Geburtstag am 9. Januar 1994 das sechshundert Plätze fassende Berliner Ensemble: Überwiegend sind es die Fünfundzwanzig- bis Fünfunddreißigjährigen, die gekommen sind. Geboten wird wenig: Pier Paolo Pasolinis Kurzfilm »La ricotta« wird gezeigt, Müller und Pasolinis Freundin Laura Betti lesen abwechselnd eine Handvoll Pasolini-Gedichte. Aber es ist ein echtes Event. Heiner Müller ist ins Rentenalter eingetreten.

1992 heiratet Müller die aus Regensburg stammende Fotografin Brigitte Maria Mayer (geb. 1965). Beide haben sich auf einer Verlagsveranstaltung von Kiepenheuer & Witsch während der Frankfurter Buchmesse 1990 kennengelernt, beide sind mit einem autobiographischen Projekt beschäftigt: Brigitte Maria Mayer mit dem Fotoband »Perfect Sister I«, Müller mit seiner Autobiographie. »Spiegel«-Autor Matthias Matussek macht sie miteinander bekannt. Als am 20. November 1992 die gemeinsame Tochter Anna Brigitte geboren wird, ist Müller dabei – ein Ereignis, das es in Müllers eigener Sicht an Bedeutung durchaus mit seiner künstlerischen Arbeit dieser Jahre – in der die Tochter immer wieder erscheint – aufnehmen kann. Auf die Frage, ob sich nun etwas an seiner skeptischen Einstellung geändert habe, antwortet er im Sommer 1993: *Es ist nicht mehr so leicht, Spaß am Untergang der Welt zu haben, wenn man eine kleine Tochter hat. Aber Kunst ist immer verantwortungslos. Ich darf nicht nachdenken: Was hat das für Folgen, was ich da mache? Aber manchmal erschrecke ich schon darüber.* Augenscheinlich gelingt es ihm diesmal, seine Vaterrolle nicht bloß zu akzeptieren, sondern auch uneingeschränkt zu bejahen, was langjährige Freunde mit Verwunderung registrieren. Es ist keine bloße Geste, sondern ernst gemeint, die Erfüllung der Vater-Kind-Beziehung, die er seinen beiden leiblichen Kindern und auch seinem Stiefsohn bis dahin verweigert hatte. B. K. Tragelehn: »Zu den tiefen Merkwürdigkeiten gehörte am Ende natürlich das Verhältnis zu dem Kind. Also da hab ich wirklich gedacht, mich tritt ein Pferd.

Es war in Lichtenberg oben in der Wohnung, wir saßen da und Brigitte kam mit dem Kind und Heiner nahm das Kind und hatte das auf dem Arm und ging auf und ab und schunkelte das. Er war selig. Mir fiel die Kinnlade runter, und er hat sie mir höflich zurückgereicht. Ich war fassungslos, weil für ihn Kinder immer störend gewesen waren. Und das amüsierte ihn nun wieder höchlich.« Christa Tragelehn: »Also das war erstaunlich. Mit meiner Tochter Anne bin ich ja häufiger auch am Kissingenplatz gewesen. Und er hat da immer Witze gemacht und hat den Kindern schreckliche Dinge beibringen wollen. Einmal lag im Zimmer eine Luftmatratze und das Kind hopste darauf, Heiner half nach mit seinem Fuß. Da hing so eine nackte Glühbirne oben an der Decke, und das Kind sprang immer, und da sagte er: ›Mußt weiter springen, mußt hoch, das ist 'ne Birne, kann man essen, das schmeckt sehr gut‹, und ich hab gesagt: ›Du, ich hau dir eine ...‹ Also mit Kindern: rabenschwarz!«

Welche Eigenschaften er seiner Tochter für die Zukunft wünscht, verrät Müller im April 1995 Stephan Lebert: *ein bißchen asozial, ein bißchen höflich und die Fähigkeit zur Distanz* – ein schönes weibliches Programm und zugleich eine Selbstcharakterisierung.

Die Familie lebt in einer ehemaligen Fabriketage in der Muskauer Straße in Kreuzberg, wo sich auch Brigitte Maria Mayers Atelier befindet; zwei Stockwerke darüber mietet Müller später zusätzliche Arbeitsräume mit Archiv und Bibliothek an – ein Fluchtpunkt, nachdem ihn in der Erich-Kurz-Straße ständige Anrufe und Scharen von Besuchern kaum noch haben arbeiten lassen. Die Wohnung wie stets sparsam möbliert: Architektentische, Sekretär, Sofa, Bett, ein paar unbequeme Sessel, das Klavier von Inge Müller. An den Wänden des Büros hängen Stückprojekte, darunter *»Doppelkopf«*, *»Gründgens«* und *»Glücksgott«*. Er lebe sehr gerne hier, sagt er im April 1995 zu Stephan Lebert, »gleich unten sei eine gute Kneipe, viele junge Leute überall, alles sehr nett«.

Der Umzug in die Muskauer Straße beweist für Stephan Suschke, daß Müller wieder schreiben wollte. Schon nach *»Quartett«* habe er sich eigentlich stärker zurückziehen wollen, aber dann sei der Streit mit Zadek gekommen, und er habe sich verbissen. »Da entstanden Konstellationen, wo er die Ruhe, die er suchte, um diese Projekte auszuarbeiten, nicht hatte. Für ›Mommsens Block‹ hat er sich für eine Woche zurückgezogen und war nur durch Mittelsmänner erreichbar.«

Im Sommer 1993 setzt Renate Ziemer den Schlußpunkt hinter eine zehnjährige Arbeitsbeziehung, in der es Höhen und Tiefen gegeben hat; daß sie durch Müllers besondere Art der Spontaneität und auch Unzuverlässigkeit nicht gravierender belastet wurde, verdankt sich vermutlich auch dem gemeinsamen sächsisch-schwarzen Humor. Zuletzt ist Renate Ziemer in Müllers Arbeit an der Akademie der Künste und am Berliner Ensemble eingebunden, wo es im Intendanzbüro für sie und Sigrid Kunze schon in der Vorbereitungszeit des Fünfer-Direktoriums viel zu tun gibt. Am Ende übernimmt sie auf Zadeks Wunsch die Presse- und Öffentlichkeitsarbeit. Nach einer halbjährigen ›Auszeit‹ kehrt sie wieder in ihren Beruf als Dramaturgin und Regisseurin zurück. Heute arbeitet sie vor allem als Drehbuchautorin.

»Krieg ohne Schlacht«

Nach vielen Gesprächen verpflichtet sich Müller auf der Buchmesse 1990 gegenüber dem Verlag Kiepenheuer & Witsch zur Mitarbeit an einer Autobiographie. *Es war nicht meine Idee. Ich wollte es nicht. Der Lektor des Verlags hat mich dazu überredet, das zu machen. Aber an sich ist es ganz normal. Wenn man das Gefühl hat, daß eine Epoche zu Ende ist, dann hat man das Bedürfnis, darüber nachzudenken, was war das, was ist da passiert. Da ist eine Epoche zu Ende gegangen.*

An eine Niederschrift Müllers ist von Anfang an nicht gedacht; vorgesehen sind Gespräche im kleinen Kreis, deren Tonbandmitschnitt als Rohmaterial dienen soll. An den Gesprächen beteiligt sind Müllers ehemalige Schwägerin Katja Lange-Müller, seine Sekretärin Renate Ziemer, sein persönlicher Assistent Stephan Suschke und Cheflektor Helge Malchow. Die Entstehung erstreckt sich insgesamt über eineinhalb Jahre: Die erste Gesprächsrunde findet 1990 im Ferienhaus des Verlegers Neven du Mont auf La Palma statt, die zweite im Ferienhaus von Günter Wallraff auf Lanzarote, die dritte und vierte in Müllers Berliner Wohnung. »Es war eine sich schier endlos hinziehende Geschichte«, erinnert sich Stephan Suschke, »sie ist unterhalb von Literatur geblieben.« »Er hat nur geflucht«, sagt Ginka Tscholakowa. Viel lieber würde Müller eine Prosa-Autobiographie schreiben, aber es fehlt ihm schlicht an Zeit. Einen Versuch dazu hat er tatsächlich unternommen; das Textfragment wird nach seinem Tod veröffentlicht.

Das Typoskript der ersten, unkorrigierten Kassettenabschrift umfaßt an die tausend Seiten. Es wird in einer Vielzahl von Arbeitsgängen zu thematischen Blöcken zusammengefaßt, zunächst redaktionell und dann von Müller sprachlich überarbeitet, dabei teils gekürzt, teils erweitert. Trotzdem bleibt es ein disparater, für ihn selbst problematischer Text, für den er sich in seinem im April 1992 verfaßten Nachwort quasi entschuldigt, weil er ihn in der ihm *zur Verfügung stehenden Zeit nicht zu Literatur machen konnte. [...] Denn es ist natürlich eine Abplattung von Erinnerung, wenn man einfach vor anderen darüber redet. Wirkliche Erinnerung braucht schon die Arbeit der Formulierung. Da entsteht womöglich etwas ganz anderes, was vielleicht faktologisch nicht mehr standhält, aber es entsteht so etwas wie die wirkliche Erinnerung.*

»Krieg ohne Schlacht«, wie Müller seine Autobiographie (Holger Teschke spricht korrekt von einem »großen autobiographischen Interview«) nach einem 1957 erschienenen Roman von Ludwig Renn betitelt, erscheint Mitte Juni 1992. Darin gibt er Auskunft über sein *»Leben in zwei Diktaturen«*, skizziert seinen beruflichen Werdegang, benennt literarische Einflüsse und Vorbilder, Freunde und Feinde, schildert diverse Auseinandersetzungen mit der Staatspartei und spricht über seine Theaterarbeit. Es gibt auch Leerstellen: Die Gespräche mit der Staatssicherheit blieben ebenso unerwähnt wie die große Liebe Margarita Broich. Für beides, die klandestinen Kontakte und das wunschlose Unglück des Verlassenwerdens, fehlten ihm offenbar die Worte. Immerhin erscheint

der Privatmensch Heiner Müller, der bis dahin fast völlig hinter einem hermetisch anmutenden Werk verschwunden war, plötzlich als erstaunliches Amalgam aus sozialdemokratischem Elternhaus, gehobener gymnasialer Bildung, halbproletarischer Bohème, parteilicher Schulung und avantgardistischer Privatlektüre.

Wurde bisher Müllers autobiographisch anmutende Prosa (*»Bericht vom Großvater«, »Der Vater«, »Todesanzeige«)* benutzt, um Leerstellen seiner Biographie zu füllen, müssen nun seine – wie sich zeigen läßt: oftmals undeutlichen – Erinnerungen dafür herhalten. Beides bleibt gleichermaßen problematisch: Von einem zuverlässigen Erinnerungsbuch, wie es etwa die Varnhagenschen »Denkwürdigkeiten« darstellen, ist *»Krieg ohne Schlacht«* ebenso weit entfernt wie von literarischen Memoiren (Müller hat dies selbst mit Bedauern konstatiert), wofür etwa Goethes »Dichtung und Wahrheit« oder Klaus Manns »Wendepunkt« stehen können. Daß es sich bei den drei Genannten auch um drei Tagebuchschreiber handelt, während Müller auf dieses Metier keine Zeit verwandte, ist in diesem Zusammenhang alles andere als Zufall.

In allen seinen Stücken, sagte Müller 1982, stecke *etwas sehr Persönliches.* Literarisches Schreiben bedeutete für ihn aber gerade *das Verschweigen des Biographischen oder das Maskieren des Biographischen.* Deshalb war er alles andere als ein Dokumentarist. Weil er seine Erlebnisse auf eine poetische Formel zu bringen suchte, mischen noch seine persönlichsten Texte Dokument und Fiktion, sind Dichtung und Wahrheit in einem. Als biographische Quellen (wie sie Frank-Michael Raddatz behandelt, dessen Arbeit einen »autobiographischen Ansatz« verfolgt) eignen sie sich nur bedingt. Mit Blick auf die autobiographisch grundierten Texte *»Der Vater«* und *»Bericht vom Großvater«* sagte Müller, das Faktische darin sei *geronnen zu Literatur.* Es seien Texte, *die als Literatur, aber nicht als Bericht stimmen. Da ist auch viel Ungerechtigkeit drin. […] Das waren eigentlich alles Versuche, sich davon freizumachen …, abzuschneiden, abzuhacken.* Der Großvater und der Vater des Autors, sogar der Autor selbst als Ehemann der Selbstmörderin im Text *»Todesanzeige«*, sie alle sind mehr als sie selbst, sind allegorische Figuren, Träger von »Bewußtseinssystemen«. Müller kurzerhand auf den biographischen Charakter seiner Texte festlegen zu wollen, hieße, ihn als Autor nicht ernstzunehmen.

Die das Faktische betreffenden Einwände gegen *»Krieg ohne Schlacht«* waren zahlreich. Zu Müllers Entschuldigung sei gesagt: Er hatte nicht das beste Gedächtnis. Fakten interessierten ihn ohnehin nicht besonders; er war auch in dieser Hinsicht leichtfertig. Hinzu kam sein Drang, eine Geschichte auf die Pointe hin zu erzählen. Der Künstler ist auf Beifall aus: Viele Anekdoten hat Müller frisiert, weil sie sich in seiner zugespitzten Version besser machten. So ist faktische, objektive »Wahrheit« in den Konfessionen Heiner Müllers, der sich im Frühjahr 1993 nicht einmal mehr an das Todesjahr seines Vaters erinnern konnte, nicht zu finden.

»Ein Flop«, wie ihn Chaim Noll in der »Welt« vom 27. Juni 1992 meint herbeireden zu können, wird *»Krieg ohne Schlacht«* mitnichten. Im Gegenteil findet das Buch eine starke Medien- und Publikumsresonanz – und keineswegs, weil es, wie ebenfalls Noll, diesmal in »Focus«, behauptet, als Autobiographie »eines heimlichen Helden vermarktet« wird. Die Literaturkritik reagiert aus verschiedenen Gründen positiv. Joachim Kaiser etwa hebt hervor, daß man »über das Fühlen, das Bewußtsein, die Ausflüchte und berechtigten Kunstvorbehalte anti-aufklärerischer, anti-bürgerlicher und anti-moralischer sozialistischer Großkünstler« informiert werde, wie man es bisher noch nicht kannte.

Wie es im Verlagsvorwort zur zweiten, erweiterten Auflage des Buchs von 1994 heißt, sind »von keinem Buch Heiner Müllers in so kurzer Zeit so viele Exemplare verkauft« worden. Diese zweite (Taschenbuch-)Auflage enthält neben einem ergänzenden Text von B. K. Tragelehn ein siebzigseitiges Dossier mit Dokumenten zu Müllers Stasi-Kontakten. Im Jahr darauf erscheint in Paris eine französische Übersetzung.

»Gesammelte Irrtümer«

Die Medienöffentlichkeit ist es, die Heiner Müller nach 1989 zu seiner eigentlichen Bühne macht, um auch hier sein Image als »Finsternisexperte« zu kultivieren. Nach mehr als dreißig Theaterstücken braucht er nicht mehr zu schreiben, seine Präsenz in der Öffentlichkeit genügt: Das Interview ersetzt das große Gegenwartsstück, der Aphorismus tritt an die Stelle des Dialogs, die Redaktion von Gesprächen wird Poesieersatz. Der Dichter als Welterklärer, der jede Äußerung in sarkastische Pointen und kryptische Bonmots hüllt. »Heiner Müllers Interviews«, so Thomas Assheuer, »sind nicht schlechter als seine Stücke und in der Regel spannender als ihre Inszenierungen«. In der Vor- und Nachwendezeit wird der Mann mit dem Dutzendnamen und dem endlosen Gedächtnis für bitterböse Witze und unheimliche Anekdoten ein begehrter Gesprächs- und Interviewpartner, vermutlich der meistfotografierte deutschsprachige Autor überhaupt seit Heinrich Böll. Er läßt sich gern befragen, ist auskunftsbereit bis zur Ermüdung. Es ist auch die begreifliche Eitelkeit dessen, der jahrzehntelang nicht gefragt gewesen ist. Fortan füllt er, »in der bedächtigen Art eines chinesischen Weisen«, die Kulturmagazine der Berliner Republik mit Schlagfertigkeit und geheimnisvoller Rede, bringt mit Formulierungen von unnachahmlicher Prägnanz auch leergelaufene Diskurse in Schwung, immer mit der Hoffnung auf produktive Provokation. Müllers schwarze Pointen, kleine »Einbrüche« in die Alltagsmonotonie, sorgen für Unruhe, Spannung und Beweglichkeit.

Solange die Mauer noch stand, zwang ihn seine seltsame Situation zwischen den Stühlen allerdings zu Formulierungen, die weder von der einen noch von der anderen Seite instrumentalisiert werden konnten. Denn eins wollte er unter allen Umständen vermeiden: daß sein politischer Standpunkt exakt verortet, er selbst politisch dingfest gemacht werden konnte. *Und ich will das Eine sagen und will das Andere sagen, und kann das eigentlich nur in einer metaphorischen Weise sagen und nicht journalistisch konkret. Weil dann wird es falsch, dann wird es sofort benutzbar von der einen oder anderen*

Seite. Dadurch komme ich irgendwie auf eine Ebene von Formulierungen, die sicher auch in der Schwebe ist, die auch Fragwürdigkeiten hat.

Nicht bloß aus strategischen Gründen zieht Müller es vor, vieldeutig zu bleiben, sondern auch, weil er als Schriftsteller noch in ferner Zukunft gelesen werden will. Anstatt erschöpfende Antworten zu geben, erzählt er lieber keunerhafte Geschichten oder kleine Parabeln für den Hausgebrauch. Was davon brauchbar erscheint, findet sich anschließend nicht selten in seinen Texten.

Die ersten, die die Marktfähigkeit des Interviewkünstlers Heiner Müller erkennen, sind die Verleger Jürgen Häusser (Darmstadt) und Jürgen Schneider (Berlin), damals Teilhaber der Darmstädter Georg-Büchner-Buchhandlung, die den Büchner-Preisträger für ein Publikumsgespräch am Tag nach der Preisverleihung im Buchladen gewinnen können, das mitgeschnitten und transkribiert wird und 1986 unter dem Titel *»Ich bin ein Neger«* als Broschur erscheint. Der Verlag der Autoren bringt im gleichen Jahr eine von Michael Töteberg zusammengestellte Sammlung von vierzehn Interviews der letzten zwölf Jahre heraus, der 1990 und 1994 zwei weitere Bände folgen: *»Gesammelte Irrtümer«* 1–3: Gespräche mit Journalisten, Theaterkritikern, Dramaturgen und Germanisten aus Deutschland, Frankreich und den USA; das »Kleine Organon« eines Autors, der das Formulieren von Theorien lieber andern überließ, weil es ihm dabei nicht spielerisch genug zuging. Ganze Serien von Gesprächen gibt es zwischen 1988 und 1995, in Ostberliner Wohnungen und Westberliner Hotels, mit dem Dramaturgen Frank-Michael Raddatz für die Zeitschriften »TransAtlantik« und »Lettre international« und seit 1986 im privaten Fernsehen mit dem Schriftsteller und Filmemacher Alexander Kluge. Wie stets wird die Müller-Maschine mit Zigarren und Whisky am Laufen (und bei Laune) gehalten.

Müller ist sparsam für sich. Er besitzt zwei Anzüge, und man muß ihn überreden, damit er sich einen neuen kauft. Nur für Zigarren und Bücher gibt er gern viel Geld aus. Sein Anarchisten-Outfit, die ewigen Blue Jeans und ein schlichter, ein wenig abgewetzter Blazer, mal schwarz, mal dunkelgrau, trägt nicht wenig dazu bei, daß er binnen kurzem zum Medienliebling avanciert. Zur Verwunderung seiner Gastgeber, die vom wortgewaltigen Autor auf dessen physische Existenz schließen, stellt sich ihr Gesprächspartner als kleine, schlanke Gestalt mit hängenden Schultern und schlurfendem Gang heraus; der Schädel kantig, das Haar langsam rückwärts fliehend, hinter dem schwarzgerandeten Kunststoff-Brillengestell (wie es mit gleicher Unerbittlichkeit nur Ernst Jandl trug und das erst auf Initiative seiner vierten Frau gegen echtes Horn vertauscht wird) ein Paar blaugraue Augen. Entgegen aller Erwartung von Zwielichtigkeit und Unnahbarkeit sanft, freundlich und bescheiden, von chinesischer Höflichkeit. Die Stimme leise und ausdruckslos, zwischen den Sätzen ein kurzes Räuspern, zwei, drei Züge an der 50-Mark-Cohiba, wohl wissend: »Wer raucht, sieht kaltblütig aus« (Brecht); alle paar Minuten ein Nippen am Whisky, J & B, der helle, leichte. Ob er sich das Zigarrerauchen von Brecht abgeschaut habe, fragt ihn 1993/94 die »Wochenpost«. Müllers ehrliche Antwort: *'62 habe ich noch Zigaretten geraucht. Da hatte ich die ersten Symptome vom Raucherbein und habe auf Zigarre umgestellt.* Zum Tod von Zino Davidoff entlockt ihm die »FAZ« sogar einen Nachruf, in dem Müller freilich nicht den Tod des Zigarrenfabrikanten beklagt, sondern die länger zurückliegende Tatsache, daß dieser *sein Imperium von Kuba in die Dominikanische Republik verlegt hat.* Müller wäre nicht Müller, würde er aus dem Wohlleben, das er sich leisten kann, nicht eine Demonstration machen. So schließt er mit einem Scherz: *Daß der große Davidoff seine Zigarren aus dem allgemeinen Werteverfall nicht heraushalten konnte, gehört zu den Tragödien des Jahrhunderts. Seine Höllenstrafe wird das von der Bundesregierung geplante Rauchverbot sein.* Rauchen und Trinken: Nach Harald Juhnke und weit vor Harry Rowohlt ist Müller zweifellos der bekannteste öffentliche Trinker der Republik. Auf seinen hohen Whiskykonsum angesprochen, hat er sogar ein Gorki-Zitat parat: *»Die meisten zeitgenössischen Schriftsteller trinken mehr als sie schreiben.«*

Die Havanna und der Scotch: Unverzichtbare Requisiten von

Müllers Einmann-Theater, mit dem er in diesen Jahren neuer »Unübersichtlichkeit« durch die Nachtprogramme des Fernsehens geistert. Seine mäandernden Äußerungen mögen noch so vage und vorläufig sein, weit entfernt von logischer Stringenz und Plausibilität, im Rauch seiner Zigarre, im Dunst seines Whiskys gewinnen sie Präzision, Tiefe, Authentizität und Originalität. Wer ihn für weise hielt, dem widersprach er nicht. Er wurde ja auch von seinen Gesprächspartnern mit so vielen überklugen Fragen konfrontiert, daß ihm schon aus Höflichkeit nichts anderes übrigblieb, als sie kopfnickend zu bestätigen und als zu seinem Diskurs gehörig erscheinen zu lassen. Müller, ein Meister des Anverwandelns: »Er konnte«, erzählt Fritz Marquardt, »mit minimaler Anstrengung maximale Ergebnisse erzielen. Er hat wahrscheinlich keins der Bücher wirklich bis zu Ende gelesen, aus denen er zitierte.« Aber er besitzt die Gabe, sofort das Wesentliche zu erfassen. Aus dieser Beute speist sich sein unerschöpflicher Fundus an Aphorismen. Die Formulierung seines Freundes, des Philosophen Wolfgang Heise (auf dem »Brecht-Dialog« 1968), vom Theater als »Laboratorium sozialer Phantasie« verwandelt er sich mit solchem Erfolg an, daß sie bei vielen bis heute als originär Müllersche Denkfigur gilt. Vieles erweist sich bei genauerer Betrachtung oft (nur) als Zitat, als Fundstück, vom Schnelleser aufgelesen bei Lichtenberg oder Lautréamont, Hölderlin oder Althusser – und immer wieder selbstverständlich bei Brecht. Aber auch dafür hat er ein Aperçu bereit: *Den Rang eines Autors bestimmt auch die Qualität der Zitate, die sein Text integrieren kann.*

Müllers Medienpräsenz ist allumfassend, sie führt ihn bis in Alfred Bioleks Talk-Studio, wo er dem einstigen Klassenkameraden Klausjürgen Wussow und NRW-Ministerpräsident Johannes Rau gegenübersitzt. Ihre Gemeinsamkeit: Sie sind mit weit jüngeren Frauen verheiratet. Müller weiß genau, daß all dies die Gefahr einer modischen Vereinnahmung in sich birgt, aber der schmeichelhaften Stilisierung zur Kultfigur mag er sich auch nicht widersetzen. Er habe *einfach den Moment verpaßt, wo* er *hätte anfangen müssen zu schweigen*, entschuldigt er sich gegenüber Gabriele Goettle, die ihm vorwirft, mittlerweile könne er sagen was er wolle, es werde »auf jeden Fall tiefsinnig interpretiert«. In der Tat will Müller im Gespräch manchmal einfach nur blödeln, natürlich als Intellektueller und immer auf höchstem Niveau. Heraus kommen Sätze wie: *Kafka kannte Mielke* oder *Die Attraktivität des Hamburgers ergibt sich aus seiner Analogie zum UFO.* Mehr als einmal ruiniert er auch wissentlich die Political correctness. Sein unüberlegtester Satz: *Die Atombome war die jüdische Rache für Auschwitz.* Zumindest mißverständlich die Behauptung, *der Nationalsozialismus* sei *eigentlich die größte historische Leistung der deutschen Arbeiterklasse* gewesen – *Leistung* in Müllers schräger Sicht insofern, als der Krieg der Nazis auf einer von den Arbeitern getragenen, leistungsfähigen Industrie basierte. Auf den ersten Blick schockierend der Satz, es habe »in diesem Jahrhundert zwei Genies« gegeben, nämlich *Hitler und Stalin*: Erst der Einwand seines Gegenüber läßt Müller »Genie« als Fähigkeit definieren, *von Realität abzuheben*, was in der Verbindung mit Macht *kreuzgefährlich* werde.

Regelverstöße eines Wort-Verbrechers? »Müllersätze«, so Klaus Theweleit, funktionierten wie »Verstärkerspulen für den Kaltstart des Hirns.« Mag sein; doch erwärmte Gehirne tun sich mit derlei Sätzen, denen jeder Unterhaltungswert mangelt, schwer. Stephan Suschke nimmt Müller in Schutz: »An seinen mitunter unerträglich provokanten Formulierungen war das Denken des Dramatikers schuld, der einen Konflikt provozieren wollte. Die Konfliktstruktur produziert Widersprüche und Sprache, daraus können unter Umständen Dialoge entstehen, vielleicht unterschiedliche Haltungen, und das war es, was ihn interessiert hat.«

»Seit der deutschen Wiedervereinigung«, konstatiert Peter Hamm, »sorgten Müller-Interviews für weit mehr Zündstoff als Müller-Stücke.« Müller selbst schlägt vor, sie nicht allzu ernst zu nehmen. *Ich bin nur ein ernsthafter Schriftsteller, wenn ich schreibe. Wenn ich rede, bin ich oft nicht sehr ernsthaft.* Die letzten zwei bis drei Jahre habe er keine Zeit zum Schreiben gefunden und daher diese Interviews gemacht. Und »TransAtlantik« habe ihm 3 000 DM für ein Interview geboten. Das sei ein guter Grund, um ein Interview zu geben. *Letztlich*, verrät er 1991 seinem Stichwortgeber Frank-Michael Raddatz, *trägt auch dieses Gespräch nur der Entmachtung und Aushöhlung von widerständigen Impulsen bei und macht sie wirkungslos.*

Anders als viele seiner Gesprächspartner ist er ein geduldiger und aufmerksamer Zuhörer. Provokationen entzieht er sich listig mit sibyllinischen Rätselsprüchen, unbedachte Äußerungen seines Gegenüber kontert er mit Spott. Selten nur kann ihn ein Fragesteller zur Verzweiflung, fast nie in Rage bringen. Auch André Müller, der meistgefürchtete Interviewer der Republik, scheint das im Sommer 1987 zunächst nicht zu gelingen, bis er Müller mit Fragen nach persönlicher Schuld und Verantwortung dann doch dazu bringt, daß er seinem Namensvetter ins Mikrofon faucht: *Sie wollen mich dauernd entlarven. Das ist der Grund, warum sie dieses Interview machen. Sie richten aus ihrem eigenen Abgrund die Taschenlampe auf jemand, und wenn dort nichts ist, halten Sie ihn für unseriös.* Nebenbei und nicht ohne Provokation entfährt ihm im selben Interview auch jener megalomanische Satz, für den er später oft büßen muß: *Ich bin der beste lebende Dramatiker, gar keine Frage. Das weiß jedes Kind inzwischen.*

Nie dachte Müller daran, sich vom Auslaufmodell des real existierenden Sozialismus zu verabschieden und der DDR den Rücken zu kehren. Als *loyaler Dissident* hat er ihr gegenüber bis zuletzt kritische Solidarität bewahrt. Deshalb wird er nach dem Fall der Mauer häufig mit dem Vorwurf konfrontiert, er habe sich arrangiert bis zur Heuchelei und der Diktatur des Politbüros allzu willfährig gedient. Medien, die er bis dahin als Forum für funkelnd-böse Witze hat benutzen können, Journalisten und Literaturwissenschaftler, die mit Beiträgen über ihn ihre Karriere gestiftet hatten, erweisen sich plötzlich als gewandte Wendehälse, tun ihn als verstockten Stalinisten ab oder als überkommenen Zeitgeist-Autor. Mit Süffisanz können sie auf Irrtümer des Dichters verweisen, die in Interviews für immer konserviert sind. Darunter etwa der Glaube von 1976, *die ökonomischen und sozialen Fragen* in der DDR seien *im wesentlichen gelöst. Es gibt zwar immer Engpässe und Rückfälle, aber im großen und ganzen ist das kein Problem.* Gegenüber André Müller hatte er im Sommer 1987 bekräftigt: *In westlichen Industrienationen geht es jetzt nur noch darum, einen Zustand zu konservieren, der auf Dauer nicht haltbar ist. Arbeitslosigkeit, ökonomische Schwierigkeiten, die Probleme mit der Computerisierung, das alles ist doch nicht lösbar ohne eine globale kommunistische Perspektive.* Zwar hatte er schon 1982 gegenüber Sylvère Lothringer bestätigt, das Leben in der DDR habe nicht das geringste mit der westlichen Utopie einer sozialistischen Gesellschaft zu tun, die könne man *hier nicht finden*; immerhin existiere sie als *Programm*, während die Bundesrepublik *schicksallos* sei. An dieser versteckten *Zukunftsstruktur* der DDR – die eine imaginäre war – hielt er fest, solange es für ihn noch einen Funken Hoffnung auf eine Alternative zum Kapitalismus gab; ohne diesen Glauben hätte er nicht schreiben können.

Heiner Müller, ein Saboteur des real existierenden Sozialismus? Seine Haltung zur DDR war zwar nach außen hin immer solidarisch, aber nie affirmativ, immer mit der Hoffnung auf grundlegende Reformen verbunden. 1982 bestätigt er: *So weit ich zurückdenken kann, habe ich immer versucht, mich der Deutschen Demokratischen Republik gegenüber loyal zu verhalten.* Nach dem Mauerfall gehört er zu dem kleinen Häuflein DDR-Intellektueller, das nach einer Alternative zur westlichen Konsumgesellschaft sucht und sich daher gegen die Wiedervereinigung ausspricht. Müller hofft auf eine sozialistische Basisdemokratie als *Variation des Rätesystems.* Im November 1989, adressiert an die Leser des »Neuen Deutschland«, prophezeit er: *Ohne die DDR als basisdemokratische Alternative zu der von der Deutschen Bank unterhaltenen Demokratie der BRD wird Europa eine Filiale der USA sein.* Das wird ihm im Herbst 1991 von Rüdiger Schaper und Bernd C. Sucher unter die Nase gerieben, und Müller muß dementieren: *Das war natürlich – ich gestehe es – ein bißchen taktisch. Das war ja kein poetischer Text, sondern ein journalistischer. Damals hatte ich noch, wie einige andere, die sehr schwache Hoffnung, daß die beiden Staaten nebeneinander existieren könnten und eine allmähliche Angleichung stattfinden würde. [...] Ich habe außerdem geglaubt, daß eine Alternative zu dem System der Bundesrepublik und den westlichen Ländern nötig ist. Das glaube ich auch jetzt noch*, sagt er 1993 zu Monika Beer. *Und ich glaube, daß diese Dekadenz oder Implosion des Ostens natürlich die Tragödie dieses Jahrhunderts ist.* Der Kommunismus sei doch nur *der Versuch, die Bergpredigt Jesu zu verwirklichen.* Im Sommer 1994 sagt er zu Hyunseon Lee: *Nichts ist untergegangen. Man kann es auch als einen Sieg des Kommunismus interpretieren, wie Baudrillard das interpretiert. Ich glaube, er hat recht. Er sagte, der Kommunismus ist jetzt ortlos. Er hat keinen Ort mehr, ist nicht mehr lokalisierbar, d. h. er ist ein Virus, und wir wissen alle, wie gefährlich Viren sind. Und diesen Virus wird man nicht mehr los. Man wird die Fragen nicht los, die der Kommunismus gestellt hat, oder die Marx gestellt hat. Auf diese Fragen hat der Kapitalismus keine Antwort. [...] Entweder Untergang oder Kommunismus. Das ist nach wie vor die Frage.* Ein paar Jahre zuvor noch beurteilte er die Konsequenzen pessimistischer: Wenn Gorbatschow scheitere, sei *der Kommunismus für immer erledigt.*

Am Ende seines Lebens sieht Müller sich als *ein von Grund auf enttäuschter oder desillusionierter Republikaner, der sich dann mit der Monarchie arrangiert.* Jedoch die *emotionale Bindung* an den Sozialismus *bringe* er einfach *nicht mehr los.*

Berliner Ensemble

1991 fragt der Berliner Senat auf Vorschlag Müllers bei Matthias Langhoff an, ob er an einer Arbeit am Berliner Ensemble interessiert sei. Im Gegenzug, so die Absprache, soll Langhoff sich für Müller als BE-Chef stark machen. Vorbild sei das Modell Brecht-Weigel gewesen, »der Autor als Theaterleiter«. Der Senat jedoch, so Stephan Suschke, habe Angst gehabt, Müller und Langhoff das Berliner Ensemble alleine zu überlassen. »Das sollte abgefedert werden, dafür bastelte man das Fünfer-Konstrukt, damit es auch wirklich richtig schiefgeht. Für die Politik war das Berliner Ensemble ein kulturpolitisches Auslaufmodell. Der Senat verschleppte permanent die Verlängerung der Verträge und entschied sporadisch.« Lediglich Müllers internationale Reputation habe die Schließung dieses

Theaters unmöglich gemacht. »Im Grunde funktionierte der Kalte Krieg gegen das Berliner Ensemble bis 1999.«

Im März 1992 wird Müller als Co-Direktor in die fünfköpfige Intendanz des Berliner Ensembles berufen, dem neben ihm Peter Zadek, Fritz Marquardt, Matthias Langhoff und Peter Palitzsch angehören: Ein Veteranen-Quintett, von dem sich der Berliner Senat einerseits Kontinuität, andererseits Innovationen erhofft. Die Brecht-Bühne steckt seit langem in einer Krise: In der Ära Wekwerth hat die Platzausnutzung zuletzt nur 63 % betragen. 1993 wird das BE als Staatstheater liquidiert und im selben Zug als private GmbH organisiert; Gesellschafter sind die fünf Direktoren, die einen Anteil in Höhe von jeweils 25 000 Mark einbringen und laut Satzung den Intendanten küren. Dieser primus inter pares ist Müller. Der Berliner Senat verpflichtet sich im Gegenzug zu jährlichen Subventionen in Höhe von 23,3 Millionen DM. Die Zusage gilt bis Ende 1997.

Es ist Müllers letzte Metamorphose nach so vielen zuvor: Vom Hilfsbibliothekar zum Journalisten, vom Journalisten zum Dramatiker, vom Dramatiker zum literarischen Gelegenheitsarbeiter (dazwischen lag der Rausschmiß aus dem Schriftstellerverband), schließlich Autor, Dramaturg und Regisseur. Nun ist er also quasi Intendant; und nicht irgendwo, sondern an Brechts Theater. Es ist die Erfüllung eines Traums, und von daher ist nur allzu verständlich, daß er sich auf dieses Abenteuer einläßt. Das Berliner Ensemble als Ersatz für die DDR, in der er als Schriftsteller eine Größe gewesen ist, als eine Burg, wie die DDR seine Burg war, ein Instrument der Kultur, mit dem er antworten und dadurch teilhaben kann an Politik und Machtfragen? Für Mark Lammert kam es Müller darauf an, das BE als Gehäuse und Instrumentarium zu verteidigen. Die Brecht-Nachfolge sei ihm weniger wichtig gewesen. »Es ging darum, eine Enklavesituation zu verteidigen. Er wollte Freiräume schaffen.«

Stephan Suschke: »Es ging um zwei Flaggschiffe, das Berliner Ensemble und die Akademie. Was Müller mit dem BE und der Akademie zu bewahren versucht hat, war ein wesentlicher Bestandteil von deutscher Kultur, die zufällig auf dem Gebiet der DDR entstanden ist. Das waren seine inneren Beweggründe für seinen Einsatz.«

Gegenüber der Öffentlichkeit macht Müller von Anfang an keinen Hehl daraus, am eigenen Theater neben Brecht vor allem das eigene Werk zur Diskussion stellen zu wollen: *Ich will meine Stücke da inszeniert sehen.* Das Berliner Ensemble soll ein Ort sein, wo deutsche Geschichte aufgearbeitet wird. Im Sommer 1993 denkt er darüber nach, dort ein Festival für Brecht zu installieren, *ein kleines Brecht-Bayreuth*: *Wo Brecht über Jahrzehnte verschlissen wurde, könnte man in einem Monat pro Jahr mit guten Regisseuren ein Fest für ihn machen, das dann mehr ist als bloß Kultur-Dienstleistung und dadurch Bedeutung bekommt.* Angst, daß seine Stücke sich als nicht haltbar erweisen und auf den Abfallhaufen wandern könnten, hat er nicht: *Was bleibt, ist die Form. ›Der Bau‹ ist ein Stück über die Zerstörung einer Landschaft durch Utopie, und das ist ein aktuelles Thema. Es gibt in all diesen Stücken Aspekte, die unabhängig von der politischen Fixierung sind.* Schon 1986 hatte er gesagt: *Das utopische Moment kann ja auch in der Form liegen oder in der Formulierung. [...] Mich aktiviert eine gut formulierte Zeile, wo immer ich die lese, was immer drinsteht. Diese Form ist eine menschliche Leistung, und das ist ein Moment von Utopie.*

Auf Monika Beers Frage, ob der Intendantenjob ihm die Möglichkeit gebe, Macht auszuüben, antwortet er 1993, das halte sich sehr in Grenzen. Es sei *eher eine Ohnmachtsituation*, eine *Einbindung in Zwänge*, weil man plötzlich *für jeden Besen, der im Theater verwendet wird*, Verantwortung trage. Daß er sich dennoch darauf eingelassen habe, liege an den reizvollen *Arbeitsmöglichkeiten*: *Wo man selbst verantwortlich ist, kann man vielleicht Dinge machen, die woanders nicht möglich sind. Es geht also vor allem um die Verwirklichung von Ideen und Träumen.* Das Berliner Ensemble sei *innerhalb der Berliner Theaterstruktur insofern eine Hoffnung, weil es – anders als andere Theater – ein Haus sein könnte, das eben nicht dazu da ist, Bedürfnisse zu bedienen, sondern zu stören und andere Bedürfnisse zu provozieren.*

Parallel zu seiner Leitungsarbeit redigiert Müller die von

ihm begründete Schriftenreihe des Berliner Ensembles, »Drucksache«, von der in konzeptueller Zusammenarbeit mit Grischa Meyer zwischen Januar 1993 und Oktober 1995 sechzehn Hefte erscheinen. Hier veröffentlicht er, teils in Korrespondenz mit seiner Theaterarbeit, literarische Texte und Dokumente unter anderem von Hölderlin, Wilde, Brecht, Jünger, Genet, Pasolini und immer wieder Müller.

Am 10. Januar wird das Berliner Ensemble wiedereröffnet; Müller sitzt mit seinem Kind in einer Loge. Er wirkt angespannt. Was zu diesem Zeitpunkt kaum jemand weiß: Am Abend zuvor hat er sich in einem Interview mit »Spiegel TV« zu seinen Stasi-Kontakten geäußert. Am Eröffnungsabend nun läßt das Magazin die Bombe platzen: Um 21.30 Uhr, kurz vor Sendebeginn auf RTL, geht eine Fax-Mitteilung der Redaktion an die Nachrichtenagenturen, deren Überschrift lautet: »Dramatiker Heiner Müller bekennt sich zu Stasi-Kontakten«. Dem Hinweis auf die Sendung folgt »der vollständige Wortlaut« von Müllers Interviewäußerungen.

Gegenüber dem Journalisten Kornelius Fürst erklärt Müller im Mai 1993, er sei damals hereingelegt worden. *Das Ganze war eine Falle. Ein Fernsehjournalist hatte mich angerufen, Spiegel-TV-Chef Stefan Aust habe ihn informiert, daß der Sender über eine Stasi-Akte verfüge, brisanter als über Hermann Kant. Es wäre deshalb besser, wenn ich etwas dazu sagen würde. Ich tat das dann. Dabei hatten die nichts, nur diese lächerlichen drei Zettel.* Und was hätte man auch beibringen können? Er habe schließlich *nie jemanden denunziert*, vielmehr *das Gefühl gehabt, via Stasi manch Bedrängtem helfen zu können. Ich hätte auch mit Stalin geredet, wenn's um irgend jemand gegangen wäre, oder mit Hitler.* Es sei grotesk, daß er nun seine Unschuld beweisen müsse, anstatt, wie es in einem Rechtsstaat üblich sei, der Ankläger die Schuld.

Der die Stasi-Affäre durch seine Recherchen bei der Gauck-Behörde ins Rollen und Müller in Verruf gebracht hat, ist der Schriftsteller Dieter Schulze (geb. 1958), in den frühen achtziger Jahren ein häufiger Besucher Müllers und von diesem angeblich mit insgesamt siebzigtausend Mark unterstützt. Der Dutzendnamenträger Schulze, zweiundzwanzigjährig, hatte den ihm damals unbekannten Dutzendnamenträger Müller im April 1981 bei einer Lesung in der Schönfließer Straße kennengelernt. Müller, so Schulze 1993 in einem Interview der »Wochenpost«, sei hereingekommen und habe »nach dem Linguisten« gefragt, weil er damals Texte geschrieben habe, »die die Sprache aufbrachen«. Von da an hätten sie sich gegenseitig häufig besucht. Müller, offensichtlich fasziniert von Schulzes »natürlicher Anarchie«, die ihn vielleicht auch an seine eigenen Anfänge erinnerte, habe ihn »ermutigt«, indem er ihm »gute Bücher« gegeben habe. »Er hat mich stark geprägt durch seine Art, mit Phantasie umzugehen, sie nach außen zu tragen und sie äußerst raffiniert zu deuten.« Er habe ihn auch »vor dem Wehrdienst bewahrt [...] mit dem Argument: Schulze läßt sich nicht kollektivieren«. Da hat die Staatssicherheit längst begonnen, sich für Schulze zu interessieren: Am 10. August 1981 informiert der Leiter der Hauptabteilung XX/9 die Leiter von XX/2 und XX/7 über den »asozialen und kriminellen sogenannten Nachwuchs-Lyriker«, der sich mit einem Brief an den Zentralrat der FDJ gewandt habe, »um am Poeten-Seminar der FDJ teilzunehmen« sowie mit einem Brief an den stellvertretenden Minister für Kultur betr. »Unterstützung zur Veröffentlichung seiner Gedichte sowie bei der Aufnahme eines Studiums am Literaturinstitut ›Johannes R. Becher‹«. Dies solle unbedingt verhindert werden.

Weil gegen Schulze »wegen asozialen Verhaltens« und »Verstoßes gegen das Veranstaltungsgesetz« ermittelt wird, worauf Zuchthaus steht, plädiert Müller gegenüber der Staatssicherheit auf Ausbürgerung. Am 11. Juli wird Schulze von Franz Fühmann, seinem anderen Beschützer und Förderer, nach Westberlin geleitet. Danach kommt es nur noch zu sporadischen Treffs mit Müller, der sich noch 1985 für ihn einsetzt und ihn für ein Stipendium vorschlägt: *Es wird eine Zeit brauchen, bis die Architektur seiner Texte als auch von anderen bewohnbar erkannt wird. Ein Stipendium könnte ihm helfen, diese Zeit mit Arbeit zu verbringen statt mit dem Versuch, sich sonstwie über Wasser zu halten, für den er nicht gut gerüstet ist.*

Bereits Monate zuvor hat Schulze einen offenen Brief als Flugblatt verteilt und in 7000 Exemplaren verschickt, in dem er Müller vorwirft, bezüglich seiner Ausweisung aus der DDR im Jahr 1983 mit der Staatssicherheit zusammengearbeitet zu haben. Am 5. Januar folgt eine Pressemitteilung an zahllose Redaktionen »Kultur/Politik« (»telefonisch erreichte mich folgender anonymer Hinweis«), in der er auf belastende Unterlagen bei der Gauck-Behörde verweist. Die Denunziation schließt: »Belegbares Material wurde in Aussicht gestellt.« Gegenüber dpa gibt er an, »von einer ›zuverlässigen Quelle‹ (›mit sechs Monaten Arbeit und viel Geld‹) Details über Müllers Stasi-Kontakte erfahren« zu haben. Er fühlt sich von seinem einstigen Förderer und Freund getäuscht und verraten. Ausgerüstet mit Computer, Kopierer und Faxgerät tritt er einen Rachefeldzug gegen seinen einstigen Förderer an.

In den folgenden Tagen erhält Müller Akteneinsicht. Am 15. Januar veröffentlicht »Die Zeit« aufgrund eigener Recherchen Dokumente, die belegen, daß Müller von der Staatssicherheit als Informeller Mitarbeiter geführt wurde. Eine Aktennotiz vom 27. September 1983, die scheinbar die Vergütung eines »operativen Auftrags« mit »64 Mark« dokumentiert, läßt das Autorenkollektiv Robin Detje, Iris Radisch und Christian Wernicke allen Ernstes mutmaßen, Müller habe »Aufträge angenommen« und – ausgerechnet der schreibfaule Müller – »Protokolle über bestellte Gespräche mit Ahnungslosen« angefertigt. Für 64 Mark der DDR! Die Faktenlage erweist sich rasch als außerordentlich dürftig: Eine Täter-Akte mit sachdienlichen Berichten des »Mitarbeiters« Müller existiert nicht, hat wohl auch nie existiert. In den Opferakten etwa von Klaus Schlesinger, Günter Kunert oder Sarah Kirsch lassen sich ebenfalls keine Spitzelberichte Müllers nachweisen. Und eine Verpflichtungserklärung ist bis heute nicht aufgetaucht. Was es gibt, sind Karteikarten, Vorgangshefte, Quittungen. Von Verrat kann in Müllers Fall keine Rede sein: Nicht ein einziges Mal hat er Erkenntnisse zum Nachteil Dritter weitergegeben, sondern sich im Gegenteil für bedrängte Freunde eingesetzt. Zur Niedertracht eines Denunzianten, der seine ahnungslosen Opfer wenn nicht lust-, so doch planvoll ans Messer der Staatssicherheit lieferte, war Müller nicht fähig.

Dennoch steht er mit dem Rücken zur Wand. In einer Presseerklärung vom 14. Januar 1993 charakterisiert er seine Kontakte hilflos als *Schadensbegrenzung gegen die wachsende Hysterie der Macht*. Da es kein Dementi ist, kann es die Diskussion nicht beeinflussen. Allein schon sein Eingeständnis, mit Offizieren der Staatssicherheit Gespräche geführt zu haben, reicht aus, um in einem großen Teil der Medien Empörung laut werden zu lassen. Die Allianz der Angeekelten reicht diesmal von der »taz« über die »Zeit« bis zum »Spiegel«. »Heiner Müller räumt Stasikontakte ein«, titelt die »Rheinische Post« am 12. Januar 1993, Theaterkritiker Reinhard Kill bringt Müllers »Lust am Verrat« mit seinen Privilegien in einen direkten Zusammenhang: »Heiner Müller war kein parteitreuer Staatsschreiber. Aber er war viele Jahre ein Nutznießer des DDR-Regimes, gehörte zum Reisekader, der es sich im nichtsozialistischen Währungsgebiet (NSW) wohl sein ließ.« Elke Schmitter weiß es bereits jetzt schon ganz genau: »Heiner Müller war Zuträger [...] der Staatssicherheit.« Chaim Noll fordert in der »Welt« vom selben Tag, nicht länger hinzunehmen, daß Müller fürderhin »von deutschen Bühnen töne«, Mit-Intendant des Berliner Ensembles und Akademiepräsident sei. Lutz Rathenow erklärt, Müller habe »für die feindliche Seite gearbeitet«. Er sei »ein betrübliches Beispiel dafür, wie ein Spitzendramatiker zu einem Arschloch verkommen kann«.

Stasi-Oberleutnant Holm hatte 1978 als Nahziel ausgegeben, von Müller »Informationen über Wirken und Wirksamkeit« Klaus Schlesingers »in Kreisen feindlich-negativer Schriftsteller und Kulturschaffender« zu erhalten, um diese dann »im Zersetzungsprozeß zur Mißtrauensbildung« zu benutzen – ein absurder Plan, weil Müller keinen engeren Kontakt zu Schlesinger hatte. Für Lothar Schmidt-Mühlisch jedoch macht das tiefen Sinn: »›Zersetzungsprozeß zur Mißtrauensbildung.‹ Genau diese Aufgabe hat, bewußt oder unbewußt, Heiner Müller für das untergegangene System gespielt. Von allen westdeutschen Bühnen herunter und aus beinahe allen dort ansässigen Feuilletons hat Müller uns wissen lassen: ›Ich glaube an Whisky!‹« Müller, volksgefährdend. Niemand, so Iris Radisch unter Berufung auf das Beispiel eines Günter Kunert und einer Sarah Kirsch, habe mit der Staatssicherheit reden müssen. Es gelte

»das Diktum der Gauck-Behörde, nach dem niemand von der Stasi als Inoffizieller Mitarbeiter geführt wurde, der – auch ohne den Begriff IM zu kennen – nicht das tat, was der Begriff meint: das Ministerium für Staatssicherheit als Gesprächspartner zu akzeptieren und über die Gespräche Stillschweigen zu bewahren.« Zumindest diese Bedingung habe Müller erfüllt und sich damit der »Verletzung eines grundsätzlichen menschlichen und intellektuellen Ehrenkodexes« schuldig gemacht. Fritz J. Raddatz: »Wenn man dem inneren Geigerzähler des eigenen Anstands folgte, sagte man ›Nein, ich stehe nicht zur Verfügung‹ – und wurde keineswegs verhaftet.« Raddatz übersieht nur eines: Das Interesse an den Gesprächen bestand auf beiden Seiten. Müllers Interesse war, und dafür gibt es mehrere Zeugen, im direkten Gespräch etwas zu erreichen – offenbar mehr für andere als für sich selbst.

Die Verteidiger sind in der Minderheit: Jörg Magenau beklagt auf der Titelseite der Wochenzeitung »Freitag« mangelnde Differenzierung zwischen echten Zuträgern und einem Gesprächspartner, wie Müller ihn darstelle: »Heiner Müller hat bekannt, mit der Stasi geredet zu haben. Na und?« Thomas Assheuer in der »Frankfurter Rundschau«: »Entscheidend ist allein, ob Heiner Müller aus Selbsterhaltung Verrat an anderen, oder aus Gründen des ästhetischen Bestandsschutzes den kleinen Verrat an sich selber begangen hat, um sich (wie Brechts Keuner) der Gewalt zu beugen, damit die Stücke die Macht überleben.« Ausgerechnet die von ihm einst als *absolutes Hetzblatt* denunzierte »Frankfurter Allgemeine Zeitung« steht besonders fest zu Müller.

Doch Müller demonstriert wieder einmal Unerschütterlichkeit. Sie ist genauso gespielt wie sonst auch. Was seine Stasi-Kontakte angehe, habe er *keinerlei Schuldgefühle*, sagt er der »Frankfurter Allgemeinen Zeitung«. Er wollte gern immer cool sein, unerschütterlich wie ein Fels, unverwundbar. Immer wieder beteuert er, dies oder das habe ihn nicht berührt. Dem »Freitag« sagt er im Frühsommer auf die Frage, ob ihn die Kampagne belastet habe: *eigentlich nicht.* Kurz vor seinem Tod gibt er zu, das seien immer *Schutzbehauptungen* gewesen, *Abschottung. Wenn ich direkt gefragt werde, sage ich, es berührt mich nicht.*« Margarita Broich: »Die Stasi-Geschichte hat ihn stark angeschlagen.« Ein wenig Eitelkeit, ein wenig Kitzel bei der Vorstellung, damit *an der Macht teilzuhaben*, sei möglicherweise auch im Spiel gewesen, offenbart er im Frühjahr 1993 gegenüber Thomas Assheuer. 1995 räumt er ein: *Man vergißt, daß man mit einem Apparat spricht und denkt, man spricht mit Menschen. Das ist die Unschärfe in diesem Kontakt.*

Sein Fehler bleibt, daß er seine Gespräche nicht öffentlich gemacht, nicht selbst die Karten auf den Tisch gelegt hat. »Das Klandestine ist das Klebrige«, meint Fritz J. Raddatz und hat damit sogar recht. Als öffentliche Person wäre Müller, wie auch Thomas Assheuer anmerkt, der Öffentlichkeit die Enthüllung seiner Verwicklungen »schuldig gewesen«. Die Frage, warum er sich nicht schon längst, etwa in seiner Autobiographie, zu den Kontakten bekannt habe, zumal wenn sie, wie er behaupte, so harmlos gewesen seien, beantwortet Müller an anderer Stelle mit einem Verweis auf die *giftgeschwollene Atmosphäre*, in der es ihm nicht möglich gewesen sei, offen über diese Dinge zu reden. Die Überlegung gab es durchaus: Thomas Brasch habe Müller angeboten, die Begegnung mit einem amerikanischen Journalisten zu vermitteln. »Aber dann kam die Hetze«, erinnert sich Ginka Tscholakowa.

Wie das Typoskript der ersten von Müller redigierten Fassung von *»Krieg ohne Schlacht«* zeigt, ist er von seinen Interviewern en passant mit dem »Stichwort Stasi« konfrontiert worden; damals allerdings hinsichtlich eigener Opferakten. Auf die Frage, ob er sich schon »um Akteneinsicht bemüht« habe, hat Müller vorsichtig geantwortet: *Um Einsicht in meine Akten habe ich mich jetzt nach 1989 nicht bemüht, nein, aber das könnte man ja vielleicht mal machen*, und auch diesen Satz streicht er durch. Stephan Suschke: »Es wäre ein guter Punkt gewesen, die Kontakte zuzugeben. Das Werk wird brüchig durch so eine Diskreditierung.« Gegenüber Peter von Becker erklärt Müller im Sommer 1995, die damalige Entscheidung sei »eine taktische« gewesen, »ein unzulänglicher Versuch, sich zu schützen. Es gebe in der Bundesrepublik, das zeigten ihm die Diskussionen um Christa Wolf oder später Monika

Maron, ein öffentliches Klima, in dem jede Erwähnung eines Kontakts mit ›der Behörde‹ einen Reflex der Vorverurteilung auslöse.« In der »Debatte über den Geheimdienst eines untergegangenen Staats« lasse sich »so etwas wie ein Versuch zur ›Objektivität‹ offenbar noch nicht anstellen.«

In die Zeit der erregten Debatte fällt eine – seit langem angekündigte – Lesung Müllers in der neuen Reihe »Lektüre« am Berliner Ensemble. Am 14. Januar, dem Tag, an dem er und sein Anwalt Reiner Geulen eine Presseerklärung an die Feuilletons verschicken, liest er abends im überfüllten, prunkvollen Theatersaal Texte von Brecht und Kafka, Parabeln entzweiender Mißverständnisse und furchtbarer Selbsttäuschung. Atemlos lauschen die Zuhörer Kafkas doppelbödiger Rätselprosa nach, bis in ihre abgrundtiefste Bedeutung. Jeder Satz scheint eine Anspielung zu bergen: auf den Untergang der DDR, auf Müllers Schreibblockade, auf den Dauerkonflikt zwischen West- und Ostdeutschen, auf seine Stasi-Kontakte.

Zuerst liest Müller »Das Stadtwappen«, die Geschichte vom Turmbau zu Babel, dem Niedergang einer großen Utopie: »Dazu kam, daß schon die zweite oder dritte Generation die Sinnlosigkeit des Himmelsturmbaus erkannte, doch war man schon viel zu sehr miteinander verbunden, um die Stadt zu verlassen. Alles, was in dieser Stadt an Sagen und Liedern entstanden ist, ist erfüllt von der Sehnsucht nach einem prophezeiten Tag, an welchem die Stadt von einer Riesenfaust in fünf kurz aufeinanderfolgenden Schlägen zerschmettert wird. Deshalb hat auch die Stadt die Faust im Wappen.« Danach folgen »Ein Traum« (»Tatsächlich setzte der Mann wieder zum Weiterschreiben an, aber er konnte nicht, es bestand irgendein Hindernis«), »Schakale und Araber« (»Wunderbare Tiere, nicht wahr? Und wie sie uns hassen!«), »Ein altes Blatt« (»Ein Mißverständnis ist es, und wir gehen daran zugrunde«), »Vor dem Gesetz« und »Ein Landarzt« (»Betrogen! Betrogen! Einmal dem Fehlläuten der Nachtglocke gefolgt – es ist niemals gutzumachen«). Nach einem Auszug aus Brechts »Fatzer« noch einmal Kafka: »Prometheus« (»In den Jahrtausenden wurde sein Verrat vergessen«). Stephan Speicher notiert für die »Frankfurter Allgemeine Zeitung«: »Vier Varianten über das Schicksal des Aufrührers, dessen letzte Worte lauten: ›Die Sage versucht das Unerklärliche zu erklären. Da sie aus einem Wahrheitsgrund kommt, muß sie wieder im Unerklärlichen enden.‹ Müller verläßt die Bühne. Er hat sich nicht geäußert. Aber vielleicht hat Kafka für ihn gesprochen.«

Dieter Schulze zieht seinen Spitzel-Vorwurf bereits Ende März 1993 in einem Offenen Brief zurück: »Wie ich sehen muß, waren meine Vorwürfe haltlos, übertrieben und anmaßend, ich habe nicht das Recht, offenkundig Akten zu ersetzen, ich bedauere mein Verhalten zutiefst.« Ein halbes Jahr später, pünktlich zu einer neuen Müller-Premiere am Berliner Ensemble, meldet er sich noch einmal mit einem Flugblatt zu Wort. »Der Text«, konstatiert Hartmut Schödel anschließend in der »Zeit«, sei »rätselhafter Schwachsinn, die Botschaft: Little brother is watching you«.

Drei Inszenierungen

Im Herbst 1993 inszeniert Müller am Berliner Ensemble *»Duell Traktor Fatzer«*, eine Collage aus drei eigenen Texten (neben den beiden im Titel genannten noch der vierte Teil von *»Wolokolamsker Chaussee«)* und Auszügen aus Brechts Fragment in umgekehrter Chronologie: Von den Erfahrungen der Nachwendezeit geht es zurück bis in die Endphase des Ersten Weltkriegs. Als Projekttitel war ursprünglich »Germania 2« erwogen worden.

Sieht man von der Schülertheateraufführung des »Zerbrochenen Krugs« ab, sind es Müllers erste Erfahrungen als Regisseur mit einem fremden Text. Zu »Fatzer«, erklärt er Anfang 1994 im Gespräch mit der »Wochenpost«, habe es eine Absprache mit Langhoff gegeben, *daß wir das zusammen machen, aber er ist weggegangen, dann stand ich da mit dem Projekt. Deswegen ist es auch so schroff geworden und so versiegelt.*

Den »Raum« für die Inszenierung entwerfen Stephanie Bürkle und Mark Lammert. Premiere ist am 30. September. Als Prolog setzen Eva Mattes und Erwin Geschonneck die Verse aus Shakespeares »Sturm« in Szene, die Huxley als Motto für seinen Roman »Brave new world« wählte. Dann folgt, beginnend mit dem nach 1968 spielenden *»Findling«*, »ein Krebsgang durch die deutsche Geschichte« (Hartmut Schödel): *»Duell«* 1953, *»Traktor«* 1945; nach der Pause »Fatzer« 1918. »Dieser Weg zurück in die Zukunft endet in einem alle Zeiten überdauernden Leichenhaus, auf der Bühne des Berliner Ensembles in einem grauen Mausoleum, in dem die Deutschen marschieren, kriechen und fallen. Abseits von einem eisernen Tisch, auf den man blickt wie auf die Weltkugel, sitzen die Stasi-Spitzel und lauschen. Eine Erinnerung an Deutschland, die, statt zu explodieren, versteinert.« Vor dem Beginn des 2. Teils des Abends liest Dieter Knaup *»Mommsens Block«*: Der Text kommt aus dem Lautsprecher und mischt sich mit dem Pausengespräch des Publikums.

Lothar Ruff in der »Welt« vom 2. Oktober meint, der Abend sei eine Qual gewesen und Müllers Selbstbewußtsein, sich Brecht dichterisch beizugesellen, eine Anmaßung. Müllers Texte wirkten heute »wie von vorgestern« und seien »so passé wie das System, dem sie sich verdanken«. Als »Totenfeier für die DDR« deutet Urs Jenny im »Spiegel« vom 4. Oktober Müllers Inszenierung. »Die Geschichte läuft rückwärts in den drei Müller-Szenen, die jeweils eine Vater- und eine Sohn-Figur gegeneinanderführen [...]. Die Vaterfigur in diesen drei Szenen, die jedesmal die Parteilinie vertritt, spielt jedesmal Erwin Geschonneck, 86, einst Brechts Lieblingsproletarier und längst eine Legende des DDR-Theaters.« Peter Iden in der »Frankfurter Rundschau« vom 4. Oktober: »Die Darstellung ist so museal, so tot, daß der politische Anspruch der Texte zur Karikatur wird. Heiner Müller, schwer beschädigt vom Gang der Geschichte, hat als Dramatiker schon seit längerem keine Stimme mehr; als Regisseur seiner selbst und Brechts wirkt er erschöpft und verbittert, dringend erholungsbedürftig.« Gerhard Stadelmaier in der »Frankfurter Allgemeinen Zeitung« vom 2. Oktober kritisiert, daß Müller »seinem Publikum sich selbst als Klassiker« vorsetze. Seine alten Stücke, so sei zu sehen, hätten sich überlebt. »Er müßte nun das neue Drama für unsere neue dramatische Zeit schreiben. Zur Zeit spielt er nur den Gruftwächter am Berliner Ensemble. Ein tödlicher Job.«

Stephan Suschke, Müllers Regiemitarbeiter bei diesem Projekt, räumt ein, daß *Duell Traktor Fatzer* »die verschlossenste, artifiziellste Inszenierung« am BE war, »schroff, schwierig, unkulinarisch, ein extrem schwer verdaulicher Brocken in einer Gesellschaft, wo alles so leicht ist. Um sich da schwer machen zu können, dafür sind Institutionen wichtig, weil es Apparate sind. Als Autor brauchte Müller ein Haus, aus Angst vor der Wirkungslosigkeit und Sehnsucht nach Wirkung.«

Im Frühjahr 1994 folgt *»Quartett«* mit Marianne Hoppe und Martin Wuttke – ein mäßiger Erfolg. Die für Herbst 1994 geplante Inszenierung von *»Umsiedlerin«* muß wegen Müllers Operation entfallen.

Aus dem selben Grund verschieben sich die Proben zu Brechts »Arturo Ui« auf April 1995, die Premiere von Dezember 1994 auf den 2. Juni 1995. Von Peter Laudenbach nach den Gründen gefragt, gerade dieses – von Peter Sauerbaum vorgeschlagene – Stück zu machen, sagt Müller: *Das Interessante ist, daß man mit dem Stück einiges zu dem Problem sagen kann, warum der Nationalsozialismus so eine Faszination ausgeübt hat und wieder ausübt und was an der Figur Hitler so faszinierend war – ein Underdog, ›ein einfacher Sohn der Bronx‹. [...] Was passieren könnte, wäre vielleicht, daß Zuschauer den Hitler in sich selbst entdecken. Ein anderer Punkt, der heute an dem Stück interessant ist, ist die Verbindung von Politik und Mafia. [...] Wenn man das Stück 1988 hier gemacht hätte, hätte ich nicht gewußt, was das soll. Die Leute hätten höchstens Stalin assoziiert. Heute hat man ein viel breiteres Assoziationsfeld.*

»Ui«, mit dem überragenden Martin Wuttke in der Titelrolle, Margarita Broich als Gangsterbraut Dockdaisy und Bernhard Minetti als »Schauspieler«, wird Müllers größter Erfolg als Regisseur. »Eine Befreiung«, attestiert Rüdiger Schaper in der »Süddeutschen Zeitung« vom 6. Juni 1995. »Ein Brecht-Begräbnis allererster Klasse. Und ein denkbar geradliniger Heiner Müller. Müller deckt die Gangster-Parabel zu mit Verdi-Arien, Wagner-Gebraus und Popmusik, mit Heino und dem ›Erlkönig‹.« Freilich habe Müller das Stück zusammengestrichen, seine »Fabel« zerbrochen und Brechts Kolportagestück zu einer »versteift-artifiziellen, eingefrorenen Sprechoper mit quälenden Längen, mit prätentiösem Leerlauf« gemacht.

Innerhalb der nächsten vier Jahre bringt es die Inszenierung auf über zweihundert Vorstellungen – ein nachträglicher Triumph über Zadek, aber auch ein Erfolg, für den der Regisseur sich ein bißchen schämt: »Ui« sei von Brecht *theatralisch toll gemacht*, aber *von der Substanz her dünn*, sagt er im Sommer 1995 zu Peter von Becker. Er hätte *lieber ›Die Maßnahme‹ inszeniert*, und zwar wegen ihrer *zwingenden Form. Ohne den Versuch, ein schon vorhandenes Theater zu bedienen.*

Die Sorge des Hausvaters

Das Direktorium des Berliner Ensembles ist von Anfang an kein Team; es spiegelt auf seine Weise den schwierigen Vereinigungsprozeß, bis die Mischung aus West und Ost schließlich den Topfdeckel sprengt. »So viele zerrten am BE. Mit merkwürdiger Selbstsicherheit. Es ging um Einflußnahme aus ganz verschiedenen Ecken.« Die fünf Direktoren sind »aufgrund ihrer fortgeschrittenen Künstler-Biographien nicht in der Lage, aufeinander zuzugehen. Jeder verfolgt seine Spielwiese, es gibt kein gemeinsames politisches Profil, das Patchwork erzielt keine Wirkung.« Zudem ist das Theater durch das Fünfergremium »desorganisiert«. Zu viele Entscheidungen werden benötigt, um zu einem Ergebnis zu gelangen. Auf den fünf- bis siebenstündigen Konferenzen geht es selten um die Sache. Gestritten wird zunächst über Inszenierungen und Honorare. Peter Zadek stellt massive Forderungen: Während Müller ebenso wie Langhoff, Marquardt und Palitzsch 80 000 DM Regiehonorar erhält, beansprucht er eine Bezahlung nach Marktwert, der in seinem Fall 120 000 Mark betrage; andernfalls werde er das Haus verlassen. Bereits im Laufe des Jahres 1993 erklärt Langhoff seinen Rücktritt, weil er mit Müllers Fixierung auf das Deutschland-Thema nicht einverstanden ist: »Mein Interesse war nicht die Wende in Deutschland, sondern die globale Veränderung durch den Zusammenbruch eines Systems«, sagt er 1999 zu Roland Koberg. Der »Nationalismus«

seiner Jugend sei ein anderer gewesen, damals habe das bedeutet, sich »mit aller Kritik für einen Phantomstaat [zu] engagieren, den Bauernkrieg zu Ende führen, wie Müller sagte«. Außerdem habe er damals »unterschätzt, wie stark Müllers Verehrung für Brecht verbunden war mit dem Wunsch, ihm nachzuleben: von der Zigarre bis zur BE-Leitung, vom Geschäftssinn bis zur Selbstinszenierung als Markenzeichen«. Stephan Suschke sieht das anders: »Der Grund für Langhoffs Ausstieg war, daß er keine Lust hatte, in Berlin zu bleiben, sondern zurück wollte zu Frau und Kindern, ganz unabhängig von Müller. Erst im nachhinein formulierte er Gründe, die damals politisch opportun schienen.« Für Langhoff kommt bald Eva Mattes; Rolf Hochhuth, der statt ihrer ins Direktorium einziehen will, wird abgelehnt.

Dramatischer entwickelt sich der Dauerkonflikt zwischen Müller und Zadek. Zadek stört das »Abstrakte« und »Theoretische« an der ostdeutschen Haltung zur Kultur, das er als generell menschenfeindlich empfindet. In dem von den Regisseuren Frank Castorf, Einar Schleef und Müller bestimmten »Brutalo-Theater« fehlen ihm die »kleinen menschlichen Details«. »Das ergibt so ein ganz bestimmtes Bild, mit einer kalten, humorlosen, eisigen Atmosphäre. Menschenfeindlich, möchte ich sagen.« Genau darauf beharrt Müller. Der Wochenzeitung »Die Zeit« sagt er: *Seit das Brechtmonopol nicht mehr gilt, hat das BE kein Profil mehr. Unser Spielplan muß sich konzentrieren. Auf Shakespeare, Brecht und Müller. Eine Chance haben wir nur, wenn wir einen finsteren Spielplan machen. Also von Shakespeare nicht die Komödien, sondern die Historien und die Tragödien.*

Es ist ein Kampf um den Führungsanspruch. Am Anfang überwiegt auf beiden Seiten die Neugier. Zadek, so Stephan Suschke, habe »sehr lange um Müller geworben. Es gab Berührungspunkte. Aber bald stellte sich heraus, daß sie verschiedene Sprachen sprechen. Müller verschloß sich immer mehr. Über Zadeks Inszenierung von Brechts ›Der Jasager und der Neinsager‹ sagte er zu Zadek: ›Das war die Operettenvariante.‹ Das war der Beginn der Auseinandersetzung, nicht zufällig über einen Eitelkeitspunkt.« Müller läßt Zadek spüren, daß er sich als Autor und Regisseur ihm, dem Nur-Regisseur, überlegen fühlt. Weil er es als einen Ort begreift, wo Texte vermittelt werden, stellt Theater für ihn einen reinen Dienstleistungsbetrieb dar. Regie ist somit nur ein Service, Regisseur *ein synthetischer Beruf, jedenfalls keine absolut kreative Angelegenheit.*

Die Inszenierung von Rolf Hochhuths Anti-Treuhand-Spektakel »Wessis in Weimar« durch Einar Schleef, mit der größte Erfolg, den das Theater in der neuen Ära verzeichnen kann, führt zum Eklat. In einem »Spiegel«-Interview bezeichnet Zadek Müller zusammen mit Castorf und Schleef als Wegbereiter des intellektuellen Faschismus. Während er Castorf und Müller »neudeutschen Nationalismus« vorwirft, kanzelt er Schleefs Regiestil schlicht als »Faschismus-Scheiße« ab.

Der Machtkampf zwischen Zadek und der »Ost-Fraktion« um Müller läßt das Fünfer-Intendanten-Modell nach zwei Jahren, in denen es immer wieder zu heftigen Auseinandersetzungen kommt, scheitern. Am 10. März 1995 meldet die »Welt«, Zadek habe »nach tiefgreifenden Differenzen mit seinen Kollegen« sein Amt niedergelegt und werde das Berliner Ensemble mit Ende der Spielzeit verlassen. Seine Anteile an der GmbH übernimmt Verwaltungsdirektor Peter Sauerbaum. Auch Palitzsch scheidet aus dem Direktorium aus, bleibt aber Gesellschafter und dem Haus als Regisseur verbunden. Marquardt, Müller und Mattes bilden das neue Direktorium, wobei Müllers Stimme in letzter Instanz ausschlaggebend ist. Damit ist er jetzt alleiniger künstlerischer Leiter; Stephan Suschke wird Koordinator im Direktorium. Die erneute Bewerbung Rolf Hochhuths für einen Sitz im Direktorium wird wiederum abgelehnt.

Was Müller stark macht, ist seine von allen anerkannte Autorität und die Fähigkeit, Personen und Projekte zu kombinieren und zu vernetzen. Martin Wuttke: »Das Schlagende an dem Intendanten Heiner Müller war die Transparenz. Die keine war. Weil er auf eine ganz selbstverständliche Art Leute instrumentalisieren konnte. Und es auch immer mit einer vollkommenen Direktheit, mit Aufmerksamkeit gemacht hat. Das war einfach jemand, der vollkommen selbstverständlich auftrat. Es fand nichts hinter verschlossenen Türen statt, sondern in einer wirklich radikalen Öffentlichkeit und es saßen fremde Leute mit am Tisch. Er gab das Niveau an, auf dem etwas stattzufinden hatte.«

Vergeblich hatte Zadek zuvor das Ausscheiden von Marquardt und Müller aus dem Direktorium und ein Inszenierungsverbot für Schleef gefordert. »Als Müller in Los Angeles war«, erzählt Stephan Suschke, »arbeiteten Peter Sauerbaum und Rechtsanwalt Raue ein Papier aus, demzufolge Zadek und Palitzsch das Berliner Ensemble übernehmen, Müller und Marquardt als die ›Experimentatoren‹ in die Kulturbrauerei ausweichen sollten. Das war natürlich für Müller unannehmbar. Das war natürlich auch ein biographischer Punkt. Müller sah sich als legitimer Brecht-Erbe, was sicher auch ideologische Ursachen hatte. Zadek wollte die Machtfrage geklärt haben, die ja auch eine künstlerische war, und machte den Fehler, ein Ultimatum zu stellen, verkürzt: Müller oder ich. Da stellten sich Marquardt und Palitzsch auf Müllers Seite. Palitzsch hat sich immer sehr ausgleichend und nobel benommen.«

Weil die Gesellschafterversammlung am 8. März seine Forderung ablehnt, tritt Zadek zurück. Der »Welt« sagt er: »Das Gleichgewicht in der Direktion ist gestört. Wir sind vier, das Programm der anderen drei ist dominiert von Heiner Müller und ein reines Ost- oder DDR-Programm. Ich werde immer überstimmt. [...] Wenn das ganze Haus in eine Richtung geht, die ich nicht verantworten kann, dann muß ich halt weggehen.« Marianne Heuwagen erfährt darüber hinaus von ihm, daß es in den beiden ersten Jahren »sehr schwierig« für ihn gewesen sei, »mit den Ostschauspielern und den Ostintellektuellen, die sonst im Haus sind, von Heiner Müller bis zu seinen Assistenten und Dramaturgen usw., einen Arbeitsweg zu finden«. »Eines der schwierigsten und abstoßendsten Dinge, vor denen ich flüchte, wenn ich jetzt dieses Theater verlasse, ist der abgrundtiefe Pessimismus, Zynismus und die Depression, die daraus entsteht, oder aus der sie kommt, wer weiß, wie das zusammenhängt, der von Müller und seiner Umgebung ausgeht. Ich habe öfters versucht, das Theater dazu zu kriegen und auch die Regisseure, mal was Lustiges oder Optimistisches zu machen. Aber das wird sofort als Eskapismus gebrandmarkt.« Er bekräftigt seine Abscheu vor dem Regiestil eines Castorf und Schleef, denen er faschistoide Tendenzen vorwirft, obgleich er dies »politisch weder begründen noch genau beschreiben« könne. »Diese Regisseure unterstützen mit ihrer Art der Arbeit rechtsradikale Tendenzen durch das Überrollen von Menschen durch Geschrei, Getrampel, durch all diese Mittel, vor denen ich Angst habe.«

Müller nennt in einem »Spiegel«-Gespräch ein anderes Motiv für Zadeks *Abgang*, der im übrigen *ja ungefähr sechsmal gekündigt* habe: *Er hatte keinen Erfolg mit seinen Berliner Inszenierungen.* Der »Mitteldeutschen Zeitung« vertraut er an: *Zadek hat das Gehirn im Ellenbogen*, und dem Nachrichtenmagazin »Focus« sagt er im Herbst: *Das Problem scheint mir, daß Zadek plötzlich geliebt werden will.* Wenn man Theater mache, um geliebt zu werden, sei das künstlerisch gefährlich. Stephan Suschke: »Die wirkliche Differenz bestand aber in einer unterschiedlichen Auffassung, wie man das Berliner Ensemble in der Berliner Theaterlandschaft positioniert. Müller hatte da eine sehr fundamentalistische Haltung. Es war für ihn eine letzte, wenn auch metaphysische DDR-Bastion. Keine nostalgische Ost-Wärmestube, sondern eine Enklave, die gehalten werden mußte, ein Ort, bestimmte Dinge zu veröffentlichen, jenseits des Verwertungszwanges, ein Versuch, in einer angstbesetzten Gesellschaft, wo sich alles um Geld dreht, wo alles Markt ist, innerhalb einer Öffentlichkeit, die extrem pluralistisch ist, einen Kunstraum zu behaupten, Denkräume zu schaffen, dabei in einer bestimmten Monumentalität zu arbeiten, um Dinge festzuhalten. Das BE sollte ein Mausoleum sein, aus dem ab und zu Klopfzeichen dringen.«

Nach Zadeks Weggang ist Müller das geistige Zentrum des Theaters, »auch jenseits von Verträgen«. »Angstfreie Räume« habe er geschaffen, sagt Stephan Suschke. »Es herrschte eine Offenheit, die Konkurrenz nicht ausschloß. Es war die Sehnsucht nach dem fremden Blick, nach einer anderen Erfahrung. Was ihn interessiert hat, war produktiver Widerspruch. Das war nicht immer konfliktfrei.« Für die Spielzeit 1995/96 kündigt Müller eine Aufarbeitung der DDR-Geschichte und des DDR-Theaters an. Lothar Trolle und Thomas Brasch erhalten Stückaufträge, Schleef soll Müller-Texte und seine *»Macbeth«*-Fassung inszenieren, Palitzsch drei Beckett-Hauptwerke herausbringen, Castorf eine Collage aus Karl Grünbergs affirmativem »Golden fließt der Stahl« und *»Wolokolamsker Chaussee«* in Szene setzen, wofür Gregor Gysi als Schauspieler im Gespräch ist. *Er spielt sehr gut im Bundestag, und warum soll er nicht auch bei uns mal spielen?* zitiert der »Kölner Stadt-Anzeiger« Müller am 20. April 1995. Müller selbst will *»Anatomie Titus Fall of Rome«* mit Ekkehard Schall als Gast inszenieren. Auch von Hacks' »Moritz Tassow« ist die Rede. Sodann soll das BE internationalisiert werden, Robert Wilson, Patrice Chéreau, Dimiter Gotscheff, Roberto Ciulli, Giorgio Strehler und Peter Brook (mit Christopher Marlowes »Tamburlaine the Great«) sind als Gastregisseure im Gespräch. Eva Mattes will im oberen Foyer zusammen mit dem Regisseur Thomas Heise einen »Nachtklub« für junge Autoren und Regisseure einrichten. *Wir haben es nicht verstanden, daß junge Leute hier zum Beispiel als Regisseure vorkommen*, räumt Müller gegenüber Harald Biskup ein. *Wir waren das Greisen-Quintett. Jeder wollte nur Seines machen.*

Drei Monate später ist von diesen Plänen nicht mehr viel übrig; Eva Mattes nicht mehr Direktoriumsmitglied. Neben zwei eigenen werde es Inszenierungen von Müller-Stücken durch Thomas Heise (*»Der Bau«*) und Frank Castorf (*»Der Auftrag«*) geben, meldet die »Frankfurter Allgemeine Zeitung« am 16. Juni 1995. Palitzsch bereite »Trommeln in der Nacht« vor, Schleef werde »ein großes Brecht-Stück« herausbringen, »dazu einen Abend, der ›Faust III‹ heißt und mit einem Konvolut von Texten Goethes, Hauptmanns, Müllers und Ulbrichts (Walter und Lotte) arbeitet«. Die Spielzeit 1997/98 werde dann den Akzent auf Brecht legen.

Kaum ist der Konflikt mit Zadek beendet, kommt es zur offenen Auseinandersetzung mit Rolf Hochhuth, den Müller seit *1986 oder 1987* kennt, als *beide in die West-Berliner Akademie der Künste aufgenommen* wurden. *Wir haben danach oft miteinander gesprochen. Hochhuth ist ein sehr gebildeter Mann.*

Wir haben uns immer gut unterhalten. Im Frühjahr 1995 läßt Hochhuth mitteilen, daß die von ihm 1993 gegründete, nach seiner Mutter benannte Ilse-Holzapfel-Stiftung, deren Verwaltungsratsvorsitzender er selbst ist, von den Alteigentümern der Immobilie »Theater am Schiffbauerdamm« deren Ansprüche auf das Grundstück erworben bzw. übernommen hat. Die Auflage, die einer der Eigentümer für die Überlassung gemacht hat, besteht darin, daß das Berliner Ensemble zum Gedenken an die aus Berlin deportierten Juden dreimal im Jahr an historischem Datum Hochhuths »Stellvertreter« spielt und die Einnahmen jüdischen Waisenkindern zugute kommen. Hochhuths Forderung gegenüber dem Berliner Senat ist, daß sich dieser mit 40 % an der Ilse-Holzapfel-Stiftung beteiligen und das BE weiter subventionieren möge. Sein langgehegter Plan eines Autorentheaters scheint in Erfüllung zu gehen. Nicht nur für Müller kommt das, nachdem Hochhuth zweimal vergeblich seine Mitarbeit im Direktorium des Berliner Ensembles angeboten hatte, dem Versuch einer »feindlichen Übernahme« gleich. »Eine Hochhuth-Zukunft« habe das Theater »nicht verdient«, meint Gerhard Stadelmaier in der »Frankfurter Allgemeinen Zeitung« vom 2. Mai 1995. Juristisch ist Hochhuths Coup allerdings nicht zu stoppen. Am 19. Juni wird die Ilse-Holzapfel-Stiftung grundbuchverbürgte Besitzerin der Immobilie am Schiffbauerdamm, die das Berliner Ensemble beherbergt.

Nähe des Todes

Mythos, Droge, Psychologie

Im Sommer 1990 engagiert Wolfgang Wagner Müller als Regisseur für eine Bayreuther »Tristan«-Inszenierung. Daniel Barenboim hat, nachdem ihm Patrice Chéreau eine Absage erteilte, Müller vorgeschlagen und den Kontakt zwischen Wagner und dem »Ersatzmann« hergestellt. Seine Zusage, die mit 60 000 DM honoriert wird, bindet Müller an die Bedingung, daß Erich Wonder das Bühnenbild entwirft. Als Kostümbildner kann der Couturier Yohji Yamamoto gewonnen werden.

Am 10. Juli 1990 treffen sich Barenboim, Müller und Wonder zur Probenzeit in Bayreuth, um Besetzung, Assistenten usw. zu klären.

Als Barenboim mich zuerst fragte, fand ich das ohnehin ganz absurd. Da ich aber abergläubisch bin und an Schicksal oder was auch immer, aber nicht an Zufall glaube, konnte ich eigentlich nur ja sagen. Später hat er mir erzählt, daß er Chéreau gefragt hätte. Und der hatte ihm gesagt, ›Tristan‹ kann man nicht inszenieren, das ist ein Hörspiel – was ich inzwischen gut verstehe.

Die Ankündigung, die Ende August 1990 in die Feuilletons gelangt, sorgt für Überraschung. »Anregend« findet Gerhard R. Koch in der »Frankfurter Allgemeinen Zeitung« vom 30. August 1990 die Idee. Die ästhetischen Gegengewichte Erich Wonder und Daniel Barenboim würden wohl dafür sorgen, daß die Oper in Müllers Inszenierung nicht zur »wüsten, öden, auch künstlerisch ganz und gar ausweglosen Tristanmaschine« gerate.

Der Zufall will, daß »Tristan und Isolde« die erste Oper ist, die Müller gesehen hat. Sie macht aus dem Siebzehnjährigen keinen Fan seines sächsischen Landsmanns mit der verwandten Physiognomie. Unerfreulich die Erinnerung an eine Operettenaufführung Anfang der fünfziger Jahre in Berlin, die *zur Krise in einer Liebesgeschichte führte*: Seine Freundin habe darauf bestanden, sich *gemeinsam im Berliner Metropol-Theater die ›Butterfly‹ anzuschauen – ich fand das absolut abscheulich, bin in der Pause abgehauen, und das war dann der Anfang vom Ende.* Seine Abneigung gegen das Musikdrama verliert sich erst durch die Begegnung mit Paul Dessau und Ruth Berghaus.

Am Anfang steht Dessaus Auftrag, aus Brechts »Glücksgott«-Fragment eine Musiktheater-Vorlage zu machen; ein Vorhaben, an dem Müller scheitert. 1968 kommt die gemeinsame Arbeit mit Ginka Tscholakowa am Libretto für Dessaus *»Lanzelot«*. Als er 1969 für eine Inszenierung von Strauss/Hofmannsthals »Elektra« von Ruth Berghaus an der Berliner Staatsoper für den (eisernen) Vorhang einen Text über den blutigen Atriden-Mythos macht, scheint es ihm plötzlich, als ob er mit der Oper doch noch *etwas anfangen* könne. Trotzdem möchte er lieber als *Verwerter* denn als *Genießer* von Musik gelten:

Musik war wichtig in Arbeitszusammenhängen. Was mich an der Oper interessiert, ist die menschliche Stimme im Kampf mit der Partitur. Müller gefällt die absolute Disziplin der Oper: *Im Schauspiel sollte man Sprechtexte behandeln wie Musik. Aber das ist ein Traum.*

Müller läßt sich weder von Wagners Bildvisionen noch von seinen Ideen inspirieren. Die Annäherung erfolgt ausschließlich über seine Musik, eine *Mischung aus Mythos, Droge und Psychologie*. Die Droge sei die *Leitmotivtechnik*. Der Lösung des Widerspruchs von absoluter Liebe und irdischer Realität verweigert er sich absichtsvoll. »Tristan«, das sei doch *die Grundspannung des Theaters*, die Angst vor der Liebe und vor dem Tod, zu inszenieren nicht als *lineare Lustkurve, sondern als verzögerter Orgasmus*.

An Wagners Musikdrama interessieren Müller die Entfremdung und Instrumentalisierung des Gefühls, die wechselnden Konstellationen von Trieb und Entsagung, Liebe und Haß. Seine Liebesgeschichte wird vom Krieg bestimmt. Gegenüber Christian Lorenz erklärt er im Sommer 1993, interessant finde er den *antikapitalistischen Aspekt*, den *Reflex auf die Industrialisierung des 19. Jahrhunderts.* »Tristan« sei ein Werk über die Unmöglichkeit einer erfüllten Liebesgeschichte in einer gesellschaftlichen Struktur, die ökonomischen Zwängen unterworfen ist. Die durch Sitte und Ritual vermittelten Lebensformen ließen jedes unmittelbare Gefühl scheitern. *Isolde ist für König Marke eine Beute, ein Handelsobjekt. Und die Geschichte handelt davon, auszubrechen aus dieser Warenbeziehung, aus der Verdinglichung der menschlichen Beziehungen. Aus Mangel an gesellschaftlichen Alternativen bleibt aber nur der Tod.* Den Todeswunsch des Liebespaars will er als *Sehnsucht nach einem anderen Leben* verstanden wissen. Das sei *das revolutionäre Potential* im »Tristan«.

Die Probenarbeit auf dem Festspielhügel beginnt, nach zwei Wochen Vorproben mit Kostümen im August 1992, am 12. Juni 1993. »Zur großen Gaudi aller Anwesenden«, so Wolfgang Wagner, leitet Müller »jede Probe mit der Vorlesung der jeweiligen Tageshoroskope aus der von ihm auf seine Art als ›Katastrophenliebhaber‹ geschätzten ›Bildzeitung‹ ein.« Am Stadtrand von Bayreuth bezieht das Ehepaar eine möblierte Wohnung in einem Einfamilienhaus. »Urdeutsche Gemütlichkeit mit Sofagruppe, Schrankwand und keramischen Kleinkunstwerken«, notiert Christian Lorenz im »Hamburger Abendblatt« vom 24. Juli 1993. »Arbeitsatmosphäre« werde eher durch eine genialische Unordnung geschaffen, »Berge von Büchern, Faxen und Aufzeichnungen«. »Den Rest der Wohnung haben Geschirr und Kinderspielzeug okkupiert.« In den Probenpausen kutschiert, zum Erstaunen seiner Freunde, die ihn hier besuchen, ein stolzer Vater seine sieben Monate alte Tochter Anna durch die Stadt.

Um das komplexe Bühnengeschehen, in dem Bild, Musik und Handlung zusammenwirken, in kurzer Zeit wahrnehmbar zu machen, wünscht sich Müller für die Inszenierung durchgängig Einfachheit und Strenge: eine kleine, fast leere Bühne mit vorgezeichneten Wegen; Sänger, die sich ohne großartige Gesten bewegen und dem Bühnenbild mechanisch unterordnen; Kostüme, die Korsetts ähneln. Jede Handlungsillustration soll vermieden werden. Die Figuren sollen statuarisch agieren, nicht mehr als eine ganz bestimmte Geste zeigen. Das führt zu Konflikten mit den Sängerinnen und Sängern, die das ganze Operngestenrepertoire gewöhnt sind, sich in Yamamotos Kostümen eingeschnürt vorkommen und glauben, darin nicht atmen und schon gar nicht singen zu können.

Wonders von Bildern Mark Rothkos inspirierter Bühnenraum, nebenbei der billigste, der je für eine Bayreuther Inszenierung hergestellt wurde, versucht das Wesentliche des Opernstoffes mit minimalen Mitteln zum Ausdruck zu bringen. Die Beleuchtung spielt für die Gestaltung des musikalischen und des szenischen Raums eine zentrale Rolle. Die Bühne ist auf einen würfelförmigen Kasten verengt; in den ansteigenden Plankenboden sind vorne und hinten zwei Quadrate unterschiedlicher Größe eingelassen. Drei weitere Quadrate, abwechselnd beleuchtet, hängen im Raum. Jeder der drei Akte wird in eigenes Licht getaucht: Rot, Blau und Grau. Auf diese Weise wird »Tristan« zum großen Teil ein Erfolg von Erich Wonder, ohne dessen Raumerfindungen Müller auf verlorenem Posten gewesen wäre. »Die Suggestivkraft dieser Bilder« sei so stark, bemerkt Marianne Zelger-Vogt in der »Neuen Zürcher Zeitung« vom 27. Juli 1993, »daß Heiner Müllers Regie kaum als autonome Kategorie in Erscheinung tritt.«

Bei der Premiere am 25. Juli 1993 wird die Inszenierung keineswegs als triumphales Debüt des Opernregisseurs Müller gefeiert. Obgleich er sich ganz und gar nicht als Werkschänder erweist, gelingt es ihm nicht, die eingeschworene Wagner-Gemeinde auf Anhieb zu einer Andacht zu vereinen. Noch in den Schlußakkord hinein gibt es wütende Buhrufe, die sich jedoch schnell mit Bravos mischen. Als sich der Regisseur auf der Bühne zeigt, steigern sich die Mißfallensbekundungen zum *Orkan*, wie Müller mit Genugtuung konstatiert. Mehrfach wird außerdem lauthals »Kommunist« geschrien. Verstört reagiert die orthodoxe Deutsche Richard-Wagner-Gesellschaft e. V. Sie verteilt am Fuß des Grünen Hügels Protest-Handzettel, auf denen unter dem Titel »Alles Müller, oder was?« die Inszenierung auf einprägsame Stichworte gebracht wird (»Verweigerung der Liebesverklärung, die als gesellschaftlich unmögliche Utopie denunziert wird«), die Müllers Intentionen vermutlich ziemlich nahe kommen.

Sachlicher reagiert das Feuilleton. Müller habe der männlichen Hauptfigur kaum sinnlich-übersinnliche Liebe zu Isolde erlaubt, meint Joachim Kaiser: »Diese fremde Frau ist für Tristan eher ein Vorwand zum Sterben [...]. Daß zwei Menschen zueinander in eine romantische, absolute, infolgedessen unvermeidlich todbringende erotische Liebesbegier verfallen, nimmt Müller dem Wagner nicht ab.« Für Gerhard R. Koch akzentuiert Müller »weniger die hitzig-tödliche erotische Passion und weit mehr inmitten der sengenden Glut die trostlose Kälte dieses ›Endspiels‹: der Beziehungen, der Gattung Oper und der tonalen Harmonik«. Sowohl die Inszenierung als auch Barenboims musikalische Interpretation hätten einen »entdramatisierenden, enthysterisierenden Zug«. Hans-Klaus Jungheinrich zählt Müllers Inszenierung »zum Ausgereiftesten, Perfektesten«, was je im Bayreuther Festspielhaus geboten wurde.

Bei der Wiederaufnahme im Juni 1994 wird Müllers Inszenierung dann einhellig gefeiert. Die von der Regie verordnete minimalistische Gesten- und Körpersprache der Figuren, die im ersten Jahr noch sehr steif anmutete, ist um einiges intensiver geworden. Im dritten Jahr meint Josef Oehrlein, Regie und musikalische Deutung »noch aufwühlender und dichter als in den beiden ersten Jahren« erlebt zu haben. »Die Begegnung zwischen den Liebenden scheint der Regisseur nun nicht mehr ganz so radikal als Geschichte einer Entfremdung zu begreifen. Obwohl Distanz zwischen den beiden spürbar bleibt, dürfen sie offensichtlich nun etwas inniger zueinander sein.« Bis zur letzten Wiederaufnahme im Sommer 1999 gibt es nur noch Ovationen. Wieder einmal ist aus kontroverser Wirkung Erfolg geworden.

Was den Regisseur Müller an Bayreuth fasziniert hat, ist vor allem der dort praktizierte Probenbetrieb. Hier können, weil alles hierarchisch geordnet und das Schauspielhaus über die Hälfte des Jahres geschlossen ist, scheinbar keine Intrigen entstehen. Interessant findet Müller auch, *daß es Wiederaufnahmen gibt, die z. T. mit anderer Besetzung wirklich neu erarbeitet werden.* So kann es nicht passieren, daß eine Aufführung, die lange läuft, sich abschleift, *weil die Schauspieler sich die Inszenierung und den Text in dem Sinne aneignen, daß sie es sich darin bequem machen.*

Als Kunstform bleibt ihm die Oper dennoch fremd, und unterderhand verrät er durchaus Unmut und Desinteresse. Dem Grafiker Joachim John vertraut er an, »die Oper generell gefiele ihm sowieso nicht, auch nicht die ›Schwellkörpermusik‹ des ›Tristan‹«. Mirko Weber liegt also vermutlich nicht ganz falsch, als er in der Stuttgarter Zeitung vom 27. Juli 1993 konstatiert: »Es ist nicht zu beweisen, aber sehr wahrscheinlich, daß Müllers Arbeit am ›Tristan‹ mitunter von tiefem Überdruß geprägt war.«

»Germania 3«

Der Plan, ein Stück über den Zweiten Weltkrieg zu schreiben, taucht bei Müller in der zweiten Hälfte der 80er Jahre auf, während der Arbeit an *»Wolokolamsker Chaussee«*. Die Veränderungen in der Sowjetunion im Blick, erscheint es ihm jetzt möglich, Hitler und Stalin als Protagonisten miteinander in Beziehung zu setzen. Erst ein paar Jahre später vermag er zu erläutern, daß das Ende des sowjetischen Zeitalters seiner Ansicht nach in Stalingrad begonnen habe, als die Sowjets von den Nazis das konterrevolutionäre System der Einkesselung übernahmen. Vorher habe Stalin noch in Kategorien des Bürgerkriegs gedacht, die Rote Armee auf breiter Front nach vorn marschieren lassen. Das Kessel-System sei später auf die Ostblockstaaten übertragen worden: *Abgrenzung nach außen, Zerstörung der Binnenstruktur*.

Gleichzeitig will er ein vom Theater vernachlässigtes Thema aufgreifen: *Man hat nie versucht, für eine breite Öffentlichkeit zu reflektieren, wieviel positive Impulse und Energien von den Nazis benutzt worden sind. Man hat von den Leuten ein schlechtes Gewissen verlangt und man hat nie versucht zu verstehen, was das für ein ungeheures Erlebnis war mit Hitler und für Hitler. […] Der Handke hat das als einziger ganz präzise beschrieben, in ›Wunschloses Unglück‹, wo er sagt, das sei die einzige Zeit in Deutschland gewesen, wo alle das Gefühl hatten, sie gehören dazu, es war eine Gemeinschaft. Da gabs zwar manchmal dunkle Gerüchte, daß irgendwo irgendwelche Verbrecher in irgendwelchen Lagern sitzen, aber das konnte man über dieses Gemeinschaftsgefühl schnell wegdrücken.*

Als Müller im Frühjahr 1992 Mitintendant des Berliner Ensembles wird, nehmen seine Überlegungen konkrete Formen an. Gegenüber Alexander Kluge deutet er ein Projekt in fünf bis sieben Teilen an, von Stalingrad bis zum Fall der Mauer, von dem jedes Jahr ein neuer Teil zur Aufführung gelangen soll, der letzte etwa im Jahr 2000. Zur Niederschrift kommt Müller, eingebunden in die Arbeit an Akademie und Theater, allerdings vorläufig nicht. Ein Zwischenfazit von 1993 lautet: *Es geht alles nicht so, wie ich dachte.* Auch ein geplantes Stück *»Doppelkopf. Ein Feindbild«, eine Farce über Politik*, basierend auf Aischylos' »Sieben gegen Theben«, kommt über Entwürfe und Notizen nicht hinaus. Müller hatte es zuletzt Jean Jourdheuil und Jean-François Peyret versprochen, die für ihr Müller-Projekt 1991 einen neuen Text wollten. Margarita Broich erinnert sich, daß Müller seit 1983 davon gesprochen habe, dieses Stück schreiben zu wollen und plötzlich bestimmte Entwürfe nicht mehr finden konnte, »wo er schon mal viel weiter war«. Am 12. Juni 1994 sagt Müller im Gespräch mit Hyunseon Lee auf die Frage, ob er zur Zeit ein neues Stück schreibe: *Nee. Zur Zeit nichts. [...] Weil ich einer der Direktoren des Berliner Ensembles bin. Ich habe keine Zeit, ein Stück zu schreiben.*

Ende 1992 macht Müller seine anhaltende Schreibhemmung zum Thema eines Prosagedichts, *»Mommsens Block«*: Ein innerer Monolog und ein Totengespräch mit dem bedeutendsten Althistoriker des 19. Jahrhunderts, der es nicht mehr vermochte, den vierten und letzten Teil seiner »Römischen Geschichte« zu schreiben, und zugleich ein geschichtsphilosophischer Diskurs über den Triumph des Kapitals und das Scheitern des Sowjetkommunismus, in dem nun erstmals auch die *roten Cäsaren* als *Machthaber einer Illusion, fälschlich genannt Sozialismus*, ihre Zensuren erhalten.

Das Material für seinen Text hat Müller weitgehend der Einleitung von Alexander Demandt zu dessen Edition von Mommsens Kaiserzeit-Vorlesungen entnommen, die im Herbst 1992 erschienen sind. Das Faktum von Mommsens *Schreibblockade* sei für ihn *das Interessanteste* gewesen, sagt Müller auf einer Podiumsdiskussion im Berliner Ensemble. *In der Maske von Mommsen* habe er über sich selbst schreiben können. Für Christa Wolf ist es einer von Müllers »persönlichsten Texten«: »›Warum zerbricht ein Weltreich?‹, fragt der zeitgenössische Autor mit der Stimme des toten Historikers. ›Die Trümmer antworten nicht.‹ Der Text verrät die Sehnsucht des oft verdeckt Schreibenden, sich zu erkennen zu geben: ›Gestatten Sie, daß ich von mir rede.‹«

Alle Stücke Müllers – *»Quartett«* vielleicht am wenigsten – sind mehr oder weniger deutlich adressiert gewesen. Im neuen Deutschland gibt es für ihn keinen Adressaten, keinen Widerpart mehr: Es fehlt die Reibung mit der Macht, jene Wand, gegen die er so lange gespielt hat. *Es waren keine guten Gegner, aber es war eine gute Gegnerschaft.* Zwar behauptet er noch im Herbst 1991, er könne sich *selber motivieren* und sei *nicht mehr abhängig davon, daß jemand etwas gegen mich hat*, doch in einer Situation, wo der Geschichte scheinbar ihre dramatische Handlung abhanden gekommen ist, hat sein Drama seinen Gegenstand wie seine Voraussetzung verloren. Der *Clinch von Revolution und Konterrevolution* war die historische Grundfigur, mit der und an der er arbeitete. Angesichts des Zerfalls dieser bipolar verstandenen, untergründig noch von Hitler und Stalin geprägten Welt scheint ihm kein Zeitstück mehr möglich, das auf Widerspruch und Bewegung angelegt ist. *Wie man jetzt noch was schreibt, weiß ich nicht. Es gibt keine dramatischen Stoffe mehr, keine historischen Konfrontationen, Konflikte, Kollisionen*, ist das Fazit von 1994. *Aus den geborgten Mündern dringt kein Laut / Zerstoben ist die Macht an der mein Vers / Sich brach wie Brandung regenbogenfarb*. Hinzu kommt, daß er von Arbeitsüberlastung und Krankheit geschwächt ist. Die dauernde vage Hoffnung, sich in Kürze freimachen, sich zurückziehen zu können, wird nie erfüllt. Freie Tage gibt es nicht mehr, allenfalls ein paar Stunden, der große Rest dicht gefüllt mit Interviews, Podiumsdiskussionen, Besprechungen, Leitungskonferenzen, Aufführungsbesuchen, Probenarbeit, Reisen. »Er war nicht jeden Tag im Theater. Er war vielleicht nur zwei Arbeitstage komplett beschäftigt, aber die haben ihn aus dem Rhythmus gebracht. Auch der Streit mit Hochhuth und den Brecht-Erben hat die ganze BE-Zeit überschattet. Es gab diverse Belastungen, eine Vielzahl von Abhaltungen. Es war ein Getriebensein, eine immer schneller laufende Maschine. Auch ideale Möglichkeiten, der Schreibschwierigkeit auszuweichen.« »Die Arbeit als Intendant, wie er sie tat, fraß die Zeit für seine literarische Arbeit auf. ›Wo ist der Ort, an dem ich arbeiten kann?‹ Er hatte sich verloren in diesen Prozessen.« Leider findet sich niemand, der Müller genommen, ihn ins Ausland verfrachtet, dort an einen Schreibtisch gesetzt und das Telefon aus dem Stecker gezogen hätte.

Vorläufig tröstet sich Müller mit dem Wissen, daß auch Shakespeare mit Fünfundfünfzig aufgehört habe, *Stücke zu schreiben*. In der Öffentlichkeit jedoch, nicht zuletzt wegen seiner diversen Ankündigungen, herrscht die Erwartung eines baldigen neuen großen Stücks. Als Intendant des Berliner Ensembles sieht er sich doppelt gefordert, wieder zu reüssieren, als Autor wie als Regisseur. Unter diesem Druck, der noch durch eine Publikationsabsprache mit dem Verlag Kiepenheuer &

Witsch verstärkt wird, entsteht während eines Erholungsaufenthalts in Santa Monica von Dezember 1994 bis März 1995 eine erste, noch unbetitelte Szenenfolge – acht Jahre nach dem bis dahin letzten Theatertext, *»Der Findling«*. Nach Berlin zurückgekehrt, bestätigt Müller in einem »Spiegel«-Gespräch, daß er an einem *Hitler-Stalin-Stück* schreibe und froh sei, daß er nun endlich Stalin *zum Reden* habe bringen können. Ende April verrät er dem »Freitag«, das Stück sei zu drei Vierteln fertig. Weiter ist er auch im September noch nicht: »Er sei fast fertig«, notiert Tom Schimmeck für »Die Woche« vom 15. September 1995 – aber eben nur fast. Müller gelingt nicht mehr als die Zusammenfügung von Bruchstücken: Es wird gereiht, nicht entwickelt. Als Lesedrama mag das befriedigen, theatralisch bleiben zu viel Fragen offen. Für Mark Lammert allerdings ist *»Germania 3«* »weniger Stückwerk als angenommen. Es ist mit hoher Ernsthaftigkeit genau komponiert und geschnitten, ein optisches Stück, keine bloße Collage, auch wenn es vielleicht nicht geglückt ist.« Gezeigt würden »Erscheinungsweisen des Mangels«; der Rote Faden sei Margarita Broich in ihren verschiedenen Rollen gewesen.

Teils sind die Texte in jüngster Zeit entstanden, wie *»Panzerschlacht«*, *»Der Rosa Riese«*, *»Maßnahme 1956«* oder *»Party«*, teils handelt es sich um ältere Skizzen wie *»Bunker der Reichskanzlei«*. Die erste Szene, *»Nächtliche Heerschau«*, hatte Müller 1989 Fritz Marquardt für dessen Inszenierung von *»Germania Tod in Berlin«* am Berliner Ensemble überlassen, wo sie nicht gespielt werden durfte. Der älteste Text, basierend auf einer Geschichte, die Müller 1945 auf dem Rückweg nach Waren gehört hat, ist *»Gastarbeiter«*, woraus er ursprünglich ein eigenes Stück machen wollte. Manche Motive kennt man aus dem langen Text *»Ajax zum Beispiel«*, den die »Frankfurter Allgemeine Zeitung« am 29. Oktober 1994 veröffentlicht hat. Für die Szene *»Party«* benutzt Müller (»er war wie ein Schwamm«) die Anekdote eines Funktionärs aus Eisenhüttenstadt, die Stephan Suschke bei Recherchen für einen Dokumentarfilm in Erfahrung gebracht hat: Ebertfranz begeht Selbstmord, nachdem er aus dem Radio von Chruschtschows Abrechnung mit Stalin erfahren hat.

Lange Literaturzitate verlängern Müllers Text in Richtung Vergangenheit und Zukunft, kommentieren oder ironisieren ihn. *Es fallen einem keine Dialoge mehr ein*, hatte er im Sommer 1994 zu Helmut Böttiger gesagt und die Schuld dem Wegfall des Ost-West-Gegensatzes gegeben – obgleich er schon 1980 in einem Interview sein zunehmendes Desinteresse an der Dialogstruktur bekundete. Folgerichtig sprechen die meisten Protagonisten in seinem letzten Stück in Zitaten. Wo der Autor und mit ihm seine Figuren sprachlos werden, übernehmen Hölderlin (»Empedokles«), Kleist (»Prinz Friedrich von Homburg«), Grillparzer (»Die Ahnfrau«), Heine (»Deutschland. Ein Wintermärchen«), Hebbel (»Nibelungen«), Kafka (»Das Stadtwappen«), Brecht (»Leben des Galilei«, »Coriolan«-Bearbeitung), Müller höchstselbst *(»Macbeth«, »Philoktet«)*, Volkslied und Volksmund: argumentierend, entschuldigend, bedeutungsschwer assoziierend, manchmal auch nur berichtend. Die Erzählung des deutschen Soldaten an der Ostfront entlehnt Müller dem 1952 erschienenen Buch »Im Geiseltal« des Arbeiterschriftstellers Theo Harych, das den Alltag im sächsischen Braunkohlerevier bei Leuna schildert.

Das seit Jahren geplante Hitler/Stalin-Stück ist *»Germania 3«* nicht geworden: Sie treten, sieht man von einer Hitlervision Stalins im Kreml ab, in zwei getrennten Szenen auf. Müllers theatralischer Rundumblick handelt von den Gewaltexzessen in diesem Jahrhundert und von dem gescheiterten Projekt des Sowjetkommunismus: Eine Endzeitvision mit einer Fülle von historischen, literarischen und selbstbiographischen Verweisen, zusammengehalten allenfalls von der unausgesprochenen Trauer um die Opfer von Stalinismus und Faschismus und des Nachkriegs in den Köpfen; ein Geisterreigen, der verschiedene Zeitebenen mischt und in dem der Anachronismus regiert. Brechts Tod am 14. August, Harichs Verhaftung am 29. November 1956, Wekwerths »Coriolan«-Inszenierung 1964 und der Tod Ruth Berlaus 1974 werden kurzerhand ebenso in einer Szene zusammengelegt wie die Party in Frankenberg 1949 und Chruschtschows Rede von 1956. Es geht Müller nicht um Naturalismus, sondern um eine Erinnerung, in der die Zeitachse bedeutungslos wird.

Müller zeigt *»Gespenster am Toten Mann«*, der (bald) tote Mann ist Müller, heimgesucht von Geistererscheinungen: ein jenseitiges Theater, wie Müller es schon in seinen letzten Inszenierungen praktiziert hatte. Hier sind sie noch einmal versammelt, Figuren der Geschichte und kleine Unbekannte, denen er bereits durch seine Interviewprosa Unsterblichkeit gesichert hatte, die »Müllersche Großfamilie«, wie Martin Wuttke sagt; Gestalten vergangener Auseinandersetzungen, die ihn fünfzig Jahre lang beschäftigten, Lebende und Tote, Täter und Handlanger, Mitläufer und Opfer, Sieger und Besiegte; Opportunisten, Verräter und Mörder; Inhaftierte, Vergewaltigte und Getötete. Sie heißen Kriemhild und Hagen, Luxemburg und Runge, Thälmann und Ulbricht, Stalin und Hitler, Müller (Vater) und Müller (Sohn), Brecht und Schall, Weigel, Hauptmann, Berlau und Kilian, Wekwerth und Palitzsch. Es sind deutsche Soldaten im Kessel von Stalingrad und Kommunisten im GULAG, mecklenburgische Schloßherrinnen und Arbeiter aus Hennigsdorf, jugoslawische Gastarbeiter und westdeutsche Wendegewinner. Die letzte Szene gehört dem psychopathischen Mörder Wolfgang Schmidt, der zwischen Oktober 1989 und August 1991 in den Wäldern von Beelitz fünf Frauen ermordete, ehe die Stimme des Autors aus dem Off mit einem Funkspruch des Kosmonauten Juri Gagarin die Epochenbilanz zieht, die vielleicht ein Blick in die Zukunft ist: *DUNKEL GENOSSEN IST DER WELTRAUM/SEHR DUNKEL.*

Schnell wird Müller klar, daß er das Stück, dessen Arbeitstitel jetzt *»Germania III«* lautet, ohne den Kontakt mit der Bühne nicht fertig schreiben kann. Martin Wuttke: »Heiner hat immer gesagt: ›Es fehlt etwas, irgendein elementarer Bestandteil.‹ Ob ein literarischer oder inszenatorischer, da wollte er sich nicht festlegen. Ich denke, daß er ein literarisches Element meinte. Er hat gesagt: ›Wenn ich inszeniere, finde ich das, dann füge ich das hinzu, aber ich kann es jetzt nicht so als Dichter erfinden.‹ Darum wollte Heiner auch eine sehr lange Probenzeit. Er wollte unterbrechen und sich wieder zurückziehen können, um zu schreiben. Also es war einfach work in progress.« B. K. Tragelehn differenziert zwischen Szenen, die erst auf den Proben fertigzumachen waren (wie *»Der Rosa Riese«*), und einer vollendeten Szene wie *»Party«*, die etwas Schlagendes habe, »die Unmittelbarkeit eines geschlossenen Familienbildes«: »So etwas hat er bis dahin noch nicht gemacht.«

Mitte März 1995 plant Müller eine eigene Inszenierung des Stücks am Schauspielhaus Bochum, anschließend soll Fritz Marquardt das Stück am Berliner Ensemble herausbringen. Es sei ein *altes Rezept – auch von Brecht –, daß man neue Sachen irgendwo in der Provinz ausprobiert, dann ist der Erwartungsdruck nicht so stark.* Später tritt Müller die Bochumer Inszenierung an Leander Haußmann ab; die Uraufführung am Berliner Ensemble will er nun selbst übernehmen, Co-Regisseur ist Hans Joachim Schlieker, Mark Lammert entwirft Bühnenraum und Kostüme. Erste Besetzungspläne werden aufgestellt. »Die Besetzungen«, so Martin Wuttke, »änderten sich täglich. Schwierige Fragen pflegte Müller so einzuleiten: ›Kannst du dir vorstellen ...‹«.

Obgleich er um die Schwächen des Textes weiß – auch Schleef hatte ihm, aus seiner Sicht, die Mängel des Stücks aufgezeigt –, zwingt Müller die disparate Szenenfolge in eine bis zuletzt fragmentarische, nicht schlüssige Form, die er zur Grundlage seiner Inszenierungsarbeit macht. Sie beginnt im Juni 1995 mit einer Serie von Arbeitsgesprächen, die in seiner Kreuzberger Wohnung stattfinden. Bis auf eine Verschiebung (die Szenen *»Party«* und *»Maßnahme 1956«* tauschen die Plätze) und eine Streichung (ursprünglich sollte die Szene *»Krieg der Viren«* den Schluß des Stücks bilden; Müller hatte einen Bericht im »Spiegel« gelesen, wonach man die Menschheit als Experimentierfeld für Viren ansehen könne, die eigentlich führende Gattung; die Szene bleibt bis zuletzt sein »As im Ärmel«) entspricht der veröffentlichte Text dem in diesen Besprechungen entwickelten Ablauf, dessen Dramaturgie durchsichtiger als sonst bei Müller vom absichtsvollen Zeigenwollen des Autors bestimmt und weniger wirkungsvoll als in früheren Stücken entwickelt ist.

Bei Müllers auf den 16. September 1995 datiertem Manuskript, das als Druckvorlage an Kiepenheuer & Witsch geht, handelt es sich also lediglich um ein vorläufiges Arbeitsresultat, eine Probenfassung, die zu diesem Zeitpunkt noch *»Ger-*

mania 1990« betitelt ist; später erwägt Müller den Titel *»Germania III Ein Totentanz«*, ehe er sich für *»Germania 3 Gespenster am Toten Mann«* entscheidet. Die Zählung eines dritten Deutschlands soll suggerieren, daß mit der Vereinigung der beiden deutschen Staaten etwas Neues entstanden ist, was auch die alte Bundesrepublik grundlegend verändern wird – so wie er es fünf Jahre zuvor in einem Beitrag für den »Morgen« formuliert hat: *Es gab 1990 die Vorstellung, daß etwas Altes wiederhergestellt wird. Aber das entstandene Deutschland war nicht mehr das, wovon die Leute davor geträumt hatten oder woran sie sich erinnerten.* Für Heiner Müller war *mit der DDR [...] auch die BRD untergegangen.*

Am 28. September findet die Bauprobe statt. Ende Oktober 1995 teilt das Berliner Ensemble mit, als Premierentermin des neuen Stücks sei der 26. April 1996 vorgesehen. Im November/Dezember 1995 finden in Abwesenheit Müllers einzelne Beleuchtungsproben statt; der eigentliche Probenbeginn wird für den 10. Januar angesetzt. Nach Müllers Tod wird das Projekt am 3. Januar 1996 abgebrochen; die Regie der Neuinszenierung, die am 19. Juni 1996 aufgeführt wird (Bühne: Nina Ritter), hat Martin Wuttke übernommen, der damit sein Debüt als Regisseur gibt. Es ist nicht die Uraufführung: die erlebt das Stück einen Monat früher, am 24. Mai 1996 am Schauspielhaus Bochum; Regie führt Leander Haußmann in seiner ersten Spielzeit als Intendant. Er hat das Stück in neun Bildern noch um ein Vorspiel erweitert, den von Müller bereits eliminierten *»Krieg der Viren«*. Inszenierungen am Wiener Akademietheater (September 1996, Regie: Frank-Patrick Steckel) und am Deutschen Schauspielhaus Hamburg (Premiere: 8. März 1997, Regie: Dimiter Gotscheff) sowie in Den Haag und Straßburg (1997) folgen.

Müllers postum veröffentlichter und aufgeführter Text hinterläßt selbst bei seinen Freunden und ihm wohlwollenden Kritikern einen zwiespältigen Eindruck. Ein »undramatischer«, »aus Mikrodramen zusammengesetzter« Text sei das, schreibt Barbara Villiger Heilig in der »Neuen Zürcher Zeitung« vom 21. Juni 1996. »Das Stück liest sich, als hätte der todkranke Heiner Müller einen Ghostwriter beauftragt, ein unverwechselbar echtes Müllerdrama zu verfassen, ein Abschiedsstück für seine Fans.« Trotzdem ist Dirk Kniphals zuzustimmen: »Bisher hatte Müller jedesmal aufs neue das Schreiben für das Theater neu erfunden, hier ist er zum ersten Mal sein eigener, wenn auch immer noch unübertroffener Epigone.« Ein »grandioses Selbstzitat«, meint auch Roland Müller in der »Stuttgarter Zeitung«. »Heiner Müller verwertet darin, was er in den vergangenen Jahren in Gedichten und Prosaskizzen, blutigen Anekdoten und kühlen Interviews formuliert hat.« Kritischer Dorothee Hammerstein in der »Weltwoche« vom 30. Mai: Nachdem in Bochum der Vorhang gefallen ist, wähnt sie den Autor »ein zweites Mal begraben. Unter Recyclingpapier.«

Abschied von Berlin

Kurz nach ihrem 89. Geburtstag, am 27. April 1994, stirbt Müllers Mutter auf der Intensivstation eines Krankenhauses. Nach dem Tod ihres Mannes war sie 1983 in die DDR zurückgekehrt, wo sie zuletzt bei ihrem Sohn Wolfgang in Schöneiche bei Berlin wohnte. Ihr älterer Sohn hat sich an der Durchführung der Übersiedlung – ein durchaus schwieriges Unterfangen – nicht beteiligt; die Angelegenheit war ihm, wie alles, was mit Familie zu tun hatte, lästig. Mit der Rückkehrerin wußte er wenig anzufangen und kaum etwas zu reden. Daß sie immer nur von seiner Kindheit erzählte, war ihm geradezu unangenehm. Nach ihrem ersten Gehirnschlag hat Müller, der gerade aus einem Urlaub in Umbrien zurückgekehrt war, es nicht vermocht, sie noch einmal im Krankenhaus zu besuchen. *Als wir zurückkamen*, erzählt er Alexander Kluge kurz vor seinem Tod, habe er *zwei Tage gebraucht*, um sich in Berlin *wieder zu akklimatisieren.* Und als er *am dritten Tag hin wollte, war sie schon gestorben.* Geblieben sei – hier ist man versucht, zu ergänzen: wie so oft – *ein Schuldgefühl.*

Im September 1994 erfährt Müller bei einer Routineuntersuchung von seiner Krebs-Erkrankung, die Volker Braun als »Symptom des Ekels an den Verhältnissen« gedeutet hat, »gegen die er, resistent gegen Verheißungen, aber nicht gegen Verblödung, keine Abwehrkräfte besaß«. Tatsache ist, daß er jahre-, jahrzehntelang genußvoll an der Zerstörung des eigenen Körpers gearbeitet oder sie – so würde ein Ankläger formulieren – zumindest billigend in Kauf genommen hat. Angekündigt hat sich der Krebs nicht; allerdings hatte Müller in den letzten Jahren immer wieder mit Sodbrennen, Halsentzündungen und Bronchitis zu tun gehabt. Er selbst gibt der Krankheit einen anderen Sinn, als er im Sommer 1995 gegenüber Peter von Becker erklärt: *Daß ich sieben Jahre kein Stück geschrieben habe, hat mich krank gemacht. Schweigen macht krank. Öffentlichkeit macht auch krank.* Er braucht ein Projekt, eine Arbeit, an der er sich festhalten, die ihn aus der Krankheit hinausführen kann, und hat sie nicht.

Im Oktober 1994 muß sich Heiner Müller auf der Privatstation I/1 des Krebsspezialisten Prof. Rüdiger Siebert im Klinikum »Rechts der Isar« in München einer sechs- bis siebenstündigen Operation der Speiseröhre unterziehen. »Mit Erfolg«, meldet der Berliner »Kurier«: »Bei Nachuntersuchungen wurden keine Metastasen gefunden.« Danach ist eine Stimmlippe gelähmt; es dauert Wochen, bis Müller wieder verständlich reden kann. Sein erster großer Auftritt nach der Rehabilitationsphase findet im Dezember 1994 in Taormina auf Sizilien statt, wo Müller während eines ihm gewidmeten Symposiums von einer Jury europäischer Kritiker und Theaterschaffender der selten vergebene, in Italien vom Komitee Taormina Arte und dem Verband Europäischer Theater gestiftete IV. Premio Europa per il teatro, der Europäische Theaterpreis, überreicht wird. Die Auszeichnung, die zuvor an Ariane Mnouchkine, Peter Brook und Giorgio Strehler ging, ist mit 60 000 Ecu dotiert. Zahlreiche Vorträge (die Referenten kommen aus Deutschland, Italien, Frankreich, Spanien, Griechenland und Rußland) und die Verleihung weiterer Förderpreise bilden das Rahmenprogramm. »Den Ärzten und Göttern sei Dank«, formuliert Matthias Pees, der ihn vor Ort interviewt: »Er lebt noch. Sieht zwar älter aus, zerbrechlich und zärtlich; trinkt aber wieder Whisky und raucht Zigarren. Rehabilitiert. Redet mit nur einem Stimmband – ›wie ein Gorilla, der versucht, Tom Waits zu kopieren‹. Und erzählt Witze.« »köh« erinnert in der »Neuen Zürcher

Zeitung« an eine Begegnung aus dieser Zeit: »Als Müller, todkrank aus dem Spital kommend, sich als erstes eine Zigarre ins Gesicht steckte, parierte er die Ermahnung seines Begleiters ohne zu fackeln: ›Als das Luftschiff in Flammen stand, hob der Kapitän das Rauchverbot auf.‹«

Im Dezember folgt ein dreimonatiger Erholungsaufenthalt in Kalifornien. Die Einladung kommt von der Getty Foundation. Die ersten zwei bis drei Wochen ist die Familie, zu der auch ein Jugendfreund Brigitte Maria Mayers gehört, in einem Hotel in Santa Monica untergebracht, ehe Stephan Wackwitz vom Goethe-Institut für den Umzug in die Villa Aurora sorgt, das ehemalige Domizil des Ehepaars Feuchtwanger mit Blick auf den Pazifik. Auf einer »Reception« lernt Müller die Mäzenin Betty Freeman kennen, die Robert Wilson und die Salzburger Festspiele sponsert, den Dirigenten Esa-Pekka Salonen, David Hockney und Peter Sellars.

In Santa Monica schreibt Müller zahlreiche Gedichte und arbeitet an *»Germania 3 Gespenster am Toten Mann«*. Seine Übersetzung eines Gedichts von Ezra Pound ist ein Geniestreich von einem halben Tag. Frank-Michael Raddatz, der ihn in Santa Monica besucht hat, erzählt, daß der Text Müller besonders interessiert habe, weil »Pound in einer völlig anderen historischen Situation, mit ganz anderem Hintergrund, präzise Zeilen über eine Realität dichten konnte, die er weder kannte noch wollte, die ihm vielmehr wesensfremd war«.

Am 15. März 1995 kehrt Müller aus den USA zurück. Trotz seiner postoperativen Schmerzen, gegen die er zuletzt hohe Dosen Morphium verordnet bekommt, kümmert er sich mit großer Energie um die Belange des Berliner Ensembles. »Im letzten Dreivierteljahr ging es viel gradliniger zu, Müller wurde – aus einem richtigen Zeitgefühl heraus – viel radikaler in bestimmten Entscheidungen. Plötzlich war er nicht immer nur freundlich, nett, höflich. Er konnte sehr wütend werden, z. B. wenn gestänkert wurde.«

Als wäre er kein Schwerkranker, nimmt Müller auch alle zugesagten Termine wahr, ob es die Feier von Stephan Hermlins achtzigstem Geburtstag ist, im April 1995 im BE, oder eine Diskussion mit Alexander Kluge anläßlich des 50. Jahrestages der Befreiung am 8. Mai. Im Sommer folgt er Einladungen nach Bukarest und Montpellier, Ende August führt er auf der Bühne des Theaters ein öffentliches Gespräch mit Jewgeni Jewtuschenko. »In dem provisorischen Zustand zum Tode hin, in dem sich der Dramatiker befand, sind die persönlichen Verteidigungsmittel eines Menschen gegenüber der Willenskraft Dritter nicht besonders stark. Es gab nichts, was der Dramatiker sich nicht anhörte, was er nicht ›geschehen‹ ließ.«

Am 29. September, einen Tag nach der Bauprobe von *»Germania 3«*, fährt er mit Hans Joachim Schlieker und Mark Lammert nach Verdun, um gemeinsam mit ihnen drei Tage lang die dortigen Schlachtfelder des Ersten Weltkriegs zu besichtigen, die Soldatenfriedhöfe und -denkmäler – eine Reise, die er mit großer Nachhaltigkeit betrieben hat. An den Ufern der Maas hatten sich Deutsche und Franzosen zwischen Mai und Dezember 1916 einen der erbittertsten Stellungskriege des Ersten Weltkriegs mit zusammen über siebenhunderttausend Toten geliefert. Eine der am härtesten umkämpften Gefechtsstellungen der Region war das Bergmassiv »Mort-Homme«, worüber Paul Coelestin Ettighoffer einen stramm soldatischen Roman geschrieben hat (Köln 1931), dessen Titel (»Gespenster am Toten Mann«) Müller zunächst für die Überschrift der siebten Szene (*»Maßnahme 1956«*), später als Untertitel seines neuen Stücks verwendet. Im Hintergrund der Visite steht eine Ernst-Jünger-Lesung im Rahmen einer Sonntagsmatinee des Berliner Ensembles, die Müller für das Jahresende plant: In Anwesenheit des Autors sollen Schauspieler Texte von ihm lesen. Es wäre Jüngers erster öffentlicher Auftritt in Berlin gewesen, doch seine Frau Liselotte läßt den Hundertjährigen, der an Bronchialasthma leidet, im Winter nicht reisen.

Müllers öffentliches Eintreten für den Autor Ernst Jünger, das in einen Topf mit seinem literarischen Interesse an Carl Schmitt geworfen wird; Zitate aus seinen Stücken, in Verbindung gebracht mit Interviewsplittern: Dieser seltsame Mix aus Literatur, Publizistik und gesprochenem Wort dient einigen Autoren, die glauben, sich als Geistes-Verfassungsschützer betätigen zu müssen, als Beweis, daß sich Müller mehr und mehr als Wortführer rationalitätsfeindlicher, konservativer Zivilisationskritik versteht. In einem gemeinsamen Aufsatz werfen ihm Richard Herzinger und Horst Domdey 1991 vor, Partisan der Neuen Rechten geworden zu sein. Herzinger führt 1993 in einem weiteren Aufsatz aus, daß Müller, dem er nebenbei auch »anti-israelisches Gerede« vorhält, »unter den deutschen Linksintellektuellen« derjenige sei, der der BRD schon Ende der siebziger Jahre »US-amerikanische Überfremdung« bescheinigt habe. Sein »auf Antikolonialismus getrimmtes vitalistisches Antiwestlertum« sei ein »beunruhigendes Indiz für sich anbahnende unheimliche Allianzen«. Die Gefahr sieht Herzinger weniger darin, »daß die erstarkende intellektuelle Neue Rechte in Gänze erfolgreich sein« könnte, sondern in der Rückkehr »schon totgeglaubte[r] Denkfiguren aus der Tradition vitalistischer deutscher Gemeinschaftsideologie«, die in der Kombination »mit Denkgewohnheiten einer theorielos gewordenen Linken« als »neues, tabubrechendes Denken erscheinen« könnten.

In der Tat macht Müller bei seiner Durchmusterung der Weltliteratur und philosophischer Denkgebäude auch vor bizarren Denkern wie Jünger und Schmitt nicht halt. Daß sie als Leitfiguren für aufrechte Linksintellektuelle wenig taugen, bestreitet Müller nicht. Aber als Schriftsteller sind sie, nicht zuletzt wegen ihrer Offenheit für die Kunstpraxis der Moderne, interessanter als mancher politisch korrekte Autor. An Schmitt, dem furchtbaren juristischen Apologeten des NS-Staats, der die Liquidierung des Röhm-Flügels guthieß (»Der Führer schützt das Recht«), sich nie zu einer klaren Verurteilung des Holocaust bereit fand und der Müller als Charakter suspekt ist, interessiert ihn die *Dramaturgie* seiner Texte, die er mit *Inszenierungen* vergleicht: *Carl Schmitt ordnet ein Material nach bestimmten, wahrscheinlich ziemlich willkürlich gesetzten juristischen und theologischen Kategorien.* 1987, während eines Aufenthalts in Düsseldorf, recherchiert er im Hauptstaatsarchiv im Nachlaß des »Staatsrechtlers des Unmoralischen«.

Zu Ernst Jünger hat Müller seit Jahrzehnten eine besondere Beziehung. Er gilt ihm als bedeutender Autor, der nicht ausschließlich auf militärisch-heroische, antidemokratische, antisemitische oder militaristische Äußerungen aus seiner Zeit als

Reichswehr- bzw. Wehrmachtsoffizier festgelegt werden dürfe. Jüngers kalter Blick, seine präzisen Beschreibungen seelischer Vorgänge waren von großem Einfluß auf die Entwicklung seines eigenen Stils. Er habe *immer den Wunsch* gehabt, *ihn zu treffen*. 1988 hat er ihn zusammen mit dem Berliner Kneipier und Galeristen Manfred Giesler in seinem Haus in Wilflingen/Baden-Württemberg besucht, wobei er mit Verwunderung eine *große typologische Ähnlichkeit* mit seinem Vater und auch mit Stephan Hermlin konstatiert, ohne diese genauer bestimmen zu können.

Die Rechtskonservativen Schmitt und Jünger stellen keine Ausnahme dar: Was immer Müller zur Erhöhung seines Informationsstandes oder für seine eigene Literatur gebrauchen kann, verwandelt er sich an, um es wie eigene Erfahrung zu benutzen. Je ruchloser der Autor, je besser; vielleicht, weil Müller sich in der Gesellschaft zwielichtiger Charaktere besser aufgehoben glaubt. Selektionen und Denkverbote ermuntern ihn lediglich zur Überschreitung: Der als Kind wegen seiner Zartheit und Weichheit kaum als Junge akzeptiert worden ist, hat offenbar eine besondere Freude daran, als Bad boy zu gelten. Deshalb kann er sich auch über solidarische Schützenhilfe, wie sie etwa im Sommer 1993 von Thomas Assheuer kommt, nicht wirklich freuen. Assheuer hatte, gegen Domdey und Herzinger gewandt, ausgeführt, Literatur erschöpfe sich nicht »in der Summe ihrer versteckten Diskurse oder in den Interviewsplittern ihrer Autoren. Sie ist kein Mitglied in einem sozialdemokratischen Ortsverein, keine Agentin des Fortschritts, des ewigen Friedens oder stabiler Werte. Sie ist ein Kind der Freiheit, aber nicht ihre Sachbearbeiterin.« Den germanistischen Polizeipfiffen gegenüber beharrt Müller auf einem Potential an Anderssein, Andersdenken: *Wichtig ist schon, daß man nicht mehr selektiert und Konzepte mindestens zur Kenntnis nimmt, die nicht dem eigenen Wunschreservoir entsprechen.*

In Verdun vereinbart Müller mit Laurent Brunner, dem Leiter des dortigen »Théâtre du Quai« anläßlich der Gedenkfeiern zum achtzigsten Jahrestag der Schlacht eine Inszenierung der Szene *»Gespenster am Toten Mann«* aus seinem neuen Stück. Doch nach einer heftigen Auseinandersetzung im Anschluß an ein am 2. Oktober erschienenes Interview mit »L'Est Républicain« wird er am 20. Oktober vom Bürgermeister der Stadt ausgeladen. Müller hatte erklärt, die Kriegerdenkmale in Verdun seien Ausdruck eines schlechten Gewissens, *Lügen, die die Wirklichkeit der Grausamkeit der Schlacht verschleiern. [...] Die Inszenierung der Orte tötet das Gefühl. Diese Denkmäler sind der Ausdruck einer Kunst für die Toten, einer gigantischen Kunst. Aber das ist Scheiße.* [Ein Wort, das die französische Presse in diesem Zusammenhang nicht zu drucken wagt.] *Die große Kunst ist die Kunst für die Lebenden.* Mit seinen »skandalösen Äußerungen«, so Bürgermeister Arsène Lux von der neogaullistischen Regierungspartei RPR, habe sich der Autor »völlig diskreditiert«. Jedwede Zusammenarbeit zwischen der Stadt Verdun und Müller sei damit ausgeschlossen. Auch eine nachgereichte Richtigstellung, in der Müller von Mißverständnissen und Übersetzungsfehlern spricht, besänftigt den Maire nicht.

Der Dramaturg Holger Teschke führt Anfang Oktober 1995 ein letztes Gespräch mit Müller, in dem es um ernste und halbernste Pläne für die Zukunft des Theaters geht: So soll die Autorenwerkstatt ausgebaut und an verschiedene Autoren sollen Aufträge für Stücke über Gerichtsprozesse vergeben werden, die Weltgeschichte gemacht haben, von Sokrates bis Bucharin. Von der Dramatisierung eines fiktiven Prozesses »gegen Brecht wegen Mordes an Abusch« ist ebenfalls die Rede. Brecht liefert auch die Idee eines »Stücks für Kinder nach Mark Twains ›Yankee an König Artus' Hof‹«. Dann geht es um einen alten und einen neuen eigenen Stückplan: Zu »Giordano Bruno« als Gegenstück zu Brechts »Galilei« hatte Wolfgang Heise Müller immer zu animieren gesucht, doch war das Projekt von ihm »auf später vertagt« worden, weil er, wie Rosemarie Heise im Juli 1977 notierte, »dazu die Prozeßakten aus dem Vatikan« benötigte. Ein Projekt aus neuerer Zeit ist das »Orestie«-Opernlibretto für Pierre Boulez, an dem auch Bernd Böhmel und Mark Lammert beteiligt sind, ein Konzentrat der Atridentragödie, *eine Maschine, ›Orestiemaschine‹*. Hier soll die Zusammenarbeit von Strawinsky und Cocteau bei »Ödipus« das Modell abgeben.

Mitte Oktober diskutiert Müller in einem überfüllten Saal der

Berliner Kulturbrauerei mit Klaus Theweleit anläßlich von dessen Wahl zum Mitglied des Ost-PEN; B. K. Tragelehn moderiert. Es ist seine letzte öffentliche Veranstaltung in Berlin, sie dauert dreieinhalb Stunden. Grischa Meyer, um Müller besorgt, macht Tragelehn Zeichen, daß er abbrechen soll. Der weiß nicht, wie er das anstellen soll: »Schließlich, in eine kleine Pause hinein, sage ich, daß die beiden Herren jetzt genug gearbeitet hätten für ihr Geld und, wenn sie wollten, Schluß machen könnten. Da trifft mich dieser irritierte Blick von weither. Keiner Antwort gewürdigt setze ich mich. Und die beiden Herren spielen mit dem Publikum weiter.« Im November 1995 erhält Müller von einer dreiköpfigen Jury den Theaterpreis Berlin der Stiftung Preußische Seehandlung zugesprochen; die Verleihung findet am 5. Mai 1996 statt. Ebenfalls im November findet in Toronto ein internationaler Kongreß statt, der sich mit der Frage beschäftigt: »Warum Theater? Entscheidungen für das neue Jahrhundert«. Reisefähig ist Müller nicht mehr; statt dessen schickt er das Video eines Gesprächs mit Ute Scharfenberg, aufgenommen am 16. Oktober 1995 im Berliner Ensemble.

Am 21. Oktober hält Müller in Darmstadt die Laudatio auf Durs Grünbein, Träger des Büchner-Preises 1995. Mit dem Dreiunddreißigjährigen hat die Jury nach langer Zeit wieder einmal einen jungen Autor gekürt, dessen enormes Talent Müller beeindruckt hat. Danach muß er sich ins Krankenhaus begeben.

Bis zuletzt verliert Müller nicht seinen Appetit, verlangt immer noch nach einem kräftigen Frühstück, dem geliebten Eintopf mit fetter Wurst. Aber er kann das Essen nicht mehr bei sich behalten, leidet unter ständigem Erbrechen. Selbst das Rauchen und Whiskytrinken geht zum Schluß nicht mehr. Er ist schmal geworden, wiegt weniger als ein Zentner, spitz ragen die Schulterblätter nach oben. Der Schädel ähnelt, wie er selbst scheinbar amüsiert konstatiert, mehr und mehr einem Totenkopf, die Gesichtshaut pergamentfarben. So sieht er seinem eigenen Absterben zu. Margarita Broich: »Es war furchtbar, zusehen zu müssen, wie er nach seiner Operation rapide an Gewicht verlor und seine Kräfte schwanden.«

Müller weiß ziemlich genau, wie es um ihn steht. So wird sogar thematisiert, wie Anfang des Jahres ohne ihn die Proben zu *»Germania 3«* durchgeführt werden können. Ja, er tröstet sogar andere, die über seinem nahen Tod schier verzweifeln. Dann gibt es wieder Momente, wo er sich an die geringe Hoffnung klammert, seine Krankheit doch noch besiegen zu können. Fritz Marquardt: »Er sah sein Ende kommen, wollte es nicht wahrhaben und wußte es doch. Wenn man mit ihm über Zukunftspläne sprach, konnte er sehr plötzlich abbrechen mit einem: Dafür haben wir keine Zeit. Am Ton wußte man, daß man jetzt besser schwieg. Da litt er schon unter dauernden, nicht mehr zu stillenden Schmerzen.«

Mit *»Traumtext Oktober 1995«* nimmt Heiner Müller Abschied vom Leben. Er referiert einen Traum, in dem der Träumende, mit seiner zweijährigen Tochter auf dem Rücken, am inneren Rand eines riesigen Wasserbeckens entlanggeht, während er dem Sterben eines Mannes auf einem Hochhausbalkon gegenüber zusieht. Ein komplexes Assoziationsgewebe, in dem sich Motive von Kafka und Brecht, aus der Bibel, aus dem antiken Mythos und aus der Historie verdichten.

Künstlerisch hat Müller den nahen Tod vielfach reflektiert – die Diadochenkämpfe, die nach seinem Tod am Berliner Ensemble einsetzen, hat er nicht bedacht. Sie überschatten schon die Premiere der *»Philoktet«*-Inszenierung seines Wiener Freundes Josef Szeiler am 17. November 1995 am Berliner Ensemble, die nach einer weiteren Vorstellung am 20. November abgesetzt wird. Teile des Bühnenbildes von Mark Lammert sollen in die geplante *»Germania 3«*-Inszenierung übernommen werden. Kurz vor dieser deprimierenden Erfahrung hat Müller auf der Intensivstation des Krankenhauses »Rechts der Isar« in München mit einer Chemotherapie begonnen.

Eines der wiederkehrenden Themen, mit dem die nicht wenigen Besucher konfrontiert werden, ist der Spiritismus. Den *Hang zum Okkultismus*, den er durchaus mit Distanz betrachten und relativieren kann, hat Müller sich nach eigenem Eingeständnis während seiner *bulgarischen Zeit* zugezogen, denn seine Frau Ginka kannte Frauen mit übersinnlichen Fähigkeiten und beschäftigte sich selbst gern mit Zahlenmystik. Ein älterer Tick Müllers ist die Überzeugung, nur mit einem bestimmten Werkzeug, einem silbernen Parker-Kugelschreiber, schreiben zu können: Der Kugelschreiber als Totem. Daß er ihn ein paarmal verliert, tut diesem Glauben keinen Abbruch; er wird einfach durch einen neu gekauften ersetzt. Sein Aberglauben bewegt sich in dieser Spanne. *Wobei das schon ein bißchen vorgeprägt war durch meinen Vater, der während seiner politischen Desillusionierung immer mehr okkulte Schriften angeschafft hat. Mit dem Buddhismus fing es an, und dann ging es immer mehr ins Okkulte – bis hin zu Rudolf Steiner.* In den letzten Monaten vor seinem Tod wird die Beschäftigung mit Zahlenmystik und Chiromantie geradezu obsessiv. Ein Besucher erinnert sich an einen Abend kurz vor dem Tod, »da haben wir nur Zahlen ausgerechnet, die sich aus dem Geburtsdatum und aus dem Namen ergeben. Er war vollkommen besessen von Zahlen in den letzten Tagen und hat bis zuletzt wirklich gesucht, ob es die linke oder die rechte Hand ist, und ob es weitergeht oder nicht.«

Und es werden neue Projekte entworfen. »Er hat sich«, sagt Martin Wuttke, »an diesen Sachen festgehalten, um den nahenden Tod nicht denken zu müssen. Würde man ihn akzeptieren, bedeutete es Kapitulation. Es war praktisch und notwendig, etwas zu planen und zu versuchen. All das machte den Umgang möglich und leichter. Man kann Menschen nicht mehr begegnen, wenn man sagt, übermorgen sterbe ich.« Rolf Hochhuth, der ihn am 14. Dezember in der Klinik besucht, erfährt von Müllers Plan, die Brecht-Zentenarfeier 1998 am Berliner Ensemble durch Peter Palitzsch gestalten zu lassen. Auch für ihn, Hochhuth, habe er eine Aufgabe: »Man müsse Brecht in Person als zentrale geistige Erscheinung seiner Epoche auf der Bühne zeigen, anhand seines berühmten Arbeitsjournals. Und das sei ›nur dokumentarisch zu machen, wie es mir weniger liegt. Das müssen wirklich Sie machen!‹« Für das Fontane-Jahr 1998 solle Hochhuth außerdem »einen Monolog der Effi Briest« schreiben, »die mit 96 Jahren am Tegernsee verstirbt«, Peter Palitzsch das ganze mit Marianne Hoppe in Szene setzen. Zu Stephan Suschke, der einen Tag nach Hochhuth in München ist, sagt Müller, er brauche einen großen Stoff, an dem er zwei bis drei Jahre schreiben könne: »So lange ich noch arbeite, sterbe ich nicht.« Das sei im Umkreis von allen die Hoffnung gewesen, auch, damit sein Konzept vom Berliner Ensemble würde überleben können.

Am 22. Dezember 1995 läßt sich Müller, von einer Grippe geschwächt, mit dem Auto nach Berlin zurückfahren. Er will Weihnachten zu Hause sein; außerdem steht für den 30. Dezember Einar Schleefs »Puntila«-Premiere am Berliner Ensemble an. Sie zu besuchen, hatte Müller dem Regisseur zwei Monate zuvor fest versprochen. Viele wollen mit ihm telefonieren, viele ihn besuchen, aber aufgrund seiner schlechten körperlichen Verfassung möchte Müller niemanden mehr sehen; die körperliche Nähe selbst guter Freunde ist ihm unangenehm. Manchmal kommt Samuel Zach vorbei, der bei Müllers *»Mauser«*-Inszenierung am Deutschen Theater mitgespielt hat, und vertritt Brigitte Maria Mayer bei der Krankenwache.

Am 29. Dezember findet in der Müllerschen Wohnung ein Treffen der Theaterleitung des Berliner Ensembles statt. Schleef, der im Puntila außerdem die Titelrolle spielt, hatte sich im Theater mit den Worten abgemeldet, er sei krank. Eine gespenstische Situation: Der todkranke Heiner Müller, auf den Arzt wartend, der ihm Morphium spritzen soll, wippend vor Schmerzen, erkundigt sich besorgt telefonisch bei Schleef nach seinem Gesundheitszustand. Die Premiere muß um Wochen verschoben werden; Heiner Müller wird sie nicht mehr erleben.

Am Mittag des 30. Dezember, einem Samstag, klagt Heiner Müller über ständigen Brechreiz. Der herbeigerufene Notarzt diagnostiziert Lungenentzündung und weist ihn ins Rudolf-Virchow-Krankenhaus in Wedding ein. Dort stirbt er eine Stunde später an Herzversagen. »Heiner Müller«, schreibt sein Freund Alexander Kluge, sei »durch Küsse auf seine (schlecht rasierte, hagere, bereits unterernährte) Wange getötet« worden. »Eine vorweihnachtlich eingesammelte Masse an Viren läßt sich durch Berührung auf die Wangenhaut übertragen. Die Luftströmung, Theaterluft, bewegt die Todeskeime in Richtung des Mundes des Dramatikers und vor die gierig atmenden Nasenlöcher.«

Margarita Broich: »Als ich am 30. Dezember anrief, hieß es,

Heiner sei es nicht gut gegangen, sie hätten ins Krankenhaus fahren müssen. Ich fuhr sofort hin, aber ich kam zu spät. Und dann hab ich Brigitte gefragt, ob ich da nochmal rein kann und dann hab ich so zwanzig Minuten bei Heiner gesessen. Es heißt, daß man nicht genau bestimmen kann, wann das Gehör eines Sterbenden aussetzt, und ich hab ihm dann etwas von Goethe vorgelesen. Da konnte man ihn noch gut anfassen, und dann verlor er Temperatur unter meinen Händen. Der Kopf lag ein bißchen zur Seite und er sah klein aus, zart. Ganz kindlich war das Gesicht irgendwie wieder. Wie er als Kind ausgesehen hat. Und er trug keine Brille, er muß sie abgesetzt haben vor dem Sterben. Das fanden wir alle seltsam. Als wenn er beschlossen hätte, jetzt zu sterben. Wahrscheinlich hat er den günstigen Augenblick, daß er endlich mal kurz allein ist, ausgenutzt, um zu sterben.«

Einen Tag später nimmt Müllers Freund, der Maler Mark Lammert, auf Wunsch der Familie die Totenmaske ab. Er zeichnet den Toten auch (wie er zuvor schon Fritz Cremer und später Stephan Hermlin auf dem Totenbett gezeichnet hat), solchermaßen eine Bitte Müllers erfüllend; das Papier dafür hatte er sich eigens in Paris besorgt. Bei der Arbeit ist er – der sich an früheren Alkoholexzessen nie beteiligt hatte – sturzbetrunken; die Zeichnungen entstehen im Rausch.

In einem Gedichtentwurf des Jahres 1989, im Erstdruck betitelt *»Selbstkritik«*, hatte Müller über seine problematischen, weil allzu affirmativen Texte aus den 50er Jahren geurteilt: *Geschrieben im Besitz der Wahrheit / Vierzig Jahre vor meinem mutmaßlichen Tod*«. Nachträglich, das zeigt das Manuskript im Nachlaß, hatte er dann aus der *Vierzig* eine *60* gemacht. Er hoffte auf eine Lebenserwartung von mehr als 80 Jahren, hoffte, daß die Weissagung der alten Indianerin 1975 in Texas, wonach das jetzt beginnende letzte Drittel seines Lebens von Ruhe und Harmonie erfüllt sei, Wirklichkeit würde. Es war ein Irrtum unter manchen anderen. »Als das Gelenk der Symmetrie zwischen Ost und West zerbrochen war, kippte sein Schicksal, stockte sein Leben.« (Paul Virilio)

Siebzehn Tage dauert es bis zur Beerdigung, weil sich die in- und ausländische Prominenz aufgrund diverser Terminverpflichtungen nicht früher freimachen kann. In dieser Zeit veranstalten Volksbühne und Berliner Ensemble von 11 Uhr morgens bis fünf Uhr nachmittags Lesungen mit den besten Schauspielerinnen und Schauspielern der Hauptstadt, »eine Wortbrücke über dem frühen Tod«, vor einem zahlreichen und überwiegend jungen Publikum, wie man es sich gern in den Vorstellungen gewünscht hätte. Eine »Überschwemmung«, titelt der »Spiegel«. Ein solcher »Gedenkmarathon« sei bisher »keinem anderen deutschen Gegenwartsautor« zuteil geworden. Die deutschsprachigen Feuilletons überbieten sich nach Meinung Werner Fulds »in einem wilden Heiner-Müller-Delirium«, das dann wiederum manch üble Nachrede provoziert: Nicht wenige Kritiker empfinden »bohrendes Unbehagen« angesichts des kampagneartigen »Trommelfeuers der Trauerbekundungen« (Richard Herzinger), jenem Überangebot an Müller-Programm samt der schier endlosen Kette von Nachrufen und -reden, die sich, untermischt mit Betroffenheitspoesie (»Der Meister ist tot«, raunt Durs Grünbein am 2. Januar 1996 in der »Frankfurter Allgemeinen Zeitung«), noch tagelang durch die Literaturseiten zieht. Allerdings kommen die Klagen über das Zuviel fast ausschließlich von denen, die Müller schon zu Lebzeiten über hatten: Sie bekunden damit lediglich ihre Prinzipienfestigkeit.

Dienstag, den 16. Januar 1996, einem eisigkalten, grauen Tag, mittags um 12 Uhr 30, erfolgt auf dem Dorotheenstädtischen Friedhof, im Umkreis der Gräber von Schinkel, Hegel, Heinrich Mann, Brecht und Anna Seghers, die Beisetzung. Nach dem Interview-Boom der letzten Jahre nicht unerwartet, wird die Grablegung zu einem Medien-Großereignis: Der zu Lebzeiten viel gefragt war, wird auf konsequente Weise verabschiedet. Viel Prominenz aus Politik und Kultur ist gekommen, Freunde und Weggefährten, Bürgerinnen und Bürger auch, ein öffentlich-rechtlicher Fernsehsender überträgt live ab zehn Uhr. Schon früh sind Prominente von Namenlosen getrennt worden, denen aus Platzgründen der Zugang verwehrt wird. Am offenen Grab liest Ulrich Mühe das Gedicht »Berlin« von Gottfried Benn. Heiner Müller wußte, daß die Sache kein Vergnügen werden würde: *Ich hab's gut. Ich muß nicht zu meiner*

Beerdigung. Aber ihr müßt, hatte er wenige Wochen zuvor, mit dem ihm eigenen komischen Sarkasmus, zu seinen Freunden gesagt.

Der Beerdigung voran geht morgens um zehn Uhr eine Trauerfeier im Berliner Ensemble, zu der unter anderen der Regierende Bürgermeister Eberhard Diepgen, Ministerpräsident Manfred Stolpe, Alt-Bundespräsident Richard von Weizsäcker, SPD-Chef Oskar Lafontaine und die PDS-Politiker Modrow, Bisky und Gysi erscheinen. Unter den weiteren Gästen entdeckt die Presse Andrej Bitow, Volker Braun, Günter Grass, Christoph Hein, Rolf Hochhuth, Marianne Hoppe, György Konrád, Jannis Kounellis, Bernhard Minetti, Hans Neuenfels, Claus Peymann, Susan Sontag, Günter Uecker, Siegfried Unseld, Wieland Wagner. Im weißen Bühnenraum, den Mark Lammert für *»Germania 3«* entworfen hatte, spricht als erster, ohne Manuskript, Alexander Kluge; es folgen kurze Reden von Stephan Hermlin und Robert Wilson. Zum Schluß spielt Daniel Barenboim Schuberts letzte Klaviersonate B-Dur D 960. Vom Berliner Ensemble aus pilgern anschließend etwa tausend Trauergäste zum Grab; zweitausend weitere warten vor der Friedhofspforte. Am Abend werden Texte vorgetragen: Frank Castorf, Susan Sontag, B. K. Tragelehn, György Konrád, Bernhard Minetti, Marianne Hoppe, Otto Sander lesen Heiner Müller. Vom späten Vorabend bis in den frühen Morgen war vor etwa zweihundert Zuschauern an der Volksbühne seiner exzessiv gedacht worden: »Whisky and Cigars. Eine Nacht für Heiner Müller« – Vorspiel zum Schlußakt von Trauerfeier und Beerdigung.

Wochen später wird auf dem Grab, einem rechteckigen Rasenstück in schmaler Steinumfassung, eine hohe, gußeiserne, großzügig dem Rost überlassene Stele errichtet. Als einzige Inschrift trägt sie den Namen des Mannes, der hier beerdigt ist, einen Allerweltsnamen. Ein schwieriger Name für einen Schriftsteller; ein guter Name, um sich Freunde zu machen. *Ich hatte immer einen guten Stand in Mexiko wegen Müller – Gerd Müller. Und immer fragte man mich, ob ich Gerd Müller bin. Und ich sagte: ›Das ist mein Bruder.‹ Dann war alles in Ordnung.*

EPILOG

Anfang März 1996 gelangt die Buchausgabe von »*Germania 3*« in den Handel. Binnen kurzem sind 6 000 Exemplare abgesetzt. Nicht der Verkauf in den Buchhandlungen, aber die Auslieferung durch den Verlag wird durch eine Einstweilige Verfügung der Brecht-Erben gestoppt, die Kiepenheuer & Witsch den Abdruck von zwei Brecht-Zitaten und einer Brecht-Paraphrase gerichtlich untersagen wollen. Der Verlag habe den Text unter Androhung von Tantiemeforderungen zu ändern oder vom Markt zu nehmen. Ihre Vorgehensweise begründen die Erben damit, daß Müllers Stück in unangemessenem Umfang (durch Kursivierung von Müller kenntlich gemachte) Passagen aus »Coriolan« und »Leben des Galilei« zitiere; Zitate, die die Szenen »ohne geistige Eigenständigkeit selbst darstellen«. Dies hätte vorab genehmigt werden müssen. (Tatsächlich hatte Brechts Tochter Barbara ihre Zustimmung seinerzeit davon abhängig gemacht, daß Müller sich zu Änderungen bereit finde, und ihm kurz vor seinem Tod einen entsprechenden Brief geschrieben.) Überdies verunglimpfe der Text in Form eines verfremdeten Gedichtzitats die Person Brecht sowie mit der ironischen Nennung der *drei Brecht-Witwen* auch dessen Lebensgefährtinnen. Barbara Brecht-Schalls Änderungswünsche sahen so aus: »Bei der ›Coriolan‹-Szene sollte Brechts Text durch eine x-beliebige andere Shakespeare-Bearbeitung ausgetauscht werden«; um die Genehmigung für den Monolog des Kleinen Mönchs aus »Galilei« zu erwirken, sollten die sogenannten drei Witwen (Weigel, Kilian, Hauptmann) anonymisiert werden. Der Grund: »Ich hänge sehr an Mama und lasse sie nicht so zur Minna machen.« Ferner sollte die Anspielung auf das Brecht-Gedicht »Ich benötige keinen Grabstein« gestrichen oder durch das Originalgedicht als Fußnote ergänzt werden, denn Brecht erscheine hier als Pessimist, der er nie gewesen sei: »Papa war kein Pessimist.« So sorgt Müller nur drei Monate nach seinem Tod wieder für Schlagzeilen.

Da der Verlag nicht daran denkt, in den Text des Autors einzugreifen, muß er bis zu einer gerichtlichen Entscheidung die Auslieferung stoppen. Das Oberlandesgericht Brandenburg gibt dem Verlag in seiner Entscheidung vom 15. Oktober 1996 zunächst recht: Es handle sich keineswegs um ein Plagiat, die Zitate seien nur das Fundament von Müllers distanzierender Betrachtung. Die Kunstfreiheit sei höher zu bewerten als die urheber- und persönlichkeitsrechtlichen Interessen der Brecht-Erben. Doch das von den Klägern daraufhin angerufene Oberlandesgericht München macht sich eine strengere Auslegung des Urheberrechtsgesetzes zu eigen und verbietet mit Datum vom 26. März 1998 wegen der ungenehmigten und daher unzulässigen Übernahme von Brecht-Zitaten in zweiter Instanz dem Verlag Kiepenheuer & Witsch die Verbreitung von *»Germania 3«:* Die langen Brecht-Zitate könnten nicht »als Anregung zu neuem, selbständigen Schaffen« aufgefaßt werden, sondern ersetzten im Gegenteil eigene Ausführungen Müllers. Fremdzitate, so das Gericht, fielen dann nicht mehr unter die vom Gesetzgeber in § 51 Nr. 2 des Urheberrechts eingeräumte Zulässigkeitsklausel, wenn sie »ein Werk, das sonst ein Torso bliebe, abrunden, ergänzen oder sonst vervollständigen«. Genau dies sei aber hier der Fall, wo die Brecht-Zitate die Szene trügen, in die sie übernommen seien. Eine Revision wurde wegen des niedrigen Streitwerts, der 60 000 DM nicht übersteige, nicht zugelassen – »beispiellos in der bundesrepublikanischen Rechtsprechung«, wie die »Frankfurter Allgemeine Zeitung« vom 8. Juli 1999 meinte.

Die Aufführungsrechte sind von alldem nicht betroffen, weil henschel-Schauspiel nicht versäumte, für die »Zweckentfremdung« der Brechttexte rechtzeitig vor der Uraufführung bei den Erben die Genehmigung dafür einzuholen. Allerdings hatte Barbara Schall daran die Bedingung geknüpft, daß die Rollennamen *Helene Weigel, Isot Kilian* und *Elisabeth Hauptmann* vom Programmzettel gestrichen werden. In der Berliner

Inszenierung waren sie daraufhin in Witwe 1–3 umgetauft worden; Haußmann in seiner Bochumer Inszenierung hatte sie sogar mit albern-verfremdenden Rauschebärten versehen.

Eine Verfassungsbeschwerde des Verlags vom 29. April 1998 wird vom Bundesverfassungsgericht in Karlsruhe am 25. Januar 1999 zur Beurteilung angenommen. »Der Berliner Rechtsprofessor Peter Raue, Urheberrechtsexperte und Freund Heiner Müllers, hatte dem Autor kurz vor dessen Tod versprochen, den juristischen Ausverkauf seines Stückes zu verhindern. ›Die Brecht-Witwen bleiben drin‹, soll Müller gefordert haben.« Nun ist das höchste deutsche Gericht aufgerufen, den schmalen Grat zwischen Kunstfreiheit und Urheberrecht grundsätzlich näher zu bestimmen, ein Kunstwerk zu schützen, ohne die Verbreitung eines neuen zu verhindern. Da Müller nach jahrzehntelangen Erfahrungen im Umgang mit Brechterben, mit Brechttexten und -urheberrechten zweifellos genau wußte, welchen Rechtsstreit er mit seinem ›Plagiat‹ heraufbeschwören würde, wollte er das wohl als letzten tückischen Spaß noch aus dem Grab heraus verstanden wissen. Daß der Erste Senat des Bundesverfassungsgerichts sich, wie dpa im August 2000 meldet, den Argumenten der Klägerin nicht verschließt und das Verbot der Buchausgabe von *»Germania 3«* aufhebt, stellt Gerechtigkeit her, nimmt dem Werk jedoch auch jenen Ruch von Skandal, der ihm – zurückhaltend formuliert – nicht eben abträglich gewesen wäre.

Müllers schriftlicher Nachlaß ist nach seinem Tod zunächst im Safe einer Bank aufbewahrt worden. Im Frühjahr 1998 wird er nach zweijährigen komplizierten Verhandlungen für eine sechsstellige Summe von der Berlin-Brandenburgischen Akademie der Künste übernommen: ca. 130 000 Blatt oder siebzig laufende Archivmeter, darunter rund 20 000 Seiten Manuskripte von Inge Müller. Eine Benutzung des Archivs wird erst nach Abschluß der archivischen Ordnung des Bestandes möglich sein.

Zwischen 1998 und 2000 erscheinen im Suhrkamp Verlag die ersten drei Bände der von Frank Hörnigk herausgegebenen Werkausgabe, die mindestens zwölf Bände umfassen und bis zum Jahr 2004 vollständig vorliegen soll. Seit etwa 1993 hatte

Müller verschiedene Angebote geprüft, sich aber nicht festgelegt. Sondierungsgespräche führte er mit der Europäischen Verlagsanstalt, Stroemfeld/Roter Stern und Suhrkamp. K. D. Wolff, Geschäftsführer des Stroemfeld-Verlags, hatte ihn noch am 15. Dezember 1995 im Münchner Krankenhaus besucht und ihm einen Vertragsentwurf angekündigt. Seit 1986 hatte man über eine Werkausgabe mit Faksimiles diskutiert, zunächst in Kooperation mit dem Henschel Verlag, was aber von den DDR-Behörden nicht gestattet worden war. Wichtig waren Müller Beihefte, die die Ausgabe begleiten sollten, wie er über seinen Rechtsanwalt Reiner Geulen am 2. August 1995 gegenüber Wolff verlauten ließ. Nach Müllers Tod bekam Siegfried Unseld den Zuschlag. Mark Lammert zufolge war Müllers Ehrgeiz, im selben Verlag wie Brecht publiziert zu werden, noch größer als der Ehrgeiz, am selben Theater wie er tätig zu sein. Und »das Pokern um einen Vorschuß« habe den Zweck gehabt, herauszufinden, »wo der höchste Sicherheitsbetrag rauszuholen« sei. »Er hatte einen hohen Geldverbrauch, unter anderem wegen den Büchern. Noch in München hat er sich sehr viele Bücher gekauft.«

Nach der Einigung mit Suhrkamp ließ Brigitte Maria Mayer dem Rotbuch-Verlag, der nach dem Wechsel des Eigentümers jahrelang ohne Vertragsgrundlage Neuauflagen herausgebracht hatte, per Beschluß der 16. Kammer des Landgerichts Berlin vom 17. August 1996 die weitere Verbreitung seiner elfbändigen *»Texte«*-Ausgabe untersagen. Das hatte zwischen 1993 und 1995 schon Müller selbst brieflich verlangt, das weitere Erscheinen der Ausgabe aber nicht gerichtlich verbieten lassen, sondern die Situation geduldet.

Nachwirkung

Müllers erste Stücke wurden nur in der DDR gespielt. Dann kam die Entdeckung durch den Westen, wo man seit Mitte der sechziger Jahre seine Texte wie Konterbande gern entgegennahm. In den zehn Jahren zwischen 1985 und 1995 lockten Müllers Stücke allein in Deutschland über eine halbe Million

Zuschauer ins Theater. 1986 standen 51 Aufführungen in Ostdeutschland 129 in Westdeutschland gegenüber, 1987 betrug das Verhältnis 124 zu 173. Erst im folgenden Jahr fiel die Bilanz mit 228 zu 225 knapp zugunsten der DDR aus, nur wenig deutlicher 1989 mit 245 zu 233. Danach gingen die Zahlen fast ebenso rapide zurück, wie sie angestiegen waren: von 235 im Jahr 1990 auf 143 im Jahr 1994.

Was nach der Wende langsam, aber stetig abklang, war der Müller-Boom, der jähe Erfolg eines Kultautors. Im Westen verlief dieser Prozeß schneller als im Osten: Fast schien es, als wolle man Müller wieder loswerden, ihn dem Osten, wo er hingehörte, zurückgeben. Das DDR-Theater lebte auch von der Kluft zwischen Anspruch und Wirklichkeit, von den Mängeln der Propaganda. Die Zuschauer warteten auf eine aktuelle Anspielung, einen brisanten Witz. Der Zuschauer als Parasit: das war Müllers Chance. *Theater war hier ungeheuer viel wichtiger als im Westen, weil es so viele Ersatzfunktionen hatte. Solange es keine Presse gab, keine Medien mit wirklichen Informationen, hat das Theater diese Funktion mit übernommen, es hatte auch provokatorische Aufgaben – das fällt jetzt weg*, konstatierte Müller im Dezember 1989. In der Spielzeit 1997/98 zeigten dreiundvierzig deutschsprachige Bühnen zwölf Müller-Stücke, wovon allein acht Übersetzungen waren; die Originalwerke wurden meist auf Studiobühnen der großen Häuser oder in kleineren Theatern inszeniert. Gefragt waren zuletzt in erster Linie Stücke mit Frauen-, Beziehungs- und Emanzipationsthematik; Spitzenreiter sind *»Quartett«*, *»Hamletmaschine«* und *»Verkommenes Ufer«*. In der Spielzeit 1999/2000 gelangten *»Auftrag«*, *»Bildbeschreibung«*, *»Germania 3«*, *»Hamlet/Hamletmaschine«*, *»Philoktet«* und *»Umsiedlerin«* je einmal, *»Macbeth«* und *»Weiberkomödie«* je zweimal, *»Quartett«* viermal auf die Bühne.

Dem schwindenden Interesse in seiner Heimat steht ein lebhaftes Interesse von Lesern und Theaterbesuchern in ganz Europa und in Übersee gegenüber, in Afrika ebenso wie in Nord- und Südamerika oder in Asien. Legendäre Aufführungen gab es unter anderem in Bagdad (*»Der Lohndrücker«*), Kapstadt (*»Anatomie Titus«*), Sydney und Quito/Ecuador (*»Der Auf-*

trag«). In Frankreich, wo er so breit wie sonst nirgendwo übersetzt wurde, ist Müller seit seiner Einführung 1977 durch ein Gastspiel der Volksbühne mit *»Die Schlacht«* zu einem der meistgespielten fremdsprachigen Bühnenautoren geworden.

Bisher erschienen in vierzehn europäischen Ländern und darüber hinaus auch in Israel, Japan, Brasilien und den USA Werk- und Auswahlausgaben in der jeweiligen Landessprache. Die Ungarn, die Franzosen, die Portugiesen, die Russen und die Spanier waren die ersten, die sich für Müller interessierten. In Japan beschäftigt sich mittlerweile jede dritte Arbeit zur deutschen Gegenwartsliteratur mit Heiner Müller. Für einen Schriftsteller, der bekanntlich nicht durch einen kommerziell erfolgreichen Roman, sondern durch als schwierig geltende Stücke auf sich aufmerksam gemacht hat, bedeutet dies einen außergewöhnlichen Erfolg, und mit Recht kann man von der Weltgeltung des Theaterautors Müller sprechen. Karlheinz Braun:

»In den letzten zehn, zwanzig Jahren war er der Repräsentant des deutschen Dramas in der Welt, und das mit nicht leichten Stücken beim desolaten Zustand des internationalen Theaters. Es fanden sich immer einige Leute, die an diesem Theater interessiert waren. Sein Einfluß war immens, sein Erfolg bescheiden, spärlich. Aber die Beschäftigung der Macher, der Künstler, der Schauspieler mit dem Werk, war immens. Das größte Interesse fand Müller in Frankreich, USA, Südamerika, den Niederlanden, weniger in Skandinavien. Aber das ist in die Arbeitsprozesse eingeflossen und weniger am Ergebnis zu messen. Er nahm weniger Einfluß auf das Drama als auf das Theatralische auf der Bühne, die Theaterarbeit. Dazu kommt die deutsche Komponente, das Faszinosum der deutschen unergründlichen Seele, deutscher Faschismus, Expressionismus, Philosophie und Kunst, was in der Welt auf ein besonderes Interesse stößt. Gerade die Franzosen sind von dieser Komponente besonders angezogen.«

Kontrovers ging es im Fall Müllers seit jeher zu; schematisierender Wertung hatte sich dieser Autor von Anfang an entzogen. Im Sommer 1988 konstatierte Rüdiger Schaper: »Es wird über Müller weit mehr geschrieben und debattiert, als daß die

Stücke gespielt würden.« Von den einen gelobt als anspruchsvollster, innovativster, radikalster, interessantester, bedeutendster, »sprachmächtigster und politisch wie theoretisch strengster und anspruchsvollster Dramatiker im deutschsprachigen Raum«, galt er den anderen (hüben wie drüben) als verbraucht, spießig, zynisch, defätistisch und geschichtspessimistisch. Die Abwehrfront reicht in seinem Fall von ganz links bis ganz rechts, sie rekrutiert sich aus dogmatischen ›Marxisten‹ ebenso wie aus Alt-Achtundsechzigern oder Neokonservativen. Aber auch umgekehrt können sich in befremdender Allianz Müller-Verehrer beim »Neuen Deutschland« und bei der »FAZ« die Hand geben.

Mehr denn je sind sich Literaturwissenschaftler und -kritiker heute unsicher, ob Müller zu der Handvoll Autoren gehört, denen Zukunft beschieden ist. Auch hier speisen sich die Argumente aus den unterschiedlichsten ideologischen Positionen. Dem Germanistikprofessor Theo Buck etwa galt er 1997 als »der neben Brecht und Beckett sicher bedeutendste Dramatiker des 20. Jahrhunderts«. Lothar Schmidt-Mühlisch meldete dagegen anläßlich des sechzigsten Geburtstags des Autors heftige Zweifel an, ob sich auf Müllers »hochgeschätzter Neurotik auch bleibende Literatur« gründe. Hartmut Schödel zitierte ein Jahr später in der »Zeit« Peter Idens Ausbruch auf einer Podiumsdiskussion im Theater am Turm: »Mich ödet Heiner Müller an.« Müllers Sprache, so Iden weiter, sei »veraltet«, seine Ideologie »verrottet«, seine Ästhetik »hinfällig«. Überhaupt sei diese ganze Figur »äußerst fadenscheinig«. Heiner Müller als Teil der ungeliebten Konkursmasse der DDR? Schödel selbst war sich dagegen sicher: »Trotz billiger Unkenrufe wird er unser größter Tragödiendichter bleiben.«

Zu Müllers hartnäckigsten Gegnern im deutschen Blätterwald gehörte vormals »Die Welt«, die ihn 1988 als »Salonkommunist« entlarvte und im Herbst 1990 vorwurfsvoll-widerwillig zu »Deutschlands beliebtestem Dramatiker« ernannte. Chaim Noll sprach 1990 an gleicher Stelle von »politischem Fäkaltheater«: Müller sei der Beweis dafür, wie »das Schweinische [...] einen Grad erreichen« könne, »daß es schon wieder akademisch wird«.

Ronald Pohl zählte Müller vier Jahre nach seinem Tod im Wiener »Standard« »zu jenen Autoren, deren man sich umso rühmlicher entsinnt, je weniger ihre Werke gelesen werden«. Nicht weniger dezidiert brachte es Elke Schmitter auf den Punkt, die in ihrem Nachruf in der »Süddeutschen Zeitung« vom 27. Januar 1996 meinte, mit ihm habe Deutschland einen Dramatiker verloren, »dessen Werk, nach einer Pietätserhebung, völlig versinken« werde.

Man wird sehen. Uns will bedünken, als würden Müllers Texte genug Sprengkraft bergen, um auch die nächste (technologische?) Revolution zu überleben, als seien sie geräumig genug, um auch noch in Jahrzehnten Lesern transzendentes Obdach bieten zu können. *Auf den Trümmern Europas gelesen, werden sie klassisch sein* – ein Wort Müllers über Artaud.

Daß die Menschheit fleißig an Katastrophen arbeite, war Heiner Müllers Überzeugung, seine Hoffnung: daß *der Beitrag des Theaters zu ihrer Verhinderung* (nur) *ihre Darstellung* sein könne.

ANHANG

QUELLENNACHWEIS

Die auf ein Stichwort verkürzten Angaben beziehen sich auf das letzte Substantiv bzw. ein anderes signifikantes Wort am Schluß des zitierten Textes.

Folgende Siglen und Abkürzungen werden benutzt:

Ella	Ella Müller: Erinnerungen der Mutter. Erzählt in Schöneiche und im Wald von Rahnsdorf, aufgezeichnet und zusammengestellt von Thomas Heise. In: Storch 1988, 247–259
Fatzer	Bertolt Brecht: Der Untergang des Egoisten Johann Fatzer. Bühnenfassung von Heiner Müller. Frankfurt/M.: Suhrkamp Verlag 1994
F/M	Erich Fried – Heiner Müller. Ein Gespräch geführt am 16. 10. 1987 in Frankfurt/Main. Mit sechzehn Fotos von Cornelius Groenewold. Berlin: Alexander Verlag 1989
G 3	Heiner Müller: Germania 3 Gespenster am Toten Mann. Mit einem lexikalischen Anhang, zusammengestellt von Stephan Suschke. Köln: Verlag Kiepenheuer & Witsch 1996
Geipel	Inge Müller: Irgendwo; noch einmal möcht ich sehn. Lyrik, Prosa, Tagebücher. Mit Beiträgen zu ihrem Werk. Herausgegeben von Ines Geipel. Berlin: Aufbau-Verlag 1996
Gerta	Gerta Vogel: Heiner Müllers Kindheit in Bräunsdorf. In: »Miriquidi. Kulturzeitschrift«, hrsg. vom Heimatverein Niederfrohna e. V., Frühling 1996, S. 35–39
GI 1–3	Heiner Müller: Gesammelte Irrtümer. Interviews und Gespräche. Frankfurt a. M.: Verlag der Autoren 1986–1994
Gysi 1992	»Die Ränder sind die Hoffnung«. In: Gregor Gysi: Einspruch! Gespräche, Briefe, Reden. Herausgegeben von Hanno Harnisch und Hannelore Heider. Zweite, erweiterte Auflage. Berlin: Alexander Verlag 1992, S. 378 bis 422

Heyme/ Gröschner	Torsten Heyme und Annett Gröschner im Gespräch mit B. K. Tragelehn und Christa Tragelehn, Berlin, 4. Januar 1988. Masch. Transkription einer Video-Aufzeichnung; Archiv B. K. Tragelehn
HMA	Stiftung Archiv der Akademie der Künste Heiner-Müller-Archiv. Hrsg. von der Kulturstiftung der Länder in Verbindung mit der Akademie der Künste. Berlin: Kulturstiftung der Länder Land Brandenburg Stiftung Deutsche Klassenlotterie, Berlin 1998 (Patrimonia 152)
HMM	Heiner Müller Material. Texte und Kommentare. Herausgegeben von Frank Hörnigk. Leipzig: Verlag Philipp Reclam jr. 1988 [hier zitiert nach der Lizenzausgabe Göttingen: Steidl Verlag 1989]
JN	»Jenseits der Nation«. Heiner Müller im Interview mit Frank M. Raddatz. Berlin: Rotbuch Verlag 1991
Kalkfell	Frank Hörnigk/Martin Linzer/Frank Raddatz/Wolfgang Storch/Holger Teschke (Hg.): Ich Wer ist das Im Regen aus Vogelkot Im KALKFELL für Heiner Müller. Arbeitsbuch. Berlin: 1996 »Theater der Zeit«, Sonderheft Heiner Müller
Kommerell	Inge Müller: Ich bin eh ich war. Gedichte. Blanche Kommerell im Gespräch mit Heiner Müller. Versuch einer Annäherung. Gießen: Edition Literarischer Salon (Gideon Schüler) 1992
KoS	Heiner Müller: Krieg ohne Schlacht. Leben in zwei Diktaturen. 2. vermehrte Auflage. Köln: Verlag Kiepenheuer & Witsch 1994. Mit * bezeichnete Zitate stammen der ersten von Müller redigierten Typoskript-Fassung im Verlagsarchiv Kiepenheuer & Witsch, Köln. Abdruck mit freundlicher Genehmigung von Brigitte Maria Mayer
Kurt	Kurt Müller: Erlebnisbericht aus der Zeit des »nationalen Umbruches«. In: »Theater der Zeit«, 1/1997, Spezial, S. V–VII
LN	»Zur Lage der Nation«. Heiner Müller im Interview mit Frank M. Raddatz. Berlin: Rotbuch Verlag 1990
LV	Alexander Kluge/Heiner Müller: »Ich bin ein Landvermesser«. Gespräche. Neue Folge. Hamburg: Rotbuch Verlag 1996
MHM 1989	Macbeth von Heiner Müller nach Shakespeare. Volksbühne Berlin 1982. Dokumentation von Lily Leder und Angela Kuberski. Berlin: Verband der Theaterschaffenden der DDR 1989 (Theaterarbeit in der DDR 17)
N	»Ich bin ein Neger«. Diskussion mit Heiner Müller.

Zeichnungen von Eva-Maria Viebeg. Darmstadt: Verlag der Georg Büchner Buchhandlung1986

R — Heiner Müller: Rotwelsch. Berlin: Merve Verlag 1982

RHM — Regie: Heiner Müller. Material zu »Der Lohndrücker« 1988, »Hamlet/Maschine« 1990, »Mauser« 1991 am Deutschen Theater Berlin, hrsg. von Martin Linzer und Peter Ullrich mit Fotos von Sibylle Bergemann und Wolfhard Theile. Berlin: Zentrum für Theaterdokumentation und -information 1993 (TheaterArbeit)

Rosemarie — Bericht von Rosemarie Fritzsche, 12. Juni 1998/Gespräch mit Rosemarie Fritzsche, 14. Juni 1998/Schriftliche Ergänzungen vom 4. Juli 1998/Korrektur vom 21. Juli 1998

SAdK — Stiftung Archiv der Akademie der Künste, Berlin

SAdK/HMA — Heiner-Müller-Archiv in der Stiftung Archiv der Akademie der Künste, Berlin

SHM — Spezial: Heiner Müller. In: »Theater der Zeit« 1997, Heft 1, S. I–XLVIII

T — Heiner Müller: Texte. Berlin: Rotbuch Verlag 1974–1989

W — Heiner Müller: Werke. Hg. von Frank Hörnigk. Frankfurt a. M.: Suhrkamp Verlag 1998 ff.

WCM — Heiner Müller: Wolokolamsker Chaussee I–V. Ein Materialbuch zusammengestellt und gestaltet von Gregor Edelmann und Grischa Meyer für das Gemeinschaftsprojekt theater im palast/Berliner Ensemble 1989. Berlin 1989

WT — Alexander Kluge/Heiner Müller: »Ich schulde der Welt einen Toten«. Gespräche. Hamburg: Rotbuch Verlag 1996

7 Möglichen: »Gondroms Festspielmagazin« 1993
7 Toten: JN, 31
7 Kraftquelle: GI 1, 83
8 Chancengleichheit: GI 1, 71
8 Gefühle: Gespräch mit Margarita Broich, 30. Dezember 1998
9 Erlebnisse: »Süddeutsche Zeitung«, 13. April 1995
9 Mächtigen: »Focus«, Nr. 40, 30. September 1995
9 Heiliger: »Neue Zürcher Zeitung«, 30. November 1990
9 Impulse: GI 1, 124
9 Effekt: GI 2, 14
9 Gnade: »Süddeutsche Zeitung«, 13. April 1995
9 Gegenentwurf: N, 23
10 Krieg: »kultuRRevolution«, Nr. 30, Oktober 1994
10 Interesse: »die tageszeitung«, 23. Dezember 1989
10 Publikum: T 1, 15
11 Lösungen: GI 1, 86
11 Harmonien: T 4, 125
12 Politischen: KoS, 64
12 Lebensausdruck: GI 2, 102
12 Außenseiter: Schulz 1980, 3
12 Einverständnisses: KoS, 289
12 Definition: LV, 42

12 Sätze: WT, 60 f.
12 Wunschzettel: T 4, 126
16 Katzenstein: Vgl. »Frankfurter Allgemeine Zeitung«, 10. Mai 1990; Storch 1988, 162
16 Heinerle: »Wochenpost«, 30/1993 (Aus Leo Falls Operette »Der fidele Bauer«)
16 Ernährung: *KoS, 4
16 Salzhering: T I, 7
16 Großvater: KoS, 14
17 Hauptnahrungsmittel: KoS, 17
17 Opa: SAdK/HMA
17 Zarathustra: KoS, 16
17 Redlichkeit: *KoS, 4
17 Tatkraft: Bericht vom 30. Juni 1998
17 Kopfschmerzen: Gespräch mit Gerta Vogel, Bräunsdorf, 12. Juni 1998 und Bericht vom 30. Juni 1998
18 Frauenturnen: Gerta
18 Leseratten: Gespräch mit Gerta Vogel, Bräunsdorf, 12. Juni 1998
18 Spukgeschichten: Gerta
18 Anekdote: 26. April 1953, Rubrik »Die Anekdote«: *»Der seltsame Vorbeimarsch«*
19 Pinakothek: Gespräch mit Gerta Vogel, Bräunsdorf, 13. Juni 1998
19 Uhland: Gerta Vogel, Bericht vom 30. Juni 1998
19 Tochter: Gerta
19 Oberfrohna: Gerta
19 Gerechtigkeit: Bericht vom 29. September 1998
19 Schürzenjäger: HMA, 63
19 Hitler: *KoS, 15
19 Dichtung: Gerta Vogel, Bericht vom 22. Juni 1998
20 Enkelkind: Ebd.
20 See: KoS, 22 und W 2, 179
20 Verkauf: KoS, 22
21 Österreicher: Bericht von Hans-Jochen Vogel, 18. Juni 1998
22 zu Hause: Ella
22 Königssohn: W 2, 178; Ella
22 Tür: W 2, 178
22 Internationale: »Süddeutsche Zeitung«, 13. April 1995
22 Nachbarin: Friebel 1996
22 Kindheit: Ella
22 Weichheit: Bericht von Gerta Vogel, 22. Juni 1998
23 Zuständigkeit: *KoS, 279
23 Druck: *KoS, 22
23 Friedhof: KoS, 18
23 Wünsche: Brief vom 7. Juli 1998
23 Bücher: Bericht von Alexander Friebel
23 Literatur: Stadtarchiv Frankenberg
24 Hildebrand: Kurt
26 Verhaftung: Ebd.
26 Regierung: Ebd.
26 Nazis: Ella
26 Theaters: R, 68
27 Blut: T 5, 22
27 Tage: Kurt
27 Revolver: KoS, 20
28 Schlägergarde: »Frankenberger Arbeiterbewegung 1933–1945«, Typoskript im Stadtarchiv Frankenberg, 13
28 Genossen: Kurt
28 Schergen: Christian Friedrich, »Eppendorf. Werden und Entwicklung zum sozialistischen Dorf«, Eppendorf 1986, S. 15
28 Nazis: Ella
28 Sichtblende: KoS, 25

29 Entscheidende: *KoS, 279
29 Kirchenbuch: Archiv der Gemeinde Eppendorf
29 Lager: Otto Meinel, »Sachsenburg«. In: Sachsenburg. Dokumente und Erinnerungen. Hrsg. vom Interessenverband der Teilnehmer am antifaschistischen Widerstand, Verfolgter des Naziregimes und Hinterbliebener e. V., Stadtvorstand Chemnitz, S. 47–54
30 Lagergelände: »Frankenberger Arbeiterbewegung 1933–1945«, Typoskript im Stadtarchiv Frankenberg, 17
30 Gerechtigkeit: Kurt
30 Vater: Ella
30 Mutter: KoS, 20
30 Eppendorf: Gerta
31 Müllers: Gerta Vogel, Bericht vom 22. Juni 1998
31 Eiern: Ella
31 Erfahrung: KoS, 24 f.
31 Situation: *KoS, 38
32 Verwaltungssekretär: Kurt
32 Zuzug: Ella
32 Kinder: SAdK/HMA
32 Personen: Gerta
32 Kurt: Gespräch mit Gerta Vogel, Bräunsdorf, 12. Juni 1998
32 Mittelpunkt: Gerta
32 Kindheit: *KoS, 27
33 Prügeleien: »Bericht über die Erstellung eines Filmes zur Kindheit des Dramaturgen Herrn Heiner Müller in Bräunsdorf«, zur Verfügung gestellt von Herrn Reinsberg, Bräunsdorf, 27. November 1998
33 Teigbirne: Bericht von Gerta Vogel, 6. Oktober 1998
33 Reinlichkeit: »Bericht über die Erstellung eines Filmes zur Kindheit des Dramaturgen Herrn Heiner Müller in Bräunsdorf«, zur Verfügung gestellt von Herrn Reinsberg, Bräunsdorf, 27. November 1998
33 Heiner: Gerta
33 Zuckerzeug: W 2, 180
33 Cousinen: Bericht von Gerta Vogel, 22. Juni 1998
33 Backen: Bericht vom 6. Oktober 1998
33 Schwalben: KoS, 25
34 Waldweg: W 2, 181
34 Wochenende: Bericht von Gerta Vogel, 30. Juni 1998
34 Absender: Ella
34 Gesprächspartner: KoS, 26
35 Schande: W 2, 180
35 Riß: KoS, 24
35 KZ: KoS, 73
36 Vater: *KoS, 86
36 Arbeit: Ella
36 Saisonarbeiter: KoS, 27
37 Bett: Ella
37 Dummheit: Ebd.
37 Ausländer: W 2, 181–183
37 Gemeinschaft: W 2, 183
38 Traditionssozialismus: *KoS, 474 f.
38 Dinge: N, 28
38 Freunde: Ella
39 Linkshänder: Brief vom 27. Juli 1998
39 sächsisch: »Nordkurier«, 26. August 1998
39 Maler: *KoS, 140 b
39 Staat: Kurt
39 Grußarm: W 2, 182

39 Zeugnisnoten: Brief an Gerta Müller, Waren, 29. Dezember 1941, Original im Besitz von Hans-Jochen Vogel, Chemnitz
40 Gepäck: KoS, 30
40 Zeugnis: Mitteilung von J. Kniesz, Stadtgeschichtliches Museum Waren, 21. Juli 1998
41 Tafel: KoS, 34
41 Mecklenburg: Ella
41 Russen: KoS, 34 f.
42 Schlacht: W 2, 186
42 Schopenhauer: W 2, 187
42 Haltung: »Françe nouvelle«, 29. Januar 1979
43 Traum: »Freitag«, Berlin, 18. Juni 1993
43 Bindung: »Freitag«, Berlin, 5. Mai 1995
43 Mann: KoS, 44
43 Hoffnungen: KoS, 45
44 Papa: Ella
44 Bruder: Kommerell, 28
44 Bücher: KoS, 45 f.
44 Angestellter: KoS, 46
45 Systemansätze: GI 1, 168
45 Nivellierungstendenz: WT, 74
45 Umsiedlerin: KoS, 46 f.
46 Latein: Mitteilung von J. Kniesz, Stadtgeschichtliches Museum Waren, 21. Juli 1998
46 Sexualfragen: KoS, 29/*KoS, 45 f.
46 Träumen: *KoS, 433
46 Interpretation: KoS, 298
46 Kenntnisse: »France nouvelle«, 29. Januar 1979
46 feurig: KoS, 62 f.
47 Amt: »Charakteristik«, 10. November 1947; Stadtarchiv Frankenberg
47 Art: Brief an den Landesvorstand der SED Mecklenburg, Frankenberg 1948, Archiv Hans-Jochen Vogel, Chemnitz
48 Deutschlands: »Verpflichtungsschein«, Stadtarchiv Frankenberg
49 Offiziere: Gespräch mit Paul Lange am 13. Juni 1998
49 Woyzeck: Kaufmann 1992, 145; die erwähnte »Woyzeck«-Ausgabe erschien 1946 im Wedding Verlag
49 Heiner: Gespräch mit Paul Lange am 13. Juni 1998
49 Gliederung: R, 164
50 Thema: *KoS, 65
50 Schulordnung: KoS, 55
50 Ahnert: Bericht vom 29. Juni 1998
50 Start: KoS, 55
50 Theaterzettel: Archiv Hans Polster
50 Zeitungsartikel: »Volksstimme« Chemnitz, Lokalseite Flöha, 14. und 23. Juni 1948
51 Abendbrot: Gespräch mit Paul Lange vom 13. Juni 1998
51 Wissen: Gespräch mit Hans Polster, 7. August 1998
51 Mühe: Bericht von Ute Roßberg, 28. Juli 1998
51 Stirn: Gespräch am 13. Juni 1998
51 Zweireiher: Gespräch am 27. Juni 1998
52 Schulhof: Bericht vom 29. Juni 1998
52 Probleme: Bericht vom 28. Juli 1998
52 Schlucken: Bericht von Manfred Blechschmidt vom 15. Februar 2000

52 Eigenbrötler: Auskunft der Nichte Sabine Helk, Frankenberg, 15. Juni 1998
52 Freiheit: R, 164
52 Anzug: Kalkfell, 32
52 Mutter: Ella
53 Leipzig: Rosemarie
54 Festrede: KoS, 61
54 Scholochow: KoS, 65
54 Bibliothek: Bericht vom 17. Juli 1998
55 Arroganz: Ebd.
55 Zahn: Bericht vom 29. Juli 1998
55 Unauffindbarkeit: KoS, 121
55 spöttisch: Bericht vom 17. Juli 1998
56 Fassung: Brief vom 10. Juli 1998
56 bestimmen: Bericht vom 17. Juli 1998
56 weggeworfen: KoS, 64
56 Fragestellung: Ebd.
57 Radebeul: Mitteilung von Manfred Blechschmidt vom 15. Februar 2000
57 Prunkgebäude: Pohl 1996
58 Aufbau-Verlag: Mitteilung von Manfred Blechschmidt vom 15. Februar 2000
58 Welt: Jo Wenzel in »Volksstimme«, Chemnitz, 5. April 1949; vgl. Storch 1988, 191
59 Themen: Vgl. den Bericht von »Puck« in: »Volksstimme«, Chemnitz, 18. März 1949; Wolfgang Kohlhaase: »Autoren auf der Schulbank«. In: »Start«, Berlin, Nr. 15, 8. April 1949; Victor Klemperer: »So sitze ich denn zwischen allen Stühlen. Tagebücher 1945–1959«, hrsg. von Walter Nowojski unter Mitarbeit von Christian Löser, Berlin 1999, Bd. 1, S. 636
59 Gorki: Jo Wenzel in »Volksstimme«, Chemnitz, 5. April 1949
59 Dekadenz: KoS, 59
59 Morgen: Storch 1988, 191
60 Wagen: Mitteilung von Manfred Blechschmidt vom 15. Februar 2000
60 AJA: »Volksstimme«, Lokalseite Flöha, 5. August 1949
60 Leipzig: Mitteilung von Manfred Blechschmidt vom 15. Februar 2000
60 Mundwerk: Vgl. Brief Kurt Müllers an die Chemnitzer »Volksstimme«, Lokalseite Flöha, Frankenberg, 30. Mai 1949; Archiv Hans-Jochen Vogel, Chemnitz
60 Kommunalpolitiker: Brief vom 10. Juli 1998
60 Stimme: Bericht vom 17. Juli 1998
60 Überheblichkeit: Brief vom 10. Juli 1998
60 Pedant: Bericht vom 17. Juli 1998
61 Spötteleien: Brief vom 10. Juli 1998
61 Macht: Bericht vom 17. Juli 1998, Brief vom 10. Juli 1998
61 Akkordeons: Fritz Grabner, Gespräch am 27. Januar 1999
61 Leipzig: Bericht vom 21. Juli 1998
61 Schulkantate: Archiv Fritz Grabner, Berlin, und dessen Bericht vom 23. Juni 1998
63 Gedicht ohne Titel: Archiv Fritz Grabner, Berlin

64 Kleist: »Abend-Zeitung«, 31. Mai 1968
64 Indianer: »Freitag«, 5. Mai 1995, Nr. 19
64 Marterpfahl: »Berliner Zeitung«, 9./10. Januar 1999
64 Gymnasiums: T 9, 227
64 Widerstandsbuch: KoS, 275
65 Lektüre: W 2, 161
65 Bücher: KoS, 54
65 Leseerfahrung: »Frankfurter Allgemeine Zeitung«, 25. September 1997
65 Geldfrage: KoS, 65
66 Systems: KoS, 112
66 Art: Heyme/Gröschner
66 Ensemble: KoS, 82
66 Meister: Bericht von Ursula A., 27. Juli 1998
66 Dreigroschenoper: Rosemarie
66 Tragödienstruktur: »Frankfurter Rundschau«, 16. Juli 1994
66 Vorspiel: KoS, 225 f.
67 Russen: KoS, 83
67 Gratulationsschreiben: »Argonautenschiff«, Jahrbuch der Seghers-Gesellschaft, 5/1996, 11
67 Balladenstrecke: *KoS, 31
68 Anthologie: KoS, 32
68 Hunnenschlacht: *Lebenslauf*; Privatbesitz
68 Heimkehrergeschichten: *KoS, 52
68 jüngste Tag: *Lebenslauf*; Privatbesitz
68 Version: KoS, 188
68 Publikum: Wieghaus 1981, 88
68 Fleischergeschichte: KoS, 48, vgl. Storch 1988, 164 f.
69 Stücke: KoS, 32
69 Leute: GI 2, 131
69 Pferd: KoS, 53
69 Sächsisch: Ebd.
69 Keller: KoS, 60
69 Fleisch: W I, 199
69 Heimkehrer: Bericht von Heinz Müller vom 22. Juli 1998
70 Volkshaus: Gespräch am 27. Juni 1998
70 Umsiedlerin: *KoS, 149
70 Jüdin: KoS, 59
70 Abgrund: KoS, 60
70 Pirandello: *KoS, 149
70 Wettbewerbe: »Volksstimme«, Chemnitz, Lokalseite Flöha, 10. April 1948
70 Dialoge: KoS, 56 f.
71 Hörspiel: *KoS, 68
71 Ungeheuer: W 3, 451–460
71 Schiller: W 3, 553
71 Bemerkung: KoS, 220
71 Kusche: *KoS, 109
71 Dichter: Ebd.
71 Caspar: SAdK/HMA
72 Brecht: KoS, 79
72 Verpflegung: KoS, 91
72 Eierköpfe: *KoS, 135b
72 Thüringer: *KoS, 135c
72 Küchenmädchen: Kunert 1997, 139–141
72 Mann: Gespräch am 3. September 1998
73 Ernst: Pohl 1996
73 Becher: KoS, 91 f.
73 Schäfchen: Pohl 1996
73 Himmel: Kunert 1997, 141. Zur Datierung vgl. Victor Klemperer: »So sitze ich denn zwischen allen Stühlen. Tagebücher 1945–1959«, hrsg. von Walter Nowojski unter Mitarbeit von Christian Löser, Berlin 1999, Bd. 2, S. 105

73 Männer: Archiv B. K. Tragelehn; vgl. T 7, 91 f.
73 Linie: KoS, 95
74 abgleiten: Gespräch am 3. September 1998
74 Geheimnisvolles: Pohl 1996
74 Akten: »Aufbau« 6/1950, Heft 12, 1180
74 Chance: Gespräch am 3. September 1998
74 Dritte: »Aufbau« 7/1951, Heft 3, 257 f.
74 Geld: KoS, 116
75 Lieder: Ebd.
75 Nachdichtung: Pohl 1996
75 Kuba: F/M, 82; vgl. dazu: Autorenkollektiv, »Literarisches Leben in der DDR 1945–60«, Berlin 1980
76 Honecker: *KoS, 91
76 Strophen: F/M, 84
77 Kenia: Pohl 1996; KoS, 119
77 Arbeiterklasse: KoS, 119
77 Küche: Storch 1988, 160 f.,
77 Flint: SAdK/HMA
77 Die Reise: T 5, 17
78 Begleittext: Archiv B. K. Tragelehn
78 keiner ab: KoS, 78
79 Schwarzmarkt: Mitteilung von Manfred Blechschmidt vom 15. Februar 2000
79 Bauern: Ella
79 Vielleicht: Ebd.
79 Besatzungsstellen: KoS, 67
80 Literatur: KoS, 67 f.
80 Sozialdemokratismus: Gespräch mit Gerta Vogel, 12. Juni 1998
80 Führer: Kurt Müller: Brief an Rudolf Delling, 12. Oktober 1952; Archiv Rudolf Delling
80 Gesetze: KoS, 65 f.
80 Beziehung: Stadtarchiv Frankenberg
81 Streit: Manfred Blechschmidt, Brief vom 9. Februar 2000
81 Zeitungsartikel: Bericht vom 30. Juni 1998
81 Westen: KoS, 69
82 Wirtschaftsverbrechen: Ebd.
82 Herzmuskelschaden: Stadtarchiv Frankenberg
82 Kontrollen: Gespräch mit Rudolf Delling, 8. Februar 2000
82 gemüllert: Manfred Blechschmidt, Brief vom 9. Februar 2000; Günter Kunert, Gespräch am 3. September 1998
82 Delling: »Frankfurter Allgemeine Zeitung«, 19. Januar 1996 (Leserbrief von Rudolf Delling); KoS, 66; Briefe von Rudolf Delling vom 2., 3. und 7. März 2000
84 Tarnnamen: Gerhard Delling, Brief vom 7. März 2000
84 Interessante: KoS, 65
84 Tarnschriften: Brief von Rudolf Delling vom 2. März 2000
85 Schluß: Ella
85 Boden: Ebd.
85 Manuskripte: Vgl. KoS, 32
85 Bräunsdorf: Ella
86 Wohnung: Kurt Müller: Brief an Rudolf Delling, 6. Juli 1952
86 Reutlingen: Bericht von Gerta Vogel, 30. Juni 1998
86 Kind: Ella
86 Mutter: Gespräch am 14. Juni 1998
86 Situation: »Der Spiegel« 38/1977, 212
86 DDR: »Freibeuter« 43, 1990
86 Material: »Gondroms Festspielmagazin« 1993

87 Spannungsbogen: »Freibeuter« 43, 1990; »die tageszeitung«, 23. Dezember 1989
87 Majakowski: KoS, 112
88 Fett: »Freibeuter« 43, 1990
88 Besitz: GI 2, 115
88 Vater: KoS, 71
88 Verdrängungsapparate: KoS, 72 f.
88 Zuchthaus: LN, 88
88 Gefühl: Bericht vom 30. Dezember 1998
88 Korrespondenz: SAdK/HMA
89 unerträglich: Serke 1998, 44
89 Westdeutschland: KoS, 375
89 Bücherei: Berlin, Archiv des henschel SCHAUSPIEL Theaterverlags
89 Gespenst: W 2, 177
90 Ziehsohn: Tagebuch Inge Müller, 1957; SAdK
90 Kühlschranks: KoS, 121
90 Wartens: KoS, 110
90 Wald: Pohl 1996
90 Napoleon: KoS, 59 f.; vgl. *KoS, 71
90 Nachlaß: W 3, 461–472
91 Durchrationalisierung: W 3, 553 f.
91 Teufelskreis: *KoS, 120
91 nomadische: KoS, 87
91 Gestrandete: KoS, 90
91 Berlin: KoS, 88–90
91 Mensch: KoS, 80
92 Zak: KoS, 97 f.
92 Übersetzung: KoS, 80
92 Erziehungsdiktatur: »Frankfurter Allgemeine Zeitung«, 23. März 1999
93 Material: »Theater heute« 1995 Jahrbuch, 10
93 Sache: Pohl 1996
94 Zeit: KoS, 82
94 Aufgaben: KoS, 82 f.
94 Internationale: KoS, 83
94 Veränderer: Archiv B. K. Tragelehn
94 Kränkung: *KoS, 15
95 Seelenbinder-Halle: KoS, 84 f.
96 interessiert: *KoS, 85
96 Platz: KoS, 84
96 Kopie: *KoS, 116
96 nicht gut: Gespräch mit B. K. Tragelehn, Berlin, 23./24. April 2000
96 Polyp: W 3, 511–516
96 Zentralorgan: »Neues Deutschland«, 8. Mai 1957
97 Freiheitsberaubung: KoS, 109
97 Adresse: *KoS, 110
97 Schreiben: Rosemarie
97 Neuendorf: Ebd.
97 Tante: KoS, 109
97 Tänzerin: Rosemarie
98 Mensch: Bericht von Ursula A., 27. Juli 1998
99 Verhungern: SAdK/HMA
100 Verbindung: Kurt Müller: Brief an Rudolf Delling, 6. Juli 1952; Archiv Rudolf Delling
100 Freiheit: Ebd.
100 Frankenberg: Rosemarie
100 Lied: Pohl 1996
100 Welterlöser: »Berliner Hefte« 9. November 1978, 52
101 Wochenende: Rosemarie
101 Verantwortungsbewußtsein: Rosemarie
101 Geldverdienen: KoS, 98
101 Erwarten: Kurt Müller: Brief an Rudolf Delling, 12. Oktober 1952; Archiv Rudolf Delling
102 Mark: Storch 1988, 162
102 Feuchtwanger: *KoS, 298
102 Geldgeschichte: *KoS, 297

103 Scheidung: Rosemarie
103 Eherechtsstreit: Dokument in Privatbesitz
103 Scheidung: KoS, 110
103 Kinder: Rosemarie
103 Haus: »Wochenpost«, Nr. 7, 11. Februar 1993
104 Heiner: Rosemarie
104 Mund: Ebd.
105 Geld: KoS, 111
105 Geschaffene: »Neue Deutsche Literatur«, November 1953
105 Arroganz: KoS, 98
105 Präzeptor: *KoS, 110
106 Sauberkeit: »Sonntag«, 23. August 1953
106 Scheiße: »Die Woche«, 15. September 1995
106 Größten: 5. Januar 1994
106 Laienkunst: »Sonntag«, 13. Juni 1954
106 Wahrheit: »Sonntag«, 18. Juli 1954
107 Funktionärshaltung: KoS, 16
107 Bombe: KoS, 99–102
107 Sprachregelung: *KoS, 141 f.
108 Wind: *KoS, 138; KoS, 133 f.
108 Welt: KoS, 137 f.
108 Schauspiel: KoS, 133
108 Vorschein: »Freitag«, 18. Juni 1993
110 Verbundenheit: Werner Mittenzwei, »Das Leben des Bertolt Brecht oder Der Umgang mit den Welträtseln«. Berlin und Weimar 1986, Bd. 2, 493 f.
110 Massen: 28. Juni, Nr. 26
111 Anthologie: *KoS, 111
112 Nach-Zensor: Arnold 1982, 6
113 Sabest: *KoS, 140 f.; bei dem Stück handelt es sich um die 1934 uraufgeführte 4. Fassung von »Die Entsühnung«
114 Jakob Sabest: *KoS, 142 f.
114 Partei: Kunert 1997, 143
114 Hinrichtung: KoS, 100 f.
115 Ahrenshoop: KoS, 99
115 Kreatur: KoS, 100
116 Zeiten: *KoS, 136
121 Gegenartikel: KoS, 102
121 Vorbereitungen: Ebd.
121 Kenntnis: *KoS, 139
121 Möglichkeit: *KoS, 140
122 Widerstandes: »Sonntag«, 26. Februar 1956
122 Brotarbeit: KoS, 106
122 Wortklauberei: Ebd.
122 solidarisch: KoS, 92
123 Partei: KoS, 106
123 Lobgesänge: KoS, 80
124 Realismus: KoS, 57
126 Oberschicht: KoS, 139 f.
127 Harmonie: Storch 1988, 200
127 Frau: »Wochenpost«, 11. Februar 1993
128 Papierkügelchen: »Der Tagesspiegel«, 9. Januar 1999
128 Bett: Gespräch mit B. K. Tragelehn, Berlin, 23./24. April 2000
128 Dunkeln: *KoS, 186 f.
128 Telefon: Heyme/Gröschner
128 Inge: Rosemarie
128 Szene: *KoS, 148
129 Tochter: Rosemarie
129 Bestes: Brief von Regine Richter vom 26. März 1998
130 Liebe: *KoS, 205 f.
130 Bewunderung: Geipel 1996, 107
130 Wärme: Serke 1998, 30
130 passiert: Gespräch am 12. Dezember 1998
130 Tagebuch: Geipel 1996, 117
131 formbar: Kommerell, 28 f.

131 Richtige: Serke 1998, 26
131 Schweinestall: Kommerell, 28 f.
131 Unterhalt: Serke 1998, 30
131 Wohnküche: Serke 1998, 29
132 Blättchen: Brief Ella Müllers (laut Wolfgang Müller aber dem Sprachduktus nach von Kurt Müller); SAdK/HMA
132 Gedichtband: Mittenzwei 1996, 197
132 Gutachten: Notizen im Archiv B. K. Tragelehn
133 Weg: KoS, 152
133 Erlaubten: *KoS, 170
133 Geld: KoS, 107
134 Schriftsteller: Kalkfell, 11
134 da sein: KoS, 107
134 kein Geld: Gespräch am 3. September 1998
134 Korrektur: KoS, 152
134 Bescheinigung: Dokument in Privatbesitz
134 Baustellen: KoS, 152 f.
134 Ulbricht: KoS, 152
135 Materialsammlung: KoS, 140
135 Material: KoS, 140 f.
135 Prosatexte: Geipel, 121
135 Kindermädchen: Tagebuch Inge Müller, 1957; SAdK
135 linkssektiererischer: Mäde, in T 1, 62
136 Rationalität: Schulz 1980, 31
137 Dokument: *KoS, 120
138 Rate: KoS, 144
138 Klettwitz: Ebd.
139 Realismus: Ebd.
139 Stasi: Ebd.
139 Realistisches: Ebd.
139 Lettern: Kalkfell, 49
140 Arbeit: Gespräch mit Karlheinz Braun, 17. Juni 1998
140 Programmheft: Archiv henschel Schauspiel
140 Aufführung: Linzer 1996, 12
140 Lobreden: Geipel, 122
140 kleinlich: Tagebuch Inge Müller, 1957; SAdK
141 Gewalt: Bernhardt 1976, 87
141 Bourgeoisie: Müller/Müller-Stahl, 5–7
141 Absichten: Bernhardt 1976, 117 f.
142 Haltung: Kalkfell, 11
142 Sozialismus: Kalkfell, 9
143 Stoffe: Kalkfell, 9 f.
143 Beschuß: *KoS, 171
144 Ultimatums: Schreiben der Rechtsantragsstelle des Kreisgerichts Oranienburg, 11. April 1958; Dokument in Privatbesitz
144 Aufstellung: Kopie im Verlagsarchiv Kiepenheuer & Witsch
144 nicht gemacht: *KoS, 245
144 Staatsgelder: Streisand 1991, 452
145 Feuer: Gespräch am 31. Januar 1998
145 Leuten: »Wochenpost«, 11. Februar 1993
145 faszinierend: Serke 1998, 17
145 Entwurf: Heyme/Gröschner
145 Lohnlisten: Werth, 12 f.
146 Ehrgeiz: Serke 1998, 24 und 28
146 Krieg: *KoS, 187 f.
146 Notiz: Privatbesitz
146 Gesprächspartner: *KoS, 187 f.
147 gezeigt: Kommerell, 32
147 Doppelgedicht: Geipel 1996, 318
147 Vortrag: Geipel 1996, 319
147 Akzente: Geipel 1996, 232
147 Traktorfahrers: Archiv B. K. Tragelehn
148 Erfolge: Notizen im Archiv B. K. Tragelehn

148 zerstören: KoS, 157 f.
148 Verkrampfungen: *KoS, 208
148 Honorar: Geipel, 118–121
149 Verfügung: Tagebuch Inge Müller, 1957; SAdK
149 Schlußtermin: Hacks 1977, 181
149 LPG: Storch 1988, 188
149 Mondlicht: Geipel 1996, 333
150 umgekehrt: Storch 1988, 201
150 Zuarbeiter: Heyme/ Gröschner
150 Unternehmen: Storch 1988, 201
150 Stütze: Serke 1998, 30
150 Kraft: Werth, 32
151 Qual: Geipel, 117
151 nachtragend: Tagebuch Inge Müller, 1957; SAdK
152 Schlagworte: Serke 1998, 20
152 intelligent: Tagebuch Inge Müller, 1957; SAdK
152 Taille: Serke 1998, 24
152 Füßen: Ebd.
152 Hacks: *KoS, 190
152 Männer: Gespräch am 13. 12. 1998
152 Greise: Geipel, 121 f.
152 gäben: Tagebuch Inge Müller, 1957; SAdK
152 Trinkerei: Kommerell, 28 f.
153 Lehnitz: Kommerell, 30
153 Ulbricht: Gespräch mit Wolf Biermann vom 31. 1. 1998
154 Parteifunktionäre: Franke I, 73
155 Werke: Franke I, 73 f.
156 Elementen: Franke I, 74 f.
156 Sozialismus: Mayer 1984, Bd. 2, 139
158 Anschauungen: »Kritik in der Zeit« I, 277, 279
159 Text: Storch 1988, 234
159 Vorspruch: KoS, 108
160 Regiebemerkung: Heyme/ Gröschner
160 Morgen: Storch 1988, 240 f.
160 Humor: »Westdeutsche Zeitung«, 4. Mai 1985
160 Scheitern: KoS, 164
160 Vernünftiges: KoS, 111
160 Bedeutung: »Stenografische Niederschrift der Kulturkommission beim Politbüro des ZK mit den Intendanten der Berliner Theater im Karl-Liebknecht-Haus, Thälmannsaal, am Montag, dem 16. März 1959; Zentrales Parteiarchiv der SED im Institut für Geschichte der Arbeiterbewegung, Berlin
161 Stück: Ebd.
161 Dramatik: Zentrales Parteiarchiv der SED im Institut für Geschichte der Arbeiterbewegung, Berlin, IV 2/1.01/408, 331
161 Komet: *KoS, 190
161 Art: Storch 1988, 233 f.
164 Zeitung: KoS, 143
164 Herz: »Die Woche«, 15. September 1995
165 Parabel-Moment: Heyme/ Gröschner
165 Wekwerth: Gespräch mit B. K. Tragelehn, Berlin, 23./24. April 2000
166 Verständigung: Mittenzwei 1996, 196 f.
167 Mord: T 1, 25
167 Hitler auch: WI, 40
167 1953: »Theater heute« 1996, Sonderheft
167 Emanzipation: »France nouvelle«, 29. Januar 1979
168 Autorität: Linzer 1996, 13
168 gewonnen: Mayer 1984 II, 120
168 Dialektik: KoS, 404
168 Literatur: W 3, 541
169 Abend: KoS, 145

169 Stanislawski: Storch 1988, 240
169 Umsiedlerin: Kirsch/Teschke/Tragelehn/Lammert: Gespräch über Heiner Müller; Transkription im Archiv B. K. Tragelehn
169 Leipzig: KoS, 145
169 weit geht: *KoS, 199
169 Kreis: KoS, 147 f.
170 Notate von Müller und Tragelehn: Archiv B. K. Tragelehn
170 Sinn: Gespräch mit B. K. Tragelehn, Berlin, 23./24. April 2000
170 Verhältnis: Ebd.
171 Stimmung: Storch 1988, 240
171 Erfinder: Gespräch mit B. K. Tragelehn, Berlin, 23./24. April 2000
171 Adamov: Archiv Fritz Grabner
171 Realismus: *KoS, 200
171 Szenenfolge: Willi Köhler, 6. September 1958
174 Proletariats: Zitiert nach Wieghaus 1981, 31
174 Leistung: KoS, 151
174 Linie: Franke I, 97
174 Realität: KoS, 151
174 Einstellung: »Stenografische Niederschrift der Kulturkommission beim Politbüro des ZK mit den Intendanten der Berliner Theater im Karl-Liebknecht-Haus, Thälmannsaal, am Montag, dem 16. März 1959, Beginn 13. 30 Uhr«; Zentrales Parteiarchiv der SED im Institut für Geschichte der Arbeiterbewegung
176 10 000 Mark: KoS, 151
176 Gegenwartsdramatik: Franke I, 100
176 Kultur: »Kritik in der Zeit« I, 326
176 Klassenemanzipation: KoS, 153
176 Naturgedichte: KoS, 153 f.
177 erstürmt: KoS, 153
177 Theaterhochschule: »Theater Heute« 1996, Sonderheft
177 Autoren: *KoS, 210
178 Bolschewiken: *KoS, 206
178 Nachbarn: R, 164
178 lustig: »Literatur konkret« 15, 1990/91
179 Galilei: Gespräch mit Wolf Biermann vom 31. Januar 1998
179 Garançe: Ebd.
179 Literaturtapete: Geipel 1996, 173
179 Ablagerungsfrist: Hacks 1977, 181
179 Möbeln: Kalkfell, 7
180 Sessel: Kalkfell, 10
180 Wert: Gespräch mit Karlheinz Braun vom 17. Juni 1998
180 Loepelmann: Storch 1988, 90
180 Hiemer: Kalkfell, 7
180 Festung: »Hamburger Abendblatt«, 24. Juli 1993
180 Inge: Serke 1998, 30
180 Ereignis: KoS, 273
181 akzeptiert: KoS, 166
181 Bork: Streisand 1991, 452
181 Anna B.: Tagebuch Inge Müller, 1957; SAdK. Müller hat die leeren Seiten des Tagebuchs für eigene Aufzeichnungen benutzt
182 Lear: Storch 1988, 242
182 Veränderungen: Heiner Kipphardt: Brief an Heiner Müller, 29. Januar 1959; Berlin, Archiv des Deutschen Theaters
183 Vorschuß: KoS, 385
183 Stückes: Braun, 93

183 Geld: Braun, 135
183 Erdölpipeline: Streisand 1991, 465
184 Ergebnis: Heyme/Gröschner
184 Milieu: KoS, 160
184 Offiziere: KoS, 162
185 Endprobenschübe: Storch 1988, 241
185 Generalprobe: Storch 1988, 242
185 Pult: KoS, 161 f.
185 Text: Braun, 49
185 Punkten: Heiner Müller inszenieren. Unterhaltung im Theater. Hrsg. von der Dramaturgischen Gesellschaft, Berlin 1987, 17
187 Leib: T 3, 50
187 Sozialismus: T 3, 105
187 Diktatur: T 3, 80
187 Fähigkeiten: »Kleines Organon für das Theater«. In: Bertolt Brecht, »Schriften zum Theater«. Frankfurt/Main 1976, 142
187 Recht: Streisand 1986, 1380
188 Massen: Braun, 70
188 Typisches: Braun, 71
189 Gespräch: Streisand 1986, 1365–1368
189 Leute: MHM 1989, 192
189 Jahre: KoS, 128
189 Dramatik: Storch 1988, 241
189 Alltagssprache: Streisand 1986, 1375
190 Wachsamkeit: KoS, 162 f.
190 Beruhigungsmeldung: KoS, 165
191 Wahrheiten: »Theater der Zeit« 8/1976, 3
191 Zentralrat: KoS, 165
191 Realismus: Braun, 133
191 Haupträdelsführer: Braun, 37
192 Zufall: KoS, 165
192 Bedingungen: »Stern«, 2/98
192 Offenheit: »Freitag«, 18. Juni 1993
192 Dänemark: Storch 1988, 225
193 Aufführung: KoS, 168
193 Abteilungsleiter: KoS, 167 f.
193 Generalprobe: Heyme/Gröschner
193 Vorstellung: Ebd.
194 Zettel: Ebd.
194 Buh: KoS, 168
194 Richtige: Braun, 29
194 Ensembles: Ebd.
195 Gefängnisfestspiele: KoS, 169
195 Blick: Streisand 1991, 432
195 Studenten: KoS, 169
196 dekadent: Braun, 35
197 Schlußfolgerungen: Zit. nach: Programmheft »Die Umsiedlerin«, Staatstheater Cottbus, Spielzeit 1993/94
197 verhaften: Braun, 37
198 Tätigkeit: Braun, 143
198 Ideologie: Storch 1988, 224
198 Stellungnahme: KoS, 421 f.
198 Sozialismus: Braun, 137
198 Betriebsblindheit: Streisand 1991, 446
198 Brüllers: KoS, 422
199 Hund: KoS, 171
199 Demutsgeste: KoS, 422
199 SED: Streisand 1991, 446
199 Pseudonym: Streisand 1991, 431
199 Namen: Heyme/Gröschner
200 Parteileitung: Linzer 1996, 14; Kalkfell, 20
200 Parteiverfahren: Braun, 29
200 Theatertätigkeit: Kalkfell, 8
200 Brief: Streisand 1991, 453–455
201 Weg: Streisand 1991, 455 f.
201 Harichgruppe: Braun, 70
201 Personenbeobachtung: Braun, 139

201 Friedrichstraße: KoS, 424 f.
201 Feindtätigkeit: Braun, 39
202 Psychator: Zitiert nach: »Wochenpost«, 11. Februar 1993
202 Operativ: Braun, 77
202 Schauspieler: Storch 1988, 225
202 Wohnung: Storch 1988, 226
203 Punkt: Storch 1988, 224 f.
203 Wirklichkeit: Streisand 1991, 451
204 Hämischkeit: Transkription des Tonbandmitschnitts im Archiv B. K. Tragelehn; Fehervary, 90
205 Zyniker: Transkription des Tonbandmitschnitts im Archiv B. K. Tragelehn
205 DDR: Ebd.
206 Kunsttheorie: Braun, 151
207 Fortschreitens: Transkription des Tonbandmitschnitts im Archiv B. K. Tragelehn
207 Rückzieher: Storch 1988, 226
208 Zynismus: Transkription des Tonbandmitschnitts im Archiv B. K. Tragelehn
208 Diskussion: Braun, 151
208 Beschluß: Streisand 1991, 451
208 Gegenleistung: Braun, 75
209 Kollegen: Braun, 159
209 Statuts: Streisand 1991, 461 f.
209 Schwedt: Streisand 1991, 465
210 Hilfe: KoS, 402 f.
210 verworfen: KoS, 179
210 Moral: KoS, 180
210 Element: *KoS, 209
210 Opportunismus: Storch 1988, 226
211 Visagen: SAdK/HMA
211 Republik: Streisand 1991, 466
211 Apitz: Streisand 1991, 469
211 Kuba: Streisand 1991, 470
211 Position: Streisand 1991, 470 f.
212 Talent: Streisand 1991, 472
212 Baierl: Streisand 1991, 474
212 berührt: Streisand 1991, 475
212 Landbriefträger: Ebd.
213 Produktion: Ebd.
213 Feder: Streisand 1991, 476 f.
213 Leben: Streisand 1991, 477
213 Weiterentwicklung: Streisand 1991, 479 f.
214 Hilfe: Werth, 21
214 Ensemble: Heyme/Gröschner
214 Deutschlands: Streisand 1991, 437–445
215 Mullah: Hacks 1977, 23
215 Dialektik: KoS, 404
215 Schönfärberei: Storch 1988, 225
215 Schutz: Ebd.
216 Köpfe: Mittenzwei 1996, 203 bis 205
216 Gesetz: Storch 1988, 226
216 Legende: Zuerst in »die tageszeitung«, 11. Juni 1996
216 LPG: Gespräch am 31. Januar 1998
217 Dreigroschenoper: Arnold 1997, 183
218 gesendet: KoS, 188
218 Texte: KoS, 195
218 Zuwendungen: Mayer in »Theater heute« 1996, Sonderheft, 148
219 Schein: Serke 1998, 32
219 Kuckuck: Kommerell, 31
219 Zahlungsbefehl: Dokument in Privatbesitz
219 Partei: »Schattenlinien« 8/9, 1994, 32
219 Premiere: Kalkfell, 21
220 heimisch: Ebd.
220 Dorf: Werbeprospekt Volksbühne, »DIE BAUERN. Komödie von Heiner Müller«
220 Bühne: Kalkfell, 21 f.

220 Person: Kalkfell, 24
221 Stück: KoS, 115
222 Abschied: Mittenzwei 1996, 206 f.
222 Streisand: Ebd.
222 Poem: *KoS, 246
223 Zeitlang: KoS, 128 f.
223 Tschechen: KoS, 194
224 Apparate: KoS, 129 f.
225 Unternehmen: Storch 1988, 260
226 Anfang: Storch 1988, 230
227 DEFA: KoS, 193
227 Essen: Arnold 1997, 158
227 Vorgangs: Hörnigk 1985, 43; zit. die Dokumentation der Dramaturgin Elke Tasche in: Heiner Müller, »Stücke«, Berlin 1975
227 Partei: KoS, 193 f.
228 Figurennamen: Hörnigk 1985, 44
228 Hacks: »Neue Deutsche Literatur«, 9/1956
228 Hunde: Arnold 1997, 158
229 Metaphernrausch: KoS, 197
229 Praxis: Zit. nach Hörnigk 1985, 45
229 Dekadenz: »Zur Bedeutung des Konflikts für unsere sozialistische Gegenwartsdramatik«; zit. nach Hörnigk 1985, 46
230 Kommunismus: Zit. nach Hörnigk 1985, 48
230 1880: T 1, 92
231 Umarmung: T 1, 110
231 Baumoral: T 1, 136
231 Kommune: T 1, 134
232 Seiten: T 1, 122
232 Sozialismus: Franke I, 138
232 Entfremdung: »Kritik in der Zeit« I, 386
232 Staat: Ebd., 385
233 Reaktion: Braun 1996, 71
233 Neu: T 1, 127
233 Republik: T 1, 137
233 Gespräch: KoS, 198
233 Staatstheater: Arnold 1997, 160
234 Gespräch: Hörnigk 1985, 49
234 Stückes: Hörnigk 1985, 50
234 gespielt: »Theater heute« 1995 Jahrbuch, 12
234 Begriffswelt: Storch 1988, 230
234 Bau mache: Ebd.
235 Bühnenbildmodell: Programmheft »Der Bau«, Archiv henschel Schauspiel
235 Dramatik: HMA, 48
235 Aufführung: »Rotwelsch«, 85 f.
238 Nackenhaare: LN, 95 f.
238 fünftausend: *KoS, 141
238 leichtsinnig: KoS, 103 f.
238 Kantate: »Der Spiegel« 8, 22. Februar 1993, 212
238 Oktavian: Hartmut Lange, »Meine Realitätserfahrung als Schriftsteller«. Paderborner Universitätsreden 58, 28
239 Erwartung: Kommerell, 31
239 Kälte: *KoS, 188 f.
239 Stundenplan: SAdK/HMA
239 getrunken: Kommerell, 30
239 erschöpft: Kommerell, 33
240 Persönlichkeitsspaltung: *KoS, 188 f.
240 Alkohol: Serke 1998, 30
240 Parties: *KoS, 190
240 Grenzen: Kommerell, 33
240 exzessiv: Gespräch mit B. K. Tragelehn, Berlin, 23./24. April 2000
240 Wort: Serke 1998, 39
240 Hilfeschreien: Ebd.
240 Stille: Kommerell, 30 f.

241 Verrückter: Serke 1998, 38
241 Fluchtmensch: Serke 1998, 30
241 Selbstmordversuch: Kommerell, 33
241 Wohnung: KoS, 209
241 Hause: Serke 1998, 43
241 Vati: Serke 1998, 38
242 Tote: Ebd.
242 Schlaftabletten: KoS, 209
242 Veränderungen: Kommerell, 34
242 Besuch: Serke 1998, 38
243 Bühne: R, 76
243 Endbild: W I, 14
243 Ziel: KoS, 16
244 anecken: »Die Woche«, 15. September 1995
244 Dramas: RHM, 151
245 Depp: KoS, 246 f.
245 Griechen-Müller: Wieghaus 1981, 49
245 Hacks: Schumacher 1996, 830 f.
245 Thema: KoS, 188 f.
245 Zensur: Hartmut Lange, »Meine Realitätserfahrung als Schriftsteller«. Paderborner Universitätsreden 58, 28
246 Problem: Schumacher 1996, 830 f.
246 einfühlen: *KoS, 247
246 Faltenwurf: »Theater heute« 7/1975, 32–37
247 Schuch: Brief vom 1. März 1998
248 Ökonomie: »Theater heute« Jahrbuch 1995, 14
248 Gysi: KoS, 114
248 Theater: Bd. 2, 113
250 Krieg: Wieghaus 1981, 57
251 System: T 6, 73
251 Vorgeschichte: T1, 144
251 Stalins: Profitlich 1980, 145; zitiert nach Wieghaus 1981, 62
251 Leute: R, 75 f.
252 Sinn: Schumacher 1996, 830 f.
252 Maxime: Hacks 1977, 134 f.
252 Einzelhaft: KoS, 262
252 Branche: Harich 1973, 189
253 Beifall: Kirsch/Teschke/Tragelehn/Lammert: Gespräch über Heiner Müller; Transkription im Archiv B. K. Tragelehn
253 angestrengt: Völker 1969/70, 8
253 Geschichte: KoS, 190
253 Projekte: KoS, 189
253 Wekwerth: KoS, 189
254 Troja: T 7, 102 f.
254 Gemeinheit: Arnold 1997, 161
255 Publikum: Gespräch am 17. Juni 1998
255 Kanalisation: KoS, 209
256 Arbeit: Bernhardt 1976, 94
256 Umweltverschmutzung: MHM 1989, 197
258 Auftragsarbeit: Schumacher 1996, 830 f.
258 Texten: Aischylos 1991, 85
258 Idee: KoS, 203 f.
259 Kunstwerk: KoS, 206
259 Wahrheit: Arnold 1997, 161
259 Kunstgewerbe: *KoS, 269
259 Welt: KoS, 204
259 verquast: *KoS, 264
259 Tragödie: KoS, 204
260 Mitautor: Harich 1973, 190 f.
260 Gelegenheitsgeschichte: Aischylos 1991, 85
260 Weiberkomödie: Kalkfell, 21
261 Protagonisten: T 2, 55
261 Gegenwärtigen: T 2, 52
262 Fremdheit: Völker 1969/70, 6
262 Kommentar: KoS, 259
262 Wandel: T 6, 53
262 Barbarei: WT, 102
263 einfache: Schulz 1980, 98
264 Ergänzung: Braun/Völker, 116

264 Schlachtreihe: T 6, 48
265 Macht: KoS, 259
265 Lösung: dpa, Landesdienst Berlin, 4. März 1973
266 DDR: Storch 1988, 23
266 Kognac: *KoS, 380
267 Streichhölzern: Gespräch mit B. K. Tragelehn, Berlin, 23./24. April 2000
268 Geduld: T 9, 266
268 Macht: KoS, 298
268 Urlaub: KoS, 238
268 Balanceakt: *KoS Transkription Tonbandkassette 31, 19
268 gefällt: Kommerell, 28
269 Raubbau: T 7, 74
269 Drogen: Gespräch mit Ginka Tscholakowa, Düsseldorf, 4. Februar 1999
269 verhängnisvoll: *KoS Transkription Tonbandkassette 31, 19
269 Probleme: *KoS, 327
269 Zusammenhänge: *KoS Transkription Tonbandkassette 31, 19
269 Russisch: Ebd., 20
269 Texte: Mitteilung von Ginka Tscholakowa vom 1. Dezember 2000
269 Dinge: Gespräch mit Ginka Tscholakowa am 10. Januar 1999
270 Arbeit: Mitteilung von Ginka Tscholakowa vom 15. November 2000
270 Gefühl: *KoS, 466
270 Theaterplastiker: KoS, 207
271 Cholera: *KoS, 543
271 Szene: Wolf Biermann, »Der Dra-Dra«, Berlin 1970, 5
272 Arbeit: T 4, 7 f.
272 Türke: Antiquariatskatalog Stargardt, Nr. 673, Auktion vom 4./5. Juli 2000
272 Kopf: Die Hinweise verdanke ich Ginka Tscholakowa; der undatierte und nicht abgeschickte Brief [27. 12. 1969?] befindet sich im SAdK/HMA
272 Fragment: Vgl. W 3, 543 f.
273 Gruppen: Fiebach 1990, 71
273 Buchhaltern: *KoS, 331
274 Verkleidung: T 4, 47
274 Menschen: *KoS, 331
274 Idee: *KoS, 331 f.
274 Ginka: KoS, 238
274 Gespensterschwank: Storch 1988, 232
274 Intimfeind: *KoS, 302
274 Experiment: *KoS, 331
274 Vorgängen: *KoS, 333
275 Persönlichkeitsentwicklung: Leipzig 1975, 391
275 Hauptproduktivkräfte: Fiebach 1990, 75 f.
276 Eigentor: KoS, 240 f.
276 Utopie: Kirsch/Teschke/Tragelehn/Lammert: Gespräch über Heiner Müller; Transkription im Archiv B. K. Tragelehn
277 Kündigung: Kalkfell, 21
277 Transzendenz: Geipel 1996, 320
277 Zensur: Kommerell, 32
277 Bierzeitung: T 4, 116
277 Bestellung: Böhme 1969
278 144. Sonetts: Handschrift im Besitz von Brigitte Maria Mayer
278 Timon: Text in: »Theater der Zeit« 1/2000, 16–19
278 Dramaturgie: »Die Zeit«, 14. August 1987

279 Hamburger: KoS, 296
279 Knöchel: Kalkfell, 46
279 Sache: Programmheft *»Macbeth«*, Brandenburger Theater 1972
280 Fürsten: »Theater heute«, 7/1975, 32–37
280 Version: Ebd.
281 skelettiert: Kalkfell, 48
281 Soziologisierung: »Berliner Zeitung«, 24. September 1982
281 Untergrund: »Theater heute«, 7/1975, 32–37
281 Sog: *KoS, 370
281 flach: *KoS, 369
282 Diskussion: Programmheft *»Macbeth«*, Brandenburger Theater 1972
282 Schokolade: *KoS, 369
282 Geld: *KoS, 369 f.
284 Massenmedien: Harich 1973
284 Staatsanwalts: »Frankfurter Allgemeine Zeitung«, 6. Juli 1973
284 Holtzhauer: »Sinn und Form« 3/1973
285 Westdeutschland: Franke 1, 139
286 Meisterschaft: »Neues Deutschland«, 18. Dezember 1971
286 Schweigen: »Der Spiegel« 12/1995
287 Umstände: »Die Welt«, 2. Dezember 1972
287 Pachnicke: Kalkfell, 41
287 Geschichte: Kalkfell, 44
287 Einsamkeit: MHM 1989, 10
288 Schlächter: MHM 1989, 15
288 Gesellschaft: Ebd.
288 Stunden: MHM 1989, 231
288 Parole: Linzer 1996, 14
289 Theaterabend: Helmut Ullrich, »Neue Zeit«, 24. September 1982
289 Wirkungslosigkeit: Ingrid Seyfarth, »Sonntag«, 10. Oktober 1982
289 Fatalistischen: »Neues Deutschland«, 28. September 1982
290 Geschichtspessimismus: »Junge Welt«, 22. Oktober 1982
290 Kesseltreiben: KoS, 264
290 Vorstellungen: MHM 1989, 194
290 Arbeitspausen: KoS, 265
290 Macbeth: *KoS, 374; vgl. KoS, 143
290 Stück: Hacks 1977, 201–203
291 Epigramm: Peter Hacks, »Lieder Briefe Gedichte«. Berlin 1974
291 Dichters: SAdK/HMA
291 Matterhorn: Gespräch am 31. Januar 1998
291 übergeschnappt: 22. Juli 1993
292 Lebenslagen: *KoS, 337
292 Widerstand: Linzer 1996, 14
292 verboten: KoS, 258
292 Rehabilitation: KoS, 243
294 Fabelskizze: Archiv B. K. Tragelehn
295 Gras: Wieghaus 1981, 74 f.
296 Tötens: GI 1, 44
296 Poulet: »France nouvelle«, 29. Januar 1979
296 Lehrstück: Bertolt Brecht, »Schriften zum Theater« Bd. 3, Frankfurt/Main 1970, 1024
296 Aufführungsverbot: Werner Hecht: Brecht Chronik 1898 bis 1956, Frankfurt am Main 1997, 1226

297 Bühne: T 6, 69
297 Schauspieler: Kalkfell, 141
297 Parteihochschule: Schulz 1980, 115
297 Jahre: KoS, 258
298 Hermlin: KoS, 259
298 Neigung: KoS, 285
298 Zigarren: Storch 1988, 62
299 Bolschewisten: KoS, 285 f. Ginka Tscholakowa erinnert sich, daß eines der Statements lautete: »Revolution bedeutet für mich, nachts über die Straße zu gehen.«
299 Berghaus: KoS, 283
299 Visum: Gespräch mit Ginka Tscholakowa, Düsseldorf, 10. Januar 1999
299 Ästhetisierung: »Frankfurter Allgemeine Zeitung«, 22. April 1980
300 Bühnenbild: Programmheft *»Mauser«*, Basler Theater, Spielzeit 1985/86
300 Schenkel: KoS, 317
300 Aufführung: Gespräch am 17. Juni 1998
301 Funktionär: »Frankfurter Rundschau«, 3. September 1975
301 Stoff: Storch 1988, 243
301 Vertrag: Gladkow/Müller, 508
301 Stück: KoS, 244
301 Jahres: Gladkow/Müller, 508
301 Punkt: *KoS, 338
301 Ende: *KoS, 338
302 Wodka: KoS, 245
302 Satz: Gespräch mit Schwiedrzik
302 Ausfächerung: KoS, 244 f.
302 Gestalten: Bernhardt 1976, 100 f.
302 Arbeit: Bernhardt 1976, 114
302 Befreiung: T 2, 86
302 Dilemma: »Frankfurter Allgemeine Zeitung«, 23. März 1999
303 Wirkung: GI 1, 18–20
303 Oberschüler: Gladkow/Müller, 512
305 Atempause: T 2, 125
306 Bau: Müller-Waldeck 1979, 224
306 Geschichte: Bernhardt 1976, 113 f.
306 Moderne: Schulz 1994, 469
306 Szenen: Gladkow/Müller, 509
306 Umfang: Gladkow/Müller, 507
306 Maschinen: Irmer, 509
306 Partei: GI 2, 86
306 Aufbaupathos: KoS, 246
307 Fassung: Ebd.
307 Brett: KoS, 247 f.
307 Tagen: *KoS, 342
307 Parteitag: GI 2, 86
308 Aufnahme: Storch 1988, 243
308 Tell: Gespräch mit B. K. Tragelehn, Berlin, 23./24. April 2000
308 Deutschland: Storch 1988, 225
308 Abgehobenes: *KoS, 336
308 Russenstück: *KoS, 342 f.
308 Propaganda: Zitiert nach Bernhardt 1976, 113
309 Kunst: GI 2, 155
309 Sittenzensur: KoS, 221
310 Reclam: Wolfgang Schuch, Brief vom 9. Februar 2000
310 Schweinereien: *KoS, 520
310 Staatsgrenze: »Neues Deutschland«, 13. Februar 1971
310 Polizeipräsidium: KoS, 358
311 Kontakt: HMA, 31
312 Buchhandel: Ebd.
312 Boom: Girshausen 1978, 6

312 Plan: KoS, 221
313 Bruttoeinkommen: Dokument in Privatbesitz
313 Gruppierungen: Storch 1988, 243
314 Masken: HMA, 48; vgl. Kalkfell, 98
314 Naturalismus: KoS, 253
315 Szenen: Programmheft *»Die Schlacht«*, Schauspielhaus Bochum, 1981/82
315 zu Ende: KoS, 252
315 Salondramaturgien: Programmheft *»Die Schlacht«*, Schauspielhaus Bochum, 1981/82
316 Heimatfront: Wieghaus 1981, 21
316 Berlin: *KoS, 353
316 Seite: KoS, 254
317 Vergangenheitsstruktur: Schumacher 1996, 833
317 SA-Mann: Storch 1988, 169
318 Skepsis: KoS, 252
318 Geburt: Ebd.
318 Traktorfahrers: Archiv B. K. Tragelehn
319 Suppe: T 2, 19
319 Zahl: T 2, 21
319 Kolonnenpflügen: T 2, 23
319 Schicksal: »Frankfurter Allgemeine Zeitung«, 12. November 1974
320 Verbot: KoS, 252
320 Inszenierung: KoS, 254
320 Quadriga: Text in: *»Die Schlacht/Wolokolamsker Chaussee. Zwei Stücke«*, Frankfurt am Main 1988, 79 f.
320 Schlußteil: dpa Landesdienst Berlin, 31. Oktober 1975
320 Supershow: 11. November 1975
320 Einschüchterung: KoS, 252
321 Heil: »Bild Hamburg«, November 1975
321 Hermand: Wieghaus 1981, 23 f.
322 Ruine der Reichskanzlei: Text in: *»Die Schlacht/Wolokolamsker Chaussee. Zwei Stücke«*, Frankfurt am Main 1988, 81 f.
322 Groteske: *KoS, 351
322 Nachtclubs: »Abendzeitung«, 20. April 1978
323 Klamauk: »Süddeutsche Zeitung«, 2. November 1978
324 Windjacken: KoS, 132
324 Vergangenheit: »Abendzeitung«, München, 20. April 1978
324 Gegner: KoS, 137
325 Krebs: T 5, 76
325 Stecken: T 5, 77
325 1970/71: GI 1, 32
325 Stoff: KoS, 254
325 Arbeitsmaterial: KoS, 55, 57
326 Ablaß: »Heiner Müller Material«, Göttingen 1989, 101
327 Aufführbarkeit: KoS, 256
327 Gefängnis: »Süddeutsche Zeitung«, 2. November 1978
328 Kitsch: Klussmann/Mohr 1986, 72
328 Marquardt: Kalkfell, 20
328 Argumentation: KoS, 255
329 Godot: Hörnigk 1993, 113 f.
329 Untergang: Wolfgang Schuch, Brief vom 1. März 1999
329 Wekwerth: KoS, 255
329 Vertrauensbeweis: *KoS, 355
329 Umsetzung: Kalkfell, 22
329 Anstrengung: Kalkfell, 23
330 Publikum: *KoS, 357 f.
330 Honecker: »Zeitung« 5/1996, Schauspielhaus Bochum, 14
331 Chefsache: Berbig 1994, 62

331 Maßnahmen: Berbig 1994, 70
331 Arbeiteraufstand: Berbig 1994, 11
332 Runden: Dokumentation eines Tonbandmitschnitts bei Manfred Krug, »Abgehauen«. Düsseldorf, 12. Aufl. 1997, 69
332 Gebrauch: KoS, 274
333 Ängste: Gespräch mit Stephan Suschke, Berlin, 28. November 2000
333 Unterschrift: Berbig 1994, 300
333 Gegners: Berbig 1994, 276
334 Stück: Berbig 1994, 311
334 Resolution: KoS, 471
334 Doktrin: KoS, 472
334 Biermanns: KoS, 217
335 Theater: *KoS, 290 f.
335 Dose: Kalkfell, 53
335 Strategien: HMA, 32
335 Intimus: Gespräch am 3. September 1998
336 Theaterautor: Kalkfell, 30
336 Freundbearbeitung: KoS, 473
336 Vorlauf: KoS, 468 f.
336 Gefahrenzone: KoS, 481
336 IM: 21. Januar 1993
337 Korschs: KoS, 474
337 Kontakt: KoS, 474 f.
337 Ausland: KoS, 479
337 verhaftet: »Berliner Zeitung«, 30. März 1999
337 Texte: »Tagesspiegel«, 11. März 1995
337 Treffen: »Hamburger Abendblatt«, 13. März 1995
337 IM Heiner: KoS, 476
337 Honecker: KoS, 479
337 Kulturpolitik: KoS, 484
338 Dritte Welt: KoS, 483
338 Reformen: KoS, 488
338 Augen: »Tagesspiegel«, 11. März 1995
338 Präsent: »Der Spiegel«, 18. Januar 1993
338 1988: KoS, 464–466
338 Stasileuten: Gespräch mit Martin Wuttke, Berlin, 24. April 2000
338 Verhaftung: KoS, 486
339 Dinge: »kultuRRevolution«, Nr. 30, Oktober 1994
339 Hilfe: »Berliner Zeitung«, 20. Januar 1993
339 Ausbürgerung: »Hamburger Abendblatt«, 13. März 1995
339 Personen: »Tagesspiegel«, 11. März 1995
340 Paranoikern: KoS, 436
340 Feuer: Gespräch am 30. Dezember 1998
340 Stellen: Gespräch am 17. Juni 1998
340 operiert: Gespräch mit Martin Wuttke, Berlin, 24. April 2000
340 unehrlich: »Die Woche«, 22. Juli 1993
340 Shakespeare: Gespräch am 3. September 1998
341 Spitzel: Gespräch mit Wolf Biermann vom 31. Januar 1998
341 Ernüchterung: Berbig 1994, 40
342 Maßnahme: Werner Hecht: Brecht Chronik 1898–1956, Frankfurt am Main 1997, 1248
342 Geschichte: T 6, 85
343 Stelle: GI 1, 54
343 Mikrowelt: Fiebach 1990, 140
343 hingehe: W 2, 154
343 Rastern: GI 1, 46
344 Präsentation: GI 1, 47
344 Anwendung: GI 1, 21
344 Formensprache: Schulz 1994, 624
345 Auswicklung: JN, 16

345 Kunstavantgarde: Fiebach 1990, 78
346 Moderne: Gespräch am 17. Juni 1998
346 Regieanweisungen: Kalkfell, 141
346 Kopf: RHM, 108
346 Publikum: »die tageszeitung«, Lokalteil Hamburg, 4. Oktober 1986
346 Deutschland: KoS, 266
347 Epochen: WT, 43
347 Zahnräder: *KoS, 428
347 geplant: *KoS, 424
347 Kostoff: KoS, 292 f.
348 Rehabilitierung: KoS, 292
348 Welt: *KoS, 423
348 in B.: *KoS, 426
348 lokalisiert: *KoS, 423
348 aufgefächert: KoS, 293
348 Stücken: KoS, 292
348 Friedhof: *KoS, 426
348 Schrumpfkopf: KoS, 294
348 Stalinismus: Ebd.
348 Dialog: *KoS, 426
349 Situation: »France nouvelle«, 29. Januar 1979
349 Manson: *KoS, 425
349 Wahrheit: KoS, 294
349 Geschichte: *KoS, 426
349 Erfahrung: Interview mit »Libération«, Sommer 1988; zitiert nach Fiebach 1990, 298
349 Intellektuellen: Schulz 1980, 149
349 Europa: T 6, 89
350 Hoffnung: T 6, 93
350 Schiwago: T 6, 93
350 Fazit: Emmerich 1992, 294 f.
350 Strick: T 6, 95
350 Gefängnis: T 6, 96
351 Verpackung: T 6, 97
351 Stimme: Hörnigk 1981, 128
351 Positionen: Ebd., 127
352 Dramatik: Müller-Waldeck 1979, 227
352 Hölderlin: T 6, 97
352 Seiten: Zit. nach Hörnigk, 128
352 Bewegung: Schumacher 1996, 831
352 Zürich: *KoS, 428
353 Regiearbeit: Schlichting 1996
353 Inszenieren: Girshausen 1978, 67
353 Gießen: HMA, 57
353 Minuten: Storch 1988, 62
354 Kontur: KoS, 334
355 Collage-Romanen: KoS, 268 f.
355 Schrei: T 7, 37
356 Avantgarde: Fiebach 1981, 127 f.
356 Schauspieler: KoS, 269
357 Wirklichkeit: Programmheft »*Mauser*«, Basler Theater, Spielzeit 1985/86
357 Mitleid: KoS, 270
357 Identifikationsfigur: KoS, 269
357 Wahrnehmung: Fiebach 1981, 118 f.
358 Betrachter: Ebd., 123
358 eindimensional: Ebd., 124
358 Jahrhunderts: Ebd., 126
358 Gesellschaft: Ebd., 129
358 Romantik: Ebd., 130
359 Demontage: T 5, 46 f.
359 aufzuführen: »Tagesspiegel«, 16. Dezember 1983
359 Geschmacklosigkeit: Schulz 1980, 139
359 Subjektivität: »Frankfurter Allgemeine Zeitung«, 7. Februar 1978
359 Talent: Ebd.
359 Visionen: Müller-Waldeck 1979, 226 f.
360 Regieanweisungen: *KoS, 383

360 Historienabschreiber: »Süddeutsche Zeitung«, 6. Juni 1990
360 Kritik: *KoS, 384
360 Gastarbeitern: *KoS, 382
360 Blutstrom: *KoS, 385
361 vorabgedruckt: *KoS, 430
361 Stalinismus: Kalkfell, 70
361 Liquidator: KoS, 297
361 Jamaika: Ebd.
361 Dramaturgie: *KoS, 430
361 zuwider: GI 1, 114
361 reisen: GI 3, 77
362 Lichtern: *KoS, 431 f.
362 Welt: KoS, 297
362 Details: *KoS, 431
362 Paternoster: KoS, 298
362 Schlange: *KoS, 433
363 Oktoberrevolution: Kalkfell, 70
363 Revolution: Gespräch mit Schwiedrzik
363 Erbrecht: T 7, 48
364 Universalgeschichte: Gespräch mit Schwiedrzik
364 Messer: T 7, 68
364 Beil: T 7, 70
364 Sklaven: T 7, 64
364 Befehl: Ebd.
364 Körper: Schulz 1994, 623
365 Fahrstuhl: Hörnigk 1981, 128 f.
365 Blut: T 7, 43
365 Zurückgehen: »Berliner Zeitung«, 17. April 1980; zit. nach Hörnigk 1981, 125–128
366 Haut: T 7, 56
367 Monolog: Gespräch mit Schwiedrzik
367 Devisenvergehen: »Neues Deutschland«, 9. Januar 1996
367 Aufführung: Gespräch mit Karlheinz Braun vom 17. Juni 1998
367 Hermand: Kalkfell, 75
368 Brisanz: Gespräch am 17. Juni 1998
368 Inszenierungen: »Neues Deutschland«, 9. Januar 1996
368 Dario Fo: »Die Zeit«, 7. April 1995
368 Problem: »stücke '82. Mülheimer Theatertage 15.–28. Mai. Nachricht Nr. 2«
368 harmlos: Gespräch am 17. Juni 1998
369 Mauer: GI 1, 85
369 Staaten: N, 42
370 Geschäftsgang: Kopie im Archiv des henschel SCHAUSPIEL Theaterverlags
371 DDR: Wolfgang Schuch, Brief vom 1. März 1999
372 Medieneinrichtungen: Schreiben von Kuno Mittelstädt an die Kulturabteilung der SED vom 18. Februar 1983; Archiv des henschel SCHAUSPIEL Theaterverlags
372 Spiel: »Gondroms Festspielmagazin« 1993
372 Reglements: Brief von Wolfgang Schuch vom 1. März 1999
372 zweiundsechzigmal: »Neues Deutschland«, 9. Januar 1996
372 Gaststar: Peter Voigt; HMA, 78
372 hinzupilgern: Kalkfell, 40 f.
373 Kontraste: HMA, 32
373 Schiffsraum: Kalkfell, 104
373 Sonnenuntergänge: Gespräch mit Margarita Broich, Berlin, 24. April 2000
373 Hexen: *KoS, 467
374 Angeln: Gespräch mit Margarita Broich, Berlin, 24. April 2000

374 Birne: »Stern« 29/92, 61
374 Griff: Ebd.
374 Schichtkuchen: Ebd.
375 Chaos: »Frankfurter Allgemeine Zeitung«, 10. September 1999
375 Aufzeichnungen: Gespräch mit Margarita Broich, Berlin, 24. April 2000
375 Arbeitsruhe: Gespräch mit Martin Wuttke, Berlin, 24. April 2000
376 Echo: Gespräch mit Renate Ziemer, Berlin, 27. November 2000
377 Kopierer: Ebd.
377 Inge: *KoS, 466.
377 Macht: Kalkfell, 30
377 Schießbefehl: »Die Zeit«, 14. August 1987
378 DDR-Publikum: Gespräch mit Ginka Tscholakowa, Berlin, 28. November 2000
378 Verhalten: Gespräch mit Stephan Suschke, Berlin, 28. November 2000
378 Rückzug: Storch 1988, 23
379 Zeit: Gespräch mit Ginka Tscholakowa, Berlin, 28. November 2000
380 Alltag: R, 199 f.
380 Trick: Gespräch mit Margarita Broich, Berlin, 24. April 2000
380 Kombination: Gespräch mit Margarita Broich, Berlin, 24. April 2000
381 Sachen: Gespräch mit Margarita Broich, 30. Dezember 1998
381 Vorteil: Ebd.
381 Visum: Gespräch mit Margarita Broich, Berlin, 24. April 2000
382 Heiner: Gespräch mit B. K. und Christa Tragelehn, Berlin, 23./24. April 2000
382 FAZ: »Der Spiegel« 7/1988
382 Whiskey: Brief von K. D. Wolff, 16. Mai 2000
382 Stromausfall: Gespräch mit Margarita Broich, Berlin, 24. April 2000
383 Erotik: Gespräch mit Martin Wuttke, Berlin, 24. April 2000
384 Treffen: Gespräch mit Margarita Broich, 30. Dezember 1998
384 Lebensgefühl: Gespräch mit Margarita Broich, Berlin, 24. April 2000
384 Seite: Gespräch mit Christa Tragelehn, Berlin, 23./24. April 2000
385 Aufträge: KoS, 144
386 Lacherfolg: *KoS, 460
386 Staatstheaters: GI 1, 153
386 Heibert: »Theater heute« 11/1986, 19–24
387 Schmidt: »Ruhr-Nachrichten«, 28. November 1986
387 Sucher: »Süddeutsche Zeitung«, 2. November 1987
388 Glitz: »die tageszeitung«, 9. Dezember 1986
390 Konflikte: »Kunst & Kultur«, Februar 1994, Nr. 1
391 Musik: *KoS, 545
391 Problem: *KoS, 544
391 Kapitel: Karlheinz Braun, Gespräch am 17. Juni 1998
391 Geld: »Gondroms Festspielmagazin« 1993
391 Ton: *KoS, 485
391 Schnellproduktion: *KoS, 486
392 Nagel: Storch 1988, 62

392 Las Vegas: Mitteilung von Margarita Broich, Juni 2000
392 Beziehung: *KoS, 488
392 Proben: *KoS, 489
392 Notsituationen: »Wochenpost«, 5. Januar 1994
392 Whisky: 41/1993
393 Bühnenzeit: Arnold 1997, 101
393 Druck: »die tageszeitung«, Hamburg, 4. Oktober 1986
393 Henrichs: »Die Zeit«, 5. Januar 1996
393 Jenny: »Der Spiegel« 40/1993, 4. Oktober 1993
393 Bedeutung: *KoS, 495
393 Idee: »die tageszeitung«, Hamburg, 4. Oktober 1986
394 Wörter: Ebd.
394 Pees: »Süddeutsche Zeitung«, 14. Dezember 1994
394 The Forest: Gespräch mit Martin Wuttke, Berlin, 24. April 2000
395 Plan: GI 1, 125
396 Müllerin: KoS, 317 f.
396 gelesen: KoS, 316
396 Heinrich Mann: *KoS, 462
396 Codes: *KoS, 463
396 Spiel: KoS, 316 f.
396 Mauser: Programmheft »*Mauser*«, Basel, Spielzeit 1985/39786
397 geschmacklos: T 7, 87
397 Kuh: T 7, 73
397 Besichtigung: T 7, 76
397 Krebs: T 7, 90
397 Bunker: T 7, 71
398 Pöbel: T 7, 76
398 Impulsen: GI 1, 124
398 Peymann: *KoS, 465
399 Saison: *KoS, 466
399 Anschlag: Zitiert nach GI 1, 124
399 Broadway: Gespräch am 17. Juni 1998
399 Dallas: Storch 1988, 67
399 Tante: GI 1, 139
399 Schweinerei: *KoS, 466
400 Edelmann: Programmheft »*Quartett*«, Berlin 1988
400 Akt: »Berliner Zeitung«, 19./20. Februar 2000
400 Erfolg: LV, 174
401 Zeilen: »Der Spiegel« 19/1983
401 Karasek: Ebd.
401 Prosa: *KoS, 469
401 Kolonisierung: »Der Spiegel« 19/1983
401 Badetag: *KoS, 468
401 Fahrt: KoS, 319
402 Würmer: T 7, 91
402 Ehe: *KoS, 469
402 Ehestreits: KoS, 319
402 Mann: T 7, 97
402 Nietzsche: *KoS, 473, 477
402 Ajax: KoS, 321
402 Traum: *KoS, 474
402 Männerteil: *KoS, 469
402 Argonauten: T 7, 91
403 Eliots: Storch 1988, 104
403 Waldgeräuschen: *KoS, 476
403 Naturalismus: T 7, 101
404 Suff: Zit. nach »Rheinische Post«, 15. Mai 1996
404 Janz: Klussmann/Mohr 1990, 175
404 Traum: KoS, 342
404 Freundin: *KoS, 450
405 Hänger: Gespräch mit Margarita Broich, 30. Dezember 1998
405 Symbolen: KoS, 342
405 direkt: *KoS, 450
405 Sofia: *KoS, 453
407 Schauspieler: *KoS, 452
407 Modell: Programmheft »*Bildbeschreibung*«, Graz 1985
407 Identität: *KoS, 453 f.
408 krudes: GI 1,146

408 Oberfläche: GI 1, 182
408 Guevara: T 7, 104
408 Stürmen: T 9, 126
408 Welt: *KoS, 481
409 Text: Ebd.
409 Rom: KoS, 323
409 zehn Jahre: *KoS, 479
409 Aktualität: *KoS, 480
409 Inszenierung: *KoS, 480–482
410 Niederungen: *KoS, 481 f.
410 Panzerketten: T 9, 126–128
410 Einheit: T 9, 224
411 Verräter: T 9, 135
411 Kannibalenschmaus: Programmheft *»Titus«*, Dresden 1987
411 Steppe: T 9, 222
412 Text: T 9, 224
412 Jenny: »Der Spiegel« 8, 18. Februar 1985
412 Abstand: *KoS, 482
413 Regierungsebene: KoS, 215 f.
414 Verehrung: Programmheft *»Mauser«*, Basel, Spielzeit 1985/86
414 montiert: Fiebach 1990, 204
415 Welt: »Tagesspiegel«, 20. Februar 1986
415 Aderlaß: Klaus Pfützner im »Neuen Deutschland«, 9. Januar 1996
415 Zensur: KoS, 413
415 Intendanten: KoS, 356
416 Dramatiker: N, 24
417 überflüssig: »Süddeutsche Zeitung«, 6. Juni 1990
417 Wirkung: »Gondroms Festspielmagazin« 1993
418 Sache: T 7, 58–60
418 Glückwünsche: SAdK/HMA
418 Erdbeben: T 6, 85
418 Spielmodell: GI 1, 189
418 Idealkonstruktionen: R, 141
418 Freiräume: GI 1, 191
420 Prozeß: »Blätter für deutsche und internationale Politik«, 9/1986, 1148–1152
420 Umgestaltung: Dokumentation der Rede in: »Blätter für deutsche und internationale Politik«, 3/1987, 377–438
422 Verantwortung: GI 1, 189
422 Bedingungen: KoS, 412 f.
422 reformierbar: KoS, 438
423 Fernsehen: KoS, 344
423 Blocks: Ebd.
423 Stalin: *KoS, 500
423 Episoden: Ebd.
424 Tragelehn: Ebd.
424 Berlin: RHM, 78
424 Erzählebene: GI 1, 182
425 Budapest: *KoS, 502
425 Möglichkeit: T 8, 249
426 Grundfigur: WCM, 42
427 Angst: T 8, 244
427 Utopie: GI 1, 185
427 Militärmaschine: »Freitag«, 12. Mai 1995
427 Deserteur: GI 1, 188
427 Konkreten: GI 1, 192
428 Faszination: *KoS, 505 f.
428 Sache: *KoS, 506
428 Stalin: T 9, 232
428 Chaos: Gespräch mit Margarita Broich, Berlin, 24. April 2000
430 Implosion: KoS, 351
431 Dialektik: »Der Spiegel« 38/1977, 212–215
431 chars: *KoS, 502
431 Ersatzöffentlichkeit: Kalkfell, 98
432 Diskussionen: Heinz Klunker, »Vom parasitären Umgang mit einem Gegenwartsstück«. In: Klussmann/Mohr 1990, 41

432 Vorspiel: KoS, 345
432 Theater: *KoS, 501 f.
432 Höflichkeitsfloskeln: *KoS, 501
433 Räumen: Wolfgang Schuch, Brief vom 9. Februar 2000
433 Tisch: KoS, 349 f.
433 Manege: HMA, 48
434 Abschied: KoS, 351
434 Gespräche: *KoS, 450
434 Fassungsbesprechung: Steinweg 1972, 254 f.
434 Kondensate: *KoS, 450
434 Schlachtfeldern: *KoS, 448
434 Lenin: KoS, 309
435 Bedürfnisse: »Die Zeit«, 17. März 1978
435 Gefühls: *KoS, 447
435 Problematik: GI 1, 25 f.
435 Puzzle: KoS, 310
435 Brüder: Fatzer, 109 f.
435 Terror: KoS, 310
435 Töten: KoS, 312
435 Glutkern: KoS, 316
436 Gewalt: KoS, 311
436 Mogadischu: KoS, 311
436 Staat: Fatzer, 118
437 Variante: »Theater der Zeit« 1/1997, Spezial: Heiner Müller, XIX–XXIV
437 DDR: »Blätter für deutsche und internationale Politik« 2/1989, 134
438 Liquidator: »Der Spiegel« 12/1995, 20. März 1995
441 Zuckerschlecken: KoS, 414
441 Mafioso: GI 3, 73
441 Lammert: Gespräch mit Mark Lammert, Berlin, 27. November 2000
442 Versäumtes: »Neue Zürcher Zeitung«, 30. November 1990
442 zehn Jahren: »Literatur Konkret« 15, 1990/91, 69
442 Wirklichkeit: N, 27
443 Misere: Arnold 1997, 190
443 Stückeschreiben: »Gondroms Festspielmagazin« 1993
444 Schauspielern: KoS, 299
444 Freiheit: Gespräch mit Karlheinz Braun, 17. Juni 1998
444 Material: »Süddeutsche Zeitung«, 16. Januar 1996
445 Figur: Gespräch mit B. K. Tragelehn, Berlin, 23./24. April 2000
445 Machtwechsel: RHM, 199
445 marginal: Linzer 1996, 13
445 Entwicklung: Arnold 1997, 164
446 Darstellungsweise: »Frankfurter Rundschau«, 12. September 1974
447 Studie: Martin Linzer, RHM, 12
447 Verbindlichkeit: Arnold 1997, 165
447 Sicherheitswesen: RHM, 150
447 Gesellschaft: RHM, 199
447 Jahre: Arnold 1997, 169
448 Willkür: »Blätter für deutsche und internationale Politik« 12/1987, 1602–1616
448 Schuld: T 6, 53
448 Drehpunkt: RHM, 74 f.
449 Referieren: RHM, 200
449 dumm: RHM, 108
449 Selbstkritik: GI 2, 103
449 Riß: RHM, 200
449 Abgrund: RHM, 134
449 Hamletproblem: JN, 41
449 Probenergebnis: RHM, 98
450 Tendenzen: »Die Welt«, 16. Januar 1990
450 Grablegung: RHM, 12

450 Gang: RHM, 17
451 Beziehungen: RHM, 164
451 Qualität: Heiner Müller: o. T. – In: »Aus dem Totenhaus«, Edition Pariser Platz 4, Remmert und Richter, Berlin 1991
452 Weile: »Frankfurter Allgemeine Zeitung«, 18. Juli 1990
453 Auslöschung: »Literatur konkret« 15, 1990/91
453 Künstlersozietät: »Neues Deutschland«, 4. Juni 1991
453 Vereinigung: Gespräch mit Mark Lammert, Berlin, 27. November 2000
453 DDR: Gespräch mit Ginka Tscholakowa, Berlin, 28. November 2000
453 Versuch: Gespräch mit Renate Ziemer, Berlin, 27. November 2000
454 Verfügung: GI 3, 138
454 Ost: »Neues Deutschland«, 19. Dezember 1991
454 Ostakademie: »Süddeutsche Zeitung«, 19. Dezember 1991
455 Arbeitsplatz: »Theater der Zeit«, März/April 1996, 6
455 Dinge: »Freie Presse«, Chemnitz, 10. Juli 1992
456 Eigenschaften: Gespräch mit Karlheinz Braun, 17. Juni 1998
457 Schlammfarben: »Frankfurter Allgemeine Zeitung«, 5. September 1989
457 Völker: LN, 85
458 Wirsing: »Frankfurter Allgemeine Zeitung«, 4. April 1990
458 Besiegten: Aischylos 1991, 76
459 Verfassung: Gespräch mit Stephan Suschke, Berlin, 28. November 2000
460 Folgen: »Hamburger Abendblatt«, 24. Juli 1993
461 Birne: Gespräch mit B. K. und Christa Tragelehn, Berlin, 23./24. April 2000
461 Distanz: »Süddeutsche Zeitung«, 13. April 1995
461 Kneipe: »Süddeutsche Zeitung«, 13. April 1995
462 Mittelsmänner: Gespräch mit Stephan Suschke, Berlin, 28. November 2000
462 Epoche: »kultuRRevolution« 30, Oktober 1994
463 Verfügung: KoS, 367
463 Erinnerung: Gespräch mit Hendrik Werner, 7. Mai 1995; Schmidt/Vaßen Bd. 2, 342
464 Leerstellen: Raddatz 1991, 3 spricht von »autobiographischen Texten«. Vgl. Jean-Pierre Morel, »Heiner Müller: aperçu chronologique«. In: »Etudes Germaniques« 48 1993, Heft 1, 95–114; das entgegengesetzte Extrem: Schulz 1980, 173–177
464 Persönliches: GI 1, 95
464 Biographischen: GI 1, 195
464 Ansatz: Raddatz 1991, 50; vgl. ebd. 3 und 8 f.
464 Versuche: *KoS, 6
465 Bewußtseinssystemen: Schulz 1980, 182
465 Todesjahr: W 2, 177
465 Helden: »Focus« 6/1993, 63
465 Kaiser: »Süddeutsche Zeitung«, 20. Juni 1992
466 Finsternisexperte: »Der Spiegel«, 15. Februar 1988
466 Assheuer: »Frankfurter Rundschau«, 1. April 1989
466 Weisen: Thomas Groß, »die tageszeitung«, 3. April 1992

467 Fragwürdigkeiten: N, 21
468 Raucherbein: »Wochenpost«, 5. Januar 1994
468 Rauchverbot: 19. Januar 1994
468 Gorki: Arnold 1997, 186
469 Bücher: Kalkfell, 22
469 Zitate: »Die Weltwoche«, 2. November 1995
469 Goettle: GI 3, 13
470 Mielke: JN, 49
470 UFO: JN, 93
470 Auschwitz: LN, 49
470 Arbeiterklasse: »Berliner Zeitung«, 7. Juni 1995
470 Genie: Gysi 1992, 390 f.
470 Theweleit: »Die Zeit«, 18. August 1995
470 Haltungen: Gespräch mit Stephan Suschke, Berlin, 28. November 2000
470 Hamm: »Neue Zürcher Zeitung«, 8./9. Juli 1995
470 ernsthaft: Programmheft Schauspiel Bonn, März 1987
470 3000 DM: »Reflection comes to an end: the future belongs to the arts«, Amsterdam 1994, 13
471 Impulsen: JN, 90 f.
471 Kind: »Die Zeit«, 14. August 1987
471 Dissident: »Freitag«, 15. Januar 1993
471 Problem: GI 1, 44
472 Perspektive: »Die Zeit«, 14. August 1987
472 Programm: R, 50
472 Zukunftsstruktur: GI 1, 174
472 loyal: GI 1, 82
472 Rätesystems: »Freibeuter« 43, 1990
472 Filiale: KoS, 418 f.
472 Angleichung: GI 3, 135
473 Tragödie: »Gondroms Festspielmagazin« 1993
473 Jesu: JN, 32
473 Frage: »kultuRRevolution« 30, Oktober 1994
473 erledigt: »Die Zeit«, 14. August 1987
473 Monarchie: LV, 118
473 Bindung: »Süddeutsche Zeitung«, 13. April 1995
474 Kalte Krieg: Gespräch mit Stephan Suschke, Berlin, 28. November 2000
474 Freiräume: Gespräch mit Mark Lammert, Berlin, 27. November 2000
475 Einsatz: Gespräch mit Stephan Suschke, Berlin, 28. November 2000
475 Brecht-Bayreuth: »Hannoversche Allgemeine Zeitung«, 17. Juli 1993
475 Fixierung: »Wochenpost«, 5. Januar 1994
475 Moment: GI 1, 180 f.
475 Bedürfnisse: »Gondroms Festspielmagazin« 1993
476 Fürst: »Chemnitzer Morgenpost«, 12. Mai 1993
476 siebzigtausend: »Frankfurter Allgemeine Zeitung«, 15. Januar 1993
477 kollektivieren: Voigt/Kopka 1993
477 Staatssicherheit: Kopien im Archiv B. K. Tragelehn
477 Wasser: »Frankfurter Allgemeine Zeitung«, 16. Januar 1993
478 Aussicht: Ulf Erdmann Ziegler, »die tageszeitung«, 14. Januar 1993

478 dpa: »Rheinische Post«, 12. Januar 1993
479 Hysterie: KoS, 438
479 Schmitter: »die tageszeitung«, 12. Januar 1993
479 Arschloch: »Hamburger Morgenpost«, 15. Januar 1993
479 Schlesinger: KoS, 475
479 Whisky: »Die Welt«, 16. Januar 1993
480 Ehrenkodexes: »Die Zeit«, 22. Januar 1993
480 Verfügung: »Die Zeit«, 29. Januar 1993
480 Na und: »Freitag«, 15. Januar 1999
480 Keuner: »Frankfurter Rundschau«, 16. Januar 1993
480 Hetzblatt: GI 1, 120
480 Schuldgefühle: 22. Dezember 1993
480 Kampagne: 18. Juni 1993
480 Abschottung: »Die Woche«, 15. September 1995
481 Broich: Gespräch am 30. Dezember 1998
481 Assheuer: »Frankfurter Rundschau«, 22. Mai 1993
481 Unschärfe: »Die Woche«, 15. September 1995
481 Raddatz: »Die Zeit«, 29. Januar 1993
481 Assheuer: »Frankfurter Rundschau«, 16. Januar 1993
481 Hetze: Gespräch mit Ginka Tscholakowa, Berlin, 28. November 2000
481 Einsicht: *KoS, 290
481 Diskreditierung: Gespräch mit Stephan Suschke, Berlin, 28. November 2000
482 Objektivität: »Theater heute Jahrbuch« 1995, 6
482 Kafka: »Frankfurter Allgemeine Zeitung«, 16. Januar 1993
483 Schulze: »Frankfurter Allgemeine Zeitung«, 23. März 1993
483 Schödel: »Die Zeit«, 8. Oktober 1993
483 Projekt: »Wochenpost«, 5. Januar 1994
484 Schödel: »Die Zeit«, 8. Oktober 1993
485 Wirkung: Gespräch mit Stephan Suschke, Berlin, 28. November 2000
485 Assoziationsfeld: »Berliner Zeitung«, 7. Juni 1995
486 Maßnahme: »Theater heute Jahrbuch« 1995, 18 und 20
486 Ecken: Gespräch mit Margarita Broich, Berlin, 24. April 2000
486 Wirkung: Gespräch mit Stephan Suschke, Berlin, 28. November 2000
487 Markenzeichen: »Berliner Zeitung«, 30. März 1999
487 Gründe: Gespräch mit Stephan Suschke, Berlin, 28. November 2000
487 Menschenfeindlich: »Die Welt«, 10. März 1995
487 Tragödien: 5. Mai 1995
487 Eitelkeitspunkt: Gespräch mit Stephan Suschke, Berlin, 28. November 2000
488 Angelegenheit: »Hannoversche Allgemeine Zeitung«, 17. Juli 1993
488 Scheiße: »Der Spiegel« 4/1995
489 Niveau: Gespräch mit Martin Wuttke, Berlin, 24. April 2000

489 Ultimatum: Gespräch mit Stephan Suschke, Berlin, 28. November 2000
489 Richtung: »Die Welt«, 10. März 1995
490 Angst: »Süddeutsche Zeitung«, 14. März 1995
490 Erfolg: »Der Spiegel« 12, 20. März 1995
490 Ellenbogen: Gespräch mit Harald Biskup, 21. April 1995
490 geliebt: »Focus« 40, 30. September 1995
490 Klopfzeichen: Gespräch mit Stephan Suschke, Berlin, 28. November 2000
490 Widerspruch: Gespräch mit Stephan Suschke, Berlin, 28. November 2000
491 Gysi: »Frankfurter Allgemeine Zeitung«, 16. März 1995
491 Schall: »Frankfurter Rundschau«, 16. März 1995
491 Greisen: »Mitteldeutsche Zeitung«, 21. April 1995
492 Holzapfel: »Die Zeit«, 5. Mai 1995
493 Hörspiel: »Gondroms Festspielmagazin« 1993
493 Butterfly: »Hannoversche Allgemeine Zeitung«, 17. Juli 1993
494 Traum: KoS, 340
494 Psychologie: »Gondroms Festspielmagazin« 1993
494 Orgasmus: »Die Woche«, 22. Juli 1993
494 Tod: »Hamburger Abendblatt«, 24. Juli 1993
494 Potential: »Gondroms Festspielmagazin« 1993
494 Bildzeitung: Wolfgang Wagner, »Lebens-Akte«, Verlag Albrecht Knaus 1994, 315–319
496 Orkan: »Frankfurter Allgemeine Zeitung«, 3. September 1994
496 Utopie: »Heiner Müller und sein Werk. Plakate/Material«. Begleitheft zur Ausstellung im Kleinen Plakatmuseum Bayreuth Juli-August 1999, hrsg. von Joachim Schultz, 15
496 Liebesbegier: »Süddeutsche Zeitung«, 27. Juli 1993
496 Jungheinrich: »Frankfurter Rundschau«, 27. Juli 1993
497 Distanz: »Frankfurter Allgemeine Zeitung«, 28. Juli 1995
497 bequem: »Gondroms Festspielmagazin« 1993
497 John: »Schweriner Volkszeitung«, 16./17. Januar 1999
498 Protagonisten: Rochow/Schalk 1997, 53
498 Binnenstruktur: GI 3, 203 f.
498 Gemeinschaftsgefühl: Programmheft *»Mauser«*, Basler Theater, Spielzeit 1985/86
498 Kluge: WT, 79
498 alles nicht so: »Schattenlinien«, Nr. 8/9, 1994, 28
498 Peyret: RHM, 178
499 weiter war: Gespräch mit Margarita Broich, Berlin, 24. April 2000
499 Zur Zeit: »kultuRRevolution« 30, Oktober 1994
499 Cäsaren: W I, 261.
499 Maske: Helmut Böttiger, »Frankfurter Rundschau«, 16. Juli 1994
499 Trümmer: Christa Wolf, »Hierzulande Andernorts«, München 1999, 97

499 Gegnerschaft: »Die Woche«, 15. September 1995
499 abhängig: GI 3, 133
500 Clinch: T 9, 228
500 Kollisionen: »Wochenpost«, 5. Januar 1994
500 Brandung: W I, 317
500 Schreibschwierigkeit: Gespräch mit Stephan Suschke, Berlin, 28. November 2000
500 Prozessen: Gespräch mit Martin Wuttke, Berlin, 24. April 2000
500 Stücke: RHM, 199
501 zum Reden: Nr. 12, 20. März 1995
501 Erscheinungsweisen: Gespräch mit Mark Lammert, Berlin, 27. November 2000
501 Vierteln: »Freitag«, 12. Mai 1995
501 Marquardt: Hörnigk 1996, 6
501 Schwamm: Gespräch mit Stephan Suschke, Berlin, 28. November 2000
502 Böttiger: »Frankfurter Rundschau«, 16. Juli 1994
502 Dialogstruktur: R, 185
503 Wuttke: Gespräch am 24. April 2000
503 progress: Gespräch mit Martin Wuttke, Berlin, 24. April 2000
504 Familienbildes: Diskussion mit B. K. Tragelehn, Stuttgart, 25. November 2000 (Tagung der Evangelischen Akademie Bad Boll, 24.–26. 11. 2000)
504 Marquardt: »Berliner Zeitung«, 16. März 1995
504 Erwartungsdruck: »Der Spiegel« 12/1995, 20. März
504 vorstellen: Gespräch mit Martin Wuttke, Berlin, 24. April 2000
504 Ärmel: Gespräch mit Mark Lammert, Berlin, 27. November 2000
505 Totentanz: HMA, 69
505 Vorstellung: 3. Oktober 1990
505 untergegangen: »Chemnitzer Morgenpost«, 12. Mai 1993
505 vorgesehen: »Frankfurter Rundschau«, 25. Oktober 1995
505 Probenbeginn: »Tagesspiegel«, 2. Januar 1996
506 Fans: »Die Zeit«, 31. Mai 1996
506 Epigone: »Das Sonntagsblatt«, 31. Mai 1996
506 Interviews: 28. Mai 1996
506 Schuldgefühl: LV, 56
507 Abwehrkräfte: Kalkfell, 19
507 Öffentlichkeit: »Theater heute Jahrbuch« 1995, 27
507 Metastasen: 20. Oktober 1994
507 Witze: »Süddeutsche Zeitung«, 14. Dezember 1994
508 Rauchverbot: 9. Januar 1997
508 Realität: »Theater der Zeit«, März/April 1996, S. 11
508 Entscheidungen: Gespräch mit Stephan Suschke, Berlin, 28. November 2000
509 Dramatiker: Alexander Kluge, »Chronik der Gefühle. Band II: Lebensläufe«, Frankfurt am Main 2000, 1009
510 Aufsatz: Arnold 1991, 246–257
510 Gerede: Herzinger 1993, 77
510 Überfremdung: vgl. R, 161; GI 1, 172 f.; Herzinger 1993, 81
510 Denken: Herzinger 1993, 85

510 Kategorien: KoS, 272
511 festgelegt: GI 3, 178
511 Wunsch: KoS, 275
511 Ähnlichkeit: *KoS, 402
511 Assheuer: »Frankfurter Rundschau«, 9. Juni 1993
511 Wunschreservoir: GI 3, 193
512 Grausamkeit: »Frankfurter Allgemeine Zeitung«, 26. Oktober 1995
512 Lebenden: »die tageszeitung«, 28. Oktober 1995
512 ausgeschlossen: »Kölner Stadt-Anzeiger«, 23. Oktober 1995
512 Vatikan: Kalkfell, 12
512 Boulez: Kalkfell, 134 und 82
513 Publikum: B. K. Tragelehn, »Der Künstler das Kind«. In: »Der Tagesspiegel«, 9. Januar 1999
513 Gewicht: Gespräch mit Margarita Broich, 30. Dezember 1998
514 Marquardt: Kalkfell, 23
514 Okkultismus: *KoS, 328 f.
515 Steiner: Ebd.
515 übermorgen: Gespräch mit Martin Wuttke, Berlin, 24. April 2000
515 Arbeitsjournals: »Das Sonntagsblatt«, 19. Januar 1996
515 Effi Briest: »Die Woche«, 15. September 1995
515 Hoppe: »Das Sonntagsblatt«, Nr. 3, 19. Januar 1996
516 sterbe ich nicht: Gespräch mit Stephan Suschke, 27. November 2000
516 Nasenlöcher: Alexander Kluge, »Chronik der Gefühle. Band I: Basisgeschichten«, Frankfurt am Main 2000, 73
517 Goethe: Gespräch mit Margarita Broich, 30. Dezember 1998/ 24. April 2000
517 Lammert: Gespräch mit Mark Lammert, Berlin, 27. November 2000
517 Erstdruck: »Die Zeit«, 15. Dezember 1989
517 Manuskript: HMA, 56
517 Indianerin: »Die Woche«, 22. Juli 1993
517 Virilio: »Drucksache N. F. 1«, 8
518 Wortbrücke: György Konrád, »Frankfurter Rundschau«, 9. Januar 1999
518 Gedenkmarathon: »Der Spiegel« 3/1996
518 Delirium: »Die Woche«, 26. Januar 1996
518 Herzinger: Arnold 1997, 51
519 ihr müßt: Stefan Reinecke, »die tageszeitung«, 30. Dezember 1996
519 Gerd Müller: *KoS, 431
520 Verfügung: »Der Spiegel« 23/1996
520 Brief: Gespräch mit Brigitte Maria Mayer, Düsseldorf, 5. Mai 1999
520 Minna: »Neues Deutschland«, 5. Juni 1996
521 Pessimist: »Neues Deutschland«, 4. Juni 1996
521 Schaffen: »Tagesspiegel« und »Berliner Zeitung«, 31. März 1998
521 Torso: Alexander Setzer-Rubruck, »Zitat oder Plagiat. Heiner Müllers Textcollage und die Brecht-Erben«. In: »Kunst & Kultur« 6/1999, Heft 7, 42

522 Ausverkauf: »Frankfurter Allgemeine Zeitung«, 8. Juli 1999
523 Geulen: Verlagsarchiv Stroemfeld Verlag
523 Sicherheitsbetrag: Gespräch mit Mark Lammert, Berlin, 28. November 2000
524 Aufgaben: »Frankfurter Rundschau«, 12. Dezember 1989
525 Komponente: Karlheinz Braun, Gespräch am 17. Juni 1998
526 Schaper: »Süddeutsche Zeitung«, 15. Juli 1988
526 Raum: Schulz 1980, 15
526 Jahrhunderts: Buck 1997, 3
526 Mühlisch: »Die Welt«, 9. Januar 1989
526 Tragödiendichter: »Die Zeit«, 8. Juni 1990
526 Salonkommunist: »Pankraz«, »Die Welt«, 19. September 1988
526 beliebtestem: »Die Welt«, 29. September 1990
526 Noll: Ebd.
527 Pohl: 15. Januar 2000
527 Artaud: R, 169
527 Darstellung: Zit. wird ein (von Müller gestrichener) Satz in der »Anmerkung« zu »Verkommenes Ufer« (Manuskript in Privatbesitz)

Aus einem am 5. Mai 1999 in Düsseldorf geführten, auf Band dokumentierten Gespräch mit Brigitte Maria Mayer wurde auf nachträglichen Wunsch der Interviewten nicht zitiert. Daraus resultierende Disproportionen der Darstellung waren leider nicht zu kompensieren.

ZEITTAFEL

(Neben ausgewählten biographischen Daten werden wichtige Aufführungen, zumeist die Uraufführungen genannt)

9. 01. 1929	Reimund *Heiner* Müller in Eppendorf/Sachsen geboren. Eltern: Kurt Müller (Verwaltungsangestellter; Funktionär der Sozialistischen Arbeiterpartei), Ella Müller geb. Ruhland (Näherin, SPD-Mitglied). Großeltern: Max und Anna Müller in Bräunsdorf, Bruno und Ernestine Ruhland in Eppendorf
1933	Verhaftung des Vaters durch die SA; Internierung im Lager Flöha, dann im KZ Sachsenburg. Umzug der Familie zu den Großeltern nach Bräunsdorf
1935–1938	Besuch der Volksschule in Bräunsdorf
1938	Umzug der Familie nach Waren/Müritz. Fortsetzung der Volksschule
1939	Wechsel zur Mittelschule
1940	Zwangsmitgliedschaft im Deutschen Jungvolk. Dreiwöchige Untersuchungshaft des Vaters nach einer Denunziation
1941	Wechsel zur Oberschule. Geburt des Bruders Wolfgang
1943	Dienstpflicht in der Hitlerjugend. Einberufung des Vaters zur Wehrmacht
1944	Schließung des Gymnasiums in Waren; Einberufung der Schüler in den höheren Klassen zum Reichsarbeitsdienst
1945	Ausbildungslager bei Wismar. Nach Kriegsende kurze Internierung in einem amerikanischen Kriegsgefangenenlager. Rückkehr des Vaters aus amerikanischer Kriegsgefangenschaft, Wiederaufnahme seiner politischen Tätigkeit als SPD-Funktionär
1945/46	Mitarbeiter des Landratsamts Waren. Danach Fortsetzung des Schulbesuchs. Beitritt zur SPD
1947	Umzug nach Frankenberg/Sachsen. Wahl des Vaters zum SED-Bürgermeister
1948	Schülerinszenierung von Kleists »Zerbrochenem Krug«. Nach dem Abitur Hilfsbibliothekar an der Stadtbücherei. Als Mitglied der Frankenberger FDJ Gründung eines »Arbeitsaktivs Junger Autoren«

1949	Journalistische Tätigkeit als »Volkskorrespondent« für die Chemnitzer »Volksstimme«. Delegation zum FDJ-Schriftstellerlehrgang in Radebeul
1950	Verlobung mit der Mitschülerin Rosemarie Fritzsche. Teilnahme am Schriftstellerlehrgang in Bad Saarow
1951	Flucht der Eltern in den Westen. Längerer Aufenthalt in Berlin. Erste Publikationen in der Wochenzeitung »Sonntag« und der kulturpolitischen Monatsschrift »Aufbau«. Literarische Gelegenheitsarbeiten für den Zentralrat der FDJ im Rahmen der »III. Weltfestspiele der Jugend und Studenten für den Frieden«. Eheschließung mit Rosemarie Fritzsche. Rückkehr nach Frankenberg. Geburt der Tochter Regine
1951–1954	Erfolglose Bemühungen um eine Mitarbeit am Berliner Ensemble
1952	Übersiedlung nach Berlin. Journalistische Tätigkeit; Lektoratsarbeit für den Aufbau-Verlag
1953	Mitglied des Deutschen Schriftstellerverbands (DSV). Publikationen in »Neue Deutsche Literatur«. Ehescheidung und zweite Eheschließung mit Rosemarie Fritzsche. Bekanntschaft mit der Journalistin und Kinderbuchautorin Ingeborg Schwenkner
1953/54	Regelmäßige Mitarbeit am »Sonntag«
1954	Müller zieht in das Haus des Ehepaars Schwenkner in Lehnitz
1955	Zweite Ehescheidung von Rosemarie Fritzsche. Eheschließung mit Ingeborg Schwenkner (Inge Müller); Adoption ihres Sohnes Bernd
1956/57	Stipendium des Kulturfonds für das Hörspiel *»Der Lohndrücker«* (zusammen mit Inge Müller). Mitarbeiter für Dramatik der wissenschaftlichen Abteilung des DSV.
1957	*»Der Lohndrücker«* in »Neue Deutsche Literatur«. Zusammen mit Hagen Müller-Stahl (Mitarbeit: Inge Müller): *»Zehn Tage die die Welt erschütterten«* (Volksbühne). Anerkennungspreis des Kulturministeriums für »Lohndrücker«
1957/58	Redakteur der FDJ-Zeitschrift »Junge Kunst«
1958	*»Der Lohndrücker»* / *»Die Korrektur«* (Maxim-Gorki-Theater). *»Die Brücke. Ein Bericht aus Klettwitz«* (Hörspiel, Radio DDR). Umzug des Bruders Wolfgang von Reutlingen nach Lehnitz
1958/59	Dramaturg am Maxim-Gorki-Theater
1959	Heinrich-Mann-Preis der Akademie der Künste (zusammen mit Inge Müller). Umzug nach Pankow

1961	*»Die Umsiedlerin oder Das Leben auf dem Lande«* (Studentenbühne der Hochschule für Ökonomie Karlshorst). Ausschluß aus dem DSV
1962–1964	Arbeiten für Rundfunk, DEFA und Fernsehen
1963	Publikationen in der FDJ-Zeitschrift »Forum«
1964	Erich-Weinert-Medaille der FDJ im Kollektiv
1966	Selbstmord Inge Müllers. Bekanntschaft mit Ginka Tscholakowa, Studentin der Theaterwissenschaften
1967	*»Ödipus Tyrann«* (Deutsches Theater)
1968	*»Philoktet«* (Residenztheater München)
1969	*»Horizonte«* (Volksbühne«). *»Lanzelot«* (Deutsche Staatsoper)
1970	Eheschließung mit Ginka Tscholakowa
1970–1977	Dramaturg am Berliner Ensemble
1971	Förderpreis zum Lessingpreis des Hamburger Senats (abgelehnt). *»Weiberkomödie«* (Städtische Bühnen Magdeburg)
1972	*»Macbeth«* (Theater der Stadt Brandenburg)
1973	*»Der Horatier«* (Schillertheater). *»Zement«* (Berliner Ensemble)
1974	Kritikerpreis der »Berliner Zeitung«
1975	Lessing-Preis der DDR. *»Die Schlacht»* / *»Traktor«* (Volksbühne). *»Mauser«* (Austin, University of Texas)
1975/76	1. USA-Reise
1976	Kritikerpreis der »Berliner Zeitung«. Unterzeichnung der Biermann-Petition; seitdem »operative Personenkontrolle« durch die Staatssicherheit
1977–1982	Dramaturg an der Volksbühne
1978	Bertolt Brecht: »Der Untergang des Egoisten Johann Fatzer«, Bühnenfassung von Heiner Müller (Deutsches Schauspielhaus Hamburg). *»Germania Tod in Berlin«* (Kammerspiele München)
1979	Theaterpreis der Stadt Mülheim. *»Leben Gundlings«* (Schauspiel Frankfurt). 2. USA-Reise. Umzug nach Lichtenberg
1980	*»Der Bau«* (Volksbühne). *»Der Auftrag«* (Volksbühne; Regie: Müller/Tscholakowa)
1981	Bekanntschaft mit der Theaterfotografin Margarita Broich
1981–1989	Gespräche mit Offizieren der Staatssicherheit; aus taktischen Gründen wird Müller als »Informeller Mitarbeiter« geführt
1982	*»Der Auftrag«* (Schauspielhaus Bochum; Regie: Heiner Müller). *»Quartett«* (Schauspielhaus Bochum). Mit Margarita Broich Urlaub in Mecklenburg. *»Rotwelsch«* (Merve-Verlag). *»Macbeth«* (Volksbühne; Regie: Müller/Tscholakowa)
1983	»Verkommenes Ufer« (Schauspielhaus Bochum). Heiner-Müller-Festival des HOT-Theaters in Den Haag

1983/84	Lesereise in Baden-Württemberg
1984	Aufenthalt in Südfrankreich. Wahl zum Mitglied der Akademie der Künste der DDR. Aufenthalt in Venedig, Mitwirkung an den Aufführungen von Luigi Nonos musikalischer Tragödie »Prometeo«
1985	*»Anatomie Titus«* (Schauspielhaus Bochum). USA-Reise. Griechenland-Aufenthalt. Aufenthalt in Mailand, Mitwirkung an den Aufführungen von Luigi Nonos musikalischer Tragödie »Prometeo« (Neufassung). *»Bildbeschreibung«* (Graz, Steirischer Herbst). Georg-Büchner-Preis der Deutschen Akademie für Sprache und Dichtung
1986	Nationalpreis Erster Klasse der DDR. *»Hamletmaschine«* (Hamburger Schauspielhaus). *»Gesammelte Irrtümer«* (Verlag der Autoren). Scheidung der Ehe mit Ginka Tscholakowa
1987–1991	Regisseur am Deutschen Theater: *»Der Lohndrücker«* (1988), *»Hamlet/Maschine«* (1990), *»Mauser«* (1991)
1988	*»Wolokolamsker Chaussee«* I–V (Bobigny, Maison de la Culture). Besuch bei Ernst Jünger
1989	Rede auf der Demonstration am Alexanderplatz am 4. November
1990	Kleist-Preis. Heiner-Müller-Werkschau bei der »Experimenta 6« in Frankfurt am Main
1990	Wahl zum Präsidenten der Akademie der Künste Berlin (Ost) Bekanntschaft mit der Fotokünstlerin Brigitte Maria Mayer
1991	Europäischer Theaterpreis
1992	Eheschließung mit Brigitte Maria Mayer. *»Krieg ohne Schlacht«* (Verlag Kiepenheuer & Witsch). *»Gedichte«* (Alexander Verlag). Geburt der Tochter Anna. *»Mommsens Block«* (Drucksache 1, herausgegeben vom Berliner Ensemble)
1992–1995	Direktoriumsmitglied des Berliner Ensemble
1993	Teil-Publikation von Müllers Stasiakten; Spitzel-Vorwürfe erweisen sich bald als haltlos. Richard Wagner: »Tristan und Isolde« (Bayreuther Festspiele; Regie: Heiner Müller). *»Duell Traktor Fatzer«* (Berliner Ensemble; Regie: Heiner Müller)
1994	*»Quartett«* (Berliner Ensemble; Regie: Heiner Müller)
1995	Künstlerischer Leiter des Berliner Ensembles. Bertolt Brecht: »Der aufhaltsame Aufstieg des Arturo Ui« (Berliner Ensemble; Regie: Heiner Müller). Theaterpreis Berlin der Stiftung Preußische Seehandlung
30. 12. 1995	Heiner Müller in Berlin gestorben
1996	*»Germania 3 Gespenster am Toten Mann«* (Berliner Ensemble/Schauspielhaus Bochum)

LITERATURAUSWAHL

1. Bibliographien

Schmidt, Ingo/Vaßen, Florian: Bibliographie Heiner Müller. [Band 1] Bielefeld 1993 (= Bibliographien zur deutschen Literaturgeschichte 3)

Schmidt, Ingo/Vaßen, Florian: Bibliographie Heiner Müller. Band 2. 1993–1995. Mit Nachträgen und Register für Band 1 und 2. Bielefeld 1996 (= Bibliographien zur deutschen Literaturgeschichte 3/2)

Buck, Theo/Riedel, Nicolai: [Bibliographie Heiner Müller]. In: Kritisches Lexikon zur deutschsprachigen Gegenwartsliteratur, 55. Neulieferung. München 1997

Bibliographie der Rundfunkarbeiten. In: »Theater der Zeit«, 1997, Heft 1, S. XLVI-XLVIII

2. Werk- und Einzelausgaben

Werke. Herausgegeben von Frank Hörnigk *(geplant sind 8 Bände)*

I: Die Gedichte. Herausgegeben von Frank Hörnigk. Frankfurt/M. 1998

II: Die Prosa. Herausgegeben von Frank Hörnigk in Zusammenarbeit mit der Stiftung Archiv der Akademie der Künste, Berlin. Redaktionelle Mitarbeit: Kristin Schulz. Frankfurt/M. 1999

III: Die Stücke 1. Herausgegeben von Frank Hörnigk in Zusammenarbeit mit der Stiftung Archiv der Akademie der Künste, Berlin. Redaktionelle Mitarbeit: Kristin Schulz sowie Klaus Gehre und Marit Gienke. Frankfurt/M. 2000

Texte 1–11. Berlin 1974–1989:

Texte 1. Geschichten aus der Produktion 1. Stücke, Prosa, Gedichte, Protokolle. Berlin 1974 (= Rotbuch 108)

Texte 2. Geschichten aus der Produktion 2. Berlin 1974 (= Rotbuch 126)

Texte 3. Die Umsiedlerin oder Das Leben auf dem Lande. Berlin 1975 (= Rotbuch 134)

Texte 4. Theater-Arbeit. Berlin 1975 (= Rotbuch 142)

Texte 5. Germania Tod in Berlin. Berlin 1977 (= Rotbuch 176)
Texte 6. Mauser. Berlin 1978 (= Rotbuch 184)
Texte 7. Herzstück. Berlin 1983 (= Rotbuch 270)
Texte 8. Shakespeare Factory 1. Berlin 1985 (= Rotbuch 290)
Texte 9. Shakespeare Factory 2. Berlin 1989 (= Rotbuch 291)
Texte 10. Kopien 1. Berlin 1989 (= Rotbuch 336)
Texte 11. Kopien 2. Berlin 1989 (= Rotbuch 337)

Zehn Tage die die Welt erschütterten. Szenen aus der Oktoberrevolution nach Aufzeichnungen John Reeds. Berlin 1957 (Bühnenmanuskript, zusammen mit Hagen Müller-Stahl)

Der Lohndrücker. Berlin 1958 (Mitarbeit: Inge Müller)

Die Korrektur. Hinweise zur Regie von H. Konrad Hoerning. Leipzig 1959 (zusammen mit Inge Müller)

Der Tod ist kein Geschäft. Hörspiel von Max Messer [d. i. Heiner Müller]. Berlin 1962 (Bühnenmanuskript)

Philoktet. Herakles 5. Frankfurt/M. 1966 (= edition suhrkamp 163)

Molière: Don Juan oder Der steinerne Gast. Komödie. Deutsch von Benno Besson und Heiner Müller. Berlin 1968 (Bühnenmanuskript)

Sophokles: Ödipus, Tyrann. Nach Hölderlin. Vorwort von Karl-Heinz Müller. Berlin, Weimar 1969

Klettwitzer Bericht 1958. Berlin 1970 (Bühnenmanuskript)

Molière: Der Arzt wider Willen. Komödie in drei Akten. Aus dem Französischen von Benno Besson und Heiner Müller. Berlin 1971 (Bühnenmanuskript)

Weiberkomödie. (Nach dem Hörspiel »Die Weiberbrigade« von Inge Müller). Berlin 1971 (Bühnenmanuskript)

Macbeth. Nach Shakespeare. In: Spielplatz 1. Jahrbuch für Theater 71/72, herausgegeben von Karlheinz Braun und Klaus Völker. Berlin 1972 (= Quarthefte 60/61)

Anton Tschechow: Die Möwe. Komödie in vier Akten. Aus dem Russischen von Ginka Tscholakowa und Heiner Müller. Berlin 1974 (Bühnenmanuskript)

Fjodor Gladkow/Heiner Müller: Zement. Mit einem Anhang herausgegeben von Fritz Mierau. Leipzig 1975 (=Reclams Universal-Bibliothek 638)

Stücke. Mit einem Nachwort von Rolf Rohmer. Berlin 1975

Die Schlacht. Traktor. Leben Gundlings Friedrich von Preußen Lessings Schlaf Traum Schrei. Mit einem Nachwort von Joachim Fiebach. Berlin 1977, 2. Auflage 1981

Alexander Suchowo-Kobylin: Tarelkins Tod. Farce in drei Teilen. Aus dem Russischen von Heiner Müller. Berlin 1977 (Bühnenmanuskript)

Philoktet 1979. Drama mit Ballett (Entwurf). In: »Die Zeit« 53/1978, S. 33

Der Auftrag. Erinnerung an eine Revolution. Frankfurt/M. 1980 (= Theaterbibliothek 1)

Der Auftrag. Der Bau. Herakles 5. Todesanzeige. Herausgegeben von Joachim Fiebach. Berlin 1981

Quartett. Frankfurt/M. 1981 (= Theaterbibliothek 51)

Leben Gundlings Friedrich von Preußen Lessings Schlaf Traum Schrei. Ein Greuelmärchen. Frankfurt/M. 1982 (= Theaterbibliothek 61)

Macbeth. Nach Shakespeare. Frankfurt/M. 1982 (= Theaterbibliothek 34)

Rotwelsch. Berlin 1982 (104)

Die Bauern (Die Umsiedlerin oder Das Leben auf dem Lande). Macbeth. Mit einem einleitenden Essay von Joachim Fiebach. Berlin 1984

Bildbeschreibung. Text & Materialien. Hrsg. von Heinz Hartwig. Graz 1985

Wladimir Majakowski: Wladimir Majakowski Tragödie. Deutsche Fassung von Heiner Müller nach einer Übersetzung von Ginka Tscholakowa. Mit Zeichnungen von Wladimir und David Burljuk. Berlin 1985

Philoktet. Bildbeschreibung. Anatomie Titus Fall of Rome Ein Shakespearekommentar. Wolokolamsker Chaussee I und II. Herausgegeben von Joachim Fiebach. Berlin 1987

Quartett. Weiberkomödie. Wie es euch gefällt. Verkommenes Ufer Medeamaterial Landschaft mit Argonauten. Blut ist im Schuh oder Das Rätsel der Freiheit. Herausgegeben und mit einem Essay von Joachim Fiebach. Berlin 1988

Revolutionsstücke. Herausgegeben von Uwe Wittstock. Stuttgart 1988 (= Reclams Universal-Bibliothek 8470)

Die Schlacht. Wolokolamsker Chaussee. Zwei Stücke. Frankfurt/M. 1988 (= Theaterbibliothek)

Stücke. Herausgegeben und mit einem Nachwort von Joachim Fiebach. Berlin 1988

Macbeth von Heiner Müller nach Shakespeare. Volksbühne Berlin 1982. Dokumentation von Lily Leder und Angela Kuberski. Berlin 1989 (= Theaterarbeit in der DDR, herausgegeben vom Verband der Theaterschaffenden und dem Brecht-Zentrum der DDR, 17)

Stücke. Texte über Deutschland (1957–1979). Herausgegeben und mit einem Nachwort von Frank Hörnigk. Leipzig 1989 (= Reclams Universal-Bibliothek 1263)

Ein Gespenst verläßt Europa. Fotografien von Sibylle Bergemann mit einem Nachwort von Peter Voigt. Köln 1990

Aischylos: Die Perser. Bearbeitet von Heiner Müller. In: Die Perser. Hrsg. von Christoph Rüter. Berlin 1991

Gedichte. Berlin 1992

Krieg ohne Schlacht. Leben in zwei Diktaturen. Köln 1992.

Drucksache 1. Heiner Müller: Mommsens Block. Matthias Langhoff: Brief an einen Senator. Herausgegeben vom Berliner Ensemble. Berlin 1993

Krieg ohne Schlacht. Leben in zwei Diktaturen. Erweiterte Neuausgabe mit einem Dossier von Dokumenten des Ministeriums für Staatssicherheit der ehemaligen DDR. Köln 1994 (= KiWi 335)

Bertolt Brecht: Der Untergang des Egoisten Johann Fatzer. Bühnenfassung von Heiner Müller. Frankfurt/M. 1994 (= edition suhrkamp 3332)

Drucksache 11. Pier Paolo Pasolini: Prophezeiung. Heiner Müller: Traumwald (1994). Herausgegeben von der Berliner Ensemble GmbH. Berlin 1995

Der Lohndrücker und Die Umsiedlerin oder Das Leben auf dem Lande. Zwei Theaterstücke. Nachwort von Werner Mittenzwei. Leipzig 1995 (= DDR-Bibliothek 5)

Drucksache 16. Heiner Müller: VI Die zweite Epiphanie. Heiner Müller: Auschwitz kein Ende. Ein Gespräch mit jungen französischen Regisseuren. Berlin, September 1992. Gerhard Ortinau: Ein leichter Tod. Herausgegeben von der Berliner Ensemble GmbH. Berlin 1995

Drucksache 17. Heiner Müller: Philoktet. Ein Brief. Traumtext. Drei Faksimiles. Herausgegeben von der Berliner Ensemble GmbH. Berlin 1995

Drucksache 18. Heiner Müller: Notiz 409. [Rudolf Bahro:] Ingenieure. Herausgegeben von der Berliner Ensemble GmbH. Berlin 1996

Drucksache 20. Last Voyage / Krieg der Viren (1995). Aus einem Arbeitsbuch von Heiner Müller und Mark Lammert zu »Germania 3 – Gespenster am Toten Mann«. Mit neun Photographien von Brigitte Maria Mayer. Herausgegeben von der Berliner Ensemble GmbH. Berlin 1996

Germania 3 – Gespenster am Toten Mann. Mit einem lexikalischen Anhang, zusammengestellt von Stephan Suschke. Köln 1996

Mein Nachkrieg. Beschreibung einer Lektüre. In: »Frankfurter Allgemeine Zeitung«, 25. September 1997

Drucksache N. F. 1 Paul Virilio. Im Auftrag der Heiner Müller Gesellschaft herausgegeben von Wolfgang Storch. Düsseldorf 1999

3. Gespräche

Gespräch mit Jacques Poulet [14. Dezember 1978]. In: »France nouvelle«, 29. Januar 1979

Gespräch mit Wolfgang M. Schwiedrzik [Anfang März 1982]; Deutschlandfunk 1982

Gespräch mit Frank Feitler [17. Oktober 1985]. In: Programmheft *»Mauser«*, Basler Theater, Spielzeit 1985/86

»Ich bin ein Neger«. Diskussion mit Heiner Müller. Zeichnungen von Eva-Maria Viebeg. Darmstadt 1986

Gesammelte Irrtümer [1]. Interviews und Gespräche. Frankfurt/M. 1986

Erich Fried – Heiner Müller. Ein Gespräch geführt am 16. 10. 1987 in Frankfurt/Main. Mit sechzehn Fotos von Cornelius Groenewold. Berlin 1989

Gesammelte Irrtümer 2. Interviews und Gespräche. Herausgegeben von Gregor Edelmann und Renate Ziemer. Frankfurt/M. 1990

»Zur Lage der Nation«. Heiner Müller im Interview mit Frank M. Raddatz. Berlin 1990 (= Rotbuch-Taschenbuch 13)

»Jenseits der Nation«. Heiner Müller im Interview mit Frank M. Raddatz. Berlin 1991 (= Rotbuch-Taschenbuch 49)

»Die Ränder sind die Hoffnung«. In: Gregor Gysi: Einspruch! Gespräche, Briefe, Reden. Herausgegeben von Hanno Harnisch und Hannelore Heider. Zweite, erweiterte Auflage. Berlin 1992, S. 378–422

Müller, Inge: Ich bin eh ich war. Gedichte. Blanche Kommerell im Gespräch mit Heiner Müller. Versuch einer Annäherung. Gießen 1992

Gespräch mit Monika Beer. In: »Gondroms Festspielmagazin« 1993, Bayreuth 1993

Gesammelte Irrtümer 3. Texte und Gespräche. Frankfurt/M. 1994

Alexander Kluge/Heiner Müller: »Ich schulde der Welt einen Toten«. Gespräche. Hamburg 1996 (= Rotbuch-Taschenbuch 1054)

Alexander Kluge/Heiner Müller: »Ich bin ein Landvermesser«. Gespräche. Neue Folge. Hamburg 1996

4. Gesamtdarstellungen, Porträts, Dokumentationen, Sammelwerke

Arnold, Heinz Ludwig (Hrsg.): Heiner Müller. München 1982 (TEXT + KRITIK 73)

Arnold, Heinz Ludwig/Meyer-Gosau, Frauke (Hrsg.): Literatur in der DDR. Rückblicke. München 1991, S. 246–257 (TEXT + KRITIK, Sonderband)

Arnold, Heinz Ludwig (Hrsg.): Heiner Müller. 2. Auflage: Neufassung. München 1997 (TEXT + KRITIK 73)

Bauschinger, Sigrid/Cocalis, Susan L. (Hrsg.): Vom Wort zum Bild. Das neue Theater in Deutschland und den USA. Bern 1992 (= Amherster Kolloquium zur Deutschen Literatur 16) (mehrere Beiträge zu Heiner Müller)

Berbig, Roland u. a. (Hrsg.): In Sachen Biermann. Protokolle, Berichte und Briefe zu den Folgen einer Ausbürgerung. Berlin 1994 (Forschungen zur DDR-Geschichte, Band 2)

Berliner Ensemble 1987. Der Untergang des Egoisten Fatzer von Bertolt Brecht/Heiner Müller. Hrsg. vom Brecht-Zentrum der DDR. Berlin 1987

Biermann, Wolf: Die Müller-Maschine. In: »Der Spiegel« 2, 8. Januar 1996, S. 154–161

Böhme, Irene: Miteinander statt oben und unten [Gespräch mit Heiner Müller über die Bearbeitung von »Horizonte«]. In: »Sonntag« 41/1969, S. 11

Braun, Matthias: Drama um eine Komödie. Das Ensemble von SED und Staatssicherheit, FDJ und Ministerium für Kultur gegen Heiner Müllers »Die Umsiedlerin oder Das Leben auf dem Lande« im Oktober 1961. Berlin 1995 (= Analysen und Dokumente 4)

Buck, Theo/Valentin, Jean-Marie (Hrsg.): Heiner Müller – Rückblicke, Perspektiven. Vorträge des Pariser Kolloquiums 1993. Bern u. a. 1995 (= Literarhistorische Untersuchungen 25)

Buck, Theo: Heiner Müller. In: Kritisches Lexikon zur deutschsprachigen Gegenwartsliteratur, 55. Neulieferung. München 1997, S. 1–14

»Les Cahiers du Renard« 1992, Heft 9 (sämtliche Beiträge zu Heiner Müller)

Clauß, Roland: »Zerstoben ist die Macht an der mein Vers/Sich brach wie Brandung regenbogenfarb./Im Zaun der Zähne starb der letzte Schrei« – Rückblick auf Leben und Theaterwerk von Heiner Müller. In: »Grabbe Jahrbuch« 15 (1996), S. 176–207

Drucksache N. F. 1 Paul Virilio. Im Auftrag der Heiner-Müller-Gesellschaft hrsg. von Wolfgang Storch. Düsseldorf 1999

Eichler, Andreas: Heiner Müllers Kindheit in Bräunsdorf. Interview mit Frau Gerta Vogel, geb. Müller [am 31. Januar 1996]. In: »Miriquidi. Kulturzeitschrift« Frühling 1996, S. 35–39

Eke, Norbert Otto: Heiner Müller. In: Hartmut Steinecke (Hrsg.): Deutsche Dichter des 20. Jahrhunderts. Berlin 1994, S. 726–741

Eke, Norbert Otto: Heiner Müller. Stuttgart 1999

»Etudes Germaniques« 48 (1993), Heft 1 (sämtliche Beiträge zu Heiner Müller)

Fischer, Gerhard (Hrsg.): ConTEXTs and HISTORY. A Collection of Essays from The Sydney German Studies Symposium 1994. Tübingen 1995 (= Studien zur deutschsprachigen Gegenwartsliteratur 2)

Franke, Konrad: Die Literatur der Deutschen Demokratischen Republik I/II. Frankfurt am Main 1980 (Kindlers Literaturgeschichte der Gegenwart, Bd. 3–4)

Friebel, Alexander: »Ich werd' verrückt, der Miller Heiner«. In: »die tageszeitung«, 30. Dezember 1996

Müller, Inge: Irgendwo; noch einmal möcht ich sehn. Lyrik, Prosa, Tagebücher. Mit Beiträgen zu ihrem Werk. Herausgegeben von Ines Geipel. Berlin 1996

Girshausen, Theo (Hrsg.): Die Hamletmaschine. Heiner Müllers Endspiel. Köln 1978

Goff, Penrith: Müller, Heiner. In: Deutsches Literatur-Lexikon. Biographisches und bibliographisches Handbuch. Begründet von Wilhelm Kosch. Dritte, völlig neu bearbeitete Auflage. Bern und München. Bd. 10, Sp. 1472–1477

Gorek, Christine / Gröschner, Annett (Redaktion): Dokumentation einer vorläufigen Erfahrung. Texte zum Werk Heiner Müllers. Berlin (Humboldt-Universität) [1991]

Hacks, Peter: Die Maßgaben der Kunst. Gesammelte Aufsätze. Düsseldorf 1977

Hauschild, Jan-Christoph: Heiner Müller, Reinbek 2000 (rororo monographie, 50572)

Heiner Müller. Bruxelles 1983 (= Didascalies 7. Cahiers occasionnels de l'Ensemble théâtral mobile)

Heiner Müller inszenieren. Unterhaltung im Theater. Hrsg. von der Dramaturgischen Gesellschaft. Berlin 1987

Hentschel, Anke E.: Das Kameraauge im Theater Robert Wilsons – »Hamletmaschine«, eine Bewegung in Zeit und Raum. Analytische Gedanken zur Inszenierung am Thalia-Theater Hamburg 1986. In: Wissenschaftliche Beiträge der Theaterhochschule Leipzig 2 (1991), S. 85–142

Heyme / Gröschner = Torsten Heyme und Annett Gröschner im Gespräch mit B. K. Tragelehn und Christa Tragelehn, Berlin, 4. Januar 1988. Masch. Transkription einer Video-Aufzeichnung; Archiv B. K. Tragelehn

Stiftung Archiv der Akademie der Künste Heiner-Müller-Archiv. Hrsg. von der Kulturstiftung der Länder in Verbindung mit der Akademie der Künste. Berlin 1998 (= Patrimonia 152)

Heiner Müller Material. Texte und Kommentare. Herausgegeben von Frank Hörnigk. Leipzig 1988 (= Reclams Universal-Bibliothek 1275) (dass. Göttingen 1989)

Hörnigk, Frank / Linzer, Martin / Raddatz, Frank / Storch, Wolfgang / Teschke, Holger (Hrsg.): Ich Wer ist das Im Regen aus Vogelkot Im KALKFELL für Heiner Müller. Arbeitsbuch. Berlin 1996 (= »Theater der Zeit. Zeitschrift für Politik und Theater«. Sonderheft HEINER MÜLLER)

Karge, Manfred: Stationen, Momente. Begegnungen mit Heiner Müller. In: Programmbuch 79 Heiner Müller: Quartett / Herzstück, Burgtheater Wien 1991

Klein, Christian (Hrsg.): Heiner Müller, la France et l'Europe. Actes du Colloque international organisé à Grenoble 6–7 novembre 1992. Grenoble 1993

Klussmann, Paul Gerhard / Mohr, Heinrich (Hrsg.): Dialektik des Anfangs. Spiele des Lachens. Literaturpolitik in Bibliotheken. Über Texte von: Heiner Müller Franz Fühmann Stefan Heym. Bonn 1986 (Jahrbuch zur Literatur in der DDR 5)

Klussmann, Paul Gerhard / Mohr, Heinrich in Verbindung mit Gregor Laschen (Hrsg.): Spiele und Spiegelungen von Schrecken und Tod. Zum Werk von Heiner Müller. Sonderband zum 60. Geburtstag des Dichters. Bonn 1990 (Jahrbuch zur Literatur in der DDR 7)

Kranz, Dieter: Berliner Theater. 100 Aufführungen aus drei Jahrzehnten. Berlin 1990

Kreißig, Uwe: Der reinliche Reimund. Kleine Geheimnisse aus dem Leben des großen Dramatikers Heiner Müller. In: »Chemnitzer Freie Presse«, 11./12. Oktober 1997

Kritik in der Zeit. Literaturkritik in der DDR 1945–1975. Hrsg. von Klaus Jarmatz, Christel Berger, Renate Drenkow. Bd. 1–2, Halle u. Leipzig 1978

Krug, Manfred: Abgehauen. Ein Mitschnitt und Ein Tagebuch. Düsseldorf 1996

Kunert, Günter: Erwachsenenspiele. Erinnerungen. München und Wien 1997

Kurdi, Imre: Gemeinplätze zu einer Schlüsselfigur. Heiner Müller (1929 bis 1995). In: Jahrbuch der Ungarischen Germanistik 1996, S. 33–41

Leder, Lily (Hrsg.): Heiner Müller: Die Schlacht. Dokumentation. Materialsammlung. Berlin 1976

Lehmann, Hans-Thies: Über Heiner Müllers Arbeit. In: »Merkur« 1996, Heft 567, S. 542–548

Linzer, Martin: »Wechselvoller Umgang mit einem Autor. Heiner Müller und Theater der Zeit«. In: »Theater der Zeit«, März / April 1996, S. 12–14

Der Lohndrücker. Dokumentation 2 herausgegeben von der Akademie der Künste der DDR. Gesamtleitung: Carena Schlewitt. Berlin 1988

»Dieser Mann müßte einmal zum Psychator«. Auszüge aus einem Spitzelprotokoll nach der Premiere von »Die Umsiedlerin«, November 1961 in Karlshorst. Gefunden von Heiner Müller in seiner Akte. Der Informant ist unbekannt. In: »Wochenpost« Nr. 7, 11. Februar 1993

Mayer, Hans: Rede über Heiner Müller. In: »Theater heute« 1996, Sondernummer, S. 128–149

Morel, Jean-Pierre: Heiner Müller: aperçu chronologique. In: »Etudes Germaniques« 48 (1993), Heft 1, S. 95–114

Morel, Jean Pierre: L'hydre et l'ascenseur. Essai sur Heiner Müller. Strasbourg 1996

Müller, Heiner. In: Albrecht, Günter / Böttcher, Kurt / Greiner-Mai, Herbert / Krohn, Paul Günther: Schriftsteller der DDR. Leipzig 1975, S. 390 f. (Mayers Taschenlexikon)

Pohl, Martin: »Napoleon ist ein Wald«. Meine Erinnerungen an Heiner Müller. In: »Freitag«, 31. Mai 1996, Nr. 23

Profitlich, Ulrich (Hrsg.): Dramatik der DDR. Frankfurt / M. 1987 (= suhrkamp taschenbuch materialien 2072)

Regie: Heiner Müller. Material zu »Der Lohndrücker« 1988, »Hamlet/Maschine« 1990, »Mauser« 1991 am Deutschen Theater Berlin, hrsg. von Martin Linzer und Peter Ullrich mit Fotos von Sibylle Bergemann und Wolfhard Theile. Berlin 1993

Riewoldt, Otto F.: Theaterarbeit. Über den Wirkungszusammenhang von Bühne, Dramatik, Kulturpolitik und Publikum. In: Schmitt, Hans-Jürgen (Hrsg.): Die Literatur der DDR. München 1983 (= Hansers Sozialgeschichte der deutschen Literatur vom 16. Jahrhundert bis zur Gegenwart. Hrsg. von Rolf Grimminger, Bd. 11), S. 133–186

Schollak, Gylfe: Die audiovisuelle Theaterdokumentation. Probleme der Fixierung und Demonstration von Theaterkunst mit Hilfe von Film-, Fernseh- und Videotechnik; verwirklicht an einer 16-mm Probendokumentation zu der Inszenierung »Die Bauern« von Heiner Müller an der Volksbühne Berlin. Diss. Berlin 1979

Schulz, Genia: Heiner Müller. Stuttgart 1980 (= Sammlung Metzler, 197)

Schulz, Genia: Müller, Heiner. In: Metzlers Autoren Lexikon. Hrsg. von Bernd Lutz. Zweite, erweiterte Auflage. Stuttgart u. Weimar 1994, S. 467 bis 471

Schulz, Genia: Müller, Heiner. In: Neue Deutsche Biographie, Berlin 1997, Bd. 18, S. 403–405

Schwarzkopf, Oliver / Schütt, Hans-Dieter (Hrsg.): Heiner Müller 1929 bis 1995. Bilder eines Lebens. Berlin 1996

Schwiedrzik, Wolfgang M.: Zwischen Auftrag und Verrat – Ein Alptraum. Ein Porträt Heiner Müllers. (Sendemanuskript des Deutschlandfunks, 9. April 1982)

Seibel, Wolfgang: Müller, Heiner. In: Bertelsmann Literatur Lexikon. München und Gütersloh 1990, Bd. 8, S. 268–270

Serke, Jürgen: Inge Müller: Die Wahrheit leise und unerträglich. In: Ders.: Zu Hause im Exil. Dichter, die eigenmächtig blieben in der DDR. Mit Fotos von Christian G. Irrgang. München und Zürich 1998, S. 15–45

Silberman, Marc: Heiner Müller. Amsterdam 1980 (= Forschungsberichte zur DDR-Literatur 2)

Spezial: Heiner Müller. In: »Theater der Zeit« 1997, Heft 1, S. I–XLVIII

Steinweg, Reiner: Das Lehrstück. Brechts Theorie einer politisch-ästhetischen Erziehung. Stuttgart [2]1976

Stephan, Erika: Erprobung von Spielmodellen. Heiner Müllers »Bau« in Karl-Marx-Stadt und »Wolokolamsker Chaussee I und II« in Potsdam. In: Siegfried Rönisch (Hrsg.): DDR-Literatur im Gespräch '86. Berlin, Weimar 1987, S. 297–315

Storch, Wolfgang (Hrsg.): Explosion of a Memory Heiner Müller DDR. Ein Arbeitsbuch. Berlin 1988

Teschke, Holger: Nachdenken über Heiner Müller. In: »Temperamente« 1989, Heft 4, S. 100–106

»Theater heute« 1996, Heft 2 (zahlreiche Beiträge von und über Heiner Müller)

Tragelehn, B. K.: Der Künstler das Kind. In: »Der Tagesspiegel«, 9. 01.1999

Tschapke, Reinhard: Heiner Müller. Berlin 1996 (= Köpfe des 20. Jahrhunderts 128)

Völker, Klaus (Redaktion): »Prometheus-Notate«. Aufgeschrieben von Klaus Völker und Wolfgang Wermelskirch. In: Programmheft »Prometheus«, Schauspielhaus Zürich 1969/70, 6–15

Voigt, Jutta/Kopka, Fritz-Jochen: Der Schrei des Sowieso. [Begegnung mit Dieter Schulze]. In: »Wochenpost«, Nr. 4, 21. Januar 1993, S. 15

Heiner Müller: Wolokolamsker Chaussee I–V. Ein Materialbuch zusammengestellt und gestaltet von Gregor Edelmann und Grischa Meyer für das Gemeinschaftsprojekt theater im palast/Berliner Ensemble 1989. Berlin 1989

Wieghaus, Georg: Heiner Müller. München 1981 (= Autorenbücher 25)

Wittmann, E.: Die Öffentlichkeitsarbeit der Volksbühne anhand von »Horizonte«. Berlin, Humboldt-Universität, Staatsexamenarbeit Bereich Theaterwissenschaft, 1971

Wittstock, Uwe: Heiner Müller. In: Gunter E. Grimm/Frank Rainer Max (Hrsg.): Deutsche Dichter. Leben und Werk deutschsprachiger Autoren. Band 8: Gegenwart. Stuttgart 1990, S. 383–396 (= Reclams Universal-Bibliothek 8618)

5. Monographien und Einzeluntersuchungen zum Werk

Barnett, David: Some notes on the difficulties of operating Heiner Müller's »Die Hamletmaschine«. In: »German life & letters« 48 (1995), S. 75–85

Bathrick, David/Huyssen, Andreas: Producing Revolution. Heiner Müllers »Mauser« as a Learning Play. In: New German Critique 8 (1976), S. 33–48

Baumbach, Gerda: Dramatische Poesie für Theater. Heiner Müllers »Bau« als Theatertext. Diss. Leipzig 1977

Berg, Jan: Heiner Müllers »Quartett«. In: Richard Weber (Hrsg.): Deutsches Drama der achtziger Jahre. Frankfurt/M. 1992, S. 210–221 (= suhrkamp taschenbuch materialien 2114)

Bernhardt, Rüdiger: Antikerezeption im Werk Heiner Müllers. In: »Weimarer Beiträge« 22 (1976), Heft 3, S. 83–122

Bernhardt, Rüdiger: Die Welt als Schlachthaus. Zum Schaffen des Dichters Heiner Müller. Eine Einführung. In: »Moderna Sprak« 1994, Heft 1, S. 39 bis 50

Birringer, Johannes: »Medea« – Landscapes beyond history. In: »New German Critique« 1990, Heft 50, S. 85–112

Bitburger, Tom: Sprengsätze. Der »Lohndrücker« von Heiner Müller und der 17. Juni 1953. Pfaffenweiler 1996 (= Schnittpunkt Zivilisationsprozeß 21)

Brenner, Eva Elisabeth: »Hamletmachine« Onstage: A Critical Analysis of Heiner Muller's play in Production. Diss. New York 1994

Buck, Theo: Von der fortschreitenden Dialektisierung des Dramas. Anmerkungen zur Dramaturgie bei Bertolt Brecht und Heiner Müller. In: »Etudes Germaniques« 1989, Heft 1, S. 107–122

Christ, Barbara: Die Splitter des Scheins. Friedrich Schiller und Heiner Müller. Zur Geschichte und Ästhetik des dramatischen Fragments. Paderborn 1996 (= Reihe Literatur- und Medienwissenschaft 52)

Domdey, Horst: Mythos als Phrase oder Die Sinnausstattung des Opfers. Henker- und Opfermasken in Texten Heiner Müllers. In: »Merkur« 40 (1986), Heft 5, S. 403–413

Domdey, Horst: »Ich lache über den Neger«. Das Lachen des Siegers in Texten Heiner Müllers. In: Paul Gerhard Klussmann/Heinrich Mohr (Hrsg.): Die Schuld der Worte. Bonn 1987, S. 220–234 (Jahrbuch zur Literatur in der DDR 6)

Domdey, Horst: Mit Nietzsche gegen Utopieverlust. Zur »Hamletmaschine« und Heiner Müllers Rezeption in West und Ost. In: Gert-Joachim Glaeßner (Hrsg.): Die DDR in der Ära Honecker. Politik – Kultur – Gesellschaft. Opladen 1988, S. 674–689 (= Schriften des Zentralinstituts für sozialwissenschaftliche Forschung der Freien Universität Berlin 56)

Domdey, Horst: Sinnstiftung. Zur Funktion des Grotesken in Texten Heiner Müllers. In: S. Linda Dietrick u. a. (Hrsg.): Momentum dramaticum. Festschrift für Eckehard Catholy. Waterloo 1990, S. 535–552

Domdey, Horst: Die Tragödie des Terrors. In: »Theater heute«. Jahresheft 1991, S. 101–104

Domdey, Horst: Writer's Block oder »Johannes im Drogenqualm«. Heiner Müllers lyrischer Text »Mommsens Block«. In: Gerhard P. Knapp/Gerd Labroisse (Hrsg.): 1945–1995. Fünfzig Jahre deutschsprachige Literatur in Aspekten. Amsterdam, Atlanta 1995, S. 631–641 (= Amsterdamer Beiträge zur neueren Germanistik 38/39)

Domdey, Horst: Produktivkraft Tod. Das Drama Heiner Müllers. Köln u. a. 1998

Eckardt, Thomas: Der Herold der Toten. Geschichte und Politik bei Heiner Müller. Frankfurt/Main u. a. 1992

Eke, Norbert Otto: Heiner Müller. Apokalypse und Utopie. Paderborn 1989 (= Schriften der Universität-Gesamthochschule Paderborn. Reihe Sprach- und Literaturwissenschaft 11)

Eke, Norbert Otto: »Der Neger schreibt ein anderes Alphabet«. Anmerkungen zu Heiner Müllers dialektischem Denk-Spiel »Anatomie Titus«. In: »Zeitschrift für deutsche Philologie« 1991, Heft 2, S. 294–315

Emmerich, Wolfgang: Orpheus in der DDR. Heiner Müllers Autorschaft. In: Gunter E. Grimm (Hrsg.): Metamorphosen des Dichters. Das Rollenverständnis deutscher Schriftsteller vom Barock bis zur Gegenwart. Frankfurt/M. 1992, S. 286–301 (= Fischer Taschenbücher 10 722)

Fehervary, Helen: Der »gotische« Realismus der Anna Seghers und das Moment der Erlösung in Heiner Müllers »Die Umsiedlerin«. In: »Argonautenschiff. Jahrbuch der Seghers-Gesellschaft«, Bd. 5, 1996, S. 87–105

Fiebach, Joachim: Nach Brecht – von Brecht aus – von ihm fort? Heiner Müllers Texte seit den 70er Jahren. In: Wolfgang Heise (Hrsg.): Brecht 88. Anregungen zum Dialog über die Vernunft am Jahrtausendende. Zweite, erweiterte Auflage, Berlin 1989, S. 171–188 (= Schriftenreihe des Brecht-Zentrums der DDR 5)

Fiebach, Joachim: Inseln der Unordnung. Fünf Versuche zu Heiner Müllers Theatertexten. Berlin 1990

Fischborn, Gottfried: Intention und Material. Einige Aspekte zu Heiner Müllers »Schlacht« und »Traktor«. In: »Weimarer Beiträge«, 24 (1978), Heft 3, S. 58–92

Fischborn, Gottfried: Notizen zu Heiner Müller. In: »Neue Deutsche Literatur« (36) 1988, Heft 7, S. 68–79

Fischer, Gerhard: Frau, Ehe und Familie in der sozialistischen Gesellschaft. Anmerkungen zu Heiner Müllers »Zement«. In: AUMLA. Journal of the Australian Universities Language and Literature Association 48 (1977), S. 248–267

Fuhrmann, Helmut: Warten auf »Geschichte«. Der Dramatiker Heiner Müller. Würzburg 1997

Gallo, Pasquale: Il teatro dialettico di Heiner Müller. Lecce 1987 (= Contemporanea 10)

Girshausen, Theo: Realismus und Utopie. Die frühen Stücke Heiner Müllers. Köln 1981

Grauert, Wilfried: Kollege Lessing oder ein Traum von Autoridentität. Zu Heiner Müllers Stück »Leben Gundlings Friedrich von Preußen Lessings Schlaf Traum Schrei«. In: »Wirkendes Wort« 45 (1995), S. 257 bis 270

Greiner, Bernhard: Die Literatur der Arbeitswelt in der DDR. Heidelberg 1974 (= Uni-Taschenbücher 327)

Greiner, Bernhard: Explosion einer Erinnerung in einer abgestorbenen dramatischen Struktur. Heiner Müllers »Shakespeare Factory«. In: »Jahrbuch der Deutschen Shakespeare-Gesellschaft West« 1989, S. 88–112

Gröschner, Annett / Meyer, Grischa: Das Fallbeil. Eine Berliner Blockade Zeitung. Berlin 1999 (zugleich Beilage von »Theater der Zeit« 1 / 1999)

Gruber, Bettina: Mythen in den Dramen Heiner Müllers. Zu ihrem Funktionswandel in den Jahren 1958 bis 1982. Essen 1989 (= Germanistik in der Blauen Eule 11)

Guimarães, Carlos: Panoptikum, oder von der Kunst, mit Geschichte(n) umzugehen. Zum neuesten Stück von (über?) Heiner Müller. In: »Runa« 25 (1996), S. 367–373

Hackl, Stefan: »Macbeth« in den Bearbeitungen von Friedrich Schiller und Heiner Müller. Bearbeitungen als Spiegel der Shakespeare-Bildes ihrer Zeit. Diss. Innsbruck 1979

Harich, Wolfgang: Der entlaufene Dingo, das vergessene Floß. Aus Anlaß der »Macbeth«-Bearbeitung von Heiner Müller. In: »Sinn und Form« 25 (1973), Heft 1, S. 189–218

Heine, Roland: Mythenrezeption in den Dramen von Peter Hacks, Heiner Müller und Hartmut Lange. Zum Versuch der Grundlegung einer »sozialistischen Klassik«. In: Colloquia Germanica 14 (1981), S. 239–260

Heise, Wolfgang: Beispiel einer Lessing-Rezeption: Heiner Müller. In: »Neue Deutsche Literatur« 37 (1989), Heft 1, S. 91–100

Hermand, Jost: Blick zurück auf Heiner Müller. In: »Zeitschrift für Germanistik«, Neue Folge 7 (1997), Heft 3, S. 559–571

Herzinger, Richard: Die unio mystica der revolutionären Dynamik. Revolution als Lebensproduktion in Heiner Müllers »Mauser«. In: Heinz Ludwig Arnold (Hrsg.): MachtApparatLiteratur. Literatur und »Stalinismus«. München 1990 (TEXT + KRITIK 108), S. 60–67

Herzinger, Richard: Masken der Lebensrevolution. Vitalistische Zivilisations- und Humanismuskritik in Texten Heiner Müllers. München 1992

Herzinger, Richard: Geisterbeschwörungen im deutschen Augenblick. Heiner Müllers Antiwestlertum und die Neue Rechte. In: »Sprache und Literatur in Wissenschaft und Unterricht« 1993, Heft 2, S. 73–85

Hinderer, Walter: Theater als Totenbeschwörung. Zu Heiner Müllers Revolutionsstücken »Mauser«, »Die Hamletmaschine« und »Der Auftrag«. In: Ders.: Arbeit an der Gegenwart. Zur deutschen Literatur nach 1945. Würzburg 1994, S. 327–360

Hörnigk, Frank: Zu Heiner Müllers Stück »Der Auftrag«. In: »Weimarer Beiträge« 27 (1981), Heft 3, S. 114–131

Hörnigk, Frank: »Bau«-Stellen. Aspekte der Produktions- und Rezeptionsgeschichte eines dramatischen Entwurfs. In: »Zeitschrift für Germanistik« 6 (1985), Heft 1, S. 35–52

Hörnigk, Frank: Lektionen, die Vierte. Heiner Müller: »Germania Tod in Berlin«. In: Karl Deiritz / Hannes Krauss (Hrsg.): Verrat an der Kunst? Rückblicke auf die DDR-Literatur. Berlin 1993, S. 113–119 (= Aufbau-Taschenbücher 8005)

Hörnigk, Frank: Germania 3 Gespenster am toten Mann. In: »Theater der Zeit« 1996, Heft 4, S. 4–7

Hörnigk, Frank: Heiner Müllers »Endspiele«. In: Retrospect and review. Aspects of the literature of the GDR 1976–1990. Edited by Robert Atkins and Martin Kane. Amsterdam 1997, S. 315–327

Hofmann, Michael: Das Drama des Verrats. Geschichtlicher Auftrag und Eigensinn des Einzelnen bei Heiner Müller und Georg Büchner. In: »Weimarer Beiträge«, 46 (2000), Heft 1, S. 89–104

Jäger, Lorenz: Im Land des Lächelns. Heiner Müller dekonstruiert das menschliche Antlitz des Sozialismus. In: »Frankfurter Allgemeine Zeitung«, 23. März 1999

Kähler, Hermann: Weltentwurf oder Milieu. Die Stücke Heiner Müllers. In: »Sinn und Form« 2 (1976), S. 437–446

Kaufmann, Ulrich: »Noch immer rasiert Woyzeck seinen Hauptmann«. Zum Problem des Fragmentarischen bei Georg Büchner und Heiner Müller. In: Klaus Krippendorf (Hrsg.): Das zwanzigste Jahrhundert im Dialog mit dem Erbe. Jena 1990, S. 150–156 (= Geisteswissenschaftliche Beiträge der Friedrich-Schiller-Universität 1)

Kaufmann, Ulrich: »... mit Büchner fängt eigentlich die moderne Dramatik an«. Heiner Müllers jahrzehntelange Auseinandersetzung mit Georg Büchner. In: Ders.: Dichter in »stehender Zeit«. Studien zur Georg-Büchner-Rezeption in der DDR. Jena, Erlangen 1992, S. 66–89 (= Jenaer Reden und Schriften. Neue Folge 2)

Keim, Katharina: Theatralität in den späten Dramen Heiner Müllers. Tübingen 1998

Keller, Andreas: Drama und Dramaturgie Heiner Müllers zwischen 1956 und 1988. Frankfurt / Main u. a. 1992

Klauß, Jürgen: Zwischen den Meistern in den Zeilen. Von Heiner Müller zu Konrad Wolf. Frankfurt / O. 1996 (= Sammlung Zeitzeugen 4)

Klein, Christian: Réécritures. Heine, Kafka, Celan, Müller. Essais sur l'intertextualité dans la littérature allemande du XXème siècle. Grenoble 1989

Klein, Christian: Heiner Müller ou l'Idiot de la République. Le Dialogisme à la scène. Bern u. a. 1992

Klunker, Heinz: Zeitstücke – Zeitgenossen. Gegenwartstheater der DDR. Hannover 1972

Krajenbrink, Marieke: »Der Fall Heiner Müller: Probleme und Perspektiven«. Impressionen einer Konferenz. In: »Deutsche Bücher«, 28 (1998), Heft 4, S. 237–241

Kurdi, Imre: Sezieren als Trauerarbeit. Zur Preußen-DDR-Problematik in Dramen Heiner Müllers. In: Retrospect and review. Aspects of the literature of the GDR 1976–1990. Edited by Robert Atkins and Martin Kane. Amsterdam 1997, S. 308–314

Maier-Schaeffer, Francine: Heiner Müller et le »Lehrstück«. Bern u. a. 1992 (= Contacts 1. Theatrica 12)

Maier-Schaeffer, Francine: ›Noch mehr Fragment als das Fragment‹. Zur Fragmentarisierung in Heiner Müllers Theaterarbeit. In: Horst Turk/ Jean-Marie Valentin (Hrsg.): Aspekte des politischen Theaters und Dramas von Calderon bis Georg Seidel. Bern 1996, S. 367–387 (»Jahrbuch für Internationale Germanistik«, Reihe A, Kongreßberichte, 40)

von Maltzan, Carlotta: Zur Bedeutung von Geschichte, Sexualität und Tod im Werk Heiner Müllers. Frankfurt/M. u. a. 1988

Mieth, Matias: Zur Rezeption von Heiner Müller in DDR und BRD. Eine Erinnerung an das Verhältnis von politischer und ästhetischer Wertung. In: »Weimarer Beiträge« 1991, Heft 4, S. 604–614

Mieth, Matias: Die Masken des Erinnerns: Zur Ästhetisierung von Geschichte und Vorgeschichte der DDR bei Heiner Müller. Frankfurt/Main u. a. 1994

Mittenzwei, Werner: Die »exekutive Kritik« des Heiner Müller. Das Frühwerk. In: Responsibility and Commitment. Ethische Postulate der Kulturvermittlung. Festschrift für Jost Hermand, hrsg. von Klaus L. Berghahn u. a. Frankfurt/M. u. a. 1996, S. 193–207

Monteath, Peter/Alter, Reinhard (Hrsg.): Kulturstreit – Streitkultur. German literature since the wall. Amsterdam u. a. 1996

Müller-Schöll, Nikolaus: Ersetzbarkeit. Zur Erfahrung des Anderen in Heiner Müllers »Germania 3 Gespenster am Toten Mann«. In: Kramer, Sven (Hrsg.): Das Politische im literarischen Diskurs. Studien zur deutschen Gegenwartsliteratur. Opladen 1996, S. 228–251

Müller-Waldeck, Gunnar: Aspekte der Brecht-Rezeption in der DDR-Dramatik der 50er und 60er Jahre, dargestellt an der Gestaltung des Gegenwartsthemas in den Stücken von Helmut Baierl, Heiner Müller, Peter Hacks und Volker Braun. Diss. Greifswald 1975

Müller-Waldeck, Gunnar: Heiner Müller. In: Literatur der Deutschen Demokratischen Republik. Einzeldarstellungen von einem Autorenkollektiv unter Leitung von Hans Jürgen Geerdts und Mitarbeit von Heinz Neugebauer. Berlin 1979, Bd. 2, S. 212–228

Neef, Sigrid: Das Theater der Ruth Berghaus. Berlin 1989

Perl, Doris: »A document in madness?« Zu Heiner Müllers Umdeutung der klassischen Charaktere in der »Hamletmaschine«. In: »Shakespeare-Jahrbuch« 1992, Bd. 128, S. 157–170

Petersohn, Roland: Heiner Müllers Shakespeare-Rezeption. Texte und Kontexte. Bern u. a. 1993

Pickerodt, Gerhart: Zwischen Erinnern und Verdrängen. Heiner Müllers Autobiographie »Krieg ohne Schlacht. Leben in zwei Diktaturen«. In: »Cahiers d'Etudes Germaniques« 1995, Heft 29, S. 63–71

Raddatz, Frank-Michael: Dämonen unterm Roten Stern. Zu Geschichtsphilosophie und Ästhetik Heiner Müllers. Stuttgart 1991

Reichel, Peter: Auskünfte. Beiträge zur neueren DDR-Dramatik. Berlin 1989

Rochow, Christian/Schalk, Axel: On heros and hero-worship. Anmerkungen zu Heiner Müllers »Germania 3«. In: »Internationales Archiv für Sozialgeschichte der deutschen Literatur« 22 (1997), Heft 2, S. 52–65

Sacks, Michael: From text to production: analysis of Heiner Muller's »Hamletmachine«. San Francisco 1993

Schalk, Axel: Geschichtsmaschinen. Über den Umgang mit der Historie in der Dramatik des technischen Zeitalters. Eine vergleichende Untersuchung. Heidelberg 1989

Scheid, Judith R. (Hrsg.): Zum Drama in der DDR: Heiner Müller und Peter Hacks. Stuttgart 1981

Schivelbusch, Wolfgang: Sozialistische Dramatik nach Brecht. Drei Modelle: Peter Hacks – Heiner Müller – Hartmut Lange. Darmstadt, Neuwied 1974

Schivelbusch, Wolfgang: Optimistic Tragedies. The Plays of Heiner Müller. In: »New German Critique«, 2 (1974), S. 104–113

Schemme, Wolfgang: Heiner Müller: Krieg ohne Schlacht. Theater als Angriff auf die Wirklichkeit. In: »Deutschunterricht« 48 (1995), S. 202–211

Schulz, Genia: Medea. Zu einem Motiv im Werk Heiner Müllers. In: Renate Berger / Inge Stephan (Hrsg.): Weiblichkeit und Tod in der Literatur. Köln, Wien 1987, S. 241–264

Schulz, Genia: Kein altes Blatt. Heiner Müllers Graben. In: Jürgen Wertheimer (Hrsg.): Von Poesie und Politik. Zur Geschichte einer dubiosen Beziehung. Tübingen 1994, S. 341–351

Schulz, Genia: Heiner Müller: Der Auftrag. Erinnerung an eine Revolution. In: Dramen des 20. Jahrhunderts. Stuttgart 1996, Bd. 2, S. 222–238

Seibt, Gustav: Einklänge. Zu Heiner Müllers Gedicht »Traumwald«. In: »Sinn und Form« 50 (1998), Heft 4, S. 554–558

Seibt, Gustav: »Damit wir wissen, was wir erlebt haben«. Berlin 1999

Steiger, Klaus Peter: Heiner Müllers Wandellust. In: Ders.: Moderne Shakespeare-Bearbeitungen. Ein Rezeptionstypus in der Gegenwartsliteratur. Stuttgart 1990, S. 33–57 (= Sprache und Literatur 128)

Stillmark, Hans-Christian: Zum Zusammenhang von gesellschaftlichen Rezeptionsweisen und dem Prozeß der Schriftstellerselbstverständigung von Autoren der DDR, dargestellt an der Entwicklung poetologischer Positionen Heiner Müllers. Diss. Potsdam 1982

Stillmark, Hans-Christian: »Quartett«, ein Vorspiel zur Revolution. Bemerkungen zu einem Stück Heiner Müllers. In: »Germanistisches Jahrbuch DDR-UVR« 1989, Bd. 8, S. 91–105

Stillmark, Hans Christian: Erfahrungen kann man nur kollektiv machen. Zu Heiner Müllers Lehrstück »Der Horatier«. In: »Wissenschaftliche Zeitschrift der Brandenburgischen Landeshochschule« 1990, Heft 2, S. 331 bis 340

Stillmark, Hans-Christian: Entscheidungen um und bei Heiner Müller. Bemerkungen zu »Wolokolamsker Chaussee III–V«. In: »Germanistisches Jahrbuch DDR–Ungarn« 1990, Bd. 9, S. 52–62

Streisand, Marianne: Frühe Stücke Heiner Müllers. Werkanalysen im Kontext zeitgenössischer Rezeption. Diss. Berlin 1983

Streisand, Marianne: Theater der sozialen Phantasie und der geschichtlichen Erfahrung. In: »Sinn und Form« 35 (1983), Heft 5, S. 1058–1067

Streisand, Marianne: Heiner Müllers »Die Umsiedlerin oder Das Leben auf dem Lande«. Entstehung und Metamorphosen des Stückes. In: »Weimarer Beiträge« 32 (1986), Heft 8, S. 1358–1384

Streisand, Marianne: Heiner Müllers »Der Lohndrücker« – Zu verschiedenen Zeiten ein anderes Stück. In: Inge Münz-Koenen (Hrsg.): Werke und Wirkungen. DDR-Literatur in der Diskussion. Leipzig 1987, S. 306–360 (Reclams Universal-Bibliothek 1207)

Streisand, Marianne: »Das Theater braucht den Widerstand der Literatur«. Heiner Müllers Beitrag zu Veränderungen des Verständnisses von Theater in der DDR. In: »Weimarer Beiträge« 34 (1988) Heft 7, S. 1156 bis 1179

Streisand, Marianne: »Experimenta 6 – Heiner Müller« in Frankfurt/Main. In: »Weimarer Beiträge« 36 (1990), Heft 10, S. 1670–1675

Streisand, Marianne: »Mein Platz, wenn mein Drama noch stattfinden würde, wäre auf beiden Seiten der Front, zwischen den Fronten, darüber«. Über das Arbeitsprinzip der Gleichzeitigkeit bei Heiner Müller. In: »Weimarer Beiträge« 37 (1991) Heft 4, S. 485–508

Streisand, Marianne: Der Fall Heiner Müller. Dokumente zur »Umsiedlerin«. In: »Sinn und Form« 53 (1991) Heft 3, S. 429–434 (Chronik einer Ausgrenzung) und 435–486 (Protokolle, Gutachten, Briefe, Kommentare)

Streisand, Marianne: Erfahrungstransfer. Heiner Müllers »Die Umsiedlerin«. In: »Der Deutschunterricht« 48 (1996), Heft 5, S. 18–28

Teichmann, Klaus: Der verwundete Körper. Zu Texten Heiner Müllers. Freiburg ²1989

Teraoka, Arlene Akiko: The Silence of Entropy or Universal Discourse. The Postmodernist Poetics of Heiner Müller. New York u. a. 1985

Theweleit, Klaus: Heiner Müller. Traumtext. Basel, Frankfurt/M. 1996

Vaßen, Florian: Das Theater der schwarzen Rache. Grabbes »Gothland« zwischen Shakespeares »Titus Andronicus« und Heiner Müllers »Anatomie Titus Fall of Rome«. In: »Grabbe-Jahrbuch« 11 (1992), S. 14 bis 30

Völker, Klaus: Drama und Dramaturgie in der DDR. Heiner Müller. In: Grimm, Reinhold (Hrsg.): Theater hinter dem eisernen Vorhang, Basel u. a. 1964, S. 66–70

Weimann, Gundula: Zur Funktion des Antihelden im Text »Anatomie Titus Fall of Rome« von Heiner Müller. In: »Shakespeare-Jahrbuch« 1989, Bd. 125, S. 116–120

Wendt, Ernst: Wie es euch gefällt geht nicht mehr. Meine Lehrstücke und Endspiele. München und Wien 1985

Werth, Jürgen: »Unterm Schutt. Die Lyrikerin Inge Müller und die Literatur der DDR«, Rundfunkmanuskript, Sender Freies Berlin, 14. August 1990

Wiegenstein, Roland H.: Länger als Glück ist Zeit, und länger als Unglück. Entfremdung und Widerspruch im Werk Heiner Müllers. In: »Merkur« 30 (1976), S. 159–181

Wieghaus, Georg: Zwischen Auftrag und Verrat. Werk und Ästhetik Heiner Müllers. Bern, Frankfurt/M. 1984 (= Europäische Hochschulschriften 1/764)

Wilke, Sabine: »Auf Kotsäulen [ruht] der Tempel der Vernunft«. Heiner Müllers Lessing. In: »Lessing Yearbook« 1990, Bd. 22, S. 143–157

Zipes, Jack: Die Funktion der Frau in der Komödie der DDR. Noch einmal: Brecht und die Folgen. In: Paulsen, Wolfgang (Hrsg.): Deutsche Komödie im 20. Jahrhundert, Heidelberg 1975, S. 187–205

PERSONENREGISTER

WERKREGISTER

I. Lyrik

II. Prosa

III. Dramatik

BILDNACHWEIS

Archiv Henschel SCHAUSPIEL Theaterverlag, Berlin 22–24
Bundesarchiv, Koblenz (Bild 183/51878/4; Bild 183/63021/1) 18, 19
Privatarchiv Margarita Broich, Berlin 29
Privatarchiv Rosemarie Fritzsche 12
Privatarchiv Gerhard Haase, Waren 10
Privatarchiv Ginka Henle-Tscholakowa, Berlin 25, 26
Privatarchiv Ute Roßberg, Berlin 11
Privatarchiv B. K. Tragelehn, Berlin 13
Privatarchiv Hans-Jochen Vogel, Chemnitz 1, 2, 6, 7, 8, 9
Stiftung Archiv der Akademie der Künste, Berlin 3, 4, 5, 14, 15, 21, 30, 31 (© Sybille Bergemann), 32 (© Ernst Schumacher), 39 (© Jens Neumann)
Stiftung Stadtmuseum Berlin / Archiv Eva Kemlein 16, 17

Konrad Hoffmeister, Berlin 38
Roger Melis, Berlin 20
Günter Prust, Berlin 34, 35
Thomas Sandberg, Berlin 33
Stephan Suschke, Berlin 40
Vera Tenschert, Berlin 27, 28
Bernd Uhlig, Berlin 36, 37

Bildauswahl: Aufbau-Verlag

DANK

Manfred Ahnert, Frankenberg
Ursula A., Frankenberg
Dr. Rolf Barthel, Strausberg
Herr Benkendorf, Stadtarchiv Waren
Wolf Biermann, Hamburg
Dr. Siegfried Birkner, Berlin
Manfred Blechschmidt, Erla
Dr. Karlheinz Braun, Frankfurt
Bernhild vom Bruck, Köln
Rolf Damisch, Frankenberg
Rudolf Delling, Frankfurt am Main
Alexander Friebel, Eppendorf
Rosemarie Fritzsche, Chemnitz
Katharina Gerschler, Bad Homburg
Dr. Almut Giesecke, Berlin
Martha Görner, München
Fritz Grabner, Berlin
Günter Großer, Frankenberg
Rosemarie Heise, Berlin
Bibliothekarin Sabine Helk, Frankenberg
J. Kniesz, Stadtgeschichtliches Museum Waren
Günter Kunert, Kaisborstel
Mark Lammert, Berlin
Paul Lange, Frankenberg
Ruth Langer, Meißen
Andreas Leusink, Berlin
Helge Malchow, Köln
Brigitte Maria Mayer, Berlin
Norbert Mischok, Köln
Dr. Dieter Müller, Frankfurt / Oder
Prof. Dr. Heinz Müller, Berlin
Wolfgang und Christel Müller, Schöneiche
Stadtarchivarin Marion Rau, Frankenberg

Regine Richter, Leipzig
Ute Roßberg, Berlin
Heinz Rudolph, Frankenberg
Wolfgang Schuch, Berlin
Bürgermeister Helmut Schulze, Eppendorf
Dr. Joachim Schultz, Bayreuth
Dr. Gabriele Seitz
Klaus Sünder, Oederan
Hartwig Suhrbier, Frechen
Stephan Suschke, Berlin
Christa und B. K. Tragelehn, Berlin
Ginka Tscholakowa, Berlin
Dr. Peter Ullrich, Abt. Theaterdokumentation in der Stiftung Archiv der Akademie der Künste Berlin
Marion Victor, Frankfurt
Gerta Vogel, Bräunsdorf
Hans-Jochen Vogel, Chemnitz
K. D. Wolff, Frankfurt/Main
Manfred Wünsche, Eppendorf
Martin Wuttke, Berlin
Frau Zenker, Archiv der »Freien Presse«, Chemnitz
Renate Ziemer, Berlin

Gedankt sei außerdem:

der Stiftung Archiv der Akademie der Künste/Heiner Müller Archiv für die Erlaubnis, den Briefwechsel Heiner und Inge Müllers mit den Eltern in Reutlingen benutzen zu dürfen;

dem henschel SCHAUSPIEL Theaterverlag in Berlin und dem Verlag der Autoren in Frankfurt/Main für die großzügig gehandhabte Erlaubnis der Archivbenutzung;

dem Aufbau-Verlag in Berlin und dem Stroemfeld Verlag in Frankfurt am Main für Auskünfte und Ermittlungen;

dem Verlag Kiepenheuer & Witsch für die Erlaubnis zur Einsichtnahme in das ursprüngliche Manuskript von »Krieg ohne Schlacht«;

Dr. Uwe Naumann für die Überlassung von Fotokopien aus seinem Privatarchiv zu Heinar Kipphardt;

sowie Privatbesitzern, die ungenannt bleiben wollen.

INHALT

ANHANG

Jens-Fietje Dwars

Abgrund des Widerspruchs

Das Leben des Johannes R. Becher

Mit 26 Abbildungen
861 Seiten. Gebunden
ISBN 3-351-02457-6

Johannes R. Becher: ein Bürgersohn, der die gesicherte Ordnung seines Vaterhauses verläßt und sich als erster Dichter Westeuropas zur Oktoberrevolution bekennt, den die Regierungen des Hochverrats bezichtigen und vertreiben, der wiederkehrt mit der Hoffnung auf eine kulturelle Erneuerung des Vaterlandes, das sich selbst im Inferno des Krieges vernichtet hat, der aufsteigt zum Kulturminister und zum Denkmal erkoren wird.
Jens-Fietje Dwars geht den Spuren dieses Mannes nach. Das Verlangen des morphiumsüchtigen Ästheten nach Sinnstiftung, Emanzipation und Unterwerfung begreift er als immerwährende Suche nach dem »Zu-sich-selber-Kommen des Menschen«.

»Abgründe einer Dichterseele. Eine Lektüre, die sich lohnt.«
Thüringische Landeszeitung

Aufbau-Verlag

Christiane Zehl Romero

Anna Seghers

Eine Biographie. 1900–1947

Mit 39 Abbildungen
560 Seiten. Gebunden
ISBN 3-351-03498-9

»Deutsche, Jüdin, Kommunistin, Schriftstellerin, Frau, Mutter«, so benennt Christa Wolf die scheinbar widersprüchlichen Identitäten der Anna Seghers. Nach den heftigen, kontroversen Diskussionen um ihre Person wird es Zeit für einen neuen Blick auf sie und dafür, das Bild der umstrittenen Autorin von den vereinfachenden Wahrheiten zu entlasten. Die an der Tufts University lehrende Christiane Zehl Romero unternimmt die Suche nach den kenntlichen und nach den verborgenen Spuren im Werk und in den Lebensumständen von Netty Radvanyi, geborene Reiling, die sich Anna Seghers nannte. Sie ist die erste, die sich intensiv auch mit Prägungen der Kindheit und Jugend beschäftigt und überraschende Zusammenhänge aufdeckt.